Schüffel · Brucks · Johnen · Köllner · Lamprecht · Schnyder (Hrsg.)

Handbuch der Salutogenese
Konzept und Praxis

Schüffel · Brucks · Johnen · Köllner · Lamprecht · Schnyder (Hrsg.)

Handbuch der Salutogenese

Konzept und Praxis

ULLSTEIN
MEDICAL

Herausgeber

Prof. Dr. med. Wolfram Schüffel
Leiter der Abteilung Psychosomatik
Zentrum für Innere Medizin
Klinikum der Philipps-Universität Marburg
Baldingerstraße
35043 Marburg

PD Dr. phil. Ursula Brucks, Dipl.-Psych.
Institut für Arbeitspsychologie und Gesundheitsforschung
Moordeich 2
25870 Oldenswort

Dr. med. Rolf Johnen
Ärztlicher Direktor der
Klinik Schömberg
Dr.-Schröder-Weg 12
75328 Schömberg

Dr. med. Volker Köllner
Oberarzt an der
Klinik für Psychosomatische Medizin und Psychotherapie
Universitätsklinikum Carl Gustav Carus
Loescherstraße 18
01309 Dresden

Prof. Dr. med. Friedhelm Lamprecht
Leiter der Abteilung Psychosomatik und Psychotherapie
Zentrum Psychologische Medizin
Medizinische Hochschule Hannover
Carl-Neuberg-Straße 1
30625 Hannover

Dr. med. Ulrich Schnyder
Oberarzt an der
Psychiatrischen Poliklinik
UniversitätsSpital Zürich
Rämistraße 100
CH-8091 Zürich

Die Deutsche Bibliothek - CIP-Einheitsaufnahme

Handbuch der Salutogenese: Konzept und Praxis / Schüffel ... (Hrsg.). - Wiesbaden : Ullstein Medical, 1998
ISBN 3-86126-167-7

© Ullstein Medical Verlagsgesellschaft mbH & Co., Wiesbaden, 1998

Lektorat: Gisela Heim
Redaktion: Ingo Nauhaus, Stuttgart
Herstellung: Stefan Wiesner, Detlef Mädje
Typographie: Hans-Heinrich Ruta, Stuttgart
Satz: FEMOSET GmbH, Wiesbaden
Druck und buchbinderische Verarbeitung:
Franz Spiegel Buch GmbH, Ulm

Printed in Germany

ISBN 3-86126-167-7

Herausgeber und Autoren haben größte Mühe darauf verwandt, daß medizinische Angaben, insbesondere zu Medikamenten, ihren Dosierungen und Applikationen, dem jeweiligen Wissensstand bei Fertigstellung des Werkes entsprechen.
Da jedoch die Medizin als Wissenschaft ständig im Fluß ist, da menschliche Irrtümer und Druckfehler nie völlig auszuschließen sind, übernimmt der Verlag für derartige Angaben keine Gewähr. Jeder Anwender ist daher dringend aufgefordert, alle Angaben in eigener Verantwortung auf ihre Richtigkeit zu prüfen. Die Wiedergabe von Gebrauchsnamen, Handelsnamen oder Warenbezeichnungen in diesem Werk berechtigt auch ohne besondere Kennzeichnung nicht zu der Annahme, daß solche Namen im Sinne der Warenzeichen-Markenschutz-Gesetzgebung als frei zu betrachten wären und daher von jedermann benutzt werden dürfen.
Dieses Werk einschließlich aller seiner Teile ist urheberrechtlich geschützt. Jede Verwertung außerhalb der engen Grenzen des Urheberrechts ist ohne Zustimmung des Verlages unzulässig und strafbar. Das gilt insbesondere für Vervielfältigungen, Übersetzungen, Mikroverfilmung und die Einspeicherung und Verarbeitung in elektronischen Systemen.

Autoren

Dr. med. Susanne Altmeyer
Klinik für Psychosomatik und Psychotherapie
der Rheinisch-Westfälischen
Technischen Hochschule Aachen
Pauwelsstraße 30
52074 Aachen

Prof. Dr. med. Felix Anschütz
ehem. Leiter der
Akademie für ärztliche Fortbildung und Weiterbildung
Carl-Oelemann-Weg 7
61231 Bad Nauheim

Dr. med. Maria Bähr
Fachärztin für Innere Medizin
Am Markt 4
53111 Bonn

Raphaël Baumann
Pflegedirektion
Universitätskliniken des Saarlandes
66421 Homburg

Prof. Dr. med. Matthias Berger
Ärztlicher Direktor der
Abteilung für Psychiatrie und Psychotherapie
der Albert-Ludwigs-Universität Freiburg
Hauptstraße 5
79104 Freiburg

PD Dr. phil. Ursula Brucks, Dipl.-Psych.
Institut für Arbeitspsychologie und Gesundheitsforschung
Moordeich 2
25870 Oldenswort

Dr. med. Stefan Büchi
Abteilung für Psychosoziale Medizin
UniversitätsSpital
Culmannstrasse 8
CH-8091 Zürich

Dr. med. Steffen Eychmüller
C.L. Lory-Haus
Inselspital
CH-3010 Bern

Dr. med. Guido Flatten
Klinik für Psychosomatik und Psychotherapeutische Medizin
der Rheinisch-Westfälischen
Technischen Hochschule Aachen
Pauwelstraße 30
52074 Aachen

Markus Frei
Institut und Poliklinik für Arbeitsmedizin
Universitätsklinik Homburg/Saar
Am Forum 6
66424 Homburg/Saar

Dr. med. Ullrich Frommberger, Dipl.-Biol.
Klinik für Psychiatrie und Psychosomatik
der Albert-Ludwigs-Universität Freiburg
Hauptstraße 5
79104 Freiburg

Dr. med. Benedikt Horn
Facharzt für Allgemeinmedizin
Marktgasse 66
CH- 3800 Interlaken

Dr. med. Ellis Huber
Präsident der
Landesärztekammer Berlin
Flottenstraße 28-42
13407 Berlin

Dr. med. Martin Isler
Facharzt für Allgemeinmedizin
Hobacherweg 1
CH-3855 Brienz

Dr. med. Rolf Johnen
Ärztlicher Direktor der
Klinik Schömberg
Dr.-Schröder-Weg 12
75328 Schömberg

Dr. med. Volker Köllner
Oberarzt an der
Klinik für Psychosomatische Medizin und Psychotherapie
Universitätsklinikum Carl Gustav Carus
Loescherstraße 18
01309 Dresden

Dr. med. Beate Kolb-Niemann
Fachärztin für Allgemeinmedizin
Abteilung Psychosomatik
Zentrum für Innere Medizin
Klinikum der Philipps-Universität Marburg
Baldingerstraße
35033 Marburg

Prof. Dr. med. Friedhelm Lamprecht
Leiter der Abteilung Psychosomatik und Psychotherapie
Zentrum Psychologische Medizin
Medizinische Hochschule Hannover
Carl-Neuberg-Straße 1
30625 Hannover

PD Dr. med. Wolf Langewitz
Abteilung für Psychosomatik
Kantonsspital Basel
Petersgraben 4
CH 4031 Basel

Dr. med. Anton Leitner
Arzt für Allgemeinmedizin
Riemerplatz 1
A- 3100 St. Pölten

PD Dr. med. Thomas Loew
Abteilung Psychosomatik
Psychiatrische Klinik und Poliklinik
der Universität Erlangen
Schwabachanlage 6
91054 Erlangen

PD Dr. phil. Dr. med. Andreas Maercker, Dipl.-Psych.
Klinische Psychologie und Psychotherapie
Technische Universität Dresden
Hohe Straße 53
01062 Dresden

Prof. em. Dr. med. Benyamin Maoz
Haelah Str. 16
P.O.B. 2640
Even Yehuda 40500
Israel

Prof. Dr. med. Helmut Minne
Ärztl. Direktor der
Klinik „Der Fürstenhof"
Am Hylligen Born
31812 Bad Pyrmont

Elisabeth Nyberg, Dipl.-Psych.
Klinik für Psychiatrie und Psychosomatik
der Albert-Ludwigs-Universität Freiburg
Hauptstraße 5
79104 Freiburg

Prof. em. Dr. med. Hannes G. Pauli
Nydeggstalden 12
CH-3011 Bern

Prof. Dr. med. Ernst Petzold
Klinik für Psychosomatik und Psychotherapie
der Rheinisch-Westfälischen
Technischen Hochschule Aachen
Pauwelsstraße 30
52074 Aachen

Dr. med. Harald Renner
Geschäftsführer der
Hessischen Arbeitsgemeinschaft für Gesundheitserziehung
Heinrich-Heine-Straße 44
35039 Marburg

Dr. phil. Martin Rimann
Eidgenössische Technische Hochschule Zürich
Institut für Arbeitspsychologie
Nelkenstraße 11
CH-8092 Zürich

Dr. med. Marzio Sabbioni
C. L. Lory-Haus
Inselspital
CH-3010 Bern

Dr. med. Martin Sack
Abt. Psychosomatik
Medizinische Hochschule Hannover
Carl-Neuberg-Straße 1
30625 Hannover

Dr. med. Sven von Saldern
Klinik für Verbrennungs- und Plastische Wiederherstellungschirurgie
der Rheinisch-Westfälischen
Technischen Hochschule Aachen
Pauwelsstraße 30
52074 Aachen

Barbara Schade, Dipl.-Psych.
Abteilung Psychosomatik
Zentrum für Innere Medizin
Klinikum der Philipps-Universität Marburg
Baldingerstraße
35043 Marburg

Dr. med. Mark Schmid-Neuhaus
Ltd. Arzt des Zentrums für Gesundheitsvorsorge
„Der Gesundheitspark"
Spiridon-Louis-Ring 27
80809 München

Dr. med. Ulrich Schnyder
Oberarzt an der
Psychiatrischen Poliklinik
UniversitätsSpital Zürich
Rämistraße 100
CH-8091 Zürich

Maren G. Scholz, Dipl.-Psych.
Klinik „Der Fürstenhof"
Am Hylligen Born
31812 Bad Pyrmont

Prof. Dr. med. Wolfram Schüffel
Leiter der Abteilung Psychosomatik
Zentrum für Innere Medizin
Klinikum der Philipps-Universität Marburg
Baldingerstraße
35043 Marburg

Martina Schwaldat
Energie BKK
Lange Laube 6
30159 Hannover

Dr. med. Raymond Schwan
Centre Hospitalier Universitaire
Centre Médico-Psychologique
Service de Psychiatrie 13
BP 69
F-63003 Clermont-FD CEDEX 1

PD Dr. Rolf-Dieter Stieglitz, Dipl. Psych.
Abteilung für Psychiatrie und Psychotherapie
der Albert-Ludwigs-Universität Freiburg
Hauptstraße 5
79104 Freiburg

Dr. med. Christoph Stosch
Abteilung für Psychosomatik
Kantonsspital Basel
Petersgraben 4
CH 4031 Basel

Steffen Straub
Zentrum für Psychiatrie
Neubronnstraße 25
79312 Emmendingen

Prof. Dr. phil. Ivars Udris
Institut für Arbeitspsychologie
Eidgenössische Technische Hochschule
CH-8092 Zürich

Wulf-Bodo Wahl
Institut für Arbeitspsychologie und Gesundheitsforschung
Moordeich 2
25870 Oldenswort

PD Dr. med. Hans Wedler
Ärztlicher Direktor der Medizinischen Klinik 2
Bürgerhospital Stuttgart
Tunzhofer Straße 14-16
70191 Stuttgart

Ralf Würtz
Geschäftsführer der Energie BKK
Lange Laube 6
30159 Hannover

Geleitwort

Das „Wartburggespräch" zur Salutogenese wird als Veranstaltung zur permanenten Fortbildung von der Akademie für ärztliche Fortbildung an der Landesärztekammer Hessen in Bad Nauheim seit 1992 angeboten. Da ich mit dem Vorsitz dieser Akademie beauftragt bin, habe ich die jährlich stattfindende Fortbildungsveranstaltung, deren Vorstellungen und Konzept kennengelernt. Ich habe die Weiterentwicklung, Präzisierung und Problemformulierung miterlebt und festgestellt, daß dieses Konzept, nicht nur krankheitsbekämpfende, sondern auch gesundheitsfördernde Maßnahmen anzuwenden, auch für die klinische und praktische Medizin von Bedeutung ist.

Nach jahrzehntelanger Tätigkeit als Klinikleiter und nach Ausbildung, Kenntnis und auch eigener Forschung der modernen, wissenschaftlichen, klinischen Medizin verpflichtet, habe ich auch deren Begrenztheit am Krankenbett und in der Anwendung am einzelnen Patienten immer empfunden und dieses auch kritisch an anderer Stelle niedergelegt (Ärztliches Handeln, Grundlagen, Möglichkeiten, Grenzen, Widersprüche, wissenschaftliche Buchgesellschaft, Darmstadt 1987).

Rothschuh hat das aus der naturwissenschaftlichen Medizin stammende Konzept das jatrotechnische genannt. Es beruht auf der Tatsache, daß Lebensvorgänge auch physikalischen und chemischen Prozessen unterliegen, in welche therapeutisch mit Erfolg eingegriffen werden kann. Darüber hinaus wird der Organismus als im Ganzen undurchschaubar angesehen und ist daher in einzelne Teile zu zerlegen, um nach Durchschauung des Prozesses in diesen gezielt eingreifen zu können. Die Erfolge der modernen Medizin zu nennen, erübrigt sich an dieser Stelle. In diesem Modell ist aber die Individualität des Patienten, welche heute so ganz im Mittelpunkt der Diskussion der Gesundheitsfürsorge steht, und die des Arztes kaum zu erkennen, so daß sich aus dem Maschinenmodell des Organismus für manche Patienten und manchen Arzt die Machbarkeit von allem, die Beherrschbarkeit jeder Gesundheitsstörung, die Krankheit als vermeidbarer Defekt und bei deren Nichtbeherrschung der Vorwurf mit dem vielfach genannten und erlebten Anspruchsdenken ergibt. Begriffe wie Willensfreiheit des Patienten oder Verantwortung des Arztes stehen außerhalb dieses Konzepts.

Dabei haben Ärzte immer schon die ärztliche Fürsorge im weitesten Sinne praktiziert und sich so über manche Enge des genannten Konzeptes hinweggesetzt, und es soll auch darauf hingewiesen werden, daß Begriffe wie Prävention und vor allem Bewältigung von Krankheit (Coping) durchaus in die Vorstellungen des salutogenetischen Konzepts hineinreichen. Es ist also ein Boden da, auf dem die salutogenetischen Vorstellungen wachsen können.

Die in dem Handbuch dargestellte Salutogenese stellt nun nicht nur den Menschen ganz allgemein bzw. die Person des Patienten in den Mittelpunkt, sondern fragt auch nach Ursachen, warum ein Individuum trotz der Nöte und Belastungen des Lebens, hier der Krankheit, gesund bleibt oder besser: sich gesund fühlt, wie dies auch immer zu definieren ist. Es ist klar, daß die Anwendung der aus diesen Vorstellungen gezogenen Rückschlüsse für alle Menschen von der Kindheit bis ins Alter von Bedeutung sind und daß deren Prinzipien auch auf Gruppen angewendet werden können, auch außerhalb einer medizinischen Problematik. So wird in dem vorliegenden Band die „Sozialisation" unter diesem Aspekt ausführlich behandelt, z. B. mit einem Beitrag über die Probleme der ärztlichen Fortbildung und über die Möglichkeit, in der Ärzteschaft Ressourcen zu finden, um bessere Fortschritte hierbei zu erzielen.

Weitere Beispiele für die Anwendung der oben genannten Prinzipien auf Gruppen sind unter anderen die Beiträge „Wandel in der ärztlichen Ausbildung" (Pauli), „salutogenetische Faktoren im Medizinstudium" (Köllner) und „Gesundheitsförderung im salutogenetischen Konzept" (Renner).

Für den praktischen Arzt und Kliniker ergeben sich aber ganz speziell für sein jeweiliges Fachgebiet neue Erkenntnisse und Handlungsmöglichkeiten, da hier die Verarbeitung der Krankheit, des Leidens, der Behinderung durch das salutogenetische Grundkonzept beeinflußt werden kann. Im einzelnen beschäftigen sich die Autoren mit der koronaren Herzerkrankung, mit der Osteoporose, mit Traumatisierungen, Suizidprophylaxe, um nur einige Themen zu nennen. Es liegt in der Natur des salutogenetischen Ansatzes, daß psychosomatische Störungen ein spezielles Indikationsgebiet darstellen. Faszinierend ist die Betonung der Eigenverantwortlichkeit des Patienten, der Anreiz zur Selbstaktivität. Es ist eine Beihilfe zur Selbsthilfe, die der Arzt leisten muß, wenn er Möglichkeiten von einem Betroffenen erfährt und diese als Ressourcen zur Hilfe einsetzen will. Er muß diese vielleicht erst aufdecken, Lebensschwerpunkte finden. Er muß Erkenntnismöglichkeiten, Weltanschauung, religiöse Bindungen, Familie, Beruf, persönliche Verpflichtungen und vieles andere mehr erkennen. Es handelt sich um einen hohen Anspruch an beide Beteiligte, wenn die Störung erklärt und verstanden werden soll. Wenn Ansatzpunkte für Ressourcen da sind und die Herausforderung „es lohnt sich" formuliert und angenommen werden soll. Wenn Verstehbarkeit, Handhabbarkeit und Bedeutsamkeit zu dem Schluß führen sollen, daß die Welt es wert ist, daß man sich trotz seines Leidens engagiert. Daß hier auch Hilfe von nichtärztlichen Institutionen eingesetzt werden muß, ist verständlich. Nicht zu unrecht klingt in den Darstellungen an, daß gerade bei Älteren Schwierigkeiten in der Vermittlung zu erwarten sind. In dem Handbuch ist auch ausgeführt, daß darüberhinaus salutogenetisches Handeln und therapeutische Möglichkeiten weiterentwickelt und der praktischen Medizin angepaßt werden müssen. Das im Mittelpunkt stehende Kohärenzgefühl (s. Schüffel et al., Maoz in diesem Band) bedarf weiterer Forschung und ist in einzelnen Beiträgen abgehandelt.

Jeder Arzt kennt die unterschiedlichen Erscheinungsformen von Erkrankungen bei verschiedenen Persönlichkeiten. Bei ähnlichem Befund leidet ein Patient bis zur Selbstaufgabe, während ein anderer sich herausgefordert fühlt und seine Möglichkeiten voll auslebt. Das so oft gebrauchte Wort „Sie müssen sich mit Ihrem Leiden abfinden und Ihre Wünsche Ihrer Leistungsmöglichkeit anpassen" wurde schon immer bei der Besprechung einer Erkrankung genannt. Hier aber wird ein Weg vermittelt, wie der Arzt gezielt die möglichen, persönlichen Ressourcen erkennt, diese dem Patienten nahe bringt und auf diese Weise vielleicht die Situation bessert. So ist das salutogenetische Konzept geeignet, die effektive, moderne Medizin zu bereichern, und zwar dadurch, daß es den Patienten aktiviert und auf die Erhaltung von Gesundheitsgefühl gerichtet ist.

F. ANSCHÜTZ
Darmstadt, Januar 1998

Abkürzungsverzeichnis

ACSE:	Affektäußerung/-wahrnemung, Containment-Phase, Schemenbildung, Ergreifen
AOK:	Allgemeine Ortskrankenkasse
BzgA:	Bundeszentrale für Gesundheitliche Aufklärung
CT:	Computertomographie
CCT:	Craniocomputertomographie
DIPS:	Diagnostisches Interview für Psychische Störungen
DKPM:	Deutsches Kollegium für Psychosomatische Medizin
DNS:	Desoxyribonukleinsäure
DSM:	Diagnostisches und statistisches Manual Psychischer Störungen
DSM IV:	Diagnostisches und statistisches Manual Psychischer Störungen, 4. Fassung
DZV:	Deutsche Zentrale für Volksgesundheitspflege
E. E.:	Expressed Emotions
EEG:	Elektroenzephalogramm
EFB:	Epikritische Fallbetrachtung
EKG:	Elektrokardiogramm
GFP:	Gesundheitsförderungsprogramm
GHQ:	General Health Questionnaire
GOÄ:	Gebührenordnung für Ärzte
HAGE:	Hessische Arbeitsgemeinschaft für Gesundheitserziehung
HIBS:	Hessisches Institut für Bildungsplanung und Schulentwicklung
HILF:	Hessisches Institut für Lehrerfortbildung
HNO:	Hals-Nasen-Ohren (-Arzt, -ärztlich)
HPH:	Health Promotion Hospitals
ICD:	International Classification of Diseases
ICD-10:	International Classification of Diseases, 10. Fassung
IES:	Impact of Event Scale
IgA:	Immunglobulin A
ISS:	Injury Severity Score
KHK:	Koronare Herzkrankheit
MALT:	Mukosaassoziiertes lymphatisches Gewebe
mmHg:	Maßeinheit für die Blutdruckmessung
POM:	Zeitschrift für patientenorientierte Mediziner/innen-Ausbildung
PSS:	Posttraumatic Stress Scale
PTB, PTBR:	Posttraumatische Belastungsstörung
PTCA:	Percutane transluminale Coronarangioplastie (Ballondilatation)
PTSD:	Posttraumatic Stress Disorder
PTSS-10:	Posttraumatic Symptom Scale, 10 Items

QuaSiMed:	Qualitätssicherung in der ärztlichen Fort- und Weiterbildung
RIVA:	Ramus interventricularis anterior (Koronargefäß)
SCL-90-R:	Symptom-Check-List, 90 Items, revidierte Fassung
SCQ:	Sense of Coherence Questionnaire
SOC:	Sense of Coherence
SOC-Fragebogen:	Sense of Coherence-Fragebogen
SU:	Soziale Unterstützung
UN:	United Nations
UNIFIL:	United Nations Interim Force in Lebanon
WHO:	World Health Organisation

Inhaltsverzeichnis

Einführung... 1

Teil 1
Das Konzept der Salutogenese 11

Beitrag 1:
Salutogenese – Geschichte und Wirkung einer Idee
B. Maoz.. 13

Beitrag 2:
Salutogenese – der nächstmögliche Schritt in der Entwicklung
medizinischen Denkens?
U. Brucks.. 23

Beitrag 3:
Die Bedingungen für Veränderungen erkennen:
Salutogenese in der Praxis
U. Brucks, W.-B. Wahl, W. Schüffel 37

Literatur zu Teil 1 49

Teil 2
Therapeutische und präventive Interventionen
in der klinischen Versorgung 11

Einleitung: U. Schnyder 57

Beitrag 1:
Ein Blumengarten in Irland.
Neuorientierung nach lebensbedrohlicher Krankheit
U. Schnyder.. 59

Beitrag 2:
Der Fall von Avner
B. Maoz.. 67

Beitrag 3:
Der hypochondrische FC Chelsea Fan
S. Büchi... 75

Beitrag 4:
Probiotika in der Therapie akuter und chronisch
rezidivierender Infekte - eine salutogenetische Perspektive?
B. Kolb-Niemann 87

Beitrag 5:
Erfolg im Beruf und Erfüllung in der Freizeit
als protektive Faktoren bei koronarer Herzkrankheit
B. Horn 95

Beitrag 6:
Vom Symptom zur Selbstheilung
M. Isler 103

Beitrag 7:
Körperorientierte Psychotherapie bei einer
„psychosomatischen" Störung
A. Leitner 109

Beitrag 8:
Der vierte Therapieversuch
S. Altmeyer, E. Petzold 117

Beitrag 9:
Salutogenese im biopsychosozialen Konzept:
Eine Diskussion anhand von zwei Patientenbesprechungen
S. Eychmüller, M. Sabbioni 125

Beitrag 10:
Ein Mann, der schwanger wurde und spielen lernte
W. Schüffel, U. Brucks 133

Beitrag 11:
Eine Ressource wurde vergessen
E. Petzold, S. Altmeyer, S. von Saldern 143

Literatur zu Teil 2 148

Teil 3
Projekte und Konzepte, die gesundheitsfördernde
Ressourcen einsetzen 153

Einleitung: *R. Johnen* 155

Beitrag 1:
Entwicklung und Inhalt des Suchtgefahrenprogramms
bei Preussen-Elektra
M. Schwaldat, R. Würtz 159

Beitrag 2:
Ressourcennutzung als Qualitätssicherungsfaktor –
Gesundheitsförderung für Mitarbeiter und Patienten in den
Universitätskliniken des Saarlandes in Homburg
R. Baumann, M. Frei, V. Köllner 163

Beitrag 3:
Gesundheitsförderung im salutogenen Kontext –
aus der Arbeit der Hessischen Arbeitsgemeinschaft für
Gesundheitserziehung e.V. (HAGE)
H. Renner 177

Beitrag 4:
Fahrdienstuntauglichkeit im öffentlichen Personennahverkehr – Lösungswege bei den Verkehrsbetrieben
der Stadt München
M. Schmid-Neuhaus 183

Beitrag 5:
Knochengesundheit und Sense of Coherence
H. W. Minne, M. Scholz 193

Beitrag 6:
Trauma, Gesundheit und Ressourcen – Bilanz einer neun-
jährigen Konzeptarbeit mit Helfern in Katastropheneinsätzen
W. Schüffel, B. Schade 197

Beitrag 7:
Salutogenetische Elemente in der Suizidologie
H. Wedler 215

Beitrag 8:
Das Sprechen des Körpers als Ressource für Gesundheit: das
Unterrichtsprojekt „Subjektive Anatomie"
R. Johnen 221

Literatur zu Teil 3 235

Teil 4
Sozialisation unter salutogenetischem Aspekt 241

Einleitung: *V. Köllner* 243

Beitrag 1:
Wandel des Denkens in der Medizin?
Wandel der ärztlichen Ausbildung?
H. G. Pauli, W. Schüffel 245

Beitrag 2:
Arzt und Patient, Arzt gleich Patient:
Überlegungen zur Salutogenese des Arztes
R. Schwan, W. Langewitz, C. Stosch 261

Beitrag 3:
Anamnesegruppen – salutogenetischer Faktor
im Medizinstudium?
V. Köllner, T. Loew 265

Beitrag 4:
Salutogenetische Wirkfaktoren der Balintgruppenarbeit
M. Bähr, V. Köllner 271

Beitrag 5:
Salutogenetische Auswirkungen der Integration
systemischen Denkens auf die Berufszufriedenheit
G. Flatten 277

Beitrag 6:
Ressourcenorientierte ärztliche Fortbildung
F. Anschütz 285

Beitrag 7:
Fallbesprechungen mit Patienten in der Fortbildung
zur psychosomatischen Grundversorgung
W. Schüffel, U. Brucks 293

Beitrag 8:
Das Gesundheitssystem neu denken
E. Huber 309

Literatur zu Teil 4 315

Teil 5
Forschungsaspekte zur Salutogenese 321

Einleitung: *F. Lamprecht* 323

Beitrag 1:
Kohärenzgefühl und Salutogenese: Aaron Antonovskys Konzept
gesundheitsprotektiver Ressourcen
M. Sack, F. Lamprecht 325

Beitrag 2:
Der Einfluß des Kohärenzgefühls auf die Entwicklung post-
traumatischer Belastungsstörungen nach Verkehrsunfällen
U. Frommberger, R.-D. Stieglitz, E. Nyberg, S. Straub, M. Berger .. 337

Beitrag 3:
Extrembelastungen ohne psychsische Folgeschäden:
Gesundheitspsychologische Konzepte und Befunde
A. Maercker 341

Beitrag 4:
„Kohärenzerleben" (Sense of Coherence): Zentraler Bestandteil
von Gesundheit oder Gesundheitsressource?
M. Rimann, I. Udris 351

Literatur zu Teil 5 365

Teil 6
Arzt-Patient-Gespräch und Kommentar 375

Beitrag 1:
Patientin und Arzt im Gepräch
Benyamin Maoz und Patientin Nora anläßlich des
5. Wartburg-Gesprächs in Dresden, Januar 1997
B. Maoz 377

Beitrag 2:
Kommentar zum Arzt-Patienten-Gespräch
W. Schüffel 387

Einführung

Dieses Buch über die Gesundheit beschäftigt sich mit der Frage, wie sich der Mensch in seinem individuellen Lebensraum in kreativer Weise entwickelt, hierbei eine Balance zwischen Gesundheit und Krankheit findet und wie er sein Leben eigenverantwortlich gestaltet. Gesundheit wird als die Fähigkeit verstanden, kreativ mit sich und mit seiner Umwelt umzugehen.

Dabei stehen die praktische Umsetzung der Salutogenese und das Verständnis für das zugrundeliegende Konzept von Aaron Antonovsky (1987, 1997) im Mittelpunkt.

Paradigmenwechsel und Salutogenese

Das Konzept der Salutogenese beschreibt die Wege der Gesundheitsentstehung. Ihm liegen Überlegungen zugrunde, die deutlich machen, daß die Medizin vor einem dreifachen Paradigmenwechsel steht:

Sie sieht sich der Aufgabe gegenüber, das Phänomen der Gesundheit zu untersuchen und es zu einer zentralen Fragestellung ihrer Epidemiologie zu machen. Erstmals in der Menschheitsgeschichte haben nahezu alle Menschen eines Geburtsjahrgangs die Chance, gemeinsam alt zu werden. Doch nach wie vor sind Krankheit und vorzeitiger Tod sozial ungleich verteilt, und der Zugewinn an Lebensjahren ist oft begleitet von chronischer Erkrankung und frühzeitig verminderter Leistungs- und Genußfähigkeit.

Dieser **erste Paradigmenwechsel** bezieht sich auf die Epidemiologie: Die Entwicklung der Lebensbedingungen, die dadurch hervorgerufenen Erkrankungsrisiken und die Gründe, einen Arzt aufzusuchen, haben sich dahingehend verändert, daß chronische Erkrankungen und die Sinnkrisen des täglichen Lebens die Arbeit im Gesundheitswesen prägen. Dadurch werden die Grenzen zwischen gesund und krank fließend, und die Krankheitslehre wird immer ungeeigneter, den tatsächlichen (Be-)Handlungsbedarf zu beschreiben.

Der **zweite Paradigmenwechsel** besagt, daß Gesundheit einen Prozeß, kein vorgefundenes Produkt, bezeichnet. Die Gesundheit als Normvorstellung gibt es nicht. Normvorstellungen, abgeleitet vom Maschinenmodell der alten Medizin, richten sich am Leistungsideal eines Hochleistungssportlers aus.

Was wir als Gesundheit verstehen, ist dagegen das Ergebnis eines lebenslangen Prozesses der Auseinandersetzung zwischen salutogenen und pathogenen Kräften. Beide Kräfte finden sich in jedem Menschen zu jedem Zeitpunkt.

Diesen zweiten Paradigmenwechsel könnte man als „ökologisches Denken in der Medizin" bezeichnen. Das Wissen über Krankheitsbilder und ihre typische Entwicklung muß ergänzt werden um das Wissen über die Anpassungsfähigkeit lebender Systeme oder – weniger allgemein ausgedrückt – über die Handlungsspielräume von Menschen und sozialen Gruppen, sich mit Krankheit und ihren Folgen erfolgreich zu arrangieren.

Der **dritte Paradigmenwechsel** bezieht sich darauf, daß Patient wie Arzt Subjekte sind. Dabei spielt eine Rolle, daß diese beiden Subjekte ihre Vorstellungen von Autonomie in wechselseitigem Respekt und in gegenseitiger Verbundenheit verwirklichen.

Dieser Paradigmenwechsel fordert eine höhere Autonomie des Patienten ein. Das individuell zutreffende Gleichgewicht müssen Patient und Arzt für ihren Handlungsraum gemeinsam finden. Der Arzt macht sich Illusionen – und steigert den unnötigen Medikamentenkonsum –, wenn er seine Aufgabe allein darin sieht, die Krankheit oder ihre Symptome zu beseitigen.

Hier schließt sich der Kreis: Das individuell richtige Gleichgewicht läßt sich nur aus der Biographie des Patienten, aus seinen Erfahrungen und seinem sozialen Umfeld entwickeln. Das Konstrukt „Sense of Coherence" mit seinen drei Dimensionen kann dabei zum Orientierungspunkt für beide werden. Ein höheres Kohärenzerleben spiegelt dem Patienten ebenso wie dem Arzt das zurückgewonnene Gleichgewicht wider.

Für wen wurde dieses Buch geschrieben?

Das vorliegende Buch richtet sich primär an Ärzte und allgemein an Angehörige der Heil- und Pflegeberufe. Angesprochen sind all jene Menschen, die sich von reinen Machbarkeitsvorstellungen abgrenzen, also diejenigen, die Fragen nach dem Sinn menschlichen Lebens in ihre Überlegungen mit einbeziehen und bei einem solchen Vorgehen auf Konsultation bzw. Beratung Wert legen. In der ärztlichen Gruppierung sind es Ärzte mit einem ganzheitlichen Anspruch, z.B. Ärzte der psychosomatischen Grundversorgung, Ärzte aus Balint-Gruppen, Vertreter der Integrierten Medizin, aus Qualitäts- und Ärztezirkeln mit systemisch-interaktivem Ansatz, mit naturheilkundlicher Ausrichtung etc. Kurz: Diejenigen Menschen sind angesprochen, die den Diskurs darüber suchen, wie im Gesundheitswesen eigene Kräfte gefördert werden.

Die Herausgeber nahmen an den Wartburg-Gesprächen (Schüffel, 1992) teil, benannt nach dem Ort des ersten der seit 1992 jährlich stattfindenden Seminare (unterstützt von der Landesärztekammer Hessen und von der Hessischen Arbeitsgemeinschaft für Gesundheitserziehung, HAGE) zum Verständnis des Gesundheitsbegriffs. Das übergeordnete Thema lautete damals und seither: „Gesundheit als Grundrecht in Europa – eine Utopie?"

Die Gespräche entstanden aus der Situation der deutschen Wiedervereinigung heraus: Bereits damals, d.h. in der Zeit um 1989/90, war zu erwarten, daß es zu tiefgreifenden Veränderungen im Gesundheitswesen kommen würde. Hierauf verwiesen unter anderem niederländische und britische Erfahrungen.

Die Teilnehmer entschieden sich schon während des 1. Wartburg-Gespräches für das Konzept der Salutogenese, da es geeignet erscheint, die vielfältigen Beziehungen zwischen dem Individuum und seiner Umwelt widerzuspiegeln. Es entspricht demokratischer Tradition, individueller Selbstbestimmung und sozialer Konfliktlösung.

Grundelemente des Salutogenesekonzepts

Das Konzept der Salutogenese (von lat. salus: gesund, griech. Genese: Entstehung) beschreibt Kräfte, die dem Individuum helfen, Gesundheit zu entwickeln. Diese Kräfte fördern die Fähigkeit des Individuums, mit den Belastungen des Lebens erfolgreich, eben kreativ, umzugehen. Dadurch entwickelt es den von Antonovsky so bezeichneten „Sense of Coherence" (SOC). Dem Vorschlag Frankes (1997) folgend, wird dieser Begriff mit „Kohärenzgefühl" übersetzt. Es scheint bereits in den Kindheitsjahren in seinen Grundzügen angelegt zu sein und bewirkt, daß wir mit den täglichen Belastungen wie auch mit schweren Traumata menschlichen Lebens in einer uns eigenen Weise umgehen. Der Begriff wurde als Forschungskonstrukt von Antonovsky 1987 folgendermaßen definiert:

Das Kohärenzgefühl (SOC) ist eine „Grundorientierung, die das Ausmaß eines umfassenden, dauerhaften und gleichzeitig dynamischen Gefühls des Vertrauens darauf ausdrückt, daß

1. die Ereignisse im Leben strukturiert, vorhersehbar und erklärbar sind;
2. die Ressourcen verfügbar sind, um den aus den Ereignissen stammenden Anforderungen gerecht zu werden;
3. diese Anforderungen Herausforderungen sind, die Interventionen und Engagement lohnen" (Übersetzung nach K. Köhle, 1994). Der SOC besteht aus drei Komponenten, die Antonovsky mit „comprehensibility", „manage-

ability" und „meaningfulness" bezeichnet. Darunter versteht er:

Comprehensibility: Es handelt sich um eine kognitive Komponente, die dem Individuum verhilft anzunehmen, daß Informationen geordnet, in sich schlüssig, strukturiert und klar, also nicht chaotisch, ungeordnet, zufällig, willkürlich oder unerklärlich sind. Es geht um die **Verstehbarkeit**.

Manageability: Hierbei handelt es sich um die eigene Stellung in der Welt der Akteure. Diese Dimension steckt das Spektrum ab zwischen der Position des Pechvogels, also im „Schlamassel" zu stecken (was sich bis hin zur Paranoia steigern kann), und der Position, das Leben mit seinen Abläufen in einer positiven Weise als Herausforderung zu sehen. Dies besagt, daß Hilfsquellen zur Verfügung stehen, die internalisiert sind oder von signifikanten anderen geliefert werden. Solche Quellen können Partner, Freunde, Kollegen, Ärzte, aber auch Gott oder eine Tradition oder eine Weltanschauung sein, in die man sich stellt, auf die man baut und der man vertraut. Diese Dimension schützt gegen das Gefühl, hilfloses Opfer zu sein. Manageability wird mit „**Handhabbarkeit**" übersetzt (Franke). Wegen seiner Bezugnahme auf den anderen wird vorgeschlagen, die Bedeutung der Gegenseitigkeit bei diesem Begriff zu bedenken.

Meaningfulness: Dies ist die eigentliche emotionale Komponente. Die Welt und ihre Abläufe sind es wert, daß man sich engagiert. Man engagiert sich als Teilhaber desjenigen Prozesses, der das eigene Schicksal ebenso formt wie die täglichen Erfahrungen. Im Original liest sich das so: *„...as a participant in the processes shaping one's destiny as well as one's daily experience."* Hier ist **Bedeutsamkeit** gemeint.

Zur Person und zum Werk von Aaron Antonovsky

Ein verbindendes Element aller Beiträge ist der Bezug auf A. Antonovsky, der den Begriff „Salutogenese" geprägt hat. Seine Idee steht nicht allein; auch andere Wissenschaftler und Wissenschaftlerinnen vor, neben und nach ihm haben sich mit der Frage nach der Gesundheit befaßt. Aber Antonovskys Ansatz ragt heraus. Drei Gründe halten wir für ausschlaggebend:

- Antonovsky ist radikal und anspruchsvoll genug, um eine echte Diskussion herauszufordern. Deswegen halten wir auch den Begriff „Paradigmenwechsel" für gerechtfertigt.
- Sein Konzept ist offen genug, so daß vielfältige Fragestellungen aus verschiedenen Disziplinen und vor allem auch wirklich interdisziplinäre Fragen damit verknüpft sein können.
- Es gibt mit dem von ihm entwickelten Fragebogen inzwischen eine hinreichend große Forschungsbasis, um die empirische Aussagefähigkeit seines Konzepts zu überprüfen und weiterzuentwickeln.

Aaron Antonovsky wurde 1923 in Brooklyn/USA geboren, wohin seine Eltern eingewandert waren. Er studierte Soziologie an der Yale-Universität und emigrierte 1960 nach Israel, wo er am Institut für angewandte Sozialforschung in Jerusalem arbeitete. Hier wandte er sich verstärkt der Medizinsoziologie zu. Insbesondere seine Arbeiten zur sozialen Ungleichheit hinsichtlich Krankheit und Tod erlangten Bedeutung für die Erkenntnis, daß auch in entwickelten industrialisierten Gesellschaften soziale Ungleichheit fortbesteht.

1972 wurde Antonovsky aufgefordert, eine zentrale Rolle beim Aufbau einer medizinischen Hochschule an der Ben-Gurion-Universität des Negev in Beer Sheva, Israel, zu übernehmen. In Übereinstimmung mit Moshe Prywes, dem Medizinischen Gründungsdirektor und Dekan der Medical School, gelang es ihm und seinen Kollegen, dieser Einrichtung den Namen „Faculty of Health Sciences" zu geben. Er verfolgte also bereits hier den Ansatz einer integrativen, gemeindeorientierten Gesundheitswissenschaft und einer diesbezüglichen Ausbildung. Bei der Auswahl der Studienbewerber durch die Mitglieder der Aufnahmekommission, die er neun Jahre leitete, setzte er sich dafür ein, den Wert von Zeugnissen und Noten herabzusetzen zugunsten der höheren Bewertung von praktischem Engagement und bereits bewiesener praktischer Kompetenz und Verantwortlichkeit.

Antonovsky war mehrfach als Gastprofessor im Ausland tätig, unter anderem 1959/60 in Teheran, 1977/78 und 1983/84 in Berkeley/Kalifornien und 1988/89 in Bern. Er starb 1994 in Jerusalem.

Antonovsky selbst gibt drei Wurzeln seines Denkens an: Seine medizinsoziologische Arbeit und insbesondere seine Auseinandersetzung mit der Streßforschung haben ihn dazu geführt, neben Risikofaktoren auch „Widerstandsressourcen" gegen Stressoren mit einzubeziehen (1979). Dies begründete seine These: „Stark streßbelastete Personen mit einem Mangel an Widerstandsressourcen erkranken." Diese Formulierung blieb jedoch im Bereich der pathogenetischen Frage, wie er später selbstkritisch anmerkte.

Erst die positive Aussage, daß es ein Potential gibt, das die Chance erhöht, gesund zu bleiben, eröffnet die salutogenetische Fragestellung. Was dieses Potential genau ausmacht, hat Antonovsky mit dem Begriff des Kohärenzgefühls beschrieben und empirischer Forschung zugänglich gemacht.

Die zweite Wurzel ist eine viel tiefer gehende, persönliche: „Ich bin tief und überzeugt jüdisch. 2000 Jahre jüdische Geschichte, die ihren Höhepunkt in Auschwitz und Treblinka fand, haben bei mir zu einem tiefen Pessimismus in bezug auf Menschen geführt. Ich bin überzeugt, daß wir uns alle im gefährlichen Fluß des Lebens befinden und niemals sicher am Ufer stehen."

Der letzte Satz bezieht sich auf ein Bild, das in der amerikanischen Präventivmedizin beliebt war: Es vergleicht die kurative Medizin mit dem Versuch, Ertrinkende zu retten, während die Präventivmedizin weiter oben am Fluß vor den gefährlichen Strudeln steht und die Menschen davor bewahrt hineinzugeraten. Antonovsky warnt hier also zugleich vor den Machtphantasien, die die Präventivmedizin dazu verleiten, Lebensgewohnheiten von Menschen zu beurteilen und autoritär zu regeln.

Die dritte Wurzel besteht in der Zusammenarbeit mit seiner Frau, die eine anthropologisch ausgebildete Entwicklungspsychologin ist. Diese Verbindung zur Kulturanthropologie sorgte dafür, eine Verengung auf das westlich-individualistische Menschenbild zu vermeiden. Kohärenzgefühl ist daher nicht gleichzusetzen mit gesundheitspsychologischen Konstrukten wie „self-efficacy" (sinngemäß: die Überzeugung, Anforderungen aus eigener Kraft bewältigen zu können) von A. Bandura (1977) oder „hardiness" (Ausdauer, Zähigkeit) von S. Kobasa (1982). Ihnen gemeinsam ist eine starke Betonung der Kontrolle, die der einzelne über sich und die Anforderungen der Umwelt haben soll – ein Menschenbild, das sich auf die Formel bringen läßt: „Alles im Griff".

Im Unterschied zu dieser auf das Individuum zugeschnittenen Sicht wird mit dem Kohärenzgefühl das Vertrauen hervorgehoben, sich dem „gefährlichen Fluß des Lebens" überlassen zu können und Auswege zu finden oder Krisen zu meistern, wobei die Hilfe anderer genauso wichtig ist wie die eigene Kraft. Als Feld für weitere Forschung war Antonovsky daher besonders von der Frage fasziniert, ob und wie das Kohärenzgefühl als Merkmal eines Kollektivs – einer Familie, Gruppe oder Kultur – zu begreifen ist.

Zum Aufbau dieses Buches

Teil 1 des vorliegenden Buches, der von Ursula Brucks betreut wird, beschäftigt sich mit der Entwicklung und der theoretischen und praktischen Einordnung des Konzepts der Salutogenese.

Der Beitrag von B. Maoz, der als Professor für Psychiatrie und Leiter der Psychiatrischen Universitäts-Poliklinik ein Kollege von Antonovsky in Beer Sheva war, gibt explizit – und teilweise noch mehr implizit – den historischen und kulturellen Hintergrund wieder, vor dem Antonovskys Arbeit zu sehen ist.

Wie in Deutschland, so mündete auch in Israel das Entsetzen über den Holocaust zunächst einmal in Schweigen (Bar-On, 1993) und in – teilweise rigorose – Aktivitäten zum Aufbau des Landes. Obwohl jüdische Organisationen spätestens seit der Gründung des Jüdischen Weltkongresses 1936 alles taten, um jüdische Verfolgte zu retten und Flüchtlingen zu helfen, standen diese mit ihren Problemen allein da, sobald ihre Einwanderung nach Israel gelungen war. Erst drei Jahrzehnte nach dem Ende des zweiten Weltkriegs wurden in den großen Städten Israels spezielle Beratungs- und Therapiezentren eingerichtet (S. I. Troen, 1993; H. Torok-Yablonka, 1993).

Es ist aus heutiger Sicht kaum zu ermessen, welche Herausforderung die 1971 veröffentlichte Studie über die Frauen darstellte, die den Holocaust überlebten und 25 Jahre später psychisch und körperlich gesund waren. Diese Studie der Forschungsgruppe, zu der A. Antonovsky und B. Maoz gehörten, wird am Anfang des Beitrags von B. Maoz genauer dargestellt. Sie war für Antonovsky der Ausgangspunkt für die Frage nach der Salutogenese.

Wegen dieses Ausgangspunkts scheint es manchmal, als gehöre das Konzept der Salutogenese vorrangig in den Bereich der Psychotraumatologie. Tatsächlich ist ein Konzept, das dazu beiträgt, den Opfern von Katastrophen, lebensbedrohenden Unfällen oder Krankheiten, Gewalt und Verfolgung zuzuhören und helfen zu können, schon allein deswegen die Beachtung wert. Eine Reihe von Beiträgen und Fallbeispielen in diesem Band – so auch der ebenfalls von B. Maoz dargestellte „Fall von Avner" – zeigen dies. Aber damit allein ist der Anwendungsbereich nicht ausgeschöpft.

B. Maoz führt insbesondere aus, daß Salutogenese keinen Gegensatz, sondern eine notwendige Ergänzung zur herkömmlichen Medizin bildet. Dies gilt einmal für die Integration präventiven Denkens in die Medizin von der primären Prävention bis hin zur Rehabilitation und zum zweiten auch in institutioneller Hinsicht: Das Konzept der Salutogenese kann der gemeinsame Bezugspunkt verschiedener Professionen und Versorgungsebenen im Rahmen einer gemeindeorientierten Gesundheitsversorgung und einer darauf ausgerichteten Ausbildung sein. Aus praktischer Sicht am wichtigsten ist vielleicht die Wiedereinführung einer biographisch orientierten Anamnese, die im krankheitsbezogenen Denken in den Hintergrund getreten ist.

B. Maoz macht deutlich, daß mit den „illness narratives", den Erzählungen der eigenen Krankheitsgeschichte, die Anamnese selbst eine therapeutische Wirkung erhält, weil die Erzählung dem Patienten ermöglicht, die Erkrankung in seine Lebensgeschichte einzugliedern und Handlungsspielräume zu entdecken. Hier liegt auch die praktisch relevante Brücke zwischen der Psychotraumatologie und den Sinnkrisen des täglichen Lebens, die heute auf dem Hintergrund einer säkularisierten Kultur zunehmend an den Arzt herangetragen werden.

Dieser Punkt bildet einen der drei Paradigmenwechsel, die U. Brucks in ihrem Beitrag darstellt, um zu begründen, daß Salutogenese der „nächstmögliche Schritt" der Entwicklung medizinischen Denkens ist. Sie greift dabei vor allem den Gedanken von Antonovsky auf, daß die Medizin eines neuen Denkens bedarf. Dieses beinhaltet die oben angeführten drei Paradigmenwechsel.

Der Beitrag von U. Brucks, W.-B. Wahl und W. Schüffel gibt einen Bericht über Ansätze, salutogenes Denken in praktisches Handeln umzusetzen. Dabei steht der allgemeinmedizinisch tätige Arzt im Vordergrund. Aber es wird auch diskutiert, wie sich dies auf die spezialisierte und stationäre Therapie einerseits und auf die Gesundheitsförderung andererseits übertragen läßt. Obwohl die Autoren auf jahrelange und auch zunehmend ermutigende Erfahrungen zurückgreifen können, handelt es sich doch um neue Ansätze. Sie sind zwar in Verbindung mit dem Konzept der Salutogenese von Antonovsky entwickelt worden, unterscheiden sich jedoch in der Begrifflichkeit, die aus den eigenen Arbeitszusammenhängen mit niedergelassenen Ärzten stammt. Die drei Autoren stellen die Fallbetrachtung in den Mittelpunkt ihrer Überlegung und beschreiben Möglichkeiten, sie so zu strukturieren, daß es möglich wird, das individuell richtige Gleichgewicht, beziehungsweise Wege dorthin, zu finden.

Damit ist der Beitrag auch ein Bindeglied zum Teil 2 und zum Teil 3. In beiden werden Behandlungserfahrungen und die Fruchtbarkeit eines salutogenen, ressourcenorientierten Denkens in Fallbeispielen wiedergegeben und epikritisch diskutiert.

Teil 2, der von Ulrich Schnyder betreut wird, besteht aus elf Beiträgen. Sie geben die Schicksale einzelner Menschen im Hinblick auf Gesundheit und Krankheit wieder. Es wird deren Einstellung zum Leben (B. Maoz) beschrieben, die ihnen im Sinne des Kohärenzgefühls ermöglicht, sich auf die Anforderungen des täglichen Lebens einzustellen.

Ausdrücklich sind diese Lebens- und Behandlungsberichte (nicht Krankengeschichten!) so angelegt, daß gefragt wird, wie der einzelne seine Handlungskompetenz im Sinne eines persönlichen Spielraums erweitert. Das vorrangige Ziel besteht nicht darin darzulegen, wie Risikofaktoren gemindert oder ausgeschlossen werden können. Dies wird in den herkömmlichen, pathogenetisch orientierten Büchern der Medizin und ihren Kasuistiken getan. Im Blickpunkt steht vielmehr die Darstellung, wie sich der einzelne in seiner Belastbarkeit, Konfliktfähigkeit und Handlungsfähigkeit erlebt, deren Wechselspiel Ausdruck des Kohärenzgefühls ist. Es wird angenommen, daß das Kohärenzgefühl den Chronifizierungsprozessen bei längerer Krankheit entgegenwirkt.

Jeder dieser Berichte führt vor Augen, daß die salutogenetische Betrachtungsweise nicht an die Stelle der pathogenetischen gerückt wird. Vielmehr wird gezeigt, daß es sich um komplementäre Betrachtungs- und Vorgehensweisen handelt. Insgesamt spiegelt dieser 2. Teil die Überzeugung der Herausgeber wider, daß durch eine biographisch gehaltene Darstellung, d.h. auf narrative Weise, die salutogenetische Betrachtungsweise am besten abgebildet werden kann.

Im 3., von Rolf Johnen betreuten Teil des Buches geht es um Projekte und Konzepte, deren Entwicklung durch den salutogenetischen Ansatz beeinflußt wurde. Der praktische Kontext dieser Beiträge ist sehr vielfältig; er reicht von der gemeindebezogenen und betrieblichen Gesundheitsförderung bis hin zu selbstorganisierten multiprofessionellen Gruppen, die neue Konzepte für ihre therapeutische Praxis entwickeln. Zwei Fragestellungen liegen diesen Beiträgen zugrunde: Wie findet der Gedanke der Salutogenese Eingang in die Projekte und Konzepte?, und: Wie beeinflußt er die Handlungskompetenz der hier Tätigen?

Ausgehend von den kulturanthropologischen Überlegungen, die in sein Konzept einfließen, hat Antonovsky sich ausführlich mit der Vorstellung auseinandergesetzt, daß der Träger des Kohärenzgefühls auch ein Kollektiv – eine Gruppe, Institution oder Gesellschaft – sein könnte. Weiterführend können wir die Frage stellen, ob ein Betrieb, eine Gemeinde oder ähnliches eine gesundheitsförderliche Kultur besitzen und ebenso aussehen könnte.

Solche Fragen sind eine Gratwanderung: Allzu leicht assoziiert man mit ihnen eine ideologische Geschlossenheit – eine Ausrichtung auf eine Idee. Diese Gefahr birgt auch das Konzept der Gesundheitsförderung der WHO (1984) in sich. In jüngster Zeit wird zwar der selbstbestimmte Bürger entsprechend der Ottawa-Charta (1986) in den Vordergrund gerückt (Trojan, 1996); wer aber klärt den Bürger auf und befähigt ihn zu sachgerechten Entscheidungen?

Auch diese Fragen liegen den Beiträgen von Teil 3 zugrunde. Als mögliche Antwort kristallisiert sich heraus: Wenn Organisationen und Institutionen Spielraum für offene und lebendige Auseinandersetzung bieten, wenn sie eine „Erzählkultur" haben, in der Subjektives zur Sprache kommt, und wenn „neues Denken" im Sinne eines Paradigmenwechsels vorbereitet werden kann, dann besteht diese Chance zu sachgerechten Entscheidungen.

Im 4., von Volker Köllner betreuten Teil geht es um Fragen der Sozialisation, nämlich um die Übernahme sozialer Rollen, die bereits durch die neuen Paradigmen beeinflußt wurden. Hegel, der Descartes' Aufteilung der Welt in eine „res extensa" und eine „res cogitans" nicht akzeptieren konnte, hatte bereits 1827 in seiner Berliner Vorlesung sinngemäß gesagt, daß die Physik nicht mehr das sei, was sie war. Damals ging es um die Frage, wie die neu entdeckte Elektrizität zu erklären sei. Während sich heute die Physik tatsächlich gewandelt hat, herrscht in der Medizin weiterhin das cartesianische Denken vor. Gleichzeitig finden sich Ansätze in der Medizin, sich hiervon zu befreien. Systemisch-interaktives Denken erlaubt gleichermaßen, Begriffe wie Aufwärts-/Abwärtsbewegung, Emergenz aus dem Systemischen und Subjektivität,

Übertragung/Gegenübertragung oder Prozeßablauf aus dem Interaktiven in die Medizin einzuführen. Die Beiträge dieses Abschnitts weisen in ihrer Gesamtheit darauf hin, daß eine Zusammenführung der verschiedenen Ansätze im Gesundheitswesen im Sinne eines „neuen Denkens" (Huber) erforderlich ist.

Der 5. Teil, der unter der Leitung von Friedhelm Lamprecht entstand, behandelt Forschungsfragen zur Salutogenese, insbesondere zum Kohärenzgefühl. Im Mittelpunkt steht der von Antonovsky entworfene Fragebogen, der „Sense of Coherence Questionnaire" (SCQ), der zu einer Vielzahl empirischer Forschungsarbeiten herangezogen wurde. Beim Einsatz dieses Fragebogens sollte berücksichtigt werden, daß die hier enthaltenen Unterskalen aufgrund von Interviews a priori festgelegt wurden. Es handelt sich nicht um ein Testinstrument aus dem Bereich der Individualpsychologie, innerhalb derer versucht wird, „latent traits" zu extrahieren. Die zukünftige Forschung wird sich verstärkt mit der Frage auseinandersetzen müssen, über welche konzeptionellen Ebenen die Wirkung des SOC beim Einzelnen zu erklären ist bzw. wie der SOC von diesen Individuen wiederum beeinflußt und eingesetzt wird.

Das Buch schließt mit dem Verbatim-Protokoll eines anläßlich des 5. Wartburg-Gespräches 1997 in Dresden geführten ärztlichen Gespräches ab, das eine salutogen orientierte Zielsetzung verfolgt. Ein derartiges Gespräch stellt den Kern der Wartburg-Gespräche (von denen das sechste 1998 in Nauheim ablief und das siebte 1999 in Weimar stattfinden wird) zum Konzept der Gesundheit dar. An ihm nimmt der Patient persönlich teil und der Arzt nimmt die Behandlungs-Geschichte auf. Das geschieht in Gegenwart einer größeren Anzahl von Kollegen aus den Heilberufen. Diese tauschen sich in Anwesenheit des Patienten über das Gehörte aus.

Wir bezeichnen das Buch als „Handbuch". Wir verstehen hierunter ein Buch, das der Neugierige, mit neuen Paradigmen beschäftigte Leser am Arbeitsplatz, daheim oder andernorts in die Hand nimmt, aufschlägt und seine eigenen Erfahrungen mit denjenigen anderer vergleicht. Er beleuchtet zunächst die eigene Position und deren Ressourcen, um dann in neuartiger und in notwendiger Weise zu handeln.

Auch sehen wir den Leser in der Position desjenigen, der vergleichbar dem Teilnehmer des Wartburg-Gespräches oder der Nauheimer Fortbildung zur Psychosomatischen Grundversorgung (Teil 4 des Buches) einen interkollegialen Austausch betreibt. Er verfolgt, wie sich die zuhörenden Kollegen in seiner Gegenwart, aber ohne seine Intervention, über die ureigenste Geschichte austauschen. Es ist die Geschichte, die er mit dem Patienten gemeinsam erschaffen hatte. Sie wird umgeformt und bildet die oben angesprochene narrative Wirklichkeit einer Praxis und Theorie der Salutogenese ab. Dann muß der Leser mit seinem (tatsächlichen oder vorgestellten) Partner entscheiden, welche Ausschnitte dieser narrativen Wirklichkeit der Salutogenese er übernehmen kann. Er darf sich gewiß sein, daß die zuhörenden Kollegen die scheinbar nur zwei Personen angehörende Sache zur eigenen Sache gemacht haben.

Die Herausgeber meinen, daß die Darstellung einer Praxis und Theorie der Salutogenese in den fünf ausgewählten Teilbereichen am günstigsten den Entwicklungsstand wiedergibt, weil hierdurch der ablaufende dreifache Paradigmenwechsel am deutlichsten wird. Ein ausführliches Stichwortverzeichnis soll die Transparenz erhöhen.

Frau Gisela Heim übernahm als Lektorin des Verlages Ullstein Medical die ausgesprochen schwierige Aufgabe, die entstehende Wirklichkeit einer Praxis und Theorie der Salutogenese von 43 Autorinnen und Autoren aufeinander zuzuführen. Prüfstein war, wie Verstehbarkeit, Handhabbarkeit und Bedeutsamkeit in vermittelbarer Weise zu vermehrter Autonomie und damit Gesundheit beitragen. Die Herausgeber danken ihr für ihre Arbeit.

W. Schüffel, U. Brucks, K. Johnen, V. Köllner, F. Lamprecht, U. Schnyder

Marburg, Juni 1998

Literatur Einleitung

Antonovsky, A. (1979): Health, Stress, and Coping: New Perspectives on Mental and Physical Well-Being. Jossey-Bass Publishers, San Francisco, London.

Antonovsky, A. (1987): Unraveling the mystery of health. How people manage stress and stay well. Jossey-Bass Publishers, San Francisco, London.

Antonovsky, A. (1993): Gesundheitsforschung versus Krankheitsforschung. In: A. Franke & M. Broda (Hrsg.): Psychosomatische Gesundheit. dgvt-Verlag, Tübingen. S. 3-14.

Antonovsky, A. (1997): Salutogenese. Deutsche Übersetzung von Antonovsky, A. (1987): Unraveling the mystery of health. Herausgegeben von A. Franke. dgvt-Verlag, Tübingen.

Bandura, A. (1977): Self-Efficacy: Toward a Unifying Theory of Behavioral Change. Psychological Review, 84, S. 191-215. Bar-On, D. (1993): Die Last des Schweigens. Campus, Frankfurt/M.

Hegel, G. W. (1827): Enzyklopädie der Philosophischen Wissenschaften im Grundriß, §389. Herausgegeben von W. Bonsiepen & H. C. Lucas (1989). Felix Meiner Verlag, Hamburg.

Kobasa, S. C. (1982): The Hardy Personality: Toward a Social Psychology of Stress and Health. In: S. Sanders & J. Suls (Hrsg.): Social Psychology of Health and Illness. Erlbaum, Hillsdale, N. J.

Köhle, K., Obliers, R., Faber, J. (1994): Das Salutogenese-Konzept in Theorie und Praxis. In: F. Lamprecht & R. Johnen (Hrsg.): Salutogenese – ein neues Konzept in der Psychosomatik? VAS, Frankfurt.

Schüffel, W. (1992):1. Wartburggespräch. Abteilung Psychosomatik der Universität Marburg (Manuskript).

Torok-Yablonka, H. (1993): Überlebende des Holocaust in Israel: Gedanken zu einer einzigartigen Zuwanderung. In: K. J. Bade & S. I. Troen (Hrsg.): Zuwanderung und Eingliederung von Deutschen und Juden aus der früheren Sowjetunion in Deutschland und Israel. Bundeszentrale für politische Bildung, Bonn. S. 180-185.

Troen, S. I. (1993): Zuwanderung und Eingliederung: Die Perspektive eines Israeli. In: K. J. Bade & S. I. Troen (Hrsg.): Zuwanderung und Eingliederung von Deutschen und Juden aus der früheren Sowjetunion in Deutschland und Israel. Bundeszentrale für politische Bildung, Bonn. S. 26-35.

Trojan, A. (1996): Gesundheitsförderung gestern, heute und in Zukunft: Grundlagen, Ziele, Umsetzungsformen. Institut für Medizinische Soziologie der Universität Hamburg (Manuskript).

WHO (1984): Konzept und Prinzipien der Gesundheitsförderung. In: P. Franzkowiak & P. Sabo (Hrsg., 1993): Dokumente der Gesundheitsförderung. Verlag Peter Sabo, Mainz.

TEIL I

Das Konzept der Salutogenese

betreut von Ursula Brucks, Hamburg

Beitrag 1:
Salutogenese – Geschichte und Wirkung einer Idee
B. Maoz 13

Beitrag 2:
Salutogenese – der nächstmögliche Schritt in der Entwicklung
medizinischen Denkens?
U. Brucks 23

Beitrag 3:
Die Bedingungen für Veränderungen erkennen:
Salutogenese in der Praxis
U. Brucks, W.-B. Wahl, W. Schüffel 37

Literatur zu Teil 1 49

Beitrag 1
Salutogenese – Geschichte und Wirkung einer Idee

von Benyamin Maoz

1.1 Zur Entstehung der Frage nach der Salutogenese

Der Begriff „Salutogenese" steht dem in der Medizin oft gebrauchten Begriff „Pathogenese" gegenüber. Er führt zu der Fragestellung: Wie entsteht oder erhält sich Gesundheit? Welche Faktoren fördern Gesundheit?

Dies sind eigentlich so einfache und fundamentale Fragen, daß sie jeder Laie oder jedes Kind stellen könnte. Aber gerade naive Fragen sind oft grundlegend und die Antworten auf sie nicht einfach.

Aaron Antonovsky war ein sehr begabter Gesundheitssoziologe – und gleichzeitig ein naiver Mensch. Antonovsky pflegte über die von ihm formulierten und angeschnittenen Probleme tief, sehr intelligent sowie vor allem sehr ehrlich (mit sich selbst und gegenüber anderen) und geradlinig nachzudenken. Er war ein Nonkonformist, auch politisch, der regelmäßig an – manchmal gefährlichen – Demonstrationen linker Gruppierungen in Israel teilnahm, ein Mensch, den Tabus nicht zurückhielten und der darum auch imstande war, das gängige medizinische Paradigma zu durchkreuzen und das verdrängte Thema: „Wodurch bleibt ein Mensch relativ gesund?" anzuschneiden.

Seine Gedanken, Formulierungen und Hypothesen sind durch Beobachtungen und die Interpretation von statistischen Daten begründet, basieren also auf einer Interpretation und Konzeptualisierung von empirischem Material. Jede neue Hypothese versuchte er, wenn immer möglich, soziologisch-empirisch zu untersuchen.

So ging es auch mit der Idee der Salutogenese: Antonovsky untersuchte mit mir und einigen anderen Kollegen und Kolleginnen in den sechziger und siebziger Jahren die Anpassung von Frauen an die Menopause (auch dies ein Thema, das oft ein Tabu ist). Diese Frauen stammten aus fünf ethnischen Gruppen und Subkulturen in Israel und waren alle im Alter von 45 bis 54 Jahren (A. Antonovsky et al., 1971). Es war eine soziologisch-sozialpsychiatrische Studie über diese Altersgruppe und hatte mit dem Holocaust nichts zu tun. Erst später, als der Forschungsprozeß beendet war, kam Antonovsky auf die folgende Idee:

Eine der untersuchten Gruppen bestand aus Frauen, die aus Mitteleuropa nach Israel emigriert waren. Ein Teil war schon vor 1939 nach Palästina gekommen und ein Teil erst nach 1945, also nach dem Krieg und dem Holocaust. Wir beschlossen, diese beiden Teilgruppen der mitteleuropäischen Gruppe miteinander zu vergleichen – mit der Hypothese, daß diejenigen, die den Holocaust überlebt hatten, sich relativ schlechter an die Menopause anpassen würden. Unserer Hypothese lag die Erfahrung zugrunde, daß einschneidende Lebensereignisse in der Vergangenheit die aktuelle Anpassungsfähigkeit beeinträchtigen.

Die Ergebnisse bestätigten diese Erfahrung. Die Mehrheit derjenigen, die den Holocaust überlebt hatten, hatte sich in der Tat schlechter an die Menopause angepaßt als diejenigen, die schon vorher nach Palästina emigriert waren. Und dennoch hatte sich eine erhebliche Minderheit (29%) von diesen Holocaust-Überlebenden sehr gut an die Menopause angepaßt!

Hier zeigte sich die Originalität von Antonovsky; er stellte nämlich die folgende salutogenetische Frage: „Mich interessieren weniger die schlecht angepaßten Frauen. Ich möchte mich auf die erstaunliche Minderheit der gut Angepaßten konzentrieren. Woher haben diese Frauen, die so viel Schlimmes erlebt haben, die Kraft genommen, sich positiv auf die neue Lebensphase einzustellen?"

Antonovsky versuchte zunächst, diese Frage mit der soziologischen Theorie der Abhärtung („hardening") zu beantworten: Jemandem, der den Holocaust überlebt hat, „kann nichts mehr passieren". Für solch eine Person ist die Anpassung an die Menopause, relativ gesehen, kein Problem mehr.

Es ist interessant zu bemerken, daß wir – seine Kollegen (Helen Antonovsky, Nancy Datan, Henricus Wijsenbeek und ich; die Gruppe bestand also insgesamt aus zwei Frauen und drei Männern) – daran zweifelten, ob es wirklich eine Art Abhärtung und „Immunität" auf diesem Gebiet gibt. Es könnte genausogut umgekehrt sein: Diejenigen, die den Holocaust miterlebten, könnten übersensibel für spätere „stressful life events" sein, vor allem für solche, die assoziativ die Erinnerungen an die Traumata aus der Verfolgung wieder aktualisieren.

Ich möchte hier eine – in meinen Augen wichtige – Anekdote erzählen: Der einzige der Autoren des Artikels „Twenty-five years later" (A. Antonovsky et al., 1971), der selber im Konzentrationslager gesessen hatte, Henricus Wijsenbeek, opponierte heftig gegen Antonovskys Idee. Er meinte, daß jeder (!), der im Holocaust verfolgt wurde, psychisch geschädigt sei. Soziologische Untersuchungen erfassen, so argumentierte er, nur die „äußere" Anpassung und nicht das „innere" Erleben. Wijsenbeek hatte jedoch unbewußt etwas von Antonovskys Ideen in sich aufgenommen. Denn als kurz darauf der Jom-Kippur-Krieg (1973) ausbrach, behauptete Wijsenbeek, daß er „immun" sei. Da er den Holocaust erlebt habe, würde er sich nicht mehr über die Kriegsereignisse aufregen.

Nach wenigen Tagen bewies er dann das Gegenteil, als er die Nachricht bekam, daß sein Schwiegersohn im Krieg gefallen war. Er blieb in der ersten Phase sehr beherrscht, aber in den Tagen und Wochen danach reagierte er sehr irrational und emotional mit schweren Beschuldigungen gegenüber unbeteiligten, unschuldigen Personen.

Von diesem Punkt an beschäftigte sich Antonovsky auf seine eigene Weise mit der Frage der Salutogenese. Er arbeitete viele epidemiologische Untersuchungen durch und interessierte sich dabei hauptsächlich für die „gesunde Seite" (die Ärzte im allgemeinen nicht beachten), also für den Teil der Bevölkerung, der die untersuchte Krankheit (das untersuchte Symptom, Problem) nicht hatte.

Welche Merkmale charakterisierten diesen gesunden Teil? Der erste Paradigmenwechsel, den Antonovsky vorschlug, war eine neue Fragestellung in der Epidemiologie. Er versuchte, die von ihm gefundenen Eigenschaften der gesunden Menschen auf einen gemeinsamen Nenner zu bringen und die salutogenen Ressourcen in der inneren (körperlichen und psychischen) und in der äußeren (sozialen, kulturellen und ökologischen) Umgebung genauer zu beschreiben.

Das Ergebnis war die Formulierung der Lebenshaltung, die er „Sense of Coherence" (SOC) nannte: eine Lebenshaltung, die vermutlich beim jungen Menschen entsteht und dann salutogen in seinem Leben wirkt; eine Lebenshaltung oder Weltanschauung, die auf einem persönlichen, individuellen Gefühl und auf Überzeugungen und Werten, aber auch auf Erkenntnis, Auffassungsgabe, Verständnis, Erfahrung und aktiver Auseinandersetzung beruht, also auf einer emotional-kognitiven Mischung, die sich im Individuum zu einem „Schema" kristallisiert hat.

Es ist eine noch offene Frage, ob man den SOC auch noch bei Erwachsenen und Älteren fördern kann. Ebenso ist noch offen, ob man den SOC bei Menschen, die ein Potential dafür haben, ihn aber durch Störungen in ihrer Entwicklung nicht ausgebildet haben, vielleicht mit Hilfe einer Therapie weiterentwickeln könnte.

Ich möchte mich im folgenden nicht speziell mit dem SOC beschäftigen (dies wird in Teil 5 ausführlicher getan), sondern das allgemeine Konzept der Salutogenese genauer befragen: Was können wir Ärzte und Therapeuten mit diesem soziologischen Konzept anfangen? Ist dieses Konzept in der Praxis des Mediziners und des Psychotherapeuten brauchbar, und bringt es uns weiter?

Ich will diese Frage in drei Teilen besprechen:
1. Welche Bedeutung hat die Salutogenese für das medizinische Denken?
2. Welche Bedeutung hat die Salutogenese für die medizinische Praxis?
3. Welche Bedeutung hat die Salutogenese für die Psychotherapie?

1.2
Die Bedeutung der Salutogenese für Theorie und Praxis

1.2.1
Das medizinische Denken

Gesundheit – lateinisch salus: gesund, in Ordnung, auch: heil, gerettet, sicher, erlöst (im Hebräischen „Briut": so, wie Gott einen Menschen geschaffen hat) – war nie ein zentraler Begriff in der Medizin. Die meisten Mediziner beschäftigten sich mit der sogenannten kurativen Medizin, die Krankheiten behandelt und heilen will. Das klassische Fach, das sich innerhalb der Medizin mit Gesundheit beschäftigte, war die Hygiene: die Lehre der sanitären Fragen und Einrichtungen – ein im 16. und 17. Jahrhundert aus dem Griechischen abgeleiteter Begriff. Man verstand darunter vor allem den Schutz gegen Infektionen, Gifte, schädliche Stoffe und weitere schädliche Faktoren, aber auch die nötige Ernährung (Vitamine) und andere physische Notwendigkeiten für die normale Entwicklung des Körpers fielen darunter. Dieser Begriff wurde in unserem Jahrhundert erweitert auf psychische oder geistige Hygiene – ein sehr undeutlicher und schwer zu definierender Bereich.

In der zweiten Hälfte des 20. Jahrhunderts entwickelte sich statt der „altmodischen" Hygiene die „public health", also die öffentliche Gesundheitslehre, die sich aus autonomen Fächern zusammensetzt wie z.B. Epidemiologie, Gesundheitssoziologie und -psychologie, Gesundheitsökonomie, Recht, Organisation und Administration des Gesundheitswesens etc. Diese Fächer wurden an manchen Universitäten in einer besonderen Fakultät (Gesundheitswissenschaften) angesiedelt. Sie enthielten immer auch eine Komponente der „mental health", also der Lehre von der geistigen bzw. seelischen Gesundheit, manchmal z.B. als ein Teilgebiet der Sozialpsychiatrie.

Die medizinische Fakultät der Ben-Gurion-Universität in Beer Sheva/Israel, deren Mitbegründer Aaron Antonovsky war, war eine der wenigen, die die gesamte Fakultät „Faculty of Health Sciences" nannte, in der die „Medical School" einen Teil ausmacht. Auf diesem Namen bestand Antonovsky, der damals, 1973, schon ein integratives Konzept im Kopf hatte, nämlich eine Integration von Gesundheitslehre und Medizin, von präventiver und kurativer Medizin, von einer auf die Gemeinde gerichteten Fürsorge, Lehre und Forschung.

Parallel entwickelten sich die von Erich Lindeman (1944) und vor allem Gerald Caplan (1964) geprägten Konzepte der primären, sekundären und tertiären Prävention. Dabei sind die primäre und vielleicht auch ein Teil der sekundären Prävention mehr oder weniger mit der öffentlichen Gesundheitslehre („public health") identisch, während die tertiäre Prävention auch in den Rahmen der Behandlung und Rehabilitation von chronisch Kranken, Invaliden und Behinderten gehört.

Der praktische Arzt und vor allem der medizinische Wissenschaftler beschäftigen sich kaum mit der primären Prävention. Sie verstehen natürlich, daß es wichtig ist, nach bestimmten Regeln der Prävention zu leben, wie zum Beispiel bestimmte Verhaltensweisen zu beherzigen oder Gewohnheiten zu ändern: nicht zu rauchen, weniger Alkohol zu trinken, nicht zu viel und in richtiger Zusammenstellung zu essen, sich genügend zu bewegen, vorsichtiger zu fahren, vorsichtiger zu arbeiten und anderes mehr.

Aber all dies ist nicht unbedingt Sache des Arztes, sondern Angelegenheit der Gesellschaft und anderer Fachleute, z.B. von Gesundheitserziehern, Gemeindeschwestern, Ernährungsberatern, Epidemiologen, Soziologen, Statistikern, Ingenieuren, Rechtsanwälten oder Politikern, um nur einige der möglichen Beteiligten zu nennen. In manchen medizinischen Fächern, wie z.B. in der Geburtshilfe und der Pädiatrie, der Familienmedizin und der Kinderpsychiatrie, der Geriatrie und der Gerontopsychiatrie oder der Rehabilitationsmedizin haben die präventiven Ideen umfangreichere und tiefere Wurzeln geschlagen und wurden in die Praxis dieser Fächer integriert.

Es gibt zwei wichtige Unterschiede zwischen der primären Prävention und dem Gedanken der Salutogenese:

Mit dem Begriff „Prävention" ist eine Strategie gemeint, mit der Krankheiten verhindert und ihnen vorgebeugt werden soll, aber es wird nicht eine Förderung der Gesundheit angestrebt. Beide Ansatzpunkte sind keineswegs identisch!

Antonovsky hat deshalb darauf hingewiesen, daß Gesundheit und Krankheit zwei Pole innerhalb eines Kontinuums sind, im Sinne von „ease – dis-ease – disease". Hieraus begründet sich eine neue praktische Zielsetzung: Wodurch kann man Gesundheit bewahren und fördern? Dabei handelt es sich bei Antonovsky nicht nur um äußere Ressourcen, sondern auch um ein inneres Gefühl und die Auffassung, daß die gegebene Situation eine Struktur und einen Sinn hat und daß eine Handlungsmöglichkeit besteht, für die man sich einsetzen kann.

Zu beachten ist auch, daß es bei „public health" meistens um Gruppen von Menschen geht; in der salutogenen Fragestellung, und vor allem beim SOC, dreht es sich jedoch primär um den individuellen Menschen in Beziehung zu seiner Umgebung.

Der praktische Arzt – besonders der in der Grundversorgung tätige – beschäftigt sich wohl eher mit der sekundären Prävention. Bei sekundärer Prävention geht es um die (zufällige oder systematisch geplante, vom Patienten oder vom Arzt veranlaßte) Untersuchung von Gesunden, um frühe Zeichen und Vorläufer von Krankheiten zu entdecken. Dies ermöglicht eine frühe Behandlung von Krankheiten. Man denkt in diesem Zusammenhang natürlich vor allem an Krebs. Aber die sekundäre Prävention ist gerade auch auf dem Gebiet der Psychiatrie sehr wichtig. Man führe sich die relativ große Zahl der Depressionen und Angstzustände vor Augen, die in der medizinischen Grundversorgung manchmal überhaupt nicht oder sehr spät entdeckt und dadurch nicht richtig behandelt werden.

Auch die tertiäre Prävention, das heißt die Verhinderung von Komplikationen und Rezidiven bei chronisch Kranken und deren Rehabilitation, gehört zur klinischen Praxis, oft in Zusammenarbeit mit anderen Fächern, wie z.B. der Physiotherapie, der Beschäftigungstherapie, der Sozialarbeit usw. Tertiäre Prävention ist auch bei seelischen Störungen sehr wichtig, und zwar nicht nur durch Pharmaka. Man denke z.B. an die Möglichkeit, den Verlauf einer Schizophrenie dadurch zu mildern, daß die Familie ein weniger starkes „E.-E."-Verhalten erlernt (E. E. bedeutet „expressed emotions") (J. P. Leff u. C. E. Vaughn, 1985).

Parallel zur Formulierung der drei Stufen von Prävention entwickelten sich utopische Vorstellungen, z.B. im Rahmen der WHO in den 50er Jahren, über einen gesunden Menschen in einer gesunden Familie und in einer gesunden Gesellschaft, wobei man nicht nur die Verhinderung von Krankheiten meinte, sondern die Entwicklung eines umfassenden Wohlbefindens.

Dies waren deklarierte, bewußt utopisch formulierte Ziele oder Leitlinien für gesellschaftlich-politisches Handeln. Sie besitzen aber Anknüpfungspunkte zu früheren und parallelen Denkrichtungen.

In bestimmten psychologischen Schulen wurde von „self actualization" (W. W. Meissner, 1988, B. Maoz u. E. Landau, 1983) gesprochen, um das allgemeinste Therapieziel zu beschreiben: eine kreative Haltung des Menschen, die es ermöglicht, seine Potenziale zu entwickeln und originelle, für das Individuum neue Wege und Kombinationen zu finden oder zu erfinden. Vor allem in den USA nannte man in den 50er und 60er Jahren oft „happiness" als ein Ziel der menschlichen Entwicklung. Auch im Rahmen ethischer und religiöser Systeme und Organisationen wurden Regeln und Vorschläge aufgestellt, wie man das Leben erhalten und erfüllen kann, um sowohl körperlich als auch geistig gesund zu leben – je nachdem, wie eine bestimmte Lehre, Religion oder Ideologie dieses Ziel versteht und sieht.

In der jüdischen Kultur, aus der ja sowohl Antonovsky als auch ich stammen, spielt die absolute primäre Heiligkeit des Lebens eine große Rolle. Diese jüdische Haltung bejaht jede medizinische Tat, die das Leben rettet, erhält oder verlängert. Eine eingehende Beschreibung dieser Haltung gibt z.B. J. op 't Root in seinem Buch: „Als je leven zoekt" („Wenn Du auf der Suche nach dem Leben bist"). Darin analysiert er die Einstellung der jüdischen Lehre zum Thema Leben und Gesundheit genauer. Auch wenn dieses Buch im Rahmen der Medizinischen Fakultät in Maastricht erschienen ist, steht eine solche Problematik meistens keineswegs im Mittelpunkt der Medizin, und es ist kennzeichnend, daß J. op 't Root kein Arzt, sondern ein Sozialwissenschaftler und Pädagoge ist.

Diese geisteswissenschaftliche Arbeit wird ergänzt durch Fortschritte, die in der psychologischen Forschung der Entwicklung normaler Kinder erreicht wurden – mit der schon beinahe banalen Grundidee, daß eine normale Entwicklung in der (frühen) Kindheit „wellbeing", „happiness" und „self actualization" (also ein erfülltes Leben) im Erwachsenenalter ermöglicht. Dabei ging man vor allem auf die Mutter-Kind-Beziehung ein.

An dieser Stelle ist eine Zwischenfrage notwendig: Was ist mit „normaler" Entwicklung gemeint, was ist „normal"? Hierbei geht es immer um einen – meistens statistischen – Vergleich mit einer bestehenden Norm. Dies kann eine anatomische Norm sein, eine Norm der Entwicklung von bestimmten Funktionen und Verhaltensweisen, eine physiologische oder biochemische Norm oder eine gesellschaftliche oder kulturelle Norm, sogar die Norm eines bestimmten ethischen Wertes.

Antonovsky hat den Begriff der Norm in einen neuen Zusammenhang gestellt, indem er das Miteinander von Krankheit und Gesundheit als ein Kontinuum durch das Leben hindurch sieht.

Kommen wir zurück zur entwicklungspsychologischen Forschung: D. W. Winnicott sprach 1973 von der „good enough mother", einer Mutter, die dem Kind das Nötige, das Normale, nicht zuviel und nicht zuwenig gibt. Heute weiß man viel genauer, was man mit „good enough" meint. Ich denke hier an psychoanalytische Forschungen über die Entwicklung des Kindes, wie z.B. jene von Anna Freud, Margaret Mahler, Donald Winnicott, René Spitz und John Bowlby, aber auch an Forschungen aus der Ecke der „object relation theories", wo z.B. Melanie Klein, Michael Balint oder Otto Kernberg zu nennen sind, und schließlich an die „Selbst-Psychologie" von Heinz Kohut. Man könnte kurz – und natürlich unvollständig – zusammenfassen, daß ein Kind, das sich normal und gesund entwickeln soll, außer der „instrumentellen" (technischen, konkreten, physischen) Fürsorge und Ernährung auch eine „emotionale" Fürsorge nötig hat. Diese muß sowohl die Triebbedürfnisse des Kindes genügend befriedigen als auch den durch M. S. Mahler (1980) beschriebenen Prozeß der Separation und Individuation ermöglichen. Hierbei braucht das Kind die von Kohut 1974 beschriebenen Beziehungen: Widerspiegelung („mirroring"), Idealisierung und Partnerschaft („twinship") sowie eine nicht an Bedingungen geknüpfte Liebe und seelisch-körperliche Wärme. Hier ist also die Rede von biopsychischen und psychosozialen Bedürfnissen des jungen Menschen, deren Erfüllung ein gesundes Leben im Erwachsenenalter ermöglicht.

Erik Erikson hat die Entwicklungsstadien über den gesamten Lebenszyklus des Menschen hinweg beschrieben und jedem Stadium eine Entwicklungsaufgabe zugewiesen. Nachfolgend zitiere ich diese „gesunde Seite" der Lebensstufen, die freilich als idealtypische Ziele aufzufassen sind:

- Urvertrauen
- Autonomie
- Initiative
- Leistung (englisch: „industry"), also aktivkonstruktives Handeln, das durch systematische Übungsmöglichkeiten für die Aneignung von Technologien entsteht
- Identität
- Intimität
- Generativität, die auch Kreativität und Altruismus durch das Erziehen von Kindern bzw. das Anleiten der neuen Generation umfaßt
- Ich-Integrität

Zu den entwicklungspsychologischen Erkenntnissen kommen jene aus der kognitiven Verhaltenspsychologie und der Streßforschung hinzu, insbesondere hinsichtlich der Adaptation an und Bewältigung („coping") von Streßsituationen. Bei der Frage nach Gesundheit sind aktive und kreativ-positive Auseinandersetzungen mit „stressful life events" von besonderer Bedeutung, also z.B. eine angemessene Trauerarbeit oder das Bewußtsein davon, daß es in mir selbst und in der Umgebung Ressourcen gibt, auf die ich mich stützen und verlassen kann und die ein „Streßmanagement" ermöglichen.

An diese kognitive Gedankenwelt knüpft auch Antonovsky an: Er beschreibt den Menschen in seiner fortdauernden Beziehung zur Umgebung, aus der er ständig Anregungen und Informationen bekommt, die er verarbeitet, deutet und auf die er reagiert (sehr ähnlich, wie es von Th. von Uexküll und W. Wesiack 1988 im „Situationskreis" beschrieben wurde). Ein Teil dieser Stimuli wird als „Rauschen", also als neutral und unwichtig, perzipiert; ein Teil als eine positive Herausforderung, für die das Individuum „Schemata" aus früherer Erfahrung „im Archiv" parat hat und wobei es sich auf Ressourcen stützen kann. Schließlich gibt es auch Anforderungen, für die das Individuum keine Schemata zur Verfügung hat, die neu sind und eine neue Auseinandersetzung benötigen.

Diese noch unbekannten Herausforderungen können, wenn keine inneren oder äußeren Ressourcen zur Verfügung stehen, zu einem Gefühl von Streß führen, was dann eventuell in „distress" übergehen kann und als Gefahr aufgefaßt wird. Diese Art Streß – vor allem, wenn er lange anhält – kann zur Krankheit führen. Auch der psychobiologische Mechanismus solch einer Entwicklung wird langsam deutlicher, insbesondere durch das Entschlüsseln der psycho-neuro-immunologischen und psycho-neuro-endokrinologischen Prozesse.

Antonovsky betonte, daß nicht jede Spannung mit Streß gleichzusetzen ist und nicht jeder Streß als Gefahr wahrgenommen wird. Denn ein gesunder Mensch, der eine gute Entwicklung in seiner Kindheit erlebt hat, besitzt in solch einer Situation sowohl äußere als auch innere Ressourcen, nämlich einen starken und flexiblen Sense of Coherence.

Es hat sich also hauptsächlich außerhalb des „Hauptstroms" der Medizin und hauptsächlich in den Verhaltens- und Sozialwissenschaften ein großes salutogenes Wissen gebildet. Die Anwendung dieses Wissens eröffnet die Chance, ein mehr oder weniger gesundes Leben zu führen – durch eine bestimmte Erziehung und Entwicklung des Kindes und später des erwachsenen Menschen in der Familie und der übrigen Gesellschaft. Dabei geht es nicht um ganz bestimmte Eigenschaften, sondern um allgemeine Voraussetzungen im Sinne einer primären psychosozialen Prävention, die eine gesunde Entwicklung des Individuums ermöglicht. Antonovsky hat jahrelang, vor allem während seiner wiederholten „sabbatical leaves" in Berkeley, mit großem Interesse die Erforschung der psychosozialen Faktoren bei der Entstehung von koronaren Herzkrankheiten verfolgt. Er war derjenige, der M. Friedman und R. Rosenman in Israel einführte ebenso wie das von ihnen „Typ A" genannte Verhaltensmuster, das noch immer für manche Kardiologen ein umstrittener Begriff ist. Es gibt aber auch in der skeptischen angloamerikanischen Fachliteratur wichtige Publikationen, die darauf hinweisen, daß bei Postmyokardpatienten eine Änderung des „Typ-A-Verhaltens" in Richtung auf mehr Gelassenheit die Gefahr eines Reinfarkts verringert und wahrscheinlich sogar den Prozeß der Koronarsklerose selbst zur Rückbildung bringen kann (M. Friedman et al., 1984, D. M. Ornish, 1990, D. M. Ornish et al., 1990).

Durch diese Befunde wurden sowohl Ärzte als auch Patienten beziehungsweise potentiell betroffene Menschen darauf aufmerksam gemacht, wie wichtig es für die primäre und für die tertiäre Prävention von Herzkrankheiten ist, sich nicht zu überarbeiten, rechtzeitig zu entspannen und sich zu erholen, also weniger unter Streß zu stehen. Dies mag als Beispiel dienen, wie man durch das Lernen von mehr „B-Verhalten" Herzkrankheiten oder ihre Komplikationen vermeiden und so eine psychosoziale Prävention einer körperlichen Krankheit erreichen kann, wobei die Bedeutung von Veränderungen der Ernährung und von medizinischen Untersuchungen, wie die periodische Kontrolle von Blutdruck, Blutzucker, Blutfetten etc., nicht vernachlässigt werden soll.

Natürlich müssen alle diese psychosozialen Überlegungen relativiert werden. Es gibt ja auch angeborene, genetisch bestimmte Eigenschaften und immer das Spiel zwischen den Kräften der Natur und denen der Fürsorge und der Umgebung („nature and nurture"). Außerdem wissen wir heute in zunehmendem Maße, auch in der Medizin, daß man über Risiken und Chancen sprechen muß, daß es in der Entwicklung der Lebensprozesse inklusive der Entwicklung von chronischen Krankheiten keine absoluten Gesetze gibt, sondern nur Wahrscheinlichkeiten, die man statistisch beschreiben muß. So hat jemand mit einem hohen SOC eine relativ bessere Chance, gesund zu bleiben oder die Erscheinungen der Krankheit zu bewältigen, wenn er doch (chronisch) krank wird.

Ich möchte diese Entwicklung des psychosozialen medizinischen Denkens noch aus einer anderen Perspektive beschreiben. Die Medizin hat sich seit dem 19. Jahrhundert, und sicher in unserem Jahrhundert, nach dem biomedizinisch-technischen Modell entwickelt, das die folgenden grundlegenden Prinzipien umfaßt:
1. Reduktionismus
2. Mechanismus
3. (lineare) Kausalität
4. Determinismus
5. Dualismus (von Körper und Seele; L. Foss u. K. Rothenberg, 1987).

Dieser medizinisch-technische Zugang hatte und hat enorme Erfolge, vor allem auf dem Gebiet der Chirurgie und der Bekämpfung von Infektionen. Doch verursachte er im Laufe der Zeit ein wachsendes Unbehagen sowohl in der Gesellschaft im allgemeinen als auch bei vielen Patienten und bei manchen Ärzten. Denn hierdurch wurde die Medizin immer mehr fragmentiert, krankheits- (und nicht patienten-)zentriert, inhuman, uninteressiert an der Lebensgeschichte und am soziokulturellen Hintergrund und subjektiven Erleben des Patienten und dessen Familie. Dieses Unbehagen war der Auftakt für Revolten gegen die vorherrschende Richtung der Medizin und für die Entwicklung von alternativen Paradigmata. Ich meine hiermit z.B. die subjektiven Krankheitsgeschichten oder „Erzählungen" („Illness narratives" von Arthur Kleinman, 1988), aber auch die Umweltmedizin, das biopsychosoziale Modell von Engel und die psychosomatische Medizin, wie sie sich vor allem in Mitteleuropa entwickelt hat, sowie das „infomedical model" von L. Foss und K. Rothenberg.

An diesem Punkt möchte ich darauf hinweisen, daß einer der Väter der europäischen psychosomatischen Medizin, Joannes Juda Groen, das folgende Modell entwickelte:
Wohlbefinden (total) = Einkommen (subjektiv und im Vergleich mit Normen) + Besitz (subjektiv und im Vergleich) + sozialer Status (subjektiv und im Vergleich) + Gesundheit (subjektiv und im Vergleich) + Befriedigung durch Arbeit (subjektiv und im Vergleich) + Empfang von Liebe (subjektiv und im Vergleich; nach: M. J. G. van Waal u. A. de Knecht-van Eekelen, 1994). Hier sind äußere, innere und vermittelnde soziale Bedingungen für Wohlbefinden bereits eng miteinander verknüpft, wie es heute zunehmend wieder entdeckt wird.

Antonovsky hat sich mit diesen und manchen anderen Modellen gründlich beschäftigt und – wenn auch vielleicht vergeblich – versucht, sie den Medizinstudenten näherzubringen. Auf dieser Basis und in diesem Rahmen von Gedanken muß man seine ursprüngliche salutogene Frage sehen. Diese wurde zwar von einem Soziologen gestellt, aber innerhalb der Welt der Mediziner und von einem Ausbilder von jungen Medizinern. Merkwürdigerweise fand Antonovskys neuer Ansatz sehr wenig Widerhall im eigenen Lande, in Israel, wohl aber in Europa; erst in Schweden (wo Antonovsky ein Ehrendoktorat bekam), dann auf dem 12. Weltkongreß des I.C.P.M. in Bern 1994 und nun in Deutschland.

1.2.2
Medizinische Praxis

Was kann nun das Konzept der Salutogenese für die praktische Medizin bedeuten?

Neben den oben besprochenen allgemeinen Gedanken könnte man sagen, daß das Interesse des Untersuchers für die salutogenen Aspekte des Patienten eine andere Art von anamnestischen Fragen fördert. Dies geschieht bemerkenswerterweise in einer Zeit, in der es bedeutende Ärzte gibt, die eine allgemeine biographische Anamnese überflüssig finden und dafür eintreten, daß man sich bei der Untersuchung vor allem auf die Symptome von krankhaften Erscheinungen konzentrieren und gegebenenfalls die spezifische Anamnese dieser Symptome und Klagen in Erfahrung bringen sollte. Weitere allgemeine Informationen und die Lebensgeschichte seien hingegen zu zeitraubend und nicht unbedingt nötig, um eine auf pathologische Befunde ausgerichtete Diagnose nach den Richtlinien der ICD oder DSM zu stellen.

Diese Einstellung führte wiederum zu dem Vorwurf, daß die biomedizinische Medizin „objektiv, ahistorisch, akulturell, unpersönlich, universal, sich selbst korrigierend und konvergent" sei und sich auf die Krankheit und vor allem auf die Ergebnisse des Labors und der technischen Untersuchungen konzentriere (L. Foss u. K. Rothenberg, 1987).

Demgegenüber ergibt sich jetzt eine neue Fragestellung, nämlich die salutogene, die eine genauere Analyse der Lebensgeschichte, des soziokulturellen Hintergrunds, der vorhandenen Ressourcen und der bis jetzt gebrauchten Coping-Strategien (und deren Erfolge) eines Patienten und dessen Familie benötigt. Auch die Art des Fragens und des Interesses des Untersuchers eröffnet durch die salutogene Haltung neue, weitere Aspekte. Salutogen ausgerichtete Befragung soll natürlich zusätzlich stattfinden, um den Horizont des Arzt-Patient-Gesprächs zu erweitern. Es ist nicht beabsichtigt, daß sie die „normale" Untersuchung ersetzt, besonders nicht in akuten Fällen. Aber vor allem bei chronisch kranken Patienten und auch bei solchen, die sich mit dem Arzt über allgemeine Lebensfragen und Gesundheitsprobleme beraten, stellt sie eine wichtige, zusätzliche Dimension dar.

Auch für den Behandlungsplan ist die salutogene Haltung wichtig, weil sie ein besseres Arzt-Patient-Verhältnis ermöglicht, in dem der Patient als autonomer Partner fungiert. Denn diese Haltung ermöglicht eine Kommunikation zwischen – mehr oder weniger – gleichen Personen und dadurch oft eine bessere Befolgung (Compliance) der durchzuführenden Behandlung. Das salutogene Paradigma fördert also die Autonomie der Patienten.

Es gibt natürlich auch Situationen, in denen der Arzt mit Autorität entscheiden muß, daß ein Patient krank ist, auch wenn der Patient sich selbst nicht krank oder sogar gesund fühlt. So gibt es auch Patienten, die gegen ihren Willen behandelt werden müssen, aber dies sind Ausnahmen und Extremsituationen. Meistens können Arzt und Patient davon ausgehen, daß auch der (chronisch) Kranke in vielerlei Hinsicht gesund ist und daß auch deswegen die Definition des zu behandelnden Problems und die Art der Behandlung auf einer Verständigung und Vereinbarung zwischen Arzt und Patient beruhen.

Bei Patienten, die vom Arzt und den ärztlichen Institutionen sehr abhängig geworden sind und gewissermaßen ihren „Krankheitsgewinn" betonen, kann eine zielbewußte salutogene Haltung des ärztlichen Teams zwar zu Konflikten führen, aber auf die Dauer die Rehabilitation stark fördern.

Auch die in den letzten Jahren so intensiv diskutierte Frage der Lebensqualität hat mit der salutogenen Haltung von Arzt und Patient sehr viel zu tun. Es gibt z.B. chronisch kranke Patienten, die nach reiflicher Überlegung zu dem Schluß gekommen sind, weniger lang, aber mit einer relativ befriedigenden Lebensqualität leben zu wollen. Ärzte mit einer salutogenen Haltung haben vermutlich mehr Empathie, um solch ein Problem mit ihrem Patienten angemessen besprechen zu können.

1.2.3
Salutogenese und Psychotherapie

Die salutogene Frage von Antonovsky ist rational und logisch, und ihr Ergebnis in Form des SOC ist eine Art, „in der Welt zu stehen"; eine Weltanschauung, eine bestimmte Art und Weise, das, was geschehen ist, aufzunehmen, zu verarbeiten und hierauf zu reagieren. Es liegt also auf der Hand, daß kognitive, rationale und rational-emotive Verhaltenstherapien und problemzentrierte Bewältigungsverfahren Antonovskys Ideen gut integrieren können, ebenso supportive Erziehungsmethoden.

Man kann mit dem Patienten zusammen daran arbeiten, daß man dieselbe Welt, also die Lebenssituation, auf eine andere Weise sehen und interpretieren kann. Wenn es gelingt, in Richtung der drei Komponenten des SOC („comprehensibility", „manageability" und „meaningfulness") zu arbeiten, schafft sich der Patient mit Hilfe des Therapeuten eine Chance auf ein gesünderes Leben. Auch im Rahmen der Methode der „Krankheitserzählung" oder „Re-Biographisierung" (A. Kleinman, 1988), durch die die Krankheit wieder zu einem Teil der eigenen aktiven Lebensgeschichte wird, sind der salutogene Ansatz und die Herausarbeitung der SOC-Komponenten nicht fremd. Dies gilt z.B. für die Geschichte eines ständigen Kampfes mit einem seit der Jugend bestehenden Diabetes, der im frühen Alter zu schweren Komplikationen führt, die man wiederum auch bewältigen muß. Außerdem paßt das salutogene Denken sehr gut in den Rahmen psychotherapeutischer Methoden, die auf existialistischen Philosophien oder auf religiösem Existentialismus aufgebaut sind, wie die humanistischen, anthropologischen oder logotherapeutischen Methoden (z.B. Viktor Frankl, 1970). Zu ihnen gehört auch das Streben nach einem kohärenten Weltbild und einer aktiven Bewältigung durch Wahl, Verantwortung und Ringen hinsichtlich der inneren Freiheit im Sinne der drei Komponenten des SOC.

Das salutogene Denken paßt natürlich schließlich in bestimmte Formen von systemischen Familientherapien, in denen ja oft eine „ökologische Karte" von der gegenwärtigen Situation gezeichnet wird mit einer Liste von allen bestehenden Ressourcen und allen wichtigen Beziehungen.

Es wird schwieriger, wenn man die salutogene Denkweise auch in die psychodynamisch-psychoanalytischen Strömungen aufnehmen möchte. Es ist vorstellbar, daß bei bestimmten Therapien dieser Art, besonders vor dem Abschluß und der Verabschiedung, Therapeut und Patient eine Art Zusammenfassung besprechen. In dieser könnten beide, Patient wie Therapeut, auf die bestehenden und vor allem auf die inneren Ressourcen und sonstige salutogene Komponenten eingehen und verweisen. Auch während der psychodynamischen Therapie wäre es wohl wichtig, daß der Therapeut innerlich bereit ist, auch im salutogenen Sinne zuzuhören und vielleicht sogar etwas Salutogenes klarzustellen oder zu interpretieren. Es kann für den Patienten eine sehr positive Überraschung sein, wenn der Therapeut sich auch für positiv verarbeitete und glückliche Lebensereignisse interessiert und es wichtig findet, daß der Patient mitteilt, wie er sich in gesunden Perioden seines Lebens gefühlt hat. Es scheint bei diesen Methoden, bei denen das empathische Reflektieren und die Widerspiegelung von Eigenschaften des Patienten sowie die Idealisierung des Therapeuten und die Gleichheit („twinship") von Patient und Therapeut in bestimmten Phasen zentrale Bestandteile sind (H. Kohut, 1974), sehr angebracht, auch gesunde, „gute" Eigenschaften des Patienten zu betonen. Diese Befriedigung der narzißtischen Bedürfnisse des Patienten (die er in der Kindheit nicht genügend erhalten hat), ist manchmal eine Voraussetzung für eine neue Chance für eine gesündere Entwicklung: ein reiferes Weltbild, durch das der Patient imstande ist, sich mit der – oft frustrierenden – Welt anders, konstruktiver auseinanderzusetzen.

Schließlich möchte ich ausdrücklich betonen, daß salutogene Prinzipien in der Therapie sich nicht in oberflächlichem Zureden äußern und ebensowenig eine Moralpredigt darstellen dürfen. Außerdem darf man pathologische Erscheinungen nicht salutogenetisch bagatellisieren. Gleichfalls sollte auch nicht plötzlich eine psychotherapeutische Methode, mit der man jahrelang gut gearbeitet hat, zugunsten der Salutogenese fallengelassen werden.

Salutogenese ist keine Alternative, sondern eine andere Haltung, eine Ergänzung, eine Erweiterung, eine neue Perspektive – etwas, was man in die bestehenden Methoden einbauen und integrieren kann.

1.3
Aussichten für die Zukunft

Der SOC und seine Operationalisierung in Form eines Fragebogens hat eine ganze Welle von Forschungsaktivitäten verursacht. In der Medizin wurden vor allem der Zusammenhang zwischen dem SOC und der Bewältigung von (chronischen) Krankheiten beziehungsweise der Auseinandersetzung mit deren Erscheinungen wie auch die Bewältigung von traumatischem Streß und von Extremerfahrungen wie dem Holocaust, intensiv und mit viel Engagement erforscht.

Weitere Forschungsthemen waren z.B. der Zusammenhang zwischen dem SOC und anderen psychischen Eigenschaften und Fähigkeiten, wie beispielsweise Reife, Hoffnung, aktivem Coping oder in der Lage zu sein, mit sicheren inneren und äußeren Ressourcen zu rechnen. Hinzu kommen unter anderem folgende Fragen: Wie entwickelt sich der SOC bei Kindern? Kann man ihn fördern? Gibt es einen kollektiven SOC, z.B. bei einer Familie? Inwiefern ist der SOC ein Prädiktor der Gesundheits- bzw. Krankheitsentwicklung von Menschen?

Auf die Ergebnisse dieser vielen und fruchtbaren Forschungen soll hier nicht weiter eingegangen werden. Sie kommen ausführlich in anderen Teilen dieses Buches (insbesondere in Teil 5) zur Sprache.

Beitrag 2
Salutogenese – der nächstmögliche Schritt in der Entwicklung medizinischen Denkens?

von Ursula Brucks

2.1 Ausgangssituation

Als Aaron Antonovsky den Begriff „Salutogenese" erfand, hatte er die Pathogenese vor Augen, die vor allem Ärzten vertraut ist. Der Frage nach der Entstehungsgeschichte von Krankheit(en) stellte er die Frage nach der Entstehungsgeschichte von Gesundheit gegenüber. Und er wollte, daß sich besonders Ärzte beziehungsweise die Medizin mit dieser Frage beschäftigen.

Benyamin Maoz berichtet, daß Antonovsky nicht eben erfolgreich darin war, seinen Ansatz Medizinstudenten nahezubringen. Antonovsky selbst gelangte bei der Frage, wer sein Konzept aufnehmen und praktisch umsetzen würde, zu einer skeptischen Einschätzung hinsichtlich der Medizin, während er der Psychologie, der Pädagogik und auch der Krankenpflege mehr Interesse zutraute. Warum also wünschte er, daß sich gerade die Medizin mit der Frage nach Gesundheit beschäftigen sollte? Ist Gesundheit nicht automatisch definiert als Gegensatz oder als Abwesenheit von Krankheit?

Offenbar nicht. In der europäischen Tradition ist von jeher der Arzt für die Heilung oder Linderung von Krankheiten zuständig, während die Frage nach der Gesundheit in den Zuständigkeitsbereich der praktischen Philosophie und – nachfolgend – in den der Pädagogik und der Psychologie fällt. In der griechischen Mythologie gibt es für diese beiden Bereiche zwei voneinander unabhängige Göttergestalten, einmal Asklepios (Äskulap), den Gott der Heilkunst, der das Vorbild der Ärzte ist und den Krankgewordenen wieder gesund macht, und zum zweiten Hygieia. Sie ist die zur Gottheit erhobene Gesundheit im Sinne der Lebenskunst und der vernünftigen Lebensführung. Diese Gesundheit ist mehr als die schlichte Abwesenheit von Krankheit, ebenso wie umgekehrt das Fehlen der Hygieia nicht zwangsläufig Krankheit bedeutet (P. van Spijk, 1991, S. 9 f.). Zwar finden sich auch in der Antike bereits Übergänge und Verbindungen, so vor allem hinsichtlich der Vorstellung, daß Krankheit die Folge eines gestörten Gleichgewichts der Kräfte sei. Diese Vorstellung liegt dem Corpus Hippocraticum zugrunde. Aber die Aufgabe des Arztes bleibt darauf beschränkt, die „Naturkräfte" darin zu unterstützen, dieses Gleichgewicht wiederzufinden und die Krankheit zu überwinden. Sobald er erkennen muß, daß ihm dies mißlingt, soll er den Kranken verlassen, um ihm keine vergeblichen Hoffnungen zu machen und nicht an seinem Tod zu verdienen (P. Lain Entralgo, 1956, S. 100 f). Demgegenüber bezieht sich die Lebenskunst auch auf das Sterben und rechtfertigt den Beistand von Theologie und Psychologie.

Hiermit sind auch schon die möglichen Gefahren aufgezeichnet, wenn Medizin sich mit dem Thema Gesundheit beschäftigt: Auch die Gesundheit könnte in den Strudel des Allmachtsanspruchs moderner Medizin geraten, der sich alle Lebensvorgänge von der Befruchtung bis zur Verwendung der Organe der Verstorbenen einzuverleiben versucht (J. Attali, 1981). Die Medizin aufzufordern, sich mit Gesundheit zu beschäftigen, ist daher riskant und bedarf guter Gründe sowie der Hoffnung, die Medizin selbst ändern zu können.

So ergibt sich die Fragestellung für den folgenden Abschnitt: Was veranlaßte Antonovsky, die Frage nach der Gesundheitsentstehung an die Medizin zu richten, die sich mit Krankheitsentstehung und der Heilung von Krankheiten befaßt?

2.2 Vorgeschichte

Die Entwicklungen, die eine solche Fragestellung hervorgebracht haben, lassen sich in drei Komplexe aufteilen, die auch den drei Paradigmenwechseln entsprechen, von denen wir in diesem Band sprechen:

1. Die Entwicklung des Gegenstands, hier also die **Entwicklung der Krankheiten** und ihrer Verbreitung, die durch die Epidemiologie beschrieben wird.
Der erste Paradigmenwechsel ist folglich eine neue Fragestellung in der Epidemiologie. Es werden Merkmale von gesunden Menschen untersucht und auf einen gemeinsamen Nenner gebracht. Diesen bezeichnet Antonovsky mit dem Begriff „Kohärenzgefühl" oder – wie ich gleichbedeutend auch übersetze – „Kohärenzsinn".
2. Die Entwicklung der **medizinischen Erkenntnismodelle**
Diese werden von der Beobachtung der Krankheiten beeinflußt, darüber hinaus aber auch von der wissenschaftlichen Entwicklung anderer Fachgebiete, von technischen Möglichkeiten und der gesellschaftlichen Bedeutung sowie der kulturellen Deutung von Krankheit und Gesundheit. Hier ist vor allem die Unterscheidung und Abgrenzung von gesund und krank, und damit die Festlegung allgemeiner Normen, was als gesund und was als krank zu gelten hat, brüchig geworden.
Der zweite Paradigmenwechsel bezieht sich daher darauf, daß Antonovsky den Normbegriff relativiert hat, indem er das Miteinander von Krankheit und Gesundheit als ein Kontinuum ansieht, innerhalb dessen sich jeder Mensch im Laufe seines Lebens einmal mehr zu der einen, einmal mehr zu der anderen Seite hin bewegt.
3. Die Entwicklung der ärztlichen Aufgabe und der **Arzt-Patient-Beziehung**
Diese wird zwar ebenfalls von einer Veränderung des Krankheitsspektrums beeinflußt, darüber hinaus aber auch von sozialen Prozessen, wie der Einführung der allgemeinen Krankenversicherung, der Achtung der Individualität der Person usw. Die salutogene Sichtweise hat Auswirkungen auf die Arzt-Patient-Beziehung. Sie erfordert eine auf die gesamte Lebenssituation bezogene Anamnese und fördert die Autonomie der Patienten. Darin liegt der dritte Paradigmenwechsel.

Die **Krankheitsentwicklung** ist gekennzeichnet durch
- den Rückgang der Säuglingssterblichkeit
- den Rückgang von Infektionskrankheiten
- die Erhöhung der Lebenserwartung
- die Zunahme (der Behandlung) chronischer Regulationsstörungen

Diese Punkte werden später genauer erläutert. Es bleibt jedoch festzuhalten, daß diese Entwicklung, insgesamt gesehen, einen Menschheitstraum verwirklicht: Alle zur gleichen Zeit Geborenen haben eine hohe Chance, gemeinsam alt zu werden. Die Kehrseite der Entwicklung liegt jedoch darin, daß die längere Lebenszeit für viele mit chronischen Gesundheitsbeeinträchtigungen und einem hohen Aufwand an medizinischen Behandlungen verbunden ist, wobei ein Teil der Behandlungen geradezu ursächlich ist für weitere Beeinträchtigungen.

Den Trends in der Krankheitsentwicklung entsprechen fünf historisch unterscheidbare und kulturell tief verankerte **theoretische Denk- und Handlungsmuster** bezüglich Krankheit (nach: Y. u. R. Engeström, 1990, S. 113):

Das **ontologisch-biomedizinische Modell** reduziert die Medizin auf die Lehre einzelner Krankheiten, die sich von der Funktion und Integration biopsychischer Vorgänge nur ungenaue Vorstellungen macht und den Körper nach dem Maschinenmodell denkt. Dieser in der Antike angelegte Gedanke erhält erst in der beginnenden Neuzeit seine Einseitigkeit, wie H. G. Pauli und W. Schüffel (ebenfalls in diesem Buch) darstellen (vgl. auch Th. v. Uexküll u. W. Wesiack, 1988).

Ebenfalls reduktionistisch ist das **administrativ-ökonomische Denken**, das sich schon bei Platon findet. Er hatte vorgeschlagen, Kranke nach Maßgabe ihrer gesellschaftlichen Nützlichkeit zu behandeln. In heutigen Vorstellungen bezüglich der Effizienz und Effektivität medizinischer Behandlungen wirkt dieses Denken fort.

Das dritte, das **psychiatrisch-psychosomatische Konzept** begreift Krankheit als lebensgeschichtlichen Prozeß. Durch dieses Konzept, das sich auf S. Freud, im besonderen aber auch auf V. v. Weizsäcker berufen kann, wurde das Subjekt in das Denken und Handeln des Arztes eingeführt: Nicht nur die Behandlung, die sich ja immer auf eine konkrete Person bezog, sondern auch die Krankengeschichte erhält subjektive Züge. Nicht mehr die Krankheit als selbständige Entität, die sich nur zufällig bei diesem Menschen manifestiert hat, sondern das Erleben und die Bedeutung der Krankheit für genau diesen Menschen treten in den Mittelpunkt des Interesses. Krankheit bekommt dadurch einen individuellen Sinn (P. Lain Entralgo, 1969, S. 99-146; P. Hahn, 1988; M. von Rad u. S. Zepf, 1990).

Ergänzend oder alternativ betont das **sozialmedizinische Konzept** die soziale Bedeutung und Verursachung von Krankheit. Auch dieses Konzept verdankt – sozialgeschichtlich gesehen – seine Entstehung der bürgerlichen Revolution und der Emanzipation des Individuums, das erstmals als freie und allen anderen gleichgestellte Person aufgefaßt wird. Zugleich reflektiert es aber die Erfahrung, daß die Industrialisierung die soziale Ungleichheit nicht beseitigt und die Entfremdung von tradierten Bindungen das Individuum in bestimmter Hinsicht verletzlicher gemacht hat.

Das **systemisch-interaktive Modell** schließlich formuliert die Einsicht, daß jeder gegebene gesundheitliche Zustand das mehr oder weniger labile und belastbare Gleichgewicht physischer, sozialer und personaler Kräfte widerspiegelt. Die Erkenntnis- und Handlungsmöglichkeiten der Medizin müssen sich nun darauf richten, möglichst in Zusammenarbeit mit dem Kranken durch Stärkung und Entlastung das jeweils optimale Gleichgewicht dieser verschiedenen Kräfte zu finden. Die im psychiatrisch-psychosomatischen Konzept noch enthaltenen Deutungen von Krankheit als Schuld und Gesundheit als Selbstverwirklichung weichen einer pragmatischeren Sicht.

Die Entwicklung der **ärztlichen Aufgabe** und der **Arzt-Patient-Beziehung** können wir mit Y. und R. Engeström (1990) ebenfalls in fünf Phasen einteilen, die teilweise auch nebeneinander bestehen können:

Dem klassischen Auftrag entspricht es, **Krankheiten zu behandeln** und das Feld der Lebenskunst anderen zu überlassen. Die Beziehung zum Kranken fällt nicht in den Zuständigkeitsbereich der wissenschaftlichen Medizin und wird daher auch nicht reflektiert.

Zunehmend – besonders in den höheren und zahlungsfähigen Gesellschaftsschichten – werden jedoch die **Wünsche des Patienten** zum Maßstab praktischen ärztlichen Handelns, so daß Berufsregeln immer zahlreicher und nötiger wurden, die den Arzt auffordern, unsinnigen oder übermäßigen Wünschen nicht nachzukommen.

Die Erkenntnis, daß körperliche Leiden seelische Anteile und Ursachen haben können, bringt die **ganzheitliche (psychosomatische) Behandlung** hervor, die aber ebenfalls auf Zustände des Leidens und die Aufgabe beschränkt bleibt, Leiden zu mindern oder zu heilen.

Das vierte Aufgabenverständnis geht darüber hinaus. Es fußt auf der Beobachtung, daß viele Krankheiten unmittelbar Folge schlechter Lebensverhältnisse sind und weitet den Auftrag der Medizin in **präventiver Richtung** aus: Der Arzt soll direkt oder auf dem Umweg über Aufklärung und Politikberatung die Pathogenität der sozialen Lebenssituation des Patienten beeinflussen. Auch hier bleibt aber das Verhältnis Helfer – Leidender noch unangetastet.

Dies ändert sich mit der fünften Aufgabendefinition, nämlich der **Zusammenarbeit mit dem Patienten**, die in ihm nicht nur den formal entscheidungsbefugten, sondern auch den kompetenten Partner erkennt.

Wie verbinden sich nun diese Entwicklungslinien zu der Idee, daß Salutogenese ein Anliegen und eine Fragestellung der Medizin sein sollte?

2.3
Die Bedeutung der Salutogenese für die Entwicklung der Medizin

2.3.1
Zur Krankheitsentwicklung

Versucht man, genauer herauszufinden, worauf die Erhöhung der Lebenserwartung und die oben genannten Veränderungen des Krankheitsspektrums zurückgehen, dann wird deutlich, daß nur wenig davon dem Fortschritt der Heilkunde zu verdanken ist. Sein Rang ist deutlich niedriger gegenüber der Verbesserung von Ernährung und Hygiene und der Vermeidung ungewollter Schwangerschaften (T. McKeown, 1982). Der Rückgang der Säuglingssterblichkeit zu Beginn des Jahrhunderts ist am meisten durch den Rückgang der absoluten Zahl der Geburten pro Frau beeinflußt worden, hängt also primär von den Möglichkeiten der Geburtenplanung ab (R. Spree, 1981).

Die Alterspyramide entwickelt sich von der Form eines Dreiecks mit breiter Basis und schmaler Spitze in Richtung eines Rechtecks, in dem die Gruppe der bis zu 5jährigen genauso breit ist wie die der 80- bis 85jährigen. In der vorherrschenden Meinung wird diese Entwicklung als bedrohlich angesehen: Steigende Pflegekosten und Rentenlasten sind die erwarteten Hauptübel.

Man kann aus dieser Entwicklung jedoch auch andere Schlußfolgerungen ziehen, vor allem die folgende: Die Wahrscheinlichkeit zu sterben war 1910 besonders im frühen Kindesalter außerordentlich hoch und verlief bereits ab dem Alter von 50 Jahren nahezu linear, während schon jetzt und in Zukunft, soweit keine Katastrophen und Kriege eintreten, jede neue Generation die Chance hat, bis zu einem Alter von ca 60 Jahren nahezu vollzählig zu bleiben (s. Abb. 1.1).

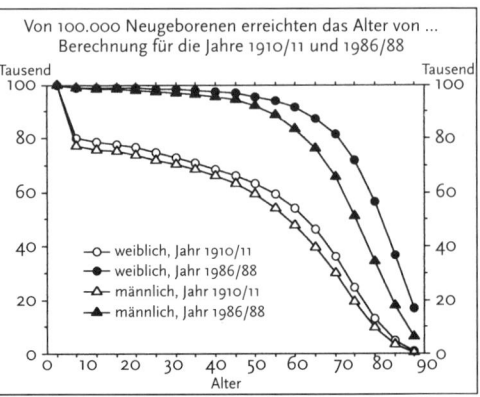

Abb. 1.1: Absterbeordnungen der allgemeinen Sterbetafeln. Eigene Darstellung aufgrund von Angaben in: Statistisches Bundesamt, FS 1, R 1. S.2, 1986/88, Tabelle 2

Dem steht eine scheinbar widersprechende Tendenz gegenüber: Während die Bevölkerung insgesamt älter wird, werden die Erwerbstätigen jünger. Nur ungefähr die Hälfte der Erwerbstätigen erreicht die vorgesehene Altersgrenze zum Eintritt in die Rente, und der Anteil der Erwerbstätigen jenseits der Altersgrenze ist – im Unterschied zur Zeit der Jahrhundertwende – verschwindend gering (s. Tab. 1.1).

Tab. 1.1: Alter und Erwerbstätigkeit (Zahlen aus Kohli, 1990)

		1895	1995
Erwerbsquote der Männer	60–70jährige	75,3%	23,8%
	über 70jährige	46,7%	3,6%
Anteil der über 60jährigen an der Bevölkerung		8,0%	20,0%

Die Zahlen könnte man so interpretieren: Unter Auslesebedingungen, wie wir sie vor 100 Jahren hatten, blieben nur die Stärksten übrig, und die waren noch arbeitsfähig. Heute ist das Sterberisiko der jüngeren Altersgruppen erheblich gesenkt worden, aber der Preis ist eine erhöhte Krankheitsanfälligkeit und Leistungsabnahme im Alter. Die Veränderung des Krankheitsspektrums gibt dieser Interpretation recht: An die Stelle der Infektionskrankheiten, Mangelerkrankungen und Kinder- und Säuglingssterblichkeit sind die Erkrankungen des Herz-Kreislauf-Systems und die Krebserkrankungen getreten, die zusammen die Mehrzahl der vorzeitigen Todesfälle verursachen, sowie die Erkrankungen des Bewegungssystems, die neben den Herz-Kreislauf-Krankheiten und den psychischen Erkrankungen die Hauptursache für Frühinvalidität sind.

Diese Interpretation läßt jedoch außer acht, daß die Entwicklung des Krankheitsspektrums in enger Wechselwirkung steht mit gesellschaftlichen Veränderungen (Industrialisierung, Verstädterung) und mit der Organisation des Gesundheitswesens (Pauli, 1990). Insbesondere die erstgenannten, „alten" Krankheiten hängen direkt zusammen mit schlechter Ernährung, schlechter Wohnung und schlechten sanitären Bedingungen; deswegen bezeichnen D. Baker und R. Illsley (1990) sie als „Armutskrankheiten". Aber auch für die „modernen Volkskrankheiten" ist ein Zusammenhang mit der sozialen Lage gegeben, allerdings ist er komplexer. In die unmittelbare Beziehung zwischen schlechten, gesundheitsschädigenden Lebensbedingungen und Krankheit treten als vermittelnde Bindeglieder das Gesundheitsverhalten und der Umgang mit Belastungen und Krankheit. Denn es handelt sich nunmehr um chronische Krankheiten, die in ihrer Entstehung und in ihrem Verlauf durch individuelles Verhalten sehr stark beeinflußbar sind. D. Baker und R. Illsley (1990) sehen hier an erster Stelle das Konsumverhalten (u.a. Ernährung und Rauchen) und sprechen deshalb von konsumbedingten Krankheiten. Sie kommen zu dem Schluß, daß der frühzeitigere Tod in den unteren Sozialschichten infolge dieser Krankheiten heute nicht mehr als Folge materieller Deprivation zu erklären ist, sondern als Folge geringerer Bildung und schlechteren Gesundheitswissens. Dies bedingt, daß der Gedanke der Prävention, insbesondere richtiges Ernährungsverhalten, weniger aufgegriffen und in die Praxis umgesetzt wird.

D. Baker und R. Illsley (1990, S. 109 f.) fordern deswegen, daß das Gesundheitswesen sich stärker darauf konzentrieren muß, den Lebensstil der Bevölkerung und besonders der unteren Sozialgruppen zu verändern, um die Erkrankungsrisiken zu verringern.

Hier scheiden sich nun die Geister. G. Hörmann hat neuerdings (1997) noch einmal historisch dargelegt, daß Gesundheitsförderung zwei Anknüpfungspunkte hat: Die Gesundheitsaufklärung, die später zur Gesundheitserziehung ausgebaut wurde, sieht die Ursachen der meisten Krankheiten der Moderne in einem mangelhaften Gesundheitsverhalten (Hygiene, Körperpflege, Ernährung, Genußmittelkonsum etc.). Die Sozialmedizin oder Sozialhygiene hingegen betrachtet die Verbesserung von Wohnverhältnissen, Arbeitsbedingungen, Trinkwasserversorgung und Abfallbeseitigung sowie die Bereitstellung von Erholungsmöglichkeiten, öffentlichen Schwimmbädern und Sportanlagen als wichtigste öffentliche Aufgabe, um Gesundheit zu ermöglichen (vgl. auch R. Rosenbrock, 1994).

Der verhaltensorientierte Ansatz geht konform mit der „Risikofaktoren"-Medizin. Auch diese hat somatische und verhaltensbedingte Risikofaktoren im Blick, aber nicht die sozialen Bedingungen, die sie hervorrufen. Das Versprechen, die „neuen" Krankheiten und Todesursachen erklären und bekämpfen zu können, hat einen Boom in der Erforschung solcher somatischen und verhaltensbedingten Risikofaktoren ausgelöst. Es entwickelten sich Früherkennungsprogramme sowie Aktivitäten zur medikamentösen und verhaltensbezogenen Veränderung von Risikofaktoren.

Dabei ist viel aufrichtiges und ernstgemeintes Engagement in Bewegung gesetzt worden. Aber die Schattenseiten dieser Ansätze sind heute deutlicher: Die Zielrichtung ist „pathogen" – nicht für Gesundheit, sondern gegen Krankheit bzw. Krankheitsrisiken. Es ensteht ein „Zwang zur Gesundheit", eine allen Lebensaktivitäten übergeordnete Gesundheitsideologie. Die ethische Begründung vieler Früherkennungsprogramme ist fragwürdig: Viele Menschen werden durch das Warten auf Befunde geängstigt. Viele werden überflüssigerweise behandelt, oder es werden Krankheiten entdeckt, für die keine Behandlungsmöglichkeiten vorhanden sind. Krankheit erscheint als „Strafe" für mangelndes Gesundheitsverhalten und fehlende Vorsorge (D. Borgers, 1993; P. Bouvier et al., 1995; H. Kühn, 1993).

Es ist Antonovskys Verdienst, diese Kritik als einer der ersten formuliert zu haben. Sein Einwand, ausgelöst durch die im Beitrag von B. Maoz berichtete Beobachtung, daß selbst so nachhaltige Schädigungen wie Verfolgung, Gefangenschaft und Flucht nicht zwangsläufig zu dauerhaften gesundheitlichen Beeinträchtigungen führen, besagt, daß es in allen epidemiologischen Studien eine Gruppe gibt, die trotz Risikofaktoren gesund bleibt. Diese Tatsache darf nicht nur als unerklärte Restgröße angesehen werden, weil noch nicht alle Risikofaktoren bekannt sind, sondern es gibt positive Gründe, warum diese Menschen gesund bleiben oder es wieder werden. Diese Gründe sind qualitativ andere als die krankmachenden Faktoren und müssen daher besonders untersucht werden.

Hier liegt der entscheidende Schwenk, der die Kritik an der Risikofaktorenforschung über eine Kritik an der Unzulänglichkeit statistischer Methoden hinausführt, die nicht genügend Prognosekraft besitzen, um weitreichende individuenbezogene Diagnoseprogramme oder Behandlungen zu rechtfertigen. Auch diese letztere Kritik ist wichtig, aber die These, daß andere Faktoren für Gesundheit verantwortlich sind als für Krankheit und es daher nicht reicht, krankheitsverursachende Faktoren einzudämmen oder zu vermeiden, um Gesundheit zu erhalten, ist grundsätzlicher. Sie berührt die einleitend genannte Arbeitsteilung zwischen Krankheitsbekämpfung und Lebenskunst, widerspricht aber zugleich allen Versuchen, Krankheitsbekämpfung in der Weise auf das individuelle Verhalten auszudehnen, daß dadurch die Freiheit der Lebensgestaltung eingeengt wird.

Seine Erkenntnisse darüber, was den Gesunden gemeinsam ist und ihnen ermöglicht, trotz Belastungen gesund zu bleiben, faßte Antonovsky mit dem Begriff „Kohärenzgefühl" zusammen. Dies ist eine bestimmte Lebenseinstellung, die dazu beiträgt, tägliche Belastungen und Lebenskrisen zu bewältigen. Sie läßt sich auch umschreiben als ein „überdauerndes Gefühl" des Selbstvertrauens, das durch Schicksalsschläge und auch durch Mißerfolge und Anfeindungen anderer nicht grundsätzlich in Frage gestellt wird.

Antonovsky grenzt sich mehrfach und deutlich ab von individualpsychologischen Konzepten wie „hardiness" (nach S. Kobasa: „Abhärtung") oder Selbstwirksamkeit (A. Bandura) und betont, daß der Kohärenzsinn keine Persönlichkeitseigenschaft ist. Es geht um eine grundlegende Art, sich in der Welt zu orientieren, die von der Beschaffenheit dieser Welt mitbestimmt wird.

Ein Beispiel mag dies veranschaulichen: Um den Begriff der Persönlichkeitseigenschaft und das Meßproblem zu erläutern, wird in Lehrbüchern der Psychodiagnostik immer wieder eine Geschichte aus dem Alten Testament gewählt: Im Buch der Richter steht, daß Gideon sich auf Gottes Geheiß an seine 32000 Krieger mit dem Aufruf wandte: „Wer blöde und verzagt ist, der kehre um!" 2000 der so Angesprochenen traten daraufhin die Heimreise an. Der Eigenschaftsdiagnostiker würde daraus schließen, daß diese 2000 Leute bei sich die Eigenschaften erkannten, dumm und feige zu sein, die Gideon als Auslesekriterium verwendet hatte (M. Amelang, W. Zielinski, 1994, S. 16).

Antonovsky wäre vermutlich zu dem Schluß gekommen: Ein Teil dieser 2000 war wirklich dumm und feige, möglicherweise als Folge eines niedrigen Kohärenzgefühls. Ein anderer Teil war von diesem Feldzug von vornherein nicht überzeugt und nutzte die Gelegenheit, nach Hause zu gehen. Ihr Kohärenzgefühl ist hoch genug, um ertragen zu können, daß man sie für dumm und feige hält. Während also der Eigenschaftsdiagnostiker vom Verhalten auf eine zugrundeliegende Eigenschaft schließt, gibt es kein für das Kohärenzgefühl typisches Verhalten (A. Antonovsky, 1987, S. 182 ff.).

Der Kohärenzsinn wird gebildet durch die Möglichkeit, bestimmte Lebenserfahrungen zu machen, nämlich durch

- eine konsistente, in sich stimmige Umwelt, in der man Regelmäßigkeiten entdecken und Spielräume ausloten kann, die also weder monoton noch chaotisch ist. Diese Erfahrung ermöglicht die „Verstehbarkeit" („comprehensibility") der Umwelt;
- ein Gleichgewicht zwischen Anstrengung und Erholung, so daß die Anforderungen des täglichen Lebens bewältigbar bleiben. Aus dieser Erfahrung resultiert das Gefühl der „Handhabbarkeit" („manageability");

- die Beteiligung an Entscheidungsprozessen, die für die Gruppe oder Gesellschaft, in der man lebt, wichtig sind, so daß es möglich ist und Spaß macht, sich zu engagieren. Diese Erfahrung begründet das Erleben von „Bedeutsamkeit" (meaningfulness).

Das Ausmaß, in dem solche Erfahrungen gemacht werden können, wird wiederum mitbestimmt durch den jeweiligen sozialen Status und die Kultur, in der man lebt, sowie – vor allem – durch die Art der Arbeit und die Familienstruktur. Die Bedeutung der Arbeit wird durch die Erkenntnisse der Arbeitspsychologie bestätigt. In den Bedingungen für die Entwicklung oder Stärkung des Kohärenzgefühls lassen sich mühelos die Kriterien einer guten Arbeitsgestaltung wiedererkennen (siehe auch E. Ulich, 1994, sowie den Beitrag von M. Rimann und I. Udris). Die Bedeutung, die Antonovsky der Beteiligung an gesellschaftlichen Zusammenhängen und der Integration in dieselben beimißt, hat W. Schüffel veranlaßt, „manageability" mit „Gegenseitigkeit" zu übersetzen. Zwar hat sich die Übersetzung „Handhabbarkeit" durchgesetzt, und sie wird auch in diesem Band verwendet, aber es ist wichtig, darauf hinzuweisen, daß die Hilfserwartung die fundamentalere Erfahrung ist, die der autonomen Handlungssteuerung vorausgeht und sie auch immer wieder mit einschließt. Erst im System gegenseitig anerkannter und aufeinander bezogener Handlungsregeln ist Vertrauen auf den Erfolg eigener Handlungen überhaupt möglich.

Mit der Betonung der sozialen und kulturellen Bedingungen für Gesundheit stellt Antonovsky sich ausdrücklich in die sozialmedizinische Tradition der Gesundheitsforschung und -förderung. Aber die Frage nach denjenigen Menschen, die trotz schlechter Lebensbedingungen gesund bleiben, verhindert, daß sozialstaatliche Fürsorgeprogramme entworfen werden, ohne die Vielfalt der Lebenslagen und die Entscheidungsfreiheit des einzelnen zu bedenken.

Der Trend zu höherer Lebenserwartung und besserer Gesundheit ist weder gesichert noch unumkehrbar: Sowohl in den unterentwickelten Ländern als auch in den USA (und in Europa) hat sich die Kluft zwischen Arm und Reich vergrößert. Die Folgen sind existenzbedrohende Armut, Unterernährung von Kindern, Infektionskrankheiten und psychosoziale Verelendung, die nach Jahrzehnten stetigen Rückgangs wieder auf dem Vormarsch sind (D. Werner, 1993).

Angesichts dieser Entwicklung kann Gesundheit nur als Ergebnis der Tätigkeit eines Subjekts – einer Person oder einer Gruppe – gesehen werden und nicht als professionell erzeugbares und verteilbares Gut. Halten wir daher als erstes Zwischenergebnis fest: Bei allen Verdiensten der Medizin hinsichtlich Krankheitsbekämpfung und -prophylaxe ist Gesundheit doch stärker von anderen Faktoren abhängig, insbesondere von sozialer Gerechtigkeit und gegenseitiger Hilfe beim Zugang zu lebensnotwendigen Gütern und Prozessen. Daraus ergibt sich auch, daß man sich nicht allein auf die Fortschritte der Medizin verlassen und den Anspruch der Medizin zurückweisen sollte, alles zu kontrollieren, was mit Gesundheit und Gesundheitsversorgung zusammenhängt.

2.3.2
Zur Entwicklung der theoretischen Modelle

Man muß aber noch einen Schritt weiter gehen. Umwelt bzw. Kultur sind nicht nur relevant für die Frage, wie ein Konstrukt wie der Kohärenzsinn jeweils inhaltlich zu füllen ist. Die Geschichte der wissenschaftlichen Paradigmen und der daraus abgeleiteten Handlungsmuster zeigt außerdem, daß die Entwicklung und/oder die Entdeckung eines Kohärenzgefühls oder eines beliebigen anderen wissenschaftlichen Konstrukts von kulturellen Voraussetzungen abhängig sind. Angefangen von Descartes' „Zwei-Welten-Theorie", die die Trennung von Körper und Seele und die Behandlung des Körpers nach dem Maschinenmodell begründete, bis hin zur Überwindung dieser Trennung im biopsychosozialen Modell, das die moderne System- und Zeichentheorie aufgreift, spiegelt die Entwicklung der Medizin die Entwicklungen der allgemeinen Wissenschaftstheorie und Philosophie wider (Th. v. Uexküll u. W. Wesiack, 1990).

Seit G. L. Engel (1977) den Begriff „biopsychosoziales Modell" geprägt hat, besteht der

Anspruch auf eine integrative Perspektive zur Erklärung von Erkrankungsverläufen. Es gibt inzwischen eine Vielzahl fruchtbarer Anwendungen dieser Modellvorstellung auf unterschiedliche Krankheitsbilder. A. Bjelle (1989; siehe G. Bergström et al., 1985) hat – in Anlehnung an die WHO-Definition arbeitsbedingter Erkrankungen – die Genese arbeitsbedingter rheumatischer Erkrankungen zu einem Prozeßmodell verallgemeinert, in dem Prädisposition (habituelle und situative physische und psychische Merkmale), (Arbeits-)Bedingungen und Krankheit (als eigenständiger biologischer Prozeß) untereinander in Wechselwirkung stehen, aber auch jeweils eine eigene Dynamik aufweisen, die möglicherweise prozeßbestimmend werden kann. W.-B. Wahl (1989) hat vorgeschlagen, dieses Modell um die individuelle – innere und äußere – Haltung zu erweitern, die nicht unter dem Thema Prädisposition eingeordnet werden sollte, sondern das Ergebnis einer Bildungsgeschichte, also einer aktiven Auseinandersetzung mit der Umwelt, ist.

Jeder Mensch entwickelt im Laufe seines Lebens eine ihm eigene Art des Körperausdrucks und der Bewegung, die mit dem Begriff „Haltung" oder – um es dynamischer zu formulieren: „Körpergebrauch" – zu bezeichnen ist. Sie wird von J. Baur (1989) als dialektische Person-Umwelt-Transaktion aufgefaßt und tätigkeitspsychologisch begründet. J. Siegrist hat für die ischämischen Herzkrankheiten die Integrierbarkeit psychosozialer und „klassischer" biochemischer und biophysischer Risikofaktoren in ein pathogenetisches Modell gezeigt und damit den Anschluß zwischen soziologischer und physiologischer Streßforschung hergestellt. Hieraus resultiert in der neuesten Formulierung eine Variante des transaktionalen Streßmodells, die langfristige Wirkungen erfaßt und in der das Ungleichgewicht zwischen Anstrengung und Belohnung im Vordergrund steht. Bei vorhandenen physiologischen Risikofaktoren erhöhen solche „Gratifikationskrisen" die Gefahr einer dramatischen Krankheitsentwicklung erheblich, wie in mehreren Studien nachgewiesen werden konnte (Siegrist, 1996).

Monika Hasenbring et al. (1990) stellten ein in der Grundlogik übereinstimmendes Prozeßmodell für die Chronifizierung von Beschwerden am Beispiel des Erkrankungsverlaufs nach einem Bandscheibenvorfall vor. K. Scheuch (1988) sieht das Verhältnis von Belastung, individuellen Voraussetzungen und Beanspruchung als Waage, deren Ungleichgewicht zu Dekompensation und in der Summe solcher Fehlbeanspruchungsreaktionen zu andauernden Regulationsstörungen führen kann.

Auch für Krebserkrankungen ist ein Ungleichgewicht zwischen onkogenen Noxen und den zellulären Reparaturkapazitäten als Ursache für Krankheitsmanifestationen anzusehen (U. Kleeberg, 1995). Th. von Uexküll und W. Wesiack (1988) definieren Streß als „ein Nicht-Zusammenstimmen beziehungsweise eine Inkompatibilität der auf der somatischen, psychischen und sozialen Ebene vorherrschenden Konstellationen" oder kurz: als „ein Versagen der zum Handeln erforderlichen Integration."

Beim Vergleich dieser pathogenetischen Modelle fällt die Gemeinsamkeit auf, daß alle den Verlauf chronischer Erkrankungen in den Blickpunkt rücken. Alle Modellausarbeitungen lassen sich als Beschreibungen „quasi-stationärer Prozesse" (K. Lewin, 1943, S. 208) fassen, also als dynamische Gleichgewichtszustände, die im Falle der Krankheitsmanifestation zusammengebrochen sind.

Bereits 1927 hat Ludwig Fleck einen dynamischen Ansatz entwickelt und das erkenntnistheoretische Problem so formuliert: „Weil die Krankheit eine sich in der Zeit entwickelnde Veränderung der Lebensfunktionen ist, die ebenfalls ihren eigenen zeitlichen Verlauf haben, ist sie als eine Abänderung der Lebensvorgänge in gewisser Art doppelt vom Moment abhängig. Wenn es erlaubt ist, einen Vergleich aus einem entfernteren Bereich zu gebrauchen, so verhält sich die Krankheit zu den normalen Funktionen wie die Beschleunigung zur Geschwindigkeit. Das Leben als solches hat seinen zeitlichen Verlauf. Innerhalb dieses Verlaufs, in gewisser Unabhängigkeit von ihm, spielt sich der Verlauf der Krankheit ab. ... Auf diese Weise gewinnt die Krankheit ihre doppelte, und eigentlich vierfache Genese" (L. Fleck, 1983, S. 43 f.).

Fleck spricht von der vierfachen Genese der Krankheit, weil es vier Entwicklungslinien sind, deren spezifisches Verhältnis die Bedrohlichkeit einer Krankheit im Einzelfall ergibt:

1. Die Pathogenese des konkreten Falls oder auch „die besondere Krankheitsontogenese"; damit sind die Veranlagung, die Konstitution, die Situation der betroffenen Person beim Auftreten der Krankheit gemeint.
2. Die allgemeine Pathogenese oder auch „die allgemeine Krankheitsontogenese"; diese beschreibt den zu erwartenden Verlauf einer bestimmten Krankheit in Abhängigkeit von den prädisponierenden Faktoren der Person, z.B. von Alter oder Geschlecht.
3. Die „besondere Krankheitsphylogenese"; dies ist die spezielle Geschichte der Krankheit in einer bestimmten sozialen oder geographischen Umgebung.
4. Die „allgemeine Krankheitsphylogenese"; damit sind das Auftreten der Krankheit in der Menschheit und ihre Umwandlungen gemeint.

Darüber hinaus macht Fleck noch auf die „Hygiogenese" und die „latente Krankheit" aufmerksam und folgert: „In ihrer Beleuchtung ist die Gesundheit ein bestimmtes wechselseitiges Verhältnis patho- und hygiogenetischer Prozesse, und jedes andere Verhältnis, egal in welcher Richtung, ist Krankheit. Weil sich die verschiedensten Organe und Drüsen gegenseitig ersetzen können und sich einige Erkrankungen gegenseitig ausgleichen, wobei sie einen günstigeren Zustand ergeben, müßte man also die Gesundheit konsequent, wenn auch paradox, als die im gegebenen Moment günstigste Krankheit bestimmen. Auf diese Weise entsteht die spezifische dynamische Fassung des Gegenstandes, bei der wir an Stelle gleichbleibender Ursachen gegenseitig aufeinander einwirkende Prozesse haben" (L. Fleck, 1983, S. 44 f.).

In methodischer Hinsicht schließt Fleck: „Die ärztliche Beobachtung ist kein Punkt, sondern ein kleiner Kreis. Wir bringen sie nicht in ein System unter einem festen Winkel zueinander stehender geradliniger Koordinaten, sondern in ein System willkürlicher, sich kreuzender Kurven, die wir nicht näher kennen."

Hier sind drei für die weitere Erkenntnisentwicklung wichtige Gedanken bereits angelegt:

1. Ein **ökologischer Ansatz** für die Epidemiologie
Die moderne Biologie macht bis in das Immunsystem hinein klar, daß das gegenseitige Arrangement von Lebewesen, Zellen und Substanzen das erfolgreichere und häufigere Prinzip ist als die gegenseitige Vernichtung. Wie dieser Grundgedanke therapeutisch zu nutzen ist, zeigt der Beitrag von B. Kolb-Niemann in diesem Band.
2. Ein auf die **Dynamik des Einzelfalls** gerichtetes Denken, das auch die der Krankheit entgegenwirkenden Kräfte wahrnimmt.
Über die Coping-Forschung hat sich dieser Gedanke weiterentwickelt bis hin zu der inhaltlichen Bestimmung dieser entgegenwirkenden Kräfte als Kohärenzgefühl bei Antonovsky.
3. Die logische Ergänzung des dynamischen Gleichgewichts von pathogenen und salutogenen Kräften ist die **latente Krankheit**.
Die Vorstellung einer latenten Krankheit basiert auf der Trennung von Phänotypus und Genotypus und mithin der Verwendung genetischer Begriffe. Erst diese erlauben funktionelles Denken und die Erfassung dynamischer Gesetzmäßigkeiten. S. Freud hat mit der Entdeckung der Abwehrmechanismen denselben Sachverhalt angesprochen. Die Entwicklung von Abwehrmechanismen hat eine Schutzwirkung und ermöglicht es, trotz Traumata vorerst unauffällig zu leben. Aber der Aufwand der Abwehr wird möglicherweise immer größer, bis es zum Ausbruch kommt. Die Zeit davor ist daher eine Zeit latenter Krankheit.

Freud hat damit auch die klare Unterscheidung zwischen gesund und krank aufgegeben und gefolgert, daß Gesundheit und Krankheit „...nur durch eine praktisch bestimmbare Summationsgrenze gesondert sind..." (S. Freud: Gesammelte Werke, Bd. V, S. 8).

K. Lewin (1981, S. 254) kommentiert: „In der Trieb-, Affekt- und Charakterlehre hat vor allem die Lehre Freuds – und das ist vielleicht ihr Hauptverdienst – die Grenzen zwischen normal und pathologisch, zwischen Alltag und Außergewöhnlichem beseitigt und damit eine Homogenisierung des Gesamtgebiets der Psychologie angebahnt, die, obgleich sie sicherlich noch nicht durchgeführt ist, ihrem Ausmaß nach jener Homogenisierung der ‚himmlischen' und ‚irdischen' Vorgänge durchaus an die Seite gestellt werden kann, die die neue Physik einleitet." Dieser Satz spielt an auf die Entwicklung der modernen Wissenschaft, die in der Physik begonnen hat und die K. Lewin als „Übergang von der aristotelischen zur galileischen Denkweise" beschreibt.

Das Übergewicht probabilistischer Modellbildung, das die Hauptströmung der Medizin prägt, macht es immer noch schwer, sich die praktischen Konsequenzen dieses Paradigmenwechsels klarzumachen. Antonovsky hat ihn als „Health ease/dis-ease" Kontinuum bezeichnet und sich dagegen verwahrt, irgendeine Norm festzulegen, wo innerhalb dieses Kontinuums die Grenze zwischen gesund und krank zu ziehen ist. Möglicherweise ist aber auch die Vorstellung eines zweipoligen Kontinuums zu eindimensional, um das „System willkürlicher, sich kreuzender Kurven" wiederzugeben, vor das Fleck die ärztliche Beobachtung stellt.

Fleck und Lewin ist gemeinsam, daß sie an der Position des außenstehenden Beobachters festhalten, wobei die Beobachtung sich auch auf das eigene Empfinden und Erleben beziehen kann. Sie bleiben dabei, daß eine objektive Beschreibung von Sachverhalten, möglichst in mathematischer Form, möglich sein muß.

Mathematik ist jedoch nicht Statistik. Mathematische Gesetze sind nicht dadurch gekennzeichnet, daß die durch sie beschriebenen Sachverhalte besonders oft vorkommen, sondern dadurch, daß sie durchaus unterschiedliche beobachtbare Phänomene auf dieselben Entstehungsregeln zurückführen können. Lewin hielt es bezüglich der Kritik der Statistik mit Albert Einstein, der sich schwer vorstellen konnte, daß „der liebe Gott würfelt" (nach: L. Sprung u. U. Linke, 1992, S. 73).

Hier geht Antonovsky weiter. Er bezieht sich auf dasselbe Bild und hält Einstein entgegen, daß Gott auch kein Mathematiker sei, aber möglicherweise ein Poet: „Seine Werke (die eines Poeten) sind voller Anspielungen, Vorspiegelungen, Fragen, Widersprüchlichkeiten, offengelassenen Möglichkeiten, Wortspielen, Verzweiflung und Liebe. Aber wir können versuchen, ein Gedicht zu verstehen" (A. Antonovsky, 1987, S. 170; Übersetzung UB). Damit führt er uns methodisch und erkenntnistheoretisch auf ein Gebiet, das der Wissenschaft bisher fremd ist. Denn um ein Gedicht zu verstehen, muß man sinnverstehende, interpretative Methoden anwenden. Und Widersprüchlichkeiten, offengelassene Möglichkeiten oder Leidenschaft vereinbaren sich erkenntnistheoretisch nicht mit der Vorstellung von geregelten, zielgerichteten Abläufen.

H. Joas (1992) entwickelte für die Sozialwissenschaften den Gedanken, daß ihren Handlungstheorien das Modell des rational planenden Menschen zugrunde liegt und sich dadurch jedes Handeln, das diesem Modell nicht entspricht, der wissenschaftlichen Aufmerksamkeit entzieht. Prozesse wie das Einschlafen oder allgemein Hingabe, Erholung und Entspannung, der richtige Rhythmus in Musik und Tanz, die Abstimmung von Hand, Werkzeug und Material bei der Arbeit, die sofortige Reaktion in einer Gefahrensituation: alles dies sind Beispiele, die sich dem Modell des Vorbedachten, Geplanten nicht fügen. Wenn man sie sich aber ansieht, kann man in ihnen etwas Gemeinsames entdecken, das Joas mit Kreativität bezeichnet. E. Grassi und H. Schmale (1994) haben dafür den Spannungsbogen „Arbeit und Gelassenheit" gewählt. Th. von Uexküll erläutert dort das Konzept der „Stimmung" als Prinzip der Selbstorganisation eines komplexen Systems.

Es geht um Prozesse oder Momente, in denen die Person-Umwelt-Grenze gelockert ist und das Ich, das in der westlichen Tradition als Verstand aufgefaßt wird, zurücktritt. Könnte es nun sein, daß gerade solche Erfahrungen auch für die Gesundheit wichtig sind und daß man sie erkennen und pflegen muß, um besser zu verstehen, was gesund macht und erhält?

Um diese Thematik noch etwas genauer herauszuarbeiten, möchte ich noch einmal auf die Forschung zur Frage: Gesund trotz Risiken? zurückkommen. In den 60er Jahren begannen an verschiedenen Orten Psychiater und Entwicklungspsychologen (vor allem E. J. Anthony und N. Garmezy) die Lebenswege von Kindern zu verfolgen, die unter sehr ungünstigen Umständen aufwuchsen.

Zunächst lag die Blickrichtung noch auf den Risiken, und ihre weitere Erforschung durch Längsschnittstudien sollte dazu beitragen, die Interventionsmöglichkeiten zu verbessern. Dann aber trafen sie – mehr als nur einmal – auf Kinder, die trotz chaotischer Familienverhältnisse intelligent und selbständig, bei ihren Schulkameraden und Lehrern beliebt, im sozialen Umgang fröhlich, zugewandt und gelöst und bei der Meisterung praktischer Lebensprobleme sachlich, nüchtern und einfallsreich waren (M. Pines, 1984). Sie nannten diese Kinder die „Unverwundbaren" und behielten sie künftig besonders im Auge. Mir fielen bei ihrer Beschreibung Pippi Langstrumpf und Huckleberry Finn ein.

Diese beiden symbolisieren diejenigen Anteile unseres Fühlens und Handelns, die zum Verständnis von Kreativität (und Gesundheit) wichtig, aber in der Wissenschaft ausgeklammert sind. Unser Wissenschaftsverständnis schließt das Subjektive (Spontane, Kreative, Unplanbare, Unbeherrschbare) aus. Dies ist von Nachteil für die Medizin und für jede andere angewandte Wissenschaft, weil wichtige Bereiche der praktischen Tätigkeit – Pflege, beobachtendes Abwarten oder das Finden von individuellen Lösungen – unberücksichtigt bleiben.

Das psychosomatisch-psychiatrische und das sozialmedizinische Konzept haben das leidende Subjekt in die Medizin eingeführt; sie haben die Krankheit subjektiviert. Aber erst in dem systemisch-interaktiven Modell der Medizin – das aktuellste in der obengenannten Einteilung von Y. und R. Engeström – ist die Perspektive angelegt, den Kranken auch als handelndes Subjekt anzuerkennen und die Gesundheit sowie das Gesundwerden zu subjektivieren. Handeln in diesem Sinne umfaßt passive Intentionalität: Stillhalten, um Heilungsprozessen Raum zu geben. Dem entspricht eine Erkenntnishaltung, die sich auf den Einzelfall und seine Entwicklungsdynamik richtet. Die Dynamik kann sichtbar werden, wenn man eine Atmosphäre „freischwebender Aufmerksamkeit" zuläßt, wie S. Freud es nennt, oder eine Haltung der „liebevollen Pflege", wie es H. Joas bezeichnet – nicht nur bezogen auf Menschen, sondern auch auf wissenschaftliche Ideen.

Diese Perspektive führt erkenntnistheoretisch zur Vorstellung eines Kontinuums von Zuständen zwischen Krankheit und Gesundheit, das Antonovsky zugrundelegt. Das neue Gewicht, das das Subjekt beziehungsweise die Person mit ihrer individuellen Geschichte seit der Aufklärung und der Entwicklung demokratischer Gesellschaften zumindest vom Anspruch her besitzt, spiegelt sich also in der Entwicklung der medizinischen Theorien über Krankheit und Gesundheit wider. Auch hier gelangt man zu der Einsicht, daß das Gleichgewicht zwischen Krankheit und Gesundheit ein jeweils individuelles ist, das sich natürlich im Rahmen biologischer und psychologischer Gesetzmäßigkeiten abspielt, aber nicht durch definitive Klassifizierungen wie „normal" und „pathologisch" zu begreifen ist. (Die praktischen Schlußfolgerungen hieraus werden in dem Beitrag von U. Brucks, W.-B. Wahl und W. Schüffel erläutert.)

2.3.3
Zur Entwicklung der ärztlichen Aufgabe

P. Lain Entralgo (1969) weist darauf hin, daß die Heilkunst und der Wunsch zu heilen zu keiner Zeit vollständig von der Pathologie dominiert wurden; die Vertreter der neuen naturwissenschaftlichen Medizin jedoch sahen im Kranken „im wesentlichen ein wissenschaftlich erkennbares und veränderbares Objekt und zugleich eine unbekannte Person" (S. 114). Man kann hinzufügen: auch eine *uninteressante* Person; es gab keinen Grund, sie näher kennenzulernen, denn zum besseren Erkennen der Krankheit konnte sie nichts beitragen. Die Patienten in den Krankenheil- und -pflegeanstalten, die den Armen vorbehalten waren, vermochten dieser Degradierung nichts entgegenzusetzen.

Der Protest der Sozialmedizin, die sich mit den Menschen in den Armutsvierteln verbündete und die sozialen Ursachen der Krankheiten aufzeigte, war eine Facette der revolutionären sozialen Bewegungen, die unter anderem die Einführung der Krankenversicherung erkämpfte. Damit veränderte sich das Verhältnis zwischen Arzt und Patient grundlegend. Es wird in seiner idealtypischen Form noch immer zutreffend durch die medizinsoziologische Analyse von T. Parsons (1953) wiedergegeben.

Parsons beschreibt das Arzt-Patienten-Verhältnis als soziales System, das heißt als Rollen, die durch einander ergänzende Rechte und Pflichten definiert sind (s. Tab. 1.2).

Tab. 1.2: Das komplementäre Zwei-Rechte-Zwei-Pflichten-Modell der Arzt-Patient-Beziehung (nach Parsons)

	Patient	Arzt
Rechte	Fortdauer ökonomischer und sozialer Sicherheit	Erwartung auf (zeitlich begrenzte) Exklusivität des Vertrauens des Patienten
	nicht verantwortlich gemacht zu werden für den gegenwärtigen Zustand	Zugang zu normativ geschützten Tabuzonen
Pflichten	sich um baldige Gesundung zu bemühen	sich vollständig am Wohlergehen des Patienten zu orientieren
	einen Arzt aufzusuchen und dessen Anordnungen zu befolgen	den höchsten Stand wissenschaftlich abgesicherter Kompetenz einzusetzen

Innerhalb beider Rollen gehören Rechte und Pflichten zusammen, damit das soziale System funktioniert. Nur wenn der Patient die Verpflichtung, gesund zu werden, akzeptiert, steht ihm das Recht zu, für seinen Zustand nicht verantwortlich gemacht zu werden. Nur wenn der Arzt das Gebot des Wohlergehens des Patienten beachtet, hat er das Recht, dessen körperliche und personale Integrität zu verletzen. Dasselbe gilt für das jeweils zweite Recht bzw. die zweite Pflicht.

Aber auch zueinander stehen die Rollen in einer komplementären Beziehung. Die Freistellung des Patienten von alltäglichen Verpflichtungen ebenso wie die auf die Dauer der Erkrankung begrenzte Exklusivität der Arzt-Patient-Beziehung bezeichnet U. Gerhardt (1991) im Anschluß an Parsons als „Reziprozitätsmoratorium". Damit soll ausgesagt werden, daß vorübergehend das sonst gültige Prinzip des unmittelbaren Tauschs von gleichgewichtigen oder gleichwertigen Leistungen, Gütern und kommunikativen Akten außer Kraft gesetzt ist.

Vorübergehend gilt, daß der Patient seine Leistungen im Austauschprozeß nicht erbringen muß und daß der Arzt von ihm uneingeschränktes Vertrauen erwarten darf, auch wenn er ihm weitere Schmerzen zufügt und über seinen Willen verfügt. Anders wäre der Arzt dazu gezwungen, „das Vertrauen des Patienten durch angenehme, einsichtige oder sichtbar wirksame Therapiemaßnahmen immerzu gewissermaßen ‚verdienen' zu müssen" (U. Gerhardt, 1991, S. 175).

T. Parsons' Interesse bei der Analyse des Zusammenwirkens von Arztrolle und Krankenrolle gilt letztlich dem Problem Gesundheit. Seine Basisannahme ist, daß erst dadurch, daß alle Gesellschaftsmitglieder gesund sind oder jederzeit Zugang zu medizinischer Versorgung haben, die Grundregel der Chancengleichheit in der modernen Demokratie gewahrt wird.

In seiner Analyse geht es also um das Spannungsverhältnis zwischen Gesundheit – als Basis demokratischer Teilhabe, aber auch verbunden mit Reziprozitätsverpflichtungen – und Krankheit – als Entbindung von diesen Pflichten, aber auch als Möglichkeit der Kanalisierung von gesellschaftlichem Konfliktpotential. Krankheit entlastet nicht nur die einzelne Person, sondern auch die Gesellschaft. So kommt es zwar, bezogen auf das oben beschriebene Rechte-Pflichten-Gleichgewicht, einer Pflichtverletzung gleich – und zwar sowohl des Patienten als auch des Arztes –, wenn sie willentlich oder unwillentlich einer Chronifizierung Vorschub leisten, sie verhalten sich aber möglicherweise dennoch in Übereinstimmung mit einem gesellschaftlichen Interesse, das allerdings alles andere als emanzipatorisch und demokratisch ist.

Die Bestätigung der Krankenrolle durch den Arzt – in Form der Krankschreibung – ist daher kein gesellschaftskritischer Akt. Zwar wird dem Kranken ein Schonraum gegeben, der ihn entlastet. Zugleich hätten Ärzte aber „auch dafür zu sorgen, daß die Konflikte des Individuums mit der Gesellschaft zur Sprache kommen, daß aus Symptomen wieder Probleme werden, die verstanden werden und soziale Veränderungsprozesse anregen können" (M. Geyer, 1991, S. 137).

So gibt es in der Realität Spannungen oder Fehlentwicklungen in der Arzt-Patient-Beziehung, für deren Verständnis die idealtypische Analyse der Rollenbeziehungen, die Parsons vornimmt, den Hintergrund liefert. „Idealtypisch" ist nicht als ideal im Sinne von „gut" oder „wünschenswert" zu verstehen. Der soziologische Begriff „Idealtypus" ist vielmehr dem naturwissenschaftlichen Gesetzesbegriff nachgebildet. Der Idealtypus beschreibt einen Sachverhalt unter idealen, von allen Besonderheiten freien Bedingungen. Das klassische Beispiel ist das Gesetz vom freien Fall: Es abstrahiert von Faktoren wie Luft und Wasser, die den Fall aufhalten oder sogar umdrehen; aber erst dies ermöglicht es, Widerstände und Fallgeschwindigkeiten empirisch korrekt nach einer allgemeinen Formel zu berechnen.

Parsons' Rollenanalyse beschreibt den idealen Fall, daß die Erwartungen und Handlungen von Arzt und Patient übereinstimmend und konsequent auf die baldige Wiederherstellung der Gesundheit des Patienten gerichtet sind. Vor diesem Hintergrund sind die entgegenwirkenden Kräfte in der Realität der Arzt-Patient-Beziehung zu untersuchen.

Derartige entgegenwirkenden Kräfte gibt es genug. Die Zusammenarbeit mit dem Patienten als kompetentem Partner, wie sie oben als Perspektive der ärztlichen Aufgabe genannt wurde, ist nicht unbedingt eine explizite Forderung von Patienten. Vielmehr streben auch Patienten eine in gewisser Weise eingeschränkte und für sie bequeme Beziehung zum Arzt an, die eine schnelle Symptomverbesserung ohne eigene Anstrengung verspricht. Versorgungswünsche von Patienten und ihre Versuche, psychosozialen Problemen und Konflikten durch eine Somatisierung auszuweichen, gehen Hand in Hand mit dem Angebot an Medikamenten zur Symptombehandlung, das die Medizin bereit hält.

Ebenfalls in Richtung Symptombehandlung wirken die Rahmenbedingungen der ärztlichen Tätigkeit. Sowohl im Krankenhaus als auch in der ambulanten Praxis begünstigt das Vergütungssystem solche diagnostischen und therapeutischen Leistungen, die den Patienten zum Objekt machen, gegenüber jenen, die ihn aktiv an der Problemdefinition und -lösung beteiligen.

Aktivierende Pflege verringert vermutlich den Aufwand für die Rehabilitation, wird aber dennoch nicht anders vergütet als eine rein bewahrende Pflege. Gefühlsarbeit – wie Beruhigung und Trost –, die notwendig ist, um schmerzhafte Eingriffe erträglich zu machen, wird durch schmerzstillende Medikamente ersetzt, obwohl diese die Selbstwahrnehmung des Patienten und den adäquaten Umgang mit Verletzungen beeinträchtigen. Ausführliche ärztliche Anamnese und Beratung, die dem Patienten hilft, eigene Handlungsspielräume zu erkennen, sind für den Arzt weniger lohnend, als wenn er den Patienten an sich bindet, obwohl dadurch die tägliche Patientenzahl steigt und die Effektivität der Arbeit auch für diejenigen sinkt, die akut Hilfe benötigen.

So entstehen die „Problempatienten", die immer wieder kommen und über Beschwerden klagen, obwohl eine „richtige" Krankheit nicht zu finden ist. Schließlich bemühen sich Arzt und Patient darum, dann irgendeine Krankheit zu benennen, nur um diesen Zustand endlich zu beenden.

M. Balint (1973) hat diesen Prozeß als „organisierte" Krankheit beschrieben. M. Zielke und N. Mark (1991) bezeichnen ihn unverblümter als „iatrogene" Krankheit: Aus den Akten der zur psychosomatischen Kur überwiesenen Patienten haben sie solche Verläufe rekonstruiert, an deren Anfang sich meistens somatische Beschwerden ohne klare Befunde finden lassen, die eine Reihe von Diagnosen und Überweisungen auslösen, und an deren Ende ein niederdrückendes und dauerhaftes Gefühl des Krankseins und der Hilflosigkeit steht.

Aufgrund der Auswertung vieler Behandlungsdokumentationen haben wir sieben Konstellationen der Arzt-Patienten-Beziehung unterschieden, die mehr oder weniger stark Krankheitskarrieren begünstigen (Brucks 1998). Sie werden von U. Brucks, W.-B. Wahl und W. Schüffel in ihrem Beitrag genauer dargestellt.

Die Selbsteinordnung in diese Konstellationen kann eine Hilfe sein, den Arzt immer wieder an seine Aufgabe zu erinnern, den Patienten aus der Abhängigkeit der Krankenrolle und ihren einschränkenden Folgen im täglichen Leben zu befreien. Der Blick auf die Folgen eröffnet auch der Therapieplanung und der Beratungsaufgabe andere Akzente. Das Schwergewicht liegt darauf, die Handlungsfähigkeit des

Patienten zu unterstützen und die Arzt-Patient-Beziehung von der Helferrolle, die die gegenseitige Abhängigkeit und die Unentbehrlichkeit des Helfers fördert, in die Richtung einer Beraterrolle mit gegenseitig akzeptierter Kompetenz zu verändern.

Ein solches Verständnis von „Gegenseitigkeit" ist in der Dimension „manageability" des Kohärenzgefühls enthalten. Gegenseitigkeit bedeutet, eine Beziehung so zu gestalten, daß keiner in unnötig große Abhängigkeit von der Hilfe des anderen gerät. Dabei sind hier vermutlich große kulturelle Unterschiede festzustellen in der Balance zwischen der als „richtig" empfundenen Entlastung und der geforderten eigenen Anstrengung sowie dem Selbstbestimmungsrecht. Tatsächlich ist zu vermuten, daß diese Balance zur Zeit gerade bei uns einem soziokulturellen Wandel unterliegt, was sich in einer Verunsicherung der gegenseitigen Erwartungen von Arzt und Patient bemerkbar macht.

Obwohl sich die medizinische Ausbildung immer noch an diesen Richtlinien orientiert, kann der Arzt – besonders in der Primärversorgung – seine Aufgabe nicht mehr adäquat lösen, wenn er sich darauf beschränkt, Krankheiten zu behandeln. Je geringer der Anteil akuter, klar abgrenzbarer Krankheitsereignisse wird und je mehr der Anteil von Regulationsstörungen zunimmt, die alters- und/oder verhaltensbedingt sind und weiter oben als gestörte Balance zwischen Person und Umwelt beschrieben worden sind, um so mehr wird der Arzt zum Begleiter und Berater des Patienten. Seine Aufgabe bei dieser Art von Erkrankungen ist es nicht mehr, die Krankheit zu bekämpfen, sondern die Balance trotz und mit gesundheitlichen Einschränkungen wiederzufinden.

Dies ist also damit gemeint, daß das Konzept der Salutogenese die Autonomie des Patienten impliziert. Antonovsky macht an vielen Beispielen klar, daß alle gutgemeinten, richtig begründeten Programme – z.B. auch solche der Gesundheitsförderung (A. Antonovsky, 1996) – an der Idee der Salutogenese grundsätzlich dann vorbeigehen, wenn sie schon vorher wissen, was für andere Menschen gut und richtig ist. Salutogenes Denken im Hinblick auf die Arzt-Patient-Beziehung heißt sicher nicht, nur noch das zu tun, was Patienten von sich aus wünschen. Aber es bedeutet, sich selbst und dem Patienten Zeit zu geben, um zu erkennen, welche verschiedenen Entwicklungen möglich sind, und diese mit in die Überlegungen einzubeziehen.

2.4
Fazit

Die gemeinsame Bedeutung der drei diskutierten Paradigmenwechsel ist darin zu sehen, daß sie auf eine Fähigkeit hinweisen, an der es bisher mangelt: die Fähigkeit, nichts zu tun.

Nichts zu tun betont die Fähigkeit abzuwarten; nichts **zu tun** die bewußte und aufmerksame Bereitschaft zu warten – also etwas, was man mit H. Joas (1992) „passive Intentionalität" nennen könnte.

Gesundheit ist etwas „Verborgenes", wie H.-G. Gadamer (1990) es formuliert. Gesundheit kann man nicht herstellen, man kann nur für Bedingungen sorgen, unter denen sie eher gedeiht. Antonovsky plädiert daher gegen eingreifende Gesundheitsförderungsprogramme, die die Gefahr der Bevormundung in sich bergen.

Gesundheit ist etwas Individuelles. Sie läßt sich als das bestmögliche Gleichgewicht zu einer bestimmten Zeit definieren. Die Aufgabe des Arztes erhält dadurch eine neue Akzentuierung: Neben das aktive zielgerichtete Handeln, auf dem das berufliche Selbstverständnis und der Stolz über Erfolge bisher vor allem beruhen, tritt eine nach außen kaum wahrnehmbare Tätigkeit: diejenige, Patienten zuzuhören und sie darin zu unterstützen, ihr jeweiliges Gleichgewicht wiederzufinden, bevor es zu spektakulären Krisen kommt. Dies geschieht ironischerweise gerade in einer Zeit, in der handfeste und meßbare Effektivität verlangt wird.

Beitrag 3
Die Bedingungen für Veränderungen erkennen: Salutogenese in der Praxis

von Ursula Brucks, Wulf-Bodo Wahl, Wolfram Schüffel

3.1 Einleitung

Welche Konsequenzen hat ein theoretisches Konzept wie das der Salutogenese für die Praxis? Diese Frage ist letztlich die entscheidende, denn das Ziel einer medizinischen Wissenschaft ist nicht die Entwicklung einer Theorie um ihrer selbst willen, sondern wegen ihres Nutzens für die Aufgabe des Arztes. „Therapie, nicht Erkenntnis allein, ist dieses Ziel" (V. von Weizsäcker, 1988, S. 487).

Aber eine gute Theorie ist nicht automatisch auch praktikabel. V. von Weizsäcker befindet mit Blick auf die psychosomatische Medizin: „Es war ein voller Irrtum, daß eine zutreffende Wissenschaft ganz von selbst in der Anwendung den Wunsch der Therapie (in dem Arzt und Kranker sich einig sind) befriedigen würde" (1988, S. 487).

Zu fragen ist also, was die drei von B. Maoz und U. Brucks (in diesem Band) beschriebenen Paradigmenwechsel für die ärztliche, bzw. allgemeiner, für die therapeutische Praxis bedeuten und wie sie umzusetzen sind. Bei dieser Frage können und müssen wir nicht mehr vorrangig auf Arbeiten von A. Antonovsky zurückgreifen.

Wir *können* es nicht, weil – wie B. Maoz (ebenfalls in diesem Band) ausführt – die therapeutische Praxis nicht sein Metier war. Eine Ausnahme bildet die Gesundheitsförderung, mit der er sich kritisch und praxisbezogen auseinandergesetzt hat (Antonovsky, 1996).

Und wir *müssen* es nicht, weil parallel zu ihm – und/oder angeregt durch ihn – eine Vielzahl von Ansätzen entstanden ist, wie man den neuen Anforderungen durch das veränderte Krankheitsspektrum und dem Ziel einer partnerschaftlichen Arzt-Patient-Beziehung besser gerecht werden kann. Insbesondere können wir hier auf eigene Arbeiten und Erfahrungen zurückgreifen.

Zwei der Mitautoren – U. Brucks und W.-B. Wahl – sind über einen Modellversuch zur Einführung der Prävention in das ärztliche Handeln dazu gelangt, sich mit der Salutogenese auseinanderzusetzen. Das wichtigste Ergebnis war die Erkenntnis, daß es für eine erfolgreiche Prävention notwendig ist, Entwicklungs- und Behandlungsverläufe über einen längeren Zeitraum zu beobachten und ihre Bedeutung mit dem Patienten zu diskutieren. Dies soll in der Praxis die „epikritische Fallbetrachtung" ermöglichen – eine Methode, die die kritische Aufarbeitung des Behandlungsverlaufs mit der Frage nach bisher ungenutzten Handlungsspielräumen verbindet.

Auf der Suche nach neuen Ansätzen in der Prävention rückte immer mehr die Arzt-Patient-Beziehung in den Mittelpunkt unserer Aufmerksamkeit. Hier entwickelte sich die Zusammenarbeit mit W. Schüffel, der – aus der Tradition der Anamnese- und der Balint-Gruppen (siehe die Beiträge von V. Köllner/T. Loew und von M. Bähr/V. Köllner) kommend – die Gestaltung der Arzt-Patient-Beziehung als wichtigsten Beitrag zur psychosomatischen Grundversorgung erkennt. Unsere gemeinsame Arbeit ist die Weiterentwicklung der epikritischen Fallbetrachtung in der Hinsicht, daß die Dynamik der Arzt-Patient-Beziehung und darin enthaltene Ressourcen stärker beachtet werden.

Um dies nachvollziehbar zu machen, möchten wir die Entwicklung und Anwendung der epikritischen Fallbetrachtung zunächst im Überblick darstellen. Anschließend werden wir an diesem Beispiel und unter Einbeziehung anderer Erfahrungen und Modelle die drei neuen Perspektiven, die das salutogene Denken einführt, auf ihre praktische Relevanz hin untersuchen:
- Was bedeutet es in der Praxis, wenn nicht nur nach der Krankheitsgeschichte, sondern auch nach der Gesundheit gefragt wird?

- Wie wirkt es sich auf das Finden und Erörtern von therapeutischen Entscheidungen aus, wenn man sich dabei nicht an allgemein gültigen und anerkannten Normen hinsichtlich „krank" und „gesund" orientieren kann?
- Welche Konsequenzen ergeben sich für die Interaktion zwischen Arzt und Patient, wenn der Patient zum entscheidungsfähigen Subjekt werden soll?

3.2
Die epikritische Fallbetrachtung als Arbeitsmittel für die Praxis

Die Entwicklung der epikritischen Fallbetrachtung ist selbst ein Beispiel für die Weiterentwicklung der eigenen Aufgabe durch Ärztinnen und Ärzte. 1983 bis 1984 förderte das Bundesministerium für Arbeit und Sozialordnung die Untersuchung *Kommunikationsprobleme zwischen Arzt und Patienten* (U. Brucks, E. von Salisch und W.-B. Wahl, 1987). Die Ergebnisse gingen ein in das ebenfalls vom Bundesministerium für Arbeit und Sozialordnung (später Bundesministerium für Gesundheit) geförderte Modellvorhaben mit dem Titel „Gezielte Früherkennung von Erkrankungsrisiken im Arzt-Patienten-Gespräch", das in Zusammenarbeit mit der Ärztekammer, der Kassenärztlichen Vereinigung und der AOK Hamburg 1987 bis 1992 durchgeführt wurde.

Nachdem das Vorläuferprojekt bestimmte Kommunikationsdefizite in der ärztlichen Sprechstunde aufgedeckt hatte, insbesondere einen Mangel an prophylaktischer und gesundheitsfördernder Beratung, bestand die Idee des Folgeprojekts darin, gemeinsam mit Ärzten, die in der Grundversorgung tätig sind und zu deren Aufgaben die Krankheitsfrüherkennung und Prävention gehören, ein praktisches Vorgehen für die Beratung der Patienten zu erarbeiten. Der Anspruch der Auftraggeber war dabei ein pragmatischer. Sie erwarteten einen Leitfaden, der die verschiedenen Früherkennungsuntersuchungen integriert und um anamnestische Gesichtspunkte bereichert.

Auch unsere Antizipation des möglichen Ergebnisses ging in diese Richtung, obwohl es aus der Studie über die Kommunikationsprobleme klar war, daß der Erfolg von Beratungskonzepten auch von strukturellen Bedingungen abhängt, vor allem der Verankerung einer „Leitfunktion des Hausarztes" (U. Brucks, E. von Salisch und W.-B. Wahl, 1987) und – wie sich später gezeigt hat – einem veränderten Verständnis der ärztlichen Aufgabe. Denn die Beratung muß die Lebensbedingungen der Patienten einbeziehen und den Patienten helfen, eigene Handlungsspielräume auszuloten. Dazu bedarf es einer längeren Arzt-Patient-Beziehung, die auch Konflikte und Enttäuschungen erträgt, ohne ausdrücklich psychotherapeutischen Charakter zu erhalten.

Der Modellversuch, insbesondere die ärztlichen Arbeitskreise, sind methodisch in die Tradition der Balint-Gruppen zu stellen. Balint bezeichnete sein Vorgehen als „training cum research" und nutzte mit der Auswertung der Protokolle und sonstigen Aufzeichnungen die Gruppenergebnisse zur Weiterentwicklung des Verständnisses und der Erklärung des therapeutischen Prozesses (E. Balint, 1983). Dieser Ansatz findet heute in Ärztezirkeln seine Fortsetzung (U. Brucks, W.-B. Wahl und W. Schüffel, 1996).

Die wichtigste Entwicklungslinie des Modellversuchs ist darin zu sehen, daß von der ursprünglichen Idee eines Anamneseleitfadens oder Fragebogens zur Früherkennung von Erkrankungsrisiken abgegangen wurde, und zwar – wie man nachträglich deutlicher erkennen kann – durch den mehr oder weniger bewußten Mit- und Nachvollzug der drei Paradigmenwechsel, die auch im salutogenetischen Konzept enthalten sind.

Neben anderen kritischen Einwänden gegen eine durch Risikofaktoren begründete Prävention ist festzustellen, daß die Risikofaktorenmedizin das Potential der Arzt-Patient-Beziehung für Prävention nicht nutzt. Dieses besteht darin, Patienten umfassender und über längere Zeit kennenzulernen. Ärzte nutzen es wegen der zerstückelten Form der Sprechstundenkontakte allerdings auch nicht. Es sind jedoch gerade diese sogenannten Nebenbefunde, die für den aktuellen Behandlungsanlaß zunächst nicht wichtig erscheinen, aus denen sich aber ein Bild des Patienten formt – ein Bild, das sich dem Arzt nach einem Krankheitsereignis, z.B. einem Herzinfarkt, zusammensetzt und das ungute Gefühl vermittelt, es „eigentlich" geahnt zu haben. Diese „nachträglich erkennbaren Vorboten" sollten stärker für die Prävention genutzt werden. Daraus entstand die Idee einer Dokumentation, die es ermöglichen soll, solche Nebenbefunde unabhängig von der chronologischen Kartei oder Akte zu sammeln.

Aus zwei Gründen war es jedoch noch nicht der richtige Weg, solche präventionsrelevanten Beobachtungen „nebenbei" zu sammeln: Zunächst einmal gelingt es selten, neben der täglichen Routine auch daran zu denken. Wichtiger ist aber, daß diese Idee des „Nebenbeisammelns" eine Gefahr enthält: Auch wenn die Absicht die beste ist, ist es moralisch und auch methodisch falsch, über den Patienten Informationen zusammenzutragen und ihn eines Tages unverhofft damit zu konfrontieren, wie besorgniserregend sein Zustand ist.

An dieser Stelle wird klar, daß
- der Patient bzw. die Patientin von vornherein und aktiv zu beteiligen ist beziehungsweise der eigentliche „Auftraggeber" bleiben muß, auch wenn der Arzt die Initiative ergreift, sich über den aktuellen Anlaß hinaus um den Erhalt der Gesundheit zu kümmern;
- daß die Art des Umgangs mit gesundheitlichen Problemen und die Vorsorgeorientierung immer auch geprägt werden durch Erfahrungen mit der medizinischen Versorgung, also auch dem aktuell behandelnden Arzt, und diese Beziehung daher mit in die Betrachtung einbezogen werden muß;
- daß also gerade in der hausärztlichen Betreuung Zäsuren gesetzt werden sollten, um Behandlungsverläufe auszuwerten und zusammenfassend zu beurteilen, damit der Arzt und der Patient die Entwicklungsrichtung erkennen und beeinflussen können.

In den Begriffen von A. Antonovsky handelt es sich also darum, sich gelegentlich zu vergewissern, ob jemand auf dem gedachten health-ease-disease-Kontinuum seine Position behält oder unbemerkt in Richtung dis-ease verändert hat. Diesen Akt der Selbstvergewisserung nannten

wir „epikritische Fallbetrachtung". Die Bedeutung einer Epikrise besteht ja darin, einen zusammenfassenden Abschlußbericht über einen Krankheitsverlauf mit einer Diskussion der gültigen Diagnose und der erwogenen Differentialdiagnosen zu geben.

Mit dem Begriff der epikritischen Fallbetrachtung knüpfen wir absichtlich an diese Bedeutung an, aber es handelt sich hier um eine „Epikrise mit offenem Ende". Denn der Gegenstand ist nicht der Abschluß einer Behandlung, sondern die obengenannte Selbstvergewisserung, wo man steht.

Mit dieser Neuorientierung änderten sich auch der Stellenwert und Gebrauch des Dokumentationsbogens. Sein Hauptzweck ist nicht mehr der einer Gedächtnisstütze oder eines Rechenschaftsberichts, wozu man üblicherweise Dokumentationen erstellt. Er hat vielmehr – auch in Form und Aufbau – den Charakter eines Arbeitsmittels erhalten, das den Benutzer dabei unterstützt oder sogar dazu anleitet, seine Beobachtungen zu strukturieren, um die darin liegenden, bisher nicht bewußten oder beachteten Bedeutungen zu erkennen. Dabei geht es vor allem um die Bedeutung der eigenen Wahrnehmungen, Gefühle und Handlungen, um das (Be-)Handlungsproblem, vor dem man steht, besser lösen zu können (U. Brucks, W.-B. Wahl, W. Schüffel, 1998).

Die Gliederung des Dokumentationsbogens entspricht dem idealtypischen Handlungsablauf einer epikritischen Fallbetrachtung, der sich in vier große Schritte unterteilen läßt:

Schritt 1: Die Begründung der Entscheidung/die Fragestellung

Dieser Schritt resultiert aus der Abkehr vom stillen Sammeln von Nebenbefunden, enthält aber noch den Grundgedanken, daß solche Nebenbefunde beachtenswert sind. Wenn der Arzt Zeichen somatischer Fixierung oder präventionsrelevante Befunde bemerkt, sollte er diesem Eindruck nachgehen und sich entscheiden, ob er den Patienten darauf ansprechen will. Auch Störungen in der Arzt-Patient-Beziehung können ein solcher Anlaß sein. Ergänzend kann der Patientenfragebogen dazu beitragen, das Krankheitsverständnis des Patienten zu erfahren und ein umfassenderes Gespräch zu eröffnen (s. unten). Vergleichbar der Fallvorstellung in einer Balint-Gruppe mündet Schritt 1 in eine Fragestellung des Arztes, die sein aktuelles Handlungsproblem ausdrücken soll.

Schritt 2:
Die Sammlung relevanter Tatsachen

Hier werden die Befunde und Kenntnisse zusammengestellt, die der Arzt in seiner Kartei vorrätig hat und durch ein ausführlicheres Ge-

Haben Sie schon einmal über Ihre Gesundheit nachgedacht?

Ich bin um meine Gesundheit zur Zeit ○ gar nicht ○ etwas ○ mittel ○ stark ○ sehr stark besorgt.

So fühle ich mich schon ○ seit Tagen. ○ seit Wochen. ○ seit Monaten. ○ seit Jahren.

Ich denke, meine Gesundheit wird durch folgende Bereiche	beeinträchtigt			oder	gefördert		
	stark	mittel	etwas		etwas	mittel	stark
meine Anfälligkeit oder Widerstandsfähigkeit gegen Krankheiten	○	○	○		○	○	○
meine körperliche Leistungsfähigkeit und Erholung (Schlaf, Entspannung)	○	○	○		○	○	○
meine geistige Leistungsfähigkeit	○	○	○		○	○	○
meine überwiegende Stimmungslage	○	○	○		○	○	○
die Beziehung zu meinen Mitmenschen (Familie, Kollegen, usw.)	○	○	○		○	○	○
Anforderungen der Arbeit	○	○	○		○	○	○
meine finanzielle Situation	○	○	○		○	○	○
Umweltbedingungen (Wohnung, Verkehr)	○	○	○		○	○	○
mein eigenes Verhalten (Ernährung, Bewegung, Rauchen usw.)	○	○	○		○	○	○
Hilfe und Unterstützung durch Andere, durch Ärzte, Behörden usw.	○	○	○		○	○	○

Ich finde meistens eine Lösung für Probleme oder Schwierigkeiten, die anderen hoffnungslos erscheinen.   trifft gar nicht zu ○ ○ ○ ○ ○ trifft voll zu

Im allgemeinen finde ich es schwer, die Dinge, die mir in meinem täglichen Leben zustoßen, zu verstehen.   trifft gar nicht zu ○ ○ ○ ○ ○ trifft voll zu

Mein tägliches Leben gibt mir alles in allem viel Grund zu persönlicher Befriedigung.   trifft gar nicht zu ○ ○ ○ ○ ○ trifft voll zu

Wenn ich so weiterlebe wie bisher, wird meine Gesundheit in 10 Jahren   ○ viel schlechter ○ schlechter ○ ebenso ○ besser ○ viel besser sein.

Meine Möglichkeiten, auf die Entwicklung meiner Gesundheit Einfluß zu nehmen, halte ich für   ○ sehr gering ○ gering ○ mittel ○ groß ○ sehr groß

spräch mit dem Patienten ergänzt. „Relevant" bezieht sich auf die Fragestellung; sie ist das Auswahlkriterium. Der Dokumentationsbogen ist hier als Orientierungsrahmen zu verstehen, der zwar Gesichtspunkte vorgibt, aber ohne Zwang zur vollständigen Bearbeitung. Jedoch sollen diese Vorgaben Anregungen geben, auch über Aspekte nachzudenken, die man bei diesem Patienten bisher nicht beachtet hat. Vor allem aber verleihen sie den gesammelten Beobachtungen eine Struktur. Diese Struktur ist aus der Auseinandersetzung mit den pathogenetischen Modellen erwachsen, die U. Brucks (in diesem Band) darstellt. Daraus resultierte eine dynamische Fassung der Entwicklung chronischer Krankheiten, „bei der wir anstelle gleichbleibender Ursachen gegenseitig aufeinander einwirkende Prozesse haben." (L. Fleck, 1983, S. 45).

Um diese möglichen aufeinander einwirkenden Kräfte und Prozesse in eine Ordnung zu bringen, haben wir sie drei Bereichen zugeordnet: der Lebenslage, dem Habitus und dem Status. In diese lassen sich die fallspezifischen Daten einordnen. Ziel ist es, aus den verschiedenen, eventuell neuen und auch widersprüchlichen Facetten ein Bild zu formen.

Dabei ist das Schwierige und für Ärzte Ungewohnte, der eigenen Intuition Raum zu geben und den Anderen, also den Patienten, zu verstehen, ohne sogleich an Diagnosen und Hilfsmaßnahmen zu denken.

Schritt 3:
Die Auswertung

Dieser Schritt ist der Kern der epikritischen Fallbetrachtung, denn hier wird versucht, die intuitiv gewonnene Einsicht in die Dynamik des bisherigen Verlaufs zu objektivieren. Dabei ordnen wir – vielleicht überraschend für diejenigen, die Erfahrung mit Balint-Gruppen haben – die Reflexion der Arzt-Patient-Beziehung diesem auswertenden Schritt zu, weil wir die Situation des „self-audit" vor Augen haben. Es gibt keine Gruppe, in der sich Übertragung und Gegenübertragung reinszenieren können, sondern der Arzt ist in der Lage desjenigen, der sich selbst Bericht erstattet. Die schriftliche Dokumentation ist daher das notwendige Mittel, um Distanz zu gewinnen.

Im Sinne der Epikrise werden dabei einerseits die Entwicklung und die momentane Situation des Patienten beurteilt, andererseits der Sinn und Erfolg der bisherigen therapeutischen Strategie. Hinsichtlich der Entwicklung des Patienten steht die Frage nach dem Chronifizierungspotential im Mittelpunkt, also die Frage nach der (drohenden) Einengung von Handlungs-, Bewegungs- und Denkspielräumen, aber auch nach entgegenwirkenden Kräften, die Spielräume eröffnen können. Das Ergebnis ist eine Diagnose, aber nicht in den Begriffen einer Krankheitsklassifikation, sondern als Bilanz der derzeit für den Patienten wirksamen belastenden und entlastenden oder stärkenden Kräfte (s. Abb. 1.2). Die bisherige Arzt-Patient-Beziehung ist daraufhin zu überprüfen, ob sie eine Chronifizierung begünstigt oder vermeidet. Aufgrund der bisherigen Erfahrungen haben wir eine Typologie von Arzt-Patienten-Konstellationen erstellt, die als Orientierungshilfe dienen kann (s. Kasten S. 43). Schritt 3 endet mit dem Entwurf des nächstmöglichen Schritts, der geeignet erscheint, eine ungünstige Entwicklungsrichtung abzuwenden und eine salutogene Entwicklung einzuleiten.

Schritt 4:
Evaluation

Die Erörterung mit dem Patienten ist die erste Überprüfung, ob und wie die Neugestaltung des Arbeitsbündnisses gelingt. Dieser Schritt ist vor Enttäuschungen nicht sicher – im Gegenteil. Daher ist es wichtig, Geduld zu bewahren und nach einem halben und einem ganzen Jahr erneut Rückschau zu halten. Ärztezirkel oder Balint-Gruppen können dabei eine wertvolle Hilfe sein, denn die bewußte Gestaltung der Beziehung zu Patienten in ihrer erkenntnismäßigen, affektiven und praktischen Dimension ist ein Prozeß, der viel Energie erfordert.

Mit einer solchen Evaluation kommt ein neues zeitliches Element in die ärztliche Tätigkeit. Diese wird nicht mehr nur durch einzelne Krankheitsepisoden und deren mehr oder weniger deutlichen Abschluß charakterisiert, sondern durch bewußte Einschnitte in einer auf Dauer angelegten Betreuung, deren Intensität nach Bedarf zu- oder abnimmt. Dabei kann als übergeordnetes Ziel gelten, die Abhängigkeit des Patienten von fremder Hilfe möglichst gering zu halten – auch dadurch, daß Patienten ermutigt werden, die eigene Problemlösungsfähigkeit zu entwickeln und einzusetzen.

Die Entscheidung für dieses Vorgehen war auch begründet durch die Auseinandersetzung mit den Krankheitsmodellen. Wie die offenen Formulierungen „Entwicklungsrichtung" und „Behandlungsverlauf" schon zeigen, geht es nicht um die Prognose ganz bestimmter Krankheitsereignisse, sondern um die Erhaltung eines dynamischen Gleichgewichts von Belastung und Erholung beziehungsweise Verarbeitung von Belastungen und Konflikten, was natürlich nicht heißt, daß ungünstige Dispositionen und Prädispositionen nicht verbessert werden sollten, wenn es möglich ist.

Dieses dynamische Gleichgewicht wird durch das folgende Modell veranschaulicht, in dem die drei Hauptelemente Habitus, Lebenslage und Status sowohl hinsichtlich einer Chronifizierung als auch einer Erweiterung der Handlungsmöglichkeiten und -kompetenzen (Salutogenese) wirken und sich gegenseitig verstärken oder auch kompensieren können (s. Abb.1.2):

- Mit **Habitus** werden die im Laufe des Lebens herausgebildete persönliche Lebensweise und Haltung bezeichnet, die den einzelnen Menschen in seiner Kultur, gesellschaftlichen Schicht und sozialen Bezugsgruppe verankern.
- Die **Lebenslage** umfaßt die sozialen und materiellen Lebensbedingungen, insbesondere die derzeit zu bewältigenden Anforderungen und die zur Verfügung stehenden Ressourcen.
- Der **Status** bezieht sich auf die aktuell gegebene psychophysische Verfassung.

Die verbindenden dynamischen Elemente haben wir Handlungsfähigkeit, Belastbarkeit und Konfliktfähigkeit genannt. Wenn die Anforderungen der Umwelt, die eigenen Werte und Wünsche sowie die Möglichkeiten und Bedürfnisse des eigenen Körpers nicht mehr zu vermitteln sind, kommt es zu einem Steuerungsverlust der Person, der sie angewiesen macht auf Hilfe anderer. Diese Hilfsbedürftigkeit kann sich als Krankheit manifestieren – primär durch den Zusammenbruch körperlicher Funktionen und sekundär durch die Suche nach Schutz und Entlastung in der Krankenrolle.

Zwischen diesen vermittelnden Elementen und den Dimensionen des Kohärenzgefühls

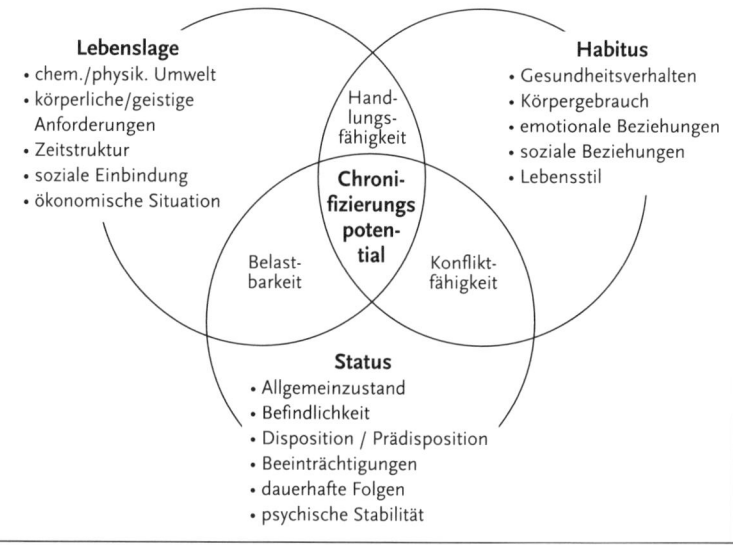

Abb. 1.2: Das diagnostische Modell der epikritischen Fallbetrachtung (EFB)

bei Antonovsky gibt es unseres Erachtens Parallelen. Ganz nah beieinander liegen „Belastbarkeit" und „Manageability", die bei Antonovsky auf der Erfahrung eines Gleichgewichts von Anstrengung und Erholung beruhen. Dies ist auch mit „Belastbarkeit" gemeint, die aus dem Verhältnis der eigenen psychophysischen Kräfte und der Lebenslage entsteht, die bestimmte Anforderungen stellt. „Handlungsfähigkeit" beschreibt das Verhältnis zwischen Habitus und Lebenslage und entspricht der Erfahrung, an sozial bedeutsamen Entscheidungsprozessen beteiligt zu sein. Aus dieser Erfahrung entsteht nach Antonovsky das Gefühl der „Bedeutsamkeit".

Mit dem Begriff „Konfliktfähigkeit" bezeichnen wir das Verhältnis zwischen Habitus und Status. Dahinter steht die Überlegung, daß für Krankheitskarrieren besonders die Somatisierung von Konflikten relevant ist. Auch ungünstige Coping-Stile, insbesondere die Verleugnung kognitiver Widersprüche zwischen eigenen Wünschen und Möglichkeiten oder zwischen eigenen Zielen und Anforderungen der Umwelt,

---

Die sieben Konstellationen der Arzt-Patient-Beziehung (aus: U. Brucks, 1998: S. 167-168)

1. Der Heilungsverlauf ist nicht wunschgemäß: Den Arzt beunruhigt das Gefühl, keinen rechten Ansatzpunkt für eine effektive Behandlung zu finden. Der Patient spürt einen unausgesprochenen Simulationsverdacht und reagiert entsprechend ablehnend auf den Versuch, eigene Anteile an dem Erhalt der Krankenrolle zu thematisieren.
2. Die Symptombehandlung über längere Zeit bei nicht (vollständig) erkannten Ursachen der Beschwerden: Der Arzt folgt der Somatisierung des Patienten und setzt das biomedizinische Repertoire ein. Es besteht die Gefahr einer kränkenden Restdiagnose, indem für den Patienten unverhofft nach ausführlicher und ergebnisloser Ausschlußdiagnostik psychosoziale Ursachen angesprochen werden.
3. Das „Einverständnis im Mißverständnis" (Brucks, Salisch, Wahl, 1987): Beide Seiten vermeiden, psychosoziale Bedingungen anzusprechen, weil sich beide nicht zutrauen, eine Lösung zu finden. Diese Konstellation bildet häufig die Basis für Medikamentenwünsche und -verordnungen. Das Medikament symbolisiert die Illusion von Heilung, an der beide – Arzt und Patient – interessiert sind. Hierauf beruht ihr Einverständnis. Ihr Mißverständnis liegt darin, daß sie beide glauben, ihre Hilflosigkeit voreinander verbergen zu müssen, um ihre Beziehung aufrechterhalten zu können.
4. Der „unauffällige Patient": Der Patient tendiert dazu, die eigenen Beschwerden zu bagatellisieren, und der Arzt leistet dieser Gewohnheit unbeabsichtigt Vorschub. Das Problem des Arztes liegt in diesem Fall darin, daß ungünstige Krankheitsverläufe zu spät erkannt werden, weil die Patienten nicht auf sich aufmerksam machen oder Hilfsangebote ablehnen. Der Arzt bleibt mit seinen Interventionen zurückhaltend, weil die Patienten selbständig wirken. Eine Chronifizierung wird gefördert, weil der Arzt es versäumt, seiner berechtigten Besorgnis angemessen Ausdruck zu geben oder die „nachträglich erkennbaren Verboten" rechtzeitig wahrzunehmen.
5. Kompensation von (vermeintlichen) Defiziten in der Versorgungsstruktur: Wenn es Arzt und Patient gelingt, ein Einverständnis bezüglich der Begrenztheit ihres Vorgehens herzustellen, ist diese Konstellation hinsichtlich der Arzt-Patient-Beziehung nicht defizitär. In dieser Konstellation liegt zwar ein Chronifizierungspotential, sie ist aber zumindest dann, wenn es sich um echte Defizite der Versorgungsstruktur handelt, häufig eine vernünftige Lösung im Sinne des „kleineren Übels".

Die beiden folgenden Konstellationen beschreiben ein gutes Arbeitsbündnis, so daß die Gefahr einer Chronifizierung nicht gegeben ist:

6. Beiderseits akzeptierte fürsorgliche Beziehung: In beiderseitigem Einverständnis tut der Patient, was der Arzt für richtig und nötig hält. Diese Patienten verlassen sich sehr stark auf den Arzt, haben aber keinen „Krankheitsgewinn". Mit ihnen ist es leicht, ein klares Arbeitsbündnis herzustellen, obwohl sie die Führung eindeutig dem Arzt überlassen.
7. Beiderseits akzeptierte partnerschaftliche Beziehung: Der Patient ist selbständig und kooperativ, und der Arzt akzeptiert dies. Diese Konstellation erfordert vom Arzt die Bereitschaft, Autonomiewünsche des Patienten wahrzunehmen und bewußt zu fördern, Krankheitsbilder zu erklären, Informationen zur Selbstbehandlung zu geben usw.

© Hans Huber Verlag Bern, 1998. Mit freundlicher Genehmigung des Verlages

können direkt oder vermittelt über gesundheitsschädigende Verhaltensweisen zu körperlichen Störungen führen. Hier kann man eine Parallele zu der Dimension der „Verstehbarkeit" bei Antonovsky erkennen, denn verstehbar ist eine Umwelt, in der Konflikte und Widersprüche nicht so stark sind, daß sie verdrängt werden müssen.

Die epikritische Fallbetrachtung als Arbeitsmittel kommt – wie wir gesehen haben – nicht ohne ein theoretisches Modell aus. Die praktische Bedeutung dieses Modells liegt darin, daß es den allmählichen Prozeß der Entstehung chronischer Krankheiten abbildet und die Aufmerksamkeit des Arztes auf die Prognose lenkt. Dazu gehört auch, die eigenen Anteile am Geschehen zu reflektieren, sich also im positiven wie im kritischen Sinne als Handlungssubjekt zu betrachten. Im besten Fall wird der Arzt zum Berater und Begleiter seiner Patienten, der ihnen hilft, bereits die sich ankündigenden Zeichen von Überforderung richtig zu erkennen und entgegenzuwirken, so daß es zu einer Krise oder einem Zusammenbruch beziehungsweise einer Krankheitsmanifestation gar nicht kommt. Inwieweit dabei Verbindungen zum Konzept der Salutogenese enthalten sind, soll nachfolgend diskutiert werden.

3.3
Salutogene Perspektiven im beruflichen Handeln

3.3.1
Nach Gesundheit fragen: Spielräume entdecken und Ressourcen aktivieren

Zwar ist das Handeln des Arztes primär auf Krankheit ausgerichtet, aber die Notwendigkeit einer umfassenden Anamnese, die auch positive biographische Erlebnisse und Erfahrungen umfaßt, ist seit langem erkannt. Körperbezogene Therapien wie z.B. die funktionelle Entspannung basieren darauf, die Beziehung zwischen Körpererleben und Gefühlen bewußt zu machen (M. Fuchs, 1994; R. Johnen in diesem Band). Dabei geht es einerseits darum, negative Empfindungen besser zu verstehen; andererseits entdeckt man angenehme Empfindungen und Gefühle neu oder erfährt, daß man sie nicht völlig verloren hat – z.B. infolge eines traumatischen Erlebnisses oder schweren Verlusts.

K. Grawe (1996) hat „Ressourcenaktivierung" nicht nur als einen der wichtigsten Wirkfaktoren der Psychotherapie herausgearbeitet, sondern bezeichnet sie als „das eigentliche Zugpferd, das den therapeutischen Karren voranzieht." Im weiteren führt er aus: „Eine Fülle über die verschiedensten Therapieformen und -settings verteilter Forschungsergebnisse weist darauf hin, daß man Patienten besonders gut helfen kann, indem man an ihre positiven Möglichkeiten, Eigenarten, Fähigkeiten und Motivationen anknüpft, indem man die Art der Hilfe so gestaltet, daß der Patient sich in der Therapie auch in seinen Stärken und positiven Seiten erfahren kann" (S. 49).

Ressourcenaktivierung steht im Widerspruch zu routinehaftem Vorgehen. Der Arzt oder Therapeut muß sich mit dem gesamten therapeutischen Angebot, also auch dem Interaktionsstil, der sprachlichen Ausdrucksweise und dem Interesse für fremde Lebenswelten, auf die Möglichkeiten und Eigenarten des Patienten einstellen. Besonders den Zugang zu fremden Lebenswelten und Kulturen kann man nicht auf rein kognitive Weise finden, wohl aber, indem man die Stimmung des Patienten wahrnimmt und bemerkt, welche Situationen seiner Lebensgeschichte mit einer positiven Stimmung assoziiert sind.

Man kann solchen Situationen weiter nachgehen, indem man die Frage stellt: „Wann haben Sie sich richtig gesund gefühlt?" – eine Frage, die nach der Erfahrung von W. Schüffel bereits selbst eine therapeutische Wirkung hat, wenn sie zum richtigen Zeitpunkt gestellt wird. In dem am Ende dieses Buches wiedergegebenen Gespräch zwischen B. Maoz und der kleinen Patientin Nora kann man nachvollziehen, wie eine solche Frage eingebunden werden kann. Während des gesamten Gesprächs kommt B. Maoz immer wieder auf positive Erlebnisse, auf Fähigkeiten und Stärken von Nora und ihren Eltern zu sprechen und erleichtert dadurch auch die Konfrontation mit unangenehmen Erinnerungen und die Aufnahme seiner kritischen Äußerungen.

Der oben dargestellte Patientenfragebogen enthält die Möglichkeiten, neben der beeinträchtigenden auch die fördernde oder stärkende Wirkung von Lebensbedingungen zu bewerten (S 40). Auch an solche Bewertungen kann der Arzt im Gespräch mit dem Patienten anknüpfen, und auch hier besteht die Erfahrung, daß man dadurch auf unvermutete und nicht beachtete Spielräume stößt, die als „therapeutisches Zugpferd" dienen können oder zumindest Möglichkeiten zeigen, die negativen Auswirkungen von Krankheit oder Behinderung auf das tägliche Leben gering zu halten.

Welchen Weg auch immer man nutzt, es ist deutlich geworden, daß Ressourcenaktivierung Offenheit und Kreativität erfordert. Ressourcen lassen sich immer nur individuell entdecken. Dies zeigt nicht nur die Erfahrung, sondern dies ist die notwendige Schlußfolgerung aus der oben dargestellten dynamischen Formulierung der medizinischen Aufgabe: Es läßt sich eben nicht generell – auch nicht in Form eines probabilistischen Wertes – voraussagen, welche Faktoren im Einzelfall zusammenwirken, sich verstärken oder kompensieren. Aus der Wahrscheinlichkeit resultierende Erwartungen können immer nur als Anhaltspunkte dienen, aber nicht die Verantwortung für diagnostische Beurteilungen und therapeutische Entscheidungen abnehmen. Die zweite praktische Konsequenz der salutogenen Perspektive liegt somit darin, in der Therapie den bestmöglichen Weg für den und mit dem individuellen Patienten zu finden.

3.3.2
Die Suche nach dem bestmöglichen Weg

Bei der Suche nach einer allgemeinen Methode, die es erlaubt, die Dynamik in einem Einzelfall zu erkennen und die dabei die Perspektive des distanzierten Beobachters mit der des praktisch Beteiligten verbindet, trifft man auf K. Lewin. Er hat – für die Psychologie, aber auch allgemeiner für angewandte Wissenschaft – am nachdrücklichsten die Möglichkeit einer „objektiven" wissenschaftlichen Analyse der Entwicklung im Einzelfall betont und demonstriert. Er nennt dies die „Analyse des Feldes zur gegebenen Zeit" beziehungsweise „Feldtheorie".

Die Feldtheorie ist am besten als Methode zu definieren. Lewin beschreibt sie als „eine Methode der Analyse von Kausalbeziehungen und der Synthese wissenschaftlicher Konstrukta. Diese Methode der Analyse von Kausalbeziehungen läßt sich in Form einer Anzahl allgemeiner Sätze über das Wesen der Bedingungen von Veränderungen darlegen" (K. Lewin, 1943, S. 88).

Die Feldtheorie untersucht das psychologische Kräftespiel im Lebensraum bezüglich der Dynamik, deren Verlaufsbild aus der Beobachtung des momentan gegebenen Standes rekonstruierbar ist. Einer der Hauptsätze lautet daher: „Jedes Verhalten oder jede sonstige Veränderung innerhalb eines psychologischen Feldes ist einzig und allein vom psychologischen Feld zu dieser Zeit abhängig... Wenn man eine Verhaltensweise aus der zu ihrer Zeit gegebenen Situation ableiten können soll, müssen zunächst Mittel und Wege gefunden werden, die Beschaffenheit der ‚Situation zu dieser Zeit' zu bestimmen" (ebenda).

Dies bezeichnet Lewin als Diagnose. Deren Ziel besteht aber nicht darin, einzelne Parameter im Hinblick auf ihre Übereinstimmung mit oder Abweichung von Normen zu beurteilen. Vielmehr läßt sich die Situation zu dieser Zeit als ein dynamisches Gleichgewicht oder als quasistationärer Prozeß verstehen, dessen Hauptelemente oder -kräfte und dessen Entwicklungstendenz es zu erkennen gilt. Hieraus läßt sich die für die Praxis relevante Frage nach dem nächstmöglichen Schritt in Richtung eines angestrebten Zustands beantworten. Jeder Schritt verändert aber das Kräfteverhältnis und schafft eine neue „Situation zu dieser Zeit". Daher kann man nicht einfach evaluieren: „Symptom beseitigt – Ziel erreicht", sondern muß die neue Situation wiederum in ihrer Gesamtheit bewerten.

Als Beispiel für dieses Vorgehen kann man die Methode der persönlichen Konstrukte von Kelly nennen. 1955 publizierte George A. Kelly, ein Schüler Lewins, seine Psychologie der persönlichen Konstrukte, die davon ausgeht, daß jeder Mensch eine ihm eigene Art entwickelt, die Ereignisse seines Lebens zu bewerten und einzuordnen. Er hat dazu ein individuumzentriertes Diagnoseverfahren erarbeitet, die Repertory-grid-Technik, die Scheer und Willutzki (1995) gut verständlich beschreiben. Ein Beispiel für die Anwendung innerhalb eines therapeutischen Prozesses liefert Schüffel (1987).

Die Grid-Technik ist den idiographischen Methoden zuzurechnen. Mit ihr wird im Dialog mit der untersuchten Person systematisiert, wie die betreffende Person sich selbst und ihre Handlungsmöglichkeiten im Hinblick auf die jeweilige Situation einschätzt. Die Anwendung der Grid-Technik hat zugleich schon dadurch, daß sie eine Auseinandersetzung mit den eigenen Problemwahrnehmungen fördert, therapeutische und aktivierende Wirkung. In den Fallberichten in Teil 2 dieses Buches werden weitere analoge Methoden beschrieben, z.B. die „Methode der grafischen Repräsentation" bei S. Büchi oder die „prozessuale Diagnostik" bei A. Leitner. Ihnen allen gemeinsam ist die Verschränkung von Diagnostik und Intervention und die Selbstreflexivität als Grundhaltung des Therapeuten, aber auch als Möglichkeit des Patienten. Beide beziehen sich auf Repräsentationen ihrer Ideen und Gefühle und gewinnen dadurch Distanz – eine Distanz, aus der heraus neue Handlungsansätze erkennbar werden.

In der epikritischen Fallbetrachtung ist es der „Gang" durch den Dokumentationsbogen und die nachfolgende Erörterung mit dem Patienten, die eine solche Distanzierung ermöglichen. Das dadurch entstehende „Material" – hier die Veranschaulichung der Dynamik zwischen Lebenslage, Habitus und Status, bei G. Kelly der „repertory grid" usw. – läßt Bedeutungen sichtbar werden, die man vorher nicht erkannt hat. Daher handelt es sich um Arbeits- bzw. Erkenntnismittel. Im Unterschied zur klassifizierenden Diagnostik gibt es aber keine Normwerte, mit denen der „Fall" verglichen wird. Vielmehr geht es darum, der Phantasie auf die Sprünge zu helfen und Ressourcen zu entdecken.

3.3.3
Kohärenz in der Arzt-Patient-Beziehung

Die Betonung von Methoden, die es gestatten, die „volle Konkretheit des Einzelfalls" zu erfassen, soll nicht dazu führen, auf klassifizierende, normorientierte Verfahren völlig zu verzichten. Es geht auch nicht darum, technische, gegenstandsbezogene Fertigkeiten – die „handwerkliche" Seite der Arbeit – herabzusetzen. Die erfolgsbegründende berufliche Tätigkeit liegt aber darin, den nächstmöglichen Schritt im Einzelfall zu finden, der eine günstige Entwicklung einleiten oder voranbringen kann. Dazu gehört auch die Entwicklung einer beruflichen Haltung, bzw. genauer: Zurückhaltung in dem Sinne, daß die Ärztin bzw. der Arzt die Aufgabe hat, eine für die eigenständige Problemlösung des Patienten günstige Umwelt zu schaffen.

Aus der Autonomie des Patienten, die aus der salutogenen Perspektive notwendig ist, um gesunderhaltende Kräfte zu mobilisieren, folgt nicht, sich der ärztlichen Verantwortung entziehen zu können. Im Gegenteil: Es ist erforderlich, impliziten Erwartungen von Patienten und der Trägheit der vorherrschenden Strukturen im Gesundheitswesen entgegenzuwirken. Bei den auf S. 43 dargestellten Konstellationen der Arzt-Patient-Beziehung sind zumindest die ersten drei solche, die Krankheitskarrieren begünstigen. Sie sind häufig anzutreffen, weil die Zerstückelung der Arzt-Patient-Beziehung in 5-Minuten-Kontakte und die Konzentration auf den jeweiligen Behandlungsanlaß dazu verführen, größere Zusammenhänge nicht zu erkennen. Sie werden unterstützt durch die Erwartung von Patienten, daß es der Arzt sei, der sie gesund macht, ohne daß es einer eigenen Anstrengung bedarf. Diese Erwartung wird ergänzt durch „Machtphantasien" des Arztes: Sehr gerne möchte er es sein, der Gesundheit „herstellt".

Daher besteht kaum Anlaß zur Hoffnung, daß die salutogene Perspektive in der Praxis die bisherige Ausbildung und Routine in Zukunft ohne weiteres ergänzt: Das Konzept der Salutogenese enthält eine Kritik gegenüber der Medizin. Auch die gegenseitigen Erwartungen von Arzt und Patient müssen erst neu definiert werden.

Hier kann man methodisch noch einmal von K. Lewin lernen. Er stellte fest, daß „Versuchspersonen in der Regel zugleich einen nicht unwesentlichen Teil der wissenschaftlichen Arbeit zu leisten haben", weil „nur ihnen allein die psychischen Objekte zur direkten Beobachtung zur Verfügung" stehen. Dies ist der Grund dafür, Versuchspersonen aktiv in den Versuch einzubeziehen und sie als „Versuchsperson" zu schulen, d.h. ihnen zu sagen, welche ihrer Selbstbeobachtungen wichtig sind und wie sie diese beschreiben können. Auf die ärztliche Aufgabe übertragen heißt dies, Patienten zu befähigen, ihre Empfindungen möglichst genau zu beobachten, zu beschreiben und sie an der Interpretation zu beteiligen. Dadurch wird bereits der erste Schritt aus dem Leiden in das Handeln vollzogen.

Auf diese Weise läßt sich eine „Kohärenz in der Arzt-Patient-Beziehung" erzielen. Denn letztlich ist es befriedigender, zu Patienten eine partnerschaftliche oder auch fürsorgliche, aber die Krankheit nicht verlängernde Beziehung zu haben.

Hier ist abschließend noch auf Möglichkeiten des Erfahrungsaustauschs hinzuweisen. Denn die immer wieder angesprochene Kreativität erhält sich nicht aus sich heraus. Kreatives Handeln ist auf ein soziales Umfeld angewiesen, das Ideen und Lösungen zur Kenntnis nimmt und positiv oder auch kritisch bewertet.

Eine Möglichkeit dafür bieten Ärztezirkel. Vergleichbar und ergänzend zu den oben dargestellten Methoden der Selbstvergewisserung über (Be-)Handlungsverläufe geben sie dem einzelnen einen Rückhalt, seine eigene Praxis zu überprüfen und weiterzuentwickeln. Ärztezirkel stehen in einer Entwicklungslinie mit Anamnesegruppen, Balint-Gruppen und reformierten Formen der Fortbildung (siehe vor allem Teil 4). Sie alle sind Modelle für partnerschaftliche Formen des Austauschs, die unabhängig von ihren jeweiligen Inhalten auch als solche auf die Arzt-Patient-Beziehung zurückwirken.

3.4 Fazit

Ressourcenaktivierung, kreative Problemlösungen im Einzelfall und Kohärenz in der Arzt-Patient-Beziehung sind als Ansatzpunkte einer Umsetzung der Salutogenese in die Praxis dargestellt worden. Die folgenden Beiträge in Teil 2 und 3 bringen Beispiele aus der therapeutischen Praxis und aus institutionellen Lern- und Veränderungsprozessen.

Literatur zu Teil 1

Amelang, M., Zielinski, W. (1994): Psychologische Diagnostik und Intervention. Springer, Berlin.

Antonovsky, A. (1987): Unraveling the mystery of health. How people manage stress and stay well. Jossey-Bass Publishers, San Francisco, London.

Antonovsky, A. (1996): The salutogenetic model as a theory to guide health promotion. Health Promotion International, Vol. 11, No. 1, S. 11-18.

Antonovsky, A., Maoz, B., Dowty, N., Wijsenbeek, H. (1971): Twenty-five years later. A limited study of the sequelae of the concentration camp experience. Social Psychiatry 6, S. 186-193.

Attali, J. (1981): Die kannibalische Ordnung: von der Magie zur Computermedizin. Campus, Frankfurt/New York.

Baker, D., Illsley, R. (1990): Trends in inequality in health in Europe. International Journal of Health Sciences, Vol. 1, Nr. 2, S. 89-111.

Balint, E. (1983): Die Aufgabe der Balint-Gruppen: Aufbau und historische Entwicklung. In: W. Pöldinger u. G. Weiss (Hrsg.): Beziehungsdiagnostik und Beziehungstherapie. Wo stehen wir heute? Springer, Berlin. S. 5-9.

Balint, M. (1973): Therapeutische Aspekte der Regression. Die Theorie der Grundstörung. Rowohlt, Reinbek bei Hamburg.

Baur, J. (1989): Körper- und Bewegungskarrieren. Dialektische Analysen zur Entwicklung von Körper und Bewegung im Kindes- und Jugendalter. Karl Hoffmann, Schorndorf.

Bergström, G., Aniansson, A., Bjelle, A., Grimby, G., Lundgren-Lindquist, B., Svanborg, A. (1985): Functional consequences of joint impairment at age 79. Scand J Rehab Med, 17, S. 183-190.

Borgers, D. (1993): Cholesterin: Das Scheitern eines Dogmas. Edition Sigma, Berlin.

Bouvier, P., Doucet, H., Jeanneret, O., Raymond, L., Strasser, T. (1995): Ethische Fragen bei der Früherkennung. Grundsatzüberlegungen am Beispiel von Brustkrebs. Schriftenreihe der SGGP No. 43, Muri/Schweiz.

Brucks, U. (1998): Arbeitspsychologie personenbezogener Dienstleistungen. Hans Huber, Bern.

Brucks, U., v. Salisch, E., Wahl, W.-B. (1987): Soziale Lage und ärztliche Sprechstunde. ebv Rissen, Hamburg.

Brucks, U., Wahl, W.-B., Schüffel, W. (1996): Zur Qualität der psychosomatischen Grundversorgung – Fortbildung, Evaluation und Qualitätssicherung am Beispiel Hessen. Psychomed 8/4, S. 241-248.

Brucks, U., Wahl, W.-B., Schüffel, W. (1998): Die epikritische Fallbetrachtung – Prozeßentwicklung und Qualitätssicherung in therapeutischen Beziehungen. Asanger, Heidelberg.

Caplan, G. (1964): Principles of preventive psychiatry. Basic Books, New York.

Engel, G. L. (1977): The need for a new medical model: a challenge for biomedicine. Science, Nr. 196, S. 129-136.

Engeström, R., Engeström, Y. (1990): Constructing the Object in the Work Activity of Primary Care Physicians. In: Y. Engeström: Learning, Working and Imagining. Twelve Studies in Activity Theory. Orienta-Konsultit Oy, Helsinki. S. 107-129.

Erikson, E. (1980): Identity and the Lifecycle. Norton, New York.

Fleck, L. (1983; Original 1927 erschienen): Über einige besondere Merkmale des ärztlichen Denkens. In: Fleck, L.: Erfahrung und Tatsache (Hrsg. L. Schäfer u. T. Schnelle). Suhrkamp, Frankfurt/M. S. 37-45.

Foss, L., Rothenberg, K. (1987): The Second Medical Revolution. From Biomedicine to Infomedicine. Forword by George L. Engel. New Science Library, Boston.

Frankl, V. E. (1970): Theorie und Therapie der Neurosen. Einführung in die Logotherapie und Existenzialanalyse. 3. Auflage. Reinhardt, München.

Freud, S. (1948-55): Gesammelte Werke Band V. Image Publishing, London.

Friedman, M., Thoresen, C. E., Gill, J. J., et al. (1984): Alternation of type A behaviour and reduction in reoccurrences in postmyocardial infarction patients. American Heart Journal, 108. S. 237-248

Fuchs, M. (1994): Funktionelle Entspannung. Theorie und Praxis einer organismischen Entspannung über den rhythmisierten Atem. Hippokrates, Stuttgart.

Gerhardt, U. (1991): Rollentheorie und gesundheitsbezogene Interaktion in der Medizinsoziologie Talcott Parsons'. In: U. Gerhardt: Gesellschaft und Gesundheit. Begründung der Medizinsoziologie. Suhrkamp, Frankfurt. S. 162-202.

Geyer, M. (1991): Psychoanalytisches Denken in der Psychosomatik der früheren DDR. Das Subjektive in der Medizin. In: H.-E. Richter u. M. Wirsching (Hrsg.): Neues Denken in der Psychosomatik. Fischer, Frankfurt. S. 129-140.

Grassi, E., Schmale, H. (Hrsg; 1994): Arbeit und Gelassenheit. Zwei Grundformen des Umgangs mit der Natur. Fink, München.

Grawe, K. (1996): Umrisse einer zukünftigen Psychotherapie. In: H. Bents, R. Frank, E.-R. Rey (Hrsg.): Erfolg und Mißerfolg in der Psychotherapie. S. Roderer, Regensburg. S. 38-58.

Hahn, P. (1988): Ärztliche Propädeutik – Gespräch, Anamnese, Interview. Springer, Berlin, Heidelberg, New York.

Hasenbring, M., Marienfeld, G., Ahrens, S., Soyka, D. (1990): Chronifizierende Faktoren bei Patienten mit Schmerzen durch einen lumbalen Bandscheibenvorfall. Der Schmerz 4, S. 138-150.

Hörmann, G. (1997): Von der Gesundheitsaufklärung zur Gesundheitsförderung. In: H: Seelbach, J. Kugler u. W. Neumann (Hrsg.): Von der Krankheit zur Gesundheit. Hans Huber, Bern. S. 73-86.

Joas, H. (1992): Die Kreativität des Handelns. Suhrkamp, Frankfurt/M.

Kleeberg, U. R. (1995): Krebsfrüherkennung. Von der Wunschvorstellung zu realistischen Ansätzen. Deutsches Ärzteblatt 92 (36), S. 2316–2320.

Kleinman, A. M. (1988): The Illness Narratives. Basic Books, New York.

Kohli, M. (1990): Das Alter als Herausforderung für die Theorie sozialer Ungleichheit. In: P. Berger, S. Hradil (Hrsg.): Lebenslagen, Lebensläufe, Lebensstile. Soziale Welt, Sonderband 7. Otto Schwartz, Göttingen.

Kohut, H. (1974): Narzißmus. Eine Theorie der psychoanalytischen Behandlung narzißtischer Persönlichkeitsstörungen. Suhrkamp, Frankfurt.

Kühn, H. (1993): Healthismus – Eine Analyse der Präventionspolitik und Gesundheitsförderung in den USA. Edition Sigma, Berlin.

Lain Entralgo, P. (1956): Heilkunde in geschichtlicher Entscheidung. Einführung in die psychosomatische Pathologie. Otto Müller Verlag, Salzburg.

Lain Entralgo, P. (1969): Arzt und Patient. Zwischenmenschliche Beziehungen in der Geschichte der Medizin. Kindler, München.

Leff, J. P., Vaughn, C. E. (1985): Expressed emotions in families. Guilford, New York.

Lewin, K. (1963; Original 1943 erschienen): Defintion des „Feldes zu einer bestimmten Zeit". In: K. Lewin: Feldtheorie in den Sozialwissenschaften. Ausgewählte theoretische Schriften (Hrsg.: Dorwin Cartwright). Hans Huber, Bern. S. 86-101.

Lewin, K. (1981; Original 1930/31 erschienen): Der Übergang von der aristotelischen zur galileischen Denkweise in Biologie und Psychologie. In: Kurt Lewin Werkausgabe. Bd. 1. (Hrsg. Carl-Friedrich Graumann). Hans Huber, Bern. Klett-Cotta, Stuttgart. S. 233-278).

Lindeman, E. (1944): Symptomatology and management of acute grief. Am. J. Psychiatry, 101. S. 141-148.

Mahler, M. S., Pine, F., Bergman, A. (1980): Die psychische Geburt des Menschen. Fischer, Frankfurt.

Maoz, B., Landau, E. (1983): Continuity of Self-Actualization: Womanhood in the Climacterium and Old Age. In: R. B. Wig (Ed.): Sexuality in the Later Years. Roles and Behavior. Academic Press, a Subsidiary of Harcourt Brace Jovanovich Publishers, New York, London.

Maoz, B., Schüffel, W. (1997): Psychosomatic thinking as reflected in practice and teaching of Primary Health Care – Introducing the salutogenic approach. In: H. Leigh (Hrsg.): Bio-psycho-social approaches in primary care. State of art and challenges for 21st century. Plenum, New York, London.

McKeown, Th. (1982): Die Bedeutung der Medizin. Traum, Trugbild oder Nemesis? Suhrkamp, Frankfurt am Main.

Meissner, W.W. (1988): Theories of personality. In: Nicholi, A. M. (Ed.): The New Harvard Guide to Psychiatry. The Belknap press of the Harvard University press, Cambridge/Mass., London. S. 193.

Op 't Root, J. M. H. (1984): „Als je leven zoekt" – Gezondheid en genezen in antropologisch perspektief: Joodse traditie als levens-orientatie („Wenn Du auf der Suche nach dem Leben bist" Gesundheit und Heilung in anthropologischer Perspektive: Jüdische Tradition als Lebens-Orientierung). Dissertation in holländischer Sprache mit einer deutschen Zusammenfassung; Universität von Limburg, Maastricht.

Ornish, D. M. (1990): Program for reversing heart disease. Random House.

Ornish, D. M., Brown, S., Scherwitz, L. W., et al. (1990): Can life style changes reverse coronary heart diseases? The life style heart trial. Lancet 336. S. 129-133.

Parsons, T. (1953): Illness and the role of the physician: A socological perspective. In: C. Kluckhohn u. H. A. Murray (Hrsg.): Personality in nature, society and culture. Jonathan Cape, London. S. 609-617.

Pauli, H. G. (1990): Sozialmedizinische, medizinsoziologische und soziosomatische Aspekte zur Entstehung und Erhaltung von Gesundheit und Krankheit. In: Th. von Uexküll: Psychosomatische Medizin. 4. Auflage (Hrsg.: R. Adler u. a.). Urban & Schwarzenberg, München, Wien, Baltimore. S. 39-47.

Pines, M. (1984): Trotz alledem. In: Kindheit ist nicht kinderleicht. Herausgegeben von der Redaktion der Zeitschrift Psychologie heute, Beltz, Weinheim, Basel. S. 146-153.

Rad, M. von, Zepf, S. (1990): Psychoanalytische Konzepte psychosomatischer Symptom- und Strukturbildung. In: Th. von Uexküll: Psychosomatische Medizin (Hrsg.: R. Adler u. a.). Urban & Schwarzenberg, München, Wien, Baltimore. S. 75-92.

Rosenbrock, R. (1994): Gesundheit und Arbeit – Bedingungen und Chancen der betrieblichen Gesundheitsförderung. In: Geschäftsstelle der Gesundheitsförderungskonferenz – Gesündere Zukunft für Hamburg (Hrsg.): Arbeit gesund machen! Dokumentation der Tagung vom 13.-14.10.1994 in Hamburg. S. 17-33.

Scheer, J., Willutzki, U. (1995): Kellys Psychologie der persönlichen Konstrukte – aktuelle theoretische Perspektiven und praktische Ansätze. In: K. Pawlik (Hrsg.): Bericht über den 39. Kongreß der Deutschen Gesellschaft für Psychologie. Hogrefe, Göttingen. S. 398-403.

Scheuch, K. (1988): Beziehungen zwischen subjektiven und objektiven Beanspruchungskriterien. In: E. Frieling, H. Klein (Hrsg.): Rechnerunterstützte Konstruktion. Bedingungen und Auswirkungen. Hans Huber, Bern.

Schüffel, W. (1987): Beziehungen im Krankenhaus erkennen – ein lebensgefährdender Vorgang? In: K. Jork u. W. Schüffel (Hrsg.): Ärztliche Erkenntnis – Entscheidungsfindung mit Patienten. Springer, Berlin. S. 138-167.

Siegrist, J. (1996): Soziale Krisen und Gesundheit. Hogrefe, Göttingen.

Spijk, P. van (1991): Definitionen und Beschreibungen der Gesundheit. Ein medizinhistorischer Überblick. Schriftenreihe der Schweiz. Gesellschaft für Gesundheitspolitik No. 22, Muri/Schweiz.

Spree, R. (1981): Soziale Ungleichheit vor Krankheit und Tod. Vandenhoeck & Ruprecht, Göttingen.

Sprung, L., Linke, U. (1992): Kurt Lewin als Methodologe und Methodiker. In: W. Schönpflug (Hrsg.): Kurt Lewin – Person, Werk, Umfeld; historische Rekonstruktionen und aktuelle Wertungen aus Anlaß seines 100. Geburtstags. Peter Lang, Frankfurt/Main. S. 113-125.

Uexküll, T. von, Wesiack, W. (1988): Theorie der Humanmedizin. Urban & Schwarzenberg, München, Wien, Baltimore.

Uexküll, T. von, Wesiack, W. (1990): Wissenschaftstheorie und Psychosomatische Medizin, ein biopsychosoziales Modell. In: Th. von Uexküll: Psychosomatische Medizin. 4. Auflage. (Hrsg.: R. Adler u. a.). Urban & Schwarzenberg, München, Wien, Baltimore. S. 5-38.

Ulich, E. (1994): Arbeitspsychologie. 3. überarb. Auflage. Verlag der Fachvereine, Zürich; Poeschel, Stuttgart.

Waal, M. J. G. van, de Knecht-van Eekelen, A. (1994): Joannes Juda Groen (1903-1990): Een arts op zoek naar het ware welzijn (Ein Arzt auf der Suche nach dem wahren Wohlbefinden). Erasmus Publishing, Rotterdam.

Wahl, W.-B. (1989): Leitfaden zur Funktions- und Gebrauchsdiagnostik des Bewegungssystems. Arbeitspapier innerhalb des Projekts „Gezielte Früherkennung...". Fachbereich Psychologie, Universität Hamburg.

Weizsäcker, V. von (1988): Einführung in die medizinische Anthropologie. Gesammelte Schriften, Band 9. Suhrkamp, Frankfurt/M. S. 483-641.

Werner, D. (1993): Gesundheit für niemanden bis zum Jahr 2000. Rundbrief der IPPNW Nr. 41, Sept. 1993, S. 47-52.

Werner, E. E., Smith, R. S. (1982): Vulnerable but Invincible: A Study of Resilient Children. McGraw-Hill, New York.

Winnicott, D.W. (1973): Vom Spiel zur Kreativität. Klett, Stuttgart.

Zielke, M., Mark, N. (1991): Iatrogene Chronifizierung – Überlegungen zu Ursachen und Wirkungen medizinischer Fehlbehandlungen. Report Psychologie, 45 (3), S. 22-33.

TEIL 2

Therapeutische und präventive Interventionen in der klinischen Versorgung

betreut von ULRICH SCHNYDER, Zürich

Einleitung: *U. Schnyder* 57

Beitrag 1:
Ein Blumengarten in Irland.
Neuorientierung nach lebensbedrohlicher Krankheit
U. Schnyder 59

Beitrag 2:
Der Fall von Avner
B. Maoz 67

Beitrag 3:
Der hypochondrische FC Chelsea Fan
S. Büchi 75

Beitrag 4:
Probiotika in der Therapie akuter und chronisch
rezidivierender Infekte - eine salutogenetische Perspektive?
B. Kolb-Niemann 87

Beitrag 5:
Erfolg im Beruf und Erfüllung in der Freizeit
als protektive Faktoren bei koronarer Herzkrankheit
B. Horn 95

Beitrag 6:
Vom Symptom zur Selbstheilung
M. Isler 103

Beitrag 7:
Körperorientierte Psychotherapie bei einer
„psychosomatischen" Störung
A. Leitner 109

Beitrag 8:
Der vierte Therapieversuch
S. Altmeyer, E. Petzold 117

Beitrag 9:
Salutogenese im biopsychosozialen Konzept:
Eine Diskussion anhand von zwei Patientenbesprechungen
S. Eychmüller, M. Sabbioni 125

Beitrag 10:
Ein Mann, der schwanger wurde und spielen lernte
W. Schüffel, U. Brucks 133

Beitrag 11:
Eine Ressource wurde vergessen
E. Petzold, S. Altmeyer, Sven von Saldern 143

Literatur zu Teil 2 149

Einleitung

von Ulrich Schnyder

Wie bereits aus dem Umfang ersichtlich ist, stellt das zweite Kapitel das eigentliche Kernstück des Buches dar. Es kommen Fachleute zu Wort, die das Konzept der Salutogenese in ihrer täglichen Arbeit zur Anwendung bringen. Bei der Auswahl der Beiträge habe ich mich bemüht, eine ausgewogene Mischung klinischer Fallbeispiele aus der ärztlichen bzw. psychotherapeutischen Praxis, aus Krankenhäusern und Polikliniken zusammenzustellen.

Es geht in diesem Kapitel also um die praktische Umsetzung des Konzepts der Salutogenese im klinischen Alltag. Um das gemeinsame Anliegen der einzelnen Beiträge deutlich werden zu lassen, wurden alle Autorinnen und Autoren dieses Kapitels gebeten, sich bei ihrer Darstellung an eine einheitliche Gliederung zu halten.

Ausgangssituation

Entgegen üblicher Kasuistiken, die meistens entweder mit der Anamnese oder mit dem aktuellen Behandlungsanlaß beginnen, soll zunächst der erste Eindruck geschildert werden, den der Patient bei der ersten Begegnung auf die Therapeutin machte. Erst dann schließen sich Informationen über den Zuweisungsmodus und den aktuellen Anlaß zur Behandlung an. Ein weiterer Schwerpunkt dieses ersten Abschnitts ist den Anliegen gewidmet, die der Patient beim Erstgespräch vorträgt.

Vorgeschichte

Hier wird die aktuelle Lebenssituation des Patienten unter Berücksichtigung von Belastungen und Ressourcen dargestellt. Welche Versuche zur Bewältigung der Krankheit, der Schwierigkeiten oder des Problems hat der Patient bisher unternommen? Wie ist die Krankheit oder das Problem entstanden? Welche lebensgeschichtlichen Daten sind für das Verständnis wichtig? Protektive und belastende Faktoren in der Biographie sollen erkennbar werden.

Verlauf der Intervention

Nun wird der therapeutische Prozeß herausgearbeitet, wobei der Perspektive der „Ressourcenaktivierung" besondere Bedeutung zukommt. Wie entwickelt sich die therapeutische Beziehung?

Therapie wird nicht als „Be-handlung", sondern als intersubjektiver reflexiver bzw. narrativer (R. A. Neimeyer und A. E. Stewart, 1996) Prozeß verstanden, der hermeneutische, biographische Arbeit mit der Bewältigung von aktuellen, gegenwärtigen Alltagsproblemen und mit dem Entwurf neuer Lebensperspektiven verbindet und somit die gemeinsame Suche nach Sinn zum Inhalt hat, also auch als Prozeß, in dem sich Patient und Therapeutin verändern.

Sinn entsteht in zwischenmenschlichen Beziehungen, im Dialog (in „Ko-respondenz") und ist somit immer „Kon-sens" (H. Petzold, 1993). Salutogenese ist nicht ein neues Allheilmittel, sondern eine komplementäre Sichtweise, die einerseits hilft, plastischer – wie durch ein zweites Brillenglas (Mehrperspektivität) – zu sehen, und die es andererseits ermöglicht, ein Licht auf die therapeutische Grundhaltung einer im Gesundheitswesen tätigen Person zu werfen.

Epikrise

Zum Schluß wird der Interventionsprozeß kritisch gewürdigt, wobei die Salutogenese als theoretische Matrix dient: Hat die Intervention zu einem tieferen Verständnis („comprehensibility") geführt? Inwiefern konnte ein überdauerndes Gefühl des Selbstvertrauens, d.h. des Vertrauens in sich und die Umweltbezüge, gefördert werden? Ist es gelungen, dem Patienten zu einer besseren „manageability" im Sinne einer Gegenseitigkeit der menschlichen Bezüge zu verhelfen? Konnte Sinn gestiftet, Sinnhaftigkeit gewonnen werden („meaningfulness")? Und, wenn ja, wodurch? Die Entwicklung der Arzt-Patient-Beziehung soll zudem anhand des 7-Punkte-Modells nach Brucks (siehe Beitrag 1.3 „Die Bedingungen für Veränderungen erkennen: Salutogenese in der Praxis") eingeordnet werden.

Beitrag 1
Ein Blumengarten in Irland. Neuorientierung nach lebensbedrohlicher Krankheit

von Ulrich Schnyder

1.1 Ausgangssituation

Herr Kaiser (Name geändert) fällt auf: Einerseits durch sein korrektes Äußeres mit Anzug, weißem Hemd und Krawatte, was ihm fast ein wenig die Ausstrahlung eines englischen Gentleman gibt, andererseits aber auch durch einen großen Gewebedefekt seitlich am Hals, der sein Gesicht auf irritierende Weise asymmetrisch wirken läßt. Bei der ersten Begrüßung gibt er sich gewandt, umgänglich, fast weltmännisch: Er ist es ganz offensichtlich gewohnt, Gespräche zu führen.

Obschon ich zu Beginn wie üblich das Setting geklärt, mich vorgestellt und den zeitlichen Rahmen dieses Erstgespräches definiert habe, wird mir nach wenigen Minuten bewußt, daß ich mich gegenüber Herrn Kaiser weniger als Psychiater und Psychotherapeut fühle, der ein Erstgespräch mit einem Patienten führt: Ich komme mir eher wie ein Kunde in einem eleganten Geschäft vor, der vom Verkäufer nach seinen Wünschen gefragt wird.

Herr Kaiser wurde mir im Sommer 1995 von einem Psychiater überwiesen, der den Patienten auf der Hals-Nasen-Ohren-Klinik des Universitätsspitals konsiliarisch gesehen und die Indikation für eine psychotherapeutische Behandlung gestellt hatte. Herr Kaiser hatte sich im Jahre 1992 wegen eines Tonsillenkarzinoms einer Neck dissection unterziehen müssen. Seither ist er am Universitätsspital in ambulanter Nachbehandlung. Dem zuständigen Assistenzarzt war aufgefallen, daß der Patient bei den letzten Kontrollen zunehmend bedrückt gewirkt hatte. Herr Kaiser selbst hatte sich zunächst gegen ein Gespräch mit einem Psychiater gewehrt: Dies wäre einem Eingeständnis von Schwäche und Hilflosigkeit gleichgekommen und in krassem Widerspruch zu seinem Selbstbild eines unabhängigen und jeder Lebenslage gewachsenen Menschen gestanden.

Schließlich wurden die Schlafstörungen und die andauernden depressiven Verstimmungen aber so quälend, daß er selbst ein „unverbindliches und informatives Gespräch" mit einer psychiatrischen Fachperson wünschte. Nachdem der psychiatrische Konsiliarius der Hals-Nasen-Ohren-Klinik mit ihm gesprochen und eine psychiatrisch-psychotherapeutische Behandlung empfohlen hatte, war dies zunächst ein Schock für ihn. Nach kurzer Zeit besann er sich aber auf seine pragmatische Veranlagung und entschloß sich, dieses Problem aktiv anzugehen, obschon er dazu im Moment den nötigen Antrieb kaum aufbrachte.

1.2 Anamnese

Nach der bereits erwähnten Neck dissection links wegen eines Tonsillenkarzinoms im Jahre 1992 blieb Herr Kaiser zwar rezidivfrei, entwickelte aber eine ganze Reihe von ausgesprochen störenden Beschwerden, die ihn bei der Ausübung seines Berufs schwer beeinträchtigten: Er klagte über zunehmende Schmerzen im Bereich des linken Kieferhalswinkels, der Halswirbelsäule und der linken Schulter. Zudem litt er unter fluktuierenden Rötungen, Nässungen und Schwellungen der linken Gesichts- und Halsregion, was es ihm immer wieder unmöglich machte, als leitender Angestellter eines Juweliergeschäfts vor die Kund(inn)en zu treten. Physikalische Maßnahmen wie Bewegungstherapie, Massage und Lymphdrainage, aber auch mehrmalige Versuche einer Behandlung mit nichtsteroidalen Antirheumatika brachten Herrn Kaiser keine wirklich spürbare Erleichterung. Über mehr als zwei Jahre hinweg versuchte er, seine volle Arbeitsleistung wieder zu erreichen, mußte allerdings immer wieder zu 20 bis 50 Prozent arbeitsunfähig geschrieben werden. Als Gedächtnis und Konzentrationsfähigkeit nachließen, konnte er die geforderte Leistung nicht mehr erbringen und wurde Anfang 1995 entlassen.

Neben diesen vorwiegend körperlichen Beschwerden traten aber bereits wenige Wochen nach der Neck dissection im Jahre 1992 quälende Alpträume auf: Er träumte von Operationen, die er ohne Anästhesie über sich ergehen lassen mußte, aber auch von anderen „medizinischen Horrorsituationen", denen er oder auch seine Frau ausgesetzt waren. Herr Kaiser reinszenierte in seinen Träumen Ereignisse, die sich aus Elementen persönlich durchgemachter ärztlicher Behandlungen zusammensetzten. Er hatte nämlich im Jahre 1980 schon einmal einen malignen Tumor überstanden, ein Hodenkarzinom, das mittels Orchiektomie und Chemotherapie kurativ hatte behandelt werden können.

Nun kamen in den Alpträumen optische, akustische und auch olfaktorische Erinnerungen an die Zeiten zurück, in denen er mehrmals auf Intensivstationen gelegen hatte, sich sehr belastenden Therapieprozeduren (Chemotherapie) hatte aussetzen müssen, aber auch zwischen den Behandlungen mit existentiellen Ängsten und bedrohlichen Körpersensationen konfrontiert war.

Auch tagsüber litt Herr Kaiser seit seinem zweiten Karzinom unter den Erinnerungen an seine traumatisierenden Spitalaufenthalte. Wenn er beispielsweise einen weißen Arztkittel sah, kam es ihm schlagartig vor, als sei er Patient auf einer Intensivstation; er bekam Schweißausbrüche und erlebte wieder das qualvolle Gefühl des Ausgeliefertseins an eine Medizinmaschinerie, die ihm zwar das Leben retten sollte, die aber ihrerseits ängstigend und bedrohlich auf ihn wirkten. Er vermied seither ängstlich alle Situationen, die als Trigger wirkten und die intrusiven und ängstigenden Erinnerungen auslösten. Dies eskalierte so weit, daß er abends aus Angst vor den Alpträumen nicht mehr ins Bett ging. Er begann Alkohol zu trinken, und schließlich konnte er nur noch schlafen, wenn er zuvor eine Flasche Rotwein getrunken hatte. Insbesondere in der Beziehung zu seiner Frau reagierte er immer wieder mit unangemessener Gereiztheit. Über diese Veränderung war er besonders unglücklich, weil er sich bisher als ausgeglichenen und belastungsfähigen Ehepartner erlebt hatte.

Aufgrund dieser Informationen konnte die Diagnose einer posttraumatischen Belastungsstörung und eines Alkoholabusus gestellt werden. Gleichzeitig erfüllte Herr Kaiser auch die Kriterien für eine depressive Episode (ICD-10: F 43.1, F 32.2, F 10.1; DSM-IV: 309.81, 296.23, 305.00).

Herr Kaiser hatte früh lernen müssen, sich im Leben durchzusetzen. Geboren und aufgewachsen in Zürich als Sohn eines Beamten in mittlerer Position, hatte er schon als Kind und Jugendlicher wenig Unterstützung erfahren. Die Familienatmosphäre war frostig und offenbar durch einen wenig liebevollen Umgang und hohe Leistungsanforderungen geprägt. Der Vater war zwar ein emotionaler Mensch, kam aber gegen die lebensverneinende und resignative Haltung der Mutter nicht an; er starb früh. Die Mutter war in der rückblickenden Erinnerung des Patienten eine harte, zwanghafte Person, die zu Hause ein strenges Regime führte, dem sich die ganze Familie unterordnen mußte. Mit der um zwei Jahre jüngeren Schwester hatte Herr Kaiser schon als Kind kein gutes Einvernehmen, so daß er sich früh nach außen orientierte und Kontakte außerhalb der Familie suchte.

Nach der obligatorischen Schulzeit zog er von zu Hause aus und absolvierte eine Lehre als Büroangestellter. Später arbeitete er aber in ganz unterschiedlichen Berufen und erwarb sich Kenntnisse und Fertigkeiten in der Fischerei, in der Mineralogie, im Tourismuswesen und in verschiedenen handwerklichen Berufen. Im Alter von 30 Jahren wanderte er als Allrounder und Selfmademan nach Irland aus und eröffnete ein eigenes kleines Sportzentrum.

Kaum hatte er sich jedoch eine einigermaßen gesicherte Existenz aufgebaut, als er im Alter von 37 Jahren an einem Seminom erkrankte. Die aufwendigen Behandlungen brachten ihn um sein Vermögen: Er kam zwar mit dem Leben davon, mußte aber sein Haus und seine Firma verkaufen und verließ Irland. Er nahm eine Anstellung bei einer Bank in Deutschland an, fand dabei aber keine Befriedigung. Schließlich kam er 1987 in die Schweiz zurück. Er arbeitete zunächst als Verkäufer in einem renommierten Juwelierladen an der Zürcher Bahnhofstraße. Aufgrund seiner vielseitigen beruflichen Erfahrungen, sicherlich auch wegen seiner Sprachkenntnisse und seiner Gewandtheit im Umgang mit den unterschiedlichsten Menschen, wurde er rasch befördert und hatte zuletzt die Position des Verkaufsleiters inne.

Herr Kaiser lebt in kinderloser Ehe zusammen mit seiner Frau in einer Mietwohnung in Zürich. Er bezeichnet seine Frau als seine wichtigste Stütze: Mit ihr könne er alles besprechen, sie verstehe es, ihn auch in schwierigen Zeiten immer wieder aufzumuntern. Sie leidet aber ihrerseits an multiplen Gesundheitsproblemen (Diskushernie, Veneninsuffizienz, Uterusmyome, Hallux valgus), die in letzter Zeit dazu geführt haben, daß auch sie ihren Beruf als Damenmodeverkäuferin nur noch teilweise ausüben konnte. Herr Kaiser ist also durch die gesundheitlichen Probleme seiner Partnerin zusätzlich belastet. Er begegnet diesem Umstand aber mit einer Art Galgenhumor: Sie würden sich eben gegenseitig in ihren Schmerzen trösten, jedenfalls sei es bei ihnen so, daß sie jeweils aus eigener Erfahrung Verständnis für die Beschwerden des anderen hätten.

In der Herkunftsfamilie des Patienten gibt es die 79jährige Mutter, die nur noch mit Mühe einen eigenen kleinen Haushalt führen kann. Sie sei heute eine gefühlskalte, verbitterte Frau, mit der er möglichst wenig zu tun haben möchte. Da Herrn Kaisers Schwester vor einigen Jahren an einem Magenkarzinom gestorben ist, müsse er sich als einziger noch lebender Nachkomme aber wohl oder übel um die Mutter kümmern. Eine weitere wichtige und eindeutig positiv besetzte Bezugsperson ist ein 30 Jahre älterer Mann, mit dem Herr Kaiser seit der Zeit seines Irlandaufenthalts Ende der 70er Jahre befreundet ist. Herr Kaiser ist von der genügsamen, bescheidenen und kontemplativen Lebenshaltung dieses alten Mannes beeindruckt. Dieser Freund hat kein Telefon, es gibt also nur alle paar Monate einen brieflichen Kontakt. Dennoch steht Herr Kaiser in einem lebhaften inneren Dialog mit seinem Freund und bespricht mit ihm alle wichtigen Fragen des Lebens.

1.3 Therapieverlauf

Ich mache Herrn Kaiser den Vorschlag einer mittelfristig ausgelegten ambulanten Psychotherapie mit wöchentlicher Sitzungsfrequenz. Er ist damit einverstanden, und wir vereinbaren zunächst fünf Probesitzungen, wonach wir dann die Entscheidung für eine längere Therapiesequenz treffen werden.

Die Indikation für ein Antidepressivum ist an sich gegeben. Wegen der ausgeprägten Schlafstörung denke ich in erster Linie an Amitriptylin, zumal die Wirksamkeit dieser Substanz bei der Behandlung der posttraumatischen Belastungsstörung in kontrollierten Studien erwiesen ist (J. Davidson, 1992). Ich teile Herrn Kaiser jedoch mit, daß eine Psychopharmakotherapie für mich nicht in Frage komme, solange er seinen Alkoholkonsum nicht im Griff habe.

Die ersten fünf Therapiesitzungen sind der Arbeit am „Suchtproblem" gewidmet, wie diese Thematik von Herrn Kaiser nun selber bezeichnet wird. Der allabendliche Alkoholkonsum wird meinerseits allerdings nicht nur als gesundheitsschädigendes Fehlverhalten, sondern auch als Selbstheilungsversuch gesehen, als Coping-Strategie, die zwar vordergründig „nützt", indem sie Herrn Kaiser zum Schlaf verhilft, mit der er sich auf der anderen Seite aber möglicherweise zusätzliche Probleme einhandelt. Anhand dieses Beispiels wird der Stellenwert verschiedener Coping-Strategien besprochen und einer gemeinsamen Bewertung hinsichtlich ihrer Eignung zur Lösung der anstehenden Probleme unterzogen (E. Heim, 1988). Es gelingt Herrn Kaiser in der Folge, vollständig auf den Genuß von Alkohol zu verzichten, allerdings um den Preis, daß er während einiger Tage wirklich kaum mehr schlafen kann.

Das erste Bilanzgespräch nach fünf Therapiesitzungen verläuft positiv: Herr Kaiser hat erkannt, daß Psychotherapie viel Initiative und

Aktivität seinerseits verlangt. Nach anfänglichen Schwierigkeiten konnte er deshalb auch meine relativ zurückhaltende Rolle als Therapeut akzeptieren. Es ist ihm klar geworden, daß seine psychische Erkrankung nicht eine weitere Widrigkeit des Lebens ist, die es zu bekämpfen und „abzuhaken" gilt. Vielmehr habe er den Eindruck, daß sich mit seiner Erkrankung gewisse Aspekte des Lebens wieder zu Wort gemeldet hätten, die er in den letzten 15 Jahren wegen seines dauernden Überlebenskampfs habe vernachlässigen müssen: Es gehe ihm dabei um grundlegende Fragen des menschlichen Daseins, um die Frage, was eigentlich im Leben wichtig sei. Er wolle dieser Thematik nun wieder mehr Raum geben und sei deshalb froh, wenn er diesbezügliche Fragen mit mir besprechen könne.

In den folgenden Wochen geht es Herrn Kaiser von Woche zu Woche zusehends besser, wohl nicht zuletzt dank der Medikation mit Amitriptylin: Er schläft ruhiger, tagsüber hat er mehr Abstand zu seinen Problemen und auch zu seinen weiterhin bestehenden Schmerzen. Gerade diese Distanz empfindet er als ausgesprochen heilsam und geradezu als Voraussetzung dafür, daß er sich jetzt wieder mit den anstehenden Problemen auseinandersetzen kann: Seine Mutter wird mit einer Magenblutung ins Krankenhaus eingewiesen, es wird rasch klar, daß sie nicht mehr in der Lage ist, in ihre Wohnung zurückzukehren. Herr Kaiser muß also den Haushalt seiner Mutter auflösen und sich um einen Platz in einem Pflegeheim kümmern. Seine Frau wird wegen ihrer Rückenbeschwerden arbeitsunfähig und wartet auf einen Operationstermin; es stellt sich die Frage, ob vielleicht gleichzeitig mit der Diskushernienoperation auch die Varizen und der Hallux valgus saniert werden können. Herr Kaiser selbst bemüht sich um eine Teilzeitanstellung, muß aber realisieren, daß er in der heutigen rezessiven Wirtschaftslage mit seinen gesundheitlichen Einschränkungen keine Chance auf dem Arbeitsmarkt hat. Er hat sich deshalb auch bei der Invalidenversicherung angemeldet und eine Invalidenrente beantragt.

Herr Kaiser zieht Bilanz: Er erkennt, daß er in der hiesigen Gesellschaft „nichts mehr wert" ist. Auch seine Frau ist im Begriff, aus dem Arbeitsprozeß ausgegliedert zu werden. Das Paar hat keine Nachkommen, die familiären Bindungen sind minimal, die Beziehung zur alten Mutter konfliktbeladen. Was soll er in einer Stadt, in der „das Geld regiert" und in der für Außenseiter wie ihn genaugenommen kein Platz vorhanden zu sein scheint?

Er erinnert sich an die Zeit, als er in Irland lebte: an das einfache Leben in einem kleinen, unbedeutenden Küstenort mit einer überschaubaren Gemeinschaft von Menschen, die einander kannten und voneinander wußten. Menschen, auf die man sich verlassen konnte, die ohne Umschweife zupackten, wenn es etwas zu helfen gab; Menschen, die zuhören und schweigen konnten, wie das Meer, das allgegenwärtige, gewaltige Meer, das den Lebensrhythmus der Menschen bestimmte, das Nahrung und Zerstörung brachte, von dem alle abhängig waren und das alle auf eine direkte und einfache Art liebten.

Auf der gemeinsamen Suche nach einem inneren „Ort der Sammlung" leite ich Herrn Kaiser an, sich mit Hilfe einiger Atemübungen zu entspannen. Er schließt die Augen, ich setze mit wenigen einführenden Worten den Rahmen der folgenden geführten Meditation (U. Schnyder, 1997), und er findet sich in einem großen, verwilderten Blumengarten wieder. Hoch wachsendes Gras, wild durchsetzt von gelben und blauen Blumen, das Summen von Insekten, Blütenduft, gemischt mit der salzigen Brise des nahen Meeres: Hier ist der Ort, an den sich Herr Kaiser zurückziehen kann, wenn er Ruhe braucht, klare Gedanken fassen und Kraft sammeln will. Er spürt, wie wichtig die Verbindung mit der ursprünglichen, unkultivierten Natur für sein Wohlbefinden ist, wie solche sinnlichen Erlebnisse für ihn zum Quell neuer Lebensenergien werden können. Während einiger Minuten genießt es Herr Kaiser in vollen Zügen, die Atmosphäre dieses Stücks Kulturland, das von der Natur zurückerobert wurde, in sich aufzunehmen. Der Garten ist übrigens dicht von einer Schwarzdornhecke umschlossen, die teilweise in eine alte verwitterte Gartenmauer übergeht. Es gibt eine hölzerne, etwas windschiefe Eingangstür, von außen kaum sichtbar im Schwarzdorngestrüpp; nur Herr Kaiser und seine Frau haben einen Schlüssel zu diesem Ort.

Diese geführte Meditation hat nicht nur zur Folge, daß sich Herr Kaiser neu zu orientieren beginnt und den Plan ins Auge faßt, zusammen mit seiner Frau wieder nach Irland auszuwandern, um dort den Rest seines Lebens zu verbringen. Sie markiert auch eine deutlich spürbare Veränderung in der therapeutischen Beziehung. Herrn Kaisers anfänglich eher skeptische, sicherlich jedoch sehr kritische Einstellung machte zunächst einem gewissen Respekt Platz: Er erkannte an, daß ich meinen „Job" ordentlich machte. Nachdem er jedoch mit mir seinen verwilderten Blumengarten entdeckt hatte, war er überzeugt, in mir einen hervorragenden Therapeuten gefunden zu haben. Sein anfängliches Mißtrauen mir gegenüber und seine Skepsis hinsichtlich der Möglichkeiten psychotherapeutischer Behandlungen machte nun einer gewissen Idealisierung Platz, die jedoch im Laufe des therapeutischen Prozesses hinterfragt und bearbeitet werden konnte. Trotz der positiven Übertragungskonstellation konnte Herr Kaiser es andererseits nicht lassen, immer wieder die Rollenverteilung zwischen Therapeut und Patient in Frage zu stellen oder sogar umzukehren, etwa indem er mich zu Beginn einer Stunde nach meinem Befinden fragte und mich halbernst aufforderte, aus meinem Leben zu erzählen.

Die jammernde und häufig Ansprüche stellende Mutter ist jetzt zwar in einem Pflegeheim untergebracht, sie tyrannisiert Herrn Kaiser aber weiterhin mit ihren Klagen und Wünschen, insbesondere aber mit ihrer ewig resignativen Haltung dem Leben gegenüber. Die wöchentlichen Besuche im Pflegeheim sind nun aber nicht mehr nur Anlaß für ohnmächtigen Ärger und manchmal auch Wut, sondern sie helfen Herrn Kaiser auch, sich an seine Kindheit und Jugendzeit zu erinnern. Über Gerüche, Gesten oder Redewendungen der Mutter werden längst vergessen geglaubte Atmosphären, Bilder und Szenen aus der Kindheit wachgerufen, die in der Therapiesitzung bearbeitet werden können. Auch bei diesen biographischen Therapiesequenzen wird jedoch immer darauf geachtet, daß es nicht bei einer „Abrechnung mit der bösen Mutter" bleibt, sondern daß Herr Kaiser die reflektierten Erfahrungen aus der Kindheit auch als Ressourcen, beispielsweise in der Gestaltung seiner aktuellen und im Moment ja sehr belasteten ehelichen Beziehung, einsetzen kann.

Je mehr Herr Kaiser aus seiner Depression auftaucht, Abstand zu den sich aufdrängenden Erinnerungen gewinnt und wieder zu einem erholsamen Schlaf findet, desto deutlicher wird auch sein Wunsch, sich wieder in irgendeiner Art beruflich zu betätigen. Nachdem er unzählige Bewerbungen geschrieben und ebenso viele Absagen erhalten hat, fängt er an zu realisieren, daß ihn in dieser kompetitiven Leistungsgesellschaft niemand mehr will. Dies ist eine Kränkung für ihn, die er nicht ohne weiteres verdaut. Hinzu kommt, daß er die demütigende Erfahrung machen muß, daß sich ehemalige gute Arbeitskollegen von ihm abwenden und daß es bei Gesprächen im Freundeskreis immer wieder zu peinlichem Schweigen kommt, wenn er von seiner Suche nach Arbeit zu sprechen beginnt: Er merkt, daß Arbeitslosigkeit nicht nur ein Problem, sondern auch ein Makel ist. Immerhin findet er eine ehrenamtliche Beschäftigung in einem Reisebüro, wo er an zwei halben Tagen pro Woche als Berater des für Irland zuständigen Sachbearbeiters eingesetzt wird und Ferienprogramme für Jäger und Fischer betreut. Die Arbeit gefällt ihm, weil er seine jahrzehntelange Erfahrung als passionierter Fischer mit einbringen kann und von seinem Mitarbeiter als „senior consultant" anerkannt und respektiert wird. Er wird dafür in Form von Naturalien entschädigt und erhält Reisegutscheine, die es ihm erlauben, zusammen mit seiner Frau trotz angespannter finanzieller Situation Ferienpläne zu schmieden. Die Invalidenversicherung hat in der Zwischenzeit sein Gesuch anerkannt, er erhält nun eine volle Invalidenrente, von der er in Irland übrigens recht gut leben könnte.

Nach etwas weniger als einem halben Jahr fühlt sich Herr Kaiser psychisch wieder gesund. Er hat das Antidepressivum bereits vor einigen Wochen abgesetzt. Er schläft gut, ist frei von Ängsten, weder nachts noch tagsüber wird er von intrusiven Erinnerungen heimgesucht. Er kann sich wieder konzentrieren. Alkohol ist vom „Medikament" zum Genußmittel geworden, das er bei einem guten Abendessen mit seiner Frau in Maßen zu sich nehmen kann.

Nicht ohne seinen früheren, martialischen Jargon ironisch zu hinterfragen, meint Herr Kaiser, nun könne er wieder wie früher „attackieren". Zum Abschluß der Therapie teilt er mir mit, daß seine Frau und er sich nun tatsächlich dazu entschlossen hätten, im Verlauf der nächsten ein bis zwei Jahre nach Irland auszuwandern. Ohne Groll freut er sich darauf, von der Schweiz Abschied zu nehmen und sich ein zweites Mal, diesmal mit reduzierten Ansprüchen und zu zweit, in Irland eine Existenz aufzubauen. Er plant, sich in bescheidenem Maße in der Tourismusbranche zu betätigen, eventuell ein kleines Reisebüro für Individualreisende zu eröffnen. Er hofft, seinen alten Freund noch einmal zu treffen und mit ihm in Muße über Gott und die Welt zu sprechen, und ist überzeugt, in der neuen Heimat hier und dort Orte zu finden, die seinem inneren verwilderten Blumengarten ähneln.

1.4 Epikrise

Von Anfang an wird in dieser Therapie eine ressourcenorientierte Perspektive (U. Schnyder, 1996) betont, die dem Patienten in seiner pragmatisch-zupackenden Art entgegenkommt. Es wird rasch deutlich, daß Herr Kaiser diesmal nicht um eine grundsätzliche Neuorientierung herumkommt: Einige Monate vor Beginn der Therapie hat er seinen Arbeitsplatz verloren. Im Alter von 53 Jahren muß er realisieren, daß er in der derzeitigen Konjunkturlage kaum mehr Chancen hat, einen neuen Arbeitsplatz zu finden. Ausgelöst durch seine Arbeitsunfähigkeit und Arbeitslosigkeit, durch die zusätzliche Erkrankung seiner Ehefrau, vor allem aber durch die überstandene zweite Karzinomerkrankung und das damit verbundene erneute „Memento mori", stellt er nun das Wertesystem unserer Gesellschaft radikal in Frage: Er erfährt am eigenen Leib, wie schnell man in unserer Gesellschaft abgeschrieben ist, wenn körperliche Unversehrtheit und Leistungsfähigkeit nicht mehr voll gegeben sind, wie ausgeprägt und einseitig das soziale Ansehen eines Menschen von dessen beruflicher Stellung abhängt. Seine nüchterne und nicht selten ins Zynische kippende Analyse stellt aber nur einen Zwischenschritt dar: Unweigerlich sieht er sich mit seiner eigenen Wertehierarchie konfrontiert und erkennt, wie sehr er sich in den letzten Jahren verändert, frühere Werthaltungen aufgegeben und zumindest teilweise die Einstellung eines braven, konservativen, auf Sicherheit bedachten Schweizer Bürgers angenommen hat.

Innerhalb weniger Monate gelingt es Herrn Kaiser, sich mit einer neuen Identität als Bezieher einer Invalidenrente abzufinden, dies allerdings nicht ohne diesbezüglich bittere Erfahrungen zu machen, weil er realisieren muß, daß sich viele Menschen von ihm zurückziehen. Er bleibt aber nicht bei seiner Kränkung stehen, sondern beginnt – wenn auch langsam –, sich auf Werte zu besinnen, die ihm aus früheren Lebensphasen bekannt sind und viel bedeuten: Naturnähe, Kontemplation, einfache, unkomplizierte Beziehungen, Verzicht auf „Tand", Empfänglichkeit für die dramatische Vitalität unverdorbener, rauher Naturlandschaften.

Dieser Prozeß ist zwar auch mit biographisch-hermeneutischer Arbeit verbunden, neurotische Konflikte und Defiziterfahrungen werden jedoch nicht hauptsächlich fokussiert: Vielmehr rücken im Sinne der Ressourcenaktivierung auch bei der Bearbeitung sehr belastender Erfahrungen (z.B. mit der lieblosen, verbitterten Mutter) die inneren und äußeren protektiven Kräfte bzw. das Coping-Potential des Patienten in den Blickpunkt. Herr Kaiser spricht auf diese therapeutische Strategie sehr positiv an, nicht zuletzt deshalb, weil sie ihm hilft, auch seine Rolle als Patient in einem anderen Licht zu sehen: Er erlebt sich dadurch weniger als hilflos leidenden Empfänger einer Hilfeleistung, sondern eher als aktiven Partner des Arztes, und er kann so auch sein Bild vom Sinn ärztlicher bzw. therapeutischer Hilfe revidieren. Bemerkenswert scheint mir hier auch der Umstand, daß Rentenverfahren und therapeutischer Prozeß sich nicht gegenseitig im Wege standen: Obgleich und während sich Herr Kaiser – mit meiner Unterstützung – für eine Invalidenrente einsetzte, konnte die psychotherapeutische Arbeit fortgesetzt und schließlich zu einem guten Ende gebracht werden.

Ich selbst fühlte mich in diesem therapeutischen Prozeß immer wieder herausgefordert, und zwar nicht nur durch die Versuche des Patienten, eine Rollenumkehr herbeizuführen, indem er mich nach meinem Befinden fragte: Eine weit stärkere und manchmal auch fast bedrohliche Herausforderung stellte die radikale Art dar, in der Herr Kaiser unser leistungsorientiertes und auf Äußerlichkeiten bedachtes Leben in Frage stellte. Ich kam nicht umhin, auch mein eigenes Wertesystem zu hinterfragen. Auf viele seiner provokativ vorgetragenen Fragen nach dem Sinn des Lebens fand ich keine Antwort, und ich litt manchmal darunter, obwohl es zwischen uns klar war, daß es nicht zu meinen Aufgaben als Therapeut gehörte, seine Fragen zu beantworten. Oft fühlte ich mich aber durch unseren therapeutischen Dialog, durch diese gemeinsame Suchbewegung selber bereichert. So konnten wir beide erfahren, daß Sinn in „Ko-respondenzprozessen" gewonnen wird (H. Petzold, 1984 und 1993) und somit immer „Kon-sens" ist.

Therapie kann auch als narratives Geschehen verstanden werden (R. A. Neimeyer und A. E. Stewart, 1996), die therapeutische Beziehung wird dann zur kleinstmöglichen „Erzählgemeinschaft". Der Therapeut wird zwar unter Umständen ebenfalls narrative Einheiten zum hermeneutischen Prozeß beitragen – beispielsweise durch das Erzählen einer Geschichte aus der Literatur oder durch den Hinweis auf Parallelen zur persönlichen Thematik des Patienten im aktuellen Zeitgeschehen –, eine therapeutische Erzählgemeinschaft wird jedoch immer durch ein gewisses Maß an Asymmetrie geprägt sein. Ob nun ein Setting gewählt wurde, das die Entfaltung einer Übertragungsbeziehung fördert oder eher hemmt: Eine übertragungsfreie therapeutische Beziehung gibt es nicht, und Übertragungsreste bleiben nach Abschluß einer Behandlung immer bestehen. Zudem sorgt schon der Umstand, daß einer bezahlt und der andere Honorar erhält, dafür, daß die Beziehung nie gänzlich „gleich" wird.

Diese Besonderheit stellt einen wichtigen Unterschied zu anderen Erzählgemeinschaften dar, wie sie sich beispielsweise im Familienkreis, im Kaffeehaus, am Arbeitsplatz, bei Freizeitaktivitäten und ähnlichem spontan bilden können. Dennoch sollte Partnerschaftlichkeit in der therapeutischen Beziehung ein Ziel bleiben – eines, das eben nie vollständig erreicht werden kann.

In diesem Sinne hat sich die Beziehung zwischen Herrn Kaiser und mir im Laufe der Therapie entwickelt: Herr Kaiser erwartete zunächst Ratschläge und Handlungsanweisungen von mir, ich konfrontierte ihn mit seinem Alkoholproblem, erwog den Einsatz eines Antidepressivums, begab mich also zu Beginn tatsächlich relativ stark in die klassische Arztrolle. Mehr und mehr gewann Herr Kaiser jedoch an Autonomie, ärztliche Maßnahmen traten in den Hintergrund, aus der ursprünglichen Behandlung wurde Therapie, d.h. ein intersubjektiver Prozeß der Reflexion und Auslegung der Situation des Patienten vor dem Hintergrund seiner Lebensgeschichte. Indem ich meine Interventionen von Anfang an transparent machte und Herrn Kaiser an meinen Überlegungen teilnehmen ließ, supponierte ich Intersubjektivität auch dort, wo er mir zu Beginn wegen seiner depressiven Verstimmung und Antriebslosigkeit nicht als gleichberechtigter Partner gegenübertreten konnte.

Ich habe die syndromale Diagnose einschließlich der entsprechenden ICD-10- bzw. DSM-IV-Kodierungen ganz bewußt in diese Falldarstellung mit aufgenommen. Salutogenetisches Denken und Handeln bedeutet meiner Meinung nach nicht, daß pathogenetische Überlegungen und psychopathologische Befunde außer acht gelassen werden können. Nach wie vor stellt eine seriöse Diagnostik die Voraussetzung für eine angemessene Therapie dar. Ich hoffe allerdings, daß in dieser Kasuistik deutlich geworden ist, um wieviel reicher das Bild eines Menschen wird, wenn sich der Therapeut bemüht, sein Gegenüber mehrperspektivisch wahrzunehmen und in Ergänzung zu pathologischen Befunden auch protektive Faktoren und Ressourcen in den Blickpunkt zu stellen. Es könnte sein, daß Herr Kaiser mein Therapieangebot nicht zuletzt deshalb annehmen konnte, weil er spürte und erlebte, daß ich ihn nicht nur als Patienten, sondern als ganze Person wahrzunehmen versuchte, als Menschen zwar, der erhebliche Probleme hat, auf den momentan auch eine Reihe psychiatrischer Diagnosen zutrifft, der aber auch über ein enormes Maß an inneren und äußeren Ressourcen verfügt, die es ihm ermöglichten, seine Krankheit zu überwinden und wieder Sinn in seinem Leben zu finden.

Beitrag 2
Der Fall von Avner

von Benyamin Maoz

2.1
Ausgangslage

Avner war 37 Jahre alt, als er zum ersten Mal zu mir kam. Bei diesem ersten Gespräch war Avner sehr unsicher und aufgeregt. Er erzählte mir in großen Zügen seine Lebensgeschichte, wobei ihm oft die Tränen kamen. Er war ein dünner, ziemlich asthenischer Mann mit einem sehr freundlichen und etwas kindlichen Gesicht, strahlend dunkelbraunen Augen und dunklem Haar, von Beruf angestellter Elektriker.

Er war mit einer etwas älteren Frau verheiratet, die aus den USA nach Israel übergesiedelt war. Er wurde 1940 in Holland geboren und wanderte 1958 nach Israel aus. Das Paar hat zwei Kinder, einen 1965 geborenen Jungen und ein 1968 geborenes Mädchen.

Er litt an folgenden Symptomen: schweren Schlafstörungen mit Angstträumen, dissoziativen Zuständen mit Tagträumen, Anfällen von Magenschmerzen mit Erbrechen und an einer Hypertonie mit hieraus resultierenden Nierenschäden. Er hatte wenige soziale Kontakte, neigte zu depressiven Verstimmungen und zum Weinen. In der (damals noch nicht so) schwierigen Ehe kam es kaum zu sexuellen Kontakten.

Im Laufe der psychotherapeutischen Behandlung, die einmal wöchentlich (er wollte es nicht häufiger) stattfand, erfuhr ich seine Lebensgeschichte.

2.1
Vorgeschichte

Avner wurde im Osten von Holland geboren. Er hatte einen älteren Bruder, Ascher, der heute auch in Israel wohnt. Die Familie war sozioökonomisch der unteren Mittelklasse zuzurechnen. Soweit mir bekannt ist, handelte es sich bis zum Zweiten Weltkrieg um eine gesunde, normale Familie. Avner wurde nach der deutschen Invasion in Holland geboren. Zu diesem Zeitpunkt dachte man noch, daß das Leben der Juden in Holland mehr oder weniger normal weiterverlaufen würde. Als er zwei Jahre alt war, wurde die Situation der Juden in Holland jedoch immer schlimmer. Der Vater durfte nicht mehr arbeiten, mußte später im Norden Hollands untertauchen und wurde schließlich doch in ein Vernichtungslager deportiert, wo man ihn umbrachte. Die Mutter war aufgrund ihrer Kontakte mit der Untergrundbewegung in der Lage, ihre beiden Söhne untertauchen zu lassen, jeden unter einer anderen Adresse.

Avner wurde also als zweijähriges Kind von seiner Mutter getrennt und danach von einer „Tante" zu verschiedenen Familien gebracht. Das war sehr gefährlich; denn bei ihm als Jungen konnte man beim „Pippimachen" sehen, daß er beschnitten war.

Schließlich gelangte er zu einer Familie in der Provinz Zeeland, die ihn über eine längere Periode hinweg aufnahm. Die Familienmitglieder waren typische, große Zeeländer, die selber keine Kinder hatten. Sie waren calvinistisch reformiert, und Avner (unter einem anderen, unauffälligen Namen) ging mit ihnen jeden Sonntag in die Kirche. Man versuchte aber niemals, ihn zu taufen.

Aufgrund von Bombardierungen war der Stadtdeich zur See hin beschädigt, und manchmal stieg bei hoher Flut das Wasser so hoch, daß die Bewohner in den obersten Hausstock flüchten mußten. Das waren für Avner äußerst angstbesetzte Erlebnisse.

Offensichtlich wurde es für Avner nach einiger Zeit in Zeeland zu gefährlich. Die Untergrundbewegung mußte für ihn einen neuen

Zufluchtsort finden, er mußte sich also wieder von liebgewonnenen Menschen trennen und sich erneut an eine andere Familie, diesmal im Westen des Landes, gewöhnen. Es war eine größere Familie mit älteren Kindern. Sie nahmen Avner fürsorglich und herzlich auf.

Während der letzten Kriegsjahre wurde diese Region schwer bombardiert, und die Menschen hier mußten beinahe jede Nacht im Luftschutzkeller verbringen. Avner war dann äußerst ängstlich, bekam Bauchschmerzen und mußte sich übergeben. Die „Untertauch-Mutter" nahm ihn dann auf den Schoß, tröstete ihn und fütterte ihn mit Brei.

Als 1945 der Krieg endlich vorüber war, kam eines Tages die Mutter zurück, die im Konzentrationslager gewesen war, suchte und fand ihre Kinder bei ihren „Untertauch-Eltern". Für Avner war sie eine fremde Frau, die plötzlich kam und ihn mit sich nahm. In seiner Geburtsstadt fanden sie wieder eine Wohnung und versuchten, ein neues Leben aufzubauen. Avner wurde verboten, die „Untertauch-Eltern" zu besuchen. Damit soll darauf hingewiesen sein, daß sein Zuhause nunmehr bei der Mutter war.

Die Mutter heiratete nach einiger Zeit wieder. Der „neue" Mann war ein jüdischer Flüchtling aus Ungarn, der ebenfalls das Konzentrationslager überlebt hatte und nun bei der orthodox-jüdischen Gemeinde angestellt war. Avner hatte gehofft, daß er einen Vater bekommen würde. Aber die Hoffnung mündete in eine große Enttäuschung, denn Mutters neuer Ehemann war grob und manchmal sogar feindselig gegenüber den Kindern. Avner war zugleich ein sehr schlechter und unkonzentrierter Schüler mit vielen Phantasien und Tagträumen. Niemand verstand, was in ihm vorging, es wurde viel an ihm ausgesetzt und kritisiert. Mutters neuer Ehemann bekam in einer größeren Stadt eine bessere Stelle, so daß die Familie umzog und Avners Leben sich noch schwieriger gestaltete. Er merkte, daß auch die Mutter mit ihrem neuen Ehemann schwer zurechtkam. Er selbst geriet während der Pubertät mehr und mehr in einen passiven Widerstand gegenüber den Eltern, ohne sich mit der Mutter richtig aussprechen zu können.

Als Avner 17 Jahre alt war, erkrankte die Mutter an Krebs und starb bald darauf. Nach der einwöchigen Trauerphase innerhalb der Familie verließ er Holland überstürzt und ging über England nach Israel. Er meldete sich dort sehr bald bei der Armee.

Hier lernte er nach kurzer Zeit seine Frau kennen. Sie war wie er aus einer schwierigen Familiensituation geflüchtet, und wie er war auch sie allein; so fanden sie einander und beschlossen, zusammen zu bleiben und zu heiraten.

Anscheinend konnte Avners Frau seinen holländischen Hintergrund und die Verfolgung niemals richtig begreifen. So erzählte er ihr niemals, was sich in der „Untertauch-Zeit" und nach dem Krieg in seiner Familie abgespielt hatte. Seine schrecklichen Schlafstörungen und Angstträume (wobei er oft laut schrie und sich unter dem Bett versteckte!) nahm sie mit Geduld hin. Hatte er Bauchschmerzen, kochte sie für ihn Brei und bemutterte ihn gleichzeitig. Sie war einige Jahre älter als er.

Avner machte die Ausbildung zum Elektriker und bekam danach eine Anstellung. Mitten in der Arbeit kamen die Tagträume, und er hatte manchmal das Gefühl, daß er alleine und stundenlang spazierengehen mußte. Meistens hatten die Arbeitgeber Verständnis hierfür. Wie alle Israelis rückte er jedes Jahr für einige Wochen zum Militärdienst ein. Dort traf er Israelis aus allen sozioökonomischen Schichten und jeder Herkunft. Er war dann oft neidisch, wenn sie über ihre Elternhäuser und großen Familien erzählten und bemitleidete sich selbst, weil er keine Verwandten hatte. Das Verhältnis mit seinem einzigen Bruder, der auch nach Israel ausgewandert war, war schwierig. Denn Avners Frau konnte den Bruder nicht ausstehen und warf ihn mehr oder weniger aus dem Haus. Avner hing an seinem Bruder. Ascher jedoch, der ein sehr verschlossener Mensch war, hing viel weniger an ihm.

Avner hatte eine gute Beziehung zu seinen Kindern. Aber auch ihnen konnte er beinahe nichts über seine Kindheit während der Zeit des Holocaust erzählen. An Festtagen, etwa am Zederabend (das jüdische Osterfest) wiederholte sich das Drama, daß Avner plötzlich weinen mußte und aus dem Zimmer lief.

Einer der Gründe, warum er sich gerade zur damaligen Zeit um Therapie bemühte, waren die Bar Mitswah (die jüdische Konfirmation) seines Sohnes und der Umstand, daß Avner zu dieser Zeit nicht wußte, wie er das Fest ohne größere Familie und nur mit sehr wenigen Verwandten überstehen würde. Ein anderer Grund lag in der Tatsache, daß er von den holländischen Behörden als Opfer der Naziverfolgungen anerkannt worden war und finanzielle Hilfe erhielt. Hierdurch erwuchs ihm die Möglichkeit, einen lang geträumten Plan zu verwirklichen, nämlich sich ein eigenes Haus zu bauen. Gleichzeitig hatte er wegen seiner unkontrollierbar erscheinenden Gefühlsausbrüche Schuldgefühle, die ihn dazu drängten, diese finanzielle Unterstützung wenigstens teilweise für eine Psychotherapie zu verwenden.

Avner hatte die Hoffnung nicht aufgegeben, im Stiefvater doch noch einen liebenden Vater zu finden. Jedesmal, wenn der Stiefvater bei seiner Verwandtschaft in Israel zu Besuch war, stand Avner am Flugplatz und wartete auf ihn. Das war aber regelmäßig mit der Erfahrung verbunden, daß der Stiefvater ihn nur kurz begrüßte und dann zu seinen Leuten fuhr, ohne sich um Avner zu kümmern.

Während der Behandlung kam es insofern zu einer außergewöhnlichen Entwicklung, als Avner von einem holländischen Notar ein Dokument seiner Mutter zugeschickt wurde. Hierin hatte sie ihre Erinnerungen aus den Jahren vor und während des Krieges niedergeschrieben. Nunmehr konnte er lesen, wie die Mutter diese schweren Jahre aus ihrer Sicht wahrgenommen hatte und wie sie ihre Familie (Avner eingeschlossen!) und deren Beziehungen beschrieb.

2.3
Therapieverlauf

In der ersten Phase konzentrierte sich die Behandlung auf die verzögerte Trauer. Dieses Thema konnte deswegen aufgegriffen werden, weil sich sehr schnell ein sehr guter affektiver Kontakt und eine vertrauensvolle Atmosphäre zwischen Avner und mir als Therapeuten einstellten. Wir konnten in seiner holländischen Muttersprache sprechen und notfalls hebräische Worte verwenden. Hierdurch kamen Erinnerungen und spontane Assoziationen aus der Kindheit leichter zur Sprache. Übertragungsmäßig hat Avner in mir sicher eine Figur der „guten Eltern" gesehen. Ich selbst nahm ihn als Sohn wahr und mußte mich vorsehen, meine große Empathie nicht in eine Überidentifikation abgleiten zu lassen. Er löste bei mir (und später bei seinen Arbeitgebern), wohl mit der Situation bei seinen „Ersatzeltern" während der „Untertauch-Zeit" vergleichbar, eine liebevolle, mitleidige Reaktion aus, verbunden mit einer Neigung, für ihn zu sorgen.

Eine Schwierigkeit war mein deutscher Akzent, wenn ich Holländisch sprach, der bei derartigen Patienten manchmal zu Assoziationen mit den deutschen Verfolgern führt. In der Behandlung konnten wir das sehr ambivalente Verhältnis zwischen Avner und seiner Mutter durcharbeiten. Die Mutter hatte ihn im Alter von fünf Jahren und zum Kriegsende hin dadurch jäh bedrängt, daß sie ein abruptes und nahezu totales Aufgeben der geliebten „Untertauch-Eltern" forderte.

Daheim war Avner der kleinere und schwächere Bruder gewesen. Er träumte von einer (typisch ödipalen) Situation, in der nur er allein mit seiner Mutter zusammensein, z.B. auf einem Fahrrad spazierenfahren würde. Die Mutter war damals offensichtlich nicht in der Lage gewesen zu sehen, in welch geschwächtem psychischem Zustand sich Avner befand. Die Situation verschärfte sich, als die Mutter heiratete und den „bösen Stiefvater" ins Haus brachte. Ihren Aufzeichnungen konnten wir jedoch entnehmen, daß auch sie in der Zeit ihrer zweiten Ehe gelitten hatte. Was die sexuelle Seite der Beziehung betraf, hatte sie es offensichtlich sehr schwer und mußte unter dem oft groben Verhalten ihres Mannes leiden. Avner hatte das bereits vermutet. Dieses tiefere Verständnis für die Situation seiner Mutter führte dazu, daß Avner mit seinem Stiefvater endgültig innerlich brechen konnte. Nunmehr war er auch in der Lage zu sehen, daß dieser ihn und seinen Bruder finanziell sehr schlecht behandelt und nach dem Tod der Mutter alles, was im Hause war, verkauft hatte.

Noch wichtiger war, daß Avner nunmehr das Verhalten seiner Mutter aus einer neuen Perspektive sehen und ihr trotz aller Kritik und Ambivalenz verzeihen konnte. Nunmehr wurde es ihm möglich, sich von denjenigen Verboten zu befreien, die ihm die Mutter als Kind auferlegt hatte. Die Folge war, daß eine neue innere Beziehung zu den „Untertauch-Eltern" heranwuchs, die ich später schildern werde.

Die Trauer um den ermordeten Vater war sehr viel schwieriger aufzuarbeiten. Avner erinnerte sich nicht an seinen Vater. Die Mutter hatte nach dem Krieg wenig über ihn gesprochen, noch weniger während ihrer zweiten Ehe. Doch hatte sie in ihren Aufzeichnungen über ihn berichtet. Glücklicherweise besaß Avner das Foto einer Gruppe von Personen, in der auch sein Vater stand (viele Holocaust-Überlebende besitzen gar keine Fotos oder andere persönliche Dokumente von ihren nächsten Verwandten!). Avner hatte während der Behandlung herausgefunden, wo sein Vater im Zweiten Weltkrieg untergetaucht war. Er hatte Bauern kennengelernt, die im Norden der Niederlande lebten und ihm von seinen Vater erzählen konnten. Auf diese Weise und auf der Basis einer positiven Übertragungsbeziehung konnte er sich mit dem idealisierten Phantasiebild des Vaters auseinandersetzen.

Überraschend war, daß nach dieser Trauerarbeit gegenüber den beiden „Untertauch-Familien" schwere Schuldgefühle entstanden. Die Mutter hatte Avner zwar verboten, mit diesen Familien in einem engeren Kontakt zu bleiben; er hatte jedoch das Gefühl, diese Familien im Stich gelassen zu haben. Es waren Familien, die er liebte und denen er sein Leben verdankte. Er stellte sich vor, daß er ihnen viel Kummer und Enttäuschungen bereitet hatte.

Diese Gedanken und Vorstellungen führten dazu, daß Avner (allein) nach Holland fuhr, um die beiden Familien aufzusuchen. Er traf auf das eine Paar der beiden „Untertauch-Eltern". Das Paar freute sich riesig, denn sie hatten Jahre auf ihn gewartet. Kurz darauf starb der alte Herr; aber die Frau erlebte noch, wie sie nach einem längeren, von Avner eingeleiteten Verfahren im Yad Vashem* mit einer Medaille ge-

ehrt wurde. In der zweiten Familie war die Situation anders: Die „Untertauch-Eltern" waren beide gestorben. Jedoch nahm der älteste Sohn Avner als seinen „lieben kleinen Bruder" aus der Kriegszeit ganz besonders herzlich auf. Alle, die ihm und seinen Eltern in Holland während der Nazizeit geholfen hatten und im Yad Vashem als „Gerechte unter den Völkern" anerkannt worden waren, wurden nunmehr von Avner und von dieser Institution nach Jerusalem eingeladen, um an einer Gedenkfeier und Ehrung teilzunehmen, bei der auch Medaillen verliehen wurden. Bei dieser Feier, die für Avner eine Wiedergutmachung für die Naziverfolgungen darstellte, waren meine Frau und ich ebenfalls anwesend.

Nach außen hin hatte Avner die Bar Mitswah seines Sohnes ohne Komplikationen überstanden. Dieser entwickelte sich in einer günstigen Weise, war im Hause eigentlich derjenige, der berechenbar und ausgeglichen seinen Weg ging. Manchmal wurde er durch Avner mit väterlichen Merkmalen ausgestattet, und dann kehrte sich die Rolle der Generationen um. Solch eine Umkehrung der sozialen Rollen in der Familie wurde in der Literatur über die „zweite Generation" von Kindern beschrieben, deren Eltern im Holocaust waren (Y. Danieli, 1982).

Die Tochter, die ähnlich wie der Sohn ein sehr gutes Verhältnis zu Avner hatte, war und ist dagegen viel schwieriger. Sie ist unverheiratet, hat keinen richtigen Beruf und lebt seit einiger Zeit in den USA.

Das große Problem in Avners Leben war und ist seine Frau. Zur Zeit von Avners Therapie war sie Hausfrau und hatte kaum soziale Kontakte. Während der Therapie standen mit Blick auf seine Frau zwei Probleme zur Bearbeitung an: Das erste war das problematische Verhältnis zu seinem Bruder, das zweite ihre sehr schlechte Beziehung zu den Nachbarn und ihre Kritik am Bau des neuen Hauses. In diesem Zusammenhang kam es zu heftigen Auseinandersetzungen.

Die Beziehung zwischen Avner und seiner Frau verschlechterte sich stetig, und sie sprachen immer weniger miteinander. Über seine spärlichen sexuellen Kontakte mochte er kaum berichten. Ich gewann den Eindruck, daß es

---

* Yad Vashem ist die in Jerusalem gelegene zentrale Erinnerungsstätte des jüdischen Volkes und des Staates Israel für die Opfer des Holocaust. Sie beinhaltet die „Straße der Gerechten", in der Helfer namentlich aufgeführt werden und ihnen zu Ehren ein Baum gepflanzt wird.

um so schwieriger in der Ehe wurde, je besser sich Avner fühlte.

Avners Tagträume und dissoziative Zustände waren nahezu verschwunden. Nur noch gelegentlich hatte er Alpträume. Die Magenschmerzen hatten sich wesentlich gebessert. Eine eingeschränkte Nierenfunktion war diagnostiziert worden, erforderte jedoch keine Dialyse. Seine Stimmung hatte sich gebessert, und er entwickelte Initiative. Aufgrund der holländischen Rente brauchte Avner auch nicht mehr regelmäßig zu arbeiten, kam aber einer Beschäftigung nach. Im Volkstanz sah er eine Möglichkeit, „sich frei auszuleben", und ging diesem Hobby alleine (d.h. ohne seine Frau) nach.

Ich versuchte, seine Frau in die Behandlung einzubeziehen und sah das Ehepaar einige Male gemeinsam. Es stellte sich heraus, daß Avners Frau sehr mißtrauisch, eifersüchtig und vielleicht sogar paranoid war. Sie wollte nichts von einer Behandlung hören, nichts von einer Eheberatung und auch nichts von einer Einzeltherapie bei einem anderen Therapeuten. Unter ihrem Druck mußte Avner das neu gebaute Haus verkaufen, und sehr enttäuscht zogen sie unter großen Schwierigkeiten in eine Stadtwohnung ein. Dort wiederholte sich der Streit mit den Nachbarn. Avner verhielt sich meistens passiv und nahm Rücksicht auf die Beschwerden seiner Frau, die für ihn jedoch immer unerträglicher wurden.

Bei unseren seltener werdenden therapeutischen Begegnungen hatte ich oft das Gefühl, daß er meine Person mit Erinnerungen an die Verfolgung assoziierte und daß es nicht gut wäre, dieses schwere Kapitel aufs neue intensiv zu bearbeiten. Wir besprachen in offener Weise, daß nach so vielen traumatischen Erlebnissen immer wieder alte Erinnerungen, vor allem nachts und in Träumen, wiederbelebt würden. Eine derart massive Traumatisierung kann nicht spurlos abheilen, aber man kann sie so mildern, daß man nicht nur „normal" funktioniert, sondern sogar die Freude am Leben zurückgewinnen kann. Wir beschlossen daraufhin, daß sich Avner mit meiner Hilfe durch einen anderen Therapeuten weiterbehandeln läßt. Mit seinem Einverständnis tauschten wir uns als Therapeuten untereinander aus. Im Mittelpunkt standen nun nicht mehr die Verfolgungen in der Vergangenheit, sondern die Probleme im „Hier und Jetzt" und die Möglichkeiten einer weiteren Reifung.

Avner verließ schließlich seine Frau und die Wohnung. Er hatte sich schon längere Zeit in eine Frau verliebt, die ebenfalls am Volkstanz teilnahm und sich auch von ihrem Partner getrennt hatte. Vorausgegangen war eine intensive wechselseitige Liebe und erotische Anziehung. Es war wie ein Ausbruch, und die beiden nahmen zunächst eine sexuell sehr befriedigende Beziehung auf, die sich dann allmählich in eine tiefe Liebe und Freundschaft weiterentwickelte. Die Partnerschaft besteht bis zum heutigen Zeitpunkt, und sie wohnen inzwischen zusammen.

Durch diese Partnerschaft haben sich Avners Freundeskreis und soziales Betätigungsfeld erweitert. Avners Sohn begriff das Verhalten seines Vaters und war damit einverstanden. Er ist unterdessen Assistenzarzt geworden, ist selbst verheiratet und hat ein Kind, an dem Avner sehr viel Freude hat.

Avners Frau befindet sich in einem unverändert schlechten Zustand. Sie lebt sehr isoliert und möchte sich nicht scheiden lassen. Ihr Zustand bedrückt ihn und verursacht Schuldgefühle. Avners körperlicher Gesundheitszustand ist weiterhin relativ gut und stabil. Ungefähr vor einem Jahr klang die zweite Psychotherapie ohne Schwierigkeiten aus. Avner wurde ermutigt, sich in zeitlichen Abständen seiner Wahl vorzustellen.

2.4
Epikrise

Die formale psychiatrische Diagnose ist die einer chronischen posttraumatischen Belastungsstörung mit ängstlich-depressiver Entwicklung. Soweit bekannt, gab es in Avners Familie keine psychischen Störungen. Bis zum zweiten Lebensjahr wuchs er in einer normalen Umgebung auf. Dann fand eine abrupte Trennung von den Eltern und dem älteren Bruder statt. Nach der Einteilung von Hans Keilson gehört er in die zweite Gruppe von verfolgten Kindern, die im Alter von 18 Monaten bis 4 Jahren von ihren Eltern getrennt wurden (H. Keilson, 1979). Nach den Untersuchungsergebnissen von Keilson gibt es eine kausale Verbindung zwischen dem Lebensalter zur Zeit der Trennung von den Eltern und der sich später im Leben entwickelnden Psychopathologie. Avner gehörte nicht zu der Altersgruppe von Kindern, die bereits im Kleinkindalter von ihren Eltern getrennt wurden und danach schwerste Persönlichkeitsstörungen entwickelten. Er gehörte vielmehr zu jenen Menschen, die in den ersten sehr kritischen zwei Lebensjahren eine „genügend gute Mutter" (D. W. Winnicott) und auch einen Vater hatten und darum später im Leben normale affektive Beziehungen mit anderen Menschen anknüpfen konnten und mehr an neurotischen Störungen leiden.

Jedoch entwickelte er sich trotz der günstigen Aufnahme bei zwei Ersatzeltern zu einem ängstlichen, sich unsicher weil bedroht fühlenden Jungen. Dieses Gefühl drückte sich hauptsächlich in körperlichen Symptomen, wie z.B. Erbrechen, aus. Die Trennungen von den beiden „Untertauch-Elternpaaren" fanden in einer Phase seines Lebens statt, die man als die Separationsangst-Phase bezeichnen könnte.

Zu diesem Zeitpunkt, d.h. im fünften Lebensjahr, tauchte seine Mutter als eine ihm fremde und strenge Figur auf. Die Angst, hilflos im Stich gelassen zu werden, verband sich nunmehr mit den typisch ödipalen Problemen eines Kindes, das seinen eigenen Vater nicht kennt und durch einen bösen und groben Stiefvater großgezogen wird. Zudem fühlte er sich gegenüber dem älteren Bruder kleiner oder schwächer. Die hiermit verbundenen Probleme, vor allem die nur teilweise bewußten schwierigen Konflikte mit der Mutter, manifestierten sich in den Symptomen der Passivität, Abhängigkeit, Eifersucht, in dissoziativen Zuständen und Tagträumen, Lernstörungen etc. Zu einem der Hauptabwehrmechanismen gehörte sein kindliches, „liebes" Verhalten gegenüber anderen Kindern. Die Probleme im Dreieck Avner-Mutter-Stiefvater verschärften sich während der Pubertät und kamen mit dem Tod der Mutter an Krebs zu einem tragischen und plötzlichen Ende. Die Folge waren eine schnelle Flucht nach Israel und der Versuch, alles „zu vergessen". Eine Trauerarbeit war in dieser Entwicklungsphase nicht möglich.

Es schlossen sich Jahre des Einlebens in Israel an. Avner fand eine Frau, die selbst aus einer kranken Familie kam. Sie erfüllte zunächst die Rolle der fürsorglichen Mutter, behinderte aber dann seine weitere Entwicklung und isolierte ihn sozial durch ihre paranoide Einstellung. Über seine Vergangenheit im Krieg und die anschließende Zeit im Haus der Mutter konnte er kaum mit ihr sprechen. Zugleich gelang es ihm nicht, seine traumatischen Erlebnisse zu vergessen. Sie plagten ihn vor allem in dissoziativen Tag- und nächtlichen Alpträumen.

Die seit der Kindheit bestehenden Magen-Darm-Beschwerden sind Manifestationen der ständig zurückkehrenden Todes- und Trennungsängste. Der lange nicht diagnostizierte und nicht behandelte Bluthochdruck und die daraus folgende Nierenschädigung könnten als Symptome der verdrängten und der inneren Verkrampfung der ganzen Persönlichkeit gedeutet werden. Als oft unverstandenes Kind entwickelte Avner ein negatives und von Minderwertigkeit geprägtes Selbstbild.

In der Behandlung wurde vor allem die halbwegs verdrängte Trauer einschließlich der ödipalen Problematik (Beschuldigungen und dann Schuldgefühle) gegenüber der Mutter bearbeitet und – hiermit verbunden – die bewußtere Aggression gegenüber dem Stiefvater.

Avner war ein heranwachsender Mann, als seine Mutter starb. Ich habe oft gesehen, daß es für junge Menschen in dieser Lebensphase kaum möglich ist, richtig zu trauern. Darum wurden die Trauerarbeit und die Auseinandersetzung mit der Mutter verdrängt und konnten erst in der Psychotherapie mit Hilfe der positiven Übertragung und Gegenübertragung vollzogen werden. Erst nachdem die ambivalente Beziehung zur Mutter verarbeitet war und deren damalige Verbote, mit den „Untertauch-Eltern" in Kontakt zu bleiben, aufgehoben werden konnten, war es möglich, die Schuldgefühle gegenüber diesen Ersatzeltern und die positive emotionale Beziehung zu ihnen zur Sprache kommen zu lassen und zu verarbeiten.

Durch die Therapie entstand eine Krise in der Beziehung zwischen Avner und seiner Frau. Diese sehr gestörte Frau war auf ihrem Entwicklungsniveau stehengeblieben, während Avner sich verändert hatte und sich weiterentwickeln konnte. Ich hatte den Eindruck, daß Avner sich für seine Frau aufopfern und in ihrer beengten Sphäre weiterleben würde, ohne seine vorhandenen Potentiale entwickeln zu können.

Durch die entstandene Übertragung und aus Widerstand gegen meinen nicht ausgesprochenen Wunsch, daß Avner sich scheiden lassen möge, wurde meine Person beinahe bei jeder Begegnung mit Erinnerungen an den Zweiten Weltkrieg und die damit zusammenhängende Verfolgung in Verbindung gebracht. Um eine neue Lebensphase zu beginnen, die wenigstens etwas freier und weniger von den in der Kindheit und Jugend erlebten traumatischen Erfahrungen überschattet sein sollte, wurde ein Therapeutenwechsel überlegt. Diesmal sollte aber die Trennung von einer Schlüsselperson nicht so traumatisch und verletzend sein. Ich habe Avner nicht einfach verlassen, sondern ich habe ihn sozusagen zu einem anderen Betreuer gebracht, und ich meine, daß es uns gelungen ist, die Trennung von mir zu überbrücken.

Woher nimmt ein verfolgtes Kind, das sich nicht an seinen Vater erinnern kann und das seine Mutter im heranwachsenden Alter verloren hat, die Kraft, relativ gesund zu bleiben, gut zu funktionieren und das Leben zu genießen?

Die stützenden Ressourcen in Avners Leben liegen hierin begründet: Avner kam aus einer, soweit wir wissen, gesunden Familie. Die genetische Basis schien gut zu sein. Er war bis zum Alter von zwei Jahren in einer warmen, akzeptierenden, supportiven und liebenden Atmosphäre aufgewachsen (also günstige Bedingungen für eine normale Entwicklung in der ersten Lebensphase). Im Krieg wurde er durch zwei sehr positive und stabile Ersatzeltern aufgefangen, die ihn wirklich gern hatten und ihn in Stunden der Angst und des Schreckens trösten konnten.

Die Mutter hat nur teilweise erfolgreich versucht, nach dem Krieg eine normale Familie und ein Zuhause aufzubauen. Die Trennung von den „Untertauch-Familien" wog zwar schwer, Avner hatte aber wiederum einen deutlichen Halt gewonnen und wußte, wohin er gehörte. Identitätsprobleme wurden also vermieden.

Avner fand nach der reaktiv erfolgten Flucht unmittelbar nach dem Tod der Mutter ein neues Zuhause in Israel, erst allein und dann zusammen mit seiner Frau, die in dieser Zeit sicherlich eine wichtige Stütze für ihn war. Er bekam zwei gesunde Kinder, mit denen er eine gute Beziehung unterhalten konnte. Dies ist sehr wichtig für jemanden, der seinen Vater gar nicht kannte und seine Mutter früh verloren hatte. Dies ist ein Trost und eine gerade bei Juden sehr betonte Fortsetzung der Generationenkette.

Er hatte eine Ausbildung und konnte genügend verdienen. Man nahm im allgemeinen Rücksicht auf seine Schwächen. Sozial hatte er zwar wenig Kontakte, blieb jedoch ständig auf der Suche nach passenden Mitmenschen, und er fand hierfür einen kreativen Weg, wie z.B. den Volkstanz.

Die Anerkennung als Opfer der Naziverfolgungen durch die holländischen Behörden ergab neue Perspektiven: Hierzu gehörte die regelmäßige Rente, die sogar die Möglichkeit bot, mit Eigenbeteiligung und Schritt für Schritt ein eigenes Haus zu bauen. Als Symbol war dies sehr wichtig für einen Menschen, der lange kein vollständiges „Zuhause" hatte.

Die gesicherte finanzielle Unterstützung reduzierte die auf Avner liegende Last und ermöglichte eine Anpassung gemäß seiner nicht so großen Belastbarkeit, die überbeansprucht war. Avner hatte das Glück, daß er durch eine Sozialarbeiterin, die ein gutes Gespür für seine Persönlichkeit hatte und sie richtig einschätzte, zu einem Therapeuten überwiesen wurde, mit dem er eine vertrauensvolle und gegenseitig gute Beziehung anknüpfen konnte. Bei der Wahl der zu bearbeitenden Themen gab es auch wenig Schwierigkeiten und Widerstände.

Der Abschied von mir als erstem Therapeuten war sicherlich nicht traumatisch, sondern eher ein Schritt zu größerer Autonomie.

Das therapeutische Durcharbeiten der „verzögerten" Trauer und der damit zusammenhängenden Konflikte schuf Raum für eine breitere und integrierte Auffassung seiner Lebensgeschichte und Lebenssituation. Hierdurch wurden latent und potentiell vorhandene innere Ressourcen frei und standen ihm zur Verfügung.

Die therapeutische Arbeit bot auch eine Möglichkeit, sich aktiver mit den bis dahin vernachlässigten aktuellen Problemen auseinanderzusetzen; sie stimmte Avner optimistischer und stattete ihn mit mehr Vertrauen in die Zukunft aus.

Auch die Rituale, die zu Ehren von Avners Rettern stattfanden, waren sicher positive Ressourcen. Wenn Trauerrituale zur richtigen Zeit und im richtigen Maße ausgeübt werden und nicht lediglich an die Stelle der Trauerarbeit treten, haben sie eine positive psychosoziale Funktion. Die Psychotherapie befreite und erhöhte den wohl potentiell vorhandenen flexiblen „Sense of Coherence".

Avners Weltbild erhielt eine andere, begreifbare Struktur. Dies geschah vor allem, nachdem die persönliche Holocaust-Geschichte einmal erzählt worden war. Sie war nun nicht mehr ein geheimer, gefährlicher und beschämender Mythos, vielmehr war sie durch das Erzählen und den darauffolgenden Dialog mit einem einfühlsamen Therapeuten von Avner bewältigt worden.

Avner fühlte sich nicht mehr als ein Spielball der Tagträume, der nächtlichen Ängste und der körperlichen Krankheiten, denen er bis dahin ausgesetzt war. Er konnte sich nun mit seiner Situation auseinandersetzen, und er entwickelte ein aktives Coping, mit dessen Hilfe er wichtige Dinge beschloß und veränderte. Diese Änderungen ermöglichten unter anderem auch die (einseitige, nicht vollständige) Lösung des Eheproblems und das Entstehen einer neuen, viel reiferen Beziehung. Parallel dazu entstand eine allgemeine Erweiterung der sozialen Beziehungen. Dieses viel erfülltere, reifere und kreativere Leben ging einher mit einer Stabilisierung des körperlichen Zustands und einer sehr positiven Veränderung von Avners Selbstbild. Avner entdeckte seinen potentiell vorhandenen Optimismus, und er konnte sich für bestimmte Dinge und Aktivitäten mit seiner ganzen Person einsetzen. Hierbei waren ihm seine neue Partnerin, sein Sohn mit seiner jungen Familie und seine Freunde wichtige Stützen.

Beitrag 3
Der hypochondrische FC-Chelsea-Fan

von Stefan Büchi

3.1
Ausgangssituation

Der 41jährige Ray S. wurde mir im September 1995 von der ambulanten psychiatrischen Abteilung wegen therapierefraktärer hypochondrischer Ängste sowie depressiver Verstimmung zugewiesen. Der überweisende Psychiater hatte den Patienten seit 1993 mit verschiedensten Antidepressiva und Anxiolytika erfolglos behandelt. Seit Herbst 1993 war der Patient wegen seiner psychischen Probleme arbeitsunfähig. Wegen Magenproblemen (Aufstoßen) und einer Colon-irritabile-Symptomatik mit abwechselnder Verstopfung und Diarrhö wurde der Patient in den letzten zwölf Monaten dreimal stationär behandelt. Gastro- und Endoskopien wie auch alle anderen diagnostischen Abklärungen ergaben keine Hinweise für eine organische Störung. Nach den Abklärungen war der Patient jeweils für einige Wochen beruhigt, drängte dann aber bei weiterhin bestehenden Beschwerden zu erneuten diagnostischen Abklärungen. Der zuständige Hausarzt machte dem Patienten in der Folge klar, daß er im kommenden Jahr keine stationären Behandlungen mehr veranlassen werde. Anstelle einer somatischen Behandlung regte der Hausarzt eine Intensivierung der psychiatrischen Behandlung an.

Ich befand mich anläßlich eines Weiter- und Fortbildungsaufenthalts von April 1995 bis Ende März 1996 an der Abteilung für Klinische Psychologie am West Middlesex University Hospital in London, wo die hier beschriebene Behandlung stattfand.
   Im Erstgespräch zeigte sich Ray als ein eher kleingewachsener, blasser, unsicher auftretender Mann mit leiser Stimme und einfachem Wortschatz, für den ich sofort Interesse und Sympathie empfand. Seine Grundstimmung war bedrückt, und sein Denken kreiste um seine Krankheitsängste. Er litt unter sehr störender Obstipation und zeitweise Diarrhö, wobei die Farbe des Stuhls häufig auffallend gelblich sei. Daneben litt er auch unter abdominalen Spannungsgefühlen und rezidivierenden Magenschmerzen. Er war davon überzeugt, an einem Darmkrebs zu leiden. Als besonders störend erlebte er ausgeprägte, ziehende muskuläre Spannungen in beiden Beinen. Er schilderte zudem Angstattacken mit den Symptomen von Herzjagen, Tachypnoe, Schwindelgefühlen und Übelkeit. Die letzte Attacke war vor fünf Tagen aufgetreten und hatte etwa fünf Minuten gedauert. In den vergangenen Monaten hatte die Anfallshäufigkeit bei drei bis vier Attacken pro Woche gelegen. Die Attacken traten häufig auf, wenn er sich mit Todes- und Krebsängsten beschäftigte.
   Insgesamt zeigte er nur wenig Vermeidungsverhalten. Er besuchte Pubs, ging mit Freunden zu Fußballspielen „seines" FC Chelsea und benutzte trotz zunehmender Ängste auch die Londoner U-Bahn. Er fühlte sich müde und ausgelaugt, obwohl er viel schlief. Er hatte ausgeprägte Einschlafstörungen. Sein Appetit war normal. Er zeigte sich beunruhigt über starke Konzentrationsprobleme. Innerlich fühlte er sich sehr unruhig und angespannt.

3.2
Anamnese

Ray war das vierte von fünf Kindern einer Arbeiterfamilie aus London. Sein Vater war Lastwagenfahrer, seine Mutter kümmerte sich um die Familie. Im Alter von sieben Jahren verstarb die damals sechs Monate alte, jüngste

Schwester im Schlaf an einem Herzversagen. Der zuvor schon eher ängstliche Patient reagierte mit großer Angst und Verunsicherung auf diesen unverständlichen und unerwarteten Verlust seiner Schwester. Er hatte in den folgenden Jahren Einschlafstörungen, da er befürchtete, im Schlaf sterben zu müssen. Da die schulischen Leistungen deutlich schlechter wurden, mußte er vom 8. bis 11. Lebensjahr eine Spezialschule besuchen. Ohne Abschluß verließ er im Alter von 15 Jahren die Schule. Später arbeitete er als Hilfskraft in den verschiedensten Bereichen, wobei die längste Anstellung $4^1/_2$ Jahre dauerte. Diese Arbeitsstelle mußte er 1993 wegen starker Angst- und Überforderungssymptome aufgeben.

Der Patient zog nie aus der elterlichen Wohnung aus und pflegte während zehn Jahren seinen auf einen Rollstuhl angewiesenen Vater, der an multipler Sklerose litt. Dieser verstarb im Herbst 1992 nach akut verlaufener Leukämie. Nach dem Tod des Vaters nahm der zuvor schon beträchtliche Alkoholabusus des Patienten noch zu. Der Patient konnte diesen Abusus anläßlich einer schweren depressiven Krise im Herbst 93 auf Druck des behandelnden Psychiaters stoppen.

Frustrierend waren seine Kontakte zum anderen Geschlecht: Nur zwischen 20 und 22 Jahren hatte er während 18 Monaten eine feste Beziehung. Eine letzte intensivere Beziehung zu einer Frau lag sechs Jahre zurück. Im Laufe des letzten Jahres war es nicht einmal mehr zu den vorher üblichen flüchtigen Sexualkontakten gekommen.

Ray lebte zum aktuellen Zeitpunkt mit seiner Mutter in einer kleinen $2^1/_2$-Zimmer-Wohnung im Westen Londons. Da er arbeitslos war, schlief er normalerweise lange aus. Dann las er bis um die Mittagszeit beim Frühstück die Tageszeitung. Am Nachmittag ging er öfters mit dem Hund seiner Mutter ein wenig an die frische Luft. Manchmal traf er sich mit Kollegen in einem Pub. Die Abende verbrachte er meist zu Hause vor dem Fernseher. Die Besuche der Heimspiele seines Klubs stellten die Höhepunkte des aktuellen Lebens dar. Die Beziehung zur Mutter beschrieb er als spannungslos und gut. Mit zwei seiner drei Geschwister hatte er gelegentlichen telefonischen Kontakt. Daneben besaß er nur einen sehr kleinen Bekanntenkreis, der sich hauptsächlich aus Mitgliedern des regionalen Supporter-Clubs des FC Chelsea zusammensetzte. Die früher intensiv gepflegten Hobbys Fußballspiel und Golf hatte er in den letzten Jahren eher vernachlässigt. Einzig über die Sommermonate hinweg spielte er noch alle vier bis sechs Wochen einmal Golf.

Der stets ängstliche, scheue und zurückhaltende Patient wurde erstmals im Herbst 1993 psychiatrisch behandelt. Die damalige Diagnose lautete: „generalisierte Angststörung mit hypochondrischen Elementen". Seither wurde er vom behandelnden Psychiater in rund vier- bis sechswöchentlichen Abständen gesehen. Die rund 15 Minuten dauernden Sitzungen dienten insbesondere der Medikamentenkontrolle, daneben wurden auch Entspannungstechniken eingeübt. Der Verlauf war recht fluktuierend, in Zeiten vermehrter Depressivität nahmen die auf die Verdauungsorgane bezogenen hypochondrischen Ängste jeweils deutlich zu. Die seit Beginn der Therapie bestehende Arbeitsunfähigkeit aus psychischen Gründen blieb während der gesamten Behandlungszeit bestehen.

Die medizinische Anamnese war bis 1993 unauffällig. Seither durchgeführte multiple somatische Abklärungen der rezidivierenden gastrointestinalen Beschwerden (Abdominalschmerzen, Stuhlunregelmäßigkeiten, Aufstoßen) ergaben jeweils keine wesentlichen Befunde.

3.3
Therapieverlauf

In der ersten Sitzung wurden die Beschwerden und die aktuellen Lebensumstände erfaßt. Die Erwartungen des Patienten an eine Therapie bestanden darin, „keine Spannung mehr in den Beinen zu haben, die Verdauungsprobleme und Krebsängste zu verlieren und sich insgesamt besser zu fühlen". Gleich zu Beginn machte ich dem Patienten klar, daß eine Gesprächstherapie diese Erwartungen nicht erfüllen könne. Die Therapie bezwecke ein besseres Verständnis der aktuell überfordernden Probleme und eine Hilfestellung zu besserer Kontrolle über Denken und Fühlen. Ich erwähnte auch, daß eine solche Behandlung ganz von seinem persönlichen Einsatz abhängig sei, da der Hauptbestandteil der Behandlung die praktische Umsetzung des Gelernten in der alltäglichen Umgebung sei.

Der Patient ging bereitwillig auf dieses Angebot ein, und wir vereinbarten vorerst sechs Sitzungen. Es war mir wichtig mitzuteilen, daß ich in fünf Monaten England verlassen würde und die Therapie spätestens bis zu diesem Zeitpunkt abgeschlossen sein müsse.

In der nächsten Therapiestunde führte ich das kognitive Angstmodell (D. M. Clark, 1986) ein. Der Patient hatte die letzte Angstattacke vor dem Fernseher während einer medizinischen Sendung. Er konnte sich daran erinnern, daß er während eines Beitrags über Karzinomerkrankungen plötzlich unter Herzjagen und Hyperventilation litt und akute Todesangst empfand. Er selbst konnte anfänglich keinen Zusammenhang zwischen auslösender Situation und der akuten Angstsymptomatik erkennen. Im Gespräch zeigte sich, daß die Sendung über Krebserkrankungen in ihm eigene Krebsängste aktiviert hatte. Diese letzte Attacke wurde sehr genau analysiert, wobei die einzelnen Komponenten von Angst (Gedanken, Gefühle, Körperreaktion und Verhalten) differenziert wurden. Mit einfachen Zeichnungen und Erklärungen erarbeiteten wir das Modell des Angstkreises, das dem Patienten half, den Ablauf einer Panikattacke besser zu verstehen. Ich gab dem Patienten auch eine kleine Informationsschrift, in der die verschiedenen körperlichen Symptome von Angst aufgelistet waren. Auch die Übertragung von Gefühlen in physiologische Körperreaktionen war in dieser Schrift anschaulich erläutert. Er fand alle Erklärungen interessant und einleuchtend, konnte aber nicht glauben, daß seine eigenen Muskelspannungen und gastrointestinalen Beschwerden nur Ausdruck seiner Angst sein könnten.

Ich bat den Patienten, in der nächsten Woche bei starken Körpersymptomen und starker innerer Unruhe die gerade aktuellen „automatischen" Gedanken schriftlich festzuhalten und gleichzeitig das wahrgenommene Gefühl sowohl qualitativ als auch quantitativ (auf einer Skala von 0 bis 100) zu beschreiben.

Bei der nächsten Stunde wirkte der Patient zugänglicher und gelöster. Er hatte die „Hausaufgaben" sehr gut erledigt. Es war ihm möglich, Gefühlszustände zu differenzieren und die aktuellen „automatischen" Gedanken festzuhalten. Er hatte das Gefühl, daß diese Aufgabe dazu geführt habe, daß sich seine körperlichen Spannungen leicht zurückbildeten. Die automatischen Gedanken hatten folgende Inhalte: „Etwas stimmt nicht mit mir!", „Es wird nie mehr besser werden!" und „Ich habe Krebs!" Diese Gedanken wurden genau analysiert und rationale Gegenantworten gesucht. Der Patient wurde aufgefordert, während der nächsten Woche Gefühle, automatische Gedanken und rationale Antworten auf diese Gedanken auf einem vorgedruckten Formular festzuhalten. Ich bat den Patienten zudem, einen Wochenaktivitätskalender zu führen, in dem er für jede Stunde von 8.00 bis 22.00 Uhr kurz festhalten sollte, was er unternehme. Der Patient äußerte am Schluß der Stunde den Wunsch, in der nächsten Stunde eingehender über den Tod seines Vaters zu sprechen.

In der vierten Stunde zeigte sich der Patient sehr befriedigt über die Möglichkeit, seine automatischen Gedanken zu erkennen und so seine Ängste zu beeinflussen. Mit Hilfe dieser Technik nähmen die Intensität der Angst (von 80 auf 50 Prozent) wie auch die Körpersensationen deutlich ab. Voller Stolz berichtete er davon, zum ersten Mal seit drei Monaten wieder mit einem Freund Golf gespielt zu haben – und dies auch noch ganz gut! Dieser Freund habe ihn am vergangenen Wochenende zu einem Ausflug nach Brighton eingeladen. Nach längerem Zögern habe er dann zugesagt. Dies sei sein größter Ausflug seit drei Jahren gewesen, und er hätte sehr viel Spaß gemacht.

Ich bat den Patienten, in der nächsten Woche die stündlichen Aktivitäten nach „Leistung" und „Vergnügen" jeweils auf einer Skala von 0 bis 10 zu beurteilen. Wir sprachen dann zum ersten Mal eingehender vom Tod seines Vaters. Der Patient konnte es sich nicht verzeihen, daß er seinen Vater während der Sterbephase im Krankenhaus nicht mehr besucht hatte. Schlimm sei auch, daß er seinem Vater nie gesagt habe, daß er ihn liebe. Auch beunruhige es ihn, daß er den Verlust des Vaters nie richtig betrauert und nie über dessen Tod geweint habe. Bei genauerem Nachfragen zeigte sich, daß diese Schuldfragen den Patienten täglich intensiv beschäftigten und er sich in den letzten drei Jahren nie von diesen Fragen hatte lösen können. Quälend erschien insbesondere der Umstand, daß er seinem Vater nie verbal seine Liebe ausgedrückt hatte. Ich fragte den Patienten, wie er seinen Mitmenschen normalerweise seine Zuneigung ausdrücke. Er antwortete, daß er hilfsbereit sei und gerne praktisch helfe. Etwas zögernd bejahte der Patient meine Vermutung, die langjährige Pflege seines Vaters könne demnach Ausdruck seiner Zuneigung und Liebe sein. Ich fragte dann, ob ihn seine Mutter liebe. Er bejahte dies ohne jeden Zweifel.

Ich fragte anschließend, aus welchem Grunde er dies so sicher wissen könne, worauf er entgegnete, sie sei in seinem Leben stets dagewesen, wenn er sie gebraucht habe. Meine Frage, wann ihm seine Mutter zum letzten Mal gesagt habe, daß sie ihn liebe, hatte eindrucksvolle Auswirkungen: Ich sah, wie sich die Körperspannung des Patienten löste; er schwieg lange Zeit. Nachdem er sich wieder etwas gefaßt hatte, meinte er, daß er sich nun wie erlöst fühle. In seiner Familie werde eben nicht viel gesprochen, schon gar nicht von Gefühlen. Weder sein Vater noch seine Mutter hätten ihm ihre Liebe in Worten ausgedrückt. Er schulde seinem Vater nichts, was er selbst auch von diesem nie bekommen habe. Und zudem denke er, daß seine langjährige Pflege doch sichtbarer Ausdruck seiner Liebe gewesen sei.

Klärend war auch das Gespräch über die letzten Tage des Vaters. Er habe ihn damals nicht besucht, weil er schon immer panische Angst vor Krankenhäusern gehabt habe. Und nach seinem Tod sei seine Mutter quasi zusammengebrochen, und er habe sich dafür verantwortlich gefühlt, alle Formalitäten zu erledigen und das Begräbnis zu organisieren. Er fand es einleuchtend, daß dieses Übernehmen von Aufgaben seine Trauer blockiert haben könnte. Wir vereinbarten, daß sich Ray in den nächsten Wochen intensiv mit seinem Vater auseinandersetzen werde und die zehn schönsten Erinnerungen an seinen Vater wie auch Erinnerungen der letzten Lebensmonate aufschreiben solle. Da er sich vor allem auch noch einmal emotional berühren lassen wollte, nahm er sich vor, alte Elvis-Presley-Platten, die Lieblingsmusik seines Vater, anzuhören.

Sehr entspannt und zuversichtlich erschien der Patient zur 5. Sitzung. Das tägliche Kreisen um seine Schuld sei wie weggeblasen. Sein Vater hätte ihm auch nie Liebe in Worten ausgedrückt, und er schulde seinem Vater nicht mehr, als dieser ihm gegeben habe.

Die Erinnerungen an seinen Vater waren sehr anrührend. Viele positive Bilder aus der Kindheit kamen hoch. Erlebnisse im Fußballstadion, draußen beim Fischen oder bei Verwandten wurden wieder präsent. Diese Bilder kontrastierten mit der Erinnerung an den Vater während der letzten Jahre. Der an den Rollstuhl gefesselte Vater war mürrisch, unzufrieden und unglücklich. Es tat dem Patienten gut, über positive frühere und eher belastende spätere Erinnerungen an seinen Vater zu sprechen. Als er im Bad die Rock'n'Roll-Musik seines Vaters gehört habe, habe er sich diesem wieder sehr nahe gefühlt. Gerne hätte er die angestaute Spannung auch aus sich herausgeweint, leider sei ihm dies aber nicht möglich gewesen.

Die hypochondrischen Ängste hatten sich zurückgebildet, seit Therapiebeginn kam es zu keiner Panikattacke mehr. Immer noch stark störend waren die Muskelspannungen in den Beinen. Um sein vegetatives Nervensystem zu trainieren, verordnete ich einmal wöchentlich körperliches Aufbautraining. Der Patient sollte zu einem vereinbarten Termin in der nächsten Woche rund 30 Minuten leicht joggen. Der Patient führte weiterhin ein genaues wöchentliches Aktivitätstagebuch und zeigte gute Fortschritte im Erkennen von automatischen Gedanken. Mittels der Technik der Infragestellung seiner automatischen Gedanken konnte er seine Angstgefühle recht gut beeinflussen.

Ein Beispiel aus jener Woche: Der Patient erkannte im Spiegel, daß er weniger Kopfhaare hatte. Er reagierte mit starker Angst (90 auf der Skala von 0 bis 100), da er mit 90 Prozent Sicherheit davon überzeugt war, daß dies Auswirkungen eines Karzinoms seien. In der Folge fand er eine andere Erklärung (Haarausfall als Folge seines Alters), die ihn zu 80 Prozent überzeugte. Diese neue Erklärung reduzierte das Angstgefühl von 90 auf 20.

Beunruhigt begann der Patient die 6. Sitzung mit dem Hinweis, daß er vor 4 Tagen wieder eine Panikattacke gehabt habe. Er könne sich überhaupt nicht vorstellen, wie es dazu kommen konnte. Aufgetreten sei sie vor dem TV-Gerät anläßlich eines Fußballspiels. Er habe sich sicherlich nicht mit seiner Krankheit beschäftigt. Erst später zeigte sich, daß die Attacke am Vorabend eines Arbeitseinsatzes beim früheren Arbeitgeber stattgefunden hatte. Man hatte beim Patienten, der seinen alten Arbeitsplatz noch ab und zu besuchte, angefragt, ob er nicht bei der Inventur behilflich sein könne. Nach einigem Zögern hatte der Patient schließlich zugesagt. Die gründliche Bearbeitung ergab, daß der Patient vor diesem Arbeitseinsatz große Ängste hatte und in ihm Erinnerungen an die Überforderung der letzten Arbeitsmonate hochkamen, als er bereits depressiv war und unter starken hypochondrischen Ängsten litt.

Ich wies ihn darauf hin, daß die Erwartung einer Wiederholung ganz normal sei, und betonte, wie günstig seine Reaktion war, trotz der Ängste einen erneuten Arbeitsversuch zu wagen. Voller Stolz erzählte der Patient auch vom sehr gut verlaufenen Einsatz. Natürlich sei er nach $8^1/_2$ Arbeitsstunden erschöpft gewesen. Aber er habe 30 Pfund verdient – sein erstes selbstverdientes Geld seit drei Jahren!

Der Patient war zwei Wochen lang recht aktiv. Er spielte wieder mit einem Freund zusammen Golf, besuchte zwei Fußballspiele und war auch wieder häufiger im Pub. Das Jogging sei kein Vergnügen gewesen, nach der Dusche habe er sich aber wirklich gut gefühlt, erzählte er.

Wie vereinbart, zogen wir nach sechs Stunden ein Fazit. Der Patient zeigte sich hinsichtlich der Veränderungen während dieser Therapie sehr befriedigt. Das Wichtigste war für ihn, die Schuldgefühle gegenüber seinem Vater zu verlieren. Dies habe ihn sehr entlastet. Froh sei er auch, mit seinen Ängsten (durch die Infragestellung der automatischen Gedanken) viel besser umgehen zu können.

Gleichgeblieben seien leider die Spannungen in beiden Beinen. Insgesamt spüre er mehr Lebensfreude und denke, daß er aktiver geworden sei. Der erfolgreiche Arbeitseinsatz sei ein großes Erfolgserlebnis für ihn. Er möchte die Therapie weiterführen und auch in anderen Lebensbereichen an sich arbeiten. Wir vereinbarten noch einmal 6 Therapiesitzungen.

Zu Beginn der 7. Sitzung nahm ich den Wunsch des Patienten auf, auch in anderen Lebensbereichen an sich arbeiten zu wollen. Meine erste Frage lautete: „Angenommen, ich könnte Sie in diesem Moment von allen belastenden Gedanken, Gefühlen und Körperwahrnehmungen befreien – womit möchten Sie den freiwerdenden Lebens- und Gedankenraum ausfüllen?" Ohne

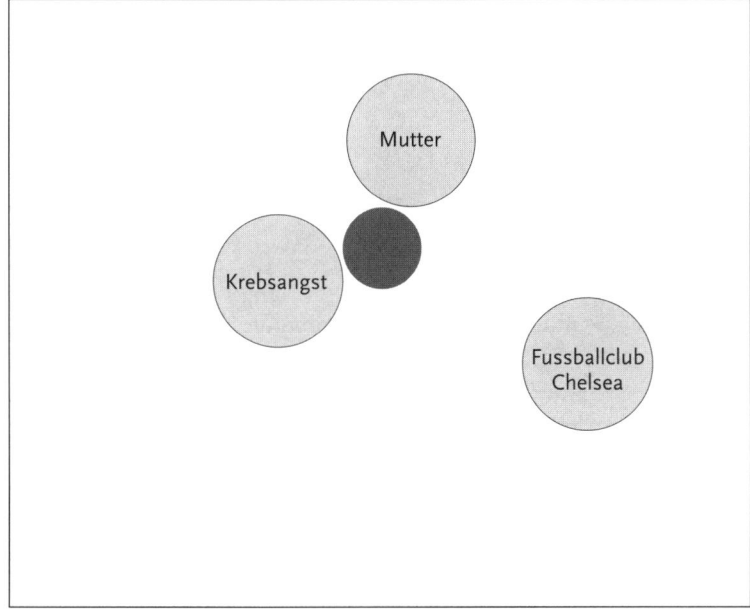

Abb. 2.1: Inneres Zustandsbild zu Beginn der Therapie

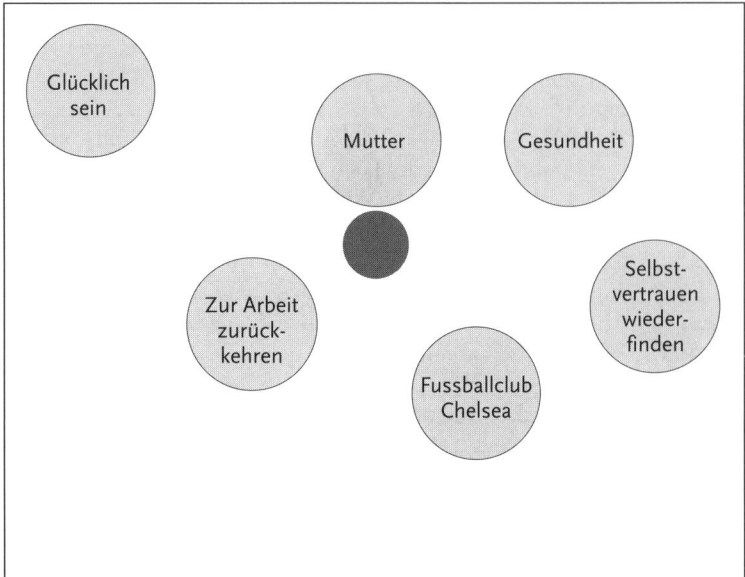

Abb. 2.2: Inneres Zustandsbild bei Therapieende

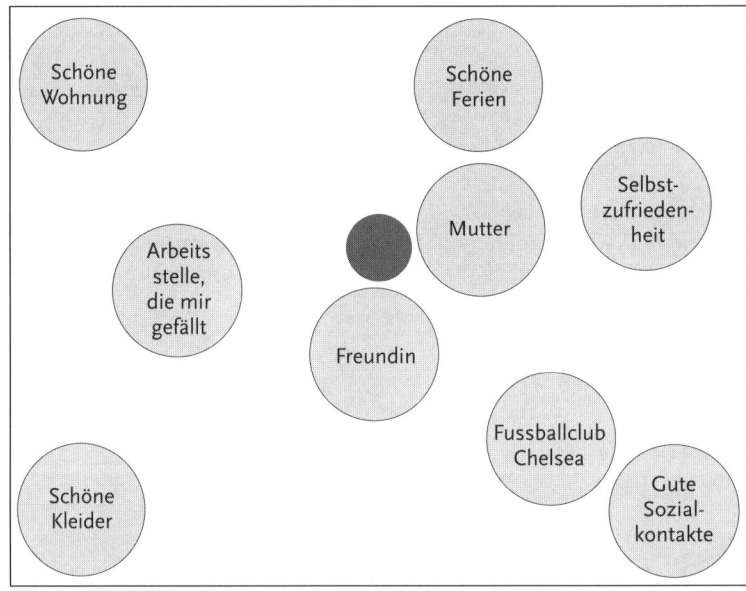

Abb. 2.3: Erhoffter Zustand ein Jahr nach Therapie

zu zögern, meinte er, daß er sich eine Freundin und eine Arbeitsstelle wünschen würde.

Um den Prozeß, der schon stattgefunden hatte, zu visualisieren, setzte ich in Sitzung 7, 8 und 9 eine neue Methode ein, die wir in unserer Forschungsgruppe in London entwickelt hatten (S. Büchi, 1996, 1998). Ich bat den Patienten, die Lebensbereiche, die ihn vor der Therapie zentral beschäftigt hatten, zu nennen und auf weiße Papierscheiben zu schreiben. Er erwähnte seine Krebsängste, seine Mutter sowie den Fußballclub Chelsea. Ich bat ihn dann, diese Kreise so auf ein A4-Blatt, das sein Leben darstellen würde, zu legen, daß das Wichtige in der Nähe des Zentrums, das Unwichtigere weiter außerhalb liegen würde. Abbildung 2.1 zeigt seine Antwort.

Die nächste Frage war, wie sein Zustand aktuell aussähe. Abbildung 2.2 veranschaulicht, daß die Überzeugung, an einer Krebskrankheit zu leiden, verschwunden war. Anstelle von Krebsängsten setzte er den Begriff Gesundheit. Als neue Themen erschienen die Rückkehr an die Arbeitsstelle, das Wiederfinden des Selbstvertrauens sowie das Glücklichsein.

Die entscheidende dritte Frage lautete: „Wie möchten Sie, daß Ihr Leben in zwölf Monaten aussieht?" Ich war von der Phantasie und Vielfalt der Antworten des Patienten überrascht und darüber hocherfreut (Abb. 2.3). Als neue Hauptfigur neben der Mutter wurde eine Freundin gesehen. Die Arbeit wurde als eine, die ihm zusagt, und differenzierter als zum aktuellen Zeitpunkt (Abb. 2.2) beschrieben. Anstelle der Wiederfindung von Selbstvertrauen stand nun Selbstzufriedenheit. Der Fußballclub Chelsea blieb für ihn sehr wichtig, und statt des eher undifferenzierten Glücklichseins erwähnte er nun die Hoffnung, eine schöne eigene Wohnung, schöne Kleidung, schöne Ferien sowie ein befriedigendes Sozialleben genießen zu können. Die visuelle Arbeit mit seinen wichtigen Lebensbereichen setzte in ihm neue Kräfte und Hoffnungen frei. Es war offensichtlich, daß er sich nun nicht mehr mit Ängsten und Schuldgefühlen, sondern mit in die Zukunft gerichteten Lebenserwartungen beschäftigte.

Die aufkeimenden Lebenshoffnungen erschienen mir wie Kräfte, die lange im Patienten gekeimt hatten und die sich, nachdem sie jahrelang unterdrückt worden waren, nun explosionsartig Raum verschafften.

Ich bemühte mich darum, daß der Patient seine Hoffnungen möglichst genau und plastisch schilderte. Es schien mir wichtig, daß er die Ziele, die er später mit anstrengenden Arbeitsschritten erreichen wollte, einmal vor sich gesehen, gespürt und fest in sich aufgenommen hatte.

Neben dieser intensiven Arbeit mit den Phantasien und Hoffnungen des Patienten versuchte ich, die täglichen körperlichen und gedanklichen Hausaufgaben nicht aus den Augen zu verlieren. Der Patient war weiterhin aktiv, joggte regelmäßig zweimal pro Woche und spielte einmal pro Woche Golf. Er erlebte immer noch gute Erinnerungen an seinen Vater, die Schuldgefühle waren nicht zurückgekehrt. Seine Gedanken kreisten viel weniger um seine Ängste, es war keine Panikattacke mehr aufgetreten. Die starken muskulären Beinspannungen blieben indes unverändert.

Wie kann der Patient nun seine Hoffnungen und Erwartungen umsetzen? Der Patient wünschte sich intensiv, wieder einmal einen Kontakt zu einer Frau aufbauen zu können. Der Patient wollte in der Therapie lernen, wie er mit einer Frau ein Gespräch beginnen könnte. Seit über sechs Jahren habe er keine Frau mehr angesprochen. Er sei sehr scheu und zudem davon überzeugt, gar kein Gespräch mit einer Frau unterhalten zu können. Er habe nur ein sehr geringes Allgemeinwissen und finde sich selbst langweilig. Vor Versuchen, eine Frau anzusprechen, sei er häufig so nervös geworden, daß er es dann doch unterlassen hätte, dies zu tun. Ein großes Handikap sei sein Geldmangel – so könne er im Pub nicht einmal eine Frau zu einem Drink einladen. Etwas schelmisch meinte er, dies könne sich ja bei einer Arbeitsaufnahme bald ändern. Ich schlug ein kleines Experiment vor: Der Patient sollte vor der nächsten Sitzung mit einer Psychologin unserer Abteilung einen Tee trinken gehen, um seine sozialen Kompetenzen zu üben. Nach anfänglichem Widerstand (der Patient schämte sich, eine solche Übung überhaupt zu benötigen) war der Patient schließlich zur aktiven Teilnahme bereit.

In der 10. Sitzung besprachen wir zusammen mit der Psychologin die während der Teepause gemachten Erfahrungen. Der Patient war frustriert darüber, ein ungeschickter Gesprächspartner zu sein. Er habe nicht viel zu erzählen gehabt und der Psychologin immer nur Fragen gestellt. Es zeigte sich, daß er überzeugt davon war, daß der Mann der aktive Part zu sein habe und viel von sich erzählen solle.

Interessant war, daß die Psychologin eine ganz andere Erfahrung gemacht hatte. Sie hatte die Fragen als positiv und echtes Interesse an ihr erlebt. Überhaupt fand sie diese Teepause kurzweilig und unterhaltend und meinte spontan, daß sie vor einer nächsten Sitzung gerne wieder einen Tee mit ihm trinken würde. Der Patient fragte die Psychologin auch, wie er mit seiner Nervosität beim Ansprechen einer Frau umgehen könnte. Aus dieser Frage ergab sich ein Gespräch über die Normalität von Nervosität beim Ansprechen einer Frau. Die Psychologin bemerkte, daß für sie fehlende Nervosität von Seiten des Mannes auch Ausdruck von fehlendem Interesse bedeuten könnte. Diese Gedanken waren für den Patienten ganz neu und, wie er mir später mitteilte, auch sehr hilfreich.

In der 11. Sitzung war es für den Patienten wichtig, über eine Wiederaufnahme seiner Arbeit zu sprechen. Sein früherer Arbeitgeber sei stets sehr zufrieden mit ihm gewesen und hätte ihm wieder eine Stelle angeboten. Wir besprachen Vor- und Nachteile einer Teilzeitstelle. Daraufhin entschloß sich der Patient, die Arbeit mit einer 50prozentigen Teilbelastung wieder aufzunehmen. Ich fand es wichtig, ihn auf mögliche Probleme bei der Arbeitsaufnahme hinzuweisen, da er am Ende seiner Arbeitszeit 1993 sehr überfordert gewesen war. Der Patient fühlte sich durch die Lern- und Erkenntnisschritte der Therapie gut gerüstet, mit eventuell auftretenden Panikattacken umgehen zu können.

In der letzten Sitzung war der Patient unruhig und verängstigt. Obwohl er nun gelernt habe, besser mit sich umzugehen und vieles besser verstehe, würde er doch gerne einen Rückhalt an der Abteilung haben. Mit der Psychologin, die mit dem Patienten die Teepause verbracht hatte, wurde ein Termin in vier Wochen vereinbart. Anhand der Abbildungen 2.1 bis 2.3 wurde noch einmal der Verlauf der Therapie besprochen.

Vieles war in Bewegung gekommen: Der Patient hatte wieder mit leichter Arbeit begonnen, spielte Golf, joggte regelmäßig. Die Schuldgefühle gegenüber seinem Vater waren nicht mehr präsent. Obwohl sich die hypochondrischen Ängste zurückgebildet hatten (von 90 auf 30) und die depressive Stimmung gelöst worden war (von 60 auf 20), blieben die Muskelspannungen unverändert. Wie zu Beginn der Therapie würde es also weiterhin darum gehen, mit vorhandenen Beeinträchtigungen so gut wie möglich zu leben. Der Patient zeigte sich recht zuversichtlich, mit Hilfe neuer Einsichten und eingeübter Gewohnheiten den kommenden Anforderungen gewachsen zu sein.

Der Patient hatte vier und zwölf Wochen nach Beendigung der Therapie einen Termin bei einer Psychologin. Der Zustand des Patienten wurde als gut beurteilt. Die Schuldgefühle gegenüber dem Vater stellten keine Belastung mehr dar. Die hypochondrischen Ängste waren trotz weiterhin bestehender Muskelspannungen in beiden Beinen gering. Es war seit dem Anfall vor dem ersten Arbeitsversuch zu keinen weiteren Panikattacken gekommen. Seine emotionale Verfassung war insgesamt gut und stabil. Der Patient arbeitete bei 50prozentiger Teilzeitbelastung am früheren Arbeitsort und plante, bald wieder zu 100 Prozent zu arbeiten. Auf Wunsch des Patienten wurde die Therapie im Juni 1996 abgeschlossen.

3.4
Epikrise

Die therapeutische Beziehung veränderte sich während des viermonatigen Behandlungszeitraums in eindrucksvoller Weise. Zu Beginn, als der Patient noch von seinen verschiedensten Körperängsten eingenommen war, zeigte er sich sehr regressiv und hilfesuchend. Der aus der Arbeiterschicht stammende Patient zeigte großen Respekt vor der ärztlichen Autorität, so daß ich mich als Therapeut in einer dominanten, distanzierten, funktionalen und daher unpersönlich-gesichtslosen Arztrolle erlebte.

Wie war es möglich, bei dieser unterschiedlichen sozialen und kulturellen Herkunft eine gemeinsame Sprache, ein gemeinsames Kommunikationsfeld zu finden? Früh berichtete der Patient begeistert von seinen Erlebnissen als Anhänger des FC Chelsea. Die Idee lag daher nahe, ein Rollenverhältnis zu entwickeln, das dem Patienten gut bekannt war. Mich in dieser therapeutischen Beziehung als sein Coach zu definieren zeigte beim Patienten deutlich Wirkung. Er konnte seine großen körperlichen und seelischen Probleme nun als Herausforderung betrachten, denen er selbst mit Hilfe des Therapeuten in sportlicher, selbstverantwortlicher Art beggnen wollte. Es war beeindruckend, daß der Patient von diesem Zeitpunkt an viel präsenter war und sich auch die affektive Resonanz des Patienten deutlich verbesserte. Gleichzeitig nahm der große Respekt vor dem akademischen Titel seines Therapeuten ab. Gemäß meiner Rolle als Coach war meine Gegenübertragung geprägt durch eine wohlwollende und engagierte Haltung im Sinne eines Verhältnisses „älterer Bruder – jüngerer Bruder". In der Rolle seines Aufbautrainers glaubte ich an die Stärken meines „Schützlings". Dieser arbeitete intensiv und motiviert an sich, so daß sich schon früh erfreuliche Fortschritte zeigten.

Insbesondere in der Phase der Verarbeitung der Trauer- und Schuldgefühle gegenüber seinem Vater wurde die therapeutische Beziehung sehr eng und vertrauensvoll. Es entstand eine große emotionale Nähe, die für den Patienten ungewohnt und wohl auch verunsichernd war. So erwähnte er zu Beginn der 8. Therapiesitzung, wie besonders und einzigartig in seinem bisherigen Leben diese Gespräche für ihn gewesen seien. Nie zuvor hätte er in ähnlicher Weise mit jemandem über so persönliche Erfahrungen gesprochen. (Es erscheint mir naheliegend, daß der Patient diese ungewohnte Nähe auch deshalb zulassen konnte, weil die therapeutische Beziehung zeitlich begrenzt war.)

Nach den traumatischen Erlebnissen in den Abschiedsphasen von seiner jüngeren Schwester und von seinem Vater war die Gestaltung des Therapieendes von großer Bedeutung. Entscheidend schien mir, daß eine Wiederholung eines traumatischen Abbruchs vermieden werden konnte. Ich war daher sehr erleichtert, als der Patient mich in der letzten Stunde um meine Adresse in der Schweiz bat, um mich schriftlich über seine weiteren Fortschritte zu informieren. Wenn er sich auch seither (es sind mittlerweile neun Monate vergangen) nicht bei mir gemeldet hat, so drückt dies dennoch aus, daß ich als inneres Objekt für ihn erhalten blieb. Aus meiner Sicht dürfte dies ein mitentscheidender Faktor für den – auch längerfristig – günstigen Verlauf sein.

Diese Behandlung zeigt eine klare zeitliche Gliederung. Die salutogenetischen Prinzipien der Verständlichkeit und Veränderbarkeit standen im Zentrum der ersten Behandlungsphase. Mittels eines theoretischen Konzepts des Angstkreises und der praktischen Erfahrung der Beeinflußbarkeit von Angstsymptomen konnte eine deutliche Reduktion der Symptomatik erreicht werden. Entscheidendes Kernstück der ganzen Therapie war die Aufarbeitung der Beziehung des Patienten zu seinem Vater, insbesondere seiner Schuldgefühle im Zusammenhang mit dessen Tod. Durch eine neue Betrachtungsweise der Handlungs- und Erfahrensweise des Patienten konnte sich der Patient emotional sehr entlasten. Die Arbeit im Bereich des salutogenetischen Wirkprinzips der Sinnfindung wurde in der letzten Phase der Therapie, die sich mit der Neuorientierung des Patienten beschäftigte, weitergeführt. Das Rollenspiel zur Einübung von sozialer Kompetenz im Kontakt mit Frauen wie auch der praktische Arbeitsversuch vermittelten Erfahrungen von Verständlichkeit und Veränderbarkeit in Lebensbereichen mit hoher emotionaler Besetzung. So sind in dieser Endphase die drei salutogenetischen Wirkprinzipien gleichzeitig aktiviert.

Zu Beginn der Behandlung stellte sich die Problematik des Patienten sehr komplex dar, betraf die verschiedensten Lebensbereiche und erwies sich als prognostisch ungünstig: Es bestand eine dreijährige, auf die medikamentöse Behandlung schlecht ansprechende Angst- und Depressionssymptomatik. Verschiedene somatische Abklärungen hatten dem Patienten die hypochondrischen Ängste nicht genommen. Der Patient hatte, bedingt durch diese Störung, seinen Arbeitsplatz verloren. Dies führte zur Intensivierung der zuvor schon starken Bindung an seine Mutter und verstärkte die lebenslang angedeutete Regressionstendenz des Patienten. Der Patient stand in einer schuldhaften Verstrickung mit seinem Vater, zu dem er wahrscheinlich in einem ödipalen Konflikt stand. Er erschien sozial isoliert und war von der Sozialfürsorge abhängig.

Eine ressourcenorientierte Sichtweise konnte dieses düstere Bild mit hoffnungsvollen Akzenten ergänzen. Von seinem 15. bis 38. Lebensjahr hatte der Patient eine gute Lebensbewährung und benötigte keinerlei Unterstützung. Es bestand ein kleines, aber tragendes familiäres Netz mit einer sehr nahen Beziehung zur Mutter und guten Kontakten zu zwei Geschwistern. Der Patient zeigte im Erstkontakt mit mir recht gute soziale Kompetenzen und weckte in mir Sympathie und die Bereitschaft, mich für ihn einzusetzen. Auch stand die jetzige Krise in einem klaren zeitlichen Zusammenhang mit dem Tod seines Vaters. Das fehlende Ansprechen auf die medikamentöse Behandlung konnte so nicht nur als Therapieresistenz, sondern auch als Hinweis auf einen schweren zugrundeliegenden psychischen Konflikt im Zusammenhang mit dem Tod des Vaters verstanden werden. Ich erachtete eine Gesprächstherapie daher durchaus als eine Möglichkeit, den Zustand des Patienten günstig zu beeinflussen.

Rückblickend kommt wohl dem mutigen Schritt des Hausarztes, weitere somatische Abklärungen nicht mehr zu unterstützen, entscheidende Bedeutung zu. Mit seiner Zuweisung zur Psychotherapie machte er klar, daß das Problem des Patienten nicht körperlich, sondern psychisch anzugehen sei. Ohne die Möglichkeit weiterer medizinischer Abklärungen zeigte der Patient beim Erstgespräch eine große Motivation, sich auf eine intensive Zusammenarbeit einzulassen. Die in der ersten Sitzung klar dargelegten Rahmenbedingungen waren wohl mitentscheidend für den erfreulichen Verlauf der ersten Therapiephase.

Ressourcenorientierte Behandlung bedeutete hier auch, körperliche und soziale Fähigkeiten des Patienten, die nicht durch die hypochondrischen Ängste beeinträchtigt waren, frühzeitig wieder zu aktivieren. Schon sehr früh begann der Patient wieder Golf zu spielen und zu joggen. Die während dieses Trainings erlebte Leistungsfähigkeit war für die Wiedererlangung der körperlichen Selbstsicherheit möglicherweise von großer Bedeutung.

Anläßlich meines Aufenthalts in London hatte ich mich intensiv mit kognitiver Verhaltenstherapie beschäftigt, nachdem ich mich zuvor mehr mit analytischen und humanistischen Therapiemethoden auseinandergesetzt hatte. Das klare und einleuchtende kognitive Angstmodell half mir, mich zu Beginn der Therapie als klarer und sicherer „Trainer" zu bewegen.

Ich entschloß mich, zuerst exemplarisch an der Paniksymptomatik zu arbeiten. Erstens konnte ich dem Patienten so ein einfaches Konzept mit den Komponenten Gedanke – Gefühl – Physiologie – Verhalten vermitteln. Zweitens war ich in der Lage, mich in einem ersten Bereich als kompetenter Therapeut zu präsentieren. Dieser Kompetenzbeweis war aus meiner Sicht in der Behandlung der komplexeren hypochondrischen Symptome und der Schuldthematik von großer Bedeutung.

Erfahrungen der eigenen Kompetenz sind praktische Erlebnisse eigener Wirksamkeit und vorhandener Ressourcen. Ein wichtiges therapeutisches Ziel für Situationen, in denen sich der Patient ausgeliefert und hilflos vorkommt, besteht für mich deshalb darin, die Möglichkeit von Erfahrungen von Kompetenz und Kontrolle zu bewirken. Es war daher von großer Bedeutung, daß der Patient schon früh in der Therapie seine Angstsymptome mit Hilfe des Gedankentagebuchs beeinflussen konnte. Er war nun nicht mehr ein rat- und hilfloser Patient, sondern erlebte sich als eigenständige Person mit der Fähigkeit, die Angstsymptome zu beeinflussen.

Erst nach der erfolgreichen ersten Therapiephase – in der 4. Sitzung – wünschte der Patient, eingehender über den Tod des Vaters zu sprechen. Wie sich rückblickend zeigte, standen die Schuldgefühle gegenüber dem Vater im Zentrum der Probleme des Patienten. Da der Patient imstande war, klar mitzuteilen, worin genau seine Schuld bestand, konnte mit wenigen Fragen eine völlige Neubewertung seines Verhaltens gegenüber seinem Vater eingeleitet werden. Ihm wurde plötzlich bewußt, daß er an seinem Vater nicht schuldig geworden war. In der Folge nahmen die hypochondrischen und karzinophoben Ängste deutlich ab. Eine mögliche Hypothese ist, daß die Krebsängste zuvor ein Ausdruck einer schuldbedingten Selbstbestrafung des Patienten darstellten.

Die Arbeit an positiven und negativen Erinnerungen an den Vater bezweckte einerseits, den Druck der negativen Bilder, die der Patient zu verdrängen versuchte, zu mildern. Er durfte die negativen Erlebnisse der letzten zehn Jahre seines Vaters zulassen, da diese durch die ebenso realen positiven früheren Erfahrungen ausgeglichen werden konnten. Es war ein wichtiger Effekt dieser Intervention, daß der Patient eine verzerrte Wahrnehmung seines Vaters korrigieren und auf diesem Weg ein besseres, ungebrocheneres Verhältnis zu ihm finden konnte.

Nach dem Verlust der Schuldgefühle veränderte sich die Therapie stark. Während mehr als drei Jahren hatte die Schuld, die sich als hypochondrische Angst ausgedrückt hatte, im Leben des Patienten einen großen Raum eingenommen (s. auch Abb. 2.1). Er hatte die Arbeit und ein großes Stück seines sozialen Netzes verloren und brauchte nun Hilfe, um den freigewordenen Raum seinen Wünschen gemäß ausfüllen zu können. Die während dieser Zeit gerade durch unsere Abteilung entwickelte Visualisierungstechnik (S. Büchi, 1996, 1998) war bei der Entwicklung neuer Lebensperspektiven sehr hilfreich. Es gelang dem Patienten, eine neue, gewünschte Lebensordnung zu finden. Diese war für den weiteren Therapieverlauf und sicherlich darüber hinaus von großer Bedeutung. Zuvor kreisten seine Gefühle und Gedanken ganz um Vergangenheit und Gegenwart. Nach dem Verlust der Schuldgefühle und hypochondrischen Ängste wurde ein neuer Denkraum frei, wie dies die Abbildungen 2.1 bis 2.3 eindrucksvoll belegen. Es ist daher kein Zufall, daß es dem Patienten im Anschluß an den Verlust der Schuldgefühle gelang, einen neuen, in die Zukunft gerichteten Lebensplan zu entwerfen (s. auch Abb. 2.3).

Aufgrund der kurzen Therapiedauer konnte dem Patienten nur in wenigen Bereichen praktische Hilfestellung bei der Umsetzung der neuen Lebenspläne gegeben werden. Ich denke aber, daß das soziale Training mit der Psychologin exemplarisch darstellen konnte, wie er in Zukunft mit angstbesetzten Situationen umgehen könnte. Hilfreich ist es, trotz Ängsten etwas Unbekanntes zu wagen. Ein zweiter wichtiger Schritt ist dann die Reflexion dieser Erfahrung, um daraus wiederum praktische Schlüsse ziehen zu können. In diesem Sinne zeichnete sich im Umgang mit der Frage der Arbeitsaufnahme ein günstiger Prozeß ab. Mit seinem nicht mit dem Therapeuten abgesprochenen ersten Arbeitsversuch wagte der Patient alleine den Sprung ins kalte Wasser. Die Überwindung dieser Angstschwelle war für das Selbstwertgefühl des Patienten von großer Bedeutung. Die am Vorabend ausgelöste Panikattacke bot anschauliches Material, welche Symptome bei einer erneuten Arbeitsaufnahme zu befürchten wären. Der Patient konnte daher den Anforderungen der Arbeit mit realistischen Erwartungen entgegensehen.

Der erfreuliche Katamnesebescheid deutet darauf hin, daß ihm der schwierige Weg zurück zur Arbeit nach dreijähriger krankheitsbedingter Abwesenheit gut gelungen ist.

Beitrag 4
Probiotika in der Therapie akuter und chronischer rezidivierender Infekte – eine salutogenetische Perspektive

von Beate Kolb-Niemann

4.1 Ausgangssituation

Ich lernte die damals 60jährige Patientin 1989 während meiner Stationsarzttätigkeit auf der Privatstation einer internistischen Abteilung kennen. Die Patientin mußte sich, wie schon häufig in ihrem Leben, stationär wegen einer Endokarditis mit Antibiotikainfusionen behandeln lassen. Sie führte ihr Leben als Diakonisse, war in der Nähstube des Mutterhauses tätig und hatte im dazugehörigen Krankenhaus als Patientin einen gewissen Sonderstatus.

Bei einer Größe von 157 cm und einem Körpergewicht von nur 40 kg war sie eine sehr zierliche Person und wirkte auch in ihrem Wesen unscheinbar. Sie sprach leise und vorsichtig, als Patientin war sie äußerst geduldig, stellte kaum Ansprüche, wirkte schüchtern, dabei immer freundlich und kooperativ. Da sie sehr zarte Venen hatte, die sich leicht entzündeten, mußte ich ihr fast täglich einen venösen Zugang legen, eine Aufgabe, die man bei ihr nicht „so im Vorbeigehen" erledigen konnte. Ihre dünnen Ärmchen waren kühl, die Haut war leicht marmoriert, die wenigen durchgängigen, peripheren Venen mußten auch nach einem obligatorischen warmen Armbad erst einmal gefunden und wegen der bestehenden Antikoagulation mit Phenprocoumon möglichst gut getroffen werden.

So holte ich mir für diese Tätigkeit bei ihr immer einen Stuhl, setzte mich neben ihr Bett, und wir kamen bei unseren gemeinsamen Bemühungen, eine Vene zu punktieren, ins Gespräch. Da diese Aktionen vergleichsweise häufig glückten, entstand bald ein Vertrauensverhältnis zwischen uns. Die Patientin erzählte mir im weiteren Verlauf von Beschwerden, die mit ihrer Herzerkrankung nichts zu tun hätten, sie aber stark belasteten und ihre Lebensqualität umfassend beeinträchtigten. Wegen zunehmender allergischer Reaktionen auf immer neue Nahrungsmittel könne sie kaum noch etwas essen, sie habe seit Jahren keine normale Verdauung mehr, starke Obstipationen wechselten mit schleimigen, teils blutigen Diarrhöen und Ausscheidung unverdauter Nahrung ab. Am schlimmsten seien jedoch ein starker brennender Schmerz am Darmausgang sowie eine ständig wiederkehrende Soorvaginitis. Wegen dieser Beschwerden sei sie schon oft untersucht und behandelt worden, sie habe jedoch das Gefühl, sie würde immer kränker. Ihr Befinden aufgrund dieser Beschwerden bezeichnete sie immer wieder als „notvoll".

Obwohl die Patientin vom Altersunterschied her meine Mutter hätte sein können, wirkte sie auf mich in ihrer Art hilflos und schutzsuchend wie ein Kind. Sie löste in mir mütterliche Verantwortungs- und Versorgungsgefühle aus. Durch ihr mir entgegengebrachtes Vertrauen fühlte ich mich in meinem ärztlichen Selbstbewußtsein gestärkt und verspürte den Wunsch, dieses Vertrauen nicht zu enttäuschen. Aus diesem Gefühl heraus begann ich, mich über die jetzt im Vordergrund stehende Diagnose hinaus für ihre Krankengeschichte zu interessieren, und las die zwei umfangreichen Akten durch, die ich nachfolgend zusammenfassen werde.

4.2 Vorgeschichte

Die Patientin wuchs als jüngste von vier Geschwistern in einem hessischen Dorf auf. Ein Bruder starb im Kleinkindalter an Scharlach, ein Bruder fiel im Krieg, der noch lebende Bruder hatte vor einigen Jahren einen leichten

Herzinfarkt und ist ansonsten gesund. Die Patientin selbst erkrankte in der Kinder- und Jugendzeit häufig an Anginen, die mit Sulfonamiden behandelt wurden.

Schon als junges Mädchen wünschte sie sich, in der Krankenpflege tätig zu sein, und hatte sich mit 17 Jahren entschlossen, Diakonisse zu werden. Zum frühestmöglichen Zeitpunkt, mit 18 Jahren, trat sie 1947 in die Schwesternschaft ein. Im gleichen Jahr erkrankte sie an einer schweren Lungen- und Rippenfellentzündung. Mit 19 Jahren bekam sie eine Mandelentzündung, wenig später mußte sie appendektomiert werden. Mit 25 Jahren (im Jahr 1954) wurde eine Herzinsuffizienz festgestellt, daraufhin erfolgte die Tonsillektomie. Ein Jahr später wurde eine erste Penicillinbehandlung wegen einer Myokarditis durchgeführt. Mit 27 Jahren (1956) wurde sie wegen Nierenkoliken und einer Polyarthritis behandelt. Wegen der Gelenkentzündungen verordnete man ihr Pyramidon. Ein Jahr später (1957) erkrankte sie schwer an der „Asiatischen Grippe". Mit 30 Jahren (1959) trat eine erneute Endokarditis auf, wieder ein Jahr später wurde eine Mitralstenose diagnostiziert.

In diesen Jahren, von 1949 bis 1961, war sie in der Krankenpflege tätig gewesen. Sie hatte diesen Beruf geliebt. Verantwortlich für 56 Patienten einer gemischten Station, war sie als Schwester anerkannt gewesen. Durch die häufigen Erkrankungen und die schwere Arbeit hatte sie zusehends an Gewicht verloren. Vor Beginn ihrer Berufstätigkeit wog sie viele Jahre etwa 70 kg. Obwohl sie körperlich immer schwächer wurde, hatte sie keine Rücksicht auf ihr eigenes Befinden genommen, sich selbst überfordert und im wahren Sinne des Wortes „bis zum Umfallen" auf ihrer Station gearbeitet.

Seit 1961 ist sie aus gesundheitlichen Gründen in der Nähstube tätig. Von 1961 bis 1963 erkrankte sie rezidivierend an Endo-und Myokarditiden, es wurde eine Endocarditis lenta diagnostiziert, weshalb ihr über fünf Jahre eine Penicillindauerbehandlung verordnet wurde. 1965, im Alter von 36 Jahren, wurden nach Kolonkontrasteinlauf ausgeprägte kolitische Veränderungen vom Sigma bis einschließlich der rechten Flexur beschrieben. Bei einem zweiten Kolonkontrasteinlauf 1966 wurde die Diagnose einer Colitis mucosa ulcerosa sowie einer Gärungsdyspepsie gestellt und eine Therapie mit Azulfidinen und Cortison-Klysmen verordnet. In dieser Zeit traten erstmals auch allergische Reaktionen auf: Nach Einnahme von zwei Vitamin-C-Tabletten reagierte die Patientin mit einem Quincke-Ödem und Hautausschlag. Sie wurde in der Hautklinik behandelt und bekam einen umfangreichen Allergiepaß ausgestellt. Im Alter von 38 Jahren (1967) mußte sie wegen Adams-Stokes-Anfällen erneut in stationäre Behandlung, man stellte eine Endoperikarditis fest. Hierauf wurde erneut für weitere fünf Jahre eine prophylaktische Penicillinbehandlung verordnet.

Ein Jahr später wurde erstmals eine Cholesterinerhöhung festgestellt (Gesamtcholesterin im Serum: 596 mg%). Die nächste Endokarditis trat 1978 im Alter von 49 Jahren auf. Sie führte zur Verordnung einer Penicillindauertherapie für weitere 6 1/2 Jahre. 1984, im Alter von 55 Jahren, erlitt die Patientin eine erneute Endokarditis (Staphylokokken), es traten nun eine hochgradige Mitralstenose und eine Mitralinsuffizienz auf. Am 4.9.1984 wurde bei sehr schlechtem Allgemeinzustand die Herzoperation mit Mitralklappenersatz erfolgreich durchgeführt.

1989, mit 60 Jahren, erkrankte sie wieder an einer Endokarditis. Während der stationären Behandlung über einige Wochen hinweg mit Antibiotikainfusionen bestanden Durchfälle mit Ausscheidung unverdauter Nahrung, später anhaltend Blut- und Schleimabgang. Ein Kolonkontrasteinlauf im November 1989 zeigte eine leicht inhomogene Schleimhautzeichnung im Colon ascendens und in der linken Flexur, eine später vorgeschlagene Koloskopie wurde von der Patientin aus Angst vor der Untersuchung und der möglichen Komplikationen bei bestehender Antikoagulation mit Phenprocoumon abgelehnt.

Während dieses stationären Aufenthalts lernten wir uns kennen. Zu dieser Zeit nahm die Patientin folgende Medikamentenwirkstoffe ein: Digitoxin, Chinidin duriles, Triamteren, Hydrochlorothiazid, Isosorbiddinitrat, Bencyclanhydrogenfumarat, Phenprocoumon, Etofibrat und Oxazepam.

Aus der Krankengeschichte geht hervor, daß bei der Patientin schon seit der Kindheit eine Abwehrschwäche gegenüber Infektionserkrankungen vorgelegen hat, die schon früh zu einer Karditis geführt haben mußte (Herzinsuffizienz mit 25 Jahren). Dem ersten Eindruck von ihrer zaghaften Persönlichkeitsstruktur entsprechend, bestand auch auf der Körperebene eine „Ich-Schwäche", mit einer schwach ausgebildeten Funktion des Immunsystems, das ständig zu entscheiden hat: Was tut dem Körper gut und darf angenommen (resorbiert) werden, und was schadet ihm und muß daher abgewehrt werden?

Auf der Verhaltensebene kam als Folge dieser Grundhaltung als zusätzliche Belastung für den Körper hinzu, daß sich die Patientin in ihrer Tätigkeit als Krankenschwester ständig körperlich überforderte, sich so lange über ihre Kräfte hinaus um die Versorgung ihrer Patienten kümmerte, bis sich der Körper die Versorgung der eigenen Person über die Erkrankung sichern mußte.

Für das vorgeschädigte Herz stellte im späteren Leben jede neue Infektion eine besondere Gefahr dar, weshalb hier richtigerweise bei jedem fieberhaften Infekt antibiotisch behandelt wurde und nach einem bis heute gängigen Krankheitsverständnis auch eine prophylaktische antibiotische Dauertherapie erfolgte. Hierdurch mußte es zwangsläufig neben der erwünschten Bekämpfung der pathogenen Keime auch zu einer Schädigung und Verdrängung der physiologischen Keimbesiedlung kommen, die einen wichtigen Beitrag zur Gesunderhaltung eines jeden Menschen leistet. Allein die schätzungsweise 100 Billionen Mikroben der Darmschleimhaut (A. Lee, 1985; W. E. C. Moore, L. V. Holdeman, 1974) sind an vielfältigen Stoffwechselreaktionen beteiligt, wie z.B. der Synthese der Vitamine K und B12, sowie dem fermentativen Abbau von Nahrungsbestandteilen; sie liefern Nährstoffe für die Enterozyten der Darmmukosa, sie schützen vor Infektionserkrankungen, indem sie durch Kolonisationsresistenz die Ansiedlung pathogener Keime verhindern, und sie üben einen ständigen Trainingseffekt auf das Immunsystem aus, das zu über 80 Prozent im mukosaassoziierten lymphatischen Gewebe (MALT) des Darms lokalisiert ist. Antigene Oberflächenstrukturen, hauptsächlich von Escherichia coli und Enterokokken, gelangen in subepitheliale Schichten der Darmschleimhaut und sensibilisieren dort vorhandene, noch unreife T- und B-Lymphozyten. Die so aktivierten Lymphoblasten gelangen über das Lymphsystem in den Blutkreislauf und hierüber als inzwischen ausgereifte Plasmazellen zurück in die Intestinalschleimhaut, aber auch in die anderen Schleimhautsysteme des Körpers, wo sie als reife Abwehrzellen bei erneutem Antigenkontakt sekretorisches IgA (sIgA) produzieren (G. D. Abrams, 1977; J. P. Brown, 1977; H. Dancygier, 1989). In Analogie zu dem pathogenetisch auszulegenden Begriff „Krankheitserreger" könnte man für diese immunkompetenten Keime der physiologischen Schleimhautflora den Begriff der „Gesundheitserreger" verwenden (B. Kolb-Niemann, 1996). Der in der vorgestellten Kasuistik nach rein pathogenetischen Gesichtspunkten erfolgte Therapieverlauf hatte die gesunderhaltenden und gesundheitsfördenden Faktoren, die Bakterien für den Menschen auch besitzen, nicht berücksichtigt, so daß sich die Patientin trotz einer intendierten Entlastung durch eine Arbeitsplatzumsetzung sowie der durchgeführten Therapien zunehmend kränker fühlte. Die chronische Entzündung ihrer Kolonmukosa, ihre Verdauungsbeschwerden, die chronisch rezidivierende Soorvaginitis und die zunehmende Nahrungsmittelunverträglichkeit verstand ich als therapiebedingte Folgen eines schwer gestörten mikroökologischen Gleichgewichts.

Ich riet der Patientin daher zur Durchführung einer Mikrobiologischen Therapie mit folgenden Zielen:
1. den unerwünschten Folgen der Antibiotikatherapie durch die Gabe von medizinischen Probiotika entgegenzuwirken und die Wiederherstellung eines physiologischen Milieus zu unterstützen;
2. der Unterstützung der Immunfunktionen der Patientin durch die Behandlung mit Autovakzinen; dies sind Eigenimpfstoffe, die aus definierten körpereigenen, immunmodulatorisch wirksamen, apathogenen Bakterien des Patienten hergestellt werden und ihm in Anpassung an seine individuell vorhandene Reaktionsmöglichkeit parenteral oder peroral verabreicht werden. Sie bewirken eine Modulierung des zellulären und humoralen Immunsystems (V. Rusch, 1986; K. Zimmermann, B. Schütz, 1996).

Ich schlug ihr vor, die bei ihr sicher langwierige Behandlung nach Abschluß der stationären Therapie über ihre Hausärztin durchführen zu lassen, falls diese hierfür zu gewinnen sei, und bot meine begleitende Beratung an, da ich mich persönlich eingehend mit dieser in über 40 Jahren aus der praktischen Arbeit niedergelassener Ärzte heraus entwickelten Behandlungsmethode befaßt hatte. Obwohl in den letzten Jahren viele der empirisch-medizinisch gewonnenen Grundlagen durch neue Erkenntnisse in der Mikrobiologie und der Immunologie sowie durch experimentelle und kontrollierte klinische Studien wissenschaftlich begründet werden konnten (S. Kalinski, 1986; S. Kalinski, 1987; W. Rosenkranz, E. Grundmann, 1994; B. Schmaltz, 1991), verspürte ich damals auch gewisse Bedenken, mich durch eine nicht auf dem offiziell abgesicherten Boden der konventionellen Medizin empfohlenen Therapie der Kritik meines Chefs, der behandelnden Hausärztin und der mitbehandelnden Kardiologen im Herz-Kreislauf-Zentrum auszusetzen.

4.3
Therapieverlauf

Die Eingewöhnung von medizinischen Probiotika mußte bei dem hier vorliegenden schweren Krankheitsbild vorsichtig erfolgen und mit ganz besonderer Rücksicht auf einen Organismus, dessen eigene Ressourcen und Reaktionsmöglichkeiten fast ausgeschöpft erschienen. Gleich nach der Entlassung ging die Patientin zu ihrer Hausärztin, die diesen Behandlungsvorschlag ohne Umschweife akzeptierte.

Die Therapie begann Ende Mai 1990 mit einem sterilen Autolysat und Stoffwechselprodukten von Escherichia coli und Enterococcus faecalis. Die Patientin begann mit 3 mal täglich 1 Tropfen in ein wenig Wasser zu den Mahlzeiten und steigerte alle 2 bis 3 Tage um 1 Tropfen. Unter dieser Medikation gab sie schon bald eine Besserung der Beschwerden an, bis sich bei Überschreiten der Dosis von 3 mal 15 Tropfen leichte Blähungen und Bauchkrämpfe einstellten. Ich riet der Patientin daher, die zuletzt gut vertragene Dosierung über längere Zeit beizubehalten. Im Juli 1990 wurde mit der zusätzlichen Anwendung einer ersten hochverdünnten Autovakzine (10 Keime pro ml Lösung) aus körpereigenen apathogenen Escherichia coli begonnen, die aus einer Stuhlprobe isoliert und nach den Richtlinien des Arzneimittelgesetzes als Individualtherapeutikum hergestellt worden war (Gesetz über den Verkehr mit Arzneimitteln, 1994; K. Zimmermann, B. Schütz, 1996). Der immunmodulierende Wirkstoff besteht im wesentlichen aus dem Lipopolysaccharidanteil der Wände definierter Bakterienstämme und könnte theoretisch auch aus Fremdkeimen gewonnen werden. Es hat sich jedoch in langer Praxiserfahrung immer wieder bestätigt, daß Autovakzine im Vergleich zu Fremdvakzinen eine bessere Wirksamkeit bei gleichzeitig geringsten Nebenwirkungen besitzen. So wie die dosierte Auseinandersetzung mit der eigenen Person in einer psychotherapeutischen Behandlung zur Stärkung der Ich-Funktionen und zu verbesserter Konfliktlösungsmöglichkeit führt, scheint auch die Auseinandersetzung mit der eigenen Person auf der biologischen Ebene, wie hier durch die dosierte Verabreichung körpereigener Antigene, zur verbesserten Reaktionsmöglichkeit des Immunsystems zu führen.

Die Autovakzine wurde zweimal wöchentlich unter Beachtung der Verträglichkeit von 0,1 ml jeweils steigernd (0,15; 0,22; 0,32; 0,5) bis 0,7 ml mittels einer Tuberkulinspritze streng intra- und subcutan oberhalb des Musculus pectoralis injiziert. Gleich anschließend wurde mit der nächst schwächeren Verdünnung (100 Keime pro ml) in gleicher Weise fortgefahren (beginnend mit 0,1 ml), hier jedoch bis zu 1,0 ml gesteigert und diese Dosis bis zum Ende des 5 ml enthaltenden Fläschchens beibehalten.

In dieser Zeit wurde eine neue Stuhlprobe verschickt mit dem Ziel, eine stärker konzentrierte Autovakzine herstellen zu lassen, die dann von November 1990 an, wie oben beschrieben, verabreicht wurde. Es waren nun in den Autovakzinen 1000 Keime pro ml, danach 10 000 Keime pro ml enthalten, die unter der vorsichtigen Steigerung nebenerscheinungsfrei von der Patientin vertragen wurden. Neben dem eingangs erwähnten Präparat mit dem Autolysat von Escherichia coli und Enterococcus faecalis und ihren bisherigen Medikamenten nahm die Patientin zusätzlich regelmäßig

Verdauungsfermentpräparate (Pankreatin, Amylase, Triacylglycerollipase, Proteasen, Papain, Betain-HCL) ein.

Ihr Befinden hatte sich unter der Therapie zunehmend verbessert. Neben einer Besserung des Allgemeinbefindens sistierten die transanalen Blut- und Schleimabgänge, und im weiteren Verlauf stellte sich erstmals seit vielen Jahren eine regelmäßige Verdauung mit geformten Stühlen und ohne Ausscheidung unverdauter Nahrung ein. Das hartnäckige Brennen am Darmausgang trat nur noch zeitweilig auf. Wegen der chronisch-rezidivierenden Candida-Infektion im Genitalbereich wurde nach fehlendem Ansprechen auf lokale Antimykotika vorübergehend eine orale Nystatinbehandlung durchgeführt. Auch hier kam es nun zu längerer Rezidivfreiheit. Es ist denkbar, daß sich das Keimreservoir für die ständigen Vaginalinfektionen im Stuhl befand und die Keime wiederholt durch Schmierinfektion übertragen wurden. Ein überhöhtes Wachstum von Candida albicans im Darm als Keimreservoir könnte durch geringe Kolonisationsresistenz (D. van der Waaij, J. M. Berghuis-de Vries, J. E. C. Lekkerkerk-van der Wees, 1971; P. J. Heidt, 1983) und eine geschwächte T-Zell-vermittelte Immunitätslage der Patientin begünstigt worden sein. Eine vorübergehende Verschlechterung trat unter einer zwischenzeitlich durchgeführten erneuten Penicillinbehandlung im Januar 1991 ein. Die Patientin war wegen eines Adams-Stokes-Anfalls stationär intensivmedizinisch eingewiesen worden und bekam hier zur Prophylaxe eine intravenöse Propicillinbehandlung über mehrere Tage hinweg. Sie erholte sich aber relativ rasch, und nach dieser Zeit stellte sich nach ihren Angaben anhaltendes Wohlbefinden ein. Das subjektiv stark beeinträchtigende Brennen am Darmausgang verschwand völlig. Soorkolpitiden waren nicht mehr aufgetreten. Nahrungsmittel, die über lange Zeit nicht vertragen wurden, insbesondere Obst, konnte sie (bis auf Zitrusfrüchte) zunehmend – wenn auch in Maßen – wieder genießen. Ein letztes Mal wurde eine kurzfristige Antibiotikatherapie während eines stationären Aufenthalts im April 1992 durchgeführt. Es war zu einem ausgedehnten Hämatom nach Spontanruptur einer Vene der linken Leiste gekommen, aus der bei den schlechten peripheren Venenverhältnissen in den Jahren zuvor meist das Blut für die Quick-Wert-Bestimmung entnommen worden war. Bezüglich einer Diät fragte sie mich immer wieder sehr ängstlich, was sie nun genau essen dürfe und was nicht. Da sie sehr Überich-betont mit ihrer Diätplangestaltung umging (seit 1968 hielt sie eine cholesterinarme Diät ein, seit 1989 zusätzlich eine streng zuckerfreie Diät), ermunterte ich sie, im Rahmen einer abwechslungsreichen Kost all das in Maßen zu essen, was ihr schmecke und was sie gut vertragen könne, weiterhin unter Vermeidung cholesterin- und zuckerreicher Nahrungsmittel. Zunächst ohne es zu vertragen, konnte sie im weiteren Verlauf täglich frischen Joghurt mit Laktobazillen verzehren.

Inzwischen hat sie einen individuellen Speiseplan für sich herausgefunden, den sie nach Rücksprache mit mir schrittweise – je nach Verträglichkeit – erweitern konnte. Überraschenderweise sank im weiteren Therapieverlauf der Gesamtcholesterinspiegel, der auch unter verschiedenen Lipidsenkern und der cholesterinarmen Diät nie unter 300 mg% lag, auf Werte um 210 mg%, so daß vom behandelnden Internisten im Jahre 1994 der Lipidsenker (Etofibrat, zuvor zusätzlich Lovastatin) abgesetzt werden konnte. Auch hiernach liegen die Werte seitdem in einem, beim Fehlen sonstiger atherogener Risikofaktoren, tolerablen Bereich mit Werten um 250 mg% bei günstigem HDL/LDL-Quotienten.

Die Laborparameter vom Februar 1996: Gesamtcholesterin: 274 mg%, HDL: 88 mg%, LDL: 169 mg%. Inwieweit eine solche Entwicklung mit der Wiederherstellung einer funktionstüchtigen physiologischen Bakterienflora zusammenhängen könnte, kann hier nur als Frage aufgeworfen werden.

Enterale Bakterien sind an einer Vielzahl von biochemischen Reaktionen im Eiweiß-, Kohlehydrat- und Fettstoffwechsel beteiligt, und die Physiologie scheint, wie Kenneth H. Wilson in einem amerikanischen Gastroenterologie-Lehrbuch (T. Yamada, 1991) anmerkt, vielleicht komplizierter als alle Stoffwechselvorgänge im restlichen menschlichen Körper zusammengenommen.

Den Steroidmetabolismus betreffend, wandelt die gastrointestinale Mikroflora Gallensäuren durch Dekonjugation in freie Gallensäuren um und bildet durch Veränderungen am Steroidgerüst, besonders durch Dehydroxylierung, sekundäre Gallensäuren. Durch 7-alpha-Dehydroxylierung entstehen Desoxycholsäure aus Cholsäure und Lithocholsäure aus Chenodesoxycholsäure. Diese werden reabsorbiert, und mit Hilfe dieser und anderer physiologischer Vorgänge wird eine optimale Zusammensetzung der Galle und damit ein funktionierender enterohepatischer Kreislauf gewährleistet. Als weitere Folge der mikrobiell-metabolischen Aktivitäten finden sich in den menschlichen Faezes die durch Reduktion entstandenen Stoffwechselprodukte des Cholesterols, wie Koprostanol, Koprostanon und Cholestenon, die nicht mehr resorbiert werden und danach nicht über das Pfortadersystem zur Leber zurückkommen, sondern mit den Faezes ausgeschieden werden (Bondzynski und Humnicki, 1896).

Die Frage, ob solche oder andere bisher noch unbekannte physiologische biochemische Reaktionen im Intestinum bezüglich des Serum-Cholesterin-Verhaltens einen ähnlich günstigen Einfluß haben, wie dies z.B. für den Vitamin-K- und B12-Serumspiegel gilt, wäre eine interessante Forschungsaufgabe aus salutogenetischer Sicht: Zur Therapie der Hypercholesterinämie eingesetzte Austauscherharze führen durch Gallensäurebindung zu vermehrter Gallenausscheidung. Dabei kommt es durch die Verminderung des Gallensäurepools sowohl zu einer Steigerung der Cholesterinbiosynthese als auch zu einer regulierenden Heraufsetzung der LDL-Rezeptoren in der Leber, mit dem „Nettoeffekt" der deutlichen Plasmacholesterinabnahme (A. Steinmetz, H. Kaffarnik, 1992). Ähnlich könnte sich die Umwandlung von Gallensäuren im Darm in nicht mehr resorbierbare Stoffwechselprodukte durch Bakterien auf den Plasmacholesterinspiegel auswirken.

Die Patientin hatte innerhalb der ersten drei Behandlungsmonate 3 kg an Gewicht zugenommen. Als Dauerbehandlung nahm sie nach Abschluß der ersten Autovakzinebehandlung im Herbst 1991 – neben ihren Herzmedikamenten und Phenprocoumon – 3 mal 15 Tropfen der obengenannten Autolysatlösung physiologischer Bakterien und die bereits oben erwähnten Verdauungsenzympräparate. Eine sogenannte „Auffrischbehandlung" mit Autovakzinen über die Dauer von etwa 8 bis 12 Wochen wird seitdem in jährlichen Abständen – trotz stabilem klinischem Bild – durchgeführt. Erst circa drei Jahre nach Beginn der mikrobiologischen Therapie konnte sie zusätzlich eine Suspension lebender Enterococcus faecalis (ca. 10 Millionen Keime pro ml Suspension) nebenerscheinungsfrei tolerieren, ein zur Prophylaxe und zur Akutbehandlung von Infekten des Nasen-Rachen-Raums bewährtes probiotisches Mittel (S. Kalinski, 1987). Sie nimmt diese Suspension seitdem regelmäßig (2 mal 15 Tropfen pro Tag) ein. In Zeiten erhöhter Infektgefahr erhöht sie selbstständig die Dosierung auf das Doppelte bis Dreifache. Hierdurch erhält sie auch das Gefühl, selbstständig ihren Gesundheitszustand beeinflussen zu können: „Manageability" im Sinne Antonovskys (A. Antonovsky, 1987a; A. Antonovsky, 1987b). Vielleicht hat ihre frühere Tätigkeit als Krankenschwester dazu beigetragen, daß sie sich gut in das Prinzip dieser Therapie hineindenken konnte: „Comprehensibility" im Sinne Antonovskys (A. Antonovsky, 1987a; A. Antonovsky, 1987b). Dies könnte ihre motivierte Mitarbeit erklären.

Weitere Antibiotikatherapien speziell wegen Endokarditis waren seit Beginn der Therapie 1989 nicht mehr erforderlich. Die Patientin hatte seit 1990 keine fieberhaften Infekte mehr, sie blieb auch in Zeiten der „Grippewellen" in ihrer Schwesterngemeinschaft als eine der wenigen gesund. Seit April 1992 war kein weiterer stationärer Aufenthalt mehr nötig.

Der persönliche Kontakt zwischen der Patientin und mir ist bis heute bestehengeblieben. Etwa vier- bis fünfmal im Jahr ruft sie mich zu Hause an, um mir zu sagen, daß es ihr weiterhin gut gehe. Sie berichtet über ihre aktuellen Cholesterinwerte, den derzeitigen Stand ihrer medikamentösen Therapie und ihre Eßgewohnheiten. Einmal rief sie mich an, um mir vor einer bevorstehenden Urlaubsreise zu berichten, wie sehr sie sich freue, zum ersten Mal in ihrem Leben die Berge zu sehen. „Noch vor drei Jahren hätte ich nicht geglaubt, jemals in meinem Leben noch einmal verreisen zu können."

4.4 Epikrise

Salutogenese, wie wir sie von Aaron Antonovsky kennengelernt haben, beschäftigt sich mit den gesunderhaltenden und gesundheitsfördernden Faktoren. Antonovsky forschte nach Kräften der Genesung, die er insbesondere im psychosozialen Bereich suchte und beschrieb. Die Frage nach den gesunderhaltenden und gesundheitsfördernden Faktoren läßt sich aber auch im Bereich der medizinischen Mikrobiologie und der Immunologie zum Nutzen eines komplementären Denkens in Diagnostik und Therapie stellen.

Die beschriebene Krankengeschichte hat mich in diesem Denken nachhaltig beeinflußt. Der bei einer so schwerkranken Patientin über einen 6 Jahre langen Beobachtungszeitraum positive Verlauf hat dazu geführt, daß ich mich seitdem noch intensiver mit den Möglichkeiten probiotischer Therapie beschäftige. Auf dem Gebiet sämtlicher akuter oder chronischer Infektionserkrankungen stellt sich für mich heute regelmäßig die Frage, ob eine probiotische Behandlung möglich oder eine antibiotische Therapie unumgänglich ist. Ein komplementäres Behandlungsverfahren hat zu einer neuen komplementären Sichtweise geführt.

So wie Antonovsky die einfache Frage stellte: „Wie bewältigen Menschen Streß und bleiben gesund?", läßt sich die Frage auf den Bereich der medizinischen Mikrobiologie übertragen: Wie setzen sich Menschen mit pathogenen Keimen auseinander und bleiben gesund? Antonovsky beantwortete seine Frage mit den „generalized resistance resources" (Konzept der allgemeinen Widerstandsressourcen) und untersuchte Faktoren, die auf sozialem Gebiet zur Stärkung dieser Widerstandsressourcen beitragen, wie z.B. kulturelle Stabilität, Geld, Selbst, soziale Unterstützung, „sense of coherence" (Kohärenzgefühl; A. Antonovsky, 1987a; A. Antonovsky, 1987b).

Die medizinische Mikrobiologie hat im Bereich der Immunologie als Antwort darauf die körpereigenen Abwehrkräfte gefunden und untersucht die vielfältigen Faktoren, die zu deren Funktion beitragen. Hierbei wird im allgemeinen nach Faktoren gesucht, die zu einer Schwächung des Immunsystems führen, z.B. angeborene Immundefekte, Aids oder immunsuppressive Medikamente. Aus salutogenetischer Sicht ist jedoch auch interessant, welche körperlichen Faktoren zur ständigen Aktivierung und Stabilisierung unserer Immunfunktionen beitragen, z.B. die immunogene Wirkung einer physiologischen Schleimhautflora auf das mukosaassoziierte lymphatische Gewebe (MALT) oder die Abwehr pathogener Keime durch die Kolonisationsresistenz.

Antonovsky stellte weiterhin die Frage, welche Umstände der Lebensgeschichte zu einer Erkrankung führen oder während einer Erkrankung bestehen (Einsamkeit, soziale/finanzielle Schwierigkeiten, etc.). In Analogie hierzu läßt sich die Frage stellen, welche Umstände der Lebensweise das mikroökologische Gleichgewicht als einen wichtigen stabilisierenden Faktor unserer Immunfunktionen beeinträchtigen (Streß, Ernährung, Medikamente, Umweltfaktoren). Hier kann sich dann ein neuer therapeutischer Ansatz finden lassen.

Salutogenetisches Denken nach Antonovsky heißt, „sich die Möglichkeit zu eröffnen, die Konsequenzen einer Herausforderung für den Organismus zu studieren, für die er einerseits keine automatische Antwort hat, bei der es andererseits vernünftige theoretische Gründe für die Annahme positiver gesundheitlicher Folgen gibt" (A. Antonovsky, 1987a). Diese Gedanken sind von vielen, oft naturheilkundlich orientierten Ärzten bezüglich der Auseinandersetzung des Organismus mit Infektionserkrankungen ähnlich formuliert und entsprechend beantwortet worden: Nach krankheitsbedingter Aktivierung des Immunsystems mit Ausheilung eines Infekts liegt in der Regel eine verbesserte Abwehrlage vor, die Rezidive und Chronifizierung unwahrscheinlicher werden läßt. Diese Ärzte empfehlen daher, nicht in jedem Erkrankungsfall und sofort symptomorientiert die „Herausforderung Infektion" für das Immunsystem zu vermeiden, z.B. in Form von Antipyretika, Immunsuppressiva und Antibiotika. Vielmehr liegt die verantwortungsvolle Aufgabe des behandelnden Arztes darin, die Immunfunktionen durch geeignete Mittel zu unterstützen und erst dann mit den obengenannten Maßnahmen einzugreifen, wenn der Organismus nicht nur gefordert, sondern überfordert ist, oder wenn negative Folgen der Erkrankung zu erwarten sind.

Die Entdeckung des Penicillins durch A. Fleming im Jahre 1928 zählt sicherlich zu den größten Fortschritten in der Medizin. Die in den folgenden sechs Jahrzehnten – allerdings unter rein pathogenetischer Sichtweise – erfolgte Weiterentwicklung und die klinische Anwendung, auch die breite therapeutische und prophylaktische Anwendung in der Tierhaltung, mit den erst heute deutlich sichtbaren Folgen wie Resistenzentwicklung, Allergie- und Kreuzallergieentstehung, Überwucherung durch pathogene Keime etc., zeigt, daß eine Wissenschaft, die salutogene Aspekte außer acht läßt, in eine Sackgasse führen muß.

Beitrag 5
Erfolg im Beruf und Erfüllung in der Freizeit als protektive Faktoren bei koronarer Herzkrankeit

von Benedikt Horn

Neben den unbestrittenen Erfolgen der modernen invasiven Kardiologie und Kardiochirurgie sind für eine optimale Lebensqualität bei koronarer Herzkrankheit (KHK) Faktoren wie beruflicher Erfolg und erfüllte Freizeit wichtige Voraussetzungen. Angst beeinflußt den Verlauf der KHK ausgesprochen ungünstig. Ein auf Kooperation und gegenseitigem Vertrauen basierendes Patient-Arzt-Verhältnis mit größtmöglicher Eigenverantwortung des Patienten ist anzustreben, ängstliche Patienten fühlen sich mit dieser Betreuungsstrategie aber oft alleingelassen. Anhand von vier Patientenbeispielen aus der täglichen Hausarztpraxis soll aufgezeigt werden, wie wichtig verschiedene psychosoziale Faktoren im Verlauf der KHK sind. Die Analyse der vier Beispiele erfolgt gemeinsam.

5.1
Patient A

73jähriger Kaufmann, verheiratet, drei erwachsene Kinder, begeisterter Alpinist

5.1.1
Ausgangssituation

Anlaß zur Behandlung war eine Episode mit heftigem Herzklopfen auf einer gemeinsamen Hochgebirgstour. Der Patient weckt mich nachts in der Berghütte, er ist unruhig und hat Angst. Der vermeintlich kerngesunde, besttrainierte Mann ist blaß, der Puls liegt bei 140 pro Minute und ist unregelmäßig. Im Morgengrauen wird der Freund mit Rettungshelikopter ins Krankenhaus geflogen.

5.2.2
Anamnese

Der Patient ist Mitinhaber eines mittelgroßen Lebensmittel-en-gros-Geschäfts, das aktuell eine schwierige Veränderung durchmacht, indem sich der andere Geschäftspartner zurückzieht (und ausbezahlt werden muß). Der Patient ist verheiratet mit einer sehr aktiven und initiativen Frau, drei erwachsene Kinder sind berufstätig, ein Sohn arbeitet im Geschäft des Vaters.

Belastend sind in erster Linie geschäftliche Sorgen und Probleme (bis hin zum „Generationenproblem"), diese kommen aber kaum zur Sprache. Ressourcen sind in erster Linie die Natur und ausgedehnte Wanderungen bis hin zu anspruchsvollen Hochgebirgstouren. Der Patient war bisher weitgehend beschwerdefrei, retrospektiv bestand seit circa 3 Jahren wiederholt Atemnot bei großen körperlichen Anstrengungen. Besonders schlecht fühlt sich der Patient aber bei unangenehmen Sitzungen, Verhandlungen und Diskussionen.

Drei Jahre zuvor mußte bei dem Patienten in der Praxis eine riesige Kopfwunde versorgt werden (Steinschlag), wobei zufällig eine arterielle Hypertonie (180/110 mmHg in Ruhe) entdeckt wurde.

Als protektive Faktoren sind beim Patienten außer der intensiven (und regelmäßigen) körperlichen Tätigkeit in erster Linie die intakte Familie, der fehlende Nikotinkonsum, wertvolle Freundschaften (Alpenklub) und die optimistische Grundhaltung zu erwähnen. Ungünstige Faktoren sind die familiäre Belastung mit KHK und die im Alter von über 70 Jahren doch massiven beruflichen Probleme durch Geschäftsübernahme und eine hohe finanzielle Belastung.

5.3.3
Therapieverlauf

Wenige Monate nach dem ersten Ereignis erlebt der Patient eine weitere Phase von pektanginösen Beschwerden und Herzklopfen. Die Abklärung inklusive Koronarangiographie ergibt eine schwere koronare Dreigefäßerkrankung, die sehr rasch – für den Patienten zu rasch – operiert wird. Der postoperative Verlauf ist, abgesehen von einem Pleuraerguß, günstig. Im Sinne der Ressourcenaktivierung ist ein Aufenthalt in einer Rehabilitationsklinik von großer Bedeutung, der Patient gewinnt rasch an Selbstvertrauen. Die therapeutische Beziehung wandelt sich von der früheren Bergkameradschaft in eine eigenartige Mischung von Patient-Hausarzt-Verhältnis einerseits und von Freundschaft andererseits. Recht oft ist es für den Hausarzt in solchen Situationen gar nicht einfach zu entscheiden, ob er jetzt als Arzt oder als Freund handeln muß. Die vorher lockere Beziehung wurde durch die schwere Intervention nachhaltig gefestigt und vertieft. Die Bewältigung aktueller Lebensprobleme und der Entwurf neuer Perspektiven gelingen dem intelligenten und belesenen Patienten sehr gut: Geschäftliche Belastungen baut er mehr und mehr ab, die Freiräume nutzt er für sein Hobby und zum Ordnen aller möglichen Angelegenheiten. Die Suche nach dem Sinn und der Konsens Patient-Arzt war vor dem Eingriff eigentlich problemlos. Unmittelbar postoperativ und auch während der Rehabilitationsphase hatte der Patient immer wieder große Zweifel, ob solche Interventionen in seinem Alter gerechtfertigt seien, unter anderem wegen der angespannten finanziellen Lage im Gesundheitswesen.

Heute hat sich der Patient insofern verändert, als er die Vorteile der durchgemachten medizinischen Strapazen erkennt: Zusammen mit seinem Hausarzt meistert er zehnstündige Bergwanderungen mit zweitausend Meter Anstieg in herrlicher Landschaft, und er ist überaus dankbar für dieses „Geschenk". Als Arzt habe ich mich durch das intensive Miterleben der ganzen perioperativen Phase mit ihren Problemen ebenfalls verändert. Die hauptsächliche Erkenntnis besteht für mich darin, daß es unvorteilhaft ist, Patienten einer so großen Operation zuzuführen, bevor sie mit sich selbst in ihrem Inneren einig geworden sind, ob sie dies überhaupt wollen. Ist der Arzt mit einem Patienten persönlich befreundet, werden Entscheidungen noch schwieriger, als sie es sonst ohnehin sind.

5.2
Patient B

55jähriger Polizeibeamter in Chefposition, verheiratet, zwei erwachsene Kinder

5.2.1
Ausgangssituation

Die Ausgangssituation ist dramatisch: Von einem auswärtigen Regionalspital erhalte ich die Meldung, daß mein Patient anläßlich einer Bombenentschärfung leblos zusammengebrochen, aber mit Erfolg reanimiert worden sei (die Bombe ist nicht explodiert) und nun in sein „Heimatspital" verlegt werde. Ich besuche meinen Freund sofort und bin erschüttert: Er leidet an schwerster Dysphasie als Folge des durchgemachten Kreislaufstillstands. Der Patient ist psychisch auf einem Tiefpunkt.

5.2.2
Anamnese

Als Chef des Dezernats Brände und Explosionen eines großen Polizeikorps ist der vermeintlich kerngesunde Mann größten körperlichen und psychischen Belastungen ausgesetzt. Nach Großbränden oder Explosionen ist er als Chef des Fahndungsdienstes nicht selten bis zu 72 Stunden ohne Ruhephase bei der Arbeit, und zwar oft unter Lebensgefahr (Hitze, Rauchgase, Einsturz- und Explosionsgefahr). Die Erwartungen von Versicherungen, Jurisprudenz, Geschädigten, Medien und Öffentlichkeit grenzen ans Groteske (da Brandstiftung ein sogenanntes Kapitalverbrechen ist).

Als Ressource verfügt der Patient über eine intakte Familie mit zwei beruflich erfolgreichen Kindern. Er spielt regelmäßig Tennis, unternimmt längere Fahrradtouren und macht ausgedehnte Märsche mit seinem prächtigen Sennenhund „Sämi". Die Coping-Strategien des Mannes passen zu seinem Beruf, sie sind knallhart: „Das wird gehen, das muß gehen!" oder: „Es gibt für alles eine Lösung!"

Die aktuelle Situation ist der erste schwere Tiefschlag seines Lebens. Die Gründe für die Krankheitsentstehung sind recht typisch: jahrelanger Nikotinabusus und eine seit einigen Jahren bekannte, aber medikamentös gut kontrollierte arterielle Hypertonie. Was das Herz betraf, war der Patient immer beschwerdefrei, er war auch sonst nie schwer krank, wenn man von einer Anosmie als Folge einer beruflich bedingten Giftgasexposition absieht. Belastende Faktoren waren praktisch ausnahmslos beruflich bedingt.

Da der Patient seit Jahren im In- und Ausland vielbeachtete Referate hält, ist die Diagnose einer schweren Sprachstörung überaus hart.

5.2.3
Therapieverlauf

Nachdem ich als Hausarzt und Freund den enormen Leidensdruck des Patienten realisiert habe, ist klar, daß eine Ressourcenaktivierung nicht in Form einer logopädischen Behandlung in ein paar Wochen und ein- bis zweimal pro Woche, sondern sofort und ganz intensiv erfolgen muß. In solchen Situationen sind oft unkonventionelle Denkweisen und Vorschläge sinnvoll. Entgegen allen Regeln entschließe ich mich ohne Information der Krankenhausärzte, dem Patienten zu verordnen, zehn- bis zwölfmal täglich jeweils fünf Minuten lang laut aus einem in Dialekt geschriebenen Buch vorzulesen und dies auf Band aufzunehmen. Bereits nach zwei Tagen kann der Patient bei sich deutliche Verbesserungen seiner Sprechfähigkeit erkennen, und nach einigen Wochen spricht der Mann praktisch normal. Durch diese rasche und unkonventionelle Intervention wurde die therapeutische Beziehung zu einer eigentlichen Freundschaft. Die Bewältigung aktueller Lebensprobleme wird zuerst erschwert durch neu auftretende linksthorakale Schmerzen. Die Abklärung ergibt eine koronare Dreigefäßerkrankung, die operativ (Bypass) saniert wird.

Der Patient hat seither mehrmals schwerste berufliche Belastungen (körperlich und psychisch) ohne Zwischenfälle überstanden. Inzwischen hat sich der Patient insofern verändert, als er weniger „Workaholic" ist und sich nach großen Belastungen konsequent mehr Zeit zur Entspannung und Erholung nimmt, dies ganz im Sinne der ärztlichen Empfehlungen. Der Patient realisiert genau, daß sein Hausarzt auch streng arbeitet, sich aber auch bewußt genug Freizeit einräumt. Die neue Perspektive heißt: Am Arbeitsplatz bin ich (meist) ersetzbar, in meiner Familie nicht.

Eine anspruchsvolle Bergtour zusammen mit dem Hausarzt ist für den Patienten die Bestätigung: „Das kann ich noch!" Als Hausarzt habe ich mich insofern verändert, als ein gelegentliches Eingreifen auch im Krankenhaus nicht mehr tabu ist. In der Regel kennt der Hausarzt die Bedürfnisse des Patienten doch besser.

5.3
Patient C

44jähriger Forstwart, verheiratet, Vater zweier Kinder im Schulalter

5.3.1
Ausgangssituation

Der kräftige, aber etwas ängstliche Mann meldet sich Ende Mai wegen einer leichten Follikulitis („Eintrittskarte"). Mehr nebenbei bringt er sein Hauptanliegen vor: Er habe vor 5 Monaten bei schwerer körperlicher Arbeit und Kälte ein fünf Minuten dauerndes thorakales Schmerzereignis verspürt. Seither sei er bei großen Anstrengungen etwas kurzatmig. Erster Eindruck: guter Allgemein- und Ernährungszustand, Herz- und Lungenbefund unauffällig, Blutdruck: 140/100 mm Hg, im Elektrokardiogramm ein Rechtsschenkelblock, ausgeprägte Hyperlipidämie (Quotient: 9,7); starke familiäre Belastung mit Herz-Kreislauf-Erkrankungen, der Mann ist Nichtraucher.

5.3.2 Anamnese

Der verheiratete Mann ist Vater von zwei gesunden Kindern. Er wollte ursprünglich Schreiner werden, hat sich dann aber aus arbeitsmarkttechnischen Gründen dem Beruf des Forstwarts zugewandt. Der Mann ist belastet durch seine körperlich extrem anstrengende Arbeit im steilen Bergwald bei jeder Jahreszeit und Witterung. Mindestens genauso belastend sind die umweltpolitischen Aufgaben hinsichtlich der Gesundheit des Waldes (Luftqualität, Waldsterben, Borkenkäfer, Sturmschäden) und die Folgen großer Sparmaßnahmen der öffentlichen Hand, wonach mit immer weniger Personal immer mehr Arbeit zu leisten ist.

An Ressourcen verfügt der Patient über eine intakte Familie, die Ehefrau ist sehr fürsorglich, eher ängstlich. Die Beziehung zu seinen Kindern und seinen teils im gleichen Haus wohnenden Geschwistern ist sehr gut. Das ursprüngliche berufliche Ziel des Schreiners wird als Hobby betrieben.

Die Coping-Strategien des Patienten waren immer eher eingeschränkt, der Mann hatte (z.B. bei kleinen Unfällen oder Infekten) immer Mühe, mit seinen „Schicksalsschlägen" fertig zu werden, er verliert rasch den Mut. Die Krankheitsentstehung ist für den Mann unbegreiflich, hat sich die KHK doch völlig asymptomatisch und sicher über Jahre hinweg entwickelt. Bedingt durch den risikoreichen Beruf, hatte der Mann zahlreiche, meist kleinere Unfälle mit jeweils auffallend langer Rekonvaleszenzzeit, ohne daß man den Eindruck von „Krankfeiern" hatte.

Neben wertvollen protektiven Faktoren, wie einer intakten Familie, in den Beruf integrierter regelmäßiger körperlicher Bewegung und der Liebe zum Beruf, stehen die Belastungen mit der schweren körperlichen Arbeit und der ganzen Diskussion „rund um den Wald" sowie die hohe familiäre Belastung mit Herz-Kreislauf-Krankheiten.

5.3.3 Therapieverlauf

Die Ressourcenaktivierung erfolgt primär auf dem „biologischen" Sektor: Belastungs-EKG und in der Folge Koronarangiographie mit anschließender PTCA (Ballondilatation), wobei es zu einer Komplikation kommt: Dissektion eines Koronargefäßes, Einlage eines Stents, Infarkt, zweiter Stent. Wenn es einem Menschen unter medizinischer Behandlung schlechter statt besser geht, ist leicht zu verstehen, daß das Mobilisieren von Ressourcen nicht gerade einfach ist. Die therapeutische Beziehung bleibt wohl nur intakt, weil der Patient immer sehr großes Vertrauen in seinen Hausarzt hatte. Die Nähe des Arztes (300 Meter) und die Erreichbarkeit werden von Patient und Familie geschätzt. Die Bewältigung aktueller Lebensprobleme gelingt dem Mann während längerer Zeit nur schlecht, jedes kleinste Schmerzereignis führt ihn sofort zum Arzt, im Vordergrund steht die dauernde Angst vor einem wiederholten Infarkt.

Neue Perspektiven kann der Mann kaum entwerfen, da ein Berufswechsel in Zeiten wirtschaftlicher Rezession nicht in Frage kommt. Eine vorzeitige Pensionierung steht nicht zur Diskussion, der Mann ist zu jung. Die Suche nach dem Sinn aller medizinischen Maßnahmen wird dem Patienten durch zusätzliche schwerwiegende Ereignisse in der Familie nicht einfach gemacht: Zum Zeitpunkt der PTCA muß eine Schwester notfallmäßig wegen eines Hirnaneurysmas operiert werden, ein Bruder wird – mit ungeklärter Ursache – tot aufgefunden.

Veränderungen des Patienten sind kaum zu vermeiden, die Tendenz zu depressiver Verstimmung ist unverkennbar und verständlich, eine Aufhellung tritt erst ein, als die Lipidwerte unter Diät und Lipidsenkern deutlich besser werden und der Patient wieder voll als Forstwart arbeiten kann.

Veränderungen des Arztes drängen sich bei einer jahrelangen guten Beziehung auf: Auch bei Patienten, die über viele Jahre hinweg immer bloß wegen „Bagatellverletzungen" in der Praxis auftauchen, ist das gelegentliche Festhalten der Familienanamnese überaus wichtig, um Risiken und Belastungen zu erkennen. Bei aller Zurückhaltung mit Lipiduntersuchungen müßte bei Patienten mit erheblicher familiärer Belastung doch eine Analyse erfolgen, da diese Menschen in der Regel den Grund der Intervention begreifen und meist auch kooperativ sind.

5.4
Patient D

57jähriger Bankabwart (Hausmeister), verheiratet, drei erwachsene Kinder, Hobby-Kaninchenzüchter

5.4.1
Ausgangssituation

Der Patient sucht mich zur regelmäßigen Kontrolle der Blutgerinnung bei peroraler Antikoagulation auf. Er hat vier Wochen zuvor einen akuten Myokardinfarkt erlitten (Hospitalisation durch Notfallarzt), im Krankenhaus hat man eine Perikarditis, ein Vorhofflimmern und ein Herzwandaneurysma festgestellt.

Es wurde eine PTCA (Ballondilatation) wegen einer 80prozentigen RIVA-Stenose vorgenommen. Der erste Eindruck des Arztes in der Sprechstunde: Der Patient ist nach wie vor ängstlich, es besteht eine ausgeprägte arterielle Hypotonie.

5.4.2
Anamnese

Der Patient arbeitet als Hausmeister in der Filiale einer Großbank. Die aktuelle Lebenssituation ist insofern schwierig, als der Mann einerseits erhebliche „Schlüsselgewalt" hat, andererseits von geschultem Bankpersonal tagaus, tagein für alle möglichen Arbeiten und Hilfeleistungen gebraucht und mißbraucht wird. Er fühlt sich ausgenützt und überfordert. Neben der beruflichen Belastung besteht ein familiäres Problem dadurch, daß ein Sohn infolge zerebraler (kongenitaler) Lähmung erheblich behindert, allerdings voll arbeitsfähig ist. Als Ressource verfügt der Patient nur über sein Hobby Kaninchenzucht. Um die Herausforderung und Faszination dieses Hobbys verstehen zu können, muß man sich allerdings von Fachleuten informieren lassen.
Die Coping-Strategien des Patienten sind mangelhaft, er kann wohl mit der Krankheit leben, aber eine konstruktive Bewältigung der Probleme gelingt nicht. Die Krankheitsentstehung ist nicht einfach zu erklären, bestehen doch weder eine familiäre Disposition noch eine Hypertonie noch ein Zigarettenkonsum. Der Streß am Arbeitsplatz hingegen wird als ausgesprochen hoch eingestuft.

Der Patient war sonst nie schwer krank, mehrere kleine Unfälle und leichtere Erkrankungen hatten nur kurze Arbeitsunterbrechungen zur Folge. Neben den protektiven Faktoren, wie seinem Hobby und dem Fehlen von Risikofaktoren, stehen beim Patienten belastende Faktoren, wie hoher beruflicher Streß, die Behinderung seines Kindes und anhaltende Angst, im Vordergrund.

5.4.3
Therapieverlauf

Der sehr ängstliche, verunsicherte und „leidende" Mann wird vier Wochen lang in einem spezialisierten Zentrum rehabilitiert, praktisch ohne objektivierbaren Erfolg. Es gelingt dem wenig aktiven Mann kaum, Ressourcen zu mobilisieren. Entsprechend der grundlegenden Verschiedenheit der Situation von Patient und Arzt bleibt die therapeutische Beziehung auch nach drei Jahren unbefriedigend und eher eine „Pflichtübung", da der Patient ohne Zweifel schwer enttäuscht wäre, wenn man ihn „fallenließe". Die Betreuung beschränkt sich vorwiegend auf biologische Parameter (Blutdruck, Kontrolle der Antikoagulation) und läßt die gewünschte Tiefe vermissen. Die Bewältigung aktueller Lebensprobleme ist für den Patienten noch schwieriger geworden, nachdem sich schon Jahre vor dem Infarkt Notizen wie „ängstlich" oder „neurotisch" wie ein roter Faden durch die Krankengeschichte ziehen.

Die Eröffnung neuer Perspektiven ist für den Mann sehr schwierig, er ist frühzeitig zu 50 Prozent berentet, arbeitet halbtags und ist auch allgemein in der Regel überfordert. Eine höhere Berentung wird vom Hausarzt nicht unterstützt, da dieser aus seiner 20jährigen Tätigkeit weiß, daß solche Menschen nur zu oft in der Folge völlig resignieren und der Familie und Umgebung schwer zur Last fallen. Erhebliche Veränderungen von Arzt und Patient finden kaum statt, immer wieder wird versucht, den Patienten zu motivieren, nicht nur das Negative im Leben zu sehen, sondern Schönheiten und Vorteile zu genießen, leider mit wenig Erfolg. Wenn der Patient verkrampft lächelnd erwähnt, es tue ihm gut, ein Kaninchen zu streicheln, wenn er Probleme habe, so ist dies schon ein gewisser Lichtblick.

5.5
Epikrise und Analyse der vier Fallbeispiele

Es handelt sich um vier Männer im Alter zwischen 44 und 74 Jahren, berufstätige, verheiratete Väter in geordneten familiären und finanziellen Verhältnissen. Alle leiden an einer KHK, die nach entsprechender Abklärung einer invasiven (PTCA, Ballondilatation) oder operativen (Bypass) Therapie zugeführt wird.

Der Verlauf seit der Intervention ist außerordentlich verschieden, und zwar unabhängig vom Schweregrad der Koronarerkrankung: Zwei Patienten (A und B) zeigen einen ausgesprochen günstigen und erfreulichen Verlauf mit ausgezeichneter psychischer und körperlicher Leistungsfähigkeit. Sie sind beruflich und bezüglich der Ausübung ihrer Hobbys sehr aktiv und voll in ihre Umgebung integriert.

Zwei Patienten (C und D) haben mit dem Tragen und Verarbeiten ihres Schicksals ausgesprochen Mühe, der Verlauf ist schleppend und durch zahlreiche Beschwerden und Rückschläge gekennzeichnet.

Die Stressoren am Arbeitsplatz stehen bei allen vier Patienten ohne Zweifel im Vordergrund, sie seien hier einzeln analysiert, da dem Streß am Arbeitsplatz überaus hohe Bedeutung bezüglich KHK zukommt.

Patient A hat als Kaufmann und Mitinhaber einer mittelgroßen Lebensmittelfirma schwierige Zeiten mit einschneidenden Veränderungen der Geschäftsstruktur erlebt. Im Alter von 70 Jahren ein großes Geschäft von einem ausscheidenden Partner übernehmen zu müssen ist eine sehr große Belastung. Konjunkturelle Einbrüche im Geschäftsablauf und der Einstieg junger Kräfte mit anderer Mentalität in die Geschäftsleitung sind weitere belastende Faktoren. So klagt der Patient denn auch vorwiegend bei und nach Sitzungen über Beschwerden und selten bei körperlicher Belastung.

Patient B ist als Brandfahnder seit Jahren weit überdurchschnittlichen psychischen und physischen Belastungen ausgesetzt. Die Einsätze finden ausnahmslos notfallmäßig, oft nachts und bei jeder Witterung statt und dauern oft Tag und Nacht ohne Unterbrechung. Die Arbeitsumgebung ist durch Hitze, Rauch, Giftgase, Einsturz-

Tab. 2.1: Zusammenfassung einiger kardiologischer Parameter

Patient	A	B	C	D
Alter bei Ereignis	71	50	43	54
Nikotin	-	früher: ++	-	-
Ereignis	Arrhythmie	Asystolie	AP-Anfall	Infarkt
Koronarangiographie	Dreigefäß	Dreigefäß	Eingefäß	Eingefäß
Intervention	Bypass	Bypass	PTCA/Stent	PTCA
Komplikationen	Erguß	Dysphasie	Dissektion	Aneurysma
Leistung	1A	1A	gut	schlecht
Lipide	normal	normal	hoch	normal
Blutdruck	erhöht	erhöht	normal	tief

Tab. 2.2: Wichtige psychosoziale Faktoren der vier Patienten

Patient	A	B	C	D
beruflicher Streß	hoch	hoch	hoch	hoch
berufliche Erfüllung	gut	hoch	ambivalent	gering
familiäre Situation	gut	gut	gut	unklar
Angst/Patient	gelegentlich	verdrängt	groß	groß
Angst/Familie	nein	verdrängt	groß	?
Hobbys	++	+++	+	+
Finanzen	kritisch	gut	normal	knapp

und Explosionsgefahr gekennzeichnet. Die juristischen und versicherungstechnischen Folgen und die Erwartungen von Medien und Bevölkerung sind gewaltig. Es erstaunt nicht, daß der Patient anläßlich einer Bombenentschärfung eine Asystolie (mit erfolgreicher Reanimation) erlitt, obwohl die Bombe nicht explodierte.

Patient C hat als Forstwart einen sogenannten „gesunden" Beruf mit körperlicher Arbeit in freier Natur. Dieses Wunschdenken bedarf kritischer Revision: Erstens ist Waldarbeit ausgesprochen gefährlich, und zweitens steht der Wald (und dessen Gesundheit) heute sehr im Rampenlicht von Öffentlichkeit und Medien. Seit die öffentliche Hand drastisch sparen muß, hat sich die Situation noch zugespitzt. Diese Tatsache macht engagierten Forstmitarbeitern sehr zu schaffen. Daß die Herz-Kreislauf-Probleme in der Familie den Patienten belasten, ist mehr als verständlich.

Patient D leidet überaus unter dem Streß am Arbeitsplatz. Er steht in der typischen Situation des Angestellten, der wenig Befugnisse hat, dafür aber zahlreiche Vorgesetzte, reale wie selbsternannte, die von ihm andauernd irgendwelche Arbeiten fordern. Objektiv gesehen, ist das Arbeitspensum des Patienten eher mäßig, wir wissen aber, daß das Erledigen zahlreicher kleiner Arbeiten sehr belastend sein kann (z.B. Haushaltsarbeit) und keinesfalls geringgeschätzt werden darf.

Unter Salutogenese verstehen wir die Fähigkeit, aufgrund besonderer Ressourcen Belastungen aushalten zu können (E. Heim, 1994). Bei Patient A stehen seit dem de facto vollzogenen Rückzug aus dem Berufsleben die Hobbys, vor allem ausgedehnte Bergwanderungen (bei jeder Witterung) im Vordergrund. Der noch überaus aktive „Rentner" geht so weit, daß er seinen Hausberg zum „Doktor" promoviert hat, eine fast anekdotische, aber doch recht typische Einstellung. Das Laufen in freier Natur mit Beobachtung von Tieren und Pflanzen, Überdenken von Problemen aller Art oder völligem Abschalten (off line) hat als salutogenetische Maßnahme ohne Zweifel einen ganz hohen Stellenwert.

Bei Patient B spielen die Hobbys (Lesen, Tennis und besonders das Laufen mit dem Hund) auch eine gewisse bedeutsame Rolle; im Vordergrund stehen aber ohne Zweifel die große berufliche Herausforderung, Befriedigung und vor allem Anerkennung (tägliche Arbeit, Referate). Der Faktor „Erfolg" ist natürlich sehr eng mit dem Hauptstressor „Beruf" verbunden und nie von ihm zu trennen. Ein ausgewogenes Mischverhältnis von einerseits beruflichem Streß (mit der entsprechenden Anerkennung) und andererseits vermehrtem Ausspannen dürfte für solche Patienten optimal, wenn auch nicht leicht zu erreichen sein.

Bei Patient C hat die (verständliche) Angst des Patienten und seiner Familie die Mobilisierung der Ressourcen praktisch unmöglich gemacht. Seitdem der Patient voll arbeitsfähig ist und vor allem seit die Lipide (bei familiärer Hyperlipidämie) praktisch im Zielbereich liegen, kann er sein Hobby (Kleinschreinerarbeit) wieder genießen. Der Heilungsverlauf ist entsprechend verzögert und aus der Sicht von Arbeitgeber, Hausarzt und Versicherung eher mühsam, nach mehr als einem Jahr aber doch recht erfreulich.

Da spezielle Ressourcen nicht mobilisiert werden können, ist der Patient sehr auf positive Resultate bei den biologischen Parametern (Lipiden, Belastungs-EKG) angewiesen.

Patient D leidet auch drei Jahre nach dem Infarkt noch an fortwährender Angst, negiert diese aber oft. Das Herzwandaneurysma (objektiv tatsächlich eine gewisse „Zeitbombe") belastet ihn schwer, die Hypotonie mit ihren lästigen Auswirkungen (Müdigkeit, Schwindel usw.) läßt sich weder durch Allgemeinmaßnahmen (Salzzufuhr, Krafttraining) noch durch Medikamente befriedigend beeinflussen. Die Lebensqualität ist unbefriedigend, die Kaninchenzucht ist zwar ein schönes Hobby, kann den Patienten aber zu wenig ausfüllen. Eigentliche salutogene Ressourcen sind kaum vorhanden oder dem Patienten nicht bekannt und somit nicht mobilisierbar, nicht zuletzt, weil ein aufbauendes Gespräch in lockerer Atmosphäre bei diesem gehemmten Patienten kaum möglich ist.

So breit das Spektrum von Erkrankungen und Patiententypen in einer Hausarztpraxis ist, so breit wird zumeist die Konstellation in der Arzt-Patient-Beziehung sein. Der Patient sucht sich seinen Hausarzt selbst aus (was leider bei gewissen Versicherungssystemen heute nicht mehr gewährleistet ist). Der Arzt betreut somit diejenigen Patienten, die er „verdient".

Im 7-Punkte-Modell von U. Brucks (1998; vgl. den Beitrag von U. Brucks, W.-B. Wahl & W. Schüffel) läßt sich das Verhältnis zu den Patienten A und B am ehesten unter Punkt 7 einordnen: Die Patienten sind sehr selbständig, „emanzipiert", kooperativ (gelegentlich auch recht eigenwillig); der Arzt akzeptiert dies nicht nur, er begrüßt es sogar ausdrücklich. Da ein Schema in der Medizin (als nur teilweise exakter Wissenschaft) nie starr sein kann, ist es durchaus möglich, die Beziehung zu Patient A auch der Gruppe 6 zuzuordnen (der Patient tut – in beiderseitigem Einverständnis – was der Arzt für nötig und richtig hält).

Die Kollusion von Arzt und Patient B gehörte lange zu Gruppe 5 (der Patient tendiert dazu, die eigenen Beschwerden zu bagatellisieren, und der Hausarzt leistet dabei unwillentlich Vorschub). Dieser Mechanismus ist gerade für Patienten, zu denen man ein gutes oder sehr gutes Verhältnis hat, nicht ungefährlich: Als Beispiel dafür sei ein Diabetiker mit arterieller Hypertonie genannt, eine in der Praxis sehr häufige Konstellation. Sowohl Diabetes wie auch Hypertonie verlangen eine hervorragende Compliance (im Sinne eines Bündnisses von Patient und Arzt zum Erreichen eines gemeinsamen Ziels).

Nun kann aber die konsequente und strenge Therapie sowohl bei Diabetes als auch bei der Hypertonie zu erheblichen Nebenwirkungen führen (z.B. Neigung zu Hypoglykämie und Orthostase). Um dem geschätzten Patienten die Lebensqualität im Alltag zu verbessern, kommt der Arzt rasch in Versuchung, die Therapie zu wenig konsequent zu überwachen, was für die Langzeitprognose unbestritten ungünstig ist (Zunahme der Spätkomplikationen).

Das Verhältnis zu Patient C scheint recht schwierig einer Gruppe zugeordnet werden zu können. Am ehesten trifft Gruppe 3 zu: „Einverständnis im Mißverständnis". Patient und Arzt vermeiden es, psychosoziale Bedingungen und Probleme (hier konkret die familiäre Belastung mit Herz-Kreislauf-Erkrankungen) anzusprechen, weil sich beide gegenseitig nicht zutrauen, eine Lösung zu finden.

Sobald der Patient das Problem Hyperlipidämie im Griff hat, gehört er zur Gruppe 6: In beiderseitigem Einverständnis tut er, was der Arzt für nötig und richtig hält – hier tatsächlich mehr im Sinne des „Gehorchens".

Sehr typisch für solche Patienten ist folgendes Gespräch: Der Arzt informiert über die von ihm vorgeschlagene Therapie und eine oder zwei Alternativen. Der Patient antwortet: „Sie müssen das wissen, Sie sind der Arzt (und Fachmann)." In der Tat hat die „Mündigkeit" des Patienten ihre Grenzen: Es ist völlig ausgeschlossen, daß Patient und Angehörige Kenntnisse und Informationen über eine bestimmte Therapie innerhalb von Stunden oder gar Minuten erwerben können, wenn der Arzt dazu Jahre benötigt. Ohne Vertrauen ist somit ein vernünftiges und praktikables Arzt-Patient-Verhältnis nicht denkbar. Dies schließt offene Information und einen kritischen Patienten keineswegs aus.

Die vordergründig gute Beziehung zu Patient D gehört ohne Zweifel in die Gruppe 1: Der Heilungsverlauf ist nicht wunschgemäß; den Arzt beunruhigt das Gefühl, keinen rechten Ansatzpunkt für eine effektive Behandlung zu finden (dem Kardiologen geht es ähnlich).

Es wäre falsch, die Illusion zu erwecken, in der Praxis laufe alles glatt und ideal. Arbeit ohne Rückschläge ist nicht denkbar; wichtig ist dabei, den Mut nicht zu verlieren und auch nach Jahren immer wieder zu versuchen, einem Patienten möglichst effektiv zu helfen. In der Tat scheint sich eine Optimierung abzuzeichnen, seit sich der Arzt intensiv mit dem Verfassen dieses Buchkapitels beschäftigt!

Zusammenfassend läßt sich feststellen, daß bei der ärztlichen Betreuung von Patienten mit koronarer Herzkrankheit die bekannte und überaus effektive Diagnostik und Therapie im biologischen Bereich nur einen Teil ärztlichen Wirkens ausmacht und die Einbeziehung der psychosozialen Umgebung mit all ihren Risiken, aber auch Ressourcen, für den therapeutischen Erfolg von größter Bedeutung ist. Erst wenn es gelingt, die vorhandenen Ressourcen des Patienten aufzudecken und zu mobilisieren, wird das Resultat der Behandlung wirklich gut sein. Nebst soliden Kenntnissen der diagnostischen und therapeutischen Techniken und Möglichkeiten im biologischen Bereich ist ein optimales Arzt-Patient-Verhältnis von größter Bedeutung.

Beitrag 6
Vom Symptom zur Selbstheilung

von Martin Isler

6.1 Ausgangssituation

Frau E. sucht mich vor einem Jahr zum ersten Mal in meiner Hausarztpraxis wegen Hals- und Schluckschmerzen sowie Fieber und Abgeschlagenheit auf. In der Untersuchung finde ich eine hochfebrile Patientin mit vergrößerten, weiß belegten Tonsillen (hochrot bis zum Gaumenbogen) und dolenten zervikalen und angulären Lymphknoten. Der Schnelltest bestätigt die Verdachtsdiagnose einer Streptokokkenangina. Die Patientin erhält ein angemessenes Antibiotikum und Symptomatika sowie einen Kontrolltermin in 10 Tagen. Die Erscheinung der Frau hinterläßt bei mir nach diesem ersten Kontakt einen nachhaltigen Eindruck: schwarzes, wallendes Haar, ein ausdrucksvolles Gesicht mit großen Augen, die Verzweiflung und Trotz ausdrücken, formschöne, aber beherrscht zusammengekniffene Lippen, ein dürrer, fast kachektisch-zerbrechlicher Leib, der nonnenhaft karg und gleichzeitig katzenhaft schmiegsam anmutet.

Fünf Tage später, kurz bevor die Nachmittagssprechstunde beginnt, fährt ein Wagen lautstark vor, und Frau E. betritt, von einer Begleitperson gestützt, das Sprechzimmer. Letztere berichtet, sie habe Frau E. am Bahnhof gerade noch auffangen können, als diese ohne äußere Ursache plötzlich zusammengebrochen sei. Die Patientin ist bleich, beklagt mit dünner Stimme ein Kribbeln um den Mund und in den Händen, der Puls fühlt sich etwas oberflächlich und tachykard an, Blutdruck und Blutzuckerspiegel sind normal. Ich lasse die Frau als Notfallmaßnahme in eine Plastiktüte atmen, worauf sich die Hyperventilationssymptomatik bessert. Ich bin unter Zeitdruck und deshalb froh, daß sich die Patientin rasch erholt.

Kurz darauf habe ich Wochenenddienst. Am späten Sonntagnachmittag werde ich angerufen, Frau E. sei im Hallenbad kollabiert und bereits unterwegs in meine Praxis. Die körperliche Untersuchung, einige relevante Laboruntersuchungen sowie das EKG sind unergiebig. Als Grund für ihre Zusammenbrüche nennt sie eine unendliche Erschöpfung. Sie habe Angst, ernsthaft krank zu sein. Insbesondere leide sie in letzter Zeit unter Magenbeschwerden, wie sie ihr Vater gehabt habe, bevor er an Magenkrebs gestorben sei. Wir einigen uns an diesem Sonntag darauf, in der folgenden Woche eine eingehende klinische Visite sowie – aufgrund der familiären Vorbelastung – eine Gastroskopie zum Ausschluß eines Magenleidens durchführen zu lassen.

Auch diese erweiterte Diagnostik ergibt keine Ursache für die rezidivierenden synkopalen Zustände, und ich beurteile das Bild als psychophysischen Erschöpfungszustand unklarer Ätiologie. Eine Hospitalisation in einer psychiatrischen oder internistischen Klinik lehnt die Patientin ab. Sie möchte sich vorerst einmal zu Hause ausruhen, ist aber einverstanden, daß ich sie wöchentlich einmal besuche, damit sie diesen Rückzug auch zur Selbstreflexion nutzen kann.

6.2 Anamnese

Die Familie E. wohnt im eigenen Haus in einer kleinen Gemeinde mit weniger als tausend Einwohnern. Herr E., wenig älter als seine Frau, arbeitet als Angestellter im Nachbardorf. Die beiden halbwüchsigen Kinder besuchen die Dorfschule. Frau E. ist 37 Jahre alt und arbeitet seit Jahren teilzeitlich als Aktivierungstherapeutin in einem Altersheim im nahen Bezirkshauptort. Sie legt den 12 km langen Arbeitsweg oft mit dem Fahrrad oder mit der Bahn zurück. Der Aktionsradius der Familie in der Freizeit beschränkt sich auf die nähere Umgebung, da ein Auto die finanziellen Möglichkeiten übersteigt. Urlaub wird daheim verbracht, einmal reicht es für Ferien mit der Bahn in Südfrankreich bei Freunden.

Im Winter leistet sich Frau E. jeweils ein paar Tage allein auf dem Snowboard, beim „Snöben". Diese Tage stellen in ihrem Leben Höhepunkte dar: die komplette Hingabe an die Beschaffenheit des Geländes und die Bewegung des Boards, das Sich-tragen-Lassen, Vertrauen haben und einfach fliegen. Sie erlebt sich dort als Einheit mit dem Brett, dem Schnee und dem Terrain, gänzlich auf den Moment und auf nichts anderes konzentriert, sich selbst und ihre körperlichen Grenzen vergessend, „Snöben" – ein Traum, der so weit weg vom Alltag ist.

Der Alltag von Frau E. ist geprägt von Hausarbeit, den Kindern sowie der Arbeit im Altersheim, die ihr zunehmend Mühe macht. Sie empfindet sie häufig als stumpfsinnig und möchte mehr machen aus der Betreuung der zum Teil geistig abgebauten Pensionäre des Heims. Mit ihren Ideen und ihrer Kritik fühlt sie sich im Arbeitsteam aber isoliert und oft auch eifersüchtigem Kompetenzgerangel ausgesetzt. Seit einiger Zeit schaut sie sich nach einer anderen Stelle um; sie sehnt sich danach, die ausgetrampelten Pfade zu verlassen, sich neuen Herausforderungen zu stellen. Als Folge von äußeren und inneren Zwängen gelingt es ihr aber nicht, sich vom Altgewohnten zu trennen.

Zu ihrer Lebensgeschichte: Frau E. wächst mit zwei Schwestern und einem Bruder auf. Aus ihrer Kindheit erinnert sie sich vor allem an die Strenge und die Nörgeleien ihrer Mutter, die sie ständig erniedrigt und ihr alle ihre Unzulänglichkeiten vorhält. Lob oder Anerkennung von der Mutter kennt sie nicht. Sie gewöhnt sich schon früh an, ihr anvertraute Arbeiten tadellos auszuführen, um der mit Sicherheit folgenden Rüge wenigstens in ihrem Bewußtsein mit einem gewissen Triumphgefühl zu begegnen. Dadurch entwickelt Frau E. sehr bald einen beinahe zwanghaften Perfektionsanspruch bezüglich der Bewältigung auch kleinster Arbeiten und Aufgaben.

Anerkennung und Bewunderung erfährt Frau E. durch ihren Vater. Sie fühlt sich in seiner Nähe geborgen, angenommen, in ihren Fähigkeiten und Neigungen ernst genommen und gefördert. Diese positive Beziehung wird allerdings von der Mutter – wo immer möglich – hintertrieben und verspottet. Mit Beginn der Pubertät der Tochter zieht sich der Vater zunehmend zurück; der beißende Spott der Ehefrau sowie die geschlechtliche Entwicklung seiner Tochter machen ihn hilflos.

Mit 12 Jahren wird das Mädchen auf dem Schulweg von einem Mann aus dem Dorf zu unsittlichen Handlungen gezwungen. Die Eltern wollen Schwierigkeiten im Dorf vermeiden und unternehmen, außer Beschwichtigungen, nichts. Das Mädchen fühlt sich im Stich gelassen. Sie will so rasch wie möglich weg von zu Hause. Trotz ihres Wunsches, eine Mittelschule zu besuchen, entscheidet sie sich für eine kaufmännische Ausbildung; der daraus resultierende Lohn ermöglicht bald ein eigenes Zimmer in der Nähe des Arbeitsplatzes. Als sie gerade 18 Jahre alt ist, wird der Vater krank und stirbt an Magenkrebs. So bekommt sie hinsichtlich seines Rückzugs keine Antwort mehr und hadert nun mit dem Schicksal um seinen Tod.

Durch eine karg-disziplinierte Lebensweise gelingt es der Patientin, sich berufsbegleitend zur Aktivierungstherapeutin auszubilden. Sie lernt ihren jetzigen Mann kennen und geht mit ihm nach Südostasien. Sie kehrt schwanger zurück; ihre Ausbildung steht auf dem Spiel, und ihr Partner verdient nicht genug, um eine Familie zu ernähren. Er überläßt die Entscheidung über die Schwangerschaft allein ihr. Erneut fühlt sie sich im Stich gelassen und zieht den Schwangerschaftsabbruch einsam, allein und verbissen durch.

Ein paar Jahre später drängt Herr E. zur Eheschließung, und sie willigt ein, „weil sie sowieso alle Illusionen verloren habe". Bald kommt die erste Tochter zur Welt, ein Haus kann gebaut werden, und Frau E. erhält im Altersheim, wo sie das Praktikum absolviert hat, eine halbe Stelle als Aktivierungstherapeutin.

Während der zweiten Schwangerschaft erlebt die sehr einsame Patientin einen ersten inneren Zusammenbruch mit Zukunftsangst, Sinnlosigkeitsgefühl und auch Suizidphantasien. Die Geburt wird schwierig, die postpartale Sterilisation bringt große Erleichterung. Von nun an konzentriert sich Frau E. darauf, ihren beiden Kindern ihr eigenes Schicksal zu ersparen, und sie versucht, sie streng, aber mit viel Liebe, Zuneigung und Anerkennung zu führen und gleichzeitig ihren Kontakt zum Vater zu fördern.

Vor drei Jahren hat sie eine Beziehung mit einem Mitarbeiter am Arbeitsplatz angefangen: Diese ist geprägt von Verständnis, Aufbruch, Ausbruchphantasien, gemeinsamem „Snöben" – bis alles kompliziert und schwierig wird. Ihr Mann ist gekränkt. Sie versucht, die Beziehungsgrenzen wieder zu respektieren und zur alten Unbeschwertheit dem Kollegen gegenüber zurückzufinden. Aber der Versuch scheitert; beide Männer reagieren ähnlich und wollen alles von ihr, bis sie sich schließlich innerlich enttäuscht von beiden abwendet und äußerlich wieder in die eheliche Beziehung zurückkehrt. Das Leben plätschert in seinem gewohnten Rhythmus weiter, und das Tanzen im Schnee wird immer mehr zum ungelebten Traum, bis der Körper rebelliert.

6.3
Therapieverlauf

Ich besuche die Patientin einmal pro Woche zu Hause und nehme mir jeweils ungefähr eine Stunde Zeit dafür. Beim ersten Besuch fallen mir die geschmackvolle Einrichtung, die interessante Bibliothek sowie die perfekte Ordnung in Wohnzimmer und -küche auf. Das ist ihr Reich, trägt ihren Stempel. Ihre umsichtige Hand, ihre Interessen und auch ihre hohen Ansprüche an eine bescheidene, aber ehrliche Lebensführung sind überall erkennbar. Die räumlichen Voraussetzungen für ihre Erholung sind damit gegeben.

Die ersten drei Monate der Therapie sind durch den Prozeß des Rückzugs von Frau E. aus all ihren Verpflichtungen und die innere Akzeptanz dieses Rückzugs gekennzeichnet. Obwohl sie spürt, daß dieser Rückzug wichtig und Voraussetzung für alle weiteren aufbauenden Schritte ist, stellen sich ihm die verschiedensten Hindernisse entgegen. Deren Wurzeln reichen tief in die Persönlichkeitsstruktur der Patientin, und es gelingt ihr nur ganz langsam, ihre Ansprüche an ihr eigenes Funktionieren im Alltag loszulassen („...aber ich sollte doch...", „...ich kann doch nicht einfach..."). Dabei werden massive Ängste, ihre Identität zu verlieren, manifest, und sie gerät in einen Zustand verzweifelter Erschöpfung. Meine Aufgabe besteht hier vor allem darin, ihren Rückzug gegenüber ihrer Umgebung zu legitimieren (Kinder, Ehemann, Arbeitgeber) und nach innen hin zu unterstützen.

In den folgenden rund zwei Monaten dominiert die verzweifelte Erschöpfung, die sich in einer Art physischer und psychischer Agonie manifestiert, in Leere und Unfähigkeit zu jeder Art von geistiger Aktivität, von körperlichen Anstrengungen ganz zu schweigen. Dazu versinkt Frau E. in einem ausgeprägten Gefühl der Sinnlosigkeit. Immer wieder wird sie geschüttelt von starken Krämpfen mit ausgeprägten vegetativen Symptomen wie Schwindel, Erbrechen und Schwitzen. Oft ist sie nahe daran, das Bewußtsein zu verlieren. Unsere Sitzungen bestehen jetzt vorwiegend aus meditativen Entspannungsübungen, um die psychophysischen Reserven der Patientin zu mobilisieren. Zeitweise muß ich den Therapierhythmus auf zwei Sitzungen pro Woche erhöhen, ein zeitlicher Aufwand, der mir zunehmend über den Kopf wächst.

Im anschließenden Monat wandelt sich die kaum zu durchdringende psychophysische Blockierung zur trotzigen Verweigerung. Ich habe den Eindruck, daß Frau E. mir etwas vorenthält, etwas Abgespaltenes, Bedrohliches.

In unseren Gesprächen versuchen wir, diesem nichtintegrierten Teil auf die Spur zu kommen. Ist es das Trauma der Interruptio oder das der sexuellen Nötigung in der Pubertät? Ist es eine noch nicht vernarbte Wunde aus der vorbewußten Biographie? Wir diskutieren nun oft darüber, wieviel aufdeckende Therapie der Mensch auf dem Weg zu seiner Ganzheit braucht beziehungsweise wieviel psychomental Unerledigtes in einem normalen, gesunden Leben Platz hat. Diese eher philosophische Ausrichtung unserer Gespräche löst im Verlauf weiterer ungefähr sechs Wochen fast unmerklich die Blockierung, indem die Aufmerksamkeit der Patientin die eigene Peripherie wieder zu überschreiten beginnt. Frau E. gewinnt zunehmend an Selbstbewußtsein und Kraft.

Knapp acht Monate nach ihrem totalen Rückzug verläßt sie erstmals allein das Haus und beginnt, sich körperlich mehr zuzumuten, stößt aber auch bald wieder an ihre Grenzen. Sie wird ungeduldig und aggressiv. Dadurch verschlechtert sich ihr Zustand erneut; Angst und vegetative Begleitsymptome nehmen wieder zu. Nach der kurzen Entspannung sind wir – sowohl ihre Familie als auch ich – durch den erneuten Zusammenbruch überfordert. Mit dem resignierten Einverständnis der Patientin und zur großen Erleichterung des Ehemanns melde ich sie auf der psychosomatischen Abteilung der Universitätsklinik zur Aufnahme an. Zehn Tage später tritt Frau E. in die Klinik ein.

Nach vier Wochen kehrt sie nach Hause zurück und muß zunächst einmal wieder ihren Platz in ihrer Familie finden. Die Kinder sind sehr erleichtert, daß bei der Mutter nach dem langen Klinikaufenthalt noch „alles dran" ist. Ihr Ehemann übergibt ihr stolz das häusliche Zepter. Hoffnung und Zuversicht haben wieder Einzug gehalten. Die lange Trennungszeit hat allen den gegenseitigen Wert bewußt gemacht, man ist sich auf wundersame Art näher gekommen.

Aber die Patientin gibt sich nicht zufrieden mit der äußerlichen Harmonie, etwas in ihrem Innern läßt sie nicht zur Ruhe kommen. Sie muß noch weitergehen auf ihrem Weg zur umfassenden Genesung und möchte für diese (letzte?) Therapiephase die zusätzliche Hilfe einer psychiatrischen Fachärztin an der nahegelegenen psychiatrischen Klinik in Anspruch nehmen. Unbewußt hat Frau E. damit ihre frühere familiäre Situation als therapeutisches Setting rekonstruiert, und ich bin sehr erleichtert, die Verantwortung für ihren therapeutischen Prozeß von nun an teilen zu können. Meine Aufgabe reduziert sich daher seit drei Monaten auf die hausärztliche Betreuung und die Hilfe beim Ordnen des äußeren Rahmens (Auflösung des alten Arbeitsverhältnisses, Suche nach einer neuen Arbeit, körperlicher Aufbau etc.). Ab und zu besprechen „Mutter und Vater" die Probleme ihrer „Tochter".

Obwohl der abgespaltene, bedrohliche Teil immer noch nicht ganz enthüllt und integriert ist, geht es der Patientin besser, sie bewältigt ihren Alltag wieder problemlos, hat viel von ihrer Rigidität verloren und zieht ihre Kreise nun regelmäßig über den häuslichen Rahmen hinaus. Ich habe sie kürzlich beim „Snöben" gesehen.

6.4
Epikritische Anmerkungen

Die Patientin sucht mich erstmals auf mit einer floriden Angina. Dieser erste Kontakt schafft die beziehungsmäßige Voraussetzung für die nachfolgende Präsentation des tieferliegenden Problems in Form zweier Zusammenbrüche. Bildlich gesehen, legt die Patientin sich und ihr Problem mir vor die Füße und zwingt mich durch ihre Weigerung, eine andere Form der Hilfe in Anspruch zu nehmen, sie bei ihrem Heilungsprozeß, zu dem sie sich offenbar unwiderruflich entschlossen hat, zu begleiten. Das therapeutische Setting des Hausbesuchs ist zwar ungewöhnlich, als Landarzt bin ich es jedoch gewohnt, Patienten in ihrer häuslichen Umgebung aufzusuchen, wenn diese krankheitsbedingt nicht mobil sind. Auch eignen sich meine Praxisräume mit ihrer eher technischen Ausstattung schlecht als Rahmen beispielsweise für Entspannungsübungen. Mehrmalige Versuche, unsere Gespräche in die Praxis zu verlegen, befriedigen nicht. Die Kenntnis und der Respekt vor dem innersten Lebensraum erleichtert mir das Verständnis für die Patientin, die mir so in der Gestalt der Hausherrin und nicht als Fremde in meiner Praxis entgegentrat.

Die Abkoppelung von allen äußeren und inneren Verpflichtungen bildet die Voraussetzung für die Genesung. Als Bild bietet sich hier das Auswickeln aus einem zu eng gewordenen Netz an. Dieser Prozeß benötigt viel Zeit, und meine Aufgabe als Therapeut kann sich in diesem Fall darauf beschränken, den Rückzug sowohl gegenüber dem Unverständnis und den Ängsten der Umgebung als auch gegenüber den inneren Widerständen abzusichern. Hierzu gehören Gespräche mit Angehörigen, Arbeitgeber und Kostenträgern sowie Überzeugungsarbeit bei der Patientin hinsichtlich ihrer eigenen Entbehrlichkeit. Die Abgabe von Verantwortung wird jedoch von der Patientin immer wieder als Identitätsverlust erlebt.

Die Heftigkeit der damit provozierten Ängste und körperlichen Reaktionen verunsichern mich massiv. Meiner Sozialisation entsprechend befürchte ich sogleich eine verpaßte somatische Diagnose und ziehe eine abklärende Hospitalisation in Erwägung. Dahinter verbirgt sich einerseits meine Unerfahrenheit bezüglich derart massiver Angstreaktionen und andererseits das Bedürfnis, die Verantwortung abzugeben. Ich ertappe mich noch mehrmals bei diesem Reflex, kann aber der Versuchung jeweils widerstehen. Meine Zurückhaltung wird jedesmal von einem entscheidenden Schritt der Patientin auf ihrem Weg zur Genesung belohnt. Ich muß immer wieder lernen zu verharren, einfach zu tragen und Raum zu schaffen, um den sich selbst organisierenden Heilungsprozeß seinen Verlauf nehmen lassen zu können. Mein somatischer Aktivismus ist hier fehl am Platz.

In der folgenden Phase der inneren Leere und Sinnlosigkeit geht es vorerst darum, die Patientin vorbehaltlos anzunehmen und sie jederzeit beim Fallen aufzuhalten. Die behutsame Erweiterung des Blickwinkels auf allgemeine Fragen menschlicher Existenz vermag die Patientin allmählich aus ihrer Blockierung zu befreien, und sie gewinnt etwas Distanz zu ihrer Verzweiflung. Es gelingt ihr, sich ihren Fundus an psychologischen Kenntnissen und therapeutischer Selbsterfahrung nutzbar zu machen. Durch systematische Selbstreflexion lernt sie sich neu kennen und definieren. In meiner Verantwortung liegt hier nur der Boden, auf dem diese Selbstreflexion gedeihen kann: empathische Zuwendung und kritische Diskussionsbereitschaft. So vergrößert sie langsam ihren inneren und äußeren Aktionsradius.

Sie öffnet sich wieder ihrem Ehemann, ihrer Familie und ihren Freunden gegenüber; Kontakte, aber auch Konflikte nehmen zu. Zu spät erkenne ich, wie die Patientin sich und ihre Umgebung mit ihren eigenen, unerreichbar hohen Ansprüchen an Geschwindigkeit, Gründlichkeit und Ehrlichkeit hinsichtlich ihres therapeutischen Prozesses überfordert.

Den erneuten Zusammenbruch beantworte ich aus Rücksicht auf ihre Angehörigen und zu meiner Absicherung mit ihrer Hospitalisation. Vorerst bin ich erleichtert, dann beschleicht mich aber das beklemmende Gefühl des Versagens, und ich habe ein schlechtes Gewissen. Weder diagnostisch noch therapeutisch hat diese vierwöchige Hospitalisation in einer spezialisierten Universitätsklinik einen Durchbruch gebracht. Im nachhinein bin ich aber überzeugt, daß sie trotzdem notwendig (Entlastung, Distanz) und sinnvoll war, hat sie doch der Patientin ermöglicht, das therapeutische Setting zu verändern: die Rekonstruktion ihrer früheren Lebenssituation mit Vater und Mutter als Begleiter ins („neue") Leben. Nur sind jetzt die Rollen vertauscht, indem die Mutter den gütigen und sanften Part innehat, der Vater dagegen den strengen und manchmal unnachgiebigen. An Verläßlichkeit und empathischer Zuwendung sollte es beiden „Elternteilen" diesmal nicht fehlen. So kommt sie voran, setzt sich neu zusammen und sucht – erfolgreich, wie mir scheint – ihren Weg. Ich wünsche Frau E., daß sie eines Tages gelassen durch ihren erfüllten Alltag „snöben" kann.

Insgesamt gesehen, wird durch die zur Gesundung drängenden Teile der Patientin ein langdauernder therapeutischer Prozeß gesteuert, der folgerichtig zu ihrer Gesundheit und Integrität führen wird unter der Voraussetzung, daß ich als Therapeut diesen Prozeß ermögliche, beschütze und ihn nicht durch meine eigenen Gewohnheiten und Projektionen in seiner Entfaltung behindere.

Beitrag 7
Körperorientierte Psychotherapie bei einer „psychosomatischen" Störung

von Anton Leitner

7.1
Ausgangssituation

Der Patient, in diesem Beitrag Herr K. genannt, ist 55 Jahre alt, von Beruf technischer Angestellter, verheiratet und Vater von drei erwachsenen Kindern, die bereits in einem eigenen Haushalt leben. Der Patient wird wegen starken Schwindels mit dem Rettungsdienst auf Einweisung des ihn untersuchenden Hausarztes in eine klinische Fachabteilung eingeliefert, wo eine gründliche neurologische Untersuchung lediglich einen rechtsbetonten endlagig erschöpfbaren horizontalen Nystagmus und im EEG unregelmäßige, rasche Alphawellen mit häufigen Übergängen in den Betabereich erbringt, was einem leicht normabweichenden Befund entspricht. Alle sonstigen organischen Befunde, einschließlich der kranialen Computertomographie, sowie Vestibularapparatuntersuchungen durch die HNO, sind unauffällig. Die Diagnose lautet: Vertigo (eine subjektive Störung der Orientierung des Körpers im Raum).

Herr K. erhält eine rheologische Infusionstherapie (mit initial zwei Aderlässen mit isovolämischer Hämodilution, weil der Hämatokritwert 47,7 betrug). Zusätzlich erhält er eine orale antiemetische Medikation. Nach einer Woche medikamentöser Behandlung und unveränderter Symptomatik wird Herr K. auf Intervention der Tochter, die als Diplomkrankenschwester in dieser Klinik tätig ist, vom leitenden Arzt dem Psychotherapeuten zu einer Prozessualen Diagnostik vorgestellt. Beim Erstkontakt wird der Patient im Rollstuhl in den Therapieraum gefahren, da es ihm wegen des Schwindels unmöglich ist, selbst zu gehen. Er wirkt müde, und sein Gesicht ist maskenhaft angespannt. Bei der Begrüßung reicht er kaum die Fingerspitzen. Diese fühlen sich zittrig an. Er legt danach die Arme kraftlos auf seine Oberschenkel und preßt dann die Hände krampfhaft aneinander, ebenso die Beine. Er beginnt sofort mit der Erklärung, daß er seine Tochter, die diese Begegnung vorgeschlagen hat, nicht verstehe, denn er könne sich nicht vorstellen, „daß dies alles nur nervlich sei"; er leide ja wirklich unter seinem Schwindel und bilde sich diesen nicht ein.

In der ärztlichen Praxis oder im klinischen Alltag werden wir oft mit Patienten konfrontiert, die für ihr jeweiliges Leiden ausschließlich organische Ursachen vermuten.

Schulmedizinische Untersuchungen sind zur gründlichen differentialdiagnostischen Klärung für alle Patienten erforderlich. Es ist der „Kunst" des Therapeuten/Arztes überlassen, Menschen, die dazu bereit sind, behutsam und vorsichtig durch entsprechende Interventionen so zu begleiten, daß sie in einem intersubjektiven, reflexiven Prozeß selbst erkennen können, daß ihr Kranksein mehr als nur körperliche Gründe hat.

Unser Bemühen geht dahin – von den geborenen Symptomen, der bestehenden Lebens- und Umweltsituation und den Kommunikationsformen ausgehend –, im Prozeß das phänomenale „Material" zu fokussieren, um dahinterliegende Strukturen und deren Entwürfe zu finden.

Ein solcher Prozeß erfordert professionelle und personale Kompetenz des Helfers und vor allem Zeit, die dazu ausreicht, den Aufbau und die Gliederung der gesamten Situation, des Kontexts und des Verlaufs des Krankseins zu entschlüsseln. In diesem Prozeß, hier verstanden als zeitextendiertes Ereignis, werden objektive Daten und subjektive Aussagen in einen intersubjektiven Rahmen gestellt. Damit fließen die Informationen über körperliche Funktionsabläufe mit den Informationen aus dem Erleben des Patienten und der darauf folgenden gemeinsamen Thematisierung dieser Erfahrungen mit dem Therapeuten zusammen und können im Prozeß verstanden werden. Es handelt sich dabei um eine Vorgehensweise, bei der die diagnostischen und therapeutischen Interventionen konvergieren. Durch den intersubjektiven Vorgang, der die Objektivierung des Patienten ausschließt, wird das diagnostische Geschehen in eine wechselseitige Begegnungsform eingebettet, die, wenn sie gelingt, Grundlage für eine tragfähige therapeutische Beziehung werden kann.

Somit ist eine „Prozessuale Diagnostik" mehr als nur ein methodisches Konzept zur verlaufsorientierten Erhebung von Daten und Fakten; sie ist ein intersubjektives Unterfangen, das den Patienten in seiner gesamten Persönlichkeit ernst nimmt, mit seiner Denk- und Sprechweise, seinen intellektuellen Fähigkeiten – insbesondere mit seinen persönlichen Krankheitstheorien.

Diese mitmenschliche Zugangsweise ermöglicht es dem Patienten, sich angenommen zu fühlen. In einer solchen „heilen Atmosphäre" findet er den Raum, in dem er seine Aufmerksamkeit erweitern kann. Auf dieser gelungenen Vertrauensbasis wird es ihm dann möglich, seine Schmerzen und sein Unbehagen im „Körper" zusammen mit dem lebensgeschichtlichen Hintergrund leichter zu begreifen und das darin verborgene emotionale Konfliktpotential zu erfassen, zu verstehen und zu verarbeiten.

In der körperorientierten Psychotherapie werden körperliche Reaktionen, emotionales Erleben, biographischer Kontext und rationales Durcharbeiten in der Weise erfahren, daß sich eine Neuorientierung eröffnen und – daraus resultierend – Veränderung möglich werden kann.

Aus phänomenologischer Sicht unterscheiden wir zwischen dem Leib, der ich bin, und dem Körper, den ich gewissermaßen haben kann. Beim lebendigen Menschen können wir auch vom Körperaspekt des Leibes sprechen. Körper wäre hier zu verstehen als ein Ding, das x Kilopond einer physikalischen Kraft und y Kilogramm einer Biomasse besitzt. Im Leib verbinden sich Subjekt und Objekt, Sein und Erkenntnis. Den Leib, der ich bin, kann ich auch als Körper haben, indem ich zu ihm in eine Objektbeziehung trete. Ich kann ihn somit ge- und auch mißbrauchen, körperlich krank werden und dann diese oder jene Krankheit haben. Darüber hinaus kann ich die Auswirkungen dieser Krankheit für mich rational erfassen und unter den möglichen sozialen Folgen leiden oder betroffen und traurig sein, was dem Seinsmodus des Leibes zuzuschreiben wäre und mit dem umfassenderen Begriff „Kranksein" verdeutlicht werden könnte. Wenn ich mich also vom Leib, der ich bin oder sein könnte, distanziere oder ihn verdingliche, mich von ihm entfremde, ihn abspalte, kann dies eine Bedingung für späteres Krankwerden sein.

Die Objektivierung des eigenen Körpers als dauerhafte Haltung kann als pathologische Abspaltung, die allein schon einer Therapie bedarf, gesehen werden, denn es handelt sich um eine Spaltung, die die Einheit des Menschen als Leibsubjekt stört, wenn nicht gar zerstört. Die hier unterlegte anthropologische Grundformel beschreibt den Menschen als Körper-Seele-Geist-Subjekt in einem sozialen und ökologischen Umfeld mit einer mehr oder weniger bewußten Geschichte. Dieses Subjekt steht im Hier und Jetzt und ist auf die Zukunft ausgerichtet.

Die herkömmliche Bezeichnung „Psychosomatik" basiert auf einer dichotomen Betrachtungsweise von körperlichen und seelischen Erscheinungsformen. Den Phänomenen des Lebensgeschehens folgend, können wir aber von der Hypothese ausgehen, daß es „psychische Störungen oder somatische Krankheiten" isoliert nicht gibt. Weil Kranksein immer ein multifaktorielles Geschehen ist, kommt es einer Reduktion des Menschen gleich, ihn in Dichotomisierungen wie z.B. „Psycho-somatik" teilen zu wollen (A. Leitner, 1995). Daher sollte dieser eingebürgerte Begriff „Psychosomatik" nur noch als notwendige Form der Konvention zur Verständigung unter Fachleuten und Patienten verwendet werden. Auch die Bezeichnung „körperorientierte Psychotherapie" ist wie dieser alte Begriff „Psychosomatik" ein Zugeständnis an einen gängigen Sprachgebrauch. Die Bezeichnung „Leib- oder Humantherapie" würde eher dem hier zugrundeliegenden Denkansatz entsprechen.

In der hier vorliegenden kleinen Fallstudie wird ein von Vertrauen getragenes, auf Forschungsergebnisse begründetes und methodenbewußtes Arbeiten in einem kurzen Abriß vorgestellt. Die Methode bezieht sich auf den theoretischen und praxeologischen Fundus der Integrativen Therapie (H. Petzold, 1993; H. Heinl, 1991).

7.2 Anamnese

Herr K. war nach eigenen Angaben bis zum Zeitpunkt seiner Schwindelattacke immer gesund. Der Schwindel trat für ihn und seine Familie aus unerklärlichen Gründen am Sonntagvormittag nach dem Messebesuch auf dem Kirchplatz seiner Heimatgemeinde auf. Auch aus der erweiterten Anamnese durch den Aufnahmearzt und der bereits erfolgten Fremdanamnese mit der Ehefrau und den Kindern tauchen keine wie auch immer gearteten belastenden Faktoren aus der Biographie auf. Alle berichten, daß innerhalb der Familie alles in Ordnung sei, und auch sonst gäbe es keinerlei Belastung, z.B. in finanzieller Hinsicht. Auch der Arbeitsplatz sei gesichert, und es gäbe dort keine Spannungen. Es liegt also anscheinend eine blande Anamnese vor.

7.3 Therapieverlauf

Die erste Behandlungsstunde ist ganz darauf gerichtet, die kritische Einstellung des Patienten zu diesem Gespräch zuzulassen, um damit einen Zugang zu ihm zu ermöglichen. Durch das respektvolle Eingehen auf seine angstvolle Frage, ob dieser Schwindel ein Dauerzustand bleibe und er vielleicht auch noch „nervenkrank" sei, wird es möglich, im Gespräch eine „Übersetzungsarbeit" zu leisten, durch die der Patient erfährt, was Psychotherapie überhaupt ist. Bei der Verabschiedung betont er, daß er dieses Gespräch zwar als sehr angenehm erlebt habe, sein Schwindel aber weiter unverändert sei. Er könne sich überhaupt nicht vorstellen, daß dies „nur durch Reden" anders werden könne. Ich weise auf die gründlichen Untersuchungsergebnisse hin und erwähne nebenbei, daß wir Menschen wohl mehr als nur ein Körper seien und uns daher in dieser Komplexität doch ernst nehmen sollten. Ich biete ihm die Möglichkeit eines nochmaligen Gesprächs an. Wenn er zu einer weiteren Therapiestunde kommen wolle, solle er dies bei der Visite dem Stationsarzt mitteilen.

Wenige Tage später kommt er in die zweite Stunde. Mir fällt auf, daß er mir bei der jetzigen Begrüßung bereits die ganze Hand reicht. In der Zwischenzeit habe ihn das letzte Gespräch sehr beschäftigt, teilt er mir mit, aber er wisse noch immer keinen logischen Grund für seinen unverändert vorhandenen Schwindelzustand. Ich sage ihm, daß ich ihm glaube, ich hätte jedoch schon oft die Erfahrung gemacht, daß unser Körper oft „mehr weiß", als uns momentan bewußt zugänglich ist. Ein leises Nicken von ihm ermuntert mich zu der Frage, ob er zu einem Experiment bereit sei. Herr K. willigt ein.

Nachdem ich weiß, daß dieser Schwindel erstmals im Stehen aufgetreten ist, bitte ich ihn, trotz der momentanen Beschwerlichkeit aufzustehen. Ich helfe ihm beim Aufstehen und führe ihn ein paar Schritte in die Mitte des Raumes auf eine Bodenmatte. Jetzt stelle ich mich ihm gegenüber und halte ihn leicht an seinen Unterarmen. Nun ersuche ich Herrn K., sich die Situation, in der der Schwindelanfall auftrat, zu vergegenwärtigen und sich den gesamten szenischen Hintergrund lebhaft vorzustellen. Nach einiger Zeit zieht er die Schultern hoch, rollt sie nach vorn und einwärts und faltet dabei die Hände. Während ich ihn noch leicht stütze, ermuntere ich ihn, seiner Körperbewegung weiter zu folgen und sie noch deutlicher zu machen, worauf der Patient den Rücken nun noch stärker zu einer Kugel wölbt, das Kinn auf das Brustbein legt und die gefalteten Hände dann zu Fäusten ballt und unters Kinn auf die Brust drückt. Ich nehme wahr, wie er Anzeichen macht, die Knie zu beugen, worauf ich ihn wieder auffordere, dem Impuls zu gehorchen und durchaus ein wenig zu übertreiben. Er kauert sich wie zu einer Kugel zusammen, dreht sich in der Hockstellung und kippt, noch immer von mir assistiert, langsam auf die rechte Körperhälfte. In dieser kleinstmöglichen Körperhaltung bleibt er auf dem Boden liegen. In dieser Position berühre ich ihn mit meiner rechten Hand am Rücken und nehme leichte, ruckartige Bewegungen wahr, die von seiner Atmung stammen. Auf das Angebot, er möge zulassen, was immer auch komme, beginnt er zuerst heftigst zu schluchzen, was dann in ein anhaltendes Weinen übergeht. Dabei streiche ich ihm über den Kopf und den Rücken und reiche ihm Taschentücher.

Nach einer Weile streckt er sich auf der Matte und setzt sich auf. Ich setze mich auch auf den Boden, ihm gegenüber. „Was ist jetzt?" frage ich. Er antwortet, er fühle sich „freier" und verspüre im Moment auch keinen Schwindel, was er seltsam finde. Einige Momente später frage ich ihn, ob er mir erzählen wolle, welche Bilder, Szenen und Erinnerungen bei ihm hochgekommen seien. Kopfschüttelnd leitet er den Bericht ein, daß bei ihm die Situation vor dem Schwindelanfall in der Kirche „aufgetaucht" sei: Er sei wie immer sonntags bei der Messe gewesen. Einem Brauch folgend, hätten im Rahmen der Feier die Menschen in der Kirche einander die Hände zum Friedensgruß gereicht. Dabei, so erinnert er sich, habe er bemerkt, daß links knapp hinter ihm jene Nachbarin stand, mit der er vor wenigen Tagen eine ernsthafte Auseinandersetzung mit häßlichen Beschimpfungen gehabt hatte. Danach hatte er sich und seinen Angehörigen geschworen, niemals wieder mit dieser Frau ein Wort zu sprechen. Auch jetzt in dieser besonderen Situation in der Kirche, die die religiösen Wertvorstellungen des Friedenschließens unterstreichen sollte, habe er ihr nicht die Hand zum Friedenswunsch gegeben, sondern sich wieder zurückgedreht und dabei gespürt, wie sich „in ihm alles zusammenzog".

„Wäre es möglich gewesen, hätte ich mich zu einer kleinwinzigen Kugel zusammengerollt", sagt er dann. Er habe damals auch das Gefühl gehabt, daß ihm das Blut stocke und er den Blutkreislauf fast in seinem Fluß anhalte. Dieses Gefühl habe den Rest der Messe angehalten, und bei den ersten Schritten beim Hinausgehen aus der Kirche habe er zunächst ein leichtes Schwindelgefühl bemerkt, das sich auf dem Kirchplatz so verschlimmert habe, daß er von dort direkt zu seinem Hausarzt geführt werden mußte, der ihn sofort ins Krankenhaus eingewiesen habe. Auf meine Frage, wie ernst er einen im Zorn ausgesprochenen Schwur wirklich nehme, nie mehr mit einem Menschen zu reden, mit dem er einen so schweren Streit gehabt hatte, sagt er mir, daß es eine Charakterstärke sei, so etwas durchhalten zu können.

Im weiteren Gespräch kommen die Themen „christliche Nächstenliebe", das Verzeihenkönnen und anschließend die Vergänglichkeit von uns Menschen auf, was Herrn K. sehr nachdenklich stimmt. Vor der Beendigung dieser Therapieeinheit bitte ich ihn noch einmal, auf das, was er jetzt erlebt hat, zurückzuschauen und es zu benennen. Er reagiert spontan: „Ich habe mir – Ihrer Anregung folgend – nur die Situation vor dem Auftreten meines Schwindels vorgestellt, dann kamen mir diese Gefühle, und alles ging wie von selbst. Jetzt sehe ich erstmals Zusammenhänge." Abschließend steht er selbst auf. Da er im Moment schwindelfrei ist, begleite ich ihn auf die Station und spreche auf dem Weg dorthin über Alltägliches.

Bei unserer nächsten Begegnung am Tag darauf geht es ihm gut. Die Symptome sind so gering, daß er ohne fremde Hilfe kommen kann. Er bezieht sich sofort auf das Gespräch über das Verzeihen und betont, daß eine weitere Begegnung mit der Nachbarin auf Grund der Verletzungen, die er einstecken mußte, sehr schwer sei und ihm wohl Übermenschliches abverlangen würde. Um einen anderen Zugang zu diesem belastenden Thema zu finden, schlage ich ihm ein Rollenspiel vor. Ich biete ihm einen Stuhl an und bitte ihn, sich vorzustellen, auf dem ihm gegenüber befindlichen leeren Stuhl säße „diese" Nachbarin. Seine ausgezeichnete Vorstellungskraft ermöglicht es ihm, die Szene der damaligen Auseinandersetzung so stark zu verdeutlichen, daß sich durch den immer wiederkehrenden Rollenwechsel eine lautstarke Wiederholung der damaligen Situation entspinnt. Ich stehe ihm immer wieder bei und ermuntere ihn, seine Sichtweise klar und deutlich und auch lautstark zu äußern. Herr K. wird dabei sichtbar lebendiger. Er kann sich auch erstaunlich gut in die Rolle der Nachbarin versetzen.

Am Ende dieser Dialogarbeit fühlt er sich sehr gut und verspürt überhaupt keinen Schwindel mehr. Dieser erfreuliche Zustand hält an, und er kann drei Tage später entlassen werden. Vorher teilt er mir noch seinen Entschluß mit, einen Versuch zu unternehmen, mit der Nachbarin „ins reine" zu kommen. Zwei Monate später besucht er mich mit seiner Frau. Es geht ihm nach wie vor gut, das heißt, er ist beschwerdefrei. Beim Händedruck zum Abschied teilt er mir lächelnd mit: „Mit meiner Nachbarin habe ich auch Frieden geschlossen." Ein Jahr später erfahre ich von seiner Tochter, daß es ihm nach wie vor gutgehe.

7.4 Epikrise

Dem diagnostisch-therapeutischen Prozedere auf der Ebene objektiver somatischer Fakten folgt nach einer Woche ein intersubjektiver Ansatz im Rahmen einer körperorientierten Psychotherapie. Angeregt wird dieser Schritt durch die Tochter von Herrn K., die als Krankenschwester schon mehrfach miterleben konnte, daß Psychotherapie anderen Patienten geholfen hat (eine Anregung, die für ihren Vater zum „protektiven Faktor" wird). In der Initialphase des therapeutischen Geschehens liegt eine anamnestisch-diagnostische und vertrauensbildende Zielsetzung, die darin besteht, daß beim ersten Treffen über einen Kontakt eine Begegnung hergestellt wird, die die Grundlage für eine therapeutische Beziehung bildet.

Die kritische Einstellung des Patienten ist als positive Ressource aufzufassen, die ihm in dieser Situation hilft, eine realitätsgerechte Auseinandersetzung zu führen. Zwischen Herrn K. und mir gelingt also ein gemeinsamer Vorgang direkter und ganzheitlicher Begegnung und Auseinandersetzung zwischen beiden Subjekten auf der Leib-, Gefühls- und Vernunftebene über die Themen seines derzeitigen Krankseins und seiner Ängste unter Einbeziehung des Umfelds und der Lebenszeit des Patienten.

Ziel dieser Begegnung ist das Erlangen von Konsens, was die Grundlage für eine Kooperation wird, auch wenn der Konsens zunächst nur darin liegt, daß es sinnvoll sein kann, sich offen und ehrlich um der Gesundheit willen auf Lebenszusammenhänge einzulassen. Dies gelingt auch: Denn aus der Beschreibung, was Psychotherapie ist, kann Herr K. sich vorstellen, daß es Zusammenhänge zwischen Lebenssituationen und körperlichen Manifestationen gibt, und so wächst bei ihm eine Erwartungshaltung bezüglich dieser ihm unbekannten Therapieform. Diese „Neugier", der Leidensdruck und die von mir angebotene freie Entscheidung zur Therapie lassen in ihm nach einer kurzen Bedenkzeit den Entschluß reifen weiterzumachen. Der Patient spricht davon, daß er sich Gedanken gemacht, aber noch keine logische Erklärung für sein Symptom gefunden habe. In dieser Initialphase und der unmittelbar sich anschließenden Aktionsphase werden über das thematische Fokussieren hinaus Stimuli gesetzt, die biographisches Material aktivieren. Schon in der Eingangsphase werden also auch immer therapeutische Prozesse ausgelöst. Dieses „theragnostische" Verfahren (R. Frank, 1976) ermöglicht es dem Patienten und Therapeuten, das Konfliktfeld zu erfassen, die Konfliktkerne aufzufinden und die jeweils relevanten Konfliktkonstellationen deutlich werden zu lassen, um im Prozeß zu verstehen und zu begreifen. In der folgenden Aktionsphase werden diese Konfliktausdrucksformen vertieft und differenziert.

Zu diesem Zeitpunkt der Therapie kommt es auf der Affektebene zu einer emotionalen Erfahrung – über Schluchzen und dann lösendes Weinen –, worin sich Trauer, Zorn und Schmerz über den Konflikt mit der Nachbarin und, wie der Patient mir später sagte, vieler in seinem Leben ähnlich verlaufener Situationen ausdrückt. Seine Vorstellung vom „charaktervollen Handeln" ist zu einer einengenden, chronischen Verhaltensstrategie geworden.

Aus salutogenetischer Sicht hingegen ist seine tiefbegründete religiöse Wertvorstellung, zu der auch gehört, daß er letztlich mit seinen Mitmenschen in Frieden leben will, eine gesundheitsfördernde Quelle. Die imaginierte szenische Evokation der Ereignisse in der Kirche ermöglicht es Herrn K., sich den Zusammenhang zwischen den gegenwärtigen Beschwerden und dem konkreten Erlebnis, der Auseinandersetzung mit der Nachbarin, bewußt zu machen. Diese Vorstellungskraft hilft dem Patienten, seine vorhandene Ich-Stärke, frei von kräftebindendem Haß und Zorn, wieder als positive Ressource zu nützen.

In dieser konfliktorientierten Leibarbeit geschieht demnach über das Weinen das Durchleben eines „leibgespeicherten" Lebensgeschichtsereignisses. Die aufgewühlten körperlichen Reaktionen – das Weinen und andere Emotionen – müssen sich dann auch wieder beruhigen, der gesamte Prozeß muß sich „setzen". Dies geschieht in der Integrationsphase, in der der Patient sein Erleben in der vorhergehenden Aktionsphase durchsprechen kann und einzuordnen versucht. Als Therapeut begebe ich mich auch leibhaftig auf dieselbe Ebene, ich setze mich ihm gegenüber auf die Matte.

Auch das Erleben von guter Alltäglichkeit (die Gespräche mit mir auf dem Rückweg zur Station) und die Zeit zwischen den Therapiestunden sind Erfahrungen, die zur körperlichen, emotionalen und kognitiven Integration beitragen.

In einer solchen intersubjektiven, reflexiven Arbeit geht es zuerst um das Erkennen und in der Folge um das Beseitigen von Sinnlosigkeit in der individuellen und sozialen Realität eines Menschen. Dies gelingt über die Herstellung einer gemeinsamen Auslegung, die neuen Sinn stiftet.

Durch die vielfache Stimulierung – vom Gespräch bis zur Ermunterung –, Bewegungen und Weinen zuzulassen, die Herr K. im Rahmen dieser körperorientierten Psychotherapie erfahren hat, kann er Evidenzerfahrungen machen. Darunter verstehen wir das Zusammenwirken von Körpererleben, gefühlsmäßigen Erfahrungen und rationalen Einsichten, wobei dieses umfassende Geschehen ein grundlegendes „Aha-Erlebnis" für den Patienten sein kann. In diesem Fall führt die Phase der Neuorientierung zur Konsequenz, die zunächst nur gedanklich erfaßt, dann mir gegenüber ausgesprochen und schließlich in der Realität mit der Nachbarin umgesetzt wird.

Körperorientierte Psychotherapien vollziehen sich auf mehreren Ebenen der Tiefung. Darunter verstehen wir das Maß an rational reflektierter Kontrolle, über das der Patient während des therapeutischen Geschehens verfügt. Der Therapeut soll diese Ebenen vom Phänomen her, das der Patient „leibhaftig" bietet, erkennen, um die jeweils angemessene Interventionsstrategie einzusetzen, das heißt, er

muß – wie es ein Kerngedanke der Phänomenologie ausdrückt – vom Leibe her Sinn aus den Sinnen schöpfen. Die Reflexionsebene (erste Ebene der Tiefung) läuft über das Aussprechen von Gedanken und Überlegungen ohne sichtbare emotionale Beteiligung ab. In der zweiten Ebene, der Vorstellungsebene, kommt es zum „Bilderleben", wobei die Erinnerungen sehr plastisch und erlebnisnahe vergegenwärtigt werden.

Zu einer stärkeren Regression kommt es auf der Ebene der Involvierung. Die rationale Kontrolle nimmt weitgehend ab, Gefühle aus der Vergangenheit werden in ihrer Intensität deutlicher und treten ins Hier und Jetzt ein. Am dichtesten verläuft der Prozeß der Involvierung auf der Ebene der autonomen Körperreaktion. Wut, Ärger, Trauer und andere Gefühle, die in der Muskulatur und in der Atmung festgehalten wurden, brechen durch und erschüttern den ganzen Menschen.

Herr K. blieb in der ersten Behandlungsstunde, wo es grundsätzlich um Überlegungen bezüglich Psychotherapie ging, auf der Reflexionsebene. Auf dieser Ebene verblieb der Patient bis zur zweiten Begegnung mit mir, einschließlich der Zeit auf der Station, wo er sich offensichtlich gedanklich weiter mit diesem Thema auseinandergesetzt hatte. In der folgenden Stunde war der Boden des Vertrauens ausreichend, um über die Ebene der Vorstellungen zu einer noch weiteren Regression zu gelangen.

Durch die Intervention, die in der Einladung bestand zuzulassen, was immer auch komme, gelangte der Patient mit seinem Schluchzen und Weinen auf die Ebene der Involvierung. Die Therapie endete dann wieder auf der Ebene der Reflexion, wo sich die kognitive Integration vollziehen konnte.

Während die somatische Medizin in erster Linie eine Funktionsstörung durch pathologisch-anatomische Veränderungen und ihre Ausformungen zu orten versucht und medikamentös dem Patienten beisteht, wurde in dieser Arbeit ein subjektiver Sinnzusammenhang gesucht. Diese Einbeziehung und Mitverwendung des Subjektiven (beim Patienten und beim Therapeuten) macht das grundlegend Andere aus gegenüber den herkömmlichen naturwissenschaftlichen Disziplinen. Diese Art von therapeutischer Beziehung gestattet keine vom Geschehen losgelöste Objektivität. Auch erschließen sich wesentliche Teile der psychotherapeutischen Prozesse, die im Rahmen einer intersubjektiven Korrespondenz ablaufen, einem außenstehenden Beobachter nicht. Es ergibt sich eine Art Unschärferelation. Je mehr sich der Therapeut dem Erleben in der therapeutischen Beziehung entzieht, desto mehr verschließt er sich dem heilenden Faktor der Beziehung (Schweizer Charta, 1991).

Veränderung (Heilung) kann beim Patienten auch nicht geschehen, wenn der Psychotherapeut keine kritische, theoriegeleitete Reflexion seines eigenen Wahrnehmens und Erlebens in der therapeutischen Beziehung leistet. Als Therapeut, der alle sich zeigenden Phänomene beim Patienten und bei sich selbst beachtet, bin ich immer in die Ereignisse meiner Beobachtungen involviert. Ich bin Teil einer Handlung, die sich als Interaktion zwischen mir und dem Patienten abspielt. Ich bin somit in einer unauflösbaren Dialektik zwischen dem „In-Beziehung-Sein" und der exzentrischen Betrachtung des Patienten und meiner eigenen Person.

Der phänomenologische Zugang versteht sich hier als das, was von mir als Therapeut wahrgenommen, erkannt und erfaßt wird und was ich somit mir und anderen erklären kann. Ich zeige mich hiermit als ein Mensch, der die Tatsache, daß ich selbst Kranksein und Leid erlebt habe, in meine Arbeit mit kranken Menschen mit einbringt, um so zu einer Erhellung der inneren Sinn- und Motivationszusammenhänge bei meinen Patienten durch die eigenen Anmutungen zu gelangen (S. Walch, 1991).

Weil sich die Phänomenologie auf Beschreibungen der menschlichen Existenz versteht, verhält sie sich neutral gegenüber Unterscheidungen von Psychischem und Physiologischem, was bedeutet, daß auch Beschreibungen von Strukturen über den naturwissenschaftlichen Weg, wie EEG oder CCT, mit einbezogen werden. Die Phänomenologie läßt also breiten Raum für naturwissenschaftliche Erkenntnisse und sichert sich damit gegen den Vorwurf bloßer Spekulationsfreudigkeit und billigen Intuitionismus ab. Der phänomenologisch ausgerichtete Behandler soll Zeugnisse jeder Art zur Kenntnis nehmen (und soll dies auch können). Neben wissenschaftlichen Ergebnissen muß er sich auch an die unwillkürliche Lebenserfahrung in ihren leisesten, oft unmerklich erscheinenden Entwürfen von Gesten und Bewegungen herantasten – und das noch Unverfügbare verfügbar machen.

Abschließend einige Überlegungen zu den Risiken in der körperorientierten Psychotherapie:

Wenn wir in Anlehnung an die Phänomenologen, insbesondere Merleau-Ponty (1966), davon ausgehen, daß der Leib (Körper-Seele-Geist-Subjekt) die jeweilige Person ist, wirken Manipulationen am Leib unmittelbar verändernd auf die Person. Wenn, wie Gabriel Marcel (1967) schreibt, die ganze Biographie – alles Positive und alles Negative – im Leib eingefangen ist, das heißt das Schicksal von Menschen die Geschichte ihres Leibes ist, dann ist der Leib fleischgewordene Geschichte.

Damit wird jede Körperintervention zu einer existentiellen Intervention, die die Integrität des Patienten fördern, stören oder zerstören kann. Sie verlangt deshalb vom Therapeuten große persönliche Integrität und ein ausreichendes Können. Wenn wir in der körperorientierten Therapie einen Leidenden berühren, gilt es, sich dieser weitreichenden Auswirkungen gewahr zu sein, denn „es wird ein Mensch in die Hand genommen" (K. Dürckheim, 1978).

Entscheidend ist somit bei allen lehr- und lernbaren körperorientierten Therapierichtungen in der Psychotherapie unter den vielen bekannten Wirkfaktoren die zwischenmenschliche Dimension, die getragen sein soll von der Verantwortung für den anderen.

Beitrag 8
Der vierte Therapieversuch

von Susanne Altmeyer, Ernst R. Petzold

8.1 Einleitung

Auf der Suche nach einer Medizin, die dem Menschen gerecht wird, stoßen wir, wenn wir uns in der Geschichte umschauen, auf die medizinische Anthropologie Viktor von Weizsäckers. Weizsäcker benutzte den Begriff „medizinische Anthropologie" erstmals 1926 in der Zeitschrift „Die Kreatur", die er zusammen mit dem Philosophen Martin Buber und dem Theologieprofessor J. Wittig herausgab. Als Grundlagen der Begriffsbildung für die anthropologische Medizin dienten ihm neben den medizinischen Grundlagen Freuds Psychoanalyse und Max Schelers philosophische Überlegungen sowie der von ihm entwickelte Gestaltkreis – eine Theorie der psycho-physiologischen Ganzheit. Sein Konzept beinhaltet die Überwindung der Trennung zwischen psychosomatischen und organischen Erkrankungen. Dies bedeutet letztlich, daß jede organische Erkrankung psychisch bedingt oder zumindest mitbedingt ist und somit ein Produkt aller Faktoren, die von außen oder innen auf den Menschen einwirken (s. Abb. 2.4).

Für ärztliches Handeln wird damit ein umfassendes Verständnis eines Patienten Voraussetzung dafür, sinnvoll therapeutisch tätig werden zu können. Seine Einführung des Subjekts in die Medizin meint ja gerade dies: Neben der Krankheit eines Patienten muß auch die Person des Patienten wahrgenommen werden, als Person innerhalb der Erkrankung. Weizsäcker stellte die Wichtigkeit der biographischen Anamnese heraus, um dieses Verständnis möglich werden zu lassen, allerdings immer bezogen auf die Pathogenese einer Erkrankung. Die Kenntnis der Lebensgeschichte eines Patienten sollte ihm Antwort auf die Fragen geben: Warum gerade hier? Warum gerade jetzt? Warum gerade so?

Als A. Antonovsky viele Jahre später die salutogenetische Idee formulierte, interessierte ihn die Umkehrung dieser Fragen. Wieso gab es Menschen, die an bestimmten Orten, zu bestimmten Zeiten, unter bestimmten Bedingungen *nicht* krank wurden, obwohl viele andere Menschen unter gleichen Umständen dies wurden? Wie meisterten Menschen Krisensituationen, ohne krank zu werden, was half ihnen, Krankheit zu überwinden?

Diese salutogenetischen Fragen müssen neben den Fragen zur Pathogenese gestellt werden, um ein Gesamtverständnis für einen Patienten zu ermöglichen. Dies ist nichts grundsätzlich Neues. Viktor von Weizsäcker war im Ersten Weltkrieg als Truppenarzt eingesetzt worden und machte in dieser Zeit viele Erfahrungen

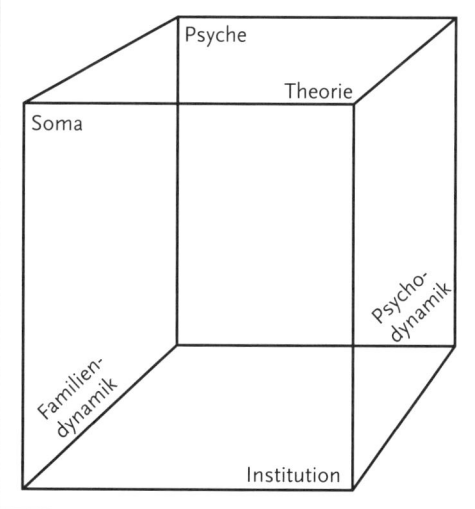

Abb. 2.4: Der simultandiagnostische und simultantherapeutische Würfel

mit einer Medizin unter Extrembedingungen. Es standen ihm nur sehr primitive medizinische Mittel zur Verfügung, und dennoch gab es Soldaten, die eine Krankheit unkompliziert und schnell überstanden. Er erkannte, daß die „seelischen Grundlagen des Gesundungswillens eine wichtige Rolle spielen" und formulierte damit eine zentrale salutogenetische Idee (T. Henkelmann, 1986).

Salutogenetische Gesichtspunkte stellen eine Ergänzung zu den üblichen pathogenetischen Konzepten dar. Informationen über die Salutogenese des Gesundheitszustands eines Menschen erhalten wir aus seiner Lebensgeschichte, wie die biographische Anamnese sie uns zeigt. Bei einem ernstgenommenen salutogenetischen Konzept sind hierbei die Psychodynamik, die Familiendynamik und die soziokulturellen Einbindungen eines Patienten zu berücksichtigen.

Salutogenese und Pathogenese sind Konzeptionen, die oft als einander ergänzend und komplementär nebeneinandergestellt werden (F. Lamprecht, 1994). Nach unserer Einschätzung ist der salutogenetische Begriff der umfassendere (s. Abb. 2.5).

Eine Erkrankung mit ihren Ursachen stellt einen Teilaspekt einer Persönlichkeit dar, der unterschiedliche Ausprägung und Gewichtung haben kann. Auch die Eingebundenheit des Patienten in den Krankheitsprozeß kann unterschiedlich sein, dies kann von der völligen Absorption durch die Erkrankung über die Möglichkeit der Distanzierung bis letztlich zu ihrer Integration und Überwindung reichen. Sinnvolle Therapie besteht nach dieser Sichtweise darin, dem Patienten Hilfestellung dabei zu leisten, die Einengung durch seine Erkrankung zumindest gedanklich zu überwinden, um so Zugang zu seinen Ressourcen und Kompetenzen zu erlangen. Dies beinhaltet unter anderem eine Reaktivierung seiner kreativ gestalterischen Potentiale sowie eine Aufschlüsselung familiendynamischer Zusammenhänge und der Bedeutung von soziokulturellen Faktoren.

8.2
Ausgangssituation

Mitte Oktober 1995 stellte sich Katharina B., eine hübsche, 20 Jahre junge Frau, in unserer Psychosomatischen Ambulanz vor. Sie war groß und schlank, hatte kurze blonde Haare und war leger gekleidet. Sie machte einen aufgeweckten und selbstbewußten Eindruck, und allein ihre etwas angeschwollenen Backen gaben vom Äußeren her einen Hinweis auf eine Erkrankung.

Sie berichtete, daß sie von Bekannten gehört habe, daß einer der Schwerpunkte unserer Klinik die Behandlung von Patienten mit Eßstörungen sei. Sie selber leide seit ca. $2^{1}/_{2}$ Jahren unter einer Bulimie und habe bisher drei ambulante Therapien bei niedergelassenen Therapeuten begonnen. Die beiden ersten habe sie schon nach wenigen Stunden abgebrochen, die dritte bei einer niedergelassenen Gynäkologin und Psychotherapeutin dauere inzwischen 25 Therapiestunden an, „bringe ihr aber nichts". Ihre Symptome hätten sich in letzter Zeit eher verstärkt, und sie fühle sich in der Therapie nicht ernst genommen. Sie wolle aber ihre Eßstörung, die sie sehr belaste, unbedingt loswerden und deshalb einen neuen Versuch bei uns starten.

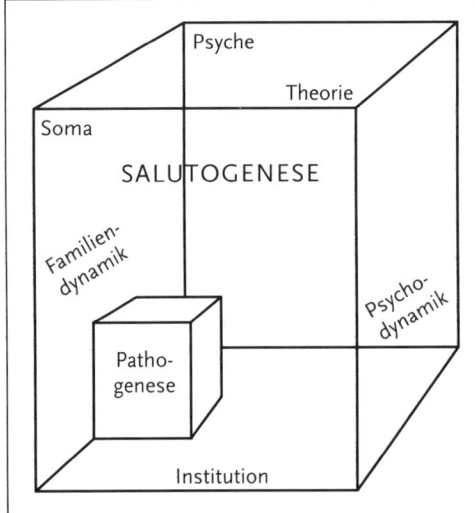

Abb. 2.5: Veranschaulichung des salutogenetischen Konzeptes anhand des simultandiagnostischen bzw. simultantherapeutischen Würfels

8.3
Anamnese

Die ersten bulimischen Symptome in Form von Eß- und Brechanfällen traten bei Frau B. im Alter von 17 Jahren auf. Sie besuchte damals die 12. Klasse eines Gymnasiums und lebte bei ihren Eltern, einem Unternehmer und einer Apothekerin. Der Beginn der Erkrankung fiel in eine Zeit, in der die Ehe der Eltern einer großen Belastung wegen einer außerehelichen Beziehung des Vaters ausgesetzt war. Als der Vater wenige Monate später auszog, steigerten sich die Symptome noch. Frau B. litt sehr unter der gespannten häuslichen Situation und zog ein halbes Jahr, nachdem sie ihr Abitur bestanden hatte, aus und in ein kleines Zimmer um. Der Vater kehrte in dieser Zeit in die gemeinsame Wohnung zu seiner Ehefrau zurück. Die Freß- und Brechanfälle von Frau B. wurden nach dem Auszug wieder seltener und fanden zunächst nur noch an Wochenendbesuchen bei den Eltern statt.

Sie begann ein Chemiestudium, das sie nach zwei Semestern trotz bestandener Klausuren wieder abbrach, da sie mit dem Lernen nicht zurechtkam. Situationen vor Prüfungen, die mit intensivem Lernen verbunden waren, führten einige Wochen nach dem Auszug ebenso wie andere Konfliktsituationen zu Freßanfällen mit anschließendem Erbrechen. Dies wiederum ließ Versagensgefühle entstehen, vergrößerte die Angst vor Prüfungen noch mehr und mündete in weitere Freßanfälle, ein Circulus vitiosus, aus dem Frau B. sich nicht mehr befreien konnte.

Nach dem Abbruch des Studiums beschloß sie, eine Lehre als Apothekenhelferin zu beginnen und wartete zum Zeitpunkt der Vorstellung in unserer Klinik auf einen Ausbildungsplatz. Um die Wartezeit zu überbrücken, absolvierte sie ein Praktikum in einer Theaterwerkstatt.

Im folgenden einige für ihre Erkrankungen möglicherweise relevante Daten aus ihrer Biographie: $1\frac{1}{2}$ Jahre vor ihrer Geburt hatte die Mutter eine erste Niederkunft. Dieses Baby war eine Frühgeburt (wohl wegen Myomen, die bei der Mutter in der Schwangerschaft aufgetreten waren) und lebte nur fünf Tage. Die Ärzte hätten damals zu einer schnellen zweiten Schwangerschaft geraten, die sich auch einstellte. Diese war im wesentlichen unauffällig, und es kam zu einer unproblematischen Geburt. Die Mutter war bei der Geburt 31 Jahre, der Vater 36 Jahre alt. Im Wochenbett litt die Mutter von Frau B. unter einer Wochenbettdepression, die so gravierend war, daß das Neugeborene fast ausschließlich von einer Amme versorgt werden mußte.

Bevor Frau B. ein Jahr alt war, begann die Mutter wieder zu arbeiten, so daß sie früh von Kindermädchen betreut wurde. Unter anderem verbrachte sie zwei Jahre lang die Vormittage in einer Tagesfamilie mit zwei anderen Kindern, in der es ihr wohl sehr gut gefiel. Mit drei Jahren fielen bei ihr rezidivierende ikterische Schübe auf, und es kam nach einigen Untersuchungen zur Diagnose eines Common-channel-Syndroms und zu einer operativen Revision mit Cholezystektomie. Die Ärzte empfahlen damals eine Neueinpflanzung des Ductus choledochus nach Abklingen aufgetretener entzündlicher Erscheinungen. Da Frau B. nach der Operation über zehn Jahre vollkommen beschwerdefrei war und erst im Sommer 1989 Beschwerden in Form von kolikartigen Bauchschmerzen auftraten, fand diese zweite Operation erst im Oktober 1989 statt (Hepatojejunostomie nach der Roux-Y-Technik, Bildung einer Invaginationsklappe).

Frau B. wurde von den behandelnden Ärzten damals informiert, daß sie Verdauungsbeschwerden haben könnte, wenn sie fettreiche Nahrung zu sich nehme. Aktuell litt sie oftmals unter Blähungen und Magenschmerzen, vor allem nach häufigem Erbrechen, aber auch nach Nahrungsaufnahme am späten Abend oder nach sehr fettigem Essen.

8.4
Therapieverlauf

Wir verabredeten mit Frau B. beim Erstgespräch, nach Erheben der Anamnese über die Indikation zur Einzel- oder Gruppentherapie zu entscheiden. Vorher thematisierten wir die bisherigen Behandlungsabbrüche. Als Gründe nannte Frau B. lange Wartezeiten trotz fester Termine, fehlendes Vertrauen zu den Therapeuten, Enttäuschung über Unverständnis von seiten der

Therapeuten und anderes mehr. Es wurde ein starkes Bedürfnis nach Richtlinien deutlich. Wir schlossen einen Behandlungsvertrag mit ihr ab, der unter anderem die Einhaltung der Termine von beiden Seiten beinhaltete (bei den ersten Therapeuten war sie mehrmals einfach nicht gekommen). Ihren Wunsch, auch von dieser Therapeutin geduzt zu werden, verstanden wir gemeinsam als einen Wunsch nach Symbiose.

Wir entschieden uns für eine Kombination aus Einzel- und Gruppentherapie. Verabredet wurden wöchentliche einzeltherapeutische Sitzungen und Gruppentherapie in zweiwöchentlichen Abständen. Hierbei war die Gruppe eine halboffene, gemischte Gruppe aus ambulanten Patienten, die zusätzlich beim Gruppenleiter oder bei seiner Kotherapeutin in Einzeltherapie waren. Außerdem planten wir ein Familiengespräch zu einem möglichst frühen Termin.

Thema der einzeltherapeutischen Sitzungen war zunächst eine Analyse des Eßverhaltens von Frau B. Dies war verbunden mit dem Einführen eines Essenstagebuchs sowie der Protokollierung von Eß- und Brechanfällen. Die Therapeutin machte Frau B. außerdem mit dem Prinzip des „Summens und Winkens" vertraut. Dies entstammt dem Therapieprogramm der Psychologen Pearson und Pearson, die in den USA Workshops für eßgestörte Patienten veranstalten. „Summen" betrifft hierbei Nahrungsmittel, nach denen man zu einer bestimmten Zeit ein echtes Bedürfnis verspürt. Etwas, was „summt", ist hierbei „wie eine Melodie, die einem nicht aus dem Kopf geht; wenn man in sich hineinlauscht, sie gerade zu hören" (L. Pearson u. L. Pearson, 1977). Nahrungsmittel, die „winken", sind verlockend, z.B. wenn man an einer Bäckereiauslage vorbeigeht und die süßen Konfektdüfte einem in die Nase steigen. Ziel dieses Trainingsprogramms ist es, die Teilnehmer für echte Bedürfnisse zu sensibilisieren, um so letztlich Genuß und Befriedigung durch Essen erreichen zu können.

Es kam in dieser ersten Zeit zu einer deutlichen Reduktion der Eß- und Brechanfälle. Dies hing möglicherweise zusammen mit einem Leistungsdruck, unter den Frau B. sich stellte: Diese vierte Therapie mußte jetzt einfach gelingen. Wie sie später berichtete, wollte sie die Therapeutin nicht enttäuschen. Nach wenigen Wochen folgte eine Periode sehr häufiger Freßanfälle. Dies bot die Gelegenheit, die Situationen, die zu solchen Freßanfällen führten, zu analysieren, und es wurde bald ein Muster deutlich: Essen vermeidet Gefühle wie Traurigkeit, Neid oder Einsamkeit. Frau B. konnte in dieser Zeit damit beginnen, über ihre Eßstörung in der Gruppe zu berichten, was ihr in den ersten drei Sitzungen nicht möglich gewesen war.

Etwa drei Monate nach Therapiebeginn fand ein Familiengespräch mit allen Familienmitgliedern statt. Geleitet wurde es von der Einzeltherapeutin von Frau B. und einem Kollegen aus der Poliklinik, als Beobachter fungierten der Leiter der Gruppentherapie und ein PJ-Student. Folgende Thesen stellten die Therapeuten und die Beobachter nach dem Gespräch auf:

1. Die Eltern werden möglicherweise von Schuldgefühlen geplagt, weil sie glauben, durch ihre Trennung und die vorangegangene Familienkrise das Symptom ausgelöst zu haben.
2. Die Funktion des Symptoms in der Familie scheint eine zusammenhaltende zu sein:
   - Der Vater kümmert sich mehr um die Tochter und kehrt zur Frau zurück.
   - Die Mutter ist weiterhin immer für die Tochter da.
   - Die Tochter (Frau B.) sorgt dafür, daß die Eltern weniger streiten und sich aus Sorge um die Tochter zusammenreißen.

Die Rückmeldung der Therapeuten an die Familie bestand darin, daß sie zentripetale und zentrifugale Kräfte beschrieben, die ihnen in der Familie aufgefallen waren. Das Vorhandensein von solchen Kräften, wie z.B. Ablösungstendenzen von Töchtern, die erwachsen werden oder Zeiten der Distanzierung bzw. Wiederannäherung bei Ehepaaren, beschrieben sie als eine Realität, die in jeder Familie eine Rolle spielt. Die Hypothese der Therapeuten ging nun dahin, daß das Symptom von Frau B. ein Ausdruck dafür sein könnte, daß ein starkes Ringen dieser verschiedenen Kräfte untereinander herrscht. Sie stellten die Indikation, die beiden Generationen getrennt weiterzubehandeln, also Frau B. einzeltherapeutisch und weiterhin in der Gruppe und die Eltern möglicherweise in einer Paartherapie.

Die Reaktion von Frau B. auf das Familiengespräch bestand zunächst in regressiven Tendenzen. Ein Beispiel aus der zweiten Therapiestunde nach der Familiensitzung zeigt hierbei einen interessanten Aspekt aus der Patient-Therapeut-Beziehung:

Frau B. (sie trug ein Spängchen im Haar und unförmige Kleidung, sie sah sehr kindhaft aus): „Die letzten Tage waren ganz furchtbar. Ich komme mir nutzlos und überflüssig vor und weiß gar nicht, wie ich meine Tage rumkriegen soll. Mit dem Essen ist es schlimmer denn je. Ich stopfe nur noch alles in mich rein, kotze es dann wieder raus. Ich bin so unruhig und nervös."
Therapeutin: „Wie alt fühlen Sie sich jetzt?"
Frau B.: „Ich weiß nicht; sehr klein" (sie fing an zu weinen). „Können Sie bitte Ihre Uhr ausziehen? Sie wissen, daß es mich manchmal so nervös macht, Uhren zu sehen." (Sie hatte vorher einmal erzählt, daß sie durch Uhren an die Zeit, die sie sinnvoll ausfüllen müßte, aber nicht kann, erinnert wird).
Therapeutin: „Ich habe es zur Kenntnis genommen, daß Sie meine Uhr stört. Ich möchte sie aber nicht ausziehen, da sie mir meine eigene Zeit anzeigt."
Die Patientin akzeptierte das und veränderte ihr Verhalten. Sie saß aufrechter, weinte nicht mehr, der Tonfall ihrer Stimme war deutlich erwachsener.

In den Folgemonaten standen der Beginn ihrer Lehre als Apothekenhelferin und die damit verbundenen Anforderungen sowie die Veränderung des Verhältnisses zu ihren Eltern im Mittelpunkt. Sehr deutlich war, daß in Zeiten, in denen Schwierigkeiten auftraten, das Essen eine größere Bedeutung erhielt. Die Funktion der darauf folgenden Eß- und Brechanfälle schien zum einen in der eines Ventils zu bestehen, um Unlustgefühlen Ausdruck zu verleihen; zum anderen stellten die Anfälle eine Vermeidung der Auseinandersetzung mit schwierigen Situationen dar.
Ein Beispiel: Frau B. hatte wegen ihrer Vorerfahrung in Chemie ein halbes Berufsschuljahr überspringen können, stand dadurch jetzt aber vor einer Klausur, zu der ihr der Stoff von mehreren Monaten fehlte. Drei Tage vor dieser Klausur kam es zu ständigen Eß- und Brechanfällen, damit verbundenen Schuldgefühlen und weiteren Eß- und Brechanfällen, so daß ihr gar keine Zeit mehr zum Lernen blieb. In der Therapiestunde konnte dieser Kreislauf aufgeschlüsselt werden: zum einen als Ausdruck von Protest gegen diese Überforderungssituation, zum andern als Flucht vor dem Lernen. Frau B. entwickelte selbst die Idee, sich Mitschüler zum Lernen zu suchen und zusätzlich einen Lernplan aufzustellen.

Gegenüber ihren Eltern distanzierte sie sich in dieser Zeit zunehmend. Gelegentliche Kontakte führten regelmäßig zu Symptomverstärkungen, Phasen mit wenig Kontakt zu zum Teil wochenlangen symptomfreien Intervallen. Frau B. nutzte vor allem die gruppentherapeutischen Sitzungen, um über ihr Verhältnis zu den Eltern zu reden. Einige der anderen Mitglieder waren im Alter ihrer Eltern, andere hatten in ihrem Elternhaus Verwahrlosung und körperliche Mißhandlung erlebt, so daß Frau B. im Austausch mit den anderen eine Relativierung und Neubewertung ihrer eigenen Erfahrungen ermöglicht wurden. Neun Monate nach Therapiebeginn hatte sich die Einstellung von Frau B. zum Essen deutlich verändert. Lustvolles Essen war ihr inzwischen wieder möglich geworden. Wenn es zu gelegentlichen Freßanfällen kam, konnte sie oft sehen, daß hinter dem Drang zu essen andere Gefühle steckten.
Ein Beispiel: Sie bekam in der Apotheke, in der sie arbeitete, von ihren beiden Vorgesetzten kurz hintereinander verschiedene Anweisungen, die zeitlich unmöglich vereinbar waren. Es kam zu Mißverständnissen und Streit, bis bei ihr die Tränen flossen. Im Unterschied zu sonst hatte sie in dieser kritischen Situation nicht ausschließlich ans Essen gedacht, sondern sie hatte gemerkt, daß sie weinen wollte. Sie tat es dann auch, drückte also ihr Gefühl nach außen aus und signalisierte den Vorgesetzten, daß ein Problem besprochen werden mußte. Es konnte auf diese Weise gelöst werden, ohne daß sie etwas essen mußte.

Die Eltern von Frau B. hatten in der Zwischenzeit an mehreren Paargesprächen teilgenommen. Zu ihrer Mutter hatte Frau B. inzwischen wieder engeren Kontakt, den sie selbst als freundschaftlicher als vorher beschrieb. Ganz ungewohnt für sie sei, daß ihre Mutter sich jetzt manchmal mit ihr streite. Sie fand das seltsamerweise gar nicht unangenehm. Der Kontakt zum Vater, der beruflich sehr eingebunden war, ergab sich eine Zeitlang nur sehr sporadisch. Als er dann einen Herzinfarkt erlitt, besuchte sie ihn regelmäßig, und ihre Beziehung verbesserte sich deutlich.

Ein Jahr nach Therapiebeginn endeten die einzeltherapeutischen Sitzungen (insgesamt 40), eine Fortsetzung der Gruppentherapie für die Dauer von einem weiteren Jahr wurde für die weitere Stabilisierungs- und Individuationsphase verabredet.

8.5
Epikrise

Nach einjähriger ambulanter einzel- und gruppentherapeutischer Behandlung, während der auch eine familientherapeutische Sitzung eine wichtige Rolle spielte, war es bei Frau B. zu einer deutlichen Reduktion der bulimischen Symptome gekommen. Subjektiv empfand sie eine wesentlich höhere Lebensqualität als zu Behandlungsbeginn, sie war nicht mehr auf den Mechanismus des Essens und Erbrechens als Ventil bei Krisen angewiesen, sondern fühlte sich fähig zu aktiven Auseinandersetzungen mit Problemen. Lustvolles Essen war ihr wieder möglich geworden.

Drei andere ambulante Psychotherapien hatte Frau B. vor dieser Behandlung schon abgebrochen, sie war also auf dem Weg zu einer Krankheitskarriere. Als Gründe dafür nannte sie lange Wartezeiten trotz fester Termine, fehlendes Vertrauen zu den Therapeuten und Enttäuschung über Unverständnis von seiten der Therapeuten. Es war also zu keinem Arbeitsbündnis gekommen.

Die Therapeuten der hier beschriebenen Therapie zogen daraus die Konsequenz, daß sie von Anfang an einen Behandlungsvertrag mit Frau B. abschlossen. Auch bestanden sie auf der Anrede „Sie", was den Charakter des Arbeitsbündnisses unterstrich. In der Einzeltherapie gab die Therapeutin der Patientin zunächst einige verhaltenstherapeutische Elemente an die Hand, mit deren Hilfe Frau B. lernen konnte, ihr Eßverhalten zu verändern. Außerdem erarbeiteten Therapeutin und Patientin gemeinsam ein Verständnis für die Bedeutung des Symptoms und seine Funktionen. Einen wichtigen Beitrag hierzu leistete eine familientherapeutische Sitzung, nach der Frau B. sich deutlicher vom Elternhaus ablösen konnte. Dies ermöglichte ihr, ein freundschaftliches Verhältnis zu den beiden Elternteilen herzustellen, das weniger von Kontrolle und Abhängigkeit geprägt war. Das Symptom wurde in der Therapie akzeptiert als Problembewältigungsstrategie, die aber wegen ihrer Ineffizienz auf Wunsch der Patientin ersetzt werden sollte. Die Therapie hatte die Funktion, Frau B. auf der Suche nach Alternativen zu unterstützen und dabei die vorhandenen Ressourcen der Patientin auszuschöpfen.

Werfen wir nochmals einen Blick auf den „Simultandiagnostischen Würfel" (Abb. 2.4): In unserem Fallbeispiel können wir hier an salutogenetischen Faktoren zum Beispiel nennen:
- im Bereich des Körpers die *Genesung* nach der Operation der Gallenwegserkrankung
- im Bereich der Psyche die *gute Introspektionsfähigkeit* sowie die *Selbständigkeit* von Frau B.
- im Bereich der Familiendynamik die *Offenheit* der Familienmitglieder untereinander
- im Bereich der Psychodynamik die *rasche Einstellung* einer Übertragungsbeziehung sowie die Möglichkeit zu ihrer Reflexion

Die Patientin besaß also sozusagen eine „große salutogenetische Potenz". Pathogenetische Faktoren (wie z.B. auf körperlicher Ebene ein Völlegefühl nach der Aufnahme von fetthaltigen Speisen, auf psychischer Ebene eine Selbstwertproblematik, familiendynamisch der Partnerschaftskonflikt der Eltern, psychodynamisch ein zeitweises Verharren in Regression) spielten demgegenüber von ihrem Ausmaß her eine eher geringe Rolle, gewannen für Frau B. jedoch immens an Bedeutung, wenn sie sich ins Zentrum dieser Probleme begab und sich somit der

Blick auf ihre eigentliche Bedeutung verschloß. Der Blick aus dem „Kerker der Erkrankung" ermöglicht so eine Distanzierung von krankmachenden Faktoren und im Idealfall ihre Integration und Überwindung.

Abschließend möchten wir noch kurz auf einen familientherapeutisch relevanten Punkt in der Falldarstellung eingehen. Die hier beschriebenen Symptome tauchten auf, als die Ehe der Eltern zu zerbrechen drohte; als sie wieder verschwanden, erlitt ihr Vater einen Herzinfarkt. Dieser deutliche Hinweis auf die Funktionalität der Symptome von Frau B. deutet darauf hin, daß es Zusammenhänge und Regeln in dieser Familie gibt, die in einer familientherapeutischen Sitzung natürlich nicht entschlüsselt werden konnten. Vielleicht wäre in einer weiteren Sitzung einmal thematisiert geworden, daß die Eltern wegen der Karriere des Vaters kurz nach der Geburt von Frau B. aus ihrer Heimatstadt Basel nach Deutschland zogen, daß die Mutter von Frau B. dort sehr oft mit der Tochter alleine war und lange unter einer starken Isolation litt. Es kam nicht zu einer zweiten familientherapeutischen Sitzung, weil für das zu lösende Problem zu diesem Zeitpunkt die Einzel- und Gruppentherapie sinnvoller erschienen. Der Familie wurde die Möglichkeit offengehalten, zu einem späteren Zeitpunkt zu einem zweiten Familiengespräch zusammenzukommen.

Wir glauben, daß allein dieses Angebot eine Fortführung darstellt, so daß Viktor von Weizsäckers Antwort auf die Frage nach dem wirksamen Agens bei der Persönlichkeitsentwicklung, die er in „Fälle und Probleme" (V. von Weizsäcker, 1988) gab, hier zweifach zutrifft: „Das ungelebte Leben ist wirksam, nicht das Geschichtsbild, in dem die großen Männer, die gefüllte Blüte der Kulturen, die ausgelebten Leidenschaften und die ausgeführten Pläne der Vernunft als wesentlich dastehen. Ich sage: Nicht dieses Geschichtsbild des gelebten Lebens zeigt uns die Kräfte, die die historisch wirksamsten waren, sondern, so behaupte ich hier, die unrealisierten Möglichkeiten, das ungelebte Leben sind die Kraft, die das Leben vorwärtstreibt, zu sich und das heißt: über sich hinaus."

Beitrag 9
Salutogenese im biopsychosozialen Konzept: Eine Diskussion anhand von zwei Patientenbesprechungen

von Steffen Eychmüller, Marzio Sabbioni

Salutogenetische Überlegungen sind fester Bestandteil eines biopsychosozialen Medizinkonzepts (T. v. Uexküll, W. Wesiack, 1996), insbesondere wenn dieses im Rahmen einer medizinischen Abteilung mit rehabilitativen und psychotherapeutischen Aufgaben umgesetzt werden soll. Dies setzt ein diagnostisches Instrument voraus, mit Hilfe dessen jene Bereiche erkannt werden können, die zur Salutogenese (z.B. im Rahmen der Hilfe zur Selbsthilfe) herangezogen beziehungsweise wiederbelebt werden können.

Die Arzt-Patienten-Beziehung, und damit die Anamneseerhebung (R. H. Adler, W. Hemmeler 1992), ist in dieser Hinsicht eines der wichtigsten Instrumente. Die dadurch gewonnenen Eindrücke und Informationen werden zusammen mit den medizinischen Daten (Körperuntersuchung, Zusatzuntersuchungen) gewichtet und mit den Eindrücken und Interpretationen der einzelnen Arbeitsbereiche (Pflegebereich, Physiotherapie, Ergotherapie, Sozialdienst, Arzt/Ärztin) in gemeinsamer, wiederholter Besprechung kontinuierlich integriert.

Jeder Arbeitsbereich ist demnach zweifach gefordert: diagnostisch und therapeutisch. Bei der Kürze der zur Verfügung stehenden Zeit (infolge Kosten- bzw. Einsparungsdruck, vor allem seitens der Krankenkassen und Versicherungen) – in der Regel drei Wochen – geht es in unserer Abteilung ganz wesentlich um Weichenstellungen und die Erarbeitung eines mittelfristigen Therapieplans, häufig auch nur um das Vermeiden weiteren Schadens. Hierbei geben die erarbeiteten und gewichteten „Brennpunkte" und Ressourcen auf den verschiedenen Ebenen (biopsychosozial) die Therapierichtung an: Liegt bei einem Patienten das zukünftige Hauptaugenmerk auf der Erlernung einer Entspannungstechnik und einer ergonomischen Sitzposition, bei einem anderen auf einer sozialarbeiterischen Unterstützung im familiären Bereich, kann beim dritten die Einleitung einer langfristigen Psychotherapie als hilfreich erachtet werden. Dies liegt am breiten Krankheitsspektrum unserer Abteilung, der meist kurzen Hospitalisationsdauer und am akutmedizinischen Auftrag, der durch Frührehabilitation überwiegend zerebrovaskulärer Leiden, Behandlung chronischer Schmerzleiden, Palliativmedizin (vor allem in der Onkologie) und sogenannte psychosomatische Erkrankungen gekennzeichnet ist. Eine längerdauernde Psychotherapie im engeren Sinn kann in der Regel nicht der unmittelbare Zweck, sondern muß häufig als Ziel einer stationären Behandlung in unserer medizinischen Abteilung formuliert werden, wenngleich das Verständnis für psychologische Prozesse psychoanalytischen Gesichtspunkten folgt.

Die Disposition für eine Psychotherapie stellt demnach keine Vorbedingung für eine Hospitalisation dar, so daß die Eintrittsschwelle gerade für Patienten mit psychosomatischen Leiden tief liegt. Das heißt: Gesundungsprozesse erfordern bei den in unserer medizinischen Abteilung behandelten Patienten in der Regel mehr Zeit, als für die Hospitalisation zur Verfügung steht. Unsere Aufgabe macht nur im Rahmen einer Behandlungskette Sinn. Eine gute Übergabe an die Weiterbehandelnden und deren Einbeziehung sind ein wesentlicher, vielleicht der wichtigste Auftrag neben der Erweiterung der Krankheitssicht beim Patienten selbst. Trotz der institutionell und vom gemeinsamen Medizinverständnis her sehr guten Voraussetzungen zur Annäherung an die individuelle Patientenwirklichkeit (T. v. Uexküll, W. Wesiack, 1996) in unserem Krankenhaus fällt es deshalb schwer, Patientengeschichten unter dem Blickwinkel „Salutogenese" zu beleuchten, eine solche Behauptung könnte gar wie eine Anmaßung wirken.

9.1
Geschichte A

9.1.1
Ausgangssituation

Die blasse, korpulente, nur gebrochen deutsch sprechende, knapp 50jährige Frau Z. hält sich beim Betreten des Untersuchungszimmers die rechte Schulter, signalisiert Vorsicht bei Berührung der dem Arzt zur Begrüßung nur wenig vorgestreckten rechten Hand und nimmt langsam und mit sehr leidendem Gesichtsausdruck Platz. Sie kommt zu einem dreiwöchigen stationären Aufenthalt, eingewiesen vom Hausarzt, der im Überweisungsschreiben seine Resignation und Hilflosigkeit andeutet.

Mit Steigerung zu den Abendstunden hin bestehen unter den bisherigen Maßnahmen therapierefraktäre Schmerzen im Bereich der rechten Halsseite, der rechten Schulter, im gesamten rechten Arm bis zur Hand sowie im Bereich der gesamten rechten Brust. Linderung ergibt sich am ehesten durch Anwendungen von kalten Umschlägen sowie durch Aufenthalte in Frankreich. Verschlechterung tritt bei gutem Wetter wie auch bei stärkerer körperlicher Anstrengung ein, beziehungsweise bei Beanspruchung des Schultergürtels (beispielsweise durch Staubsaugen, Schreiben, Sticken). Seit einiger Zeit finden sich auch Schmerzen im Bereich beider Knie und im Bereich beider Fußrücken, dies insbesondere beim Knien in der Kirche.

Durch die permanente Schmerzsymptomatik sei sie bisweilen sehr aggressiv; eine psychiatrische Behandlung (auch medikamentös) bis vor zwei Jahren habe keine Verbesserung ergeben. Lediglich einen Monat nach der Arthroskopie der rechten Schulter 1995 habe sie kurzfristig Erleichterung verspürt.

Die Schmerzsymptomatik begann vor sechs Jahren. Bei der Vertretung eines erkrankten Chefs mußte sie über drei Wochen zeitweise bis zu zwölf Stunden im Tag in einer Hotelküche monotone Drehbewegungen mit der rechten Hand bei der Herstellung von Gebäck durchführen. Nach drei Wochen begannen die Schulterschmerzen, die sich in den letzten Jahren trotz einer Skalenotomie, der oben genannten Arthroskopie, verschiedener Therapieformen und medikamentöser Interventionen bezüglich Ausbreitung und Intensität immer mehr verschlimmerten. Zuletzt ist jetzt auch die rechte Brust in das Schmerzgeschehen mit einbezogen. Wegen der starken Verängstigung der Patientin erfolgte ein Tumorausschluß mittels MRI des Thorax.

Die bisherigen diagnostischen Schritte ergaben die Diagnose einer partiellen Läsion des distalen Anteils der Supraspinatussehne rechts sowie eine beginnende Diskopathie im Halssegment C5/C6 und C6/C7. Das Dossier zeigt Kontakte zu ca. 15 verschiedenen Ärzten, die Röntgentüte eine beträchtliche Dicke.

9.1.2
Anamnese

Bis zum oben beschriebenen Zeitpunkt war Frau Z. selbst nie ernstlich krank. Als Drittgeborene wuchs sie in Togo mit vier Schwestern und einem Bruder auf. Der Vater war Besitzer eines Lebensmittelgeschäfts, was eine hohe soziale Stellung mit sich brachte. Während des Besuchs des Gymnasiums im 15. Lebensjahr verstarb der Vater an den Folgen eines Schlaganfalls, was sie als größten Einschnitt in ihrem Leben beschreibt. Durch die daraufhin eintretende Verschlechterung der wirtschaftlichen Situation der Familie mußte sie selbst eine Ausbildung als Sekretärin beginnen, obwohl sie ein Studium als Lehrerin erträumt hatte. Das Thema Familienplanung wurde dadurch ebenfalls beschleunigt, was dazu führte, daß sie 19jährig einen eher verschlossenen Architekten aus reichem Elternhaus heiratete.

Kurz darauf, sie war im 5. Monat schwanger, führten politische Unruhen im Heimatland dazu, daß sich die Familie auflöste und in unterschiedliche Länder emigrierte: Frau Z. ging mit ihrem Ehemann zu den Schwiegereltern nach Frankreich; die Mutter, die drei Schwestern und der Bruder, denen gegenüber eher Konkurrenz- als Gemeinsamkeitsgefühle bestanden, emigrierten nach Südamerika. In Frankreich kam die heute 21jährige Tochter zur Welt, vier Jahre später wurde der Sohn geboren.

Trotz guter Unterstützung durch die Schwiegereltern, die im Vergleich zum Herkunftsland bereits einen sehr einfachen gesellschaftlichen Status hinnehmen mußten, gelang es dem Ehepaar nicht, sozial und wirtschaftlich Fuß zu fassen. Die zeitweise verzweifelte Arbeitssuche führte dazu, daß sich Frau Z. ein Jahr nach Geburt ihres Sohnes zunächst als Kindermädchen in Genf verdingte, während der Ehemann als Saisonarbeiter in einem dortigen Restaurant im Service arbeitete. Die Aufenthaltsbestimmungen verhinderten wohl, daß die Kinder mit den Eltern leben konnten. Die Schwiegereltern hatten sich zur Erziehung bereit erklärt, das Ehepaar sorgte für die finanzielle Basis. Treffen der Kinder mit den Eltern fanden nur in Ferienzeiten statt. Diese „Arbeitsteilung" wird sehr distanziert geschildert, Emotionen sind kaum spürbar.

Fünf Jahre später, nachdem ihr Mann eine feste Stelle als Restaurantangestellter 300 Kilometer entfernt gefunden hatte, wechselte die Patientin als Küchenhilfe ebenfalls in den dortigen Restaurationsbetrieb. Seit neun Jahren leben und arbeiten die Ehepartner in diesem Restaurant mit zunächst sehr guter Arbeits- und Lebenszufriedenheit bei erstmals wieder gesicherter wirtschaftlicher Grundlage und guter finanzieller Unterstützungsmöglichkeit der Kinder. Seit Beginn der Schulterprobleme besteht jedoch ein zunehmender sozialer Rückzug trotz Fortführung der 100prozentigen Arbeit, jetzt jedoch im Servicebereich.

Ihre eigene Familie ist in die ganze Welt verstreut, die Mutter verstarb vor 20 Jahren, eine Schwester lebt seit ca. fünf Jahren eine Autostunde entfernt, zu ihr besteht jedoch nur eine distanzierte Beziehung. Der Ehemann sei nach wie vor durch den massiven Statusverlust im Vergleich zur afrikanischen Vergangenheit deprimiert und resigniert, was auch bei ihr zu einer Veränderung des Lebensgefühls geführt habe. Bis zum 15. Lebensjahr sei sie ein sehr fröhliches und unternehmungslustiges Mädchen gewesen, sie habe sich jedoch zunehmend der verschlossenen, eher pessimistischen Art ihres Ehemanns angeglichen. Über Sorgen zu sprechen falle ihr ohnehin schwer, mit ihm gehe dies jedoch gar nicht. Der Tagesablauf bestehe aus Arbeit, zunehmend schwieriger Bewältigung des Haushalts, Fernsehen und Schlafen. Es existieren kein Freundeskreis, keine sportlichen Aktivitäten, keine eigenen Interessen.

9.1.3
Therapieverlauf

Zu Beginn der Hospitalisation zeigt sich Frau Z. sehr erleichtert, daß sie und ihre Lebenssituation respektiert werden. Insbesondere bei der Wahrnehmung und vorsichtigen Besprechung der Schuldgefühle gegenüber ihren Kindern signalisiert sie sowohl im Gespräch mit dem Arzt als auch mit der „Bezugspflegeperson", sich verstanden zu wissen. Die bisherigen organischen Befunde und Therapieversuche werden besprochen, und Frau Z. zeigt sich einverstanden mit der Einschätzung, daß – bedingt durch ihre Lebenssituation – eine vergleichsweise geringe organische Veränderung zu einer massiven Veränderung ihres Lebensgefühls geführt habe. Immer deutlicher wird – auch für sie – eine negative Lebensbilanz seit dem frühen Tod des Vaters, aber auch aggressive Gefühle gegenüber Ehemann, Arbeitgeber und Ärzten, zuletzt auch gegen sich selbst. Die Kinder sollten es besser haben, deshalb arbeite sie bis zum Umfallen. Auch in den Teambesprechungen werden die bestimmenden resignativen Züge deutlich und tragen zu dem Bild einer weißhäutigen Afrikanerin aus der Oberschicht auf einem gottgegebenen Kreuz- und Leidensweg bei. Einzig die bunte, lebensfrohe, quasi aufblühende Schilderung ihrer Kindheit und Frühadoleszenz unterbricht den Strudel negativer Lebenssituationen. Bei der Analyse ihres Leidenswegs beteiligt sich Frau Z. engagiert, steuert viel Einsichtsfähigkeit, Details und Träume zur Vervollständigung des dunklen Bildes bei.

Ganz anders gestaltet sich der Versuch zur Perspektivenentwicklung des zukünftigen Umgangs mit dem Leiden. Abrupt verweigert Frau Z. ihre oben beschriebene Bereitschaft zur Phantasie und Zusammenarbeit und beginnt mit massivem Druck – unter Einschluß von Beschwerdetelefonaten über unsere Institution beim Hausarzt –, weitere organspezifische Abklärungen zu fordern.

In welche Richtung wir auch immer „die Nadel vorsichtig in den Heuhaufen stecken", in keinem Bereich entsteht ein Gefühl, einer hilfreichen Ressource auf der Spur zu sein. Dieses Gefühl ergreift das gesamte Team, das nach anfänglicher

Empathie („diese Frau braucht viel Wärme") mit zunehmender Abgrenzung und Kälte – quasi als Spiegel ihrer innerer Konflikte – reagiert.

„Nichts geht mehr" ist das allgemeine Gefühl, worüber auch formalistische Vereinbarungen bezüglich der Arbeitssituation (Verringerung der Arbeitsleistung ohne Rentenverfahren auf 50 bis 75 Prozent, gleichzeitig Gespräch mit den Kindern über die finanzielle Situation) nicht hinwegtäuschen. Nach einem gemeinsamen Gespräch mit dem unzugänglich wirkenden Ehemann verläßt Frau Z. – auch, weil die Krankenversicherungssituation (außerkantonale Behandlung) einen weiteren Aufenthalt nicht erlaubt – blaß und wie in einer Art Trauerzug das Spital.

9.1.4 Epikrise

Der Resignations- und Lähmungszustand, den diese Begegnung bei den Behandelnden zurückläßt, wird allen Lesern dieses Buches bekannt sein. Eindrucksvoll war hier jedoch die Tatsache, daß dieses Gefühl bei allen an der Therapie Beteiligten gleichermaßen – kollektiv – vorhanden war. Das ganze Team, das parallel zum kurzen Aufblühen der Patientin bei der Rückerinnerung an ihre positive Kindheit vorübergehend Zuversicht und Ideenreichtum für mögliche Änderungen entwickelte, versank ebenso heftig in einer Art Morast aus Enttäuschung, Wut und Leere.

Die Psychodynamik der individuellen Problematik konnte gar nicht augenfälliger widergespiegelt werden, trotz der zeitweise deutlichen Sprachbarriere.

Ein Interpretationsversuch aus salutogenetischer Sicht könnte folgendermaßen ausfallen: Der lebensgeschichtliche Verlauf mutet an wie ein unaufhaltsamer Sturz aus den Höhen einer heilen, vaterverbundenen Welt, der jetzt trotz jahrelanger Rettungsversuche und dauerndem Re-agieren mit großer Wucht den Boden der (traurigen) Tatsachen erreicht. In dem ganzen Beben (der deutlich spürbaren „Druckwelle", die Frau Z. auf das Team überträgt) und den herumfliegenden Splittern (alles ist nichts: der Ehemann, die Schwester, die Ärzte, der Arbeitgeber, der eigene Körper), können aktuell Ressourcen nach anfänglichem Aufleuchten gar nicht oder nicht mehr ausgemacht werden. Entwurzelung, Migration, sozialer Abstieg, Enttäuschung über das eigene Versagen als Mutter sowie eine Partnerschaft, die mehr zu lähmen scheint als Kraft gibt, lasten wie eine schwere Glocke wieder über allem, was eventuell Ressource sein könnte.

Den Umschlag von Aufbruchgefühlen in Blockade erlebt jede/r im Team: Die Physiotherapeutin berichtet anfangs von großer Aufgeschlossenheit gegenüber Entspannung, Bewegung im Bad und spielerischen Momenten in der Gruppe. Ähnliches deutet der Ergotherapeut an. Die Pflegeperson erhält die Funktion einer „Vertrauten", der hier berichtende Arzt erlebt einerseits ein gutes Arbeitsbündnis auf rationaler Ebene, aber auch Versuche seitens der Patientin, traurige Gefühle vor allem bezüglich der distanzierten Beziehung zu den Kindern zu riskieren, obwohl sie „doch immer stark war".

Die intellektuelle Stärke und Introspektionsfähigkeit und die wiederholten Hinweise im Leben, sich trotz widriger Umstände mit Hilfe eigener Kräfte aufzurappeln, imponieren.

Obwohl beispielsweise in der Supervision mit dem Oberarzt früh „Ablösung" und Vorbereitung auf den Austritt thematisiert und dann auch gegenüber der Patientin mit entsprechender Planung der Fortsetzung des begonnenen Weges verbalisiert wird, schlägt in allen Arbeitsbereichen eine Woche vor der Entlassung die Stimmung vehement um. Kompetenzfragen, Vorwürfe und Schuldgefühle sind die Folge, können als wahrscheinliche Übertragung gedeutet, aber nicht mehr bearbeitet werden. Dem Vorschlag, den stationären Aufenthalt zu verlängern, stimmen die Patientin und auch die Krankenkasse nicht zu. Letzte Gesprächstermine (zweimal pro Woche 30 Minuten) mit mir nimmt sie nicht wahr.

So scheinen derzeit die Fixierung auf die Beschwerdesymptomatik die noch beste Lösung der inneren Konflikte, das Ernstnehmen auch des kommunikativen Charakters und das Vermeiden weiterer iatrogener Verletzungen die wichtigsten Handlungskriterien zu sein. Mit Begleitung eines „druckerprobten" Hausarztes in Zusammenarbeit mit einer Physiotherapeutin und dem Versuch der Einbeziehung des Partners, sicher aber der Kinder („Familienrat"), könnte die weitere Entwicklung dazu führen, daß die Trauer über das Bisherige einsetzen kann. Dies könnte den Weg für eine psychotherapeutische Bearbeitung eröffnen.

Dies bedeutet aus unserer Sicht für den salutogenetischen Zugang: Der Zugriff auf Ressourcen scheint derzeit nicht oder kaum möglich. Die Übertragungsgefühle zwischen Resignation und Aggression scheinen einen empathischen Umgang mit versteckten Kräften zu verhindern.

Doch welche Barrieren stehen hier einer Ressourcenentdeckung von außen (noch) im Wege! Das schwierige Verstehen der damaligen kulturellen und sozialen Kontexte in Afrika und der damit verbundenen Frage, welchem Frauen- und Mutterbild Frau Z. folgt; die Sprachbarriere; das Geheimnis ihres Erlebens der eigenen Partnerschaft; die von vornherein zeitliche Begrenzung der gemeinsamen Suche und der damit verbundenen fehlenden Möglichkeit weiterer Kontakte und nicht zuletzt das Ausgeliefertsein an eine Institution, wenn auch als letzte Hoffnung angesprochen, weitab vom gewohnten Umfeld.

Und heute, ein halbes Jahr nach dem Aufenthalt?

Seitens ihres Lebensgefühls habe sich nichts Wesentliches geändert, erzählt die Patientin. Die Entfernung zu ihren Kindern beschäftige sie mehr, seitdem sie ihre Arbeit auf 50 Prozent reduziert habe. Immer wieder sei sie sehr traurig über die Lebensentwicklung, verfalle zeitweise in sehr resignative Zustände. Seit einem halben Jahr sei sie nun in Psychotherapie, deren Sinn sie immer wieder nicht erkennen könne; trotzdem wolle sie sie fortführen. Ein klein wenig habe sie den Schritt nach draußen gewagt, indem sie mit zwei Frauen regelmäßig zum Schwimmen gehe. Sie befürchte jedoch, durch ihre Arbeitsreduktion in Anbetracht der verschlechterten Wirtschaftslage ihre Stelle ganz zu verlieren.

Die Schmerzen seien unverändert, jedoch wirke es sich günstig aus, daß sie weniger Arbeitsbelastung habe. Andere Ärzte, außer ihrem Hausarzt und der Psychotherapeutin, habe sie nicht mehr aufgesucht, sie könne es jetzt besser akzeptieren, daß man operativ oder mit Medikamenten hier nichts erreichen könne. Auch der Hausarzt bestätigt, daß sich eine deutliche Beruhigung des früheren Agierens hat erreichen lassen.

Dies ist vielleicht ein Phänomen, das sich häufig bei derart gelagerten Situationen ereignet: So, wie sich die tieferen Ursachen chronischer Leiden zwischen den Zeilen verstecken, und so, wie die Ressourcen von zentnerschweren Belastungen erdrückt zu sein scheinen, so ergeben sich Entwicklungen wohl auch auf eine ganz leise und vorsichtige Weise, aber anscheinend nur dann, wenn man Ressourcen vorsichtig vermutet und ihnen Raum, Zeit und Unterstützung geben kann, um sich zu entfalten. Die Suche nach und die Konfrontation mit den eigenen Schwächen und Stärken muß aber zugelassen werden und darf nicht unter einem Teppich medizinischer Diagnostik und Therapie versteckt bleiben.

9.2
Geschichte B

9.2.1
Ausgangssituation

Ein übergewichtiger, leicht schwitzender 53jähriger Mann sitzt dem Interviewer im Rollstuhl gegenüber, die Stimmung ist angespannt-freundlich, Herr K. übernimmt sofort die Gesprächsleitung bei leichter Artikulationsstörung. Er kommt zur Frührehabilitation nach zerebrovaskulärem Insult in unsere Abteilung. Ich fühle mich unvermittelt als Gast im eigenen Büro.

Drei Wochen vor diesem Gespräch habe er zur Mittagszeit im Büro plötzlich nicht mehr richtig schreiben können und später beim Sport eine rechtsseitige Beinschwäche verspürt. Am Abend habe er nicht mehr aus dem Auto aussteigen können, weil sein linker Arm und sein linkes Bein nicht mehr gehorchten. Über den Hausarzt sei er in das Spital eingewiesen worden. Die ganze Geschichte, insbesondere zu Beginn in der Notaufnahme, habe ihn geängstigt, jetzt sei er aber voller Zuversicht und sicher, daß er dieses Haus ohne jegliche Gehhilfe wieder verlassen werde.

9.2.2
Anamnese

Der Patient berichtet über mehrfache Hospitalisationen, unter anderem über Schwächezustände und Angina pectoris (Status nach PTCA bei Non-Q-Wave-Infarkt). Er nehme schon länger Tabletten gegen Bluthochdruck und Diabetes mellitus.

Im Schädel-CT bei Eintritt sowie bei einer Kontrolluntersuchung drei Tage später fanden sich keine Auffälligkeiten. Die Suche nach einer Emboliequelle verlief negativ. Bei der Vorgeschichte der koronaren Herzkrankheit, des Diabetes mellitus und der arteriellen Hypertonie ging man bei dopplersonographischem Nachweis von Plaques an den Karotisbifurkationen beidseits von einer Plaqueembolie bei generalisierter arteriosklerotischer Angiopathie aus. Eine initiale motorische Aphasie bildete sich bis auf die geringe Artikulationsstörung rasch zurück.

Der Patient berichtet, sein Vater sei im besten Alter an einer Hirnblutung verstorben. Zusammen mit einem jüngeren Bruder, der weniger konservativ und mehr politisch links ausgerichtet sei, habe er mit dem Vater, einem echten „Arbeitstier", häufig Auseinandersetzungen gehabt. Die Mutter, die heute noch lebt und gesund ist, habe immer eher im Hintergrund gestanden. Er sei unsportlich gewesen, viel zu dick und „viel zu faul", und trotzdem habe er immer gute Schulleistungen erbracht. In der anschließenden Berufsausbildung zum Kaufmann habe er kurz Zweifel an seiner intellektuellen Leistungsfähigkeit gehabt, die sich jedoch nicht bestätigten, als er als junger Angestellter bereits besondere Weisungsbefugnisse erhielt.

Nach einjähriger Tätigkeit in den USA, wo er als Volontär in einer Textilfirma arbeitete, und dies „mit großem Ansehen", kehrte er in den Heimatort zurück und begann als Außendienstmitarbeiter in einem Modegroßhandel. Nach anfänglich geringen Erfolgen erzielte er im Vergleich zu seinen Kollegen bald die besten Ergebnisse, erledigte seine Arbeit „wie im Rausch" und versteht sich heute noch als Workaholic. „Zwischendurch" heiratete er eine Italienerin, die sich nie richtig mit seinem Heimatland verbunden fühlte. Vor fünf Jahren kam es bei seiner Frau, die er als die liebste Frau bezeichnet, die man sich vorstellen könne, zu Schmerzen in der Brust, als deren Ursache kurze Zeit später Brustkrebs diagnostiziert wurde, woran sie fünf Monate später starb. Immer wieder habe er sich damals an positive Diagnosen und neue Therapiemöglichkeiten geklammert, jede kleine Besserung erfüllte ihn mit großer Hoffnung, er wurde jedoch durch die gesundheitlichen Rückschläge seiner Frau regelmäßig wieder enttäuscht. Drei Kinder seien das, was ihm geblieben sei; sein jüngster Sohn gehe noch in die Schule, jedoch im Ausland.

Kurz nach dem Tod der Ehefrau habe er sich wieder mit ganzer Kraft in seine Arbeit versenkt, durchaus in dem Bewußtsein, daß dies seine beste Bewältigungsstrategie sei. Kontakte zu anderen Menschen habe er berufsbedingt sehr viele, was ihm auch außerordentlich wichtig sei, er habe auch viele Freunde. Neben dem Beruf habe anderes keinen Platz, er genieße es allenfalls, abends in der Badewanne zu liegen und Musik zu hören. Gerne trinke er ein Glas Wein, jedoch nur sehr selten.

9.2.3
Therapieverlauf

Vehement beginnt Herr K. mit „Wiederaufbauarbeiten" in seinem Leben. Innerhalb der ersten beiden Tage der Hospitalisation gestaltet er sein Einzelzimmer in ein Büro um. Akten säumen den Raum, die telefonischen Kontakte und Besuche werden lediglich durch Therapien unterbrochen. Die Zimmertür des Patienten steht auf eigenen Wunsch meist offen. Jeder Vorübergehende wird begrüßt und angesprochen, das Pflegeteam beginnt, diesen Abschnitt des Krankenflurs zu meiden, es spricht über die Mühe mit der überangepaßten Grundhaltung von Herrn K.

Ein „pragmatischer" Umgang mit Emotionen fällt auf: Wünscht Herr K. zunächst eine antidepressive Medikation zur Bekämpfung der seit Beginn der Erkrankung bestehenden Neigung, in Tränen auszubrechen, so erneuert er einen diesbezüglichen Therapiewunsch nach kurzem Absetzen der Medikation beim Auftreten der Problematik, grundlos in Gelächter auszubrechen. Bei Gesprächen und Visiten wird seinerseits jeweils ein detaillierter Bericht „zur Lage der Fortschritte" abgegeben, die Institution wird mit Lob überschüttet. Es fällt auf, daß er die Entstehung einer intensiveren Beziehung zwischen ihm und der Bezugspflegeperson, aber auch zu mir als Abteilungsarzt zu vermeiden sucht: Werden sonst seinerseits alle Termine korrekt eingehalten (er fordert sogar die Einhaltung unsererseits ein), „vergißt" er vereinbarte Vieraugengespräche. Besserungen, beispielsweise das Erreichen der Gehfähigkeit im Gehwagen, werden mit Sekt begossen, ein Ereignis, das auch gegenüber den Mitpatienten bereits Tage vorher angekündigt wird. Das Team reagiert mit einer Mischung aus Ablehnung und dem Bedürfnis nach Distanz, aber auch Anerkennung seines ausgeprägten Leistungswillens und der ausgesprochen motivierten Mitarbeit bei der Hilfe zur Selbsthilfe und Zukunftsplanung. Nach Anpassung der häuslichen Umgebung an die körperlichen Einschränkungen und mehreren Probeurlauben, während derer Herr K. bereits eine kleine Reise unternimmt, verläßt er drei Monate nach Eintritt das Spital so, wie er es sich bereits zu Beginn vorgenommen hatte: ohne Hilfsmittel. Eine regelmäßige Physiotherapie setzt er fort.

9.2.4
Epikrise

Die vordergründig unterwürfige und überangepaßte Art des Patienten bei gleichzeitig höchsten Anforderungen an sich und andere, möglicherweise als Ausdruck seiner inneren Spannung und Aggression, sowie sein nahezu überschäumender Leistungswille führen initial zu Teamkonflikten. Seine Art der Krankheitsverarbeitung folgt nicht der von uns favorisierten. Eine frühzeitige Fixierung der „Eckdaten für Fortschritte", eine weitgehende Normalisierung der ungewohnten und wohl auch bedrohlichen Krankenhaussituation durch räumliche Umgestaltung sowie eine intensive Kommunikation mit der gesunden Außenwelt und der Wunsch nach medikamentöser Elimination sogenannter Affektinkontinenz sollen Schwächegefühle und Trauer vermeiden. Er schildert in den wenigen Gesprächen unter vier Augen, daß ihm dies ganz besonders wichtig ist in Anbetracht der erlebten Gefühle von Hilflosigkeit und enttäuschten Hoffnungen im Rahmen der Tumorerkrankung seiner Ehefrau; die Parallelität seines jetzigen Schicksals mit dem des Vaters bleibt unbewußt, der Versuch, diesen Themenkreis zu berühren, wird abgelehnt.

Allmählich nähern sich Helfer und Erkrankter an: Nach gemeinsamer Diskussion im Therapeutenkreis (Pflege, Physiotherapie, Ergotherapie, Sozialarbeiterin, Arzt) schwenken wir um: Wir unterstützen ihn im Gebrauch seiner Ressource „Arbeitswut" oder – weniger stigmatisierend – „Leistungswille". Sie stellt für ihn derzeit den besten Weg im Umgang mit seiner Erkrankung und damit auch in der Wahrnehmung seiner familiären Verantwortung (unter anderem für den immerhin noch schulpflichtigen Sohn) dar. Wir katalysieren in gemeinsamen Sitzungen mit ihm, den Kindern, aber auch mit dem Arbeitgeber die notwendigen Schritte für die nahe und mittlere Zukunft: Adaptation der Wohnung, Reaktionstests für das Autofahren, Haushaltshilfe, Einbeziehung möglicher Kontaktpersonen. Es entsteht der Eindruck, daß sich der Patient mit dem Erlebnis dieser Akzeptanz und Unterstützung besser zugestehen kann, Problembereiche wie das Erleben der Erkrankung der Ehefrau oder Ängste bezüglich seiner weiteren Lebensgestaltung unter Einschluß der Verantwortung für sein jüngstes Kind als solche anzuerkennen, und sie weniger vehement bekämpfen und verdrängen muß.

Wir haben auf der einen Seite das Akzeptieren eines allgemein als lähmend und besorgniserregend empfundenen Beschwerdebildes wie in Geschichte A, auf der anderen das Einfühlen in ein als hyperaktiv anmutendes Lebenskonzept: Ob Ressourcen derzeit nutzbar sind und wenn ja, welche, ob als Ressourcen auch solche anerkannt werden, die von Helfern primär als wenig hilfreich erachtet werden, darüber entscheidet der hilfesuchende Patient. Eine therapeutische Haltung kann auch darin bestehen, innerhalb einer tragfähigen Arzt-Patienten-Beziehung zu bestätigen, daß derzeit (noch) nicht die Zeit für eine Besserung gekommen ist und daß derzeit tatsächlich (noch) kein Weg zu erkennen ist. Die Arzt-Patienten-Beziehung, respektive das Spital, soll zum geschützten Übungsfeld für das Erkennen und die Aktivierung von Ressourcen werden.

Es kann aber auch darum gehen, teilweise skurril anmutende Bewältigungsmechanismen, die den Helfenden primär unerklärlich und vielleicht auch ungeeignet erscheinen, gemeinsam mit dem Patienten zu prüfen. Erst wenn auch der Widerstand des Patienten in der Arzt-Patienten-Beziehung spürbar wird, können wir davon ausgehen, daß therapeutische Arbeit geleistet wird und patienteneigene Ressourcen beteiligt sind. So wird Ressourcenorientierung, insbesondere bei chronischem Schmerz und/oder Trauerprozessen, eine insbesondere für die Helfer entlastende und Perspektiven öffnende Idee.

Die *Ressource zu entdecken,* den *Zeitpunkt der Nutzung,* die *Dosierung* und die *Nebenwirkungen einzuschätzen,* dies bleibt jedoch eine hohe Anforderung an eine salutogenetisch orientierte Therapie und an Therapeuten, um so mehr, als die zu erwartete Wirkung erst mit einer größeren Latenz eintreten wird.

Beitrag 10
Ein Mann, der schwanger wurde und spielen lernte

von Wolfram Schüffel, Ursula Brucks

10.1 Vorbemerkung

Im folgenden stellen wir einen Behandlungsverlauf auf einer psychosomatischen Abteilung vor, die Teil einer Universitätsklinik, genauer: eines Zentrums für Innere Medizin, ist. Ziel ist es zu zeigen, daß nicht nur biomedizinische und psychologische Sichtweisen in der Therapie zusammengehören und sich ergänzen, sondern auch störungs- bzw. krankheitsbezogene und ressourcenorientierte Interventionen.

Der Leiter der psychosomatischen Abteilung, Wolfram Schüffel, beschreibt den Behandlungsverlauf aus der Perspektive des Teamleiters in der Ich-Form. Er ist also nicht der Bezugstherapeut. In die Epikrise gehen gemeinsame Überlegungen beider Autoren ein, die auf einer langjährigen Zusammenarbeit in der ärztlichen Fortbildung beruhen.

10.2 Ausgangssituation

Ein sechsjähriger Bub mit Zuckertüte

Den 23jährigen Herrn S.* empfand ich bei meiner ersten Visite im März 1989 als einen großen, pausbäckigen Sechsjährigen, der sich fest an die soeben erhaltene Zuckertüte klammerte, die er zur Einschulung erhalten hat. Er möchte in die Zuckertüte schauen, doch das würde bedeuten, diese anzunehmen und damit den langen Schulweg über die nächsten 13 Jahre hinweg anzutreten. Und diesen Weg mochte er (noch) nicht gehen. Dies waren meine Assoziationen.

---

* Aus Gründen der Anonymisierung wurden die biographischen Daten unkenntlich gemacht.

Noch vor vier Tagen hatte er in der benachbarten Chirurgie gelegen, um dort wegen Verdachts auf einen peritonitischen Abszeß behandelt zu werden, der möglicherweise im Gefolge einer durchbrochenen Appendix eingetreten war. Er hatte dann eingewilligt, sich in der Psychosomatik behandeln zu lassen, und diese Abteilung hierbei als Teil des schutzgebenden Klinikums empfunden, aber gleichzeitig zwiespältig als „Meisenburg in der schützenden Burg" (des Klinikums) bezeichnet. Diese Einwilligung hatte er der ersten Oberärztin der Abteilung Psychosomatik gegeben, die ihn konsiliarisch aufgesucht hatte. Die Kollegen der Chirurgie hatten ihm dringend nahegelegt, das Angebot der Oberärztin anzunehmen, die für eine psychosomatische Behandlung unter stationären Bedingungen plädiert hatte.

Das Problem war, daß Herr S. unter Bauchschmerzen litt, die denjenigen sehr ähnlich waren, die ihn in die Klinik gebracht und die dort drei Monate zuvor zu einer Appendektomie geführt hatten. Bei der Eröffnung der Bauchhöhle am 13.02.89 hatte sich eine bereits perforierte Appendix gefunden, und der Eiter hatte begonnen, in die Bauchhöhle einzudringen. Die Schmerzen waren nach der Operation zunächst zurückgegangen, doch nach zwei bis drei Wochen traten sie wieder in alter Form und Stärke auf. Er wurde erneut stationär in die Chirurgie aufgenommen, da man dort eine Abszeßbildung vermutete. Doch fanden sich trotz intensiven Suchens und längeren Beobachtens der Schmerzzustände keine Anhaltspunkte für die vermutete Abszeßbildung.

Auch ein anderer Krankheitsprozeß, der eine umschriebene Intervention organbezogener Art erforderlich gemacht hätte (z.B. eine Nierensteinbildung, eine prolabierte Bandscheibe, Porphyrie), war ausgeschlossen worden. Aufgefallen war den Kollegen in der Chirurgie dagegen die Heftigkeit der Beschwerden, die unvermutet und scheinbar grundlos auftraten, die Hilflosigkeit des Patienten und mögliche Zusammenhänge mit seiner derzeitigen Lebenssituation. Es schien nämlich, als würden die Schmerzen immer dann einem Höhepunkt zustreben, wenn er von Angehörigen und Bekannten besucht wurde. Zu diesem Zeitpunkt entschloß sich der Oberarzt der Chirurgie, ein psychosomatisches Konsil anzufordern.

10.3
Vorgeschichte

Ein Sohn kommt zur Welt, soll vor Schaden bewahrt werden und bewirkt Bauchschmerzen

Herr S. war nie ernsthaft krank gewesen. Gerade in den drei bis vier Jahren, die diesen ersten Beschwerden nennenswerter Art in seinem Leben vorangingen, hatte er sich wohlgefühlt.

Dies änderte sich mit dem Spätsommer/Herbst 1987. Immer wieder fühlte er sich angespannt, litt unter Nackenschmerzen, Kopfschmerzen, auch unter damals schon auftretenden Bauchschmerzen und Herzklopfen. Zu dieser Zeit war seine Frau im letzten Trimenon schwanger. Er erlebte die Schwangerschaft als eine ausgesprochene Belastung. Nachhaltig litt er mit seiner Frau und bezeichnete die Zeit der Schwangerschaft als „Hölle". Er befürchtete zumindestens einen vorzeitigen Abgang der Frucht, später eine Schädigung dieser Frucht im Mutterleib.

Bei der Entbindung seiner Frau von einem Sohn durch Kaiserschnitt rannte er aus der Klinik auf die Straße hinaus. Er hatte ständig das Gefühl, sich übergeben zu müssen. Das Herz schien sich zu überschlagen. Er spürte einen Kloß im Hals. Die Beschwerden schienen sich nicht zu bessern, sondern zogen sich hin und ergriffen den Magen und den Darm. Er hatte Magendrücken, Völlegefühl in der Magenregion und litt unter Durchfall. Es war, wie er sagte, eine „völlige Überreaktion des gesamten Systems".

Zur Interpretation der damaligen Abläufe sagte er, daß „man normalerweise mit den Wehen mitgehe". Er wölbte seinen eigenen Bauch vor. „Die Frau" (gemeint ist die eigene Ehefrau) habe aber gegen die Wehen angekämpft. Er ließ beim Gegenüber den Gedanken aufkommen, daß er es als Mann viel besser gemacht hätte, mit den Wehen mitzuarbeiten. Er durfte aber nicht, und folglich sagte er nunmehr in Richtung zu seinem eigenen Bauch: „Am schlechtesten ging's dem Bauch." Es wurde deutlich, daß er in ohnmächtiger Wut, das heißt völlig machtlos und voller Entsetzen über diese Machtlosigkeit aus der Klinik gerannt war.

Er fügte nachdenklich hinzu: „Das beruhigte sich, sobald Kind und Frau zu Hause waren und ich einen Monat Urlaub hatte." Mit dem Hinweis auf die Urlaubszeit beschrieb er, was ihm damals half – nämlich das Zusammensein mit seinem Sohn, das Spielen mit ihm, das Windeln und Schaukeln des Kleinkinds. Zu diesem Zeitpunkt fühlte er sich wohl und entspannt. Er hatte sich Urlaub genommen und empfand die damalige Zeit als wohltuend. Er beschrieb die Situation, als seien er und sein Sohn eine Einheit – er den Sohn wiegend, der Sohn sich in den Arm des Vaters schmiegend.

Das änderte sich plötzlich, als er nach dem dreiwöchigen Urlaub nach der Geburt des Sohns im April 1988 zur Arbeit zurückkehrte. Erschwert wurde die damalige Situation dadurch, daß er an einen neuen Arbeitsplatz versetzt wurde, in den er sich hineinzufinden hatte, was ihn viel Energie kostete.

Mit der Wiederaufnahme der Arbeit setzten nun die Beschwerden ein, die sich kaskadenartig über neun Monate – das heißt über die Zeit einer Schwangerschaft – hin verstärkten und in eine persönliche Katastrophe einzumünden drohten. Im April 1988 schossen plötzlich, wie aus heiterem Himmel, kleine, als Aphten bezeichnete Bläschen in der Schleimhaut des Mundes auf. Diese Beschwerden zogen sich bis in den Augusturlaub hinein. Als er aus dem Urlaub zurückkam, blieben zwar die Aphten weg, doch traten jetzt heftige Zahn- und Kieferschmerzen auf. Vorher hatte er vielfach den Hausarzt, dann den Dermatologen und den Hals-Nasen-Ohren-Arzt aufgesucht. Nun ging er zum Hals-Nasen-Ohren-Arzt, der überwies ihn zum Zahnarzt und dieser überwies ihn wiederum in die benachbarte Zahn- und Kieferklinik. Die Schmerzen hatten die Extraktion von vier Backenzähnen zur Folge, die ausnahmslos unauffällig waren. Die nunmehr sechsmonatige Beschwerdeperiodik setzte sich fort durch Völlegefühl und Übelkeit. Endoskopisch stellte man zwei Zwölffingerdarm-Geschwüre fest, was zur Verordnung von H2-Blockern führte.

Im späten November 1988 verlagerten sich die Schmerzen mehr in den Unterbauch. Für die Beschwerden konnte keine Erklärung gefunden werden. Dafür wurden sie immer intensiver. Vor allem nachts traten sie auf. Der Patient besuchte ab diesem Zeitpunkt seinen Hausarzt mindestens einmal wöchentlich, ab Dezember durchschnittlich dreimal pro Woche. Die Beschwerden legten einen Appendizitisverdacht nahe, und es kam zu wiederholten Noteinweisungen, sowohl in das Kreiskrankenhaus als auch später in die Universitätschirurgie Marburg. Dorthin erfolgten dann insgesamt dreizehn (!) Einweisungen, die letzte davon am 12.02.1989. Obwohl der Bauch nicht sonderlich verdächtig aussah, auch keine eindeutige Leukozytenerhöhung bestand und keine Temperaturdifferenz rektal – axillär nachweisbar war, entschloß sich der chirurgische Oberarzt intuitiv zu einem Eingriff. Es fand sich eine gedeckt perforierte Appendix, aus der die ersten Eiterherde auszutreten begannen.

Nach der am 13.02.1989 erfolgten Appendektomie kam es zunächst zur Abheilung und zur Entlassung, obgleich die zunächst abgeklungenen Beschwerden wieder neu aufgetreten waren. Sie waren den Beschwerden sehr ähnlich, die der Patient anfänglich, also in dem dreimonatigen Zeitraum vor der Operation, beschrieben hatte. Am 06.03.1989 kam es zur erneuten Einweisung, jetzt wegen Peritonitisverdachts mit nachfolgender Entwicklung ileusartiger Zustände. Es erfolgte eine Weiterüberweisung in die Psychosomatik zur stationären Weiterbehandlung.

Nebenstehend sind die Beschwerde- und Krankheitsbilder tabellarisch aufgelistet. In ihnen sind nur die wichtigsten Stationen seines Krankheitswegs enthalten. Dazwischen liegen die vielfältigsten Arztbesuche beim Allgemeinarzt, beim niedergelassenen Internisten/Gastroenterologen, Hals-Nasen-Ohren-Arzt etc.

Man muß sich die in dieser Tabelle aufgelisteten Beschwerde- und Krankheitsbilder als ein durchgängiges zeitliches Kontinuum des Mißbefindens, Unwohlseins und der Angespanntheit vorstellen, das nur kurzfristig von Zuständen des Wohlseins und einer Art Erinnerung an Zeiten des Gesundseins unterbrochen wurde.

In meiner Visite beschrieb Herr S. die Existenz eines „wunden Schmerzes" im Bereich des rechten Unterbauchs, im Gebiet der Appendektomienarbe.

Tab. 2.3: Neunmonatiger Krankheitsverlauf bei Herrn S. – ein Mann wird schwanger

Datum	Symptome, Diagnostik, Therapie
4-8/1988	kurzfristig in der Mundhöhle aufschießende Bläschen, die mitunter nur stundenweise bleiben, aber höchst schmerzhaft sind
5/1988	behandlungsbedürftig
9-10/1988	heftige Zahn- und Kieferschmerzen, Extraktion von vier Zähnen, die ausnahmslos unauffällig sind
15.11.1988	starkes Erbrechen zwei Zwölffingerdarmgeschwüre; Verordnung von H2-Blockern; bereits vorher, d.h. unmittelbar nach der gastroskopischen Diagnose der Ulzera, hatten die Bauchschmerzen sistiert
11/1988-1/1989	wiederholt Appendizitisverdacht; wiederholt Einweisung und stationäre Abklärung (insgesamt zwölfmal)
12.2.1989	Einweisung (13.) in die Marburger Chirurgie; perforierte Appendix; Abheilung und Entlassung bei fortbestehenden Schmerzen
6.3.1989	Einweisung wegen Peritonitisverdacht; nachfolgend Entwicklung ileusartiger Zustände
3/1989	Überweisung des Patienten von der Chirurgie an die Psychosomatik zur stationären Weiterbehandlung

Er erzählte seine Biographie: Herr S. war in den ersten fünf Jahren seines Lebens als Einzelkind eines Handwerksmeisters und seiner Ehefrau, die als Verkäuferin tätig war, in der Umgebung von München aufgewachsen.

Als Herr S. sechs Jahre alt war, kam eine Schwester zur Welt, die sich schnell zum Sorgenkind der Mutter entwickelte und damit deren volle Aufmerksamkeit erhielt. Schockartig sah er sich in den Hintergrund gestellt. In den folgenden Jahren durchlief er mit gutem Erfolg die Schule und absolvierte erfolgreich die Ausbildung zum Großhandelskaufmann. Er heiratete im Alter von 21 Jahren eine Frau, die sechs Jahre älter war als er. Anfang 1988 wurde er Vater des oben erwähnten Sohnes. Ein Jahr zuvor hatte seine Frau im 5. Schwangerschaftsmonat ein totes Mädchen geboren. Es wäre sein erstes Kind gewesen.

Beide Elternteile lebten, und er hatte regelmäßigen Kontakt zu ihnen. Er beschrieb seine Mutter als ihm bis zum vierten Lebensjahr sehr zugewandt. Als er viereinhalb Jahre alt war, sei sie in der Frauenklinik operiert worden. Dort habe sie – und hier erfolgte ein kennzeichnender Versprecher – ihre „erste" Geburt gehabt.

Er betonte ausdrücklich, bis dahin der Mittelpunkt im Leben seiner bis zu diesem Zeitpunkt freundlich-bestimmenden Mutter gewesen zu sein. Ab dann habe sich das grundlegend geändert, und endgültig sei dieser Wandel knapp eineinhalb Jahre später mit der Geburt der Schwester besiegelt worden.

Zu einem späteren Zeitpunkt sprach er von Stimmungen der Bodenlosigkeit, in die er fallen könne (siehe unten). Er meinte, diese Stimmung erstmals zur Zeit der Operation seiner Mutter gespürt zu haben. Seine Mutter sei zu dieser Zeit zu einer klagsamen und nicht mehr belastbaren Frau geworden. Der Vater sei „absolut dominant". Er habe immer wieder darauf hingewiesen, daß die Mutter nicht belastet werden dürfe. Gespielt habe er kaum mit ihm.

Ich bekam den Eindruck, daß ihm der Vater für Auseinandersetzungen offener Art kaum zur Verfügung stand. Später wurde ich in dieser Vermutung bestärkt, als er berichtete, daß der Vater seinerseits zunächst vaterlos aufwuchs, da wiederum dessen Vater, also der Großvater des Patienten, im Krieg war. Als dieser zurückkehrte, wollte sein damals dreijähriger Sohn nichts von ihm wissen, er rannte davon und versteckte sich.

Über die sechs Jahre jüngere Schwester sagte er so gut wie gar nichts. Er betonte lediglich, daß sie zunächst schwach und anfällig gewesen sei und genauestens versorgt werden mußte. An seiner Frau habe er anfänglich die Bestimmtheit und Entscheidungsfreudigkeit gemocht. Als sie heirateten, habe er sie geliebt. Doch sei sie ausgesprochen dominant geworden, bestimme immer mehr, wer z.B. eingeladen werde und wer nicht, und das könne er nicht hinnehmen. Über seinen Jungen, der zum damaligen Zeitpunkt gerade ein Jahr alt war, sprach er erstaunlich wenig. Nachträglich überraschte mich, wie wenig wir ihn unsererseits auf seinen Sohn angesprochen hatten. Wir schienen damals ein geheimes Einverständnis hergestellt zu haben, das schwierigste aller anstehenden Themen zunächst auszusparen – die Beziehung zwischen ihm und seinem Sohn.

Für mich wurde mein anfänglicher Eindruck des Sechsjährigen, der mit seiner Zuckertüte klammernd-abweisend umgeht, zunehmend verständlicher: Er stand vor einem Lebensweg, den er in seiner neuen Funktion als Vater und Teil einer Familie begehen wollte, von dem aus er aber gleichzeitig eine nicht verbalisierbare Angst verspürte. Die Angst rührte aus Erfahrungen, die biographisch begründet waren: Er hatte die mit Angst erlebte Ankunft seiner Schwester vor Augen; eineinhalb Jahre zuvor, das heißt, als er viereinhalb Jahre alt war, war seine Mutter operiert worden und war seither nicht mehr belastbar. Möglicherweise nach dem Modell der Mutter und der auf die Mutter projizierten Bedrohung sah er seine Frau als unfähig an, ein gesundes Kind zur Welt zu bringen. Er selbst identifizierte sich mit seinem Sohn und fühlte sich dementsprechend wie dieser bedroht.

Meine Arbeitshypothesen waren: Er wird Schwierigkeiten haben, Zuneigung und Abneigung mit Worten auszudrücken. Er wird entsprechende Gefühlszustände somatisieren, das heißt als „Bauchgefühle" ausdrücken. Auf der

Übertragungsebene wird er zunächst (so die Oberärztin) das mütterliche, tragende Element, später (bevorzugt Männern gegenüber) das aggressiv-fordernde Element suchen.

Die Teammitglieder hätten somit verschiedenen Aufgaben zu entsprechen. Ich selbst sah meine Hauptaufgabe als Leitender Arzt darin, im Team die Aufmerksamkeit auf die Körpersprache zu lenken, um zu einer Situationsklärung, nicht zu einem „Wegdeuten" der Symptome zu kommen. In seiner Körpersprache sah ich initial die eigentlich salutogenen Ressourcen, herrührend aus den Erfahrungen der ersten vier Jahre, wenngleich diese mit Zurückhaltung zu beurteilen waren (siehe unten).

10.4 Therapieverlauf

Spielen und Bauchschmerzen verlieren

Die Verlegung in die Psychosomatik erfolgte Ende März 1989. Herr S. erhielt eines der acht Betten, über die die Abteilung Psychosomatik im Zentrum für Innere Medizin der Philipps-Universität Marburg verfügt. Den Patienten kommen alle diagnostisch-therapeutischen Möglichkeiten der modernen Medizin zugute, da sie wie alle anderen Patienten auf einer internistischen Station behandelt werden. Parallel hierzu und in deutlicher Abgrenzung zu der üblichen Krankenhausmedizin mit ihren durchschnittlichen Krankenhausaufenthalten von 6,5 Tagen werden die Patienten jedoch durch eine intensive Gruppenarbeit über durchschnittlich sieben Wochen dahin geführt, Zusammenhänge zwischen ihren Beschwerden und ihren Lebensbezügen wahrzunehmen und anders als bisher Gesundheit und Krankheit als Ergebnis eines Wechselspiels ihrer Lebensbezüge zu sehen.

Das Konzept ist vielleicht dadurch am besten zu beschreiben, daß ich die Patienten bei jeder meiner wöchentlichen Visiten in der Gruppe individuell frage: „Wie geht es Ihnen jetzt? Wie ging es Ihnen in der letzten Woche, und was meinen Sie, wie es Ihnen in der nächsten Woche gehen könnte?" Mit dieser Dreierfrage wird der Schwerpunkt auf das derzeitige Befinden gelegt; doch es wird relativiert und auf einen Ablauf von 14 Tagen bezogen. Auf diese Weise ziehen am inneren Auge des Patienten die Eindrücke vorbei und formen sich zu einer Gestalt, in der sich allmählich das Wechselspiel von Affekten, Konflikten und Befinden konturiert. Ich selbst hatte die integrierte klinische Medizin in der von T. von Uexküll geleiteten Abteilung für Innere Medizin und Psychosomatik in Ulm kennengelernt (T. v. Uexküll, W. Wesiack, 1988) und habe mich hierbei von dem Konzept eines integrierten psychosomatischen Stationsdienstes (K. Köhle, 1977) leiten lassen. Krankheit wird als eine Ausdrucksform einer nicht „verdauten" Lebenskrise gesehen, die zu schwersten Zusammenbrüchen im Sinne psychobiologischer Depression und Rückzug (G. L. Engel, A. H. Schmale, 1967) führen kann. Das in Ulm übernommene Konzept wurde seit 1976 in Marburg weiterentwickelt, wobei ab Mitte der 80er Jahre verstärkt die Frage nach gesundheitsfördernden Faktoren (W. Schüffel, 1988) in den Vordergrund trat und das Konzept der Salutogenese explizit 1992 als konzeptionelle Leitvorstellung übernommen wurde (W. Schüffel, 1992).

Grundsätzlich gehen wir von der Erwartung aus, daß jede Krankheit biopsychosozialer Natur ist. In seinem Krankheitsverständnis legt der Kranke einer medizinischen Universitätsklinik jedoch Wert darauf, zunächst körperlich aufgenommen zu werden.

Dementsprechend wurde auch bei Herrn S. so vorgegangen, daß er wie jeder andere Patient auf der Station eingehend körperlich untersucht wurde. Ich kann mich noch gut an die frisch erscheinende Blinddarmnarbe erinnern, auf die der Patient ängstlich verwies. Sie verschloß seinen „wunden Bauch", wie er ihn bezeichnete. Die Narbe war nicht entzündet, es wurde kein Abwehrschmerz beim Palpieren angegeben, von einer Abwehrspannung über einem möglichen entzündlichen Herd ganz zu schweigen.

Der Übersicht halber teile ich den Verlauf der stationären Behandlung in vier Phasen ein. Sie werden nachfolgend dargestellt (siehe auch die weitere Abhandlung unter „Epikrise").

Herr S. beschrieb in einer ersten Phase die Schmerzen zunächst als „sehr stark", verbunden mit einem Völlegefühl, dem Eindruck, keine Darmfunktion mehr zu haben, nicht auf die Toilette gehen zu können, keinen Stuhlgang zu haben. Diese Schmerzen nahmen im Verlauf der ersten zwei Wochen in der Psychosomatik zu. Sie lösten streckenweise in der Umgebung große Besorgnis aus, zumal in einer Sonographie vermeintliche Hinweise für einen Abszeß gefunden wurden, die in einer Kontrollsonographie glücklicherweise nicht bestätigt werden konnten. Diese Besorgnisse nahmen ab, und seine Beunruhigung ging in die selbstgestellte Frage über, ob er den behandelnden Ärzten vertrauen könne. Er fragte sich, ob die vermeintlich organisch bedingten Schmerzen nicht von eigentlichen Problemen ablenken sollten, die er über zwei Jahrzehnte mit sich herumgeschleppt hatte. Nunmehr, in einer ersten Phase des Aufgewühltseins und zunächst anwachsender Schmerzen, konnte er bezüglich der Chirurgie und deren eingehender Untersuchungen formulieren:

„Die Chirurgie hat ja in den letzten 14 Tagen, wo ich dort war, jede chirurgisch mögliche Untersuchung gemacht, wo ein Magen-Darm-Leiden hätte gefunden werden müssen. Es ist ja absolut nichts gefunden worden. Und da habe ich mir irgendwo gesagt, wenn die Ärzte sich im Prinzip so sicher sind, dann kann im Prinzip nichts sein. Und dann habe ich auch in mich hineingehorcht."

Und dann fuhr er fort, über seine Frau und das Bodenlose zu sprechen: „Weil ich immer die Angst habe, den Halt zu verlieren, ins Bodenlose zu fallen, wenn ich sie (die Ehefrau) verliere... Ich habe immer im Prinzip die Angst gehabt, daß diese Frau jetzt der einzige Mensch ist, der mich im Prinzip versteht. Daß es keine Akzeptanz außerhalb dieser Beziehung mehr gibt, das war für mich bodenlos."

In der zweiten Phase verspürte der Patient immer häufiger das Gefühl des Bodenlosen. Die Schmerzen nahmen zu. An einem Tag dieser Phase saß er in einer Art psycho-physiologisch empfundenen Depression im Übungsraum der Physikalischen Therapie. Er fühlte sich gezwungen, an den Übungen und obendrein an den Spielen der Mitpatienten aktiv teilzunehmen.

Er spürte eine unbändige Wut in sich hochkommen. Er beschwerte sich beim Physiotherapeuten, daß dieser ihn nicht ernst nehme. Dieser erkannte die große therapeutische Chance, aus der aktuellen Beziehung heraus einen therapeutischen Fortschritt zu erzielen. Herr S. hatte einen Wutanfall und schrie den Physiotherapeuten an. Dabei stiegen Bilder in ihm hoch, und er erkannte die Wut in sich als Teil einer Wut, die 17 Jahre und älter war. Er hatte sie nicht nur in den letzten zwei Jahren gegenüber seiner Frau und während ihrer Schwangerschaft gespürt, sie war auch gegenüber dem Vater und noch davor gegenüber der Mutter zu spüren gewesen.

Wenig später erlebte der Patient einen der unbändigen Wut vergleichbaren unbändigen Drang zum Stuhlgang. Innerhalb einer Stunde mußte er dreimal zur Toilette laufen. Hierbei setzte er zu seinem Erstaunen einen Stuhlgang ab, der wohlgeformt war.

Es handelte sich also nicht um die wechselnden Durchfälle und Verstopfungen, die er von früher kannte. Die Defäkation war schmerzlos, also nicht mit krampfartigen Zuständen verbunden, die er ebenfalls früher erfahren hatte. Er hielt es selbst nicht für möglich, was aus seinem Leib kam, aus dem bisher so wund empfundenen Bauch, der sich so öffnete und in dieser Form gestalten konnte. Ich konnte ihn mir geradezu als Zweijährigen vorstellen, der nach großem Kampf mit einer ihn bedrängenden Umwelt sich selbständig erlebte und nunmehr mit dem Erfolg im Stuhlabsetzen eine Leistung vorwies. Und das alles, so sagte er, komme nach der Auseinandersetzung mit einem Menschen, der ihn hundertprozentig akzeptiert habe.

In der dritten Phase, in der 3. bis 6. Woche, wurde Herrn S. immer deutlicher, wie die einzelnen Menschen als Individuen sowohl an seinen Beschwerden als auch an seinem Wohlbefinden mitbeteiligt waren. Zunächst sprach er mit dem Stationsarzt, der ihn in seiner Eindeutigkeit und seinem Führungsstil an die „Dominanz" des Vaters erinnerte.* Auch dieser

---

* Herrn Prof. Dr. G. Richter danke ich für seine Mitarbeit als Stationsarzt im Rahmen der weiterbildungsmäßigen Rotation durch die Abteilung des Zentrums für Innere Medizin.

erfaßte die Lage, als der Patient ihm sagte, daß er vor ihm Angst habe und ihn deswegen nicht als Therapeuten akzeptieren könne. Herr S. reagierte plötzlich mit weichen Bauchmuskeln, fühlte sich wohl, als der Arzt ihm sagte, er könne dies verstehen und ob sie nicht dennoch oder gerade deswegen versuchen sollten, miteinander zu arbeiten. Zu dieser Zeit flauten die Beschwerden endgültig ab.

Wie unter einem Schutzmantel, der von drei Männern (Physiotherapeut, Stationsarzt und mir als Chefarzt) angeboten wurde, sprach er nun weiter mit der Oberärztin – und gleichzeitig seiner persönlichen Therapeutin – darüber, daß die tiefste Beunruhigung wohl daher rührte, daß er mit der Mutter nicht darüber sprechen konnte, daß sie ihm den Boden unter den Füßen entzogen hatte. Immer wieder habe sie sich ihm entzogen und ihm nicht zugehört. So sagte er schließlich: „Sie muß sich, so wie das für mich aussieht, zwingen (!), die Wahrheit zu erforschen. Also, die wird mit Sicherheit dann wieder in ihre Krankheiten und Probleme zurückfallen, aber sie muß sich das irgendwann einmal anhören. Einmal muß es gesagt werden."

In der vierten und letzten Phase der Behandlung waren die Beschwerden verschwunden. Der Patient trat selbstbewußt auf und erklärte eines Tages dem Stationsarzt, daß er Tagesurlaub erbitte. Er wolle nach Hause gehen und mit seinem Sohn spielen. Mit seiner Frau habe er vereinbart, daß sie weggehe, so daß Vater und Sohn allein seien. Nach Tagesablauf kam Herr S. zurück und berichtete: „Da war ich also bewußt allein zu Hause, ohne meine Frau, nur mit dem Kind. Wir haben also wirklich den ganzen Nachmittag, den ganzen Tag, den größten Blödsinn gemacht. Wir haben in einer Sandkiste gespielt, dann habe ich ihm Essen gekocht, ich habe ihn gewickelt, wir haben zusammen in der Badewanne gesessen. Ich habe alles das gemacht, was ich im letzten Jahr mit dem Kind überhaupt nicht machen konnte."

In der Visite sprach ich mit ihm darüber, daß er die Vaterrolle hatte übernehmen können. Es werde nun darum gehen, diese Bereitschaft und Fähigkeit langfristig abzusichern. Er beschrieb daraufhin von sich aus, wie er bereits außerhalb der Klinik einen Therapeuten gefunden habe und dort seine Arbeit fortsetzen wolle.

Die letzten 14 Tage bis drei Wochen seines Aufenthalts dienten dazu, den Übergang in die alte Wirklichkeit zu vollziehen. Noch kurz vor der Entlassung erlebte der Patient, wie ein Mitpatient dekompensierte und seine Abhängigkeitsbedürfnisse in einer heftigen Übertragungsverliebtheit auszuleben suchte. Die Mutter des Mitpatienten griff ein und empfahl nachhaltig eine psychopharmakologische Behandlung in der Psychiatrie. Herr S. unternahm lange Spaziergänge, verwies auf eigene Erfahrungen mit seiner Mutter und versuchte, mit dem Mitpatienten zu besprechen, wie er zunächst auf seine inneren Konflikte eingehen könnte, statt seine Umwelt zu beschuldigen. In diesen Gesprächen festigte er sich und vertrat die Auffassungen, die er während der letzten Wochen mit seiner Therapeutin und seinen Therapeuten insgesamt erarbeitet hatte. Während des Übergangs vom zweiten zum dritten Drittel seines Klinikaufenthalts hatte er bereits Kontakte zu niedergelassenen Psychotherapeuten hergestellt, und es war bei der Entlassung abzusehen, daß er eine Einzeltherapie aufnehmen würde.

10.5
Epikrise

Im salutogenetischen Sinne diagnostisch-therapeutisch zu handeln heißt, Handlungsfähigkeit und Lebensfreude trotz und mit körperlicher Einschränkung fördern zu helfen.

Es gilt, die Handlungskompetenz des Patienten zu erweitern, so daß dieser wieder zum Regisseur (U. Brucks et al., 1996) seines Lebens werden kann.

Im Fall von Herrn S. ging es darum, mit dem gesamten Stationsteam, das heißt mit den beteiligten (Hilfs-)Therapeuten, die einzelnen Schritte abzusprechen. Die Frage war: Wie gibt Herr S. die Krankenrolle ab, die mit dem Gefühl des wunden Bauches, dann mit dem schmerzenden Bauch und dem „Bodenlosen" verbunden war? Wie übernimmt er die Rolle eines Mannes, der sich in seinem Körper wohl fühlt, diesen akzeptiert und die ihm übertragenen Aufgaben und die ihm sich eröffnenden Spiel-Räume gestalten kann?

Zur Beurteilung dieser Frage liefert die epikritische Betrachtungsweise (siehe auch den Beitrag von U. Brucks, W.-B. Wahl, W. Schüffel) praktische Ansatzmöglichkeiten, indem sie folgende Merkmale erfaßt:
- Die Erhöhung der Belastbarkeit bzw. die Minderung von Belastungen, um das Gleichgewicht zwischen Anstrengung und Erholung herzustellen
- Die Erhöhung der Handlungsfähigkeit bzw. die Stärkung sozialer Netze, um vorhandene Handlungsspielräume besser wahrnehmen und nutzen zu können
- Die Erhöhung der Konfliktfähigkeit, um der Somatisierung von Kränkungen entgegenzuwirken

Bei der Beurteilung der Behandlungsabläufe wird auf vier Phasen (Schüffel, 1996) zurückgegriffen:
1. Phase der **A**ffektäußerung/-wahrnehmung
2. **C**ontainment-Phase
3. Phase der **S**chemenbildung
4. Phase des **E**rgreifens von Lösungsansätzen

Die Anfangsbuchstaben der Kernbegriffe der vier Phasen bilden die Merkhilfe „ACSE". Für jede Phase werden die Hauptressourcen und das interaktive Vorgehen des ärztlichen Leiters getrennt abgehandelt:

Phase der Affektäußerung und der Wahrnehmung des Affekts

Die körperbezogenen Empfindungen waren für den schwerkranken Herrn S. das zentrale Mittel seiner Kommunikation. Sie stellten also eine der entscheidenden Ressourcen bei der Aufnahme der Behandlung dar. Bei Herrn S. waren es die Schmerzen, das Völlegefühl, der Eindruck, keine Darmfunktion mehr zu haben. Er äußerte diese Gefühle und vor allem die hiermit verbundenen Affekte. Sie wurden ansatzweise mit Personen in Verbindung gebracht, hier mit den Chirurgen, die ja alles getan hatten, um die Beschwerden abzuklären und ihn hierdurch zu verstehen.

Gleichzeitig spürte der Patient aber in seinem Innern ein Gefühl des „Bodenlosen". Dieses Gefühl entsprach am ehesten dem Zustand der Hilflosigkeit und Hoffnungslosigkeit, einem bio-psychosozial definierten Zustand (Engel, Schmale, 1967), der mit schwersten Krankheitszuständen verbunden sein kann.

Neben der Ressource „Körperempfinden" spielte die Ressource „Verlaß auf die Oberärztin" eine entscheidende Rolle: Deren therapeutischem Geschick war zu verdanken, daß der Patient sich von den Chirurgen trennen und gleichzeitig in die Hand einer neuen Person begeben konnte.

Für mich als ärztlichen Leiter war es wichtig zu registrieren, daß vom Übergang Chirurgie zu Psychosomatik ein Beziehungswechsel stattgefunden hatte, der für mich gefühlsmäßig die Konnotation „Wechsel vom männlich-intervenierenden zum weiblich-haltenden Element" trug. Damit ergab sich die Brücke zur Aufnahme der Arbeit in der zweiten Phase.

Phase des Containments

Der Begriff des Containments wird in Anlehnung an Bion (1970) angewandt. Dem Containment werden im hier verwendeten Sinne drei Elemente zugewiesen: Grenzziehung, Raumbildung, Ort eines Funktionsablaufs oder Prozesses.

Zur Grenzziehung: Der Patient empfand zu dieser Zeit verstärkte Schmerzen, die bis an die Grenze des Erträglichen gingen. Er mußte ausprobieren, wie tragfähig seine Umgebung war, das heißt, wie effektiv die zuvor erprobte „holding function" (Winnicott, 1973) tatsächlich trug. Erst nachdem er sich von deren Tragfähigkeit und genauer Grenzbestimmung überzeugt hatte, wurde es möglich, die mit dem Körperempfinden gekoppelten Schmerzen und Wutzustände zu artikulieren und sich im wahren Sinne des Wortes „Raum" zu schaffen. Danach konnte die basale Körperfunktion des Stuhlproduzierens und der Defäkation in der beschriebenen und massiven Weise eingesetzt werden. Während dieses Abschnitts des Containments fand die eigentliche, entscheidende Entwicklung statt, nämlich die Kopplung von Körperempfinden, Körperfunktion und psychosozialer Verhaltensweise als Vorstufe zunehmender Bewußtwerdung bisher nicht zugelassener Affekt- und Phantasieinhalte.

Wiederum war die wichtigste Ressource die Fähigkeit von Herrn S., Körperempfindungen zuzulassen und wahrzunehmen. Eine weitere Ressource bestand darin, im männlichen Gegenüber trotz aller Vorbehalte doch einen Gesprächspartner zu sehen.

Interaktives Leiterverhalten: Die scheinbar oder tatsächlich unterschiedliche Wertschätzung der Therapeuten im Rahmen der Übertragungssituation war darzulegen. Dem Physiotherapeuten wurde in dieser Phase aus der Sicht des Patienten eine herausragende Bedeutung zugewiesen. Der Stationsarzt hingegen, der formell wie inhaltlich für die Abklärung der Beschwerden einschließlich einer möglichen Abszeßursache zuständig war, rangierte im Erleben des Patienten an weniger bedeutsamer Stelle. Er war andererseits mit Recht äußerst besorgt um die seiner Auffassung nach ungeklärten Schmerzzustände und drängte auf diagnostische Interventionen. Diese sollten aber nicht oder nur mit größter Zurückhaltung durchgeführt werden. Aufgrund wechselseitiger Infragestellung resultierten im Behandlungsteam erhebliche Konflikte.

Phase der Schemenbildung

In dieser Phase wurden die Therapeuten in zunehmend differenzierter Weise mit Eigenschaften wichtiger infantiler Bezugspersonen ausgestattet, ohne jedoch als eigenständige Personen gesehen zu werden. Diese Phase erstreckte sich etwa von der dritten bis zur sechsten Woche.

Der Stationsarzt konnte in seinem „Dominanzschema" mit dem Vater verglichen werden. Im nächsten Abschnitt dieser Phase wurde er mit dem Physiotherapeuten, dem Chefarzt und anderen Männern der Umgebung verglichen. Es erfolgte eine Relativierung des bisherigen Dominanzschemas. Schließlich wurde die Interaktion der Männer mit der Oberärztin und weiteren Frauen, insbesondere den Schwestern, wahrgenommen. Herr S. realisierte zu diesem Zeitpunkt, daß nicht mehr zu jeder Zeit das Gefühl des „Bodenlosen" vorherrschte.

Seine wichtigste Ressource war zu dieser Zeit unverändert die früh erworbene Fähigkeit, sich auf bestimmte Aspekte der „holding function" einer Frau einzulassen (z.B. der Oberärztin) und gleichzeitig auch im Mann und hinter dessen scheinbarer Dominanz gewährendes Verhalten wahrnehmen zu können.

Interaktives Leiterverhalten: Es ging darum, mit dem Stationsarzt herauszuarbeiten, daß es um die Überprüfung von dessen „Dominanzverhalten" ging, das wiederum dem Patienten zunehmend Anlaß gab, (ungewollt) den Stationsarzt zu provozieren. Das Ziel lag darin, einen Austausch über die Bedeutung weiblicher und männlicher Elemente vorzubereiten, so daß der Patient sich als Regisseur von Lebensabläufen zwischen den Geschlechtern wahrnehmen konnte, die gestaltet wurden.

Die eigentliche Gestaltung geschah jedoch in der folgenden Phase.

Phase des Ergreifens

Mit dieser Phasenbenennung ist gemeint, daß der Patient Lösungswege entwickelt und *ergreift*, zu deren Übernahme er sich bisher nicht in der Lage sah. In dieser Phase ging es um drei Abläufe: Der Patient spielte mit seinem Sohn, er berichtete in der Klinik über das Spielen, und er demonstrierte vor den Augen und Ohren seiner Mitpatienten, wie er einen Mitpatienten von der Richtigkeit des von ihm eingeschlagenen Weges überzeugen wollte. In dieser abschließenden Phase wurde besonders deutlich, daß es um beginnende Konfliktfähigkeit ging, wenn er die Ehefrau beim Spiel mit dem Sohn ausklammern wollte.

Ein Stück Belastbarkeit wurde erprobt, wenn er im Detail in der Klinik von seinen Erfahrungen berichtete und betonte, daß sie nur zu zweit das Gespräch erprobten und Dritte aussparten. Schließlich stellte er seine Handlungsfähigkeit dadurch unter Beweis, daß er den Mitpatienten beriet. In einer erfreulichen Weise löste er sich aus der Umklammerung bisheriger Chronifizierungstendenzen und strebte in die gesunden Bereiche des Krankheits-Gesundheits-Kontinuums. Interaktives Leiterverhalten: Auf den Sense of Coherence von Antonovsky bezogen, wurde formuliert, daß der Patient das Lebensumspannende des Kohärenzgefühls wahrnehmen durfte, was ihm über lange Zeit verwehrt gewesen war. Darüber hinaus war es ihm möglich, die Bezüge des jetzigen Kohärenzgefühls in einer differenzierten Weise in der Vor- und „Jetzt"-Geschichte verankert zu sehen, um für die Zukunft zu planen.

Parallel zu diesen ressourcenbezogenen Überlegungen verfolgten wir natürlich die herkömmlichen psychodynamischen Überlegungen, doch ordneten wir diese in ein ressourcenbezogenes Konzept ein. Die Schwangerschaft und die nachfolgende Sectio seiner Ehefrau weckten, so im Rahmen eines psychoanalytischen Verständnisses, in Herrn S. ein zweifaches infantile Trauma. Es war das ödipal gefärbte Trauma, die Mutter in die Gynäkologie zur Operation verabschiedet zu haben. Die Operation wurde als eine traumatisierende Erfahrung phantasiert (siehe Versprecher von der „ersten Geburt"). Er selbst war in seinen Phantasien der Erzeuger sowohl dieses vermeintlichen Kindes wie des daraus resultierenden Unheils, daß die Mutter seitdem geschwächt war.

Es ist anzunehmen, und hierin ist das zweite infantile Trauma zu vermuten, daß die damaligen Erfahrungen auf den Boden einer wenig tragenden (nach Winnicott: „not good enough mother") Beziehung fiel, so daß dieser Junge von früh an kompensierend zu narzißtischen Größenvorstellungen neigte.

Unabhängig von diesen psychodynamisch-pathogenetisch orientierten Vorstellungen entwickelten wir entsprechend den einzelnen Symptomen und Beschwerdebildern Vorstellungen darüber, welche Organprozesse involviert sein konnten. Hier spielten insbesondere Überlegungen eine Rolle, inwieweit es zu einer nicht erkannten Abszeßbildung gekommen war.

Unserer Auffassung nach konnte erst durch diese komplexe Sichtweise seiner Situation und aufgrund einer von uns so bezeichneten systemisch-interaktiven Vorgehensweise der erwünschte Therapieerfolg erzielt werden.

Herr S. wurde am 15.05.89 nach einer achtwöchigen Therapie entlassen. Er und seine Frau nahmen jeweils eine Einzeltherapie auf. Sie versuchten beide, sich aufeinander zuzubewegen. Ein zweites Kind wurde geboren. Doch mußten sie einsehen, daß sie auf Dauer keine Ehegemeinschaft und Familie aufbauen konnten. Sie führten in beiderseitigem Einverständnis die Scheidung herbei. Die Kinder blieben bei der Mutter, sie besuchen ihn regelmäßig, und er spielt mit ihnen.

Er selbst machte den Schritt vom Angestellten in einem untergeordneten Arbeitsverhältnis zum Unternehmer mit eigenem Betrieb. Nennenswerte körperliche Beschwerden traten nicht wieder auf, weder bei der Geburt des zweiten Kindes noch bei der Scheidung noch bei der beruflichen Veränderung. Der Patient fühlt sich heute wohl.

Zu meiner eigenen Rolle als Leitendem Arzt: Noch heute freue ich mich über meine damalige Äußerung, wie schön es in der Badewanne mit dem Sohn gewesen sein muß. Ich sagte ihm dann: „Sie durften Vater sein" und verband es mit dem Kommentar: „Ich sag's ausdrücklich, daß Sie dazu stehen dürfen." Ich hatte den Eindruck gewonnen, daß der sechsjährige Bub gewagt hatte, in die Zuckertüte zu schauen und den Schulweg beherzt angetreten hatte.

Beitrag 11
Eine Ressource wurde vergessen

von Ernst R. Petzold, Susanne Altmeyer, Sven von Saldern

Vor einigen Jahren machte G. Fischer/Köln den Vorschlag, das Kürzel PTSD (Posttraumatic Stress Disorder) neu zu dekodieren: Statt „posttraumatische Belastungsstörung" schlug er die Übersetzung „psychotraumatisches Streßsyndrom" vor. Er begründete seinen Vorschlag mit Hinweisen auf Sigmund Freud, Massud Kahn und Mardi Horowitz.

Freud sprach von der Analogie zwischen körperlichem und psychischem Trauma und von dem Verlust des Reizschutzes. In der Therapie ginge es um die Wiederherstellung der persönlichen Integrität.

Kahn sprach von einem kumulativen Trauma. Die restitutio ad integrum würde permanent unterbrochen.

Horowitz betonte die Verzögerung der Informationsverarbeitung und wies darauf hin, daß eine Persönlichkeit ja immer nur begrenzte Möglichkeiten der Informationsverarbeitung habe.

Nach diesen Bemerkungen ließ uns die Frage nicht mehr los, inwieweit es möglich sein könnte, eine posttraumatische Belastungsstörung einfach dadurch zu vermeiden, daß man schon sehr früh bei einem Polytrauma neben der somatischen Hilfe eine psychosomatische anbietet. Anders ausgedrückt: Was kann man als Psychosomatiker tun, um einem polytraumatisierten Patienten bei der Informationsverarbeitung zu helfen? Wie das funktionieren könnte, soll der folgende Beitrag skizzieren.

11.1
Ausgangssituation

Vor fast zwei Jahren erhielt der Erstautor ein Eilfax aus Marburg: „Am Samstag kam ein Feuerwehrmann auf Eure Verbrennungsstation ins Klinikum Aachen. Wir haben mit seinen Kameraden hier eine Arbeitsbeziehung hergestellt. Es besteht die dringende Bitte an den Psychosomatiker, die unmittelbar Betroffenen vor Ort zu unterstützen. Ist das möglich? Herzlichst, Wolfram."

Meine unmittelbare Antwort kurze Zeit später: „Laut Telefonat mit der Station geht es dem Patienten ganz gut. Wir werden uns darum kümmern. E. R. Petzold."

Mit diesem Fax begann die Geschichte, mit der wir hier eine Antwort auf die Frage suchen: Was fördert die gesunden Kräfte im Menschen?

11.2
Anamnese

Wir beginnen unseren Beitrag aus Platzgründen gleich mit der Katamnese, die zwei Monate nach dem Brandunglück aufgezeichnet wurde. Die aktuelle Lebenssituation unter Berücksichtigung von Belastung und Ressourcen wird aus dem Folgenden deutlich, ebenso die Schilderung der Krankheitsentstehung und der für die Fallgeschichte relevanten lebensgeschichtlichen Daten. Um die protektiven und belastenden Faktoren in der Biographie, aber auch im therapeutischen Prozeß selbst herauszuarbeiten, werden wir uns im folgenden eng an das Verbatim-Protokoll dieses Katamnesegesprächs mit dem betroffenen Feuerwehrmann halten.

Das psychosomatische Gespräch sehen wir als eine Summierung von Anamnese, Intervention und Katamnese. U. Brucks et al. sprechen von der „epikritischen Fallbetrachtung" (vgl. den Beitrag von U. Brucks, W.-B. Wahl, W. Schüffel; E. R. Petzold, U. Petzold, 1997).

Das Gespräch beginnt mit einer Vorphase, in der schon das Ende direkt angesprochen wird, und zwar sowohl das Ende des Gesprächs als auch das Ende der stationären Zeit des Patienten im Klinikum. Der Patient soll wenig später aus der Klinik für Verbrennungs- und Plastische Wiederherstellungschirurgie in eine entsprechende Rehabilitationsklinik verlegt werden. Ausführlich gehe ich auf die Frage ein, wie der Patient nach dem Gespräch auf seine Station zurückfinden kann. Das Klinikum ist sehr groß und wird von vielen Menschen wie ein Labyrinth erlebt. Dann bitte ich den Patienten um eine Beschreibung des Unfalls und was seiner Meinung nach zu dem Genesungsprozeß beigetragen hat.

Die ersten Antworten des Feuerwehrmanns, den wir hier „Herrn Leicht" nennen wollen, sind noch etwas unsicher, suchend und sprunghaft. Er kennt weder den Gesprächsraum mit der Einwegscheibe noch die Aufnahmesituation mit einer Kamera.

Patient: „Sind wir schon im Gespräch? Also geht es jetzt los? Auf der Intensivstation habe ich sehr viel an Gewicht verloren."

Ich bestätige ihm, daß das Gespräch in der Tat schon begonnen habe, und frage ihn, ob er genauer sagen könne, wieviel er an Gewicht verloren habe.

Patient: „Mein niedrigstes Gewicht betrug 48 kg. Jetzt ist es vielleicht bei 55 kg. Mein Normalgewicht liegt zwischen 63 und 65 kg. Ich bin 1,82 m groß."

Arzt (schmunzelnd): „Sie waren immer schon ein Leichtgewicht?"

Dies bestätigt der Patient und fährt fort: „Ich bin 43 Jahre alt, kann aber noch sehr gut mit den jungen Kameraden mithalten. Beispielsweise bei Übungen an der Atemschutzgrenze. Das war allerdings noch vor dem Unfall."

Mit meiner nächsten Frage versuche ich, die jüngere Vergangenheit auf der Intensivstation zu vergegenwärtigen.

Arzt: „Welche Erinnerungen haben Sie an die Intensivstation?"

Patient: „Die Erinnerung ist zurückgegangen. Ich habe viel vergessen. Als ich jetzt auf der Intensivstation war, habe ich die Namen der Pfleger nicht mehr gewußt. Ich wußte nicht mehr, in welchem Zimmer ich lag, aber ich erinnere mich an einen Traum, den wir miteinander besprachen. Der Traum mit dem Schlüssel.

Ich war in Paris in der Wohnung. Das Auto stand offen auf dem Parkplatz. Ich suchte den Schlüssel. Ich griff mit der Hand in die Brusttasche, ich fand aber keinen Schlüssel. Ich erwachte völlig verwirrt in einem fremden Zimmer."

Arzt: „Wir haben sehr früh über diesen Traum gesprochen. Können Sie sich noch erinnern, was ich gesagt habe?"

Patient: „Sie haben mich nachdenklich gemacht. Sie sprachen von einem Schlüsselerlebnis. Und Sie sprachen davon, wie man Sorgen und Ängste überwinden könne."

Arzt: „Konkret sprach ich davon, daß die Lösung im eigenen Inneren zu finden ist. Ihre Hand war ja direkt über dem Herzen festgenäht. Ihre Angst und Not war auf ihrem Herzen fixiert; die Angst in der Not auf dem Herzen. Man braucht die Angst als Schutz (schmunzelnd) – darf man einem Feuerwehrmann das sagen?"

Patient reagiert etwas verlegen auf diese Frage und schildert sofort die Auslösesituation: „Am Anfang hatte ich gar keine Angst gehabt, als ich da oben war. Die Verqualmung aber und Durchzündung hat auch die Angst ausgelöst. Als der Feuerball in den Raum kam, habe ich laut um Hilfe geschrien. Die Kleidung hatte gebrannt. Als der Kollege kam und die brennenden Sachen ausgeschlagen hatte, kam der Selbsterhaltungstrieb zurück: Jetzt mußt du raus!

Ich habe es ganz allein geschafft. Ich bin ein ganzes Stück bis zu dem Wagen gelaufen. Ich bin stolz, daß ich diese Leistung allein erbracht habe."

11.3
Therapieverlauf

Die Ressourcenaktivierung sehen wir in der gemeinsamen Suche nach Sinn (Konsens) im psychosomatischen Gespräch und in der Beziehungsklärung zu signifikanten anderen Personen, z.B. Familienangehörigen, Kameraden, dem Oberbürgermeister, dem Pfarrer, Ärzten und Psychologen. Sie zeigt sich unter anderem in offenen Fragen und einer überraschenden Antwort – einer „vergessenen Ressource" (U. Brucks, W. B. Wahl, W. Schüffel, 1996; M. Stubbe, E. R. Petzold, 1996).

Arzt: „Die panische Angst und dann die Kollegen, die Sie dann später auch besucht haben – wer hat Sie alles besucht?"

Patient: „Ganz verschiedene Leute, z.B. der Chef und der Oberbürgermeister. Die haben mir Mut gemacht."

Während Patient dies erzählt, fällt ihm auf, daß er den Faden verloren hat, und er schaut mich etwas verunsichert an: „Wo sind wir stehengeblieben? Was haben Sie mich nochmal gefragt?"

Arzt: „Sie sind ganz dicht an der Antwort. ‚Wer überwand die Distanz?' war meine Frage, und Sie haben geantwortet: ‚Der wichtigste Besuch war der des Oberbürgermeisters.' Der hat Ihnen eine große Angst weggenommen, nämlich die Sorge um den Arbeitsplatz. Er hat Ihnen gesagt: ‚Wir werden Ihnen den Arbeitsplatz erhalten.' Für Ihre Gesundheit hat dieses Versprechen meiner Meinung nach viel gebracht. Jetzt können die Kollegen in der Reha-Klinik einsteigen."

Patient: „Es waren schlechte Zeiten auf der Intensivstation: die Lustlosigkeit, nichts mehr selbst machen zu können, alles gemacht bekommen zu müssen – die Toilette, das Zähneputzen, das Essen. Das hat mich zurückgeworfen. Als ich auf die Normalstation verlegt wurde, habe ich wieder zugenommen, faßte neuen Mut. Alles begann wieder mehr Spaß zu machen, selbst wieder auf einem Stuhl sitzen zu können, selbst wieder etwas ausprobieren zu können."

Mit diesen wenigen Sätzen hat der Patient seine Leidenszeit von knapp sechs Wochen zusammengefaßt. Bei den letzten Sätzen folge ich einem spontanen Einfall und binde mir den Mundschutz so um, wie ich es auf der Intensivstation bei meinen Besuchen immer getan hatte und wie es dort auch üblich ist. Die folgende Sequenz zeigt im Video stärker, als es in der Schriftsprache darzustellen möglich ist, wie die Affekte wieder hochkommen, besonders die Erinnerung an die durchlittenen Ängste.

Arzt: „Was denken Sie jetzt, wenn ich mich so verkleide?"

Patient: Es erinnert an das erste Mal, als Sie so zu mir gekommen sind. Da kommt so einiges wieder hoch. Ich denke, es war eine unheimlich schlechte Zeit für mich, aber es hat auch einiges gebracht. Ich kann zwar nicht genau sagen, wieviel und was, aber auf meinem Lebensweg hat es mir etwas gebracht. Es hat mir gezeigt, daß man im Leben nie aufgeben darf. Daß man immer wieder kämpfen muß. Das habe ich drüben auf der Intensivstation wieder gelernt. Ich hatte mich schon zum Teil aufgegeben. Ich hatte gedacht, hier kommst du nie wieder heraus. Dann hat es immer wieder neue Punkte gegeben, die einem Mut gemacht haben, Zeiten – wenn auch nur kurz –, wo es richtig Spaß gemacht hat. Das hat nicht zuletzt an den Pflegern gelegen. Diese Leute haben einem immer wieder Mut gemacht. Das fand ich ganz toll."

Ich nicke bestätigend. Ich erzähle, wie eine Schwester bei meinem Besuch einmal in das Zimmer kam, wie Herr Leicht sagte: „Da kommt schon wieder jemand rein" und die ausgesprochen nette Schwester etwas verschmitzt fragte: „Bin ich denn so schlimm?"

Herr Leicht bestätigt mich schmunzelnd: „Das war so!"

Arzt: „Das hat mich auch sehr berührt – wie Sie unser Gespräch geschützt haben und wir dadurch etwas Privates haben konnten."

Patient: „Da war mir auch sehr daran gelegen, weil – die Schwestern waren immer da. Da brauchte man nur auf einen Knopf zu drücken, da waren sie da. Das war gut, denn eine Zeitlang war ich sehr unruhig gewesen. Da war ich sogar aus dem Bett gefallen. Irgend etwas war da. Ich wollte irgendwie heraus. Das Bett war im Wege. Da bin ich aus dem Bett gefallen.

Es hat aber auch Zeiten gegeben, wo nur Sie da waren. Die Gespräche, die wir geführt haben – ich muß sagen, die Fragen, die Sie mir gestellt haben –, haben mich immer wieder sehr tief berührt. Das muß der Grund gewesen sein, daß ich lieber mit Ihnen als mit den Schwestern sprechen wollte. Das war mir irgendwie wichtig. Die Schwestern habe ich jeden Tag. Sie habe ich nur ein- oder zweimal in der Woche gesehen."

Arzt: „Ich kann nur sagen, das entspricht auch meiner Wahrnehmung in diesen zwei Monaten. Ich erinnere, daß Sie in dieser Zeit auch Besuch von Ihren Familienangehörigen hatten – wollen Sie darüber sprechen?"

Patient: „Das ist richtig. Ich habe noch einen Bruder, der ist Berufskraftfahrer. Den sehe ich so gut wie nie. Da ist die Sache wegen dem Krach zwischen meinem Vater und meinem Bruder. Jetzt – bedingt durch den schweren Unfall – hat mein Vater meinen Bruder angerufen, und mein Bruder ist dann einen Tag später zu mir gekommen. Er hat mich besucht. (Der Patient unterdrückt die aufsteigenden Tränen und fährt fort). In der Stunde, da er mich besucht hat, das hat unheimlich viel bewirkt, haben wir uns wieder genähert. Das, was ein Jahr lang nicht stattgefunden hatte, das war in dieser Stunde wieder da."

Arzt: „Sie kommen also an den Punkt, den Sie vorher schon angedeutet hatten. Nach einem Jahr ist der verloren geglaubte Bruder wieder da."

Patient: „Ja, sonst kam er nur, wenn er irgend etwas gebraucht hatte oder gemacht haben wollte. Jetzt kam er von sich aus. Das war gut."

Da seine Augen feucht werden, sage ich: „Trotzdem macht es Sie auch irgendwie traurig. Was ist das?"

Patient: „Ja, das bewegt mich sehr. Das ist nicht nur traurig, das bewegt mich so sehr, daß ich vor Freude heulen könnte."

Der Arzt nickt.

Patient: „Deswegen (der Patient schluckt, er beugt sich nach vorne)... Jetzt geht es wieder (er hat sich wieder gefangen)."

Wie beendet man ein Gespräch? Ich beginne erneut, den Abschied anzukündigen: „Was mir sehr wichtig ist – wenn ich kann, komme ich am Wochenende oder am Montag noch einmal zu Ihnen auf die Station, aber Sie werden dann ja verlegt werden. Sie kommen in ein anderes Krankenhaus. Es kann also sein, daß dies unser letztes Gespräch ist."

Patient (nickend): „Ja, das kann sein."

Arzt: „Ich möchte gern, daß Sie dies mitnehmen: Was ist bleibend wichtig? Bleibend wichtig ist das, was Sie sich in diesen Gesprächen erarbeitet haben – wie wichtig die Besuche Ihrer Angehörigen waren, der Vater, der früh kam, die Lebensgefährtin, die früh kam und dann, nach einiger Zeit, der Bruder. Ich glaube, es war der jüngere?

Patient: „Der ältere, der ältere Bruder ist es. Ich bin ja der jüngste."

Arzt: „Sie sind der jüngste – ein Benjamin?"

Patient: „Ja. Ich hatte noch einen älteren Bruder, einen Stiefbruder, aber der ist schon vor einigen Jahren gestorben."

Arzt: „Das war auch..."

Patient: „...der Stiefbruder, das war der Sohn unserer Mutter aus der ersten Ehe, und danach hat die Mutter noch einmal geheiratet, also meinen jetzigen Vater. Aus dieser Ehe sind zwei Kinder hervorgegangen: mein Bruder und ich. Mein Bruder ist älter, ich bin der jüngste."

Arzt (nickend): „Wie groß ist der Altersunterschied?"

Patient: „Zwei Jahre (er schüttelt den Kopf); ja, das hat mich sehr berührt und sehr gefreut, daß er sich um mich gekümmert hat. Er ist viel unterwegs. Er hat immer wieder angerufen und war noch zweimal da. Einmal hat er auch seine Frau mitgebracht, also die Schwägerin, und einmal hat er mich allein besucht. Das hat mich unheimlich gefreut. Auch der Besuch der Kameraden. Es ist toll, wie sie an einen denken. Jetzt z.B., am Sonntag, war in Marburg der Markt, und dann hat man einen Aufruf gemacht. Da haben sie gesammelt und spendiert, und da sind über ... DM herausgekommen."

Der Arzt nickt.

Patient: „Wir sind nicht vergessen. Wir sind total in die ganze Sache mit einbezogen."

Der Arzt nickt erneut; Schweigen.

Arzt: „Gibt es etwas, was wir ganz dringend noch besprechen sollten?"

Patient: „Nein, jetzt nicht. Jetzt geht es mir eigentlich ganz gut (wieder schüttelt er den Kopf und sagt); nein – es geht mir sehr gut. Ich habe wieder 7 kg an Gewicht zugenommen. Ich komme mit den Leuten gut zurecht, auf der Station, mit dem Pflegepersonal, den Ärzten. Im Haus gibt es keine Probleme. Das einzige, was mir Sorgen macht, ist das, was vor mir liegt, ob ich das schaffe. Ängste – aber es gibt doch auch Auftrieb; trotzdem, die Angst ist noch da.

Arzt: „Es gab einige wichtige Stellen in unserem Gespräch, z.B. als ich Sie fragte: ‚Was macht man im Zustand der höchsten Angst?' Da war etwas in Ihnen, das sagte: raus! Also diese Kommandos, auch wenn man später wieder einmal in einem Schlamassel ist, sie scheinen wichtig zu sein. Wir nehmen da Kontakt mit den ‚inneren Ratgebern' auf: Manchmal sind sie streng und manchmal nicht so streng, es gibt Unterschiede. Die Lösung ist immer im eigenen Inneren."

Der Arzt nimmt, während er das sagt, die eigene Hand auf die Brust und sagt schmunzelnd: „Nicht nur, wenn sie auf der Brust festgenäht ist – es ist auch sonst schwer zu greifen."

Patient und Arzt schmunzeln gleichzeitig.

Arzt: „Auch der Traum, den Sie erzählten, ist ja wie ein Geschenk des Unbewußten gewesen: Die Lösung ist in Dir."

Patient: „Darf ich dazu etwas sagen? Ich bin von meiner Konfession her evangelisch. Mein Konfirmationsspruch – Sie kennen das doch auch?"

Der Arzt nickt.

Patient: „Der Spruch, der steht beim Propheten Lukas. Ich weiß zwar nicht ganz genau, wo er steht, aber er lautet ungefähr so: Dir ist nicht gegeben der Geist der Furcht, sondern der Kraft und der Zucht, oder so ähnlich. Und ich denke mir heute immer wieder – ich bin zwar kein großer Kirchgänger, ich bin zwar gläubig, aber ich gehe nicht so oft in die Kirche, aber ich denke: Diesen Spruch sollte ich beherzigen, dann wird es auch besser gehen."

Arzt (nickend): „Ich glaube, das ist von dem Pfarrer, der Sie konfirmiert hat, sehr gut gesehen worden: nicht der Furcht, sondern der Liebe, der Zucht und der Ordnung."

Patient: „Ja, so etwa in diese Richtung."

Arzt: „Ich habe das Gefühl, wir hätten uns noch eine ganze Menge anderer Dinge zu sagen, aber wir müssen jetzt Schluß machen."

Patient: „Ja."

(Anmerkung: Der genaue Wortlaut steht in 2. Tim 1/7: *Gott hat uns nicht gegeben den Geist der Furcht, sondern der Kraft, der Liebe, der Zucht und der Ordnung.*" Bemerkenswert sind die Begriffe, an die sich Herr Leicht und E. R. Petzold nicht erinnerten. Der eine vergaß die Kraft, der andere die Liebe.)

11.4 Epikrise

Der Kommentar könnte das salutogenetische mit dem simultandiagnostischen und -therapeutischen Konzept verknüpfen, insbesondere hinsichtlich der Dimensionen Psychodynamik, Familie und Institution (E. R. Petzold, A. Reindell, 1980; E. R. Petzold, 1989; E. R. Petzold, 1993). Hier wollen wir nur auf zwei Punkte eingehen, die mit dem Stichwort Institution zusammenhängen. Institution wollen wir als Metapher für die Umwelt verstehen, besonders für die, in der wir arbeiten und deren Regeln und Muster unser Verhalten bestimmen. Die beiden Punkte sind die Themen „Mundschutz" und „Kameraden".

Ich gebrauche den Mundschutz wie einen Trigger, durch den ungewollte Erinnerungen an traumatische Erlebnisse ausgelöst werden – in diesem Fall ein spontaner Einfall mit einem starken Affekt, den zu kennen und zu verarbeiten sicher eine der wesentlichen Aufgaben im Umgang mit derartigen traumatischen Erkrankungen ist.

Das andere Stichwort betrifft die Kameraden. Von den Kameraden hatte der Patient andere Informationen über den Brandunfall. Dies wirkte wie die Außenansicht zu dem, was er in dem Gespräch mit mir berichtete. In einem anderen Teil des Gebäudes beispielsweise war ein anderer Kamerad eingeschlossen gewesen und konnte nicht mehr herauskommen. Man sah aber von außen, daß er noch im Raum war. Es wurde versucht, mit einem Schneidegerät das Fenster zu öffnen. Dies gelang nicht. Mit einem Seil riß man das Fenster aus der Halterung. Der Mann konnte gerettet werden, unmittelbar danach gab es eine Explosion, und dieser Teil des Gebäudes existierte nicht mehr.

Die Kameraden aus Marburg berichteten auch, daß eine Psychologin aus der dortigen psychosomatischen Uniklinik mit ihnen arbeitete und daß sie alle eine Woche nach dem Unfall noch einmal an den Ort zurückgekehrt waren, um sich zu vergegenwärtigen, was wirklich geschehen war. Er selbst wäre auch gerne mitgegangen, aber das war ja nun leider nicht möglich.

Die Arbeit der Psychologin hatte sich in Marburg aus der Aufarbeitung des Grubenunglücks in Borken aus dem Jahre 1988 ergeben. Das Ergebnis dieser Arbeit lautete: Überall und jederzeit kann man sich der Frage stellen, ob man etwas tun kann oder nicht, ob man auf jemanden zugeht oder nicht, ob man eine Unglücksstelle meidet oder nicht, ob man hinschaut oder wegsieht, ob man ein Wir-Gefühl entwickelt. Die Marburger sprechen von „Wir-Projekten": Sie haben sich entschlossen, Katastrophenopfer nicht allein zu lassen. Sie scheinen einen guten Weg gefunden zu haben zur Vorbeugung einer posttraumatischen Belastungsstörung.

Ich sah Herrn Leicht zum letzten Mal ca. 1½ Jahre nach dem Brandunfall. Der Patient war nach einer weiteren plastischen Operation im Aachener Klinikum und kam vor der Entlassung noch einmal bei mir vorbei. Er rechnete mit seiner beruflichen Wiedereingliederung Anfang 1997. Er soll für die Kleiderkammer zuständig sein und für das Archiv.

Ich stelle bei diesem Gespräch das Support-System in den Mittelpunkt, zum einen das akute bei der Wiedereingliederung an der Arbeitsstelle und zum anderen jenes, das im Hintergrund gestanden und Herrn Leicht in seinem Überlebenskampf geholfen hatte. Es scheinen mehr als 100 Menschen gewesen zu sein, die an dieser Heilungsgeschichte beteiligt waren, viele von ihnen ehrenhalber. Für eine posttraumatische Belastungsstörung gab es keinen Anhalt mehr.

Literatur zu Teil 2

Abrams, G. D. (1977): Microbial effects on mucosal structure and function. Am. J. Clin. Nutr. 30, S. 1880-1886.

Adler, R. H., Hemmeler, W. (1992): Anamnese und Körperuntersuchung. 3. Auflage, Gustav-Fischer-Verlag, Stuttgart.

Antonovsky, A. (1987a): Unraveling the mystery of health. How people manage stress and stay well. Jossey-Bass Publishers, San Francisco, London.

Antonovsky, A. (1987b): The salutogenetic perspective: toward a new view of health and illness. Advances 4, S. 47-55.

Bion, W. R. (1970): Attention and interpretation. Tavistock, London.

Bondzynski, Humnicki (1896): Z. physiol. Chem. 22, S. 396-399. Zitiert nach: T. Baumgärtel: Klinische Darmbakteriologie für die ärztliche Praxis. Georg Thieme Verlag, Stuttgart

Brown, J. P. (1977): Role of gut bacterial flora in nutrition and health: A review of recent advances in bacteriological techniques, metabolism and factors effecting flora composition. CRC Crit. Rev. Food Sci. Nutr. (3) 8, S. 229-236.

Brucks, U. (1998): Arbeitspsychologie personenbezogener Dienstleistungen. Entwicklung ihrer Fragestellungen am Beispiel ärztlicher Tätigkeit. Hans Huber, Bern.

Brucks, U., Wahl, W.-B., Schüffel, W. (1996): Zur Qualität der psychosomatischen Grundversorgung. Psychomed. 8/4, S. 241-248.

Brucks, U., Wahl, W.-B., Schüffel, W. (1998): Die epikritische Fallbetrachtung – Prozeßentwicklung und Qualitätssicherung in therapeutischen Beziehungen. Asanger-Verlag, Heidelberg.

Büchi, S., Timberlake, N., Sharpe, L., Sensky, T. (1996): Graphic representation of illness: A novel method of assessing patients perceptions of the impact of illness. European Psychiatry, Vol.11/Suppl. 4, S. 330.

Büchi, S., Sensky, T., (1998): PRISM (Pictorial Representation Of Illness and Self Measure) - eine einfache Visualisierungsmethode für Forschung und Praxis. Verhaltenstherapie 8, S. 112-117.

Clark, D. M. (1986): Cognitive therapy of anxiety. Behavioural Psychotherapy 14, S. 283-294.

Dancygier, H. (1989): Bakterien und intestinales Immunsystem. Internist 30, S. 370-381.

Danieli, Y. (1982): Families of survivors of the Nazi Holocaust: Some short and long term effects. In: C. D. Spielberger & I. G. Sarason (Hrsg.): Stress and Anxiety, Volume 8. Hemisphere, New York, S. 405-421.

Davidson, J. (1992): Drug therapy of post-traumatic stress disorder. British Journal of Psychiatry 160, S. 309-314.

Dürckheim, K. v. (1978): Vom Leib, der man ist – in initiatischer und pragmatischer Sicht, in Erlebnis und Wandlung. Scherz Verlag, Bern/München. S. 140-156.

Engel, G. L., Schmale, A. H. (1967): Psychoanalytic theory of somatic disorder. J. Am. Psa. Ass. 15, S. 344-365.

Frank, R. (1976): Zur Ausbildung in körperorientierter Psychotherapie. Integrative Therapie, 2/3, S. 103-108.

Gesetz über den Verkehr mit Arzneimitteln (AMG) vom 9. August 1994. Edito Cantor Verlag, Aulendorf.

Heidt, P. J. (1983): Neue Kriterien für die antimikrobielle Therapie: Erhaltung der Kolonisationsresistenz des Intestinaltraktes. Mikroökologie und Therapie, Vol. 13, S. 61-65

Heim, E. (1988): Coping und Adaptivität: Gibt es geeignetes oder ungeeignetes Coping? Psychotherapie, Psychosomatik, Medizinische Psychologie 38, S. 8-18

Heim, E. (1994): Salutogenese versus Pathogenese – ein neuer Zugang zu einer alten Weisheit. Schweiz. Med. Wschr. 124, S. 1267-1275.

Heinl, H. (1991): Psychosomatische Schmerzsyndrome der Bewegungsorgane. In: Eich, W. (Hrsg.): Psychosomatische Rheumatologie. Springer Verlag, Berlin. S. 145-157.

Henkelmann, Th. (1986): Victor von Weizsäcker. Materialien zu Leben und Werk. Springer Verlag, Berlin; Heidelberg; New York.

Huber, W., Petzold, E. R., Sundemeyer, T. (Hrsg.; 1990): Implizite Axiome. Chr. Kaiser Verlag, München.

Kalinski, S. (1986): Steigerung der körpereigenen Abwehr bei chronisch rezidivierender Tonsillitis. Fortschritte der Medizin, 104, S. 843-846.

Kalinski, S. (1987): Immunstimulation bei Infektionen der oberen Luftwege und im HNO-Bereich: Klinische Prüfung eines Streptokokken-Präparates. Therapiewoche 37, S. 3371-3378.

Keilson, H. (1979): Sequentielle Traumatisierung bei Kindern. Ferdinand Enke Verlag, Stuttgart.

Knoke, M., Bernhardt, H. (1986): Mikroökologie des Menschen. Edition Medizin, VCH, Deerfield Beach, FL & Weinheim.

Köhle, K., Böck, D., Grauhan, A. (1977): Die internistisch-psychosomatische Krankenstation. Editiones Roche, Basel.

Kolb-Niemann, B. (1996): Die praktische Bedeutung salutogenetischer Aspekte in der Medizin am Beispiel der Mikrobiologischen Therapie. Ärztezeitschrift für Naturheilverfahren, 37, S. 516-518.

Lamprecht, F., Johnen, R. (Hrsg.; 1994): Salutogenese – Ein neues Konzept in der Psychosomatik? VAS, Frankfurt/M.

Lee, A.(1985): Neglected niches. The microbial ecology of the gastrointestinal tract. In: Marshall, K.C. (Hrsg.): Advances in Microbial Ecology, Vol. 8. Plenum Publ. Corp., New York, S. 115-160.

Leitner, A. (1995): Kranksein – aus der Sicht eines Integrativen Gestalttherapeuten. In: M. Hochgerner & E. Wildberger (Hrsg.): Psychotherapie in der Psychosomatik. Facultas, Wien. S. 178-199.

Marcel, G. (1967): Die Menschenwürde und ihr existenzieller Grund. Knecht, Frankfurt.

Merleau-Ponty, M. (1966): Phänomenologie der Wahrnehmung. De Gruyter, Berlin.

Moore, W. E. C., Holdeman, L. V. (1974): Human faecal flora – the normal flora of 20 japanese hawaians. Appl. Mikrobiol. 27, S. 961-979.

Neimeyer, R. A., Stewart, A. E. (1996): Trauma, healing, and the narrative emplotment of loss. Families in Society 77, S. 360-375.

Pearson, L., Pearson, L. (1977): Psychodiät. Rowohlt Verlag, Reinbeck b. Hamburg.

Petzold, E. R. (1989): Simultandiagnostik in der klinischen Psychosomatik. Praxis der Psychotherapie und Psychosomatik 34, S. 155-161.

Petzold, E. R. (1993): Keine Alternative mehr. Das Allgemeine Psychosomatische Syndrom als Herausforderung der Medizin. In: Jork, K. (Hrsg.): Alternativen in der Medizin – Behandlungsformen zwischen Wissenschaft und Empirie. Hippokrates Verlag, Stuttgart.

Petzold, E. R., Altmeyer, S. (1996): Balint-Arbeit im Krankenhaus. Krankenhausarzt 69, S. 220-227.

Petzold, E. R., Petzold, U. (1997; zum Druck eingereicht): Das psychosomatische Gespräch. Schweizerische Rundschau für Medizin Praxis.

Petzold, E. R., Reindell, A. (1980): Klinische Psychosomatik. UTB, Bd. 991. Quelle & Meyer, Heidelberg.

Petzold, H. (1984): Vorüberlegungen und Konzepte zu einer integrativen Persönlichkeitstheorie. Integrative Therapie 10, S. 73-115.

Petzold, H. (1993): Integrative Therapie – Modelle, Theorien und Konzepte für eine schulenübergreifende Psychotherapie. 3. Klinische Praxeologie. Junfermann, Paderborn.

Rosenkranz, W., Grundmann, E. (1994): Immunmodulatorische Wirkung lebender nichtpathogener Enterococcus-faecalis-Bakterien des Menschen. Arzneim.-Forsch./Drug Res. 44 (I), 5, S. 691-695.

Rusch, V. (1986): Zur Bedeutung von Autovaccinen in der Medizin von heute. Arzneim.-Forsch./Drug Res. 36 (II), 8, S. 1290.

Schmaltz, B. (1991): Steigerung der körpereigenen Abwehr bei chronischer Sinusitis. Therapiewoche 41, S. 266-269.

Schnyder, U. (1996): Zur Prävention und Therapie posttraumatischer Störungen aus biopsychosozialer Sicht. Schweizerische Rundschau für Medizin Praxis 85, S. 1603-1608.

Schnyder, U. (1997): Crisis intervention in psychiatric outpatients. International Medical Journal 4, S. 11-17.

Schüffel, W. (Hrsg.; 1988): Sich gesund fühlen im Jahr 2000. Der Arzt, sein Patient und die Krankheit; die Technologie, das Team und das System. Springer Verlag, Berlin.

Schüffel, W. (Dez. 1992; Manuskript): Gesundheit als Grundrecht in Europa – eine Utopie? 1. Wartburggespräch, Eisenach.

Schüffel, W. (1996): Ein Mann wird schwanger – zur psychosomatisch interpretierten Kasuistik eines Mannes mit erkranktem Verdauungstrakt. Verdauungskrankheiten 14, S. 215-220.

Schweizer Charta für Ausbildungen in Psychotherapie (1991).

Steinmetz, A., Kaffarnik, H. (1992): Medikamentöse Therapie der Hyperlipoproteinämien. Internist 33, S. 44-53.

Stubbe, M., Petzold, E. R. (Hrsg.; 1996): Beziehungserlebnisse im Medizinstudium. Schattauer Verlag, Stuttgart.

Uexküll, T. v., Wesiack, W. (1988): Theorie der Humanmedizin. Urban & Schwarzenberg, München.

Uexküll, T. v., Wesiack, W. (1996): Wissenschaftstheorie: Ein bio-psychosoziales Modell. In: Th. von Uexküll: Psychosomatische Medizin. 5. Auflage. (Hrsg.: R. Adler u. a.) Urban & Schwarzenberg, München, Wien, Baltimore.

Waaij, D. van der, Berghuis-de Vries, J. M., Lekkerkerk-van der Wees, J. E. C. (1971): Colonization resistance of the digestive tract in conventional and antibiotic treated mice. Journal of Hygiene, Cambridge, 69; 405.

Walch, S. (1991): Einige Überlegungen zur Phänomenologie und Psychotherapie. In: Gestalt und Integration, S. 123-139.

Weizsäcker, V. von (1988): Fälle und Probleme. Gesammelte Werke Bd. 9.

Winnicott, D. W. (1973): Vom Spiel zur Kreativität. Klett Verlag, Stuttgart.

Yamada, T. (1991; Hrsg.): Textbook of Gastroenterology, Vol. 1. J. B. Lippincott Company, Philadelphia.

Zimmermann, K., Schütz, B. (1996): Autovaccine Herborn – ein individueller bakterieller Immunmodulator. Erfahrungsheilkunde, Sonderausgabe 8, S. 524-528.

Projekte und Konzepte, die gesundheitsfördernde Ressourcen einsetzen

betreut von Rolf Johnen, Calw

Einleitung: R. Johnen 155

Beitrag 1:
Entwicklung und Inhalt des Suchtgefahrenprogramms
bei Preussen-Elektra
M. Schwaldat, R. Würtz 159

Beitrag 2:
Ressourcennutzung als Qualitätssicherungsfaktor –
Gesundheitsförderung für Mitarbeiter und Patienten in den
Universitätskliniken des Saarlandes in Homburg
R. Baumann, M. Frei, V. Köllner..................... 163

Beitrag 3:
Gesundheitsförderung im salutogenen Kontext –
aus der Arbeit der Hessischen Arbeitsgemeinschaft für
Gesundheitserziehung e.V. (HAGE)
H. Renner 177

Beitrag 4:
Fahrdienstuntauglichkeit im öffentlichen Personennahverkehr – Lösungswege bei den Verkehrsbetrieben
der Stadt München
M. Schmid-Neuhaus 183

Beitrag 5:
Knochengesundheit und Sense of Coherence
H. W. Minne, M. Scholz 193

Beitrag 6:
Trauma, Gesundheit und Ressourcen – Bilanz einer neun-
jährigen Konzeptarbeit mit Helfern in Katastropheneinsätzen
W. Schüffel, B. Schade 197

Beitrag 7:
Salutogenetische Elemente in der Suizidologie
H. Wedler... 215

Beitrag 8:
Das Sprechen des Körpers als Ressource für Gesundheit: das
Unterrichtsprojekt „Subjektive Anatomie"
R. Johnen... 221

Literatur zu Teil 3 233

Einleitung

von Rolf Johnen

In diesem Teil des Buches geht es um Beispiele der Entwicklung und Veränderung von Organisationen und professionellen Konzepten. Beides hängt zusammen und könnte unter dem Oberbegriff „institutionelle Veränderungen" subsumiert werden, wenn man auch verankerte Denksysteme – Paradigmen – als Institution ansehen will. Die Beiträge befassen sich mit Veränderungen von Institutionen durch und in Richtung auf das Konzept der Salutogenese. Die Bezeichnung „Handbuch" trifft für dieses Kapitel nur unter Vorbehalt zu, da die vorgestellten Organisationen und Konzepte zum größten Teil nicht einfach als Umsetzung des Salutogenese-Gedankens entstanden sind. Solche Umsetzungen existieren unseres Wissens noch nicht. Alle Beiträge zeichnen sich aber durch eine große Nähe zum Salutogenese-Konzept aus.

Die engste und naheliegende Verwandtschaft besteht zwischen Salutogenese und Gesundheitsförderung. Aber gerade hier darf man bei aller Nähe das Unterscheidende nicht außer acht lassen. Antonovsky hat an mehreren Beispielen – und systematischer in einem Vortrag anläßlich eines WHO-Seminars über die Theorie der Gesundheitsförderung (1992; veröffentlicht 1996) – dargelegt, daß aus seiner Sicht auch die Gesundheitsförderung dem Risikofaktorenkonzept folgt. Sie strebt an, Erkrankungsrisiken zu verringern oder Menschen durch Aufklärung und Verhaltensänderung dazu zu befähigen, Risiken zu vermeiden.

Dagegen stellt er seinen Ansatz, *das Handeln und die Wünsche von Menschen jeweils aus ihrer gesamten Situation heraus zu verstehen und sie als ganze Personen, und nicht nur als Träger von Krankheitsrisiken, wahrzunehmen.*

Dabei betont er zugleich, daß die Gesundheitsförderung nicht grundsätzlich, sondern lediglich mangels einer eigenen Theorie in Gefahr sei, diesen Verkürzungen zu erliegen.

Die ersten vier Beiträge dieses Kapitels befassen sich mit Programmen zur Gesundheitsförderung und setzen sich mit ihren leitenden Ideen auseinander. Schwaldat und Würtz berichten aus einem klassischen Feld betrieblicher Gesundheitsförderung, der Alkoholprävention. Dabei betonen sie, daß die Initiative zu diesem Programm der Betriebskrankenkasse aus der Belegschaft kam, die ihre eigene Hilflosigkeit im Umgang mit Alkoholkranken und -gefährdeten erlebte.

Baumann, Frei und Köllner beschreiben ein Projekt aus dem „Healthy-hospitals"-Programm der WHO an einem deutschen Universitätsklinikum. Es wird dargestellt, daß die Initiative, sich am „Netzwerk gesundheitsfördernder Krankenhäuser" zu beteiligen, aus dem Pflegebereich kam. Durch die Arbeit in multiprofessionellen Arbeitskreisen mit anderen Berufsgruppen war es möglich, gesundheitsfördernde Maßnahmen anzubieten, die von den Mitarbeitern akzeptiert wurden und die zu bedeutenden Verbesserungen von körperlichen und Allgemeinbeschwerden bei den Mitarbeitern führten.

Renner stellt die Arbeit der Hessischen Arbeitsgemeinschaft für Gesundheitsförderung dar. Diese folgt dem gemeindebezogenen Ansatz der WHO. Die Projekt- und Programmgestaltung ist insofern dem Risikofaktorenkonzept verpflichtet, als es darum geht, bekannten lebenslage- und altersspezifischen Risiken vorzubeugen. Dabei wird aber vor allem eine neue

Erfahrung gemacht: Durch interprofessionelle Zusammenarbeit – zwischen traditionell ausgebildeten Ärzten, Lehrern, Erziehern, Ernährungsberatern – ändert sich das professionelle Selbstverständnis. Insbesondere die Vorrangstellung der Medizin wird hinterfragt mit dem Erfolg, daß Mediziner sich nicht mehr für unentbehrlich halten und dadurch befähigt werden, anderen Raum zu geben für eigene Problemlösungen.

In dieser Hinsicht noch einen Schritt weiter geht das Projekt, das von Schmid-Neuhaus beschrieben wird. Hier sind in erster Linie die „Betroffenen" gefragt: die Busfahrer der Münchner Verkehrsbetriebe, die im Rahmen betrieblicher Gesundheitsförderung das Angebot bekommen haben, einen Arbeitstag einem frei gewählten Gesundheitsprogramm zu widmen. Der Bericht spiegelt die anfängliche Skepsis wider, die sich entwickelnde Phantasie und die Eigeninitiative bei der Tagesgestaltung sowie schließlich das neue Bedürfnis, diese Aktivität beizubehalten und nicht durch einen Tag „einfacher Freizeit" zu ersetzen.

Gesundheitsförderung findet fraglos auch noch im Bereich der Rehabilitation statt. Scholz und Minne untersuchen in der Rehabilitation von Osteoporosekranken jedoch eine Krankheit, die als besonders schicksalsbedingt und in ihrem Ablauf kaum beeinflußbar gilt.

Dem stellen sie ihre langjährige Erfahrung und Forschung gegenüber. Praktisch handelt es sich um eine Kombination medikamentöser Therapie mit einer Kompetenzerweiterung und sozial unterstützenden Maßnahmen. Das psychomotorische Training entwickelt die Kompetenz der Osteoporosekranken und hilft, die Sturzgefahr zu verringern. Die gegenseitige Unterstützung in Selbsthilfegruppen fördert die Krankheitsbewältigung. Durch ihre Begleituntersuchung können Scholz und Minne zeigen, daß die Schmerzintensität hauptsächlich von dem Kohärenzsinn bestimmt wird, den sie durch den Fragebogen von Antonovsky (vgl. Teil 5) erfassen.

Aber hier sei vor voreiligem Interventionismus gewarnt: Bisher läßt sich nur zeigen, daß Personen mit einem höheren Kohärenzsinn weniger Schmerzen haben. Man kann daraus nicht mit Sicherheit ableiten, daß eine Stärkung des Kohärenzsinns – wie immer man diese erreicht – auch den Schmerz verringern wird. Beides kann von weiteren Faktoren abhängen, z.B. den Möglichkeiten und Fähigkeiten der Person, die Krankheit in ihren Alltag zu integrieren.

Die Komplexität von Verständigungsproblemen wird besonders sichtbar in dem Beitrag von Schüffel und Schade. Hier stehen Katastrophenhelfer im Mittelpunkt; nicht die direkt Betroffenen, sondern die Helfer geraten also in den Blick. Es wird beschrieben, wie über das bessere Verständnis für die Reaktionen der Opfer und durch die stringentere Organisation der Arbeit der Helfer deren Gefühl für die Sinnhaftigkeit ihres Tuns gefördert werden kann. Grenzsituationen menschlicher Reaktions- und Leidensmöglichkeiten, mit denen Helfer konfrontiert werden, stellen auch deren eigenes Wertesystem in Frage. Hier zeigt der Bericht, wie solche Krisen die eigene persönliche Entwicklung fördern können.

Es werden jedoch auch Grenzen institutionellen Lernens deutlich. Die späteren Projekte konnten keineswegs ohne weiteres von den Erfahrungen des ersten profitieren, vielmehr fängt überall die Überzeugungsarbeit für die salutogene Perspektive von neuem an.

Tabus und Grenzen des Denkens stellt der Beitrag von Wedler ins Zentrum. Am Beispiel der Suizidforschung verstärkt er die Beobachtung von Schüffel und Schade, daß der Tod in erster Linie ein soziales Ereignis ist. Wer von seinen Nächsten aufgegeben wird und keine Hilfe mehr erwarten kann, ist dem Tod geweiht, auch wenn er physisch noch eine gewisse Zeit überlebt.

Diese schon von Emile Durkheim formulierte Einsicht radikalisiert Wedler, indem er die Frage nach der Freiheit zum Tode stellt in einer Gesellschaft und unter den Bedingungen der Medizintechnik, die physisches Weiterleben jenseits sozialer Sinnzusammenhänge ermöglicht. Die ethische Brisanz dieser Frage, gerade für die Medizin in Deutschland, ist ihm bewußt. Dennoch: Da im Konzept der Salutogenese der Gedanke der Selbstbestimmung gegen die professionelle Bevormundung und gegen normative Fixierungen dessen, was für jeden in jeder Situation zu gelten hat, hervorgehoben wird, gehört die Frage nach der Entscheidung über den eigenen Tod in diesen Kontext.

Schließlich stellt Johnen das Konzept der „Subjektiven Anatomie" vor. Die Arbeitsgruppe, die dieses Konzept erarbeitet hat, um die Dimension des *erlebten* Körpers wieder stärker ins Medizinsystem einzuführen, hat sich in wesentlichen Punkten vom Salutogenese-Konzept inspirieren lassen. Von besonderer Bedeutung scheint der Versuch zu sein, mit der Subjektiven Anatomie salutogenetisches Denken in der Medizinerausbildung zu verankern.

Beitrag 1
Entwicklung und Inhalt des Suchtgefahrenprogramms bei PreussenElektra

von Martina Schwaldat, Ralf Würtz

1.1 Unternehmensstruktur

Die PreussenElektra ist ein dezentral organisiertes Energieversorgungsunternehmen mit ca. 6000 Beschäftigten. Die Erzeugung und Verteilung erfolgen im wesentlichen über 17 Betriebe im konventionellen und nuklearen Bereich. Der Sitz der Hauptverwaltung ist Hannover. Der nördlichste Betrieb ist in Lübeck, der südlichste in der Nähe von Frankfurt. 55,2% der Mitarbeiter sind Angestellte, 44,8% Arbeiter. Im Schichtdienst sind ca. 1000 Personen tätig. Etwa 16% der Belegschaft sind weiblich. Das Durchschnittsalter beträgt 40,2 Jahre und die durchschnittliche Unternehmenszugehörigkeit 14,4 Jahre. 17% der Mitarbeiter sind Hochschul- bzw. Fachhochschulabsolventen.

1.2 Ausgangssituation/Vorgeschichte

Ende 1987 wandte sich ein trockener Alkoholiker während einer Betriebsrätevollkonferenz an den Arbeitsdirektor des Unternehmens mit der Bitte um Unterstützung für alkoholkranke Mitarbeiter. Er schilderte sehr eindringlich die Situation von Betroffenen mit den für die Krankheit typischen Begleiterscheinungen. Dabei erwähnte er auch das co-alkoholische Verhalten der Umwelt, nicht zuletzt der Arbeitskollegen und Vorgesetzten. Ausgehend von Schätzungen von Fachleuten, daß 5% der Mitarbeiter eines Unternehmens betroffen sind, erfolgte eine Abfrage in den einzelnen Betrieben, ob tatsächlich Betroffene vorhanden seien. Dies wurde zunächst im wesentlichen verneint. Aufgrund der Tatsache, daß das Unternehmen Betreiber hochtechnischer Anlagen ist, erschien es zwingend, daß dieses Thema, einmal angesprochen, weiterzuverfolgen war.

Durch Gespräche mit anderen Unternehmen wurde darüber hinaus sehr schnell deutlich, daß die Verleugnung des Alkoholismus weit verbreitet ist; Suchtprobleme im Unternehmen stellen vielerorts ein Tabuthema dar.

Daher folgte eine Informationsphase, deren Ergebnis Ende 1988 die Gründung eines „Arbeitskreises Sucht" war. Dieser ist wie folgt besetzt:
- ein Vertreter der Betriebsärzte
- drei Delegierte des Gesamtbetriebsrats
- drei Suchtberater/trockene Alkoholiker
- der Hauptsicherheitsingenieur
- ein Delegierter der Personalabteilung
- zwei Delegierte der Betriebskrankenkasse

Der Arbeitskreis Sucht empfahl als erstes die Durchführung eines Pilotprojekts an einem Standort. Hier wurde deutlich, daß nach entsprechender Schulung der Vorgesetzten und Sensibilisierung der Mitarbeiter sehr wohl Betroffene identifiziert werden konnten.

Weitere Aufgabenschwerpunkte waren/sind:
- die Entwicklung einer entsprechenden Betriebsvereinbarung sowie einer dazugehörenden Richtlinie unter Berücksichtigung der im Pilotprojekt gesammelten Erfahrungen
- die Entwicklung und Umsetzung eines auf das Unternehmen zugeschnittenen Schulungsprogramms
- die Fortschreibung der bestehenden Regelungen. Sitzungen finden mindestens zweimal jährlich statt.

Die Betriebsvereinbarung mit der angegliederten Richtlinie regelt unter anderem die konkrete Hilfestellung für betroffene Mitarbeiter mit

Alkohol-, Medikamenten- und Drogenproblematik. Der Schwerpunkt liegt beim Thema Alkohol. Ferner werden die Institutionen beschrieben, die verantwortlich für die innerbetriebliche Suchtkrankenhilfe tätig sind. Dies sind neben dem Arbeitskreis Sucht als überbetrieblichem Gremium sogenannte „Suchtgefahrenausschüsse": Diese existieren in jedem Betrieb und sind besetzt mit der Betriebsleitung, dem Betriebsarzt, dem Betriebsrat, einem Suchtberater sowie dem jeweiligen Vorgesetzten eines jeden Betroffenen. Hier werden Maßnahmen zur Bekämpfung der Suchtgefahren für den Einzelfall beraten und eingeleitet. Die Wiedereingliederung wird vorbereitet, und Aufklärungsmaßnahmen werden zur Information und Schulung für die Mitarbeiter geplant und umgesetzt.

Ferner gibt es Suchtberater: Diese sollen nach Möglichkeit selbst betroffen sein und mindestens zwei Jahre abstinent leben. Zu den Aufgaben gehören unter anderem die Beratung von Betroffenen sowie die Unterstützung bei der Vorbereitung und Einleitung einer Behandlung. Die PreussenElektra hat zur Zeit 20 Suchtberater, davon sind 12 Betroffene, 5 Angehörige und 3 weitere Personen.

1.3 Verlauf/Umsetzung

Das Ziel, den Abschluß der Betriebsvereinbarung zu erreichen, gestaltete sich sehr zeitintensiv. Nach Gesprächen mit dem Gesamtbetriebsrat und nach Empfehlung von Prof. Dr. Lothar Schmidt, Berlin, der schon die inhaltliche Entwicklung der Betriebsvereinbarung fachlich begleitet hatte, entschloß man sich, wie oben bereits kurz geschildert, an einem Standort ein Pilotprojekt durchzuführen und die Betriebsvereinbarung und deren Umsetzung für die Dauer eines Jahres zu testen. Neben der Kontaktaufnahme zu örtlichen Suchtberatungsstellen und der Auswahl der internen Suchtberater wurden Schulungsmaßnahmen für Vorgesetzte und Informationstage für Mitarbeiter und Auszubildende durchgeführt. Das Ganze wurde von Informationsmaterial begleitet, das vom Arbeitskreis Suchtgefahren unter dem Slogan „Miteinander darüber reden" entwickelt worden war. Nach Abschluß einer für das gesamte Unternehmen geltenden Betriebsvereinbarung Ende 1989/Anfang 1990 wurde mit einem Schulungsprogramm für Vorgesetzte begonnen, um diese entsprechend zu sensibilisieren. Von ihnen hängt in ganz entscheidendem Maße ab, ob rechtzeitig betriebliche Maßnahmen der Suchtkrankenhilfe eingeleitet werden oder ob Auffälligkeiten so lange tabuisiert werden, bis sie nicht mehr tragbar sind, und es unter Umständen sogar zu spät für eine Behandlung ist. Das Schulungsprogramm umfaßt folgende Komponenten:

- eine Einführungsveranstaltung von ca. 2 Stunden
- eine eintägige Schulung mit folgenden Inhalten: Entwicklung der Abhängigkeit, Verhaltensweisen von Betroffenen im Betrieb, Co-Alkoholismus, Gesprächsführung, Inhalt der Betriebsvereinbarung, Ablauf des Hilfsangebotes

Zusätzlich werden betriebliche Veranstaltungen genutzt, um das Thema allen Mitarbeitern näherzubringen (z.B. Bericht eines Betroffenen auf einer Betriebsversammlung). In der regelmäßig erscheinenden Mitarbeiterzeitung wird die Thematik ebenfalls regelmäßig behandelt.

Die in allen Betrieben ernannten Suchtberater erhalten eine Ausbildung zum sogenannten „betrieblichen Suchtberater", wie sie von verschiedenen in der Suchtarbeit tätigen Organisationen angeboten werden. Weiterhin erhalten sie einmal jährlich die Möglichkeit, an einer fachlichen Weiterbildung teilzunehmen. Die letzte Veranstaltung behandelte das Thema Gesprächsführung. Darüber hinaus findet einmal jährlich ein Erfahrungsaustausch mit Fallbesprechung statt, um einen Überblick über den Stand der Umsetzung der Betriebsvereinbarung zu erhalten und den Suchtberatern die Möglichkeit zu geben, sich fachlich auszutauschen.

1.4 Bewertung

Aus der Unternehmensperspektive:
- Je nach Unterstützung und Engagement der örtlichen Betriebsleitung und der Betriebsräte ist die Umsetzung der Betriebsvereinbarung unterschiedlich weit fortgeschritten. Einige Betriebe sind sehr aktiv, z.B. in der eigenverantwortlichen Organisation von Schulungsveranstaltungen, in anderen fanden erstmalig im Jahre 1995 Veranstaltungen statt.
- Das Ansehen des Suchtberaters und des Betriebsarztes hat ebenfalls wesentlichen Einfluß auf die Umsetzung. Im Verlauf der Schulungen hat sich gezeigt, daß bei den Vorgesetzten neben der Unsicherheit im Umgang mit Alkoholkranken Unklarheit darüber besteht, wie vorzugehen ist, wenn Mitarbeiter unter Restalkohol die Arbeit aufnehmen. Eine entsprechende Empfehlung ist mittlerweile hierzu erarbeitet worden.
- Die Schulungsveranstaltungen wurden um eine Veranstaltung zum Thema „Gesprächsführung" ergänzt. Vorgesetzte haben nämlich aufgrund langjähriger Zusammenarbeit und der daraus resultierenden Vertrautheit Probleme, betroffene Mitarbeiter anzusprechen. Für die nachwachsende Führungsgeneration ist es in aller Regel leichter, mit dem Thema umzugehen.
- Es hat sich unter anderem in den Gesprächen mit den Suchtberatern gezeigt, daß das Verfahren der Wiedereingliederung konkreter in der Betriebsvereinbarung beschrieben werden muß.
- Auch wurden den Suchtgefahrenausschüssen mittlerweile mehr Möglichkeiten eingeräumt, das in der Betriebsvereinbarung vorgesehene Verfahren einzuleiten.
- Insgesamt hat sich gezeigt, daß das Thema Sucht in regelmäßigen Abständen im Rahmen von Schulungsmaßnahmen ins Bewußtsein der Betriebsangehörigen gebracht werden muß.

Aus der Perspektive von Einzelfällen:
Es gestaltet sich aus verschiedenen Gründen schwierig, im jeweils laufenden Projekt auf der Basis statistischer Daten eine Bewertung/Erfolgsmessung vorzunehmen. Daten über Arbeitsunfähigkeitstage sind beispielsweise rückwirkend nur bis 1989 zu verfolgen, da erst in diesem Jahr eine Betriebskrankenkasse gegründet wurde. Erschwerend kommt hinzu, daß die ICD-Verschlüsselung vom diagnostizierenden Arzt nicht immer korrekt vorgenommen wird. Drei ausgewählte Fallbeispiele können jedoch zeigen, in welchem Ausmaß Arbeitsunfähigkeitstage nach betrieblicher Intervention und anschließender Entwöhnungsbehandlung rückläufig sein können.

Fall 1:
- durchschnittliche AU-Tage*/Jahr vor betrieblicher Intervention und Entwöhnungsbehandlung: 15 Tage
- AU-Tage durch Entwöhnungsbehandlung: 137 Tage
- durchschnittliche AU-Tage/Jahr nach betrieblicher Intervention und Entwöhnungsbehandlung: 4 Tage

Fall 2:
- durchschnittliche AU-Tage/Jahr vor betrieblicher Intervention und Entwöhnungsbehandlung: 17 Tage
- AU-Tage durch Entwöhnungsbehandlung: 124 Tage
- durchschnittliche AU-Tage/Jahr nach betrieblicher Intervention und Entwöhnungsbehandlung: 9 Tage

Fall 3:
- durchschnittliche AU-Tage vor betrieblicher Intervention und Entwöhnungsbehandlung: 19 Tage
- AU-Tage durch Entwöhnungsbehandlung: 107 Tage
- durchschnittliche AU-Tage/Jahr nach betrieblicher Intervention und Entwöhnungsbehandlung: 6 Tage

---

* AU-Tage beziehne sich auf Wochentage, nicht auf Arbeitstage

1.5 Epikrise

In den letzten zehn Jahren hat die Firma PreussenElektra ein Suchtgefahrenprogramm entwickelt und umgesetzt. Eine systematische Evaluation steht noch aus; die bisher vorliegenden kasuistischen Ergebnisse lassen aber den Schluß zu, daß das Programm in der Erkennung und Behandlung von alkoholkranken Betriebsangehörigen erfolgreich ist.

Die vorliegende kurze Beschreibung des Programms stellt dar, auf welche Weise bei der Entwicklung und Umsetzung des Programms *pragmatisch* vorgegangen wurde: Im Zentrum der Arbeit steht der Arbeitskreis Sucht, in dem neben Betriebsärzten, Delegierten des Betriebsrats, der Personalabteilung und der Betriebskrankenkasse sowie dem Hauptsicherheitsingenieur vor allem Suchtberater gleichberechtigt eine Rolle spielen. Von diesen sind die meisten früher selbst betroffene Personen (trockene Alkoholiker) oder deren Angehörige.

Wir haben in leitenden Funktionen des Trägerunternehmens bzw. der Betriebskrankenkasse das Suchtgefahrenprogramm mitinitiiert und -entwickelt. Mit den Gedanken des Salutogenesekonzepts Antonovskys sind wir erst zu einem späteren Zeitpunkt im Rahmen der Wartburg-Gespräche in Kontakt gekommen. Uns fiel die Nähe unseres pragmatisch entwickelten Programms zu den Grundgedanken des Salutogenesekonzepts auf. Inzwischen scheint uns das Salutogenesekonzept einen brauchbaren theoretischen Hintergrund auch für das Suchtgefahrenprogramm zu bieten:

- Um „Comprehensibility" im Sinne des SOC („Sense of Coherence") geht es beispielsweise bei der Identifizierung der alkoholkranken Mitarbeiter. Diese gelingt in Anbetracht der starken gesellschaftlichen Tendenz zur Verleugnung des Alkoholismus nur, wenn Mitarbeiter der verschiedenen Hierarchieebenen, der Betriebsrat, Betroffene und deren Angehörige vertrauensvoll zusammenarbeiten.
- „Manageability" findet sich in dem durchgängigen Prinzip der gegenseitigen Unterstützung.
- „Meaningfulness" entsteht konkret durch die ständige Rückkopplung der Ergebnisse im Gesamtbetrieb.

In der innerbetrieblichen Diskussion haben sich die Gedanken des Salutogenesekonzepts vor allem dann als hilfreich erwiesen, wenn es darum ging, starres hierarchisches Denken gegenüber teambezogenem Denken abzubauen.

Beitrag 2
Ressourcennutzung als Qualitätssicherungsfaktor –

Gesundheitsförderung für Mitarbeiter und Patienten in den Universitätskliniken des Saarlandes in Homburg

von Rapahël Baumann, Markus Frei, Volker Köllner

2.1
Ausgangslage

2.1.1
Was ist los in unseren Kliniken?

Krankenhäuser stellen in ihrer Komplexität ökonomische und organisatorische Einheiten dar, die mit größeren Unternehmen der freien Wirtschaft vergleichbar sind. Unter den anhaltenden Kostenzwängen im Gesundheitswesen sind gerade Krankenhäuser angehalten, mit den sich immer weiter verknappenden wirtschaftlichen Reserven ökonomisch keinen Schiffbruch zu erleiden.

Zweifelsohne liegt der Erfolg von Unternehmen nicht ausschließlich in der bloßen Bereitstellung von Arbeitsplätzen und in der Nutzung von Arbeitskraft, sondern mit zunehmender Wichtigkeit in der Gestaltung der Arbeitsbedingungen und der Ausschöpfung (aber auch Beachtung und Förderung) aller Ressourcen der Mitarbeiter. Dennoch ist derzeit zu beobachten, daß Errungenschaften aus der „Humanisierung der Arbeitswelt" und verbesserte Arbeitsbedingungen massiv abgebaut werden. Dies ist möglich, weil die Situation auf dem Arbeitsmarkt und damit das gesamte soziale Klima sich derartig verschärfen, daß ein sicherer Arbeitsplatz bereits als Privileg empfunden wird. Arbeit wird schon zu fast jeder Bedingung angenommen.

Mobbing ist gerade auch in Krankenhäusern – und dies bei allen beteiligten Berufsgruppen – ein „tägliches Instrument zum betrieblichen Überleben" ohne Rücksicht auf Verluste geworden. Auch dies ist zweifelsohne eine Folge klimatischer Veränderungen in den Arbeitsteams (siehe auch Frankfurter Rundschau v. 25.03.1997; Saarbrücker Zeitung v. 26.03. und v. 31.05.1997).

Die besonderen Arbeitsbedingungen (K. L. Landau, 1991; H. v. d. Bussche et al., 1990) in einem Großklinikum lassen es um so sinnvoller erscheinen, darüber nachzudenken, inwieweit die Nutzung gesundheitlicher Ressourcen der Mitarbeiter nicht nur die persönliche und berufliche Zufriedenheit verbessert, sondern auch als Instrument der Qualitätsverbesserung und -sicherung somit als massiver ökonomischer Faktor nutzbar ist.

2.1.2
Die besondere Rolle der Krankenhäuser oder: Welche Ressourcen sind nutzbar?

Bereits in den 70er Jahren wurden erhebliche Anstrengungen unternommen, unter dem Stichwort „Humanisierung der Arbeitswelt" in Produktionsprozessen Einfluß auf physische und psychische Gesundheit, auf betriebliche Zufriedenheit und daraus resultierende Qualitäts- und Quantitätssteigerung zu nehmen.

Organisationssoziologen wie C. Perrow (1965) haben bereits in den 60er Jahren nachgewiesen, daß die Tätigkeitsstrukturen in Krankenhäusern durch ein hohes Maß an Variabilität der Arbeitsaufgabe einerseits, aber auch durch Unbestimmtheit des Arbeitsablaufs gekennzeichnet sind (U. Stößel, 1997; U. Trummel und S. Novak-Zezula, 1997). Die Ansätze, gesundheitsförderliche Arbeitsstrukturen in Kliniken zu implementieren, müssen deshalb auf einige Spezifika Rücksicht nehmen: Dazu gehören unregelmäßig anfallende Arbeitsschübe, die häufig nicht vorhersehbar oder planbar sind und unter Zeitdruck ausgeführt werden müssen. Hinzu kommt die erhebliche psychische Belastung, mit dem körperlichen Leid der Patienten permanent und unter Einbringung der persönlichen Ressourcen konfrontiert zu sein, bei gleichzeitig hoher körperlicher Belastung. Die psychischen Belastungen sind im Krankenhaus allgegenwärtig (J. Fuchs et al., 1987; P. Herschbach, 1991).

Die Auseinandersetzung mit Sterben und Tod der anvertrauten Menschen muß häufig „nebenbei" stattfinden. Einerseits werden fachlich-handwerkliche, andererseits psychokommunikative und sozioemotionale Fähigkeiten abverlangt, die zur ganzheitlichen Betrachtung der Patienten unabdingbar sind. Besondere Belastungen gehen von den stark hierarchischen Strukturen in allen Ebenen der Krankenhäuser sowie von den vielfältigen interdisziplinären und verschiedene Berufsgruppen betreffenden Kommunikationskonflikten aus. Diese besitzen in Kombination mit dem unter starkem Druck stehenden Arbeitsmarkt gegenwärtig eine bezüglich den humanitären Interessen der Arbeitsplatzgestaltung kontraproduktive Auswirkung.

In besonderem Maße sind hiervon nicht nur die Pflegekräfte, sondern auch die Assistenzärzte und Ärzte im Praktikum betroffen. Weitere spezifische Belastungsfaktoren stellen sich in den Bereichen Arbeitszeiten und Schichtarbeit dar, durch steigende Anforderungen aufgrund neuer medizinischer und pflegewissenschaftlicher Erkenntnisse sowie als Folge der Erweiterung der Medizintechnologie. Ebenso bedeutend sind die bioklimatischen, baulich-räumlichen und hygienebezogenen Arbeitsumfeldbedingungen. Hinzu kommen die Extremsituationen, die die psychophysische Leistungsfähigkeit in höchstem Maße beanspruchen: Entscheidungen, deren Konsequenzen manchmal nicht abschätzbar sind, müssen unter extremem Zeitdruck gefällt und umgesetzt werden, wobei immer der psychische Druck einer negativen Rückmeldung über dieser Situation schwebt.

Die Maslowsche Bedürfnispyramide (A. H. Maslow, 1970) mit dem Idealziel der Selbstverwirklichung implementiert diese Forderungen nach Ressourcennutzung und macht deutlich, daß in allen Lebenswelten des Menschen Einfluß auf gesundheitliche Faktoren genommen wird. Die psychologische Handlungs- und Tätigkeitstheorie von A.N. Leontew (1982) postuliert einen engen Zusammenhang zwischen Handlungs- und Tätigkeitsspielräumen, deren psychischer Regulation und den Auswirkungen auf Gesundheit und Wohlbefinden des arbeitenden Menschen. Eine gesundheitsförderliche Arbeitsgestaltung – und dies nicht nur in den Krankenhäusern – muß sich deshalb an Humanitätskriterien bezüglich Ausführbarkeit, Gefahrlosigkeit und Respektierung der Persönlichkeit messen lassen. F. Herzberg (1957, 1975) stellt heraus, daß dazu eben nicht nur extrinsische Faktoren, wie Vergütung, Sicherheit des Artbeitsplatzes, Arbeitszeitsysteme, soziale Absicherung, architektonische und ergonometrische Gestaltung des Arbeitsplatzes, gesundheitsfördernde Angebote usw. („Hygienefaktoren") ausreichen. Vielmehr müssen intrinsische Faktoren – die Motivationsfaktoren – hinzukommen: Partizipation, Erfolgserlebnisse, Anerkennung, Verantwortung, Karriere, gegenseitiger Respekt und Wertschätzung.

Die umfangreiche Diskussion um betriebliche Leitlinien, Unternehmenphilosphie und Corporate Identity (M. Scherpf, 1993) zeigen, daß die Überlegungen nicht nur im produzierenden Gewerbe, sondern gerade im Dienstleistungssektor nicht mehr wegzudenken sind.

Das Krankenhaus ist einer der größten Arbeitgeber im Dienstleistungsbereich. Hieraus ergibt sich die Notwendigkeit einer präventiven Orientierung der Kliniken, schon aus ihrer Signal- und Vorbildfunktion für das gesellschaftliche Gesundheitsbewußtsein heraus. Die gemischten und sich überschneidenden Nutzungsstrukturen der Krankenhäuser – als sozialer Lebensraum für Patienten und Besucher einerseits und als primärer Arbeitsraum für die Beschäftigten andererseits – erfordern ein Höchstmaß an Beachtung von Bedürfnissen. Dabei reicht es nicht, die gesetzlichen und normativen Arbeitsschutzbestimmungen oder gewerblich-technischen Auflagen zu erfüllen. Die psychosozialen und mentalen Belastungen müssen vielmehr durch fachübergreifende Kooperation realisiert werden. R. Rosenbrock (1993) nennt dies „die Förderung der Gesundheitskompetenz durch Schaffung von unterstützenden und anwendungsoffenen Umwelten".

Die Finanzierung des „zarten Pflänzchens" der Gesundheitsvorsorge (§ 20 SGB V) ist gekippt worden. Es hat sich gezeigt, daß Prävention nicht nur zu einem marketingwirksamen Instrument zur Bedürfnisbefriedigung einer bevorzugten Klientel für Krankenversicherer mißbraucht werden darf. Es wäre jedoch fatal, die umfassende Bedeutung präventiver Maßnahmen für die Gesundheitssysteme der Zukunft zu verkennen. Nachweislich lohnt sich betriebliche Gesundheitsvorsorge durch niedrigeren Krankenstand (G. M. Wiedermann, 1996), erhöhte betriebliche Zufriedenheit (S. E. Seashore u. T. D. Taber, 1976), Erhöhung des Outputs und Sicherung der Qualität. Krankenkassen prüfen derzeit, ob betriebliche Präventionsprogramme durch finanzielle Anreize für Versicherte und Betriebe unterstützt werden können. Einige niedersächsische Unternehmen, die sich an einem Gesundheitsprogramm der AOK beteiligen, brauchen nur elf statt zwölf Monatsbeiträge zu zahlen. Den gleichen Bonus erhalten alle bei der AOK versicherten Beschäftigten dieser Unternehmen.

2.1.3
Spezifika der Pflege

In einer Universitätsklinik arbeiten sehr viele verschiedene Berufsgruppen. Wir beschränken uns hier auf die zahlenmäßig größte Gruppe: die Pflege.

Die Pflege hat in den Krankenhäusern in den vergangenen Jahren sehr starke Veränderungen erfahren. Ursachen hierfür waren einerseits die Rahmenbedingungen der Sozialgesetzgebung, die zu Umschichtungen von Tätigkeitsprofilen und Organisationsbedingungen führte, und andererseits die Bestrebungen, den Pflegeberuf auf ein angemessenes Attraktivitäts-, Kompetenz- und Qualifikationsniveau zu heben.

Dazu beigetragen haben auch die nachhaltigen, teilweise erfolgreichen Bemühungen, die im internationalen Vergleich bestehenden Rückstände hinsichtlich der Professionalisierung des Berufs sowie bezüglich der Akademisierung der Bereiche Forschung, Lehre und Management aufzuholen.

2.1.4
Zufriedenheit – Fluktuation – Kündigungsverhalten – Kosten

Es lassen sich spezielle Symptome für eine berufliche Unzufriedenheit von Pflegekräften feststellen, die durch das weitgehende Fehlen struktureller Voraussetzungen bedingt sind. Es gibt keine klaren Anforderungs- und Qualifikationssysteme, es fehlt ein angemessenes Autonomie- und Kompetenzniveau. Arbeitsbedingungen sind belastet durch Rund-um-die-Uhr-Betrieb, Wechselschichten, unzureichende Lohn- und Aufstiegsmöglichkeiten und durch eine immense psychische und physische Belastung.

Das um so mehr, als gerade in den letzten Jahren ein Widerspruch entstanden ist zwischen den „gesellschaftlichen" Erwartungen an die Pflege einerseits und dem (gewandelten) Selbstbildnis der Pflegekräfte andererseits.

Dies ist letztlich den fortlaufenden Bemühungen vieler berufspolitisch engagierter Pflegekräfte zu verdanken. Deren Ziel war und ist die Entwicklung eines neuen beruflichen Selbstbewußtseins, um dabei die traditionelle Fremdbestimmung in der Pflege zu überwinden und eine berufliche Eigenständigkeit zu erlangen.

„Kooperation statt Unterordnung, Gleichberechtigung statt Weisungsabhängigkeit, Selbstbewußtsein statt Selbstlosigkeit" (H. S. Steppe, 1994) sind die Eckwerte des neuen pflegerischen Denkens und Fühlens. Dieser Prozeß (der in der Pflege noch an seinem Beginn steht), kann und wird sich nicht zeitgleich im gesellschaftlichen Rahmen vollziehen.

Die von F. Herzberg (1975) aufgeführten Motivationsfaktoren wie
- Erfolg
- Anerkennung für erbrachte Leistungen
- die Arbeit selbst und
- Verantwortung

tragen wesentlich zur Berufszufriedenheit bei und stellen wichtige Ressourcen dar. Gerade diese stehen vielen Pflegekräften nur unzureichend zur Verfügung.

Die Bedeutung von Kommunikation, Information und Interaktion in den Sozialberufen, so auch in der Pflege, kann nicht hoch genug eingeordnet werden.

In diesem Komplex können sowohl extrinsische Faktoren (Informationssysteme, Informationspolitik des Trägers und der Vorgesetzten) wie auch intrinsische Faktoren (Kommunikationsfähigkeit und -kultur, Arbeitsklima und Umgangsstil) ausgemacht werden (H. v. d. Bussche, 1990).

Längst ist auch wissenschaftlich nachgewiesen, daß die Qualität von Arbeitsergebnissen in arbeitsteiligen, interaktionsreichen Prozessen von der Intensität und Qualität der Informationstechniken sowie des gesamten kommunikativen Austauschs abhängt (M. Schröder, 1993; J. Baumgarten, 1987).

Das Berufsbild der Pflege verlangt von seinen Mitarbeitern je nach Interaktionspartner sehr verschiedene kommunikative Rollen: Tröster, Berater, Bremser, Vermittler, Organisator, Informator, Zuhörer, Vorgesetzter, Ausbilder, Mediator, Anweisungsempfänger, Kollege...

In dieser Vielfältigkeit, die nicht selten einem fließenden Wechsel gehorcht, liegt einerseits eine zentrale Aufgabe und auch ein Reiz der Pflege, andererseits aber auch ein Konflikt- und Unzufriedenheitspotential.

Kommunikation und Information gehören leider zu den defizitärsten Bereichen im Krankenhaus, wobei alle Teile mehr oder weniger betroffen sind: das Verhältnis von Pflegenden zu Patienten, Ärzten zu Pflegenden und Pflegekräften untereinander.

In der Pflege bestehen jedoch im Vergleich mit anderen Sozialberufen auch systematische Defizite, weil die pflegerische Grundausbildung zu den Themen Kommunikation und Gesprächsführung zu wenig bietet und Arbeitsorganisation und Arbeitsbelastung (als Hygienefaktoren) die Räume für kommunikative Prozesse deutlich beschneiden. Fehlende Fortbildungmöglichkeit und seltene Zusatzangebote (z.B. Supervision) bedingen, daß viele Schwestern und Pfleger in schwierigen Kommunikationssituationen (z.B. im Hinblick auf bestimmte Patientengespräche und Konfliktgespräche mit Kollegen) häufig überfordert sind und mit der Zeit dazu neigen, offene, direkte und verbale Kommunikation tendenziell zu vermeiden.

Gerade auch in leitenden Positionen reicht ein gutes Fachwissen allein nicht aus, wenn Kommunikation vernachlässigt wird. Stichworte sind hierbei: Teamgespräch, Mitarbeitergespräch, Delegationsfähigkeit, Zielformulierung, Ressourcenausnutzung oder Konfliktmanagement.

Unbestritten ist die Tatsache, daß auch Veränderungen und Reformen ohne den entsprechenden Austausch nicht denkbar sind.

Dabei kommt der schnellen und unverfälschten Kommunikation über direkte Wege eine hohe Bedeutung zu. Hier lähmen hierarchische Strukturen (K. Doppler, 1992; G. Gille, 1989).

Die Verbesserung des Arbeitsklimas und der Aufbau von Vertrauensebenen öffnen den Weg für handlungsorientierte, spontane, offene Informations- und Kommunikationsstrukturen. Dies wurde durch Untersuchungen an 16 Krankenhäusern, die eine Spitzenstellung in den USA einnehmen, bestätigt (M. Kramer u. C. Schmalenberg, 1988).

Die spezifischen Konflikte im Krankenhausbetrieb, im besonderen die Interaktionskonflikte der Pflegenden, werden im wesentlichen von diesen genannten Vorgaben beeinflußt.

Zusammenfassend lassen sich folgende Dimensionen aufzeigen:
- die **historische Dimension**:
  Pflege als unselbständige „Zuarbeit" zu den Ärzten, entwickelt im 19. Jahrhundert, in Deutschland bis heute weitgehend erhalten;
- die **hierarchische Dimension**:
  quasi-militärische Strukturen der „Anordnungen" und „Verordnungen"; das aus verschiedenen Berufsgruppen bestehende, in permanenter Interaktion und Akzeptanz miteinander arbeitende therapeutische Team ist weitgehend eine Wunschvorstellung (Kommunikationsprobleme);
- die **fachliche Dimension**:
  Es gibt keine definierten Tätigkeiten, die ausschließlich der Pflege vorbehalten sind; Diskussion um den „arztfreien Raum" im Krankenhaus, Münchner Dienstordnung; die Ergebnisse der wissenschaftlich fun-

dierten Pflegeforschung sind einerseits noch nicht sehr zahlreich und werden andererseits belächelt oder ignoriert.

Mögliche Folgen sind:
- Flucht, z.B. in die Familie oder in die Schwangerschaft
- mangelnde Leistungsbereitschaft, sowohl qualitativ als auch quantitativ
- Absentismus, hohe Fehlzeiten
- Jobdenken
- Sich-Ausklinken durch Umschulungen, Weiterbildung (siehe Lehrer für Pflegeberufe, PDL)
- psychosomatische Krankheiten
- erhöhter Krankenstand
- mangelndes Engagement, „innere Kündigung"
- mangelnde Identifikation mit dem Betrieb u.ä.m.
- Burnout

Das Burnout von professionellen Helfern ist folgendermaßen erkennbar: in Form von innerer Kündigung, Gleichgültigkeit, Ironie und Sarkasmus in Sprache und Handlung gegenüber Patienten und Gewalt gegen Patienten wie auch Kollegen oder durch Konflikte im Privatbereich mit Partnern und Familie. Psychovegetative Folgen werden beschrieben. So ist gezeigt worden, daß die bei Pflegekräften sehr häufig zu beklagenden Rückenbeschwerden nicht nur als Folge physikalischer Belastung, sondern auch als Resultat des „Abladens" psychischer Belastungen auf dem Rücken der Pflegenden einzuordnen sind.

2.1.5
Die Folgen für die Outcome-Qualität

Qualitätsminderung, Pflegefehler, Übersehen von Warnsignalen, Mangel an Beobachtung, fehlende Zuwendung und Verrohung, Gleichgültigkeit, ökonomische Auswirkungen (direkte Schädigung von Patienten, verspäteter Heilerfolg, Verlängerung der Verweildauer, Bemühungen anderer Berufsgruppen werden ad absurdum geführt), zivil- und strafrechtliche Konflikte sind die Folge.

Interessanterweise sind diese Phänomene im besonderen auch innerhalb verschiedener Hierarchieebenen der Berufsgruppe selbst, ja sogar unter „gleichrangigen" Kollegen – eben nicht unbedingt nur gegenüber den Ärzten oder anderen Berufsgruppen – zu beobachten.

Inzwischen wurde festgestellt, daß sich aus diesen Potentialen ein spezifisches Kündigungsverhalten von Pflegekräften extrahieren läßt, das einen wesentlichen Einfluß auf die Verweildauer im aktiven Beschäftigungsverhältnis besitzt (R. Baumann et al., 1994).

Krankenhausarbeit, insbesondere Pflegearbeit, ist körperlich anstrengende Arbeit. Die Stationsarbeit und die grundpflegerische Versorgung erfordert die Mobilisation schwerkranker und häufig bewegungsunfähiger Patienten. Die demographische Entwicklung der Bevölkerung einerseits und die gesetzlichen Rahmenbedingungen andererseits lassen erwarten, daß im akut-klinischen Bereich der Anteil der Schwer- und Schwerstpflegebedürftigen, sehr alten, multimorbiden Patienten bei gleichzeitiger Fallzahlerhöhung und Verweildauerverkürzung stark zunehmen wird (R. Badura, 1992).

Aus arbeitsphysiologischer Sicht sind vor allem die Belastungen durch Hebe- und Tragearbeiten in ungünstigen Körperhaltungen, mit entsprechender Bandscheiben- und Wirbelsäulenbelastung zu nennen. So ist das Risiko eines Wirbelsäulenschadens bei Pflegekräften deutlich höher als bei der Normalbevölkerung (F. Hoffmann et al., 1991). Die speziellen Anforderungen in Funktionsbereichen (Ambulanzen, OP etc.), verbunden mit langem, relativ bewegungsarmem Stehen (mit unter Umständen zusätzlichen Erschwernissen wie Bleischürzen und steriler Kleidung) führen zu einseitigen statischen und dynamischen Muskelbeanspruchungen.

Im Vergleich zur Durchschnittsbevölkerung weisen Krankenpflegekräfte ein deutlich höheres Maß an gesundheitlichen Beeinträchtigungen auf (Exposition mit Röntgenstrahlung, Kontakt mit Chemotherapeutika, Exposition mit Narkosegasen, Heben und Tragen usw.). Auf die Kombination psychischer und physischer Belastung wurde bereits hingewiesen.

2.2
Vorgeschichte

Der Weg der Homburger Universitätskliniken in das Netzwerk gesundheitsfördernder Krankenhäuser

Die verschiedenen Ebenen des betrieblichen Gesundheitsschutzes und der Gesundheitsförderung können nur in einer definierten zeitlichen Abfolge verwirklicht werden, wobei ein hohes Maß an Sensibilität und Tatkraft bei den erforderlichen Veränderungen der Organisationsentwicklung vorhanden sein muß.

Ein Ansatz ist die Schaffung von „Gesundheitszirkeln" (G. Mahltig, 1994), die nach den gleichen Regeln wie Qualitätszirkel innerbetrieblich erhebliche Fortschritte bewirken können; eine andere Initiative ist die Organisation innerbetrieblicher Gesundheitsförderung im Rahmen des „Netzwerks gesundheitsfördernder Krankenhäuser (HPH, „Health Promotion Hospitals") der Weltgesundheitsorganisation WHO.

Aufgrund der beschriebenen Ausgangslage erschien es äußerst sinnvoll, für die Universitätskliniken des Saarlandes – speziell für die Pflegekräfte – ein solches Projekt anzugehen. Die Vielschichtigkeit der psychovegetativen und physikalisch-körperlichen Belastungen der Mitarbeiterinnen und Mitarbeiter im Pflegedienst zeigte, daß hier ein offensichtlicher Handlungsbedarf bestand.

Die Uniklinik in Homburg ist ein Krankenhaus der Maximalversorgung mit gegenwärtig 18 bettenführenden Hauptfachabteilungen und einer Vielzahl von medizinisch-wissenschaftlichen Instituten der Grundlagen- und Aufbauforschung. Über 4000 Beschäftigte verschiedener Berufsgruppen, davon 1900 Pflegekräfte, sind für die Versorgung der Patienten in gegenwärtig circa 1600 Betten zuständig. Das Universitätsklinikum wurde in Pavillonbauweise erstellt und in über 100 Gebäuden auf einer Fläche von ca. 300 Hektar am Stadtrand von Homburg angelegt, wobei die bauliche Struktur die geschichtliche Entwicklung des Klinikums seit Beginn dieses Jahrhunderts repräsentiert.

Die Bemühungen der Universitätskliniken des Saarlandes – als komplexem Gebilde gesundheitlicher Versorgung der Bevölkerung, aber auch als Ort von Forschung und Lehre und Spitzentechnologie in Medizin, Pflege und den paramedizinischen Berufen –, eine innerbetriebliche und auf die Region wirksame Gesundheitsförderung zu entwickeln, sollen im folgenden chronologisch dargestellt werden:

Die ersten Überlegungen, Angebote im Rahmen einer innerbetrieblichen Gesundheitsförderung zu entwickeln, fanden sich bereits vor der ersten Kontaktaufnahme mit dem Netzwerk der WHO. Erste Schritte wurden dabei von Pflegedirektor Peter Rothgerber und von Michael Meyer, Kursleiter im Referat für Fort- und Weiterbildung, unternommen: die Gründung des Arbeitskreises Gesundheitsförderung/Betriebliche Prävention im Frühjahr 1995. Über verschiedene Informationsquellen gelangte das WHO Projekt Health Promotion Hospital zu uns. Hierin sahen wir eine Möglichkeit, unsere Einzelprojekte in einen größeren Sinn- und Organisationszusammenhang zu stellen und somit die Wahrscheinlichkeit einer längerfristigen Umsetzung zu verbessern.

Der Erstautor recherchierte nun intensiv, wobei im nachhinein insbesondere den Herren Prof. Dr. Pelikan vom Ludwig-Boltzmann-Institut in Wien und Prof. Dr. Hüllemann aus Prien in Oberbayern besonderer Dank gebührt.

Die Grundlagen der HPH – Krankenhäuser bestehen im wesentlichen auf zwei Ebenen:
1. der Ottawa-Charta der WHO (1986);
2. der Budapest-Deklaration von 1991: Die „Konferenz der WHO – Europa in Budapest 1991" griff die Ideen von Ottawa auf, um sie für Krankenhäuser zu definieren und damit ein „Internationales Netzwerk gesundheitsfördernder Krankenhäuser" zu gründen.

2.2.1
Der zeitliche Ablauf des Projekts in Homburg

Im Frühjahr 1995 bildet sich die Arbeitsgruppe „Betriebliche Prävention", wobei die Pflegedi-

Die Ottawa-Charta der WHO (1986)
Die Hauptforderungen

1. Schaffung gesundheitsförderlicher Lebens- und Arbeitsumwelten
2. Befähigung der Menschen zu gesundheitförderlichem Handeln
3. Stärkung entsprechender Bemühungen auf der Ebene Stadt/Gemeinde
4. Reorientierung der Gesundheitsdienste speziell an den Bedürfnissen chronisch Kranker und Pflegebedürftiger
5. Entwicklung einer gesundheitsförderlichen Gesamtpolitik

Die Budapest-Deklaration von 1991
Wesentliche Forderungen

Ein gesundheitsförderndes Krankenhaus
- schafft überall Gelegenheiten zur Entwicklung von Perspektiven, Zielen und Strukturen, die Gesundheit in den Mittelpunkt stellen
- entwickelt eine gemeinsame Unternehmensphilosophie, die die Ziele der Gesundheitsförderung implementiert
- weckt das Bewußtsein für den Einfluß des Umfelds des Krankenhauses auf die Gesundheit der Patienten, der Mitarbeiter und der Gemeinde
- erkennt die Bedeutung der äußeren und inneren Gestaltung des Krankenhauskomplexes für die Unterstützung und Förderung des Heilungsprozesses
- fördert eine aktive und partizipative Rolle der Patienten entsprechend ihrem jeweiligen gesundheitlichen Vermögen
- schafft gesunde Arbeitsbedingungen für sämtliche Mitarbeiter
- bemüht sich, Modellcharakter für gesundheitsfördernde Dienstleistungen und Arbeitsplätze zu haben
- pflegt und fördert die Zusammenarbeit mit bestehenden Sozial- und Gesundheitsdiensten der Städte und Gemeinden, mit Organisationen, Initiativen und Selbsthilfegruppen
- identifiziert spezifische Zielgruppen innerhalb des Krankenhauses, um ihre besonderen (gesundheitlichen) Bedürfnisse zu erkennen und zu berücksichtigen
- erkennt und berücksichtigt die Unterschiede in den Wertsystemen, Bedürfnissen und kulturellen Bedingungen von Einzelpersonen und verschiedenen Bevölkerungsgruppen
- entwickelt unterstützende, humane und anregende Lebensbedingungen im Krankenhaus, insbesondere für Langzeitpatienten und chronisch Kranke
- verbessert die gesundheitsorientierte Qualität und Vielfalt der Ernährungsangebote für Patienten und Mitarbeiter
- erhöht die Versorgung mit Information und Kommunikation sowie mit Ausbildungs- und Trainingsprogrammen für Patienten, Angehörige und Mitarbeiter und verbessert diese
- entwickelt eine epidemiologische, speziell auf die Verhütung von Krankheiten und Unfällen bezogene Datenbasis und gibt diese Informationen an öffentliche Entscheidungsträger weiter.

rektion und das Referat für Fort- und Weiterbildung des Pflegedienstes eng zusammenarbeiten. In der Folge kommt es zu einer ersten Kontaktaufnahme mit dem WHO Collaborating Centre am Ludwig-Boltzmann-Institut in Wien und mit dem dortigen Leiter und Koordinator Prof. Pelikan. Schon im Juni 1995 beschließt der Vorstand der Universitätskliniken, die Mitgliedschaft im Netzwerk gesundheitsfördernder Krankenhäuser zu beantragen. Es werden Gespräche mit weiteren Stellen, z.B. dem saarländischen Ministerium für Bildung, Kultur und Wissenschaft und der Landesarbeitsgemeinschaft für Gesundheitsförderung (LAGS) geführt. Dies führt dazu, daß der Geschäftsführer der LAGS in die Planungs- und Steuergruppe des Projekts mit einbezogen wird. Im November 1995 sind die Universitätskliniken bei der Gründungsversammlung des Deutschen HPH-Netzwerks in Hildesheim vertreten. Anfang 1996 bildet sich die betriebsinterne Projekt- und Steuergruppe WHO/HPH unter der Leitung von Pflegedirektor Rothgerber, die Koordination wird durch Pflegedienstleiter R. Baumann wahrgenommen. Bei der Zusammensetzung der Gruppe sind alle klinikrelevanten Bereiche vertreten. Bereits im Februar wird eine multiprofessionelle Arbeitsgruppe unter Beteiligung des Klinikumvorstands zur Entwicklung von „Betrieblichen Leitlinien der Universitätskliniken" – Betriebsphilosophie – eingesetzt (als Bestandteil der Aufnahmebedingungen). Im März und April 1996 gehen nach einem klinikweiten Anschreiben der Projektleitung über 50 Projektvorschläge und Ideen aus allen Klinikbereichen ein. Dabei werden insbesondere auch bereits laufende Präventivprojekte erwähnt. Über den Sommer desselben Jahres wird der Projektaufbau von fünf Projekten mit jeweils mehreren Unterprojekten vorangetrieben:

Am 9. Oktober 1996 kommt es zur Unterzeichnung des Draft Agreement mit der WHO, wodurch am 25. Oktober 1996 anläßlich der Ersten Nationalen Konferenz des deutschen Netzwerks gesundheitsfördernder Krankenhäuser in Prien die Zertifizierung durch Überreichen der Mitgliedsurkunde vollzogen wird.

2.2.2
Schwierigkeiten und Widerstände in unserem Projekt

Bei der Projektplanung und Durchführung ergab sich bisher auch eine nicht unerhebliche Anzahl von Schwierigkeiten.

Projektstruktur der Projekte 1996-1998

Projekt 1: **Entwicklung betrieblicher Leitlinien**
(Unternehmensphilosophie)

Projekt 2: **Körperliche Prävention für Mitarbeiter**
Körper- und Atemtraining
Rückentraining und rückengerechtes Verhalten
Entspannungstraining
standardisierter Hautschutz für Mitarbeiter
ergonometrisches Sitzen
(Einkauf)

Projekt 3: **Ernährung und Stoffwechsel**
Ernährung im Krankenhaus
(Patienten und Mitarbeiter)
Diabetikerschulungen,
Weiterentwicklung der
„Fußambulanz"
„kindgerechte Ernährung",
Auswahlprogramm in der
Speiseversorgung für die
Kinderklinik Mukoviszidose-
Ambulanz

Projekt 4: **Auswirkungen der Kurse für Gesundheitsförderung – Institut für Präventivmedizin**

Projekt 5: **Psychische Belastungsspitzen bei Mitarbeitern, Patienten und Angehörigen**
Arbeitskreis Humanität
Kooperation Klinikseelsorge,
Patientenfürsprecher,
Pflegedienst, ärztlicher Dienst,
Sozialdienst:
Analyse und Planung zum
Bedarf an Supervision/Balint-
Gruppen in besonders
belasteten Bereichen der
klinischen Versorgung
Betreuung von Angehörigen in
Krisensituationen (Sterben,
lebensbedrohliche OP, Unfälle
usw.)
KKK: Kunst und Kultur im
Krankenhaus: Konzerte,
Lesungen, Vernissagen,
Ausstellungen

Im Vergleich mit anderen Kliniken im Netzwerk gesundheitsfördernder Krankenhäuser ist die Unterstützung und Zielidentifikation durch ärztliche Klinikdirektoren viel geringer, die direkte Beteiligung von Ärzten an Projekten und Subprojekten unzureichend. Vielfach wird das Bemühen um Prävention innerhalb des HPH-Gedankens ärztlicherseits belächelt, als „zu wenig wissenschaftsorientiert" oder „anthroposophisch ausgelegt" bezeichnet. Es wurde auch die Meinung geäußert, „so etwas passe nicht in ein Universitätsklinikum, das doch auf Forschung und Lehre ausgelegt sei". Einige identifizierten den Begriff „WHO" gar aussschließlich mit Bemühungen um die Gesundheit in Entwicklungsländern der sogenannten dritten Welt. Bei einer klinikweiten Umfrage bei den ärztlichen Leitungen kamen jedoch auch großes Interesse und Beifall zum Ausdruck, und es wurden viele Projektvorschläge zugesandt. Diese müssen jedoch noch konkretisiert und umgesetzt werden. Hierbei ergibt sich ein weiteres Problem: mangelnde personelle und materielle Ressourcen. Es sind zur Zeit fast keine fest zugeordneten Finanzmittel für das Projekt vorhanden. Für Planung, Organisation und Durchführung, für Evaluation, Netzwerkbeiträge und Öffentlichkeitsarbeit müssen jedoch auch finanzielle Ressourcen zur Verfügung stehen. Hier werden gegenwärtig Strategien entworfen.

Ein weiteres Problem kam uns auch „von der Basis" entgegen: einige Pflegekräfte machten bei Bekanntwerden des Vorhabens geltend, dieses Projekt sei doch „abgehoben" und „fern der Basis" und man spreche in einer Sprache, die nicht verstanden werde. Die eigentlichen Probleme der Pflegekräfte in ihrer täglichen Arbeit seien hier unberücksichtigt und würden vernachlässigt. Hier ist es der Projektleitung noch nicht überall gelungen, deutlich zu machen, daß unsere Bemühungen gerade auch diese Bedürfnisse berücksichtigen wollen.

Die Trägheit von Verwaltungsapparat und Entscheidungsfindung (z.B. wartet die Arbeitsgruppe „Leitlinien und Betriebsphilosophie" immer noch auf die Entscheidung von Gremien über den vorliegenden Entwurf) sowie die Größe und Struktur unseres Klinikums erschweren das Fortkommen, die vollständige Information und eine konstruktive Kommunikation in den einzelnen Bereichen.

2.3
Beispiel einer Intervention

2.3.1
Beeinflussung körperlicher und Allgemeinbeschwerden durch die Kurse zur Gesundheitsförderung

Aus wissenschaftlichen Studien ist bekannt, daß das Pflegepersonal wie auch Verwaltungsangestellte gehäuft an verschiedenen arbeitsbedingten Erkrankungen leiden, wie z.B. an Rückenschmerzen und unspezifischen Allgemeinbeschwerden. In der Pathogenese dieser Symptomatik spielen sowohl physische Belastungen, wie schweres Heben oder statisches Sitzen, als auch psychische Stressoren eine Rolle.

Mit dem Ziel, die genannten Beschwerden der physischen und psychischen Belastungen im Zusammenhang mit Rücken und Wirbelsäule deutlich zu verringern, werden vom Referat Fort- und Weiterbildung des Pflegedienstes seit 1994 verschiedene Kurse zur Gesundheitsförderung angeboten. An den Kursen können alle Mitarbeiter unserer Universitätskliniken teilnehmen. Die Akzeptanz ist sehr groß, die Resonanz bisher überwiegend positiv.

Kurs 1: Körperwahrnehmung: Bewegung – Atmung – Entspannung

Ziel: Sanfte Atem- und Körperübungen verbessern das Körpergefühl, lindern Rückenschmerzen, erhöhen das Atemvolumen und führen zur Entspannung.

Kurs 2: Die Rückenschule

Ziel: das Erlernen von rückenfreundlichen Verhaltensmustern und Stärkung des Rückens nach den Rahmenrichtlinien des Forums „Gesunder Rücken – besser leben!"

Kurs 3: Entspannungstraining

Ziel: durch Entspannungsübungen Streß abbauen, Ruhe und neue Kraft für Beruf und Alltag finden.

Uns interessiert aber auch die Effektivität dieser Kurse. Im folgenden wird dargestellt, wie sich aus der Sicht der Kursteilnehmer die Beschwerden durch diese Gesundheitsförderungsmaßnahmen beeinflussen lassen.

2.3.2
Methode

Die wissenschaftliche Begleitung erfolgte durch: Institut und Poliklinik für Arbeitsmedizin und Präventivmedizinisches Zentrum für arbeitsbedingte Erkrankungen, Universität des Saarlandes, Homburg/Saar, Direktor Prof. Dr. A. Buchter.

Diese Evaluation wurde auch anläßlich der 5th International Conference of Health Promotion Hospitals in Wien, April 1997, vorgestellt.

Es wird ein standardisierter Beschwerdenfragebogen jeweils zu Beginn und am Ende eines jeden Kurses ausgeteilt. Dabei handelt es sich um die „Beschwerdenliste (BL)" von Zerssen (1976) sowie ein Fragebogenverfahren zur Bestimmung der subjektiven Beeinträchtigung durch 48 spezifische körperliche und Allgemeinbeschwerden. Die Beschwerdenliste ist normiert; es liegen Normwerte aus der Durchschnittsbevölkerung (n = 1761) vor. Darüber hinaus wird zusätzlich am Kursende der Fragebogen zu erlebten Veränderungen (FEV) ausgeteilt, der retrospektiv die Veränderungen erfaßt.

2.3.3
Ergebnisse

Es wurden bisher 124 Kursteilnehmer befragt. Die Kurse dauern zur Zeit noch an, und die Befragung ist deshalb noch nicht abgeschlossen.

Die Auswertung ergab in der Beschwerdenliste (BL) eine bedeutende Verbesserung hinsichtlich der Beeinträchtigung durch körperliche und Allgemeinbeschwerden: In Abbildung 3.1 sind die Ergebnisse der bisherigen Gesamtauswertung als sogenannter Standard-9-Wert (Stanine-Wert) dargestellt (je höher der Wert, desto größer ist das Ausmaß der Beschwerden und umgekehrt).

Die dunklen Balken zeigen das Ausmaß der Beschwerden vor Kursbeginn, die hellen Balken das Ausmaß am Kursende. Der Vergleich zeigt, daß die Balkenhöhe bei hohen Stanine-Werten (entsprechend einem hohen Ausmaß an Beschwerden) abnimmt und bei niedrigen Werten (entsprechend geringen Beschwerden) zunimmt. Das heißt: Das Ausmaß der Beschwerden verschiebt sich zu geringeren Werten hin.

Abbildung 3.2 zeigt die Einzelauswertung bei 38 Kursteilnehmern. Das Ausmaß der Beschwerden ist als Prozentrang dargestellt (auch hier gilt: je höher der Prozentrang, desto mehr Beschwerden). Bei 31 Personen (82%; fallende, durchgezogene Kurven) liegen die Prozentränge nach Kursteilnahme niedriger und stellen somit einen positiven Effekt dar. Lediglich 7 Teilnehmer (18%) geben bei der Schlußbefragung keine Verbesserung an (gestrichelte Kurven).

Der Fragebogen zu erlebten Veränderungen ergab vergleichbare Verbesserungen. Abbildung 3.3 zeigt, daß von den 62 erfaßten Mitarbeitern 51 eine signifikante Verbesserung angeben (82%) und lediglich 11 (18%) keine Veränderung. Kein Mitarbeiter gibt eine Verschlechterung an.

Neben diesen allgemeinen Auswertungsmöglichkeiten bot die Beschwerdenliste auch die Möglichkeit, die Beeinträchtigung der Teilnehmer am Kursbeginn zu erfassen. Die am häufigsten angegebenen Beschwerden des Pflegepersonals waren Kreuz- oder Rückenschmerzen (74,6%), Nacken- oder Schulterschmerzen (65,1%), Müdigkeit (49,2%), Reizbarkeit (44,4%) und Kopfschmerzen bzw. Druck im Kopf (42,9%).

2.3.4
Diskussion

Die Erhebung ergab, daß die Kurse zur Gesundheitsförderung bei circa 82 Prozent der Teilnehmer zu einer Verbesserung der Beschwerden führten (dementsprechend gaben lediglich 18 Prozent der Teilnehmer keine Verbesserung an). Damit spricht dieses Ergebnis für die Effektivität der Kurse und bestätigt die allgemein positive Resonanz. Das rege Interesse unserer Klinikmitarbeiter am Kursprogramm

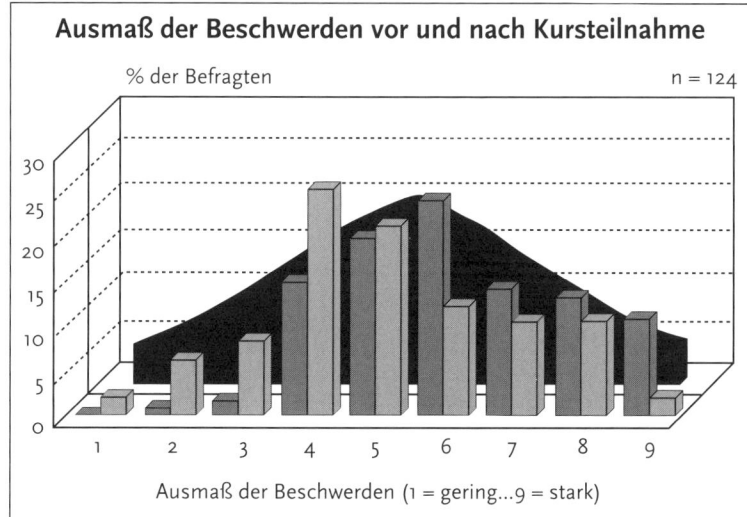

Abb. 3.1: Auswertung der Beschwerdenliste (Gesamtauswertung): dunkel = zum Kursbeginn; hell = am Kursende; schwarz im Hintergrund = Normpopulation als Vergleich; es zeigt sich eine Verschiebung zugunsten eines geringergradigen Beschwerdenausmaßes am Kursende.

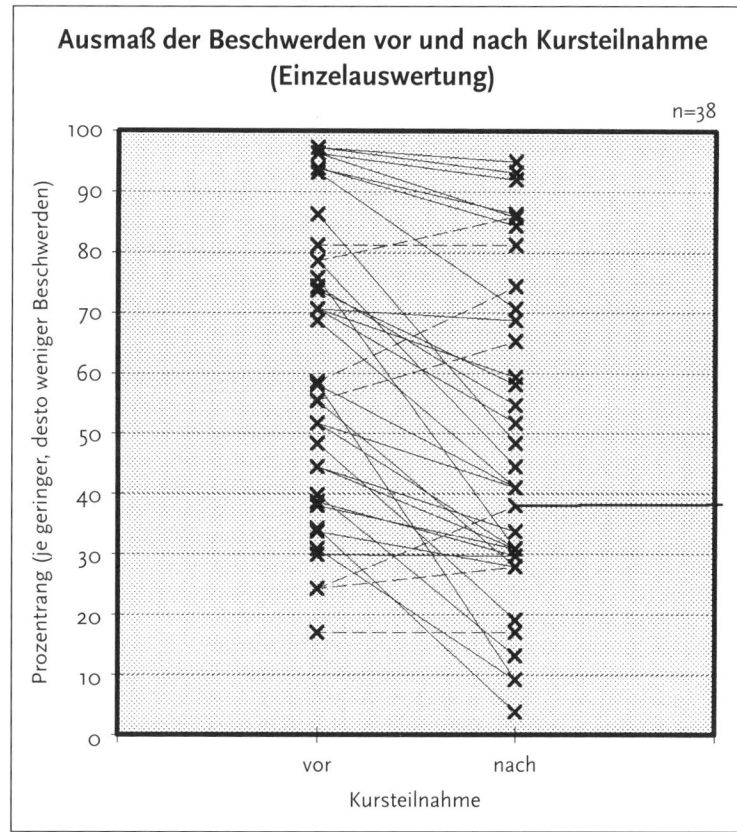

Abb. 3.2: Ergebnisse der Intervention durch die Kurse zur Gesundheitsförderung bei 38 Einzelpersonen. Der Prozentrang gibt das Ausmaß der Beschwerden an (je höher, desto mehr Beschwerden). Die fallenden Kurven zeigen eine Verbesserung (n = 31, 82%). 7 Kursteilnehmer (18%) geben keine Verbesserung (oder Verschlechterung) an (siehe gestrichelte Linien).

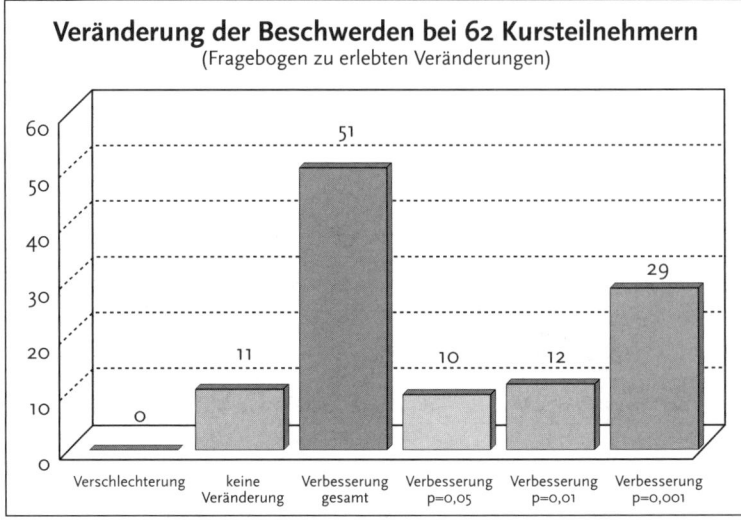

Abb. 3.3: Ergebnisse der retrospektiven Befragung (Kursende, Fragebogen zu erlebten Veränderungen); es zeigt sich eine Verbesserung der Beschwerden bei 51 von 62 Kursteilnehmern (82%).

zeigt, daß ein deutlicher Bedarf an diesen gesundheitsfördernden Maßnahmen besteht. Gleichzeitig wird die Wichtigkeit betont, die Kurse weiterhin anzubieten und das Kursprogramm gegebenenfalls bedarfsorientiert zu erweitern.

2.3.5 Ausblick

Die laufenden Kurse zur Gesundheitsförderung werden von uns weiterhin betreut. Es ist geplant, bei entsprechend hohen Fallzahlen eine detaillierte Auswertung der einzelnen Kursteile durchzuführen und die Verbesserung der Beschwerden bei den verschiedenen Berufsgruppen im einzelnen zu dokumentieren.

2.4 Epikrise

Wenn man davon ausgeht, daß Krisensituationen häufig Ausgangspunkte für einen schöpferischen Neuanfang sein können, wird deutlich, warum die Initiative, sich am Netzwerk gesundheitsfördernder Krankenhäuser zu beteiligen, in Homburg aus dem Pflegebereich kam. In einem Arbeitskontext, der von den Betroffenen weitgehend als fremdbestimmt erlebt wird – sowohl was die Arbeitsanforderungen als auch was die Arbeitsziele angeht –, ist die Notwendigkeit, einen Suchprozeß nach neuer Sinnhaftigkeit einzuleiten, besonders groß. Als besondere Ressource brachten die Pflegenden hierbei im Vergleich zum ärztlichen Personal eine längere Tradition in solidarischer Zusammenarbeit und weniger Konkurrenzdenken mit. So war es bereits vor der Kontaktaufnahme mit der HPH-Initiative möglich, sich in klinikübergreifenden und multiprofessionellen Arbeitskreisen mit anderen Berufsgruppen zusammenzuschließen. Seitens der Verwaltung wurden die organisatorischen Voraussetzungen durch die Einrichtung des Referats Fort- und Weiterbildung für den Pflegebereich geschaffen. Betrachtet man nun diese Initiative unter dem Aspekt von Antonovskys „Kohärenzgefühl", so fällt zunächst der Zugewinn an „Manageability" ins Auge.

Erleben sich Arbeitsbereiche wie Pflege, Physiotherapie und Diätküche im traditionellen Krankheitsbetrieb häufig als fremdbestimmte Befehlsempfänger, so eröffnet das Projekt „Gesundheitsförderndes Krankenhaus" in seinen Subprojekten zahlreiche Möglichkeiten, die Eigeninitiative zurückzugewinnen. Die Projekte bieten im Bereich „Körperliche Prävention für Mitarbeiter" die Chance, aktiv etwas für den Erhalt der eigenen Gesundheit zu tun, anstatt nur über Beschwerden zu klagen und zum Beispiel Rückenschmerzen als berufsgruppenspezifisches Schicksal hinzunehmen. Gegenseitigkeit entsteht dadurch, daß in den Kursen Betroffene aus unterschiedlichen Klinikbereichen zusammenkommen und ihre Erfahrungen austauschen, so daß sich der einzelne nicht mehr als „kaputtes Zahnrädchen im Getriebe" erlebt und minderwertig fühlt, sondern gemeinsam mit anderen Betroffenen an Auswegen arbeiten kann.

Noch deutlicher wird der Zugewinn an „Manageability" in den Projektbereichen, die direkt auf eine Veränderung des Klinikbetriebes hinwirken, wie z.B. der Arbeitskreis Humanität, in dem eine enge Kooperation mit der Klinikseelsorge, der Patientenfürsprecherin, dem Sozialdienst sowie dem Institut für Psychosomatik und Psychotherapie besteht. Für die Teilnehmer an Weiterbildungsveranstaltungen ist vor allem ein Zugewinn an „Comprehensibility" zu verzeichnen. So werden im Projekt „Rückenschulung" für die Teilnehmer Zusammenhänge zwischen dem Arbeitskontext einerseits und den eigenen Denk- und Verhaltensmustern andererseits fühl- und verstehbar. Auf eine andere Weise wird die Verstehbarkeit des Arbeitskontextes durch langsam wachsende Projekte der Supervision und Balint-Arbeit für Pflegeberufe gefördert.

Ein Zugewinn von „Meaningfulness" ist derzeit vor allem bei denjenigen zu beobachten, die aktiv in den Arbeitskreisen mitarbeiten. Für sie wird die Sinnhaftigkeit ihres Tuns durch die bisher erzielten Veränderungen und Erfolge trotz aller Schwierigkeiten immer wieder unmittelbar deutlich. Wie sich die im Projekt vorgesehene Erarbeitung einer Betriebsphilosophie auf eine größere Zahl von Mitarbeiterinnen und Mitarbeitern auswirken wird, bleibt abzuwarten. Im Idealfall könnte am Endpunkt der Entwicklung eine auf Gesundheitsförderung bei Patienten, Mitarbeitern und der Region ausgerichtete Betriebsphilosophie stehen, die von den Mitarbeiterinnen und Mitarbeitern gemeinsam entwickelt und immer wieder entsprechend den aktuellen Anforderungen modifiziert wird. Corporate Identity wäre dann kein psychologischer Trick zur Verringerung des Krankenstands, sondern tatsächlich eine Chance zu gemeinsamer Sinnfindung. Ob dies möglich sein wird, hängt im wesentlichen davon ab, ob solche Betriebsziele marketinggerecht von oberer Stelle aus formuliert, dann aber in den Kliniken vom Personal weder aufgegriffen noch reflektiert werden, oder ob sie tatsächlich aus dem Kreis der Mitarbeiter heraus entwickelt werden.

Bisher ist auf diesem Gebiet noch wenig geschehen, wir blicken jedoch erst über einen Zeitraum von knapp zwei Jahren zurück, und ein Unternehmen von der Größe eines Universitätsklinikums muß in seiner Wendigkeit wohl mit einem Supertanker verglichen werden. Kleinere Klinikeinheiten tun sich hier wesentlich leichter. Daß unter den derzeitigen, schwierigen ökonomischen Verhältnissen überhaupt der Weg in das HPH-Netzwerk gefunden wurde, gibt Anlaß zur Hoffnung.

Die politische Vorgabe der Kostenminimierung läßt optimale Ressourcennutzung und -förderung als Conditio sine qua non erscheinen. So wurden die in der Übersicht dargestellten Projekte sämtlich von Klinikmitarbeiterinnen und -mitarbeitern durchgeführt, die dabei sowohl beruflich als auch privat erworbene Kompetenzen einbrachten. Dies geschah teilweise auch außerhalb der tariflichen Arbeitszeit. Die Möglichkeit, das eigene Arbeitsumfeld mitgestalten zu können, erwies sich hier als starker Motivationsfaktor.

An dieser Stelle ist es wichtig, darauf hinzuweisen, daß die Begriffe Salutogenese und Gesundheitsförderung keineswegs deckungsgleich sind, obwohl sie häufig in einem Atemzug genannt werden. Die Autoren dieses Beitrags sind der Ansicht, daß ein Projekt zur Gesundheitsförderung sehr wohl dem salutogenetischen Ansatz verpflichtet sein kann, daß dies aber nicht automatisch der Fall sein muß. Für uns erweisen sich zwei Kriterien als bedeutsam, wenn es darum geht, Gemeinsamkeiten und Unterschiede festzustellen:

● Salutogenetisches Denken fragt explizit nach positiven, die Gesundheit fördernden Faktoren und nicht nur danach, wie sich Risikofaktoren minimieren lassen. Zahlreiche Projekte aus dem Bereich Gesundheitsförderung gehen jedoch von einem reinen Risikofaktorenmodell aus und versuchen, diese zu minimieren, z.B. durch ein Raucherentwöhnungstraining.

- Weiterhin glauben wir, daß es Antonovskys Ansatz widerspricht, vorgefertigte Rezepte zu verkaufen. Unter dem Sammelbegriff Gesundheitsförderung wäre zum Beispiel ein Rückenschulkurs vorstellbar, der den Teilnehmern genau zeigt, welche Bewegungsabläufe gesundheitsschädlich und welche gesundheitsfördernden Bewegungsabläufe statt dessen einzusetzen sind. Dies wäre nach unserer Ansicht jedoch nicht im Sinne der Salutogenese gedacht. Ein salutogenetischer Ansatz in diesem Arbeitsfeld wird z.B. in der Feldenkrais-Methode umgesetzt, bei der es nicht darum geht, dem einzelnen bestimmte Bewegungsabläufe zu empfehlen, sondern ihm das breite Feld seiner Bewegungsmöglichkeiten erfahrbar zu machen, damit er selbst darunter diejenigen auswählen kann, mit denen er sich wohlfühlt.

Für die Initiative der gesundheitsfördernden Krankenhäuser heißt dies, daß salutogenetisches Denken nur dann verwirklicht wird, wenn Projekte aus dem Kreis der Mitarbeiter entsprechend ihren eigenen Bedürfnissen entworfen und realisiert werden können. Für Projekte, die Patienten oder Bewohner der Region mit einbeziehen, bedeutet dies, daß sowohl in der Planung als auch in der Realisierungsphase ein Dialog stattfinden muß. Die Beteiligung von Patientensprechern an einigen Subprojekten weist in diese Richtung.

Abschließend läßt sich sagen, daß in der Beteiligung am Netzwerk gesundheitsfördernder Krankenhäuser zahlreiche Chancen liegen. Die Universitätskliniken könnten hierdurch in drei Punkten positiv beeinflußt werden:
1. Für die Mitarbeiter ergäben sich mehr Möglichkeiten zu aktiver Gestaltung und Teilnahme; somit könnte die eigene Arbeit sinnstiftender erlebt werden als bisher.
2. Für die Patienten böte sich die Chance, ebenfalls aktiv an der Gestaltung des Klinikalltags partizipieren zu können und von motivierteren Mitarbeitern betreut zu werden.
3. Für die Region könnte aus den Kliniken der Denkanstoß kommen, Gesundheit nicht nur als eine Sache von Spezialisten anzusehen, da das Konzept darauf angelegt ist, das Gedankengut von Salutogenese und Gesundheitsförderung in die Umgebung zu tragen.

Was sich hiervon verwirklichen läßt, ist derzeit noch nicht abzusehen.

Beitrag 3
Gesundheitsförderung im salutogenen Kontext

aus der Arbeit der Hessischen Arbeitsgemeinschaft für
Gesundheitserziehung e.V. (HAGE)

von Harald Renner

3.1
Die Hessische Arbeitsgemeinschaft für Gesundheitserziehung e.V. (HAGE) als Institution

Die HAGE wurde 1958 aus einem Zusammenschluß von Fachkräften der vorbeugenden Gesundheitspflege gegründet, seit 1961 ist sie ein auf Landesebene arbeitender, eingetragener gemeinnütziger Verein. Bis zu einem Mitte der 80er Jahre einsetzenden Prozeß der Umorientierung hatte die Institution die Aufgabe, die hessische Bevölkerung mit Informationen zum Schutz ihrer Gesundheit zu versorgen. Seither befaßt sie sich in Übereinstimmung mit der Ottawa-Charta der WHO mit Maßnahmen der Gesundheitsförderung für die hessische Bevölkerung.

Die HAGE wird hauptsächlich getragen durch das Hessische Ministerium für Umwelt, Energie, Jugend, Familie und Gesundheit, das Hessische Kultusministerium, die Kammern der Gesundheitsberufe (Landesärztekammer, Landeszahnärztekammer und Landesapothekerkammer), die Gesundheitsämter, die Landesverbände der Sozialversicherungsträger, die Gewerkschaften, die hessischen Unternehmerverbände, zahlreiche Berufsverbände sowie den Landeselternbeirat. Insgesamt gehören der HAGE zur Zeit 55 Mitgliedsverbände an.

Unsere Arbeit zielt darauf ab, die Bedingungen für eine gesundheitsfördernde Lebenswelt zu verbessern, den Erfahrungsaustausch und die Fortbildung im Gesundheitsbereich voranzubringen, Gesundheitswissen weiterzugeben und als Ansprechpartner zur Verfügung zu stehen. Die HAGE bietet sich allen, die Projekte im Gesundheitsbereich durchführen, als Kooperationspartner an, sie unterstützt Lehrgänge für Multiplikatoren und führt diese zum Teil auch selbst durch. Eine besondere Aufgabe sieht die Arbeitsgemeinschaft darin, das Bewußtsein von Politikerinnen und Politikern für die Belange der Gesundheitsförderung zu schärfen.

Bei ihrer konzeptionellen Neuorientierung hat sich die HAGE von den folgenden Grundsätzen leiten lassen:
- Wir sind ein Netzwerk für die Gesundheitsförderung in Hessen und ein Forum der Begegnung und der Meinungsbildung.
- Wir treffen Prioritätsentscheidungen und fördern Aktivitäten und Projekte.
- Wir handeln subsidiär, arbeiten mit wechselnden Bündnispartnern auf Zeit zusammen und wenden uns an Multiplikatoren wichtiger gesellschaftlicher Gruppen.
- Wir denken partnerschaftlich und arbeitsteilig.

Unsere besondere Aufgabe und Verantwortung sehen wir darin, Konzeptionen und Strategien der Gesundheitsförderung in die Praxis umzusetzen. Dies geschieht in aller Regel multiplikatoren- und zielgruppenorientiert und ausschließlich in Kooperation mit Organisationen, die das gleiche partnerschaftliche Verständnis haben wie wir. Eine besondere Zukunftsaufgabe sehen wir darin, das Bewußtsein der Politikerinnen und Politiker für die Belange der Gesundheitsförderung zu schärfen.

Noch relativ neu ist das Konzept der Multidisziplinarität, das nicht mehr eine Berufsgruppe als übergeordnet und dominant ausweist, sondern dazu aufruft, gleichberechtigt und entsprechend der jeweiligen Indikation neben den Gesundheitsberufen auch die Berufsgruppen der Sozialwissenschaften, der Psychologie, der Pädagogik sowie der Sport- und Ernährungswissenschaften als gleichwertige Partner in das „Boot der Gesundheitsförderung" aufzunehmen. Nur im Verbund verschiedener Berufsgruppen können die notwendigen Unterstützungssysteme geschaffen werden, die für eine Verbesserung der objektiven und subjektiven Lebens- und Gesundheitsqualität erforderlich sind.

Zur Zeit bearbeitet die HAGE die folgenden Handlungsfelder: Gesundheitsförderung im Kindes- und Jugendalter, im Betrieb, in der zweiten Lebenshälfte, mit Selbsthilfeinitiativen, im sozialen Umfeld, in der Umwelt- und Sexualerziehung, in der Sucht- und Aids-Prävention. Weitere Arbeitsschwerpunkte sind Ansätze zur geschlechtsspezifischen Gesundheitsförderung sowie vernetzte Schulprojekte.

Mitte 1996 übernahm die HAGE das Lehrgangswerk der Deutschen Zentrale für Volksgesundheitspflege (DZV). Hier bietet sie Lehrgänge zur pädagogischen Qualifizierung von Mitarbeiterinnen und Mitarbeitern der Berufe im Gesundheitswesen an. 1997 wurde uns von der Hessischen Landesregierung weiterhin die Aufgabe übertragen, ein Netzwerk zur Sterbebegleitung in Hessen aufzubauen und dort die Moderatorenrolle zu übernehmen.

In der Marburger Geschäftsstelle sind 13 Mitarbeiter/innen mit teils naturwissenschaftlichem, teils geisteswissenschaftlichem und teils organisations- und verwaltungstechnischem beruflichem Hintergrund in Voll- und Teilzeitarbeit beschäftigt: ein Geschäftsführer, sieben Sachbearbeiter/innen und fünf Verwaltungskräfte. Finanziert wird die HAGE überwiegend durch das Land Hessen sowie durch die Beiträge ihrer 55 Mitgliedsorganisationen.

3.2
Praxisbeispiele

Nach diesen allgemeineren Vorbemerkungen wird nun in die Praxis unserer Handlungsfelder eingestiegen und unsere Arbeit anhand einiger Beispiele erläutert. Dies soll in einem für die HAGE von jeher besonders bedeutsamen Bereich geschehen – der Gesundheitsförderung mit Kindern und Jugendlichen.

3.2.1
Kinder stark machen – Suchtprävention im Kindergarten

Das bundesweite Modellprojekt „Kinder stark machen – Suchtprävention im Kindergarten" möchte ursachenorientierte Vorbeugung leisten, die sowohl die Persönlichkeit des einzelnen als auch seine Lebensbedingungen mit einbezieht. Der Grundgedanke besteht in der Förderung der Lebenskompetenz. Mit Hilfe einer suchtunspezifischen Herangehensweise sollen das Körper- und das Selbstwertgefühl von Kindern gestärkt sowie Eltern und Erzieher/innen über die Ursachen der Suchtentwicklung informiert werden.

Damit die Förderung der Lebenskompetenz nachhaltig umgesetzt werden kann, bedarf es nicht nur der Einstellungsänderung zu suchtspezifischen Problemen auf persönlicher Ebene. Suchtprävention muß sich auch auf institutioneller Ebene etablieren, um so gesundheitsfördernde Rahmenbedingungen schaffen zu können. Die Vernetzung auf institutioneller wie auch auf persönlicher Ebene ist Voraussetzung für eine umfassende Suchtprävention.

Die Einstellung zu suchtspezifischen Problemen soll bei Eltern und Erzieher/innen verändert werden. Sucht wird nicht mehr als plötzlich auftretendes Ereignis gesehen, sondern als eine lange Entwicklung. Um dieser Entwicklung vorzubeugen, sollen die Schutzfaktoren des einzelnen gestärkt werden, wie z.B. die Genußfähigkeit, die Kommunikationsfähigkeit oder die Frustrationstoleranz. Die Schutzfaktoren tragen zu einem gesunden Selbstwertgefühl bei. Die Stärkung des Selbstwertgefühls ist auf eine Grundeinstellung in der Erziehung angewiesen, die Gefühle und das Gelingen in den Vordergrund stellt und nicht Fehler oder Versagen.

Für Kinder ist Bewegung ein elementarer Bestandteil in der Auseinandersetzung mit sich und der Umgebung. Im Sinne der Psychomotorik sollen Eltern und Erzieher/innen dem Körpergefühl und der Bewegung den Stellenwert beimessen, den sie für Kinder haben. Dabei verstehen sich die Erwachsenen als aktive Begleiter der Kinder. Sie geben ihnen Raum, ihre Phantasie einzusetzen, Herausforderungen durch Material, Impulse und Ideen anzunehmen und wieder das spontane Spiel zu entdecken.

Die gesundheitsfördernden Rahmenbedingungen sollen durch Vernetzung der verschiedenen Verantwortlichkeiten und Institutionen, die mit Suchtprävention betraut sind, weiter ausgebaut werden. Dazu trägt vor allem der Kasseler Arbeitskreis „Kinder stark machen – Suchtprävention im Kindergarten" bei, indem er Kontakte und die Diskussion zum Thema wach hält und immer wieder die Öffentlichkeit mit einbezieht.

Das Projekt ist über eine Laufzeit von fünf Jahren geplant. Der erste Turnus dient der Erprobung, der zweite der Festigung der vermittelten Projektinhalte. Die folgenden Projektjahre zielen darauf ab, diesen suchtpräventiven Ansatz weiterzutragen.

Die Finanzierung des Projekts ist auf mehrere Schultern verteilt: Die HAGE übernimmt als Mitglied des Kasseler Arbeitskreises „Kinder stark machen" die organisatorischen und koordinierenden Aufgaben während der Projektdurchführung. Die BZgA unterstützt als Kooperationspartnerin die Evaluation und Dokumentation sowie die Durchführung des Ermutigungsteils. Die Stadtsparkasse Kassel finanziert die Durchführung des Psychomotorikteils, und die Fachstelle für Suchtprävention Kassel ermöglicht den Informationsteil.

Zur EXPO 2000 sollen die Ergebnisse des Modellprojekts präsentiert werden. Dafür ist zum einen für die interessierte Fachöffentlichkeit ein wissenschaftlicher Kongreß zum Thema „Suchtprävention im Kindes- und Jugendalter" vorgesehen. Der breiten Öffentlichkeit sollen die Ergebnisse allgemeinverständlich und neugiererweckend in einer Fotodokumentation nahegebracht werden. Beide Veranstaltungen sollen mit einer öffentlichkeitswirksamen Aktion verbunden werden, in der die Bedeutung der persönlichen Schutzfaktoren (wie z.B. Genußfähigkeit und Kommunikationsfähigkeit) deutlich gemacht werden.

3.2.2
Praxisbeispiele aus Sexualerziehung und Aids-Prävention

Die HAGE hat sich in den vergangenen Jahren gemeinsam mit den Kooperationspartnern Aids-Hilfe Marburg e.V., Hessisches Institut für Lehrerfortbildung (HILF) und Gesundheitsamt Marburg-Biedenkopf vorwiegend auf die Aids-Prävention bei Kindern und Jugendlichen sowie auf die Prävention des sexuellen Mißbrauchs konzentriert.

In der Veranstaltungsreihe „Erste Liebe und Sexualität" hatten interessierte Schüler/innen der Klassenstufen S I und S II bei den vorgenannten Kooperationspartnern Informations- und Beratungsmöglichkeiten. Jugendliche der Jahrgangsstufen 9 bis 11 konnten klassenweise und in der eigenen Schule ein Theaterangebot wahrnehmen, das sich in amüsanter, aber durchaus ernsthafter Weise mit gesundheitsrelevanten Themen, wie Anmachen, Abschleppen, Verliebtsein und Nicht-warten-Können, mit den Anfängen von Partnerschaft, mit Offenheit, Vertrauen und Verantwortung für sich und andere und natürlich auch mit Sexualität zwischen Lust und Schutz vor Aids befaßt.

Der Titel des von Hein Knack entwickelten und vorgestellten Theaterstücks lautet: „Gefühlsecht – Junge Liebe in den Zeiten von Aids". Darsteller und Kooperationspartner standen den Teilnehmern nach der Aufführung für Gespräche zur Verfügung. Zusätzlich gab es eine öffentliche Aufführung des Stücks für Lehrer, Eltern, Experten und weitere interessierte Schüler, die in die Diskussionsrunde „Sexualerziehung und Aids-Prävention in der Schule – geht das überhaupt?" eingebettet war.

Interessierte Lehrer/innen konnten außerdem an einem Seminar zum Thema „Sexualität und Kommunikation" teilnehmen. Viele Jugendliche sind nicht in der Lage, ihre Fragen, Ängste und Probleme in gesellschaftlich akzeptierte Worte zu fassen. Sie äußern sich oft in einer „sexualisierten Gewaltsprache". Das Seminar war als Unterstützung gedacht, um über ein Wahrnehmungs-, Gesprächsführungs- und Kommunikationstraining mit Kindern und Jugendlichen in einen Dialog über diese Problematik zu kommen.

Sexuelle Gewalt gegen Kinder ist nicht länger ein Thema, über das nur hinter vorgehaltener Hand gesprochen wird. Die Zahl der Kinder (vor allem der Mädchen), die in ihrer Kindheit – einer Zeit, die eigentlich ihre glücklichste und unbeschwerteste sein sollte – Belästigungen, Bedrohungen und Gewalt sexueller Art ausgesetzt sind, ist groß. Die Leiden der betroffenen Kinder sind unermeßlich und dauern oft viele Jahre über den tatsächlich stattgefundenen Mißbrauch hinaus an, oft sogar lebenslang.

In den letzten Jahren ist es zu einer Enttabuisierung und einer zunehmenden Sensibilisierung für diese Problematik gekommen. Die Erfahrung aus diesen Jahren zeigt, daß allein die Bereitschaft des Umfelds, die Opfer sexueller Gewalt wahrzunehmen, diese ermutigt, durch laute oder leise Signale auf ihre Qualen aufmerksam zu machen. Die Signale, welche Kinder, die von sexueller Gewalt betroffen sind, aussenden, sind in der Regel nicht eindeutig. Verhaltensänderungen vielfältiger Art können auf das Erleiden sexueller Gewalt hindeuten.

Eine steigende Zahl von Lehrerinnen und Lehrern ist motiviert, sensibilisiert und mutig genug, sich auf dieses Thema einzulassen. Sie stehen einer Fülle von Verdachtsfällen gegenüber und müssen erkennen, daß für sie selbst nicht genügend Hilfsnetze zur Verfügung stehen. Sie durchleben tiefe Ängste und Ekelgefühle bei dem Gedanken daran, daß einige ihrer Schülerinnen und Schüler sexueller Gewalt ausgesetzt sein könnten. Diese Berührungsängste, die Lehrer/innen haben, setzen sich aus vielfältigen Verdrängungsmechanismen zusammen. Sie müssen erst abgebaut werden, um die Hilferufe möglicher Opfer empfangen zu können, und auch, um den Opfern Ansprechbarkeit und Hilfe signalisieren zu können.

Dazu und zum Umgang mit den Ängsten vor den Konsequenzen, die sich aus der Aufdeckung eines sexuellen Mißbrauchs ergeben, muß es für Lehrer/innen Hilfsangebote geben. Ein solches Hilfsangebot war zum Beispiel ein vom Hessischen Institut für Schulentwicklung und Bildungsplanung (HIBS), dem Hessischen Institut für Lehrerfortbildung (HILF) und HAGE getragener Wochenlehrgang zum Thema „Gefährdungen im Umfeld von Kindern", der sich an Lehrer/innen aller Schultypen richtete.

Ein weiteres Hilfsangebot, gemeinsam geplant und durchgeführt von HILF, der psychologischen Beratungsstelle im Philippshaus und HAGE, richtete sich an Schüler/innen und Lehrer/innen von 3. und 4. Grundschulklassen, die sich im Rahmen des Sachkundeunterrichts mit Sexualerziehung befassen: Interessierte Lehrer hatten die Möglichkeit, mit ihren Klassen das Theaterstück „Das Familienalbum" anzusehen, wenn sie zuvor an Fortbildungsmaßnahmen teilgenommen hatten, die der Vor- und Nachbereitung des Theaterstücks dienten, das sich thematisch mit sexueller Gewalt und den Möglichkeiten der Prävention befaßt.

Die Autorinnen des Stücks haben es sich zur Aufgabe gemacht, betroffenen Kindern Mut zu machen, die Mechanismen der sexuellen Gewaltausübung wahrzunehmen, sie zu verstehen und sich Hilfe zu suchen. Das Stück eignet sich auch sehr gut zur Präventionsarbeit, sensibilisiert es doch für Situationen, aus denen ein Mißbrauch entstehen kann. Nachfragen nach diesem Projekt aus anderen hessischen Regionen ermutigen dazu, dieses Angebot für Lehrer/innen und Schüler/innen auch in den kommenden Jahren aufrechtzuerhalten.

Zusätzlich zu diesen Projekten wurde unter der Federführung des HILF Marburg-Biedenkopf ein Arbeitskreis ins Leben gerufen, der sich mit den Möglichkeiten und Grenzen schulischer Sexualerziehung befaßt.

3.3
Kooperation aus Sicht der Partner

Wir werden oft gefragt, wie wir es eigentlich anstellen, in unseren Handlungsfeldern geeignete Partner und – was immer wichtiger wird – zahlungskräftige Sponsoren zu finden, sie zur Zusammenarbeit auf ein gemeinsames Ziel hin „auszurichten" und dafür zu sorgen, daß sie „bei der Stange" bleiben und daß am Ende „etwas Vernünftiges und Konkretes" herauskommt, was der kritischen sozialwissenschaftlichen Evaluation standhält und von Politikern, Medien und Öffentlichkeit als modellhaft und nützlich angesehen wird.

Genau um diese Fragen ging es kürzlich in einer einstündigen Fernsehdiskussion, zu der wir eingeladen waren und die sich ausschließlich mit der HAGE und mit dem Kasseler Projekt zur Suchtprävention im Kindergarten befaßte. Detlef Ruffert, Moderator der Sendung, wollte von jedem Teilnehmer der Gesprächsrunde wissen, warum er bei dem Projekt mitmache, in welcher Weise er hierbei seine unterschiedlichen beruflichen Erfahrungen einbringen könne und ob und wie sich seine Einstellungen durch die laufende Projektarbeit gewandelt hätten.

Die Antworten der Teilnehmer/innen an dieser Gesprächsrunde sind so beispielhaft ausgefallen, daß sie im folgenden auszugsweise vorgestellt werden.

Nach ihrer persönlichen Motivation befragt, antwortete die Leiterin des Projekts, die Bundestagsabgeordnete Anneliese Augustin, daß sie bei den konzeptionellen Vorüberlegungen zu diesem Projekt zunächst eigene Überzeugungen im Bereich der Suchtprävention revidieren mußte. Geprägt durch ihren beruflichen Hintergrund der Pharmazie, vertrat sie lange Zeit den Standpunkt, daß Abschreckung, Angst und Ekel vor Drogen und dem damit verbundenen Umfeld Grundlage einer wirksamen Prävention sein müßten. Mit einer gewissen Selbstkritik räumte sie nun ein, daß – durch die Zusammenarbeit mit den anderen Projektpartnern – neue, für sie zunächst nicht bekannte Ansätze in der Drogenprävention ihre zuvor bestehenden Vorstellungen korrigiert hätten. Daß Persönlichkeitsentwicklung und die Fähigkeit, „nein" zu sagen, Grundlagen für wirksame Prävention sind, hat sie nunmehr voll akzeptiert und unterstützt diese Vorstellungen mit großem persönlichen Einsatz.

Sie räumte aus Sicht der Politik ein, daß man bei vorbeugenden Maßnahmen und im Bereich der Verhältnisprävention nicht nur Kosten einsparen, sondern auch Kummer bei Betroffenen und Angehörigen reduzieren müsse. Die rein stoffbezogene Behandlung des Themas Sucht greife zu kurz, da dem sozialen Umfeld und den gesellschaftlichen und demographischen Faktoren eine größere Bedeutung zukomme als dem Suchtmittel selbst.

Eine weitere Säule des Projekts stellte das Kasseler Jugendamt dar. Christel Stoll, die Amtsleiterin, räumte zunächst ein, daß der Kindergarten und der Hort schon von jeher den Auftrag hatten, Bildung und Persönlichkeitsentwicklung von Kindern zu fördern. Sie versprach sich von der Mitarbeit im Projekt einen „geballten Effekt", da die beteiligten Kooperationspartner interdisziplinär und ganzheitlich mit den Fragestellungen der Suchtprävention umgehen. Sie möchte darüber hinaus versuchen, durch die Ergebnisse des Modellprojekts ein Fundament für moderne Suchtprävention in der Region Kassel zu schaffen, auf dem weitere Initiativen aufbauen können.

Der Vertreter der Stadt Kassel aus dem Bereich des Öffentlichen Gesundheitsdienstes ist bei diesem Projekt der Leiter des Stadtgesundheitsamtes, Dr. med. Albrecht Letz. Er gab an, daß er in seinem Arbeitsbereich überwiegend mit den negativen und belastenden Folgen des Suchtmittelmißbrauchs zu tun habe und daß es ihn deshalb reize, sich nun im Bereich der Prävention zu engagieren. Für ihn stehe außer Frage, daß Kinder, die Ermutigung und Stärkung der eigenen Persönlichkeit erfahren, bessere Ressourcen haben, um sich gegen Drogenkonsum und Fremdbestimmung zu behaupten. Als Arzt habe er nun die Chance, sich in einem konkreten Projekt mit den zahlreichen Facetten der Suchtprävention zu beschäftigen, die qualitativ über die kurative Intervention hinausgingen. Ihm sei es wichtig, mit zahlreichen regionalen Partnern gemeinsam an einem ganzheitlichen Konzept der Suchtprävention im Vorschulalter zu arbeiten.

Für die HAGE konnte ich mich in dem Fernsehinterview den Ausführungen meines Vorredners anschließen. Als Internist habe ich, ähnlich wie mein Kollege Dr. Letz, eine klassische „schulmedizinische" Ausbildung durchlaufen, die ganz überwiegend am pathogenetischen Lehrgebäude ansetzte und zunächst nicht viel Raum für multidisziplinäre Kooperation und für eine salutogene Sichtweise ließ. Durch meine nunmehr fünfzehnjährige aktive Arbeit in der hessischen und bundesweiten Gesundheitsförderung konnte ich aber an vielen innovativen, multidisziplinären gesundheitsfördernden Projekten über einen längeren Zeitraum hinweg mitwirken und sie teilweise auch initiieren. Dies hat meine Erfahrungen und Einstellungen zu Fragen der Gesundheitsförderung geprägt, verändert und erweitert.

In einem Interview wurde mir die Frage gestellt, ob man Kinder eigentlich erst stark machen müsse, ob sie es denn nicht von Geburt an seien, oder ob sie erst im Laufe ihrer Entwicklung durch falsche Leitbilder und bedenkliche Kontakte in ihrer Entwicklung geschwächt würden. Ich habe diesen Einwand für berechtigt gehalten und dafür plädiert, die Erziehung darauf abzustellen, daß Kinder lernen, ihre Stärken zu behalten und zu bewahren. Oftmals sind vorgegebene positive Eigenschaften, wie Freude an Bewegung, Lust an Spiel und Kommunikation sowie Genußfähigkeit, vorhanden, werden aber bei ungünstiger Entwicklung durch negative Beeinflussung und mangelnde Zuwendung von „schwachen" Eltern oder Erziehern eingeschränkt oder sogar unterdrückt. Diese salutogenen Faktoren spielen nicht nur im Bereich der Suchtprävention eine Rolle, sondern bilden einen der Grundpfeiler moderner Prävention und Gesundheitsförderung, wie sie auch die Ottawa-Charta der Weltgesundheitsorganisation (WHO) darstellt. Ich halte es deshalb für besonders wichtig, daß in dem Kasseler Projekt neben den Kindern auch ihre Eltern und die Erzieher/innen der beteiligten Kindergärten aktiv in die Projektbausteine eingebunden sind.

Zusammenfassend läßt sich sagen, daß es in diesem Modellprojekt gelungen ist, unterschiedliche Personen mit unterschiedlichem beruflichem Hintergrund und relativ individuellen Überzeugungen dazu zu bringen, sich durch ein gemeinsames Konzept für den Grundgedanken der Salutogenese und Gesundheitsförderung zu öffnen, ohne eigene und als essentiell empfundene Überzeugungen aufzugeben. Hier liegt der Kern für die innovative und erfolgversprechende Prägung des Kasseler Projekts „Suchtprävention im Vorschulalter".

3.4
Ausblick

Ich habe darzustellen versucht, daß es sich bei der Neuorientierung von der „Gesundheitserziehung" über die „gesundheitliche Aufklärung" hin zur „Gesundheitsförderung" keinesfalls um Begriffskosmetik oder einen vorübergehenden modischen Trend handelt, sondern um einen umfassend neuen konzeptionellen Ansatz.

Seit einigen Jahren hat die gesundheitswissenschaftliche Forschung im In- und Ausland auf breiter Front damit begonnen, neben der althergebrachten Frage nach den Risikofaktoren von Krankheit auch nach den Schutzfaktoren von Gesundheit zu suchen – also nicht nur zu fragen, warum jemand erkrankt, sondern vielmehr, warum man gesund bleibt oder es wieder wird.

Gesundheitsförderung ist nur dann effektiv, wenn sie Verhalten und Verhältnisse gleichermaßen positiv beeinflußt, wenn sie das soziale Umfeld berücksichtigt und zugleich individuell auf den einzelnen Menschen und seine Lebensumstände zugeschnitten ist. Das Salutogenesekonzept scheint geeignet zu sein, dem umfassenden Leitbild der Gesundheitsförderung starke und zukunftsweisende Impulse zu verleihen.

Die Ressourcen des Salutogenesekonzepts sind bei weitem nicht ausgeschöpft. Dem Leser wird deutlich geworden sein, daß wir uns in einer Situation der Umstellung befinden, wenn wir die konventionelle Frage nach den Risikofaktoren hinter uns lassen und zunehmend zu fragen beginnen, wie der einzelne Bürger die Sinnhaftigkeit des eigenen Lebens zu erkennen und zu realisieren sucht. Antonovsky spricht vom „Sense of Coherence (SOC)" der Gruppen oder gar dem SOC einer ganzen Gesellschaft.

Für die HAGE, deren Hauptaufgabe in der Gesundheitsförderung im Bereich eines Bundeslandes liegt, wird es auch von Interesse sein, diejenigen Varianten des SOC eingehender zu untersuchen, die möglicherweise durch regionale Traditionen und kulturelle Eigenarten geprägt sind.

Beitrag 4
Fahrdienstuntauglichkeit im öffentlichen Personennahverkehr – Lösungswege bei den Verkehrsbetrieben der Stadt München

von Mark Schmid-Neuhaus

4.1 Ausgangslage

Im Jahr 1992 schrieben die Verkehrsbetriebe der Münchner Stadtwerke AG ein Gesundheitsprojekt für das Fahrpersonal öffentlich aus, das der für den öffentlichen Personennahverkehr (ÖPNV) problematischen Gesundheitsbelastung der Fahrer entgegenwirken sollte. In der Tat scheiden nach einer für Deutschland repräsentativen Untersuchung Fahrer nach durchschnittlich rund 20 Jahren Dienstzeit „auf dem Bock" im Alter von etwa 49 Jahren als fahrdienstuntauglich mit mehr oder weniger großen gesundheitlichen Schäden aus dem aktiven Fahrdienst aus. Die Stadtwerke entschieden sich nach der Ausschreibung unter zwölf Bewerbern für das Konzept des Gesundheitsparks der Münchner Volkshochschule und ermöglichten damit dem Gesundheitspark, sein Konzept und seine Arbeit einerseits im Rahmen der praktischen und erfolgreichen Umsetzung auf den Prüfstand zu stellen und andererseits im Zusammenhang mit diesem konkreten Projekt – insbesondere mit Hilfe der mehrschichtigen Begleitforschung – Grundsatzüberlegungen zum aktuellen Medizinverständnis anzustellen. Dabei ging es um komplexe Fragestellungen:

1. Wie brauchbar ist das etablierte Risikofaktorenkonzept bei einer besonders gefährdeten Berufsgruppe wie den Fahrern im ÖPNV?
2. Inwieweit sind unsere gegenwärtig praktizierten, medizinisch etablierten Handlungskonzepte geeignet, bei wirklichen gesundheitlich-sozialen Problemlagen brauchbare, praktikable und erfolgreiche Lösungen zu liefern, die den Patienten wie auch der Gesellschaft nützen?
3. Wie tragfähig ist ein auf den Grundsätzen der Salutogenese basierendes Konzept in der Alltagspraxis, und kann dieses entsprechend vermittelt und umgesetzt werden?
4. Mit welchen Widerständen muß ein derartiges Konzept rechnen?

4.2 Vorgeschichte und konzeptionelle Grundlagen

Ich verstehe das Projekt, über das ich berichten werde, als Ermutigung, weil es – wenn auch in einem sehr begrenzten Rahmen – Gelegenheit gegeben hat, Erfahrungen mit einem medizinischen Konzept zu schaffen, das sich bewußt um die Realisierung eines biopsychosozialen Medizinmodells bemüht. Die Ergebnisse sind in mehreren Evaluationsberichten und bereits publizierten Arbeiten (siehe Literaturanhang am Ende: B. Ertl, 1994; B. Ertl, 1995; H. Geißler und K. Priester, 1993; H. Geißler et al., 1994; R. Karazman, 1995) dokumentiert. Vor allem George Engels Grundforderung, daß die wissenschaftliche Medizin heute ein Paradigma verlangt, das den menschlichen Bereich einschließt, war bei unserer Konzeptentwicklung handlungsleitend.

Der 1973 aus dem Erbe der Olympischen Spiele (1972) hervorgegangene Gesundheitspark der Münchner Volkshochschule hat sich wie kaum eine andere Institution vom Anfang seiner Existenz bis heute um die Entwicklung einer ganzheitlichen Gesundheitsförderung bemüht. Er war mit seinem Konzept einer der Vorreiter der Ottawa-Charta der WHO für eine moderne Gesundheitsförderung; zudem flossen viele seiner

Erfahrungen in die Formulierung des Paragraphen 20 SGB V (Gesundheitsförderung als Aufgabe der Krankenkassen) ein, der gerade wieder durch das sogenannte Beitragsentlastungsgesetz aufgehoben wurde.

Die Aufgabenstellung bestand darin, für die Probleme des gesundheitlich schwer belasteten Fahrpersonals im ÖPNV nach neuen Lösungswegen zu suchen; sie war eine ideale Gelegenheit, die medizinischen Konzepte des Gesundheitsparks in vielfacher Hinsicht auf die Probe zu stellen. Viele der hier formulierten Überlegungen haben sich aus einem komplexen Prozeßverständnis entwickelt, das von allen Beteiligten mitgetragen wurde.

Insofern betrachten wir das Projekt als ein Beispiel für eine in erster Linie personenzentrierte Medizin, in der Beziehungs- und Kommunikationsaspekten und deren Verständnis absolute Priorität eingeräumt wird. Hierin liegt auch der eigentliche Schlüssel dafür, daß das Projekt von allen Beteiligten als erfolgreiche Intervention wahrgenommen wurde.

Unsere Handlungslogik als solche ist nicht direkt thematisiert worden, sie wurde vielmehr von den Beteiligten selbst (z.T. erst im nachhinein) mit Hilfe permanenter Rückmeldungen über den Verlauf wahrgenommen.

Die Rückmeldungen wiederum waren nur durch die ebenfalls prozeßorientiert angelegte Evaluations- und Begleitforschung möglich. Von Anfang an wurde hingegen von allen Beteiligten unser stringentes Bemühen wahrgenommen, eine dialogische Struktur herzustellen und über diese einen hohen Partizipationsgrad bei allen Beteiligten zu erhalten.

Wenn hier von „Beteiligten" gesprochen wird, dann schließt dies neben den unmittelbaren Projektteilnehmern, den Fahrern, auch das Management und die sehr engagierte Personalvertretung mit ein. Es gab von Anfang an mit jeder Gruppe (Management aller Hierarchiestufen, Personalvertretung, Fahrer) so etwas wie ein für diese Gruppe spezifisches Arbeitsbündnis, das von den Projektverantwortlichen des Gesundheitsparks forderte, sich auf die jeweils spezifischen Dialogformen und Inhalte einzustellen und auch entsprechend fachkompetent zu sein.

Bereits hier wird deutlich, daß die Problemformulierung für die Aufgabenstellung dieses Projekts nicht aus dem Verständnisrahmen konventioneller Medizinpraxis (Krankheitsvermeidungsmodelle mit Orientierung am klassischen pathogenen Noxen-/Risikofaktorenkonzept) heraus erfolgt ist. Wir haben die medizinische Problematik der Teilnehmer vielmehr in Fragen übersetzt, die aus dem Salutogenesekonzept Antonovskys abgeleitet waren. Die Zielrichtung aller Interventionen war deshalb vor allem auf die Stärkung von Lebensfähigkeiten und Widerstandsressourcen ausgerichtet, was dadurch erleichtert wurde, daß auch der werksärztliche Dienst sehr schnell sein Interesse an unseren Konzepten zu erkennen gab und dadurch auch unternehmensintern keine medizinischen Zweifel an unserem Vorgehen aufkamen.

Aus der genauen Kenntnis der konkreten Arbeitsplatzsituation war klar, daß den Arbeitsbedingungen der Fahrer (ständiger Zeitdruck, Schichtdienst, andauernde Konzentrationsanforderung, aber auch Konflikte mit den Fahrgästen sowie Isolation und wenig unmittelbarer Kontakt mit Arbeitskollegen bei häufig fehlender Anerkennung) eine große ätiologische Bedeutung zukommt. Gleichzeitig war klar, daß viele dieser Gegebenheiten zumindest aus der Perspektive der Fahrer kurzfristig kaum veränderbar erschienen. Das Krankheitsspektrum, auf das wir uns einzustellen hatten, war durch eine größere Zahl früherer Untersuchungen (M. Gießer-Weigl u. G. Schmidt, 1989; J. Haas, H. Petry et al., 1989; J. Meifort et al., 1983) sowie durch eigene Untersuchungen im Rahmen des Projektes abgeklärt und entsprach in etwa folgendem Bild:
- Bewegungsapparat: 39,0%
- Ernährung/Stoffwechsel: 30,7%
- Herz/Kreislauf: 25,7%
- Verdauungsorgane: 22,6%

Die Rangfolge der häufigsten Diagnosen für Fahrdienstuntauglichkeit hingegen macht die Streßgenese sowie die psychoreaktiven Belastungen noch deutlicher und zeichnet damit ein Bild der Krankheitsprobleme der gegenwärtigen Industriegesellschaft:

1. Herz-Kreislauf-Erkrankungen
2. Erkrankungen des Bewegungsapparats
3. Magen-Darm-Erkrankungen
4. Psychovegetative Syndrome

Der Schritt in das Feld der Salutogenese war zwar im Grundkonzept des Gesundheitsparks schon in seiner Anfangsphase (1973–1980) vollzogen worden; er unterlag damals jedoch nicht dem gleichen Legitimationszwang wie jetzt im Rahmen dieses Pilotprojekts mit einer gesundheitlich derartig belasteten Personengruppe wie unserer Fahrer/innengruppe. Von den auf uns zukommenden Schwierigkeiten hatten wir bereits in dem vorhergehenden Forschungsprojekt eine realistische Einschätzung gewinnen können; vor allem war uns klar geworden, wie weit in der Alltagspraxis das Schwergewicht auf den vermeintlich empirisch bzw. „objektiv" faßbaren Phänomenbereich organbezogenen Krankseins gelegt wird und wie mächtig das biomedizinische Modell auch bei unseren Teilnehmern hinsichtlich ihrer Einschätzung von Problemlagen und ihrer eigenen Mitwirkungs- und Gestaltungsmöglichkeiten sein würde. Das Ausmaß der Somatisierung von Problemen machte deutlich, wie weit betroffene Individuen ihr „Kranksein" nur in der offiziellen Sprache des für sie zuständigen Versorgungssystems äußern können und andererseits das Versorgungssystem diese Sprache kaum zu übersetzen bzw. zu verstehen in der Lage ist. Zudem fehlte es allenthalben an Sicherheit und Wissen hinsichtlich der Faktoren, die „Gesundheit produzieren" können.

Wir haben dies immer wieder registriert im Zusammenhang mit den Widerständen und Schwierigkeiten, unser Handlungskonzept zu erklären und weiterzugeben, sowohl auf der Ebene der professionellen Fort- und Weiterbildung als auch gegenüber skeptischen Teilnehmern, die von uns technologisch orientierte Konzepte und Meßwerte erwarteten, wo wir im wesentlichen auf die Entwicklung von anderen Wahrnehmungsmöglichkeiten, Einstellungen und neuen Kompetenzen setzten. Die Kontroverse in diesem Spannungsfeld ist übrigens gut dokumentiert in dem Grundlagenbuch von L. Foss und K. Rothenberg (1987) und in den Ausführungen von H. G. Pauli (1996), der ebenfalls auf Foss und Rothenberg Bezug nimmt.

4.3
Verlauf der Intervention

Anfang 1993 bis Ende 1996 haben pro Jahr 96 Teilnehmer an dem Gesundheitsförderungsprogramm (GFP) teilgenommen. 1993 und 1994 wurde das Programm als jeweils einjähriges und somit zeitbegrenztes Pilotprojekt durchgeführt. Wegen der hohen Akzeptanz bei den Teilnehmern sowie der positiven und ermutigenden Ergebnisse der Evaluationsstudien wurde das Programm ab 1995 als feste Dauereinrichtung der Gesundheitsvorsorge für die Angehörigen des Fahrdienstes der Verkehrsbetriebe der Stadtwerke München eingeführt und vom Gesundheitspark weiter betreut.

Der Aufbau und die organisatorische Gestaltung des Projekts wurden bereits in mehreren Veröffentlichungen ausführlich dargestellt, wobei hier besonders auf die beiden Publikationen von Birgit Ertl (1994, 1995) verwiesen sei, die das Projekt in der Umsetzung als Leiterin unmittelbar betreute.

Zusammenfassend seien hier nur kurz noch einmal die Kernfakten aus dem ersten Jahr der Durchführung dargestellt:

1993 wurde den vollbeschäftigten Fahrern, die zwischen 45 und 57 Jahre alt waren und seit mindestens 15 Jahren dem Fahrdienst angehörten, eine vierstündige Freistellung vom Dienst pro Dienstwoche zweckgebunden zur Teilnahme am Gesundheitsförderungsprogramm (GFP) angeboten. Die Freistellung wurde so zusammengefaßt, daß die Interessenten innerhalb von zwei Dienstwochen einen Tag (8 Stunden) am GFP teilnehmen konnten. Insgesamt wurden 96 Fahrer – 250 hatten sich schriftlich beworben – in das Projekt aufgenommen. Das Programm wurde von Februar bis Dezember 1993 durchgeführt und beinhaltete 20 „Gesundheitstage" mit einem jeweils sechsstündigen Programm für jeden Teilnehmer.

Dem Start des Programms war neben der oben beschriebenen Entwicklung der Grundkonzeption im Dezember 1992 bei 467 zum potentiellen Bewerberkreis zählenden Fahrern eine Untersuchung mittels eines speziell ausgearbeiteten

Fragebogens vorausgegangen, die zum Ziel hatte, die Programminhalte möglichst zielgruppengenau auf die potentiellen Teilnehmer abzustimmen. 83 Prozent der Fahrer beteiligten sich an dieser Umfrage.

Das Programm enthielt fünf Programmbausteine, die auf die wesentlichsten Gesundheitsstörungen der Fahrer ausgerichtet waren:
1. Bewegungsprogramme
2. Entspannungsprorgamme
3. Streßbewältigungstraining
4. Ernährungsberatung
5. unterstützende Gruppengespräche

Wichtig für die konkrete Umsetzung dieser Programmelemente war das Merkmal des prozeß- und problemorientierten Vorgehens durch die Leiter der 6 Gruppen, die jeweils 16 Personen umfaßten und die von 10 Dozenten mit spezifischen Fachkenntnissen unterstützt wurden.

Wir wurden öfters von Interessenten, die das Projekt kennenlernen wollten, gefragt, ob wir so etwas wie ein Projektmanual oder „Kochbuch" zur Verfügung stellen könnten. Wir glauben jedoch nicht, daß derartige Manuale in so komplexen Aufgabenfeldern wirklich brauchbar sind, und so haben wir uns darauf beschränkt, auf die unverzichtbaren Grundelemente hinzuweisen, die auch die Grundlagen des Gesundheitsparks darstellen und nachfolgend wiedergegeben sind. Wir halten diese Grundelemente für eine Konkretisierung und Anwendung der Grundprinzipien Antonovskys hinsichtlich „comprehensibility, manageability und meaningfulness", die in ihrer Gesamtheit bei konsequenter Anwendung salutogen, also die Gesundheit fördernd, wirksam sind.

4.3.1
Die wesentlichen und unverzichtbaren Projektelemente

Ganzheitliche Gesundheitsförderung

Der Gesundheitspark München hat in der Bundesrepublik Deutschland nach wie vor Modellcharakter. Grund dafür ist das seit über 20 Jahren praktizierte Konzept der sogenannten ganzheitlichen Gesundheitsvorsorge. Auch in dem Projekt für die Fahrer/innen der Verkehrsbetriebe München werden medizinische, psychologische, bewegungstherapeutische und soziale Komponenten zu einem sinnvollen Ganzen verbunden.

Die „Ottawa-Charta" zur Gesundheitsförderung

Der Gesundheitspark orientiert sich unter anderem an der sogenannten „Ottawa-Charta". Darin wird betont, daß Menschen ihr Gesundheitspotential nur dann weitestgehend entfalten können, wenn sie auf die Faktoren, die ihre Gesundheit beeinflussen, auch Einfluß nehmen können: „Gesundheitsförderung zielt auf einen Prozeß, allen Menschen ein höheres Maß an Selbstbestimmung über ihre Gesundheit zu ermöglichen und sie damit zur Stärkung ihrer Gesundheit zu befähigen. Um ein umfassendes körperliches, seelisches und soziales Wohlbefinden zu erlangen, ist es notwendig, daß sowohl einzelne als auch Gruppen ihre Bedürfnisse befriedigen, ihre Wünsche und Hoffnungen wahrnehmen und verwirklichen sowie ihre Umwelt meistern bzw. verändern können..."

Bewußtmachung der eigenen Einflußmöglichkeiten auf die Gesundheit

Den meisten Menschen ist gar nicht bewußt, wieviel sie selbst für ihre Gesundheit und ihr Wohlbefinden tun können. In den Gesundheitsparkprogrammen sollen die Teilnehmer befähigt und ermutigt werden, ihre Lebensqualität selbstbestimmt und aktiv zu verbessern. Mit anderen Worten: Sie werden darin unterstützt, ihre individuellen Möglichkeiten und Fähigkeiten besser kennenzulernen und einzusetzen, das heißt sich selbst zu helfen.

Lernen durch Tun – wenig Theorie, viel Praxis

Wir wissen, daß Erkenntnis immer mit Erfahrung beginnt. Im Gesundheitspark wird deshalb auch grundsätzlich nach dem Prinzip des „Lernens durch Tun" vorgegangen. In der Praxis heißt dies, daß mit den Teilnehmerinnen und Teilnehmern – zum Beispiel über bestimmte Entspannungs- oder Streßbewältigungsmethoden – nicht groß theoretisiert wird: Die Übungen werden gemacht. Denn erst wenn sie erlebt und gespürt werden, kann sich jede/r ein persönliches Urteil darüber bilden, ob diese Methode individuell bekömmlich ist und guttut.

Das Gruppenprinzip – soziale Kontakte und Unterstützung

Im Gesundheitspark wird grundsätzlich in Gruppen gearbeitet. Die Gruppe, der soziale Kontakt und Austausch, das Miteinander der Teilnehmer/innen, der Gruppenzusammenhalt, die wachsende Vertrautheit in der Gruppe, das Erfahren von Respekt und Unterstützung durch die Gruppe – das sind bedeutsame Aspekte in einem wirksamen Programm.

Jeder Mensch ist Experte bezüglich seiner Gesundheit

Jeder Mensch hat eine eigene, individuelle Gesundheit. Was zum Beispiel für den einen zuviel Bewegung ist, kann für einen anderen noch viel zu wenig sein. Oder eine Person bevorzugt als Entspannungsmethode autogenes Training, während eine andere auf die Jacobson-Methode schwört usw. Jeder entscheidet und bestimmt selbst über sein Tempo, über seinen Rhythmus. Für die eigene Gesundheit sorgen kann nur, wer auch die Freiheit hat, selbstbestimmt und verantwortlich zu handeln. Das Akzeptieren und Respektieren der individuellen Möglichkeiten und Bedürfnisse der einzelnen Teilnehmer/innen fördert das Vertrauen in die eigenen Fähigkeiten und die Toleranz untereinander in der Gruppe.

Teilnehmer- und prozeßorientiertes Vorgehen

Sich am Prozeß zu orientieren bzw. sich nach den Teilnehmern zu richten heißt konkret, daß sich die Gruppenleiter von den Bedürfnissen und Möglichkeiten der Teilnehmer leiten lassen – und nicht von einem vorgegebenen „Stundenplan". Die Teilnehmer bestimmen gewissermaßen den Fahrplan und gestalten aktiv den Programmablauf mit. Auch das Wetter kann den Ablauf bestimmen; wenn es zum Beispiel zum Laufen zu heiß ist, geht die Gruppe schwimmen oder führt das Gruppengespräch über den anwachsenden Streß im Verkehr nicht im Gruppenraum, sondern draußen auf der Wiese.

Das Programm richtet sich nicht nach Vorgaben, geplanten Ergebnissen oder erstrebenswerten Zielen, es richtet sich nach dem momentanen (Gruppen-)Prozeß, nach den Menschen – und nicht umgekehrt.

Mitmachen dürfen, können und wollen – aber nie müssen

Die beste Voraussetzung für die Wirksamkeit eines Programms ist die freiwillige Teilnahme, das Programm soll keine Pflichtübung sein. Und die Programminhalte und -angebote sollten nach Möglichkeit allen Teilnehmern Freude machen. Übungen und Erfahrungen, die Zustimmung finden, das Wohlbefinden fördern, guttun und Spaß machen, haben die größte Chance, auch beibehalten und in den Alltag integriert zu werden. Wenn Programmangebote deutlichen Widerstand wecken, sind sie üblicherweise auch ungeeignet, weil sie auf Dauer nicht wirksam sind.

Nicht ob, sondern wie

Beispiel: Ein Verbesserungsvorschlag oder Wunsch wird geäußert. Wird eine Frage mit „ob" eingeleitet, so wird der Vorschlag oder Wunsch an sich in Frage gestellt. Wird dies jedoch mit „wie" getan, können Ideen gesammelt und Lösungen entwickelt werden.

Gesundheit fördern, nicht Krankheit bekämpfen

Die Aufmerksamkeit richtet sich auf das Gesundheitspotential, auf das, was für das Wohlbefinden, die Gesundheit förderlich ist, und zwar den individuellen Möglichkeiten der Teilnehmer entsprechend. Es werden keine „Risikofaktoren" bekämpft, und es soll auch nichts „repariert" werden. Gesundes wird gefördert, unterstützt, aktiviert.

Auf ein fixes Curriculum haben wir also bewußt verzichtet. Es sollte vor allem von den Bedürfnissen und Notwendigkeiten, aber auch vom Alltagswissen der Fahrer ausgegangen werden, das jeweils mit dem Expertenwissen der Leiter und Dozenten in einem lebendigen Dialog verknüpft wurde. Dieses prozeßorientierte Vorgehen erfordert eine hohe Flexibilität von der programmdurchführenden Seite sowie aufmerksames und aktives Mitmachen der Teilnehmer. Hier flossen die in 20jähriger Pionierarbeit vom Gesundheitspark entwickelten Erfahrungen, wie man Gesundheit in einem Prozeß des „Lernens durch Tun" vermitteln kann, als tragendes Element in die Gestaltung ein (G. Eberle, 1985). Hierbei ist die permanente Vernetzung von medizinischen, psychologischen, bewegungstherapeutischen, sozialen und beruflichen Komponenten eines der Grundmerkmale, aufgrund dessen die Teilnehmer langsam ein persönliches Konzept entwickeln können, das ihnen die kompetente Gestaltung ihrer eigenen Gesundheit ermöglicht.

Die Voraussetzung für diesen Prozeß wurde vor allem dadurch geschaffen, daß jeder der sechs Gruppenleiter kontinuierlich und verantwortlich den ganzen Gruppenprozeß begleitete, wozu auch die integrative Vernetzungsarbeit mit dem interdisziplinären Dozententeam zählte. Den Teilnehmern wurde auf diese Weise eine wirkliche und verläßliche Bindung ermöglicht, die ihrerseits eine hohe Identifikation mit dem Prozeß in der eigenen Gruppe erlaubte.

Technisch machten wir Gebrauch von einer eigens für die Durchführung des Programms entwickelten, computergestützten Dokumentation, mit der das Interesse an den fünf Bausteinen sowie die Durchführungsqualität für jeden Programmtag unmittelbar dokumentiert und rückgemeldet wurden. Hierdurch wurde das prozeßorientierte Vorgehen inhaltlich präziser, erlaubte es doch, das Programm durch das sofortige Reagieren und Eingehen auf Änderungswünsche oder Kritik oder besondere Programmvorlieben bzw. Wünsche laufend zu optimieren.

Dieses Prinzip der Vernetzung galt auch für die Interaktionen mit den Teams, die mit der Durchführung der wissenschaftlichen Begleitung beauftragt waren, um die Effektivität und Effizienz der Maßnahme zu evaluieren, und die Begleitforschungsgruppe, die sich mit den im Verlauf des Projekts immer wieder neu auftauchenden Fragestellungen hinsichtlich der Einschätzung von Daten und den daraus abgeleiteten „Wirklichkeiten" beschäftigte.

Dieses Vorgehen wurde dadurch ermöglicht, daß durch Forschungsmittel, die von der Hans-Böckler-Stiftung zur Verfügung gestellt worden waren, ein Verbund der verschiedenen multidisziplinären Forschungsteams erreicht werden konnte, der sich auf ein in Deutschland noch nicht sehr gängiges Vorgehen im Sinne von Aktionsforschung eingestellt hatte und der seine jeweiligen Daten dem Projekt auch entsprechend kurzfristig zur Verfügung stellte. Hierdurch wurde insbesondere der permanente Dialog mit den Auftraggebern ermöglicht, was die Integration des Projekts in die normalen Unternehmensabläufe wiederum verbesserte.

Des weiteren bedeuteten diese kontinuierlichen Feedbackschleifen für alle Beteiligten, unmittelbar so etwas wie einen Zugang zu einer Basisqualität von Salutogenese zu erleben, nämlich aktiv Anteil an der Gestaltung des Projekts nehmen zu können im Sinne von „Manageability" und damit gleichzeitig Zugang zu finden zu der tatsächlichen Komplexität des hier im Zentrum stehenden Konstrukts „Gesundheit".

Für mich war zum Beispiel eindrucksvoll zu beobachten, wie sich im Verlauf des Projekts die Gesprächsdynamik bei den regelmäßigen Präsentationen beim Auftraggeber, die für die Entscheidungen über die Weiterführung notwendig waren, veränderte. Aus einer anfangs deutlich abgegrenzten Hierarchiestruktur wurde zunehmend ein großes, interessiertes, problemorientiertes, multidisziplinäres Team, dem es darum ging, aktiv etwas für das Gelingen des Projektes zu leisten.

Dieser Prozeß führte auch alle Beteiligten dahin, bei der Frage nach den Ergebnissen nicht mehr naiv nur quantitativen Daten, die in dem Projekt durch das Verbundnetz multidisziplinärer Forschungsbetrachtungen in erheblicher Zahl angefallen waren, Glauben zu schenken, sondern sich zunehmend der begrenzten Aussagekraft quantitativer Daten gegenüber der Bedeutsamkeit qualitativ erhobener Befunde und darauf aufbauender Hypothesenbildungen klar zu werden. Hier fand parallel zu dem Lernprozeß, den die Fahrer selbst in Sachen „Arbeit und Gesundheit" durchmachten, ein weiterer Lernprozeß sowohl im Managementbereich als auch in der Personalvertretung der Verkehrsbetriebe statt.

Des weiteren aber setzte sich dieser Prozeß hinsichtlich der Thematik „Komplexität und Gesundheit" auch bei allen an dem Projekt beteiligten Mitarbeitern (sowohl Gruppenleitern und Dozenten als auch Projektleitung und wissenschaftlichen Begleitteams) fort. In der „Epikrise" soll darüber noch einmal zusammenfassend reflektiert werden.

An dieser Stelle seien lediglich beispielhaft einige quantitative Befunde einem qualitativen Befund gegenübergestellt, um das Gesagte zu erläutern:
- 86% sehen am Ende des Programms mehr Möglichkeiten, etwas für ihre Gesundheit zu tun.
- 58% fällt die Arbeit leichter als vor einem Jahr.
- Für viele ist die Wirbelsäulengymnastik bzw. die Rückenschule der entscheidende Faktor zur – nach Jahren erstmaligen – Beschwerdefreiheit.
- 57% wenden die gelernten Übungen im Privatleben und auch im beruflichen Alltag an.
- 74% geben an, daß sie auch weiterhin von der Rückengymnastik, aber auch von den Entspannungs- und Streßbewältigungsübungen (55%) profitieren werden. 60% können Streß besser bewältigen.
- Der Großteil der Fahrer hat neue Verhaltens- und Umgangsmuster mit dem Fahrgast gelernt. An die Stelle von Ärger ist vielfach Gelassenheit getreten.
- Vor Beginn des Programms erwarteten sich die Fahrer vom Austausch und Kontakt mit den Kollegen wenig bis gar nichts. Nach zehn Gruppentagen ist diese neue Erfahrung für die meisten Fahrer bereits wichtig und bedeutungsvoll. Bis Dezember 1993 hat diese positive Entwicklung weiter zugenommen.
- Ein normaler Blutdruck stellte sich im Januar bei 65%, im Dezember bei 77% der Fahrer ein.
- Auf die Frage: „Wenn Sie wählen könnten: Hätten Sie lieber 20 arbeitsfreie Tage – oder 20 freie Tage mit Gesundheitsförderungsprogramm?" antworten nach 10 Gruppentagen 80% der Teilnehmer: „Freie Tage mit Programm."
- Insgesamt kommt es bei den Teilnehmern zu einer Zunahme an Sinnerleben, Lebensqualität und Gesundheit (B. Ertl, 1995).

Rudolf Karazman hat die Fahrer in dem Projekt auf der Suche nach einer Verknüpfung zwischen Konstrukten der Sinnfindung, basierend auf Viktor Frankls Logotherapie und Existenzanalyse, und den von uns vorgegebenen Konstrukten von Antonovskys Salutogenese über den „Sense of coherence" (SOC-Analyse, erarbeitet von Ingo Gerlach/Abteilung für Psychosomatik der Universität Marburg; Leitung: Wolfram Schüffel) systematisch interviewt. Diese strukturierten Interviews erlaubten einerseits ein typologisches Verständnis (Existenztypologie der Fahrer und des daraus resultierenden Verhaltens) und andererseits wichtige Einsichten in biographische Entwicklungslinien älterer Arbeitnehmer in Streßberufen (Abschiedsdynamik und Widerwillensyndrom) sowie in die Auswirkungen des GFP auf die einzelnen Teilnehmer. Die Daten aus inzwischen vier Jahresprogrammen (1993–1996) zeigen uns immer deutlicher, daß die relevanten Steuerungsdaten in einem derartigen Projekt eher in den deskriptiv-narrativen als in den konventionellen medizinischen Daten zu finden sind, die wir natürlich ebenfalls erhoben haben, die aber wenig von der tatsächlichen Dynamik und auch den Auswirkungen der Projekts auf das Unternehmen wiedergeben können.

4.4
Epikrise

Der Duden erläutert den Begriff Epikrise als „abschließende kritische Beurteilung eines Krankheitsverlaufes von seiten des Arztes". Wenn ich mich im Rahmen des alten, in vieler Hinsicht ja Sicherheit und Überschaubarkeit bietenden biomedizinischen Modells bewegt hätte, müßte an dieser Stelle eine abschließende Beurteilung erfolgen. Das Ermutigende an der unmittelbaren Realität ist, daß sie eigentlich nie abgeschlossen ist. Das Projekt läuft weiter, neue Fragestellungen und Probleme stehen vor uns, und mir erscheint der Begriff der Epikrise eher als ein Punkt, an dem man sowohl nach vorne in die Zukunft als auch nach hinten in die Vergangenheit blicken kann.

Schauen wir also aus dieser Perspektive noch einmal auf das Projekt. *Wir haben einige überzeugende Antworten entdecken können auf die nachfolgenden Fragen:*

Ist das Konzept der Salutogenese bei konkreten medizinischen Problemen, wie sie in diesem Projekt vorgegeben waren, hilfreich und, wenn ja, wo?

Die Tatsache, daß das Personal des ÖPNV im Durchschnitt mit 49 Jahren als „fahrdienstuntauglich" aus dem Berufsleben als Fahrer ausscheiden muß, rückt die Frage nach der Richtigkeit unserer medizinischen Konzepte in den Mittelpunkt. Dies wird in einer Zeit, in der „lean management" zu einer systematischen Verschlankung von Unternehmen führt, für die betroffenen Fahrer insofern noch problematischer, als die früher zur Verfügung stehenden – wenn auch ungeliebten – Versetzungen in den Innendienst kaum noch möglich sind. Eine genaue Analyse unserer Projektteilnehmer in medizinischer Hinsicht zeigte, daß sie alle im herkömmlichen Sinne medizinisch bestens versorgt waren, so wie ja auch gesundheitspolitische Verlautbarungen über den Stand der deutschen Medizin immer darauf hinweisen, daß wir eines der besten Medizinsysteme weltweit haben. Die Problematik der Fahrdienstuntauglichkeit wurde durch die Verschränkung mit den Rationalisierungsprozessen der Unternehmensorganisation auf eine noch komplexere Lösungsebene gehoben. Es ging also darum, dieser äußerst komplexen Problematik mit einer anderen Optik zu begegnen.

Das Konzept der Salutogenese mit seiner Operationalisierung über die drei Dimensionen des SOC (Sense of Coherence) mit den Kategorien Verstehbarkeit (comprehensibility = kognitiver Aspekt), Handhabbarkeit (manageability = praktischer Aspekt) sowie Sinnhaftigkeit (meaningfulness = emotionaler Aspekt) hat sich als Rahmen grundsätzlich bewährt. Es erlaubte nämlich, die Fülle klinischer Daten und medizinischer Probleme, die die einzelnen Teilnehmer mitbrachten, aus einer anderen Perspektive zu sehen und nicht in den fragwürdigen medizinischen Routinen steckenzubleiben, die hinsichtlich unserer Interventionen ein Vorgehen nach dem klassischen Risikofaktorenkonzept nahegelegt hätten.

Bereits zu diesem Aspekt ergab die Auswertung der SOC-Werte bei unserer ersten Gruppe 1993, daß wir es mit einer außergewöhnlichen Population zu tun hatten, deren SOC-Werte in etwa denjenigen israelitischer Nahkampftrainer vergleichbar waren. Das spiegelte sich auch im Durchschnittsalter von 54 Jahren bei einer Zeit von circa 26 Jahren im Fahrdienst wider: Unsere Interventionsgruppe hatte also bereits wesentlich länger als der Durchschnitt der Fahrer im ÖPNV (ca. 19 Jahre) unter gesundheitlich äußerst belastenden Verhältnissen durchgehalten und mußte von daher über besondere Gesundheitspotentiale – im Sinne von Antonovskys „generellen Widerstandressourcen" – verfügen. Da zudem die Korrelation eines hohen SOC-Wertes mit der Summe gleichzeitig erhobener klinisch-medizinischer Befunde nicht ausgeprägt war, kamen wir zu dem Schluß, daß medizinisch eher unbeachtete Größen, wie zum Beispiel soziale Unterstützung (ebenfalls von I. Gerlach aus der Marburger Gruppe erhoben), bedeutsamer sein mußten, und bauten unsere

Interventionsperspektiven in der Programmführung auf die Entwicklung sozialer Kompetenzen nachhaltig aus.

Hierdurch erlebten die Fahrer wiederum ganz unmittelbar so etwas wie einen persönlichen Kompetenzgewinn, der sich als Umkehr des „Widerwillensyndroms" in den von R. Karazman (1995) herausgearbeiteten Veränderungen bei den Teilnehmern wiederfand. Die Tatsache, daß all diese positiven Veränderungen bei einer Kontrollgruppe nicht erhoben werden konnten, sondern daß es dort im Gegenteil zu einer weiteren Verstärkung gesundheitlicher und psychischer Probleme kam, macht den Wert unserer Arbeitsperspektive noch deutlicher.

Zu bedenken ist hier auch ein von Rosenbrock mitgeteilter Befund über den Effekt von Rückenschulmaßnahmen, die, wenn sie nicht in ein umfassenderes Gesundheitsprogramm integriert waren, nach sechs Monaten nicht mehr effektiv waren, während viele Effekte des GFP sich bei einer Nachuntersuchung sechs Monate nach Abschluß des Programms im Juni 1994 weiter positiv verstärkt hatten (R. Karazman, H. Geißler et al., 1994).

Welche Patienten brauchen welche Medizin? Welche Bedeutung hat das Konzept des Gesundheitsparks?

Epidemiologie: Die Gesundheitsprobleme der Fahrer entsprechen in vieler Hinsicht den Problemen, die unser Gesundheitssystem in Zukunft mit einer älter werdenden Gesellschaft vermehrt lösen muß: Wie kann die Fähigkeit insbesondere älterer Arbeitnehmer vergrößert werden, möglichst lange aktiv und gesund ihr Leben weiterzuführen?

Salutogenese: Die konkreten Ergebnisse des Projekts haben deutlich auf die neuen Möglichkeiten verwiesen, die aus einem salutogenetisch orientierten Medizinmodell möglich werden. Sie sind allerdings daran gebunden, Wirklichkeit aus einer neuen Perspektive wahrzunehmen, und sie konfrontieren mit der hier verschiedentlich angesprochenen Dominanz – aber auch den problematischen Konsequenzen – eines sehr viel enger gefaßten Medizinparadigmas.

Salutogenese drückt sich in *Selbstverantwortung* als unmittelbar wirksamer Qualität aus, ist aber auch an einen gesellschaftlichen wie medizinischen Kontext gebunden, der durch unsere gegenwärtige Praxis weder in der Medizin noch in der Arbeitswelt besonders gefördert wird. Hier ist zu hoffen, daß politische Weitsicht auf der Basis solider innovativer Forschungsergebnisse zukünftige Reformprozesse stärker prägt, als dies in der letzten Zeit in Deutschland sichtbar wurde.

Der Gesundheitspark hat sich in seiner mehr als 20jährigen Praxis in vielen Aspekten der Medizinpraxis um eine Entwicklung bemüht, die inzwischen in einem gesamtgesellschaftlichen Rahmen als zukünftiges Leitkonzept zumindest für technologisch und wirtschaftlich innovative Unternehmen als „lernende Organisationen" (P. M. Senge, 1996; P. M. Senge., A. Kleiner et al., 1996) Beachtung gefunden hat.

Welche Erfahrungen ergeben sich aus der Begleitforschung? – Über die Bedeutung eines qualitativen Ansatzes

Antonovsky betonte 1993: „Die salutogenetische Frage ist eine radikal neue Frage...die Frage ist der Durchbruch...wichtige Fortschritte werden mit der Formulierung neuer Fragen erzielt..."

Neue Fragen erfordern neue Forschungskonzepte. Für dieses innovative Projekt war klar, daß die Komplexität unserer Sichtweise von Gesundheit und Krankheit uns mit einer Fülle von Phänomenen konfrontieren würde und daß klassische deduktive Methodologien an der Differenziertheit unseres Gegenstands vorbeizielen würden. Anstatt von Theorien und ihrer Überprüfung auszugehen, wollten wir – im Sinne von Geertz (1983) – durch aufmerksame Annäherung an zu untersuchende Zusammenhänge „sensibilisierende Konzepte" entwickeln, in die – entgegen einem weitverbreiteten Mißverständnis – durchaus theoretisches Wissen einfließt (U. Flick, 1995). In dieser Auffassung werden Theorien aus empirischen Untersuchungen heraus entwickelt und Wissen und Handeln als *lokales Wissen und Handeln* untersucht.

Welche unmittelbare Bedeutung diese „sensibilisierenden Konzepte" hatten, wurde im Projektverlauf vor allem dort deutlich, wo die Entscheidungen über die Weiterführung des Pilotprojekts dadurch zustande kamen, daß durch sensibles Aufzeigen von Zusammenhängen zwischen Arbeit, Belastung und Gesundheit sowie den bei den Fahrern vorhandenen Bewältigungspotentialen „bessere" Gesundheit tatsächlich „machbar" war. Das Management wie die Fahrer selbst lernten die Arbeit durch die behutsame, adäquat spiegelnde Wahrnehmung auf eine neue Art sehen und wertschätzen, was zu neuen Beziehungskonstellationen im Unternehmen führte.

Die Notwendigkeit von qualitativer Forschung wird durch den Verlauf des Projekts bestätigt. Bereits in den Überlegungen zu den kontextuellen Aspekten des Projekts waren kritische Überlegungen zum Wissenschaftsverständnis des biomedizinischen Paradigmas enthalten. S. Toulmin (1994) zeichnet in seiner Auseinandersetzung mit den „unerkannten Aufgaben der Moderne" deutlich die Dysfunktionalität moderner Wissenschaften nach. Als Auswege sieht er für Philosophie und Wissenschaften generell vier Tendenzen (U. Flick, 1995):
- die Rückkehr zum Mündlichen,
- die Rückkehr zum Besonderen,
- die Rückkehr zum Lokalen,
- die Rückkehr zum Zeitgebundenen.

Diese Tendenzen lassen sich auch aus unseren Ergebnissen ableiten.

Wir haben uns – mit sehr begrenzten Mitteln ausgestattet – bemüht, neue Perspektiven für Gesundheit zu entdecken, die sich an einer in 20 Jahren Praxis der Gesundheitsförderung entwickelten Haltung von Offenheit und Reflexivität orientieren.

Welche politischen Implikationen werden deutlich?

Gesellschaftliche Ressourcen werden im Gesundheitswesen nicht nur verbraucht, sondern auch geschaffen. Nicht nur für Unternehmen, sondern auch für die ganze Gesellschaft stellt sich in diesem Kontext die Frage, ob Gesundheit nicht eines der wichtigsten Investitionsgüter der Zukunft darstellt, wobei wir um eine neue Formulierung der Frage, was denn unter Gesundheit zu verstehen ist, nicht herumkommen werden. Wir sollten in Zukunft Salutogenesekonzepte mehr berücksichtigen. Durch Konzepte, in deren Kern die aktive Schaffung von Gesundheit durch kluge Nutzung oder Mobilisierung vorhandener Ressourcen und nicht nur die Bekämpfung von Krankheit stehen, würde sich die Medizinkultur grundsätzlich verändern.

Es lohnt sich in diesem Zusammenhang, über Warnfried Dettlings Formulierungen nachzudenken (A. Evers, 1996): „Je mehr Menschen an der Produktion sozialer Güter beteiligt sind, um so mehr steigt die soziale Produktivität der Gesellschaft insgesamt...Die Betroffenen zu Beteiligten machen: Dieses demokratische Prinzip ist auch ökonomisch und sozial vernünftig." Es fordert allerdings auch, daß Ärzte aufhören, Gesundheit nur als Resultat einer praktizierten High-Tech-Medizin-Kultur zu verstehen. Sie müßten vielmehr den Mut zu neuen Fragen nach einer umfassenderen Medizin und zu Infragestellungen des gegenwärtigen Systems gemeinsam mit ihren Patienten aufbringen und dieses auch der Politik vermitteln.

Nicht der passive Bürger, der nur resigniert die Schrecklichkeiten der Kürzungen eines sozialen Netzes beklagt, wird diese Fragen lösen können, sondern der mutige, mündige Bürger, unterstützt von zukunftsorientiert ausgebildeten Experten und Politikern.

Beitrag 5
Knochengesundheit und Sense of Coherence

von Helmut W. Minne, Maren Scholz

5.1 Einleitung

Osteoporose ist durch Verlust an Knochenmasse, -struktur und -funktion (Stabilität) charakterisiert. Der Verlust an Knochenmasse selbst ruft dabei in der Regel keine Symptome hervor.

Unangemessene mechanische Belastungen führen bei Patienten mit Osteoporose zu Knochenbrüchen. Armbrüche, Wirbelbrüche und Oberschenkelhalsbrüche treten bei Patienten mit Osteoporose gehäuft auf; sie sind in der Regel von akuten Schmerzen begleitet, die aber oft dauerhaft werden. Funktionseinschränkungen gesellen sich hinzu, wenn – wie im Fall der Wirbelbrüche – die durch Bruch entstandenen skelettalen Funktionsstörungen nicht behebbar sind. Ein Oberschenkelhalsbruch kann zur Todesursache werden, wenn der Heilungsverlauf kompliziert ist oder ein notwendig gewordener chirurgischer Eingriff nicht überstanden wird. Der Oberschenkelhalsbruch wird darüber hinaus für ein Drittel der Betroffenen zur Ursache für versorgungspflichtige Invalidität.

Ein kontinuierlicher Weg führt also bei der Osteoporose vom initialen, zunächst nicht wahrgenommenen Knochenschaden über die krankheitstypische Spätkomplikation (Bruch) zu Schmerzen, Invalidität und zum Tod.

Wir müssen davon ausgehen, daß die Osteoporose in ihrem Ablauf eine kontinuierliche Beeinträchtigung für die Betroffenen darstellt und daß diese Krankheit einen kontinuierlichen Verlust an Lebensqualität verursacht, verbunden mit einer kontinuierlichen Zunahme an Qual.

5.2 Zum Zusammenhang zwischen Osteoporose, Knochenfrakturen und Lebensqualität

Wie ist das Schicksal von Menschen, die im Zusammenhang mit einer Osteoporose erste Knochenbrüche erlebt haben? Ist der weitere Verlauf mit zunehmenden Funktionseinschränkungen, Zunahme der Schmerzen und Verlust an Lebensqualität vorherbestimmt? In einer Studie, deren Ergebnisse wir 1990 publizierten (G. Leidig et al., 1990), haben wir bei Männern und Frauen mit Osteoporose und bereits eingetretenen Wirbelfrakturen den Zusammenhang zwischen dem eingetretenen Wirbelschaden einerseits und den akuten bzw. chronischen Schmerzen sowie den Limitationen im Alltag (beim Bekleiden, beim Bücken, bei der Selbstversorgung) andererseits untersucht. Die notwendigen Erhebungsinstrumente zur Erfassung der Schmerzen und der Funktionsbeeinträchtigungen sowie ein Verfahren, das die frakturbedingten Wirbeldeformitäten durch Röntgenbildmorphometrie erfaßt, haben wir selbst entwickelt.

Es ließ sich in der Tat eine statistisch signifikante Korrelation zwischen zunehmender Wirbeldeformierung und zunehmendem Schmerz sowie zunehmender Leistungsbeeinträchtigung nachweisen. Dieses Ergebnis sprach für den Zusammenhang zwischen körperlicher Läsion und Befindlichkeit.

Wir untersuchten weiterhin, in welchem Ausmaß bei Kenntnis der zugrundeliegenden körperlichen Schädigung die resultierenden Beeinträchtigungen und Schmerzen zu einem gegebenen Zeitpunkt vorhergesagt werden konnten, und kamen zu einem bemerkenswerten Ergebnis: Weniger als 20 Prozent der subjektiv wahrgenommenen Beeinträchtigungen und Schmerzen konnten durch die frakturbedingte Wirbeldeformierung erklärt werden; 80 Prozent der Beschwerden blieben bei dieser Querschnittsuntersuchung, deren Ergebnis durch andere Untersucher (B. Ettinger et al., 1992) bestätigt wurde, unerklärt.

Es gibt also einen gesicherten Zusammenhang zwischen durch Osteoporose bedingten Knochenbrüchen, Funktionseinschränkungen und dem Verlust an Lebensqualität bzw. Schmerzen. Dieser Zusammenhang ist aber keineswegs einfach linear. Hierfür spricht auch die klinische Erfahrung. In der Regel bestehen erhebliche Diskrepanzen zwischen dem Ausmaß der Knochenläsionen und den subjektiv empfundenen bzw. beklagten Beschwerden.

Um dies zu verdeutlichen, geben wir einige Antworten aus einem Interview mit vier Patientinnen mit Osteogenesis imperfecta wieder. Es handelte sich um Patientinnen mit der sogenannten Tarda-Form, bei der Knochenbrüche bis zur Pubertät gehäuft auftreten und danach sistieren. Die Patientinnen waren zwischen 35 und 45 Jahre alt; zwei von ihnen benötigten zur Fortbewegung Rollstühle; die beiden anderen waren ebenfalls im Alltag von Fremdhilfe abhängig als Folge von zum Teil erheblichen Funktionseinschränkungen des Bewegungsapparats.

- Auf die Frage, ob sie ihre Lebensqualität als gut oder schlecht einstuften, antworteten alle Patientinnen mit „gut".
- Auf die Frage, ob sie gesund oder krank seien, antworteten sie mit „gesund".
- Auf die Frage, was denn eine Krankheit für sie bedeute, kamen Antworten wie „Schnupfen", „Grippe" oder „Blinddarmentzündung".
- Auf die Frage, in welchem Ausmaß sie unter Schmerzen litten, kamen vage Antworten wie „gelegentlich", „bei Überanstrengung", „wenn ich mich gestoßen habe" oder „natürlich bei Zahnschmerzen".

Die Reaktionen dieser noch relativ jungen Patientinnen interpretieren wir in dem Sinne, daß sie sich adaptiert und eine Balance entwickelt haben. Einen ähnlichen Mechanismus vermuten wir bei den älteren Patienten mit Osteoporose, die entsprechend hohe SOC-Werte erreichen (siehe unten).

In einer weiteren Studie sind C. Huang, P. Ross und R. Wasnich (1996) der Frage nachgegangen, ob das Ausmaß von Schmerzen und schmerzbedingten Funktionseinschränkungen nach eingetretener Fraktur im Wirbelsäulenbereich über eine gewisse Zeit gleichbleibt, ob die Schmerzen mit der Zeit schlimmer werden oder ob eine Besserung zu erwarten ist. Berechnet wurde das relative Risiko bei Patienten mit einem Frakturereignis (RR = 1), das mehr als vier Jahre zurücklag, im Vergleich zu solchen, bei denen Frakturen während der vergangenen vier Jahre neu aufgetreten waren. War eine neue Fraktur hinzugetreten, so stieg das relative Risiko, Schmerz zu erleben, auf 3; waren es zwei Frakturen, so stieg es auf über 8; waren es drei oder mehr Frakturen, so stieg es auf 21. Das relative Risiko, Leistungsbegrenzungen zu erfahren, die in einem standardisierten Fragebogen festgehalten wurden, stieg auf 13, wenn zwei neue Frakturen aufgetreten waren. Diese Risikosteigerung erfolgte unabhängig von dem Status, der vier Jahre vorher – in der Ausgangssituation – bestanden hatte. Lagen dagegen die Zeitpunkte alter Frakturen mehr als 4,3 Jahre zurück und waren zwischenzeitlich keine neuen Frakturen aufgetreten, so lag das relative Risiko, Schmerzen und Limitationen zu erleben, zwischen 0,6 und 1,5, also praktisch im Bereich eines gesunden Kontrollkollektivs.

5.3
Therapeutische Aspekte

Berücksichtigt man das Alter dieser Menschen, dann belegen die Ergebnisse, wie wichtig eine erfolgreiche Adaptation an die chronische Erkrankung ist. Wir sehen auch das außerordentlich hohe Engagement der an Osteoporose leidenden Menschen in Selbsthilfegruppen als Ausdruck des Wunsches an, eigene Ressourcen im Sinne einer optimalen Adaptation zu mobilisieren. Die Menschen versuchen, durch Beteiligung an einer Selbsthilfegruppe ihr Schicksal zu bewältigen. Inzwischen gibt es mehr als 400 derartige Gruppen in Deutschland. Ein Teil von ihnen arbeitet selbständig, ein Teil hat sich zu einem Bundesverband zusammengeschlossen; manche Gruppen arbeiten unter anderem unter dem Dach des Deutschen Roten Kreuzes, des Behindertensportverbands, der Rheuma-Liga etc.

All diese Gruppen werden seit mehr als zehn Jahren durch das „Kuratorium Knochengesundheit" mit Aufklärungsmaterial, Patientenratgebern etc. versorgt.

Die inhaltlichen Aspekte der Arbeit der Selbsthilfegruppen besitzen eine große Nähe zum Salutogenesekonzept und seien deshalb kurz dargestellt:

1. Die Betroffenen lernen, ihre Krankheit zu verstehen. Sie wissen bald, wie eine Osteoporose entstehen kann, was Osteoporose für das Skelett bedeutet und welche Folgen Osteoporose hat.
2. Sie lernen, den Krankenheitsfolgen aktiv zu begegnen, anstatt sich dem Schicksal passiv hinzugeben. Es werden regelmäßige Krankengymnastik im Wasser und im Trockenen sowie Bewegungstherapie eingesetzt. Balancetraining und Training der Reaktionsfähigkeit beim Stolpern sind Bestandteile der Übungsprogramme. Schmerzlinderung, Muskelstärkung und Sturzvermeidung sind die Ziele dieser Arbeit.
3. In der Gruppe werden soziale Kontakte geknüpft und zum Teil ermöglicht. Krankheitsbedingte Isolation wird durchbrochen; gemeinsam lernen die Betroffenen, ihre Zukunft neu zu gestalten und neue Perspektiven für die Zukunft zu gewinnen.

Die Erfahrung lehrt, daß die Teilnehmer an Selbsthilfegruppen durch ihre Arbeit (und es sei hier durchaus betont, daß ein Teil der Patienten dies als Arbeit erlebt!) eine zum Teil dramatische Verbesserung ihrer Lebensumstände erfahren. Umgekehrt berichten Patienten immer wieder, daß eine Unterbrechung der Arbeit in der Selbsthilfegruppe von einigen Wochen bereits zu einer deutlichen Verschlechterung des Allgemeinzustands führen kann.

5.4
Die EPOS-Studie – Schmerzwahrnehmung und Sense of Coherence

Wir haben vor drei Jahren eine Studie begonnen, um zu untersuchen, welche psychischen Besonderheiten bei Patienten mit Osteoporose neben den meßbaren körperlichen Schäden zu Prädiktoren von Schmerz, Funktionsbeeinträchtigungen und Beeinträchtigung der Lebensqualität werden. Die sogenannte EPOS-Studie (Evaluation prädiktiver Faktoren bei Frauen mit Osteoporose hinsichtlich Lebensqualität und Symptomatologie) umfaßt eine Querschnittsuntersuchung, an der sich 350 Patientinnen mit postmenopausaler Osteoporose beteiligen, und eine Längsschnittuntersuchung, innerhalb derer 100 Patientinnen innerhalb von zwei Jahren an drei Meßpunkten untersucht werden. Es werden unter anderem Daten über die Knochendichte, den Knochenstoffwechsel, die Schmerzqualität und die Schmerzquantität erhoben. Außerdem werden verschiedene psychologische Erhebungsinstrumente sowie der von Antonovsky entwickelte SOC-Fragebogen eingesetzt. Es liegt bereits eine Fülle von Untersuchungsergebnissen vor. Dabei zeigt sich, daß Schmerz sowie Beeinträchtigungen von Lebensqualität und Leistungsfähigkeit das Produkt vieler Einflußgrößen sind; es handelt sich ebenso um somatische Merkmale wie um Persönlichkeitsmerkmale.

Es sei an dieser Stelle auf erste Ergebnisse hingewiesen, die den Zusammenhang zwischen Schmerzwahrnehmung und Sense of Coherence betreffen: Bei 155 Patientinnen mit postmenopausaler Osteoporose, von denen 73 bereits eine oder mehrere Wirbelfrakturen erlitten hatten, zeigte sich eine enge, auch statistisch abgesicherte Korrelation zwischen Schmerzwahrnehmung und Sense of Coherence ($R = 0{,}21$, $P > 0{,}008$): Je mehr Punkte auf der SOC-Skala erreicht wurden, desto geringer war der wahrgenommene Schmerz und vice versa (M. Scholz et al., 1996).

5.5 Epikrise

Die Osteoporose ist eine sehr verbreitete, mit dem Älterwerden verbundene Erkrankung. Über Frakturen kommt es zu Funktionseinschränkungen sowie zu Schmerzen und einem Verlust an Lebensqualität.

Diese Zusammenhänge sind gesichert, doch werden sie im pathogenetisch orientierten Medizinsystem überbewertet; das Augenmerk liegt fast ausschließlich auf den Frakturen und deren Heilung bzw. Verhinderung.

Die Patienten selbst haben in großer Zahl aus dieser einseitigen Orientierung einen Ausweg gesucht, indem sie Selbsthilfegruppen gegründet haben, die ressourcenorientiert arbeiten. Auch die unvoreingenommene klinische Beobachtung zeigt, daß es neben den lokalen (frakturbedingten) Faktoren vor allem persönlichkeitsbedingte Variablen sind, die das Ausmaß der frakturbedingten Funktionseinschränkungen und der Schmerzwahrnehmung bedingen.

Wir arbeiten in unserer Klinik nach einem ganzheitlichen Ansatz, der somatische, psychische und soziale Faktoren gleichermaßen berücksichtigt. Von daher lag es nahe, den psychosozialen Beziehungen ein besonderes Augenmerk zu schenken, die die Patienten in ihren Selbsthilfegruppen in den Vordergrund stellen. So gelang es erstmals, den Zusammenhang zwischen Schmerzwahrnehmung und Sense of Coherence statistisch zu belegen. Die Daten lassen sich auf eine einfache Formel bringen: Je mehr Punkte auf der SOC-Skala erreicht werden, desto geringer ist der wahrgenommene Schmerz.

Der SOC blieb dagegen unbeeinflußt von der Zahl der bereits erlebten Frakturen. Dies läßt es unwahrscheinlich erscheinen, daß die Läsion den SOC maßgeblich beeinflußt, unterstreicht aber, daß der SOC die Wahrnehmung der Läsionsfolgen entscheidend moduliert.

Beitrag 6
Trauma, Gesundheit und Ressourcen –
Bilanz einer neunjährigen Konzeptarbeit mit Helfern in Katastropheneinsätzen

von W. Schüffel, B. Schade

6.1
Der Ausgangspunkt: Drei Projekte im Katastropheneinsatz

Es werden Erfahrungen beschrieben, die sich auf die Arbeit in drei Projekten im Rahmen von Katastropheneinsätzen beziehen. Fokussiert wird auf die Helfer* in solchen Einsätzen. Die geschilderten Erfahrungen beziehen sich auf einen – in historischen Dimensionen gemessen – sehr kurzen Abschnitt seit dem 1.6.1988, dem Grubenunglück von Borken/Hessen, bis heute.

Inhaltlich handelt es sich jedoch um eine komplexe Entwicklung: Bis zu diesem Zeitpunkt hatte es unseres Wissens in der Bundesrepublik keine eigentliche Konzept- und Projektarbeit zu Hilfsmaßnahmen bei Katastrophen gegeben. Eine Ausnahme machte lediglich Plöger (1974), der mit den Betroffenen des Grubenunglücks von Lengede (1964) arbeitete. Anders als im westlichen Ausland war die Arbeit mit Katastrophenopfern in der Bundesrepublik Deutschland unter wissenschaftlichen Gesichtspunkten zu diesem Zeitpunkt eine „terra incognita". Diese Situation hatte sich bis in die Neunzigerjahre erhalten. Das läßt sich mit Hilfe zweier Ereignisse des Jahres 1993 verdeutlichen: In Bergen/Norwegen fand die „Internationale Konferenz zur Erforschung des Traumatischen Stresses" (ISTSS) statt. Unter den 400 Teilnehmern waren lediglich etwa zehn deutschsprachig. Es stellte sich heraus, daß die anderen 390 Teilnehmer überwiegend aus Skandinavien, England, Holland, den USA und Frankreich kamen. Dagegen waren kaum Vertreter aus Deutschland, Österreich, Italien oder gar Japan zu verzeichnen. Im selben Jahr erschien das „Internationale Handbuch über Traumatischen Streß, Prävention, Diagnostik und Behandlung", herausgegeben von Wilson und Raphael (1993). Unter 134 Autoren aus 15 Ländern fand sich kein einziger deutschsprachiger Autor.

Noch schwieriger war es bis vor kurzem, deutschsprachige Literatur über Streßbelastung und Streßverarbeitung von Helfern zu erhalten (neuerdings z.B. Schnyder und Sauvant, 1996). Dies kennzeichnet die allgemeine Haltung, daß von Helfern erwartet wird, ihrer Pflicht nachzukommen und ansonsten ohne Beeinträchtigungen zu „funktionieren".

Nachfolgend soll auf drei Projekte des Katastropheneinsatzes in Deutschland bzw. unter deutscher Beteiligung eingegangen werden, wobei im Mittelpunkt der Betrachtungen die jeweilige Situation der Helfer steht. Die Autoren waren entweder gestaltend oder im Rahmen der Begleitforschung an diesen Einsätzen beteiligt.

Im Hinblick auf die salutogene Perspektive bzw. auf einen ressourcenaktivierenden Ansatz allgemein kann rückblickend festgestellt werden: Zunächst überwog in allen Projekten der konzeptionell pathogenetisch orientierte Ansatz, auch wenn jedesmal ausdrücklich zunächst präventive und „gesundheitsfördernde" Maßnahmen angestrebt wurden, die die Selbstheilungskräfte der Betroffenen und der Helfer fördern sollten. Im Laufe der jeweiligen Projektarbeit kam es dann auch zu einem deutlich stärker ressourcengeleiteten, im engeren Sinne salutogen konzeptionierten theoretischen Ansatz. Diese Entwicklung benötigte Zeit und konnte nicht sofort, das heißt mit Implementierung der Projekte, umgesetzt werden. Vielmehr war zu-

---

* Natürlich sind immer Helfer *und* Helferinnen bzw. Männer *und* Frauen gemeint. Der besseren Lesbarkeit halber benutzen wir die männliche Form.

nächst jedesmal die Leitfrage, inwieweit es gelingen würde, das *posttraumatische Streßsyndrom (posttraumatic stress disorder:* PTSD) in Häufung und Ausprägungsintensität zu mildern.

6.1.1
Das Hilfsprogramm zur gesundheitlichen Betreuung der Betroffenen des Grubenunglücks in Stolzenbach bei Borken

Am 1.6.1988 war es zu einer Staubexplosion in der Braunkohlegrube Stolzenbach/Borken gekommen. 51 Bergleute waren tödlich verunglückt, 8 wurden zum Teil schwer verletzt geborgen, 6 überlebten in einer Luftblase nach 65stündiger Ungewißheit. Diese Männer hatten mit den Folgen des schweren psychischen Traumas zu kämpfen.

Das Hilfsprogramm wurde in der ersten Woche nach der Katastrophe skizziert und endgültig im Februar 1989 als Teil der bereits angelaufenen Betreuungsarbeit akzeptiert (Arbeitsgruppe Stolzenbachhilfe, 1992). Der Arbeitsgruppe Stolzenbachhilfe, von W. Schüffel ins Leben gerufen, gehörten 22 Personen verschiedenster Berufszugehörigkeit an. Das Hilfsprogramm wurde vom Hilfswerk Grube Stolzenbach der Preussen Elektra AG, Hannover, ideell wie materiell gefördert.

Die Zielsetzung des Hilfsprogramms war folgende:

„*Für die Betroffenen des Grubenunglücks Stolzenbach werden Hilfen angeboten, die der Entstehung von Krankheiten und/oder Befindensstörungen sowie psychosozialer Dekompensation entgegenwirken. Als Hilfsangebote wurden unter anderem formuliert: Motivierung zur Kontaktsuche bzw. -aufnahme untereinander; Erstellen des Kontaktes zwischen Betroffenen und Hilfeleistenden; regelmäßige Gruppentreffen; Beratungen; Untersuchungen, Hausbesuche; Debriefing; Behandlungen (ambulante, stationäre).*" (a.a.O., 1992, S. 185)

In der Kleinstadt Borken war nahezu jeder Einwohner in direkter oder indirekter Weise vom Grubenunglück betroffen, so daß von einer kollektiven Traumatisierung der Gemeinde ausgegangen werden mußte. Neben den unmittelbar Betroffenen der Katastrophe (Toten, Verletzten, Eingeschlossenen und Angehörigen) wurden daher vier Personengruppen benannt, die ebenfalls in das Hilfsangebot mit einbezogen werden mußten:
1. Akuthelfer
2. Langzeithelfer
3. Arbeitskollegen, insbesondere die Betriebsleitung
4. Personen, die Verantwortung verschiedener Art zu tragen hatten

Eine wichtige Rolle spielte ein Zeitungsartikel aus der „Zeit" vom 10.6.88. Es wurde beschrieben, wie das Gemeindeleben des Städtchens Radevormwald nach dem gewaltsamen Tod von 41 Kindern und fünf Erwachsenen am 27.5.1971 zerfallen war und der Zerfallsprozeß weiterhin fortwirkte. Die Reportage des Journalisten Werner Schlegel erschien zehn Tage nach dem Grubenunglück von Borken und 17 Jahre nach der Katastrophe. Hierzu wurde in Borken formuliert (Arbeitsgruppe, a.a.O., S. 172):

„*Denn hier wird höchst eindrücklich geschildert, was in einer Gemeinde geschieht, die von einem kollektiv erlebten Unglück betroffen ist und damit fertig werden muß – ohne organisierte professionelle Hilfe. Der Zeitungsartikel dient der Gruppe in der Folgezeit immer wieder als Warnung, es niemals soweit kommen zu lassen.*"

Von Beginn an wurde im Rahmen des erwähnten Hilfsprogramms alles daran gesetzt, die persönlichen Ressourcen der Helfer wie die Ressourcen der Umwelt zu aktivieren, um die Traumatisierung zu verarbeiten. Hierfür hilfreich war eine Einteilung in sieben umschriebene Kräfte und Institutionen, die ein Netzwerk der Hilfe bilden können bzw. deren Ressourcen die Eckpfeiler einer effektiven Katastrophenbewältigung darstellen:
- der Bürgermeister bzw. die Gemeinde
- der Arbeitgeber
- das Rote Kreuz
- die Kirche
- Vertreter der Sozialarbeit
- Vertreter der Schulen
- die Ärzte (Arbeitsgruppe Stolzenbachhilfe, 1992).

(Wir haben diesbezüglich vorgeschlagen, unter Benutzung des englischen Alphabets von zweimal „s" und viermal „c" zu sprechen: social Work, school, community, company, Red Cross, church [Schüffel/Schade, 1995]. Hinzugesetzt werden sollte ein „p" für physician [Arzt], so daß die Formel lautet: c4 s2 p1.)

Es ist notwendig, daß es zu einer regional faßbaren Einrichtung kommt, die die lokalen wie überregionalen Kräfte aufeinander zuführt und deren Arbeit koordiniert. Von besonderer Bedeutung ist, daß diese Einrichtung regional ihre Bedeutung hat. Ein gutes Beispiel für eine solche Einrichtung ist die Hessische Arbeitsgemeinschaft für Gesundheitserziehung, kurz: HAGE (siehe auch den Beitrag in diesem Band).

Die Arbeitsgruppe Stolzenbachhilfe löste sich nach dreieinhalbjähriger, erfolgreicher Tätigkeit im Jahre 1991 entsprechend den selbstgegebenen Arbeitsregeln auf.

6.1.2
Der DRK-Hilfseinsatz zugunsten der Kurden in Ostanatolien

Das Deutsche Rote Kreuz hatte auf Ersuchen des Auswärtigen Amtes zugestimmt, sich am Hilfsprogramm der Bundesrepublik Deutschland zugunsten aus dem Irak fliehender Kurden zu beteiligen. In kürzester Zeit wurden allein von seiten des DRK 450 Helfer nach Ostanatolien geschickt. Diese wurden in der Zeit vom 17.4. bis zum 30.5.1991 tätig. Als weitere Hilfsorganisationen waren vor Ort: der Arbeiter-Samariter-Bund (ASB), das Technische Hilfswerk (THW), die Bayrische Bergwacht, das Östereichische Rote Kreuz etc. (Schüffel, Mauer, Platiel, 1991).

Die Implementierung des Hilfseinsatzes stand unter größtem Zeitdruck. Außerdem mußten die überaus engen Rahmenbedingungen berücksichtigt werden. Unter diesen Umständen kam die Expertise der Beteiligten zur Geltung: Mauer als Sozialpsychiater und Kliniker einer Bremer psychiatrischen Krankenanstalt, Platiel als in Krisensituationen ausgewiesener Arzt im Auswärtigen Amt (er hatte die „Besetzung" der deutschen Botschaft in Prag durch DDR-Bewohner 1989 erlebt und die hieraus resultierenden Belastungen durch wirksame Gegenmaßnahmen aufgefangen). Die angeforderte Beratung mußte, so einigten wir uns, entsprechend dem Prager Modell einer teilnehmenden Beobachtung und gemäß den hieraus resultierenden Maßnahmen ablaufen.

Das Interesse an der gesundheitlichen Betreuung der Helfer wurde in eindeutiger Weise vom damaligen Präsidenten des Deutschen Roten Kreuzes, Prinz B. Sayn zu Wittgenstein ausgesprochen, wobei die Idee einer Gesundheitsförderung für die Helfer im Präsidium insgesamt, insbesondere vom Bundesarzt des DRK, mitgetragen wurde.

Aufgrund der Vorerfahrungen von Borken wurde der Autor W. Schüffel vom Präsidenten des DRK zum Berater des DRK im Rahmen des Kurdeneinsatzes ernannt. Wiederum bestand die Zielsetzung in einer optimalen Förderung der Gesundheit der Helfer im Einsatz.

Ausgangspunkt unserer Überlegungen zur gesundheitlichen Betreuung der Helfer waren die Schlußfolgerungen der Beratungen der League of Red Cross and Red Crescent Societies in Kopenhagen (1991):

„*Three main groups of victims need to be taken into consideration when responding to psychological needs of people affected by disasters and other stressful life events: The people directly involved, their families and friends, and the helpers.*"

6.1.3
Der Hilfseinsatz deutscher Bundeswehrangehöriger in Kambodscha

In den Jahren 1992 bis 1993 nahmen Soldaten der deutschen Bundeswehr erstmals im Rahmen einer UN-Mission an einem humanitären Hilfseinsatz teil. Der Sicherheitsrat der Vereinten Nationen (UN) hatte im Februar die Einrichtung einer Übergangsverwaltung durch die UN (UNTAC = United Nations Transitional Authority in Cambodia) beschlossen. Deren übergeordnetes Ziel war es, Hilfestellung bei der Befriedung des Landes Kambodscha zu leisten sowie die Überwachung bei der Vorbereitung und Durchführung freier Wahlen zu gewährleisten. Diese Übergangsverwaltung war die größte friedenserhaltende Mission in der Geschichte der UN.

Eingesetzt waren 450 Helfer des Sanitätswesens in einem Hospital (Feldlazarett) in Phnom Penh, die für die medizinische Versorgung von 20000 UN-Angehörigen zuständig waren. Im Rahmen freier Kapazitäten wurden auch einheimische Patienten medizinisch versorgt. Die durchschnittliche Dienstdauer pro Teilnehmer betrug sechs Monate.

Auch hier war in Übereinstimmung mit Sachverständigen zu erwarten, daß es zu erheblichen Belastungen und damit zu gesundheitlichen Beeinträchtigungen bei den Einsatzkräften kommen könnte.

Interesse an der Erhaltung und der Förderung der Gesundheit im Falle von Einsätzen unter besonders schwierigen Umständen bekundete der Verteidigungsminister. Er vergab an uns den Auftrag zu einer Begleitstudie: Inhalt dieser Studie war es, zunächst geeignete Befragungsinstrumente zu entwickeln und damit reliable und valide Ergebnisse zu Belastungen und zur Belastungsverarbeitung deutscher Staatsangehöriger bei Auslandseinsätzen zu erfassen.

Derzeit läuft eine Verlängerungsstudie zu den Belastungen von Bundeswehrangehörigen während ihres Einsatzes im ehemaligen Jugoslawien.

Im Gegensatz zu den beiden ersten fand bei diesem dritten Projekt keine teilnehmende Beobachtung statt. Wir stützten uns im wesentlichen auf die Methodik und die Erfahrungen norwegischer Kollegen (Weisæth et al., 1993).

6.2
Die Projektgeschichte: Motive, Belastungen und Ressourcen

Es handelt sich um sehr unterschiedliche Projekte, was zum einen am Zeitraum des Einsatzes abzulesen ist: in Borken drei Jahre, in Ostanatolien drei Wochen und in Kambodscha sechs Monate.

Unterschiedlich waren zum anderen auch die Auftraggeber: in Borken ein Unternehmen, im Fall der Kurdenhilfe das Deutsche Rote Kreuz als nichtmilitärische Hilfsorganisation und im Fall des Einsatzes in Kambodscha die deutsche Bundeswehr mit dem ersten offiziellen Hilfseinsatz im Rahmen einer UN-Friedensmission.

Gemeinsam war den Einsatzsituationen, daß sich die Helfer erheblichem Streß ausgesetzt sahen, der in vielen Fällen den Charakter von traumatisierenden Belastungen hatte. Als Folge solcher Belastungen mußte mit größerer Wahrscheinlichkeit ein posttraumatisches Streßsyndrom (PTSD) erwartet werden. Die auslösende traumatische Belastung wird nach der internationalen Krankheitsklassifizierung (WHO 1991) folgendermaßen definiert:

(Das PTSD) *„...entsteht als eine verzögerte oder protrahierte Reaktion auf ein belastendes Ereignis oder eine Situation außergewöhnlicher Bedrohung oder katastrophenartigen Ausmaßes (kurz oder lang anhaltend), die bei fast jedem eine tiefe Verzweiflung hervorrufen würde. Hierzu gehören eine durch Naturereignisse oder von Menschen verursachte Katastrophe, eine Kampfhandlung, ein schwerer Unfall, Zeuge des gewaltsamen Todes anderer oder selbst Opfer von Folterung, Terrorismus, Vergewaltigung oder anderen Verbrechen zu sein."*

Nicht alle Menschen, die einem solchen traumatisierenden Streßereignis ausgesetzt waren, entwickeln ein PTSD (siehe auch den Beitrag von A. Maercker). Wir kannten damals, also zur Zeit des Grubenunglücks von Borken im Jahre 1988, Antonovskys Schriften nicht näher. Seine Arbeiten basieren ja geradezu auf der Grunderkenntnis, daß trotz traumatisierender Erlebnisse ein Teil der Betroffenen gesund und glücklich bleibt (siehe hierzu den Beitrag von B. Maoz). Bereits 1986 hatten wir jedoch die 25. (Jubiläums-)Tagung des Deutschen Kollegiums für Psychosomatische Medizin (DKPM) in Marburg unter das Thema gestellt: „Sich gesund *fühlen* im Jahre 2000" (Schüffel, 1988). Erstmals wurde hier auf Arbeiten von Antonovsky verwiesen (Pauli, 1988). Was uns bereits damals vorschwebte, war die Suche nach Ressourcen im Individuum und seiner Umwelt in Abgrenzung zu der traditionellen defektorientierten Vorgehensweise.

Aus unserer heutigen Perspektive könnte man sagen, daß wir bereits damals im Hinblick auf die Helfer in der Katastrophenarbeit folgendes als Ressourcen definierten:
- die sinnbezogene Motivation der Helfer zur Teilnahme am Hilfseinsatz

- die individuellen Fähigkeiten des einzelnen zur Bewältigung schwerer Belastung
- die Integration des einzelnen in seine soziale Umgebung

6.2.1
Borken

Eine wichtige Arbeitsgrundlage stellte damals die bahnbrechende Arbeit von Lindemann (1944) zum Ablauf des Trauerprozesses dar, die uns immer wieder als Orientierungslinie während des ersten Jahres der Trauerarbeit diente. Maoz betont (in diesem Band) die Rolle Lindemanns als Pionier eines eigentlich salutogenen Ansatzes. Seine Beschreibung des Trauerprozesses ist darstellbar als ein siebenphasiger Ablauf (Schüffel, 1989):

1. *Der Verlust wird bestritten, d.h. nicht wahrgenommen.*
2. *Der Betroffene erwacht aus diesem Dämmerzustand und beginnt allmählich zu fragen, wie starb er/sie?*
3. *Es tauchen konkrete Bilder des Toten auf.*
4. *Heftige Reaktionen, einschließlich Wut und Angst treten auf. Es ist die Zeit der Sündenbock-Bildung.*
5. *Es entstehen Hilflosigkeit und Hoffnungslosigkeit mit den hiermit verbundenen Somatisierungstendenzen, zunächst im Herz-Kreislauf-Bereich, dann im gastrointestinalen Bereich und schließlich im Bereich von Binde- und Stützapparat.*
6. *Es kommt zu Rückgriffen auf bewährte Bewältigungsmechanismen, und neuartige werden entwickelt.*
7. *Erst nach Durchlaufen dieser Abschnitte, die sich in vielfältigster Form immer wieder überschneiden können, kommt allmählich Hoffnung auf, und Bilder der Zukunft entstehen.*

Wir gingen in der Arbeitsgruppe der 22 Helfer zunächst davon aus, daß die unmittelbare, akute Trauer ein Jahr betrage. Diese Zeit müsse den Menschen gelassen werden. Gleichzeitig hatten sich bewegende Ereignisse abgespielt, die ahnen ließen, daß es um längere Zeiträume gehen würde:

1.-3.6.88:
Banges Warten der Angehörigen auf dem Grubengelände und in der Schule. Familien sind in ihrem Kern erschüttert.

21.7.88:
DRK-Gesamttreffen von Betroffenen und unmittelbaren Helfern, das auf eine Ohnmacht und gleichzeitige Verbundenheit hinweist.

15.12.88:
Etablierung der Gruppenarbeit im Rahmen einer Großveranstaltung; tiefste Trauer ist spürbar.

Januar 89:
Die sechs Geretteten nehmen an Günter Jauchs ARD-Fernsehsendung „Menschen 1988" teil. Sie sprechen den Menschen nach der Flugzeugkatastrophe von Ramstein Mut zu, woraufhin sich Selbsthilfegruppen dort Betroffener bilden (Jatzko et al., 1995). Sie betonen, daß Trauer ansteht und notwendig ist.

1.6.89:
Erstmalig in Deutschland findet eine christlich-islamische Feier statt. 750 Menschen versammeln sich anläßlich des Gedenkgottesdienstes. Für jeden Toten wird eine Kerze entzündet. Mit größter Anspannung wird verfolgt, ob die Flamme weiterbrennt. Symbolisch wird hiermit bedeutet, daß nach dem Weiterleben des einzelnen gefragt wird, auch wenn die einjährige Trauerarbeit jetzt abgeschlossen ist.

Zu diesem Zeitpunkt begonnene Forschungsarbeiten belegen das Ausmaß der Belastung: Ein Viertel der Helfer hatte die Zeichen eines PTSD entwickelt (Chiari, 1992), am stärksten hiermit korreliert waren depressive Symptome. Helfer und Betroffene unterschieden sich in der Ausprägung von phobischer Angst, Unsicherheit im Sozialkontakt und Psychotizismus. Bei den Betroffenen sind diese Symptome stärker ausgeprägt (Gonther, 1992).

Helfer und Betroffene unterschieden sich außerdem in den bevorzugt angewandten Coping-Strategien, also der Art und Weise, mit Belastungen umzugehen (Kappert-Gonther, 1992). Hierbei wurde deutlich, daß die Helfer in der untersuchten Stichprobe konstruktiver mit den Belastungen umgingen als die Betroffenen: Letztere hatten eine deutlich stärkere Tendenz, auf Belastungen mit Resignation zu reagieren als die untersuchten Helfer; die Strategie der Situationskontrolle (eine kognitive Form der Belastungsverarbeitung) war allen Helfern vertraut, während bei den Betroffenen keine Angaben zum bevorzugten Gebrauch gemacht wurden.

Im Vergleich zu den Betroffenen erlebten die Helfer deutlich mehr soziale Unterstützung. Bei einer Kontrolluntersuchung hatte sich dieses Empfinden im Vergleich zu den Betroffenen bei den Helfern sogar verstärkt. Auch gaben sie eine stärker ausgeprägte praktische wie emotionale Unterstützung durch andere an. B. Schade (1994) stellte fest, daß es ebenfalls eine grundsätzliche Unterscheidung zwischen Betroffenen und Helfern in bezug auf Kontrollüberzeugungen zu Krankheit und Gesundheit gab. Die Helfer meinten signifikant mehr als die Betroffenen, daß sie selbst ihre Gesundheit und Krankheit mitbestimmten. Diese Unterschiede sind wahrscheinlich auf die Art und Weise bzw. das Ausmaß der Betroffenheit durch die Katastrophe zurückzuführen sowie auf die Weise, in der die Helfer aktiv unterstützt wurden.

6.2.2
Ostanatolien

Teilnehmende Beobachtung (vgl. Schüffel, Mauer, Platiel, 1991) wie nachträgliche, standardisierte Befragungsaktionen (Schüffel, Schade, 1993) erbrachten, daß bezüglich der Motivation folgende Erwartungen der Helfer von größter Bedeutung waren: gute Kooperation und Zusammenarbeit erleben, Freundschaft und Kameradschaft erproben, helfen können und hierfür Anerkennung gewinnen.

Bezüglich der Belastungen standen aus Sicht der Berater die Bilder des Massensterbens und der Unangemessenheit der Hilfsmittel im Vordergrund, hieraus resultierend die Einschränkung der Funktionsfähigkeit der Einsatzgruppe.
Unter dem Blickwinkel der Ressourcen hatten für die Beobachter Fragen nach der Integration des einzelnen in die Arbeitsabläufe am Einsatzort sowie dessen Integration in die soziale Gemeinschaft allgemein die größte Bedeutung.

Zum quantitativen wie qualitativen Aspekt dieses Einsatzes folgen zwei Passagen, die dem Tätigkeitsbericht (Schüffel, Mauer, Platiel, 1991) entnommen sind; zum quantitativen Aspekt Ausschnitte aus dem Bericht eines Mitglieds der Bayrischen Bergwacht nach dem Ende eines der ersten Erkundungsflüge im Hubschrauber:

„Da bin ich zunächst einmal erschrocken, denn unter uns standen an Hängen zahllose Zelte, in denen 70–80000 Flüchtlinge lebten. Die Straßen zu dieser Zeltstadt waren mit Lkws und Traktoren blockiert. Nach einigen Turns flog Jürgen 5 km weiter nach Osten zum Lager 2 (Kayadibi). In dieses Lager führte keine Straße. Auf fast 2000 m Höhe standen an zwei kleinen Bächen die Zelte von 12000 Flüchtlingen. Abermals flog Jürgen ostwärts, etwa 7 km bis zum Lager 3. Eine Fahrstraße ging auch in dieses Lager nicht. Wie in den beiden anderen Lagern war die Schneegrenze am oberen Lagerrand. Teilweise standen die Zelte noch im Schnee. ...Zu den weiteren Lagern 4, 5 und 6 kamen wir wegen des schlechten Wetters nicht mehr. Nach einer Stunde und 15 Minuten landeten wir wieder in Batman. So viele Flüchtlinge und so schwieriges Gelände hatten wir uns nicht vorgestellt."

Zur Erläuterung: Das quantitative Ausmaß der Katastrophe war ungeheuerlich. Das Lazarett bei dem Dorf Yekmal lag auf einem Hochplateau im Grenzgebiet zwischen Türkei und Nordirak. In diese Region strömten circa 450000 kurdische Flüchtlinge zusammen. Im Einsatzgebiet von Uludere bis kurz vor Yucurza waren nach letzten Schätzungen (Protokoll Bayrische Bergwacht, Dr. Götzfried, vom 28.6.1991) circa 700000 Flüchtlinge in den Lagern der Regionen. Hinter der Grenze im Irak wurde die Existenz weiterer 1,5 Millionen Flüchtlinge angenommen.

Das erste Zusammentreffen der Opfer und ihrer Helfer erfolgte am 11.4.1991. Damals stieß eine siebenköpfige Vorhut des DRK (die im damaligen Jargon wegen ihres wagemutigen Einsatzes als „sieben Samurai" bezeichnet wurde) auf extrem erschöpfte Flüchtlinge. Deren Versorgungsbedingungen waren katastrophal. Es fehlte an allem: an Kleidung, Schuhen, Zelten, Decken, Nahrungsmitteln und vor allem an Wasser. Das Wasser mußte aus Schnee geschmolzen werden. Dann verschlechterte sich in einem zunehmend unerträglichen Maße die sanitäre Situation, und es kam zu Infektionskrankheiten.

Zum qualitativen Aspekt: Die Säuglings- und Kleinkindersterblichkeit war überaus hoch und in der Regel auf hochgradige Dehydratation zurückführbar. Diese war meist bedingt durch ein Zusammenwirken von Darminfekten, Mangelernährung und Mangel an Flüssigkeitszufuhr.

Die Helfer erlebten die schlimmsten Entwicklungen, die im Bereich menschlichen Zusammenlebens und Überlebens denkbar sind. Viele Mütter sahen sich nicht mehr in der Lage, ihre dehydrierten und schwerstkranken Kinder mit Muttermilch zu versorgen. Die Folge war, daß die Kinder starben. Die Mütter gaben an, sie hätten keine Milch in ihren Brüsten. Das traf jedoch nicht zu: Wurden die Brüste massiert, trat Milch aus.

Warum verwehrten die Mütter ihren Kindern die Milch? Weil sie sich überfordert fühlten und sich auf die größeren Kinder konzentrieren mußten. Folgende Beobachtungen stützten diese Erklärung: Wurde derart belasteten Müttern eine Milchflasche in die Hand gegeben, um ihr kleines und dehydriertes Kind zu versorgen, so legten sie das Kind ab. Sie nahmen es also nicht in den Arm, vielmehr hielten sie die Milchflasche unter Vermeidung von Körperkontakt in den Mund des Kindes, als sei dieses „eine auf die Bank abgelegte Puppe". Oft hielten sie sogar die Flasche über den Mund des schwerst untergewichtigen, dehydrierten Kindes, so daß dieses keine Chance hatte, die Flüssigkeit aufzunehmen.

Dieses Verhalten, entweder die Brust zu verwehren oder das Kind ohne Körperkontakt inadäquat zu füttern, wurde erst dann geändert, wenn das Kind eine gewisse Gewichtsschwelle überschritten hatte. Dies geschah etwa dann, wenn sich eine andere Person um das Kind gekümmert hatte und dieses wieder an Gewicht zugenommen hatte. Dann nahm es die Mutter in den Arm und fütterte es so, wie es in der üblichen Mutter-Kind-Situation bekannt ist.

Ich (W. Schüffel) habe dieses Verhalten nach dem nahegelegenen kleinen Gebirgsort als *Yekmal-Interaktion* bezeichnet. Dieses Verhalten imponierte uns als eine Art Schutzreaktion bei Extrembelastung. Für einen Außenstehenden ist sie nicht faßbar. Die Reaktion wird erst dann verständlich, wenn man die Situation mit Hilfe einer Besichtigung der vielen Terrassenfriedhöfe, die sich jede Kurdenfamilie in der Regel angelegt hatte, zu verstehen beginnt. Es war zu beobachten, daß eine 60köpfige Großfamilie auf ein Grab mit 20 Angehörigen verweisen konnte.

Das Verhalten der *erwachsenen* Kurden war zu dieser Zeit durch Hilflosigkeit und Verzweiflung gekennzeichnet. In dieser Phase traten andere funktionelle Beschwerden stärkster Ausprägung auf. Eine gängige Formulierung war: „Doctor, my joints are aching. I can't stand nor walk." Es waren Symptome allgemeiner Abgeschlagenheit sowie spezieller Art, bezogen überwiegend auf den Binde- und Stützapparat. Sie wurden als *Yekmal-Syndrom* bezeichnet.

Diese Situation galt für die Zeit von Mitte April bis etwa Mitte Mai. Bis dahin hatte sich die Situation insofern gebessert, als ausreichend Trinkwasser und Nahrungsmittel zur Verfügung gestellt werden konnten. Die Tage wurden wärmer, und die Zelte reichten aus. Bis Ende April war ein Lazarett aufgebaut worden, das 120 Betten umfaßte. Das Lazarett war das Kernstück der deutschen Hilfeleistung. Dementsprechend konzentrierten sich alle Aktivitäten auf dessen Entwicklung.

In der zweiten Maihälfte kam es zu geringeren Krankenzahlen, Betten blieben frei. Nachträglich rekonstruierten wir vier Phasen während des Einsatzes des DRK in Ostanatolien (s. Tab. 3.1).

Die wissenschaftliche Begleitstudie ergänzt den Erfahrungsbericht über Motivationen, Belastungen und Ressourcen der Helfer: Auf die Frage nach der Bewertung des Entschlusses, in den Kurdeneinsatz zu gehen, gaben circa zwei Drittel der Befragten an, am Arbeitsplatz positive Bewertungen erfahren zu haben, etwa drei Viertel im privaten Bereich und nur etwas mehr als die Hälfte (55,2%) empfanden beim

Tab. 3.1: Abfolge von vier Phasen während des Kurdeneinsatzes des DRK

März 1991	Kurdischer Aufstand ist zusammengebrochen
07.04.1991 07.04. – 16.04.1991	1. *Erkundungsphase* Der Bedarf wird analysiert. Ergebnis: medizinische Hilfe im Sinne einer *Lazarettmedizin* wird benötigt. Retrospektiv: Grundlage der späteren Klage über *unangebrachtes Hilfskonzept* und über mangelnde logistische Planung
17.04.1991 17.04.-2.05.1991	2. *Aufbauphase* Das erste Personal wird eingesetzt („sieben Samurai"); eine Woche später Lazarettaufbau; Angaben über hohe Motivation trotz maximaler Anforderungen bei gleichzeitigen Klagen über ungenügende Einweisungen und Versorgungen
03.05.1991 03.05. – 21.05.1991	3. *Funktionsphase* Das Lazarett ist voll funktionsfähig; zunächst 80, dann ca. 100 Mitarbeiter. Anzeichen eines wachsenden Aggressionspotentials trotz allmählich abnehmender Arbeitsanforderung; etwa um den 15.05. Prodromi der nachfolgenden Phase
22.05.1991 22.05. – 31.05.1991 31.05.1991	4. *Abbauphase* Vorausgegangen war eine deutlich verminderte Patientenfrequenz. Beim Personal Anzeichen von Rückzugstendenzen im Sinne antizipierter Trennung; psychophysische Erschöpfung Ankunft der Nachhut am Flughafen Köln/Bonn
Juni 1991	Die Kurden sind in den Nordirak „zurückgeführt" (genauer: deportiert).

Lebenspartner eine positive Bewertung. Belastende negative Wertungen erlebten 11% am Arbeitsplatz, 3,2% im privaten Bereich und 6,5% vom Lebenspartner.

Als die nachhaltigsten Erlebnisse positiver Art wurden genannt: gute Zusammenarbeit, Zusammengehörigkeitsgefühl, Kennenlernen von Land und Leuten, Freundschaften, offenes Entgegenkommen, Helfenkönnen, Dankbarkeit der Kurden und Lachen der Kinder.

Die nachhaltigsten Erlebnisse negativer Art waren: schlechte Zusammenarbeit (wozu fehlende Motivation bei den Kameraden, Disziplinprobleme, Kompetenzgerangel, Profilierungssucht etc. gerechnet wurden), schlecht ausgebildetes Personal (insbesondere bei Führungskräften), Inkompetenz, Arroganz, schlechte Organisation, Bedrohung durch Waffengebrauch des türkischen Militärs, Hilflosigkeit.

So wie im positiven Sinne die Zusammenarbeit und das Kameradschaftsgefühl sehr geschätzt werden, so rangiert auch ihr Fehlen in der Rangliste der negativen Erlebnisse und Ereignisse im oberen Bereich, was nochmals die Bedeutung guter Zusammenarbeit und Kameradschaft als der salutogenen Faktoren im Einsatz unterstreicht.

Der Stellenwert guter Führungsqualitäten von Einsatzleitern (vgl. den positiven Fall eines Einsatzleiters in Schüffel, Schade, 1997) und ausreichender Ausbildung der Einsatzkräfte wird deutlich in der Zahl der entsprechenden Kritikpunkte. Logistische Probleme und mangelnde Vorinformationen waren weitere wichtige Hemmnisse beim Einsatz. Die Bedrohung durch türkische Militärs sowie die eigene Hilflosigkeit und Ohnmacht angesichts des vorgefundenen Elends empfanden viele als nachhaltigstes negatives Ereignis. Die schlechten hygienischen Verhältnisse wurden ebenfalls kritisiert.

Bei der Bewertung der Aussage im Fragebogen, die sich auf die Kurden als Opfer bezieht, kann man im Antwortverhalten der Befragten feststellen, daß eine deutliche Betroffenheit sichtbar wird: Fast die Hälfte (44,8%) der Befragten stimmte der Aussage „Denke ich an die Kurden, überkommt es mich kalt" zu (vgl. auch die Erfahrungen in Kambodscha).

Etwa die Hälfte der Männer und Frauen der Stichprobe gaben an, keine Bedrohung für das eigene Leben (z.B. eine bewaffnete Auseinandersetzung) während des Einsatzes erlebt zu haben.

Für die restlichen Befragten war es überwiegend „etwas riskant", für 5,6% der Frauen „sehr riskant", und 8,2% der Männer beschrieben die Bedrohung für das eigene Leben als „sehr riskant". 1,5% der Befragten gaben an, es sei ihnen „vorübergehend sogar tödlich erscheinend" vorgekommen. Etwa ein Sechstel der Helfer erlebte den Tod eines Menschen, der ihnen gefühlsmäßig nahestand, und zwei der Männer gaben an, jemanden verloren zu haben, der ihnen „ausgesprochen viel bedeutete". Auf die Frage nach der Beeinträchtigung der persönlichen Handlungsfähigkeit bzw. nach dem subjektiv zur Verfügung stehenden Handlungsspielraum (z.B. aufgrund widersprüchlicher Informationen oder ziviler Anforderungen) fühlten sich 6,5% ausgesprochen beeinträchtigt.

6.2.3 Kambodscha

Den Einsatzteilnehmern wurde nach dem Einsatz ein umfangreicher Fragebogen zugesandt. Die Beantwortungsrate betrug etwas mehr als 50%.

Im Hinblick auf die Erfassung der Motivation der Einsatzkräfte wurden Items aus der UNIFIL-Studie übernommen (Begleituntersuchung zu den Belastungen von norwegischen Soldaten, die im Rahmen von UN-Einsätzen im Libanon tätig wurden; es handelte sich um 15000 Soldaten). Hieraus resultierten Motivationsskalen, die zu relevanten Variablen, insbesondere dem Befinden, in einen Bezug gesetzt wurden.

Faktorenanalytisch konnten sieben Faktoren gewonnen werden:
1. den Einsatz „live"erleben wollen (Abenteuerlust)
2. der Wunsch nach „Tapetenwechsel" (Problemflucht)
3. der Wunsch nach Friedenserhaltung
4. der Wunsch nach Kameradschaft
5. der Wunsch nach Horizonterweiterung
6. der Wunsch nach Wissenserwerb
7. der Wunsch nach materiellem und persönlichem Gewinn (karrierebezogene Gründe)

In den unteren Dienstgradgruppen der Einsatzmannschaft dominierten das Motiv, Geld dazuverdienen zu wollen, das Bedürfnis nach Selbstbestätigung und die Tendenz, vor Problemen zu fliehen, die zu Hause bestanden. Unteroffiziere zeichneten sich im Vergleich zu den höheren und niedrigeren Dienstgradgruppen durch einen größeren Wunsch nach der Erweiterung des eigenen Horizonts, ein stärkeres Bedürfnis, an der Erhaltung des Friedens mitzuwirken, und ein größeres Kameradschaftsmotiv aus.

Als Belastungen im Kontext des Einsatzes zeigten sich auftretende lebensverändernde Ereignisse vor dem Einsatz, Ablehnung des Einsatzes durch die Familie (etwa 20% der Einsatzteilnehmer erhielten von ihren [Ehe-]Partnern bzw. Partnerinnen ein negatives Feedback auf die Entscheidung, sich am Einsatz zu beteiligen), Todeserfahrung im Einsatz sowie Probleme bei der Reintegration nach dem Einsatz (danach befragt, ob es einige Zeit dauerte, bis sie nach der Rückkehr aus dem Einsatz zur Ruhe kamen, gaben knapp 32% der Befragten an, daß sie dies in hohem Maße so empfanden. Weitere 32% hatten dieses Gefühl „einigermaßen"; im Durchschnitt dauerte das Gefühl rund 24 Tage an).

Einzelne als belastend empfundene Faktoren waren außerdem: fehlende Rückzugsmöglichkeiten, Unzufriedenheit mit Unterbringung, Verpflegung, den sanitären Verhältnissen und besonders dem Informationsfluß.

Direkte Belastungen und Bedrohungen wurden erfragt und in bezug auf die Lebensbedrohung eingestuft. Insgesamt haben 15% der Befragten lebensbedrohliche Ereignisse, fast alle den Tod oder das Sterben von Menschen erlebt. Der Gedanke an die Opfer des Krieges in Kambodscha bereitet den Einsatzteilnehmern einige

Schwierigkeiten. Nahezu identisch ist das Antwortverhalten der befragten Soldaten mit dem der DRK-Einsatzgruppe auf die Frage: „Denke ich an die Opfer, überkommt es mich kalt." Auch hier stimmte etwa die Hälfte der Befragten der Aussage zu (45%, genaue Aufschlüsselung der Antworten siehe Tab. 3.2).

Häufig bzw. sehr häufig befaßten sich 20% der Einsatzteilnehmer mit der Möglichkeit einer eigenen Verletzung oder des Todes während des Einsatzes. 20% der Befragten beklagten sich über mangelnden Handlungsspielraum während ihres Dienstes, 41% monierten zu lange Arbeitszeiten und mangelnde Freizeit, 24% kritisierten mangelnde Kompetenz bei Führungskräften und Probleme in der Verwaltung. Etwa ein Fünftel litt nach eigenen Angaben unter den klimatischen Bedingungen im Einsatzland.

Folgende Ressourcen konnten identifiziert werden: Zwei Drittel der Einsatzteilnehmer erlebten positive Unterstützung durch Freunde und Bekannte.

Die erfreulichsten Erlebnisse im Dienst entsprachen genau jenen in der DRK-Stichprobe, vor allem die Erfahrung von Kameradschaft und Teamgeist, die Arbeit als solche – besonders, wenn medizinische Erfolge zu verzeichnen waren (Rettung von Leben, Geburten) – sowie der Kontakt zu anderen UN-Soldaten und zur einheimischen Bevölkerung. Darüber hinaus schloß ein hoher Prozentsatz Freundschaften während des Einsatzes (81,9%). Die meisten hielten den Einsatz für sinnvoll (94,5%) und gaben an, daß ihnen der Einsatz persönlich sehr viel gebracht habe (95,4%). Veränderungen in der Lebensführung, besonders im privaten Bereich, sind für circa ein Fünftel aller Responder die Folge des Einsatzes.

Der Sense of Coherence Questionnaire (SCQ) konnte zu diesem Zeitpunkt nicht eingesetzt werden. Dem standen sowohl konzeptionelle als auch administrative Hindernisse entgegen. Diese konnten 1995/96 im Rahmen der Anschlußstudie zur Belastung im ehemaligen Jugoslawien überwunden werden. Nunmehr wurde der SCQ in Kurzform (13 Items) eingesetzt. Erste Ergebnisse liegen vor (Schade, Schunk, Schüffel, 1997; Schunk, Schade, Schüffel, 1997, im Druck).

6.3
Die Interventionen

6.3.1
Borken

Die oben genannten Untersuchungsergebnisse waren für die Mitglieder der Arbeitsgruppe Stolzenbachhilfe Anlaß, mit der eigenen Gesundheit bewußter umzugehen und Zielsetzungen in konkreter Weise zu beschreiben. Auf diese Weise gelangte die Arbeitsgruppe zu einer Beschreibung ihrer drei Arbeitsjahre in folgender Weise (Arbeitsgruppe, a.a.O., Seite 9):

Erstes Jahr:
„Das anfängliche Chaos lichtet sich. Indem die Unruhe *zugelassen wird*" und gesehen wird, daß *„die Hilfen niemanden ruhigstellen wollen, gewinnt das Leben eine Perspektive für die Zukunft".*

Zweites Jahr:
„*Die Verzweiflung der einzelnen bleibt nicht im Privaten stecken. Dort, wo es gelingt, sie in einer Gemeinschaft zu teilen, wachsen* neue Kräfte."

Drittes Jahr:
„*Und schließlich wächst aus der* Trauer *die Kraft für die Erinnerung, nicht nur in den Familien. Aus der kollektiven Trauer heraus wird auch ein gemeinschaftliches Gedenken möglich."*

Diese Beschreibung bildete für die Helfer die Gestalt ihres Hilfsangebots. Es war der Prozeß, der sich zunächst auf die intrapsychische Trauerarbeit, dann auf die Umstellung innerhalb der Familie und auf neu entstehende Familienrollen und schließlich im dritten Jahr auf die Gemein-

Tab. 3.2: Antwortverteilung auf die Frage „Denke ich an die Opfer, überkommt es mich kalt"	„nicht/kaum"				„sehr"
	0	1	2	3	4
BW	36,6%	18,1%	23,1%	9,7%	12,2%
DRK	35,1%	16,2%	23,4%	9,1%	12,3%

BW = Bundeswehr   DRK = Deutsches Rotes Kreuz

schaft und die sich dort abspielenden Aktivitäten bezog. Diese Gemeinschaft trat schließlich zum 1. Juni 1991 stark in den Vordergrund, als es um die Inbesitznahme der Gedenkstätte ging.

Die salutogene Wirkung entstand aus dem Erkennen der Gestalt und dem Verfolgen des Prozesses: Betroffene wie Helfer nehmen die Kontinuität in der Entwicklung vom Trauma zum Zustand beginnender Balance wahr. Das mag einerseits wiedergegeben werden durch zwei Diagramme zum „Aufbau der Hilfe für die Betroffenen" bzw. zur „Organisation der Arbeitsgruppe Stolzenbachhilfe" (siehe Abb. 3.4 und 3.5). Andererseits wird es in einer direkt berührenden Weise wiedergegeben durch den Dokumentarfilm von K. Seybold „Ich möchte immer darüber reden", der am 31.10.1991 vom ZDF ausgestrahlt wurde. Hier berichtet der achtjährige Jens, dessen Vater beim Grubenunglück getötet wurde, wie er die Sprachlosigkeit bzw. den Druck der körperlichen Symptomatik zugunsten des Sprechens mit der Mutter überwinden konnte.

Die Entwicklung hin zu eher salutogenetisch konzeptioniertem Arbeiten kann hier beispielhaft illustriert werden: Erst nach knapp zweieinhalb Jahren der Projektarbeit in Borken setzten wir in der Fallbesprechungsgruppe ein neues, im eigentlichen Sinne ressourcenorientiertes Beurteilungsverfahren der aktuellen Lebensumstände der Betroffenen ein. Es handelt sich um das Verfahren des finnischen Soziologen Eric Allardt (1970). Dieser schlägt Beurteilungskriterien zu den Themen „Wohlbefinden, Lebensqualität und Gesundheit" vor und unterteilt dafür die Grundbedürfnisse des Menschen in solche des Habens, des Seins und des Liebens. Die damals vorgenommenen Einschätzungen haben uns wesentlich geholfen, entweder eingeschlagene Wege fortzusetzen oder nachhaltige Kurskorrekturen vorzunehmen.

6.3.2
Ostanatolien

Eine kleinere Gruppe ehemaliger Helfer traf sich im August 1991 in Norddeutschland zum Austausch von Erinnerungen. Wir zitieren aus dem Brief eines Helfers, der selbst nicht genannt werden möchte und sich große Mühe gemacht hat, seine Beobachtungen zusammenzutragen. Sie sind ausgesprochen authentisch, wie nachträgliche Besprechungen zeigten:

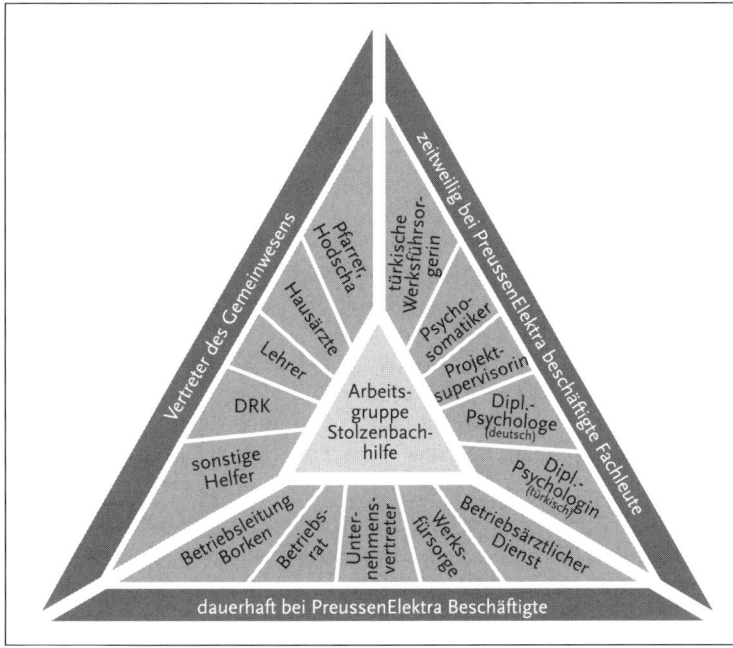

Abb. 3.4: Organisation der Arbeitsgruppe Stolzenbachhilfe (aus: Arbeitsgruppe Stolzenbachhilfe (Hrsg.): Nach der Katastrophe – Das Grubenunglück von Borken. Göttingen: Vandenhoeck & Ruprecht, 1992.)

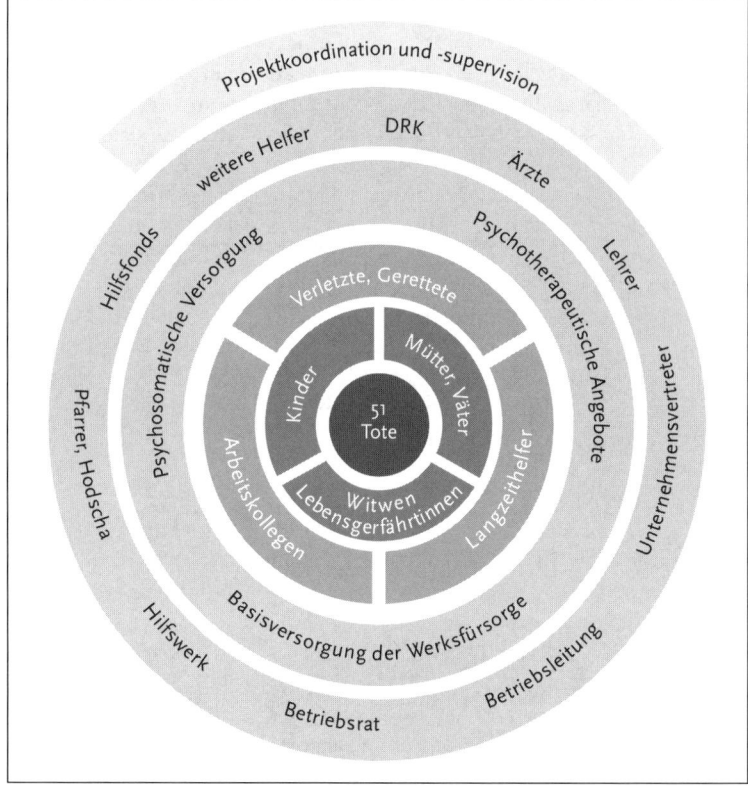

Abb. 3.5: Aufbau der Hilfe für die Betroffenen (aus: Arbeitsgruppe Stolzenbachhilfe (Hrsg.): Nach der Katastrophe – Das Grubenunglück von Borken. Göttingen: Vandenhoeck & Ruprecht, 1992.)

„...Es waren circa 40 Personen aus ganz Deutschland angereist. Neben großem Hallo und der üblichen Wiedersehensfreude habe ich einige Beobachtungen gemacht und Berichte erhalten, die für Sie sicher von Interesse sind.

Daß ein solcher Einsatz, wie wir ihn in der Türkei erlebten, immer große Eindrücke hinterläßt, war mir aus anderen Einsätzen bekannt. Mich erstaunte aber, daß viele ihr gesamtes Leben nach diesen Erfahrungen änderten. Dies nicht etwa in kleinen Dingen, sondern in der Gestalt, daß einige ihr soziales Umfeld, ihren langjährigen Lebensgefährten und ihre Arbeitsstelle aufgaben, um in die Nähe anderer Einsatzkräfte aus Yekmal zu ziehen. Als Gründe wurden mir dann z.B. genannt:

- sich niemals im Leben so geborgen gefühlt zu haben;
- als Mensch in der eigenen Identität akzeptiert worden zu sein, ohne eine Maske tragen zu müssen;
- den Menschen fürs Leben gefunden zu haben, den man (frau) liebt wie noch keinen anderen;
- an dem früheren Arbeitsplatz nicht mehr zurechtzukommen;
- den Sinn in der früheren Arbeitsstelle nicht mehr zu sehen;
- sich als gleichwertiger Mensch zu fühlen (im Gegensatz zur Partnerschaft mit einem sehr dominanten Partner).

...Auch die Aufarbeitung mancher schrecklicher Eindrücke ist vielen noch nicht gelungen. So waren bei den meisten die Namen der versorgten Patienten sofort vorhanden, was besonders bei der Diaschau auffällig war. Auch konnten Situationen, die mir als Blitzlichteffekt bekannt sind, mit jedem Detail von einigen wiedergegeben werden."

Im Laufe des Treffens erfolgte eine Bestandsaufnahme zur Situation der Einsatzkräfte von Yekmal und ihrer Partner bzw. Partnerinnen. Man ging die Situation von 100 Menschen durch und fand, daß mindestens 10% ihre langjährige Partnerschaft aufgegeben hatten.

Diese Beobachtung wird gestützt von den Untersuchungsergebnissen der Begleitstudie:

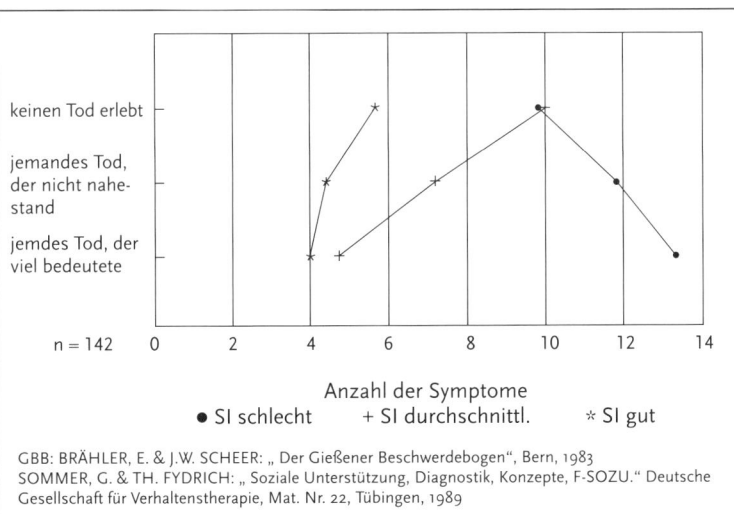

Abb. 3.6: Beschwerdedruck (GBB) in Abhängigkeit von miterlebtem Tod und sozialer Integration (F-SOZU, SI)

GBB: BRÄHLER, E. & J.W. SCHEER: „Der Gießener Beschwerdebogen", Bern, 1983
SOMMER, G. & TH. FYDRICH: „Soziale Unterstützung, Diagnostik, Konzepte, F-SOZU." Deutsche Gesellschaft für Verhaltenstherapie, Mat. Nr. 22, Tübingen, 1989

Circa 7% der Befragten gaben an, ihre persönliche Lebensführung in der Beziehung zum Lebenspartner sehr geändert zu haben, circa 5% gaben an, ihre persönliche Lebensführung am Arbeitsplatz, und 9%, im privaten Bereich geändert zu haben.

Weitere wichtige Ergebnisse der Begleitstudie waren folgende:

Je belastender die Ereignisse im Einsatz wahrgenommen wurden, um so *weniger* Beschwerden gaben die Helfer an. Betrachtet man den Zusammenhang zwischen der wahrgenommenen sozialen Unterstützung (SU) und der Befindlichkeit, so ist grundsätzlich zu beobachten, daß die Helfer mit geringer sozialer Unterstützung von mehr Beschwerden berichten als Helfer mit guter SU, hier speziell betrachtet unter dem Teilaspekt des Gefühls der sozialen Integration in eine Gruppe Gleichgesinnter.

Dabei scheint sich die soziale Integration um so wirkungsvoller zu erweisen, je schwerer die Belastung von den Betroffenen erlebt wird. Umgekehrt verhält es sich bei denjenigen Einsatzkräften, die sich selbst als nur schlecht sozial integriert beschreiben. Hier berichten die Personen, die keine oder nur wenig Belastung erlebt haben, von weniger Beschwerden als ihre Kollegen, die eine mäßige und starke Belastung erfuhren.

Als Beispiel soll hier der Zusammenhang zwischen dem Miterleben des Todes anderer Menschen und dem Vorkommen depressiver Symptome in Abhängigkeit von der sozialen Integration dargestellt werden (siehe Abb. 3.7).

Es findet sich wieder die grundsätzliche Tendenz, daß sozial schlecht integrierte Helfer von mehr Beschwerden berichten als sozial gut integrierte Helfer. In der Gruppe der schlecht Integrierten kann man sehen, daß über um so mehr Beschwerden berichtet wird, je stärker die Belastung erlebt wird. Dieser Zusammenhang verwischt sich aber mit zunehmender sozialer Integration. In der Gruppe der gut Integrierten ist er nicht mehr zu beobachten. Das heißt: *Auch hier wird die Wirkung der Belastung durch eine gute soziale Einbindung in eine Gruppe gepuffert.*

Eine geringe Tendenz, die Verantwortung für die eigene Gesundheit abzugeben, wirkt ebenso als protektiver Faktor für die Gesundheit. Das bedeutet, daß Helfer, die ein geringeres Ausmaß an Beschwerden angeben, nicht glauben, daß der eigene körperliche Zustand hauptsächlich durch das Handeln anderer bestimmt wird, womit in der Regel Ärzte oder das Pflegepersonal gemeint sein werden. Sie glauben auch weniger, daß ihr Gesundheitszustand hauptsächlich vom Zufall, vom Schicksal oder vom Glück beeinflußt wird. Es werden gute Chancen gesehen, den eigenen Zustand gezielt zu beeinflussen.

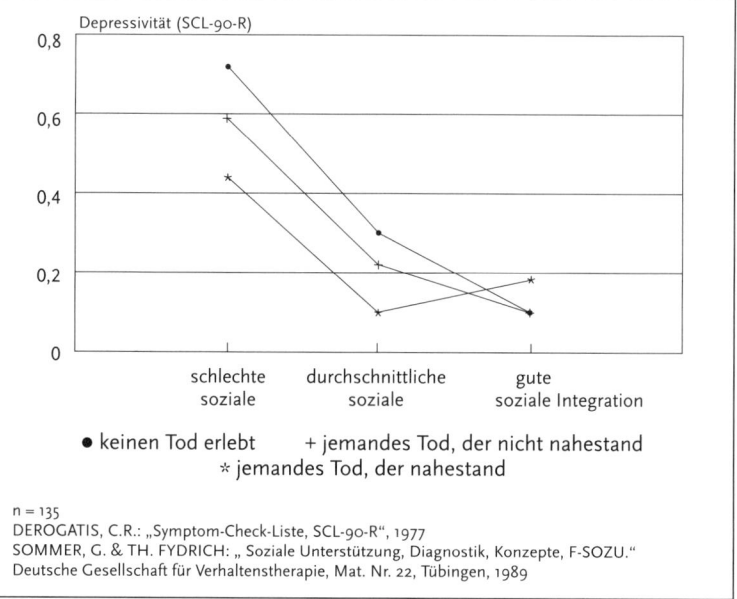

Abb. 3.7: Depressivität in Abhängigkeit von miterlebtem Tod und sozialer Integration (F-SOZU, SI)

n = 135
DEROGATIS, C.R.: „Symptom-Check-Liste, SCL-90-R", 1977
SOMMER, G. & TH. FYDRICH: „Soziale Unterstützung, Diagnostik, Konzepte, F-SOZU."
Deutsche Gesellschaft für Verhaltenstherapie, Mat. Nr. 22, Tübingen, 1989

Diese Ergebnisse sind richtungweisend für Maßnahmen zur Unterstützung des Personals in Hilfseinsätzen.

6.3.3 Kambodscha

Die wichtigsten Ergebnisse der Studie sollen hier zusammengefaßt dargestellt werden (vgl. Schüffel, Schade, Schunk, 1996).

Deutliche Zusammenhänge zwischen den Selbstaussagen zur Motivation und den Streßreaktionen (gemessen mit der PTSS-10 von R. Raphael, T. Lundin, L. Weisæth, 1989, deutsche Bearbeitung: W. Schüffel, B. Schade) waren zu erkennen: Einsatzteilnehmer mit wenigen Streßsymptomen bzw. wenigen psychosomatischen Beschwerden berichteten über ein ausgeprägteres Motiv der „Kameradschaft" und ein ausgeprägteres Bedürfnis nach „Horizonterweiterung" und „Friedenssicherung" als diejenigen mit mehr Symptomen. Es zeigte sich ebenfalls, daß die Motivitems *„familiäre Probleme"* und *„Arbeitslosigkeit"* hochsignifikant mit erhöhten Streßsymptomen einhergingen.

Ein eindeutiger Zusammenhang zeigte sich zwischen der Ausprägung der Streßsymptomatik und dem Umstand, ob die Einsatzteilnehmer einige ihrer Kameraden bereits vor dem Einsatz kannten. Private Bekanntschaft war dabei vorteilhafter als nur berufliche Bekanntschaft. Am ungünstigsten scheint es zu sein, wenn keinerlei Bekanntschaft vorhanden ist, am günstigsten, wenn beides erfüllt ist.

Personen, die (angeblich erfolgreich) allein ihre Probleme zu verdrängen oder zu bewältigen versuchten, gaben deutlich mehr Symptome an als solche Personen, die diese Strategie nicht einsetzten. Es ist zu vermuten, daß der Versuch, Probleme allein zu lösen, trotz eines unter Umständen kurzfristig positiven Effekts mittel- und langfristig negative Konsequenzen hat.

Es zeigte sich ebenfalls ein signifikanter Zusammenhang zwischen dem sogenannten Lebensstreß in den letzten beiden Jahren vor dem Einsatz und den Streßsymptomen. Auch die extremen Belastungen im Einsatz (*körperliche Belastung, erlebte Bedrohung*) wiesen einen deutlichen Zusammenhang mit der Anzahl und Ausprägung von Streßsymptomen auf. Die Ausprägung der Streßsymptome war am höchsten bei einer hohen Anzahl von stark lebensverändernden Ereignissen vor dem Einsatz *und* erlebter Belastung im Einsatz.

Wie vermutet wurde, wirken sich auch die „daily hassles", also z.B. fehlende Rückzugsmöglichkeiten, schlecht erlebte Unterbringung und mangelnder Informationsfluß, negativ auf die Befindlichkeit aus. Das Verhältnis zu Vorgesetzten war ebenfalls von Bedeutung: Je schlechter dieses erlebt wurde, desto mehr Streßsymptome gaben die Befragten an.

Je mehr Schwierigkeiten die Einsatzteilnehmer hatten, sich nach der Rückkehr wieder umzustellen, desto mehr Streßsymptome gaben sie an.

Es ist insgesamt festzustellen, daß eine allgemeine negative Beurteilung des Einsatzes mit stärkeren Streßreaktionen einherging. Im einzelnen zeigte sich, daß eine schlechte Beurteilung innerhalb der Teileinheit ebenso wie eine schlechte Beurteilung, die speziell die Arbeit betrifft, mit den PTSS-10 Werten korrelierten. Ferner wiesen diejenigen, die den Einsatz angesichts der Ereignisse für wenig sinnvoll hielten, mehr Streßsymptome auf als jene, die ihn trotz der Ereignisse für sinnvoll erachteten.

Die Bedeutung des Streßbewältigungsverhaltens (Coping) für das Wohlbefinden war eindeutig nachzuweisen. Das Ausmaß an Beschwerden war um so geringer, je angemessener mit Belastungen umgegangen wurde. Als bester Prädiktor für körperliche Symptome erweist sich die Ausprägung der Coping-Strategie *Kontaktsuche versus Kontaktvermeidung*. Kurzfristig am bedeutsamsten scheinen *resignative versus positiv selbstinstruierende Mechanismen* sowie die *Suche nach Kontakten versus Einstellung oder Vermeidung von Kontakten* zu sein. Für die langfristige Bedeutung von Coping ergaben sich erste Hinweise. Hier sind offenbar die *Suche nach Selbstbestätigung* und *die Suche nach Ablenkung* von großer Bedeutung.

Auch das Ausmaß der empathischen Betroffenheit bezüglich der Opfer des Krieges in Kambodscha scheint mit dem Ausmaß der Streßreaktion nach dem Einsatz in Zusammenhang zu stehen.

Nach statistischen Analysen, die die wechselseitigen Zusammenhänge der erhobenen Variablen berücksichtigen (multiple Regression), ist anzunehmen:

Mit guter Gesundheit gehen einher:
- keine oder wenige lebensverändernde Ereignisse vor dem Einsatz
- als gut erlebte soziale Unterstützung
- kein oder geringes Rückzugsverhalten
- keine oder gering ausgeprägte resignative Bewältigungsmechanismen
- keine oder gering ausgeprägte Tendenz, Probleme ohne soziale Unterstützung zu lösen (sich also eher Hilfe bei anderen zu holen)
- keine oder gering ausgeprägte Nichtbestätigung positiver Erwartungen an den Einsatz
- ein gutes Verhältnis zu den Vorgesetzten,
- eine geringe Tendenz zur Überidentifizierung mit den Opfern
- keine oder wenig Schwierigkeiten mit der Wiedereingewöhnung nach der Rückkehr (multipler Korrelationskoeffizient von R = 0,64)

6.4
Epikrise: Katastrophenarbeit als Prüfstein des Paradigmenwechsels?

U. Brucks sagt im Zusammenhang mit dem anstehenden dreifachen Paradigmenwechsel (siehe auch Einführungsbeitrag in diesem Buch):

„Der erste Paradigmenwechsel ist eine neue Fragestellung in der Epidemiologie. Es werden Merkmale von gesunden Menschen untersucht und auf einen gemeinschaftlichen Nenner gebracht. Diesen gemeinschaftlichen Nenner bezeichnet Aaron Antonovsky als „Kohärenzsinn".

Beim zweiten Paradigmenwechsel geht es darum, daß der Normbegriff *„in eine neue Perspektive gestellt"* wird, indem jetzt ein Miteinander von Krankheit und Gesundheit durch das Lebenskontinuum hindurch gesucht wird.

Im dritten Paradigmenwechsel steht schließlich die Veränderung der Arzt-Patient-Beziehung im Mittelpunkt, die so angelegt wird, daß sie ein Höchstmaß an Autonomie *beider* beteiligter Personen fördert.

Wie läßt sich nun der dreifache Paradigmenwechsel auf die Arbeit mit Helfern in Katastropheneinsätzen anwenden? In der Begegnung mit den Opfern treffen Helfer auf Menschen, die in ihrem Kohärenzsinn z.T. höchstgradig erschüttert sind. Für das PTSD-Opfer ist kennzeichnend, daß es die *„übergreifende Orientierung, die das Ausmaß ausdrückt, mit dem man ein* *durchgehendes, beständiges, doch dynamisches Gefühl des Vertrauens hat*", (Antonovsky, siehe auch Einleitung) verloren hat. Für die Helfer besteht die Gefahr, daß sie sich ähnlichen Stimmungen ausgesetzt fühlen und schließlich mit dem Opfer identifizieren. In noch stärkeren Fällen der Exponiertheit ist es möglich, daß sie mit den Opfern gegen das Schicksal anzukämpfen suchen und psychophysiologisch in einen Erschöpfungszustand geraten, der von den fliehenden Kurden in Ostanatolien – wie bereits geschildert – mit dem Zustand umschrieben wurde: „I can't stand nor walk." Schließlich ist ein Zustand vorstellbar, den Engel und Schmale als Zustand der Hilflosigkeit/Hoffnungslosigkeit beschrieben haben (1968), bei dem es zu schwerwiegender körperlicher Erkrankung kommt. In diesem Buch wird ein Zustand der psychophysiologischen Erschöpfung mit den ersten Anflügen der Hilflosigkeit/Hoffnungslosigkeit von Isler beschrieben. Schüffel und Brucks beschreiben mit dem „schwangeren Manne" das Vollbild eines Zustands der Hilflosigkeit/Hoffnungslosigkeit. Petzold stellt einen *Helfer* vor, der durchblicken läßt, daß er den Zustand der Hilflosigkeit/Hoffnungslosigkeit samt den hiermit häufiger verbundenen Merkmalen der Suizidalität überwunden hat (siehe die betreffenden Beiträge).

Es kann also festgestellt werden: Auch Helfer, die an einem Katastropheneinsatz teilnehmen, können sich – vergleichbar mit diesen Patienten – in ihrem Kohärenzgefühl in Frage gestellt, bedroht oder verletzt fühlen.

Der zweite Paradigmenwechsel besagt, daß wir den überholten Normbegriff feststehender Idealwerte der Gesundheit im Sinne eines Maschinenmodells der alten Medizin hinter uns lassen und ein lebenslanges Wechselspiel krankmachender und gesundheitsfördernder Kräfte anerkennen. Hierauf verweist Lamprecht in diesem Buch unter Bezug auf v. Weizsäcker, der bereits 1930 von einem ständigen Prozeß der Gesundheitsgewinnung sprach. Die Ergebnisse unserer Begleitstudien geben Hinweise darauf, wie die Wechselwirkung aussieht: Je deutlicher Qualität und Quantität der Belastungen wahrgenommen werden, je stärker der einzelne sich in der Gemeinschaft der Kameraden aufgehoben fühlt und reden kann, also je günstiger der einzelne seine soziale Integriertheit wahrnimmt und je verläßlicher die umgebende soziale Struktur ist und je stärker er Eigenverantwortung zur Gesunderhaltung verspürt, desto stärker sind die Kräfte in Richtung Gesundheit ausgeprägt.

Hinweise auf eine Wechselwirkung der Kräfte in Richtung Krankheit ergeben sich: Wenn die Anzahl der lebensverändernden Ereignisse vor dem Einsatz eine starke Belastung auch im Einsatz darstellt, wenn mit Hilfe des Einsatzes persönlichen, familiären oder beruflichen Problemen ausgewichen wird und wenn der Einsatz selbst als wenig sinnvoll betrachtet wird.

Insgesamt kann gesagt werden, daß die vorliegenden Studienergebnisse das Wechselspiel gesunderhaltender und krankmachender Faktoren wiedergeben. Hinweise auf breite Anwendbarkeit dieser Einsichten ergeben die übereinstimmenden Einschätzungen der so verschiedenen Mitglieder des DRK und der Bundeswehr hinsichtlich ihrer ebenfalls so unterschiedlichen Einsatzorte.

Im dritten Paradigmenwechsel geht es vordergründig um die Herstellung eines Höchstmaßes an Autonomie für den Betroffenen. In Wirklichkeit sind die Verhältnisse komplizierter. Es geht darum, in der Medizin zwischen Arzt und Patient das wirkungsvollste Verhältnis, sprich: Arbeitsbündnis, herzustellen – in unserem Fall zwischen verantwortlichen Projektleitern, Einsatzleitern und Vorgesetzten einerseits und den Helfern andererseits. Analoges gilt hier für das Verhältnis zwischen den Helfern einerseits und den Opfern andererseits. „Wirkungsvoll" besagt, daß ein Verhältnis entwickelt wird, das die Autonomie der Betreffenden zum jeweiligen Zeitpunkt, also entlang einer Zeitgestalt, den Anforderungen und Ressourcen angemessen zur Geltung kommen läßt. Kurz gesagt: Es geht um die Chance, daß der einzelne kreativ mit sich und seiner Umwelt umgehen kann.

Am Beispiel Borken kann am augenfälligsten entwickelt werden, was mit Autonomie gemeint ist. Der Helfer erlebt die in ihrem Kohärenzsinn in Frage gestellten Opfer der Katastrophe, nimmt das Wechselspiel der gesunderhaltenden und krankmachenden Faktoren wahr und droht in eine *dyadische* Situation hineinzugeraten, deren Folge eine Festlegung der Rollen ist: hier Hilfespender/dort Hilfenehmer mit resultierendem Verzicht auf Autonomieentwicklung. In Borken hatten wir von Beginn an die *triadische* Position zu realisieren gesucht, also bewußt die dritte Position eingeführt, die repräsentiert wurde durch die Arbeitsgruppe Stolzenbachhilfe.

Zur Erinnerung: Die Arbeitsgruppe wurde am dritten Tag konstituiert, die Grundlinien des Hilfsprogramms waren am Ende der ersten Woche nach der Katastrophe skizziert. Jede Hilfestellung und jedes Hilfegesuch waren potentiell Diskussionsgegenstand in der AG. Dies hatte zur Folge, daß jede Einzelmaßnahme auf ihre Gesamtentwicklung hin betrachtet wurde. Beispiele dafür waren: Wenn Deutschen Hilfe geleistet wurde, wie reagierten Türken hierauf? Wenn das DRK-Gesamttreffen die Helfer ihre Ohnmacht spüren ließ, wie wurde dies durch die erfahrene Verbundenheit aufgewogen? Wenn Nähgruppen eingerichtet wurden, wer nahm teil, und wer wurde hierdurch gleichzeitig ausgegrenzt? Wenn Günter Jauchs Einladung zur Teilnahme am Programm „Menschen 88" entsprochen wurde, wie würden hierauf die anderen Opfer reagieren?

Schließlich war die bedeutungsvollste Erfahrung, daß ein qualitativ neuartiges Arbeiten ermöglicht wurde. Mit der Übernahme des Lindemannschen Ansatzes zum Trauerprozeß wurde es möglich, konzeptionell neuartiges Arbeiten zu realisieren. Das hatte unter anderem folgende Auswirkungen:
- Einzelschicksale konnten gezielter vor dem Hintergrund des allgemeinen Trauerprozesses auf ihre Trauerarbeit hin verfolgt werden.
- In konsequenter Weise wurde ein gemeinsamer ökumenischer Gottesdienst unter Einschluß der Muslime angesteuert, der ein Jahr nach dem Ereignis zum Bewegendsten wurde, was die Teilnehmer in ihrem Leben erfahren hatten.
- Es entstanden Überlegungen zu neuen Funktionen der Mitglieder in der Familie.
- Es entstanden Überlegungen zur Funktion in der Gemeinde.
- Die Gedenkstätte wurde gestaltet und in Besitz genommen.

Die Diskussionen in der AG Stolzenbach können strukturell verglichen werden mit dem siebenphasigen Ablauf der Gruppendiskussion zur psychosomatischen Grundversorgung in Bad Nauheim (siehe auch den Beitrag Schüffel, Brucks). Auf sieben verschiedenen Ebenen werden dort in unterschiedlichen Sprachen die anstehenden Probleme besprochen. Eine neuartige Handlungskompetenz wird eröffnet. Diese hat zum Ziel, eine Arzt-Patienten-Beziehung mit größtmöglicher Autonomie beider Beteiligter herzustellen (im Sinne der Konstellation 6 oder 7, vgl. Brucks).

In Borken verlief es analog. Dort wirkten die verschiedensten gesellschaftlichen Kräfte mit (überraschenderweise ebenfalls sieben Kräfte, s.o.), die sich aufeinander abzustimmen und eine größtmögliche Autonomie von Helfer und Opfer herzustellen hatten.

Wird der zugrundeliegende Gruppenprozeß betrachtet, so fällt das ständige Oszillieren zwischen einer dyadischen und einer triadischen Betrachtungsweise auf. Im Falle eines Scheiterns dieses Oszillierens drohte das Abgleiten in eine symbiotische Erlebnisweise, die jegliche sinnvolle Intervention von außen verhinderte und zu nachhaltigsten Verstrickungen führte.

Analog verhielt es sich im Falle des Einsatzes in Ostanatolien: Erst als dort ein neuer und außerordentlich erfahrener Einsatzleiter eingesetzt wurde, konnten neue Arbeitsbedingungen hergestellt werden (Schüffel, Schade, 1997). Möglicherweise analog ist der ständige Ruf der Kambodscha-Helfer nach mehr Privatheit – und vor allem Eigenständigkeit – zu interpretieren: Diese fühlten sich zu stark in dyadische Situationen verstrickt.

Eine explizit systemisch-interaktive Betrachtungsweise war damals aufgrund des bestehenden konzeptionellen Entwicklungsstands noch nicht möglich. Vielmehr sahen wir uns explizit der Konkurrenz der Vater- (bzw. Experten-) und Peerkonzepte ausgesetzt, die in Bad Nauheim beobachtet wurden (vgl. Schüffel, Brucks) und zu dem dort beschriebenen „nagenden Zweifel" an bestimmten Arbeitsergebnissen führte.

Daß dann das Stolzenbach-Projekt von Borken letztlich zu einem derartigen Erfolg führte, ist der Mitwirkung ausländischer Katastrophenhelfer und vor allem der türkischen Projektsu-

pervisorin G. Koptagel (Istanbul) zu verdanken. Sie ermöglichen eine ausgewogene Betrachtung der Experten- und Peerkonzepte. Erst im Laufe der Jahre wurde aus diesen Erfahrungen deutlich, daß wir den Paradigmenwechsel in Borken begonnen hatten. Rückblickend sind folgende Faktoren ausschlaggebend gewesen:
- eine langjährige Auseinandersetzung mit der Frage, wie das *Gefühl* der Gesundheit zu fördern ist (Schüffel, 1988), also ein Gefühl, das dem SOC ähnelt
- die Bekanntschaft mit westlichen Katastrophenarbeitern, die später zur Gründung einer europäischen Arbeitsgruppe führte (EuroActDis = European Action for Coping with Disaster; vgl. Schüffel, 1991; Royal Proceedings, 1993) und zum Vorläufer der heutigen ESTSS (= European Society for Traumatic Stress Studies) wurde
- gleichermaßen die langjährige Arbeit mit Anamnesegruppen (vgl. Köllner, Loew in diesem Buch) wie die Tätigkeit als Leitender Arzt einer integrierten Psychosomatik (Schüffel, 1996). In beiden Fällen geht es darum, die Autonomie der Beteiligten im Rahmen einer systemisch-interaktiven Vorgehensweise zu berücksichtigen.

Im Hinblick auf zukünftige Katastrophenarbeit in Deutschland muß hervorgehoben werden, daß zum Zeitpunkt der Katastrophenarbeit von Borken nahezu keine Vorerfahrungen in Deutschland vorlagen. Vielmehr war das Gegenteil der Fall. So häuften sich die Beschwerden Außenstehender, hier werde an Hilfeleistung zuviel des Guten getan. Im Krieg hätte man die Belastungen schließlich auch „wegstecken" müssen (AG Stolzenbachhilfe, 1992). Erst später, insbesondere nach der registrierten Unterrepräsentanz deutscher Teilnehmer am Traumatologenkongreß von Bergen 1993 wurde für uns deutlich, daß die Helferkultur in Deutschland eine besorgniserregende Entwicklung genommen hat. Wir haben dies mit den Auswirkungen traumatischer Erfahrungen aus der nationalsozialistischen Zeit in Verbindung gebracht, das heißt mit bisher nicht gelungenen Auseinandersetzungen gegenüber autoritären Strukturen (Schüffel, Schade, 1995). Im westlichen Ausland hat sich dagegen weithin eine Kultur des Helfens entwickeln können, die nach 1945 durch die Auseinandersetzung mit Holocaust-Opfern und Kriegsgeschädigten einen starken Auftrieb erhalten hatte. Es ist zu hoffen, daß sich diese Kultur nun auch in Deutschland etablieren und fortentwickeln kann (z.B. Fischer et al., 1996) und sich im weiteren Sinne „Erzählgemeinschaften" (Schüffel, 1997) bilden, in denen dieses Arbeiten gefördert wird. Sie könnten als wesentliches Arbeitsergebnis aufzeigen, wie erfolgreiche Traumaarbeit zur Realisierung neuer Paradigmen beiträgt – Traumaarbeit als Prüfstein des erfolgreichen Paradigmenwechsels!

Beitrag 7
Salutogenetische Elemente in der Suizidologie

von Hans Wedler

Suizidalität ist keine Krankheit, sondern ein oftmals lebensgefährlicher, mitunter über Jahrzehnte bestehender Leidenszustand, der eine Fülle krankhafter Vorgänge umfassen oder zur Folge haben kann. Suizidalität gibt und gab es zu allen Zeiten und in allen Gesellschaften, sie scheint demnach ein inhärentes Element menschlicher Existenz zu sein, ähnlich wie Alterung, Krankheit und Tod.

Höchst unterschiedlich allerdings waren und sind Häufigkeit und Wertung von Suizidalität in verschiedenen Epochen und Gesellschaften. Der Stellenwert bewegt sich zwischen den Polen einer bedingungslosen Akzeptanz des Suizids als einer allgemein anerkannten, ehrenvollen, sozial konformen Todesart und seiner radikalen Ablehnung und Wertung als Todsünde mit drakonischen Strafandrohungen und daraus folgender gesellschaftlicher Tabuisierung.

Die Suizidologie als wissenschaftliche Beschäftigung mit den Phänomenen des Suizids ist als solche erst in den Jahren seit dem Zweiten Weltkrieg entstanden, obgleich ihre Wurzeln weit zurückreichen. Bis heute aber ist es nicht gelungen, eine allgemein gültige Theorie, insbesondere ein einheitliches Verständnis der Ätiologie des Suizids zu entwickeln. Die heute als wissenschaftlich gültig allgemein anerkannte pathogenetische Sichtweise ist ein Produkt der Aufklärung mit dem vorrangigen Ergebnis, daß suizidales Verhalten nicht mehr wie vordem einer ausschließlich moralischen Wertung unterlag. Die wissenschaftliche Auseinandersetzung mit dem Suizid erfolgte allerdings zögernd, halbherzig und ohne überzeugendes Ergebnis. Erst in der zweiten Hälfte unseres Jahrhunderts wurden durch Soziologen, Verhaltenswissenschaftler und Kommunikationstheoretiker neue Betrachtungsansätze des Suizids in die wissenschaftliche Debatte eingebracht mit der gemeinsamen Überlegung, ob Suizidalität nicht in erster Linie als genuines Element menschlichen Daseins und die Nichtrealisierung suizidaler Intentionen und Impulse als Folge antisuizidal wirksamer Faktoren zu verstehen sind. Letztere könnte man mit Antonovsky „salutogenetische Faktoren" nennen.

Im folgenden soll der Versuch unternommen werden, an ausgewählten Beispielen die Bedeutung und Funktion salutogenetischer Denkansätze in der Suizidologie zu untersuchen. Die Beispiele beziehen sich auf
- Theorien zur Erklärung suizidalen Verhaltens,
- moderne Therapieformen suizidalen Verhaltens und
- Aspekte der „neuen" Euthanasiediskussion.

7.1
Zur Theorie suizidalen Verhaltens

Die gesellschaftliche Einstellung gegenüber dem Suizid war über die meiste Zeit der Menschheitsgeschichte hinweg bestimmt durch philosophische und religiöse Anschauungen. Dies gilt in vielen Gesellschaften bis heute, und auch in den Industrieländern Westeuropas sind zumindest bedeutsame Relikte solcher gesellschaftlicher Einstellungen zu spüren.

Erst im Zeitalter der Aufklärung erfolgten erste Ansätze, suizidales Verhalten nicht mehr als moralischen Fehltritt, sondern als Folge krankhafter Störung zu werten. Erste Ansätze einer Suizidprophylaxe finden sich im 17. Jahrhundert. Die Strafbarkeit des Suizids wurde in

Preußen 1751 durch Friedrich den Großen aufgehoben unter Hinweis auf eine mögliche Krankhaftigkeit (G. Rosen, 1975, H. Rost, 1932). In Frankreich erfolgte dies im Jahre 1790 (pikanterweise auf Antrag eines gewissen Dr. Guillotine), in England erst 1963.

Der genaue Charakter der krankhaften Störung beim Suizid blieb lange Zeit im unklaren, wenn auch Melancholie und Depression als Wegbereiter früh erkannt wurden. Noch bis vor 40 Jahren herrschte in der Psychiatrie die Meinung vor, daß Suizidverhalten regelhaft auf die schwersten Formen seelischer Erkrankungen, die Psychosen, zurückgeführt werden müsse. Die Unterbringung eines Suizidgefährdeten im Stadium der Einengung auf einer geschlossenen psychiatrischen Abteilung galt noch Mitte der fünfziger Jahre als medizinischer Standard (F. Dubitscher, 1957). In einem 1960 erschienenen Aufsatz von E. F. Wiele heißt es dann: *"Man rückt bekanntlich allgemein zunehmend davon ab, Suizidhandlungen als Ausdruck oder Folge einer Psychose zu betrachten. Der Prozentsatz der Psychotiker unter den Suizidalen wird immer geringer angegeben..."*

Daß die pathogenetische Sichtweise des Suizids (suizidales Verhalten als Folge einer krankhaften Veränderung in einem ansonsten gesunden Menschen) nicht durchgehend als überzeugend betrachtet wurde, zeigen außer der zeitlich sehr unterschiedlichen Aufhebung der Strafbarkeit des Suizids die bis heute noch immer anhaltende Tabuisierung wie auch Erkenntnisse aus der Epidemiologie.

Emil Durkheim war der erste, der 1897 wissenschaftliche Schlüsse aus epidemiologischen Statistiken zog und damit eine soziologische Theorie des Suizids begründete. Durkheim fand, daß bestimmte gesellschaftliche Ereignisse mit der Suizidhäufigkeit korrelieren, daß also gesellschaftliche Faktoren auf das Suizidverhalten des einzelnen Einfluß nehmen. Entscheidend für das Suizidverhalten ist jedoch nicht allein das traumatisierende Ausmaß äußerer Katastrophen (Kriege, Wirtschaftskrisen), sondern vor allem der innere Zustand einer Gesellschaft, der darüber entscheidet, wie diese auf solche Traumen zu reagieren in der Lage ist. Durkheim unterschied den egoistischen, den altruistischen, den fatalistischen und den anomischen Suizidtyp. Jeder dieser Typen hat seine Wurzel in einer bestimmten gesellschaftlichen Konstellation oder Situation, in der sich der Betreffende befindet.

Besonders der anomische Suizid erregt bis heute das wissenschaftliche Interesse. Durkheim verstand unter Anomie einen Zustand der Normen- und Orientierungslosigkeit, vorzugsweise zu finden in gesellschaftlichen Situationen des Umbruchs. Klaus Dörner wies 1973 in seiner Einleitung zur deutschen Ausgabe von Durkheims Werk „Le suicide" darauf hin, daß Durkheim schon im vergangenen Jahrhundert erkannt habe, daß juristische und moralische Maßnahmen ihre Wirksamkeit zur Verhinderung des Suizids ebenso verloren hätten wie Staat, Religion und Familie. Nur über die organisierte Berufsgruppe, die Gewerkschaft, lasse sich jene integrierende Kraft zurückgewinnen, deren Verlust im wesentlichen für anomisches suizidales Verhalten verantwortlich sei.

Hier finden sich nun auffallende gedankliche Parallelen zum Salutogenese-Konzept von Antonovsky. Der Zustand der Anomie entspricht ziemlich genau dem Verlust des Kohärenzgefühls, wie es Antonovsky beschreibt. In einer normenlosen Gesellschaft sind Signale und Anforderungen aus dem Umfeld oft weder verstehbar noch richtig interpretierbar (sense of comprehensibility), noch scheinen geeignete Ressourcen zur Verfügung zu stehen, um den Anforderungen des Lebens gerecht zu werden (sense of manageability), noch weisen die Anforderungen und Belastungen an den einzelnen einen Sinnzusammenhang auf, der den individuellen Handlungen Bedeutung verleihen könnte (sense of meaningfulness). Dabei kann sich der anomische Zustand sowohl auf eine sehr große (Staat, Volk) wie auf eine kleine Gruppe (Familie, Ehegemeinschaft) beziehen.

Im Gegensatz zum anomischen Suizid ist der egoistische Suizid nach Durkheim gekennzeichnet durch eine Auflockerung der Gruppennormen und dadurch geförderte Abspaltung einzelner Mitglieder, für die die Gruppennormen ihre Bedeutung verlieren. Hier scheint das Kohärenzgefühl allein durch den Verlust der Bedeutsamkeit der bisherigen Gruppennormen, und damit des inneren Sinnzusammenhangs des eigenen Tuns, geschmälert, während das Gefühl der Verstehbarkeit und der Handhabbarkeit unbeeinträchtigt sind.

Beim fatalistischen Suizid, gekennzeichnet durch ein Übermaß kontrollierender Gruppennormen, ist ein Verlust des Gefühls der Handhabbarkeit als dominierend anzunehmen, während die zwei anderen Elemente des Kohärenzgefühls nach Antonovsky durchaus ungestört sein können. Beim altruistischen Suizid allerdings läßt sich ein Verlust des Kohärenzgefühls nicht annehmen. Im Gegenteil: Der altruistische Suizid erfolgt aus einem hohen Kohärenzgefühl heraus, und natürlich erhebt sich die Frage, ob er überhaupt – bezogen auf das Individuum – als ein „pathologisches" Geschehen betrachtet werden kann, stellt er sich doch prinzipiell in den Dienst einer übergeordneten menschlichen Gemeinschaft (deren Werte und Verfügungsbereitschaft über den einzelnen freilich fragwürdig erscheinen).

Durkheims soziologische Theorie des Suizids hat bis heute großen Einfluß in der Suizidologie gehabt, blieb allerdings nicht unangefochten, da bei weitem nicht alle Suizidhandlungen auf diese Weise eine Erklärung finden. Durkheim gab mit seinen epidemiologischen Untersuchungen immerhin den Anstoß zu dem heute auch wissenschaftlich fundierten Konzept der Existenz suizidaler Risikofaktoren, die in ihrer Kombination eine Art quantitatives Maß für Suizidgefährdung abgeben. Dieses Konzept setzt logischerweise voraus, daß Suizidalität ein genuines Element menschlichen Daseins ist, ein „Privileg des Humanum" (Améry), und korrespondiert mit der von Antonovsky entwickelten Vorstellung, daß lebende Systeme sich nicht in einer Homöostase befinden, sondern „daß Heterostase, Ungleichgewicht und Leid inhärente Bestandteile menschlicher Existenz sind, ebenso wie der Tod" (Antonovsky, 1993). Schon einer der Pioniere der Suizidologie, Karl Menninger, hatte in seinem 1938 erschienenen Werk „Man against himself" vermerkt: *„In mancher Hinsicht erscheint es logischer nachzuforschen,* *weshalb irgendjemand angesichts der äußeren und inneren Schwierigkeiten am Leben bleibt, als zu beweisen, warum wir sterben, denn nicht alle Menschen leben weiter, aber allen gelingt es letztlich zu sterben. Mit anderen Worten, weshalb triumphiert der Wunsch zu leben jemals, wenn auch nur vorübergehend, über den Wunsch zu sterben?"* (deutsche Ausgabe, S. 18).

Bei der Beantwortung der Frage, welche Faktoren dazu beitragen, daß die meisten Menschen keinen Suizid begehen, könnten wir – anstatt auf Allgemeinplätze wie „Lebenslust" oder „soziale Geborgenheit" zurückzugreifen – auch sagen: das Kohärenzgefühl nach Antonovsky mit seinen drei oben charakterisierten Elementen. Denn immerhin läßt sich feststellen, daß auch die „Einengung" – das charakteristische und dominierende Symptom innerhalb des präsuizidalen Syndroms (nach E. Ringel, 1953) – alle Kennzeichen des Verlusts des Gefühls der Verstehbarkeit, der Steuerbarkeit und der Sinnhaftigkeit enthält.

7.2
Aspekte der Therapie suizidalen Verhaltens

Entsprechend dem Pathogenesekonzept gilt bis heute die Beseitigung pathologischer Auslöser und Einflußfaktoren bzw. die Ausschaltung suizidogener Risikofaktoren als das zentrale Ziel der Therapie von Suizidalität. Beispiele dafür sind die Behandlung psychiatrischer Erkrankungen, z.B. mit Hilfe von Psychopharmaka, die Beseitigung sozialer Defizite und die Bereinigung zwischenmenschlicher Konfliktfelder.

In den letzten Jahren konzentrierte sich die Suizidforschung in zunehmendem Maße auf die Ermittlung biologischer Faktoren, die für suizidales Verhalten verantwortlich gemacht werden können, mit dem Ziel, dieselben durch Medikamentenapplikation zu beeinflussen.

Obgleich es in dieser Hinsicht vielversprechende Ansätze gibt, ist bis heute der Beweis nicht gelungen, daß – wie einige Wissenschaftler meinen – allein durch den Einsatz von Psychopharmaka (Antidepressiva, Lithiumprophylaxe) die Suizidrate in erheblichem Maße gesenkt werden könnte.

Auch eine den tiefenpsychologischen Konstrukten folgende Psychotherapie hat den Beweis ihrer suizidpräventiven Wirksamkeit nicht erbringen können. In Anlehnung an Freud, Abraham und Menninger galt suizidales Verhalten lange Zeit als gegen die eigene Person gerichtete, eigentlich einer anderen Person geltende Aggression. Folgerichtig suchte die Psychotherapie, diese „Aggressionsumkehr" bewußt zu machen und gegen sich selbst gerichtete Aggression nach außen zu lenken – ein nicht unproblematisches Vorgehen, vor dessen Folgen schließlich energisch gewarnt werden mußte (H. Henseler, 1981).

Erst mit der Entwicklung einer pragmatischen Krisentheorie durch G. Caplan (1964) wurde ein neues, bemerkenswertes Paradigma in den therapeutischen Umgang mit Suizidgefährdung eingeführt. Caplan hebt hervor, „...daß das, was die Epidemiologen ‚Wirtsfaktoren' nennen, nämlich jene Qualitäten der Mitglieder einer Population, die für ihre Vulnerabilität oder Resistenz gegenüber Umweltstreß verantwortlich sind, aus zweierlei Attributen zusammengesetzt ist. Einmal handelt es sich um Faktoren wie Alter, Geschlecht, sozioökonomische Klasse, ethnische Gruppe, die nicht beeinflußt werden können. Zum anderen sind es Faktoren wie allgemeine Ich-Stärke, Problemlösungsfähigkeiten und Angst- und Frustrationstoleranz, die grundsätzlich beeinflußbar sind" (S. 27 der amerikanischen Originalausgabe). Krise wird als „Ungleichgewicht zwischen Schwierigkeiten und Bedeutung eines Problems und den unmittelbar zur Verfügung stehenden Ressourcen, dieses zu bewältigen", verstanden, und Krisenintervention ist darauf gerichtet, den betroffenen Menschen „instandzusetzen, die aufgebrochenen Probleme, sei es aus eigener Kraft, sei es unter aktiver Inanspruchnahme vorhandener Ressourcen, zu lösen" (H. Häfner 1974).

In Fortführung der theoretischen Konzeption von Caplan wurde Krise nun nicht nur als pathologisches, von außen induziertes Geschehen aufgefaßt, sondern auch als eine Entwicklungschance für das Individuum, als Reifungselement. Von psychoanalytischer Seite wurde die Krise nunmehr als ein Mittel zur Ablösung und Verselbständigung begriffen und dem Suizidverhalten eine (unbewußte) „strategische Funktion" zugeschrieben, die es im Prozeß der Krisenintervention zu verstehen gelte. Mit beinahe euphorischem Unterton wurde „Depression als Lebenschance" verstanden (F. F. Flach, 1974), sie sei „die einzig gesunde Reaktion auf manche Situationen des Lebens". Gleichzeitig setzte sich der Gedanke durch, daß Krisenintervention immer nur Hilfe zur Selbsthilfe sein kann, ohne die ein Reifungsschritt nicht gelingen kann.

Die Krisentheorie geht also – wie Antonovsky – von einer genuinen Heterostase im menschlichen Leben und Erleben aus. Ziel der Krisenintervention ist nicht etwa eine rasche Konfliktlösung, sondern vielmehr, diese Lösung solange wie möglich offenzuhalten, um die Aktivierung der Selbsthilfekräfte, das Leben wieder in die eigene Hand zu nehmen, nicht durch vorschnelle, oft von außen aufgedrückte Pseudolösungen zu behindern.

Im Ablauf einer Krisenintervention lassen sich die Schritte zur Wiederherstellung eines Kohärenzgefühls in zeitlicher Abfolge gut beschreiben: Zunächst gewinnt der suizidale Patient wieder ein Gefühl für die eigene Steuerbarkeit bzw. dafür, daß eine Bewältigung der aktuellen, ausweglos erscheinenden Krise möglich ist. In einem zweiten Schritt erlangt er dann das Gefühl zurück, daß sein Tun und Handeln nicht sinnlos ist, sondern eine allgemeine Bedeutung enthält, die das Leben wieder lebenswert erscheinen läßt. Erst am Ende wird im allgemeinen das Verständnis für einzelne Elemente des Krisengeschehens wieder erwachen, beispielsweise im Rahmen einer therapeutischen Metakommunikation zum Abschluß der Krisenintervention mit Rekonstruktion der Abläufe am Beginn der suizidalen Krise, die nun erst im Zusammenhang verstanden werden können.

Freilich ist trotz der weltweiten Anwendung von Krisenintervention (die mit unterschiedlicher Schwerpunktsetzung erfolgt: tiefenpsychologisch, verhaltenstherapeutisch, auf kognitiver Basis oder kommunikationstherapeutisch) ein überzeugender suizidprophylaktischer Effizienznachweis bis heute gleichfalls nicht gelungen. Die Rezidivquote von Suizidhandlungen liegt zwischen 25 und 35 Prozent – relativ unabhängig von interkurrent erfolgten therapeutischen Maßnahmen.

Der Gedanke liegt nahe, daß die Suizidhandlung, sofern sie nicht tödlich endet, in sich ein suizidprophylaktisches Element enthält, das als „kathartische Wirkung" wiederholt beschrieben wurde. Öfters wird der nichttödliche Ausgang einer Suizidhandlung auch als „Gottesurteil" mit nachfolgendem Verlust jeglicher Suizidintention verstanden. Will man auch hier salutogenetischem Denken folgen, könnte man in diesem Zusammenhang ein Kohärenzgefühl als Folge einer tiefgreifenden Lebenskrise mit Todesgefahr postulieren, das allen Dingen eine neue Bedeutung verleiht, sie verstehbar macht und die Handlungsfähigkeit zurückgibt.

7.3 Aspekte der „neuen" Euthanasiediskussion

Trotz aller Widerstände ist in den vergangenen Jahrzehnten eine internationale Diskussion in nicht mehr überschaubarem Maße angewachsen, ob nicht angesichts der lebensverlängernden Möglichkeiten der modernen Medizin dem Einzelnen die Entscheidung überlassen bleiben müsse, diese Möglichkeiten nicht in Anspruch zu nehmen und das Leben gegebenenfalls auch aktiv zu beenden, wenn dieses subjektiv nicht mehr lebenswert erscheine. Viele Argumente für und gegen diese These, die bisherigen Grundsätzen ärztlicher Ethik widerspricht, sind vorgebracht worden. In einigen Ländern (Holland, zeitweise Australien) werden oder wurden Euthanasie in aktiver Form und ärztliche Beihilfe zum Suizid am Lebensende praktiziert. Nahezu alle anderen Länder erkennen das Entscheidungsrecht des Individuums gegen lebensverlängernde Maßnahmen an und lassen unter bestimmten Umständen eine ärztlich geleitete passive Sterbehilfe zu.

Pioniere der neuen Euthanasiediskussion waren Euthanasiegesellschaften (Exit-Organisationen), die in vielen Ländern entstanden und das Recht zum Sterben propagierten. Solche Gesellschaften fanden im allgemeinen einen großen Zulauf in der Bevölkerung, besonders unter den Intellektuellen und bei der geistig-kulturellen Prominenz (so auch in Deutschland). Die Anziehungskraft von Euthanasiegesellschaften auf die Bevölkerung ist um mehrere Potenzen höher als die von suizidpräventiv engagierten Organisationen.

Eine der Haupttätigkeiten der Euthanasiegesellschaften bestand (und besteht) darin, ihre Mitglieder über geeignete Methoden zur Durchführung eines schmerzfreien „humanen" Suizids zu informieren. Die Befürchtung der Suizidologen, dadurch würden Massensuizide ausgelöst und die Suizidraten in die Höhe schnellen, hat sich nicht bestätigt. Im Gegenteil: In den Ländern, in denen Euthanasiegesellschaften auffallend aktiv agieren, sind die Suizidraten rückläufig.

Eine Erklärung dieses paradox erscheinenden Phänomens fällt dann nicht schwer, wenn Suizid nicht (pathogenetisch) als Folge eines Einbruchs pathologischer Faktoren in den Menschen betrachtet wird, sondern wenn man den Versuch unternimmt, die Möglichkeit zum Suizid als ein den Menschen inhärentes Element zu verstehen, das nicht nur eine Gefährdung, sondern etwas Lebensförderndes, ein salutogenetisches Prinzip, enthält.

Es dürfte keinen Menschen geben, dem Suizidgedanken absolut fremd sind, sofern er diese Gedanken nicht unter dem Druck äußerer Einflußfaktoren (z.B. religiöser Vorschriften) unterdrückt. Der Gedanke des Suizids als immer noch mögliche Hintertür („wenn alles schiefgeht") enthält ohne Zweifel für sehr viele Menschen eine Beruhigung, die sie ermutigt, das Leben weiterzuführen, neue Unternehmungen einzugehen, eventuell auch Risiken auf sich zu nehmen. Die damit verbundenen zusätzlich gewonnenen, wenn auch nur phantasierten Freiheitsgrade können die Lebensfreude und die Lebensnutzung erhöhen – ein Lebensgestaltungsstimulus, aus dem in mitunter entscheidendem Maße Lebensenergien geschöpft werden können.

Im Hinblick auf die Euthanasiediskussion trägt die phantasierte Möglichkeit zum Suizid außerdem dazu bei, die Angst vor Hilflosigkeit, Abhängigkeit und Schmerzen am Lebensende zu mindern oder zu bannen. Somit erscheint es plausibel, daß die Exit-Organisationen zwar einen großen Zulauf haben, jedoch nicht aus dem Antrieb vieler – etwa akut suizidaler – Menschen, sich umzubringen, sondern als Möglichkeit für den gesunden Durchschnittsbürger, gegen die Angst vor den Schrecken des Alters ein vermeintliches Machtmittel in die Hand zu bekommen. Daß dieser Freiheitsgrad dann gelegentlich auch real genutzt wird, mag aus der Tatsache ablesbar sein, daß (zumindest in Deutschland) trotz generell rückläufiger Suizidraten die Zahl der Alterssuizide zunimmt.

Vielleicht ist es sogar erlaubt, nicht nur in Suizidphantasien ein salutogenetisches Element zu identifizieren, sondern auch in der aktuellen Euthanasiediskussion selbst. Das in dem Verlangen nach Freigabe der Euthanasie und der ärztlichen Beihilfe zum Suizid übersteigert erscheinende Selbstbestimmungsverlangen ist oft zu Recht als Ausdruck einer morbiden, hedonistischen Gesellschaft charakterisiert worden. In anderen, noch in Expansion befindlichen Gesellschaften ist eine derart ausgeprägte Priorität individueller Interessen vor den Bedürfnissen der Gesellschaft gänzlich unvorstellbar.

Aber der Versuch, der zunehmenden Vereinzelung, der Beziehungslosigkeit und der Trostlosigkeit eines scheinbar ziellosen, mechanisierten und oft seelenlosen Versorgtwerdens am Lebensende eine Alternative entgegensetzen zu wollen, das Los („wenn wir schon so alt werden müssen") in die eigene Hand zu nehmen, kann nicht nur als dekadenter Hedonismus gebrandmarkt und damit moralisch verworfen werden – selbst wenn diese Alternative gesellschaftliche Vereinbarungen enthält, die auch die Möglichkeit zur Euthanasie (wie in Holland) mit einschließen.

Eine solche Interpretation mag vordergründig erschrecken. Andererseits muß die Verdrängung des Bewußtseins des Todes aus dem Leben, wie wir sie in allen westlichen Gesellschaften beobachten können, gleichfalls als Folge einer hedonistischen Einstellung betrachtet werden, deren erschreckende Folgen nicht von den Ursachen abgelöst beurteilt werden dürfen. Es ist nicht auszuschließen, daß eine Entwicklung, wie sie in Holland seit einigen Jahren zu beobachten ist, zu einem neuen Kohärenzgefühl in der Gesellschaft führt. Erst die Zukunft wird zeigen, wohin die derzeit oft schmale Gratwanderung zwischen einem kruden Sozialdarwinismus und einem ernsthaften Bemühen um individuelle Selbstbestimmung und Lebensgestaltung führen wird.

7.4
Schlußbemerkung

Die vorstehenden Ausführungen sollen nicht darüber hinwegtäuschen, daß der Suizid nach wie vor immer eine individuelle Tragödie und in den meisten Fällen für das soziale Umfeld eine Katastrophe ist mit schwersten, oft jahrzehntelang anhaltenden, vielfach irreparablen seelischen Schädigungen und Folgen. Derjenige, der Suizidgedanken für sich zuläßt (und welcher Mensch tut das nicht irgendwann einmal im Laufe des Lebens?), mag sich darüber nicht immer im klaren sein.

Andererseits können die positive, stabilisierende Wertung von Suizidphantasien, das Verständnis der suizidalen Krise als Reifungsschritt und die grundsätzliche Akzeptanz des Todes als eines durchaus nicht nur negativen Endpunkts eines erfüllten Lebens – möglicherweise selbst in der Gestalt des gesellschaftlich akzeptierten Suizidtodes – dazu beitragen, Suizidalität als einen unabtrennbaren Teil des Lebens zu erkennen, der durchaus salutogenetische Elemente in sich trägt.

Beitrag 8
Das Sprechen des Körpers als Ressource für Gesundheit: das Unterrichtsprojekt „Subjektive Anatomie"

von R. JOHNEN

8.1
Zur Ausgangssituation: Die Aufspaltung des Medizinsystems und der Verlust der Kohärenz

In der westlichen Medizin herrscht seit dem 19. Jahrhundert das sogenannte Maschinenmodell vom Menschen vor; der Mensch wird als eine Art hochkomplexe Maschine gesehen. Mit Hilfe dieses Modells hat die naturwissenschaftlich orientierte Medizin großartige Erfolge errungen; es zeigen sich aber zunehmend auch seine Mängel: Das Modell ist trotz seiner Komplexität eindimensional; Entitäten wie Gedanken, Phantasien und Gefühle – die die besondere Qualität des menschlichen Lebens ausmachen – kommen in ihm nicht vor. Das Modell erfaßt auch nicht das Wesen des erlebten Körpers. Es hat auf diese Weise wesentlich zur Dichotomisierung des Medizinsystems in „Krankenhäuser und Ärzte für Körper ohne Seelen" einerseits und in „Krankenhäuser und Ärzte (bzw. Psychologen) für Seelen ohne Körper" andererseits beigetragen und eine Entwicklung gefördert, die zum weitgehenden Verlust der Kohärenz im Medizinsystem geführt hat. Die drei von Antonovsky dargestellten Komponenten des „Sense of Coherence" (comprehensibility, manageability und meaningfulness), die für das ständige Herstellen von Gesundheit von so großer Bedeutung sind, finden in der Realität des derzeitigen Medizinsystems kaum noch Beachtung.

8.2
Ein Ausweg: Die semiotische (zeichentheoretische) Betrachtungsweise und ihre Beziehung zum Salutogenesekonzept

Einen Ausweg aus der unheilvollen Aufspaltung in Körper- und Seelenmedizin bietet das systemtheoretische Konzept in Verbindung mit einer semiotischen Betrachtungsweise, das im deutschsprachigen Raum von Th. v. Uexküll in die Humanmedizin eingeführt wurde (siehe auch Th. v. Uexküll u. W. Wesiack, 1988). In dieser „Theorie der Humanmedizin" wird der Mensch als System dargestellt, „das aus einer Hierarchie von Subsystemen (Molekülen, Zellen, Organen und Organsystemen) besteht und in Suprasysteme (Familie, verschiedene gesellschaftliche Gruppen, Menschheit, Natur usw.) eingegliedert ist". Innerhalb der Systemebenen und zwischen ihnen sind die einzelnen Elemente durch spezifische Zeichen- bzw. Kommunikationssysteme miteinander verbunden. Die „Listen", die die Korrelationen zwischen bestimmten Zeichen und bestimmten Objekten festlegen, werden als „Kodes" bezeichnet. Wesentlich ist, daß die Elemente (Subsysteme) in den komplexeren Systemen (Suprasystemen) neuen Gesetzen unterliegen, die nicht aus den Subsystemen herleitbar sind. Die Systemtheoretiker sprechen von „Emergenzen".*

Die verschiedenen Systemebenen sind demnach nicht durch eine einfache Kausalität miteinander verbunden, sondern es muß eine „Übersetzungsarbeit" zwischen den Informationsprozessen erfolgen, die auf jeder Ebene stattfinden.

---

* Der Begriff „Emergenz" stammt aus der englischen „Emergenzphilosophie" und meint ursprünglich, daß die höheren „Seinsstufen" nicht zurückzuführende, neu „auftauchende" (emergente) Qualitäten zeigen gegenüber jenen, aus denen sie entstanden sind.
Der Physiker Erwin Schrödinger, einer der Väter der Quantentheorie, hat schon 1944 diesen Gedanken auf die Physik angewandt und in seiner Schrift „Was ist Leben?" dargelegt, daß dieselben Atome in der Biologie anderen Gesetzen unterliegen als in der Physik: „Wir müssen bereit sein, hier (in der Biologie, Anm. d. Verf.) physikalische Gesetze einer ganz neuen Art am Werk zu finden. Oder sollten wir lieber von einem nichtphysikalischen Gesetz sprechen?" (E. Schrödinger, 1989).

Alle im Körper stattfindenden Prozesse werden in diesem Konzept als Informationsprozesse verstanden, die auf der Interpretation von Zeichen beruhen. So wirken physikalische und chemische Einwirkungen niemals nur aufgrund ihrer physikalischen oder chemischen Eigenschaften, sondern vor allem aufgrund der Bedeutung(en), die ihnen das betroffene System mit Hilfe der ihm zur Verfügung stehenden Kodes erteilt. Auch körperliche Vorgänge werden in diesem Modell als „Zeichenprozesse" verstanden, die aber nur zu einem geringen Teil der direkten inneren (bewußten oder unbewußten) Wahrnehmung zugänglich sind.*

Der konkrete Mensch (der lebende Körper) kann somit als *„Zeichengeschehen"* beschrieben werden: als komplexes, hierarchisch gegliedertes System, dessen verschiedene Ebenen (die physikalische, die chemische, die physiologische, die psychische und die soziale Ebene) durch unterschiedliche Zeichenprozesse miteinander verbunden sind. Auf allen Ebenen und zwischen den Ebenen finden ständig „Merk-Wirk-Prozesse" statt. Diese setzen spezifische (aktive) Rezeptor- und Effektorfunktionen voraus. Auch jede Selbstwahrnehmung ist ein aktiver Prozeß der Bedeutungserteilung.

Die *körperliche Selbstwahrnehmung* resultiert aus unseren *Sinnesempfindungen*. In diesen findet ständig eine Übersetzungsarbeit der *Zeichenprozesse der physiologischen Ebene* in die *Funktionskreise der inneren Wahrnehmung* statt. Voraussetzung für jede Sinnesempfindung ist somit, daß wir eine Nervenerregung (dies ist ein Zeichenprozeß auf der körperlichen Ebene, der sich unter anderem chemischer Transmittersubstanzen bedient) in eine Empfindung übersetzen (dies ist ein Zeichenprozeß auf der psychischen Ebene, der nur der Introspektion zugänglich ist). In diesem Sinne ist der lebende Körper ein psychisches System.

Eine Verbindung zu Antonovskys Salutogenese-Konzept können wir herstellen, indem wir das Konzept des „sense of coherence" auf die Zeichenprozesse anwenden, die die körperlichen, psychischen und sozialen Ebenen im Körper verknüpfen.

Es geht dann bei den „senses of comprehensibility" (Verstehbarkeit), „manageability" (Handhabbarkeit) und „meaningfulness" (Sinnhaftigkeit) um Bedeutungserteilungen, die die körperlichen (physiologischen) und körpernahen (präsymbolischen) Zeichenprozesse mit den kognitiven (symbolischen) Bedeutungserteilungen unter dem jeweiligen Aspekt des „sense of coherence" verknüpfen. Das Gefühl der Kohärenz des eigenen Körpers (kohärentes Körper-Selbst als Basiserfahrung eines kohärenten Selbst) entwickelt sich, wenn diese Verknüpfungen stattfinden.

8.3
Zur Vorgeschichte des Projekts „Subjektive Anatomie"

Im Rahmen der 24. Arbeitstagung des Deutschen Kollegiums für psychosomatische Medizin (DKPM) vom 6. bis 8. März 1986 in Schömberg fand – erstmals in der Geschichte des Kollegiums – ein Workshop über körperorientierte Psychotherapieverfahren statt. Es wurde deutlich, daß körperorientierte Psychotherapiemethoden zunehmend angewandt werden, vor allem in der stationären Psychosomatik. Es zeigten sich aber auch große Unsicherheiten im Hinblick auf die Therapieindikationen bzw. -differentialindikationen dieser Methoden. So kam es zu der Feststellung, daß üblicherweise auf die verschiedensten Störungen „....das angewandt wird, was man kann, obwohl es sich um zum Teil sehr unterschiedliche Methoden

---

* Die Zeichenprozesse, die auf enzymatischen, hormonellen oder neurochemischen Trägern oder Vehikeln beruhen, können wir nicht auf den physiologischen Systemebenen – den Ebenen der Regelkreise – wahrnehmen, sondern nur insofern sie – durch ihre Einbindung in Funktionskreise – Auswirkungen auf höhere Systemebenen haben, die der inneren Wahrnehmung zugänglich sind. Auf der Ebene der Regelkreise verlaufen die physiologischen Informationsprozesse prinzipiell außerhalb unseres subjektiven Erlebens; sie gehorchen dort den Kodes der physiologischen Ebene, vor allem dem genetischen Kode. Außer durch ihre Integration (Übersetzung) in die (inneren) Funktionskreise können die Zeichenprozesse der physiologischen Ebene bewußt gemacht werden, oder sie durch Interaktionen im Bereich der äußeren Wahrnehmung mit Hilfe naturwissenschaftlicher Methoden erforscht und aufgezeichnet werden. Die naturwissenschaftlich orientierte Medizin hat sich weitgehend auf die Erfassung dieser Dimension eingeschränkt.

mit unterschiedlichen Indikationen handelt" (R. Johnen, 1986).

Auf Initiative von W. Schüffel traf sich einige Monate später in Marburg eine aus 17 Personen bestehende Arbeitsgruppe, um eine Konzeptualisierung der Körperpsychotherapie zu versuchen. Neben dem Psychosomatiker Thure v. Uexküll und Marianne Fuchs, der Begründerin der Funktionellen Entspannung (FE), nahmen psychotherapeutisch tätige Ärzte, Psychoanalytiker und Körperpsychotherapeuten an der Arbeit teil. In einem ersten Anlauf, für den der Arbeitsgruppe fünf Tage zur Verfügung standen, wurde versucht, auf der Basis einer gemeinsamen, konkreten FE-Selbsterfahrung unter Anleitung von M. Fuchs eine Konzeptualisierung der „Körperarbeit" vorzunehmen. Dies mißlang, denn es zeigte sich bald, daß es schon bei der Beschreibung dessen, was jeder bei sich wahrnahm, an gegenseitiger Verständlichkeit fehlte. Th. v. Uexküll formulierte dies so: „Jeder hat sein eigenes semantisches Differential."

Es konnte aufgrund der gemeinsamen Selbsterfahrung zunächst lediglich die Einigung erzielt werden, „daß die FE eine Methode ist, das (bisher oder zur Zeit) Unbemerkte im eigenen Körper zu merken" (R. Johnen 1986).

Die Arbeitsgruppe beschloß trotz dieser großen Anfangsschwierigkeiten, die Arbeit fortzusetzen. Und sie setzte sich zum Ziel, mit Hilfe der FE-Selbsterfahrung eine *gemeinsame Beschreibung* „des Gemerkten" zu versuchen, die für möglichst viele Menschen verständlich sein sollte, um anschließend in einem zweiten Schritt eine *Konzeptualisierung* – auch im Hinblick auf die therapeutischen Implikationen der Methode – zu versuchen. Die FE wurde als Methode für die Selbsterfahrung gewählt, weil sie direkt am Körper ansetzt und als Methode immer „dicht am Körper" bleiben muß. Die Arbeitsgruppe schrumpfte im Laufe eines Jahres auf 13 Personen zusammen, konnte dann aber weitere sechs Jahre in konstanter Zusammensetzung jährlich an jeweils drei bis vier verlängerten Wochenenden an dem Projekt arbeiten, um schließlich im Jahr 1994 ein Buch mit dem Titel „Subjektive Anatomie – Theorie und Praxis körperbezogener Psychotherapie" herauszubringen (Th. v. Uexküll et al., 1994).

Das Buch fand bei Psychotherapeuten, aber auch bei interessierten Ärzten und Laien, lebhaftes Interesse, so daß bereits nach $2^{1}/_{2}$ Jahren eine zweite Auflage erforderlich wurde. Interessiert zeigen sich vor allem diejenigen Ärzte und andere Beschäftigte im Gesundheitswesen, die mit der rein pathogenetisch orientierten biotechnischen Medizin nicht zufrieden sind und die einen stärker ressourcenorientierten Ansatz suchen.

Die Autoren dieses Buches sind im Laufe der jahrelangen Beschäftigung mit dem erlebten Körper auf das *Salutogenese-Konzept Antonovskys* gestoßen. Der innere Bezug der Theorie des erlebten Körpers (Subjektive Anatomie) zum Salutogenese-Konzept liegt darin, daß das aktuelle *Kohärenz*-Erleben (sense of coherence) des Erwachsenen in ähnlicher Weise seine Lebendigkeit aus der Körperwahrnehmung der frühen Lebenszeit bezieht wie das aktuelle *Körper*-Erleben (vgl. R. Johnen, 1990).

In beiden (miteinander verknüpften) Wahrnehmungsbereichen werden frühe Wahrnehmungsmodi reaktiviert. Das Kohärenzgefühl ist eine bedeutende Komponente der Selbstgefühle („senses of self" nach D. N. Stern, 1992), die in den ersten Lebensmonaten und -jahren entstehen. Die Teilnehmer der Arbeitsgruppe haben diesen Zusammenhang am eigenen Leib erfahren und erarbeitet.

8.4
Die Theorie der Subjektiven Anatomie

Unter *Subjektiver Anatomie* verstehen wir – im Gegensatz zur durch Leichenzergliederung gewonnenen *objektiven Anatomie* – die Lehre vom *erlebten* („gesunden") Körper. Dieser ist mitsamt seinen vielfältigen Funktionen der eigentliche und reale Körper: unser *„Körper-Selbst"*. Die objektive Anatomie ist demgegenüber lediglich ein Konstrukt, das aus dem ganzheitlichen Erleben abgeleitet ist. Ein wesentliches Kennzeichen der Subjektiven Anatomie liegt darüber hinaus in ihrer geschichtlichen Dimension.

Vom Namen her bezieht sich *Anatomie* (von griech.: anatemnein = aufschneiden) auf die Morphologie. Die Subjektive Anatomie umfaßt aber auch wesentliche Aspekte der funktionellen Anatomie und der Physiologie, da im subjektiven Erleben Morphologie und Funktion *nicht* klar getrennt sind. Ähnliches gilt auch für die *Subjektive Pathologie*, die Lehre vom erlebten „kranken" Körper: Bei pathologischen Prozessen sind morphologische Läsionen und die dadurch verursachten Funktionsstörungen im subjektiven Erleben nicht klar voneinander abgrenzbar. Im übrigen gibt es zwischen *„gesund"* und *„krank"* prinzipiell keine scharfe Trennlinie, so daß eine Subjektive Anatomie nicht ohne Übergänge zur Subjektiven Pathologie erfahrbar und darstellbar ist (und umgekehrt).

8.4.1
Die physiologische Basis der Subjektiven Anatomie

Die physiologische Basis der Selbstwahrnehmung liegt in der *Fähigkeit zur Propriozeption*. Mit Propriozeption ist in Anlehnung an den Neurologen Lord Sherrington der „lebensnotwendige sechste Sinn" gemeint, „durch den der Körper sich selbst erkennt und mit vollkommener, automatischer, augenblicklicher Präzision die Position und Bewegungen aller beweglichen Körperteile, ihr Verhältnis zueinander und ihre Ausrichtung im Raum erfaßt."

Durch die Fähigkeit der Propriozeption wird der Körper in die Lage versetzt, *„sich zu erkennen und in ‚Besitz' zu nehmen. Man kann sagen, daß man seinen Körper...infolge eines konstanten Informationsflusses, der während des ganzen Lebens unablässig von den Muskeln, Gelenken und Sehnen zum Gehirn strömt, ‚besitzt' und ‚innehat'. Man besitzt sich selbst, man ist man selbst, weil sich der Körper durch diesen sechsten Sinn immer und jederzeit erkennt und bestätigt"* (O. Sacks 1989, S. 68).

Die Propriozeption zählt zum großen Bereich der *Sinnesempfindungen*. Dies sind – wie oben dargestellt – die Zeichen, mit denen wir endogen entstandene oder durch äußere Objekte verursachte *Erregungen von Sinnesorganen* („Signale" = Träger von Nachrichten) interpretieren. Das *neurologische Substrat* der Propriozeption sind hauptsächlich afferente Fasern von Rezeptorneuronen aus Gelenken, Bändern und Muskeln, aber auch aus der Haut. Es handelt sich um Nervenfasern, die zum somatischen Nervensystem gehören (mit entsprechenden Verbindungen zur Großhirnrinde), die aber über die Formatio reticularis enge Vernetzungen mit dem vegetativen Nervensystem besitzen. Von der Formatio reticularis wissen wir, daß sie die sensorischen Informationen aus allen Regionen des Körpers mit Motorik, Bewußtseinslage, Affekten und vegetativen Regulationen verknüpft.*

Durch die Propriozeption (bei der auch der Gleichgewichtssinn mitwirkt) erzeugen wir den Kode des *„Körper-Schemas"*. Dieser Kode läßt jederzeit eine ständig sich verändernde *„Raum-Zeit-Gestalt"* des eigenen Körpers entstehen, in die alle anderen Sinnesempfindungen eingeordnet und durch weitere Kodierungen zum *„Körper-Bild"* (insbesondere die somatosensorischen Kodierungen) und *„Körper-Selbst"* (überwiegend psychosoziale Kodierungen) integriert werden. Dabei muß betont werden, daß Körperwahrnehmung immer ein *ganzheitlicher* Vorgang ist. Die Isolierung einzelner Komponenten stellt eine Abstraktion dar. Dies gilt für den Bereich der Propriozeption ebenso wie für den Bereich der somatosensorischen Sinnesempfindungen aus dem Körperinneren und von der Körperoberfläche.**

---

* Die Propriozeption ist ständig aktiv im Gegensatz zum somatosensorischen Wahrnehmungssystem: Dieses registriert entweder besonders intensive Reizungen oder Reizunterschiede (z.B. bei Temperaturen), während (aufgrund der Fähigkeit zur Propriozeption) die Stellung einer Extremität im Raum jederzeit millimetergenau angegeben werden kann. Die propriozeptiven Empfindungen unterscheiden sich somit grundsätzlich von den übrigen Sinnesempfindungen.

** Aufgrund der verschiedenen beteiligten physiologischen und psychischen Kodierungssysteme sind somit drei wichtige Begriffe im Zusammenhang mit der Körperwahrnehmung zu unterscheiden:
1. das Körper-Schema: die lebendige Raum-Zeit-Gestalt des eigenen Körpers, die ständig durch die Kodierung der propriozeptiven Signale (neu) geschaffen wird;
2. das Körper-Bild: das vollständige innere Bild vom eigenen Körper, das durch Integration aller übrigen Sinnesempfindungen in das Körper-Schema entsteht;
3. das Körper-Selbst: das innere Bild vom erlebten Körper als Teil der eigenen Person im Gegensatz zu anderen Personen.

Der Kode der Propriozeption bringt somit ständig die Raum-Zeit-Gestalt des eigenen Körpers hervor. Darüber hinaus ermöglicht er die Unterscheidung zwischen Selbst und Nicht-Selbst. Weiterhin erzeugt er ein „unbestimmtes Grundgefühl der Vitalität und Gestimmtheit in Raum und Zeit, das so etwas wie einen einheitgebenden Rahmen als ständigen Hintergrund unseres Erlebens entwirft" (v. Uexküll).

Dieses für unser Leben äußerst bedeutsame Phänomen beruht darauf, daß die Propriozeption Teil des kinästhetischen Systems ist. Die Propriozeption verarbeitet nicht nur die Informationen über die Stellung der Glieder im Raum, sondern auch alle Informationen über Bewegungen und Muskelkräfte („Bewegungssinn", „Kraftsinn"). Die Wahrnehmung der ständig vorhandenen Bewegungsimpulse (etwa zur Aufrechterhaltung des Gleichgewichts) bildet zeitlebens die (physiologische und psychologische) Basis jedes Gefühls von Lebendigkeit. Die Propriozeption ist die Basis aller Selbstgefühle; ohne Propriozeption gibt es keine Selbstwahrnehmung.*

8.4.2
Die Wurzeln der Selbstgefühle in den Beziehungen der frühen Lebenszeit

Aufgrund der Ergebnisse der Säuglings- und Kleinkindforschung der letzten Jahrzehnte haben wir wissenschaftlich begründete Vorstellungen von der Entstehung des Seelenlebens in den ersten Lebensmonaten und -jahren. Wir wissen, daß sich das Seelenleben – die „Psyche" – aus dem Körpererleben entwickelt, und wir haben experimentell belegte Vorstellungen, wie sich die *Selbstgefühle* des Erwachsenen aus dem Körpererleben der frühen Lebenszeit herleiten: Die Sinnesempfindungen (die „Sensationen" von der Körperoberfläche und aus dem Körperinneren, die bei intaktem Nervensystem bewußt und unbewußt jederzeit vorhanden sind, also

die „Körpereindrücke") werden in den ersten Lebensmonaten nur innerhalb einer „genügend guten Beziehung" (Winnicott) zu einem lebendigen Körper-Schema, Körper-Bild und Körper-Selbst (Subjektive Anatomie) integriert. Die Pflegepersonen müssen in der Lage sein, auf die verschiedenen physischen und psychischen Bedürfnisse des Kindes „genügend gut" zu reagieren: Sie helfen dem Kind durch die besondere Art ihres Umgangs mit ihm, die Signale, die aus seinem Körperinneren, von der Körperoberfläche und aus der Umgebung kommen, richtig zu verwerten. Beziehung hat in der frühen Zeit vor allem eine *biologische Dimension*. Sie ist für das Überleben des Kindes von größter Bedeutung. Das Kind kann nur mit Hilfe einer genügend guten (vermittelnden) mütterlichen Umgebung (wozu auch der Vater gehört!) seine Umwelt erobern und sich physisch, psychisch und sozial integrieren.**

Die verschiedenen *basalen Selbstgefühle* (z.B. das Gefühl, daß der eigene Körper überhaupt eine Struktur besitzt; daß man „Urheber" der eigenen Aktivitäten ist; daß man eigene Affekte besitzt; daß es in der eigenen Person Kontinuität und Kohärenz gibt; daß man eine eigene Subjektivität im Gegensatz zum anderen Menschen besitzt; daß mit der Sprache besondere Möglichkeiten des Denkens und Erlebens sowie der Beziehungen gegeben sind) entwickeln sich in dieser frühen Zeit (bis zum 15. bis 18. Monat) durch die Integration der Körpereindrücke (Sinnesempfindungen) mit Hilfe der Pflegepersonen (vgl. D. N. Stern 1992). Die emotional-kognitiven „Tönungen", die zeitlebens mit der Wahrnehmung des eigenen Körpers verbunden sind (also wichtige Qualitäten der Subjektiven Anatomie und der Subjektiven Pathologie), hängen wesentlich von der emotionalen Qualität dieser Beziehungen ab. So verbindet sich mit dem Erleben des eigenen Körpers in der Regel nur dann ein basales Gefühl der Sicherheit, wenn man in der frühesten Le-

---

* Aus dem Gesagten geht auch hervor, daß die Begriffe „Körper-Selbst" und „Subjektive Anatomie" teilweise synonym gebraucht werden können. Die erlebbaren Anteile des Körper-Selbst bilden die Subjektive Anatomie.

** Nur mit Unterstützung durch diese „genügend gute mütterliche Umgebung" ist das Kind in der Lage, sich physisch und psychisch zu entspannen, also „loszulassen". Wir werden weiter unten sehen, daß diese Entspannung eine wesentliche Voraussetzung für eine kohärente Selbstwahrnehmung ist.

benszeit (im wörtlichen und im emotionalen Sinne) „sicher getragen" wurde. Entsprechend haben auch Defizite in der Körperwahrnehmung (also die Subjektive Pathologie) in den frühen Interaktionen ihren Ursprung.

8.4.3
Die Propriozeption als Brücke zwischen den Konzepten des „sense of coherence" (Antonovsky) und der „senses of self" (D. N. Stern)

Die Verbindung zwischen Salutogenesekonzept und Subjektiver Anatomie findet sich in der entwicklungsgeschichtlichen Verwandtschaft der von Stern (1992) beschriebenen basalen Selbstgefühle („senses of self") mit dem von Antonovsky dargestellten „sense of coherence" und seinen Komponenten. Die Verbindungen sind im einzelnen noch nicht ausreichend untersucht, so daß hier nur einige hypothetische Aussagen möglich sind. Es soll lediglich darauf hingewiesen werden, auf welche Weise das Konzept der Propriozeption eine Brücke zwischen den beiden Sichtweisen ermöglicht:

- Durch die Fähigkeit zur Propriozeption wird der Körper in die Lage versetzt, „sich selbst zu erkennen und in Besitz zu nehmen" sowie zwischen Selbst und Nicht-Selbst zu unterscheiden. Dies geschieht durch die ständige aktive Erzeugung des Körper-Schemas. Diese Fähigkeit ist einerseits die Voraussetzung für die Entstehung des „sense of an emergent self" (Gefühl des auftauchenden Selbst – Gefühl für Ordnung und Struktur überhaupt) nach Stern, andererseits auch für das „Gefühl der Verstehbarkeit" (comprehensibility) nach Antonovsky.
- Das mit der Propriozeption verbundene „Grundgefühl der Vitalität" ist einerseits Grundlage für die Gefühle des „core self" (Kern-Selbst), insbesondere den „sense of agency" (Gefühl, Träger der eigenen Aktivitäten zu sein) nach Stern, andererseits auch für den „sense of manageability" (Gefühl der Handhabbarkeit) in Antonovskys Konzept.
- Propriozeption entwickelt sich nur innerhalb von „genügend guten Beziehungen",

in denen die Bezugs- und Pflegepersonen dem Kind die für das Überleben notwendigen „psychosozialen Kodierungen" vermitteln. Hierzu zählen vor allem Gefühle der Stimmigkeit, der Sicherheit, des Wohlbefindens usw. (sowie deren Gegenteil), denen Stern im Zusammenhang mit der Entwicklung der Selbstgefühle eine große Bedeutung beimißt. Auch der „sense of meaningfulness" (Gefühl der Sinnhaftigkeit) nach Antonovsky dürfte hier seine Wurzeln haben.

8.4.4
Die Subjektive Pathologie als Folge mangelnder Kohärenz im Dialog der frühen Lebenszeit

In der Propriozeption „spricht" der Körper bewußt oder unbewußt mit sich selbst. Es handelt sich um einen *inneren Monolog*, in dem der Körper mit Hilfe der Fähigkeit zur Propriozeption seine Aktivitäten (Efferenzen) und seine Wahrnehmungen (Afferenzen) als seine eigenen „erkennt" und in ein Raum-Zeit-Schema einordnet, das er ständig selbst erzeugt. Aus dem Monolog mit dem kinästhetischen System („Tiefensensibilität") entsteht (bewußt oder unbewußt) das Körper-Schema. Werden die übrigen körperbezogenen Wahrnehmungssysteme (das visuelle, akustische, somästhetische, gustatorische, olfaktorische und vegetative „Merk-System") in den Monolog einbezogen, so resultiert das Körper-Bild bzw. das Körper-Selbst, also die Subjektive Anatomie.

In der frühen Lebenszeit kann ein *geordneter* innerer Monolog nicht ohne *äußeren* Dialog (Dialog mit dem anderen Menschen) zustande kommen. Die Mutter gibt in diesem „Dialog" (auf welchem Wege auch immer) den Empfindungen des Kindes die „richtigen" emotionalen und kognitiven Bedeutungen, indem sie z.B. dem Kind ihre Bestätigung oder Ablehnung deutlich macht. Dabei spielen die Aspekte der „comprehensibility", „manageability" und „meaningfulness" eine bedeutende Rolle. Wenn kein ausreichender Dialog mit einer genügend guten mütterlichen Umgebung zustande kommt, dann kann sich der innere Monolog des Kindes mit sich selbst nicht in ausreichender Weise entfalten; die verschiedenen Kodierungssysteme (die zu Körper-Schema, Körper-Bild und Körper-Selbst führen) kommen nicht zustande oder bleiben lückenhaft. Anstatt einer Subjektiven Anatomie – oder zusammen mit Teilen einer solchen – entwickelt sich eine Subjektive Pathologie. Der Körper kann dann nicht als kohärent erlebt werden.

8.5
Die Entwicklung des Kurses „Subjektive Anatomie"

Die bedeutendste Zukunftsperspektive für die Subjektive Anatomie liegt in ihrer möglichen Integration ins Medizinstudium. In der semiotischen Betrachtungsweise wird die Beziehung des Arztes zu seinem Patienten im wesentlichen durch die *Interpretationen* geprägt, die der Arzt seinen bewußten und unbewußten Wahrnehmungen vom Patienten gibt (also durch die Bedeutungen, die er seinen Wahrnehmungen zuteilt). Die Interpretationen dieser Wahrnehmungen hängen wiederum davon ab, wie der Arzt *sich selbst* wahrnimmt. Die Selbstwahrnehmung des Arztes kann – wie bei jedem Menschen – von Augenblick zu Augenblick in bezug auf Intensität und Qualität (verschiedene Sinnesmodalitäten) schwanken. Sie kann aber auch dauerhaft bestimmte Merkmale aufweisen: Sie kann sehr eingeschränkt oder sehr umfassend sein; bestimmte Wahrnehmungsbereiche können besonders schwach oder besonders stark ausgeprägt sein; auch der eigene Körper kann fragmentiert oder kohärent,* fremd oder vertraut, unangenehm oder angenehm usw. wahrgenommen werden.

---

* Die Begriffe „kohärent" und „fragmentiert" sind ursprünglich der Selbstpsychologie entlehnt. Mit „kohärenter Körperwahrnehmung" ist, das lebendige Gefühl gemeint, daß der eigene Körper ein zusammenhängendes Ganzes bildet und nicht in („fragmentierte") Einzelteile ohne inneren Zusammenhang zerfällt. Die moderne Säuglingsforschung nimmt an, daß die Körperwahrnehmung des Säuglings zunächst fragmentiert ist, und daß das Gefühl der körperlichen Kohärenz erst allmählich mit Hilfe der „fördernden Umwelt" entsteht.

Alle diese Merkmale (und viele andere) bestimmen mit, wieviel und welche Art von Einfühlungsvermögen (Empathie) der Arzt für seine Patienten besitzt.

Im derzeitigen, fast ausschließlich naturwissenschaftlich geprägten Medizinstudium wird den Studierenden die Empathie mit den leidenden Menschen, über die sie natürlicherweise verfügen, eher „ausgetrieben" als gefördert. Um die Bedeutung dieses Tatbestands zu unterstreichen, sei darauf hingewiesen, daß *Diagnosen um so hilfreicher sind, je mehr sie dem Patienten angemessen sind.* Neben der Beachtung „objektiver" Tatbestände beim Patienten sind für Qualität und Vermittlung der Diagnose eben *die Reaktionen, die der Arzt in der Begegnung mit einem Patienten bei sich selbst spürt,* von größter Bedeutung. Je besser der Arzt gelernt hat, in der Begegnung mit Patienten auf seine eigenen Reaktionen zu achten, desto differenzierter können die Bedeutungen sein, die er seinen Beobachtungen am Patienten erteilt, und um so mehr Verständnis kann er für die Gesamtsituation des Patienten aufbringen. Seine Diagnose wird dann die „somatopsychosoziale" Gesamtsituation des Patienten weniger leicht verfehlen. Dies trifft für alle Wahrnehmungsebenen (vegetative, sensorische, kinästhetische, emotionale und kognitive – also körperliche und psychosoziale Ebenen) zu. Die Folgen für das aus der Diagnose abgeleitete therapeutische Handeln sind leicht ersichtlich.

8.5.1
Das Marburger Unterrichtsprojekt „Subjektive Anatomie – Funktionelle Entspannung"

Fußend auf dem Konzept der Subjektiven Anatomie wurde – wiederum auf Initiative von W. Schüffel – im Herbst 1992 im Fachbereich Humanmedizin der Philipps-Universität Marburg von 40 Medizinstudenten und FE-Therapeuten das Unterrichtsprojekt „Subjektive Anatomie – Funktionelle Entspannung" begonnen. Das Projekt wurde vom Hessischen Ministerium für Wissenschaft im Rahmen des Programms „Verbesserung der Lehre an den Hessischen Universitäten" gefördert. Im folgenden werden die wichtigsten Merkmale dieses Kurses beschrieben. Der Kurs stellt den Versuch dar, den Medizinstudenten parallel zu ihrem naturwissenschaftlich orientierten Studium – insbesondere als Ergänzung zum Sezierkurs – einen systematischen Zugang zu ihrer Subjektiven Anatomie zu vermitteln. Die FE als Methode zur Aktivierung der Propriozeption bietet sich hierzu an.

8.5.2
Der Kurs

Übergeordnetes Lernziel des Kurses ist, die Körperwahrnehmung der Studierenden, und damit der zukünftigen Ärzte, zu verbessern. Der wichtigste Leitsatz des Kurses lautet: „Ich kann in der Subjektiven Anatomie nur das vermitteln, was ich an mir selbst erfahren habe."
- Im ersten Schritt werden studentische Teilnehmer unter Anleitung erfahrener FE-Therapeuten mit ihrer Subjektiven Anatomie vertraut gemacht.
- Um möglichst viele Studierende zu erreichen, werden im zweiten Schritt Studierende, die einen Zugang zu ihrer eigenen Subjektiven Anatomie gefunden haben, zu Tutoren ausgebildet.
- Im dritten Schritt vermitteln die Tutoren unter Supervision durch ihre Ausbilder einer größeren Zahl von Mitstudenten einen Zugang zur Subjektiven Anatomie.

8.5.3
Die Funktionelle Entspannung als Methode, die Subjektive Anatomie zu erleben

Die Methode der Funktionellen Entspannung (siehe Fuchs, 1997), auf der der Kurs aufbaut, kann als Methode zur Aktivierung der Propriozeption definiert werden. Sie beruht auf drei von Marianne Fuchs formulierten *Spielregeln:*
1. Alles Empfinden, Entspannen oder Bewegen rhythmusgebunden beschreiben lassen!
2. Das rhythmusgebundene Empfinden, Entspannen und Bewegen nur ein- oder zweimal wiederholen!
3. Nachspüren – sich überlassen!

Zu 1: Die erste „Spielregel" verknüpft die Methode mit dem autonomen *Atemrhythmus*. Die Atmung stellt einen besonderen Zugang zum vegetativen (autonomen) Nervensystem dar. Normalerweise wird sie völlig unbewußt vom vegetativen Nervensystem gesteuert und nicht bewußt wahrgenommen. Sie unterliegt aber auch Einflüssen des willkürlichen Nervensystems und kann bewußt wahrgenommen und willentlich beeinflußt werden.

In der FE entdeckt der Übende unter behutsamer Anleitung an sich selbst, daß „gelassenes Ausatmen" unmittelbar spürbare Auswirkungen hat:
- Es kommt zu einer *vegetativen Umstimmung* im Körper mit einer Verschiebung des Gleichgewichts zwischen Spannung und Entspannung in Richtung zu mehr Entspannung. Der Muskeltonus im ganzen Körper nimmt ab, und vegetativ gesteuerte Organfunktionen können sich spürbar autonomer entfalten. Hier liegt ein unmittelbarer heilsamer Effekt der Methode vor, wie er auch anderen Entspannungsmethoden zukommt.
- Die *Propriozeption* wird im „gelassenen Ausatmen" intensiver, so daß die Basis der Selbstwahrnehmung aktiviert wird, während im Einatmen die körperliche Selbstwahrnehmung stärker blockiert ist. Es besteht eine psychophysische Koppelung zwischen Loslassen, vegetativer Entspannung und intensiverer Propriozeption.
- Diese Erfahrung führt dazu, daß der Lernende „von selbst" den Akzent auf das Loslassen legt, wenn es um feinere Selbstwahrnehmung geht.
- Im *Loslassen* findet der Übende entsprechend der Schwerkraft des Körpers Richtungen an sich selbst: zunächst die Richtung von oben nach unten (und damit Begrenzung und Halt am „Grund") und später die Richtung von außen nach innen (und damit Zugang zu den „inneren Räumen").
- Die Bindung der ersten Spielregel an den Atemrhythmus hat zwei weitere bedeutende Auswirkungen:
  - Alles *Tun* im Sinne der FE ist durch die Bindung an die Phasen des Atemzyklus begrenzt.
  - Aus demselben Grund ist auch alles *Wahrnehmen* in der FE begrenzt.

Beide Erfahrungsbereiche – die Begrenztheit des Tuns und die Begrenztheit des Wahrnehmens – sind für die therapeutische (salutogene) Wirkung der Methode von grundlegender Bedeutung.

Zu 2: Diese Empfehlung soll helfen, ein Abstumpfen der Wahrnehmung durch zu häufiges und zu intensives Tun zu verhindern. Bei allem Tun im Rahmen der FE gilt: „Weniger ist mehr."

Zu 3: Das „Nachspüren" in der FE findet in erster Linie auf der Ebene der Sinnesempfindungen statt. Der Hauptakzent der FE (als Entspannungsmethode *und* als Psychotherapiemethode) liegt auf der Ebene der körpernahen Sinnesempfindungen. In der Phase des „Nachspürens" findet zunächst der oben dargestellte innere Monolog statt; das Nachspüren intensiviert das körperliche Spüren: Der Körper „spricht mit sich selbst". Gleichzeitig können aber auch die Ebene der Gefühle („persönliche emotionale Tönungen") und die Ebene der Vorstellungen und Phantasien aktiviert werden.

8.5.4
Leitlinien für das praktische Vorgehen

Es handelt sich hier um einen vereinfachten Vorschlag für die Anfängersituation. Mit zunehmender Erfahrung entwickelt jeder Lernende und Lehrende der Subjektiven Anatomie entsprechend seiner Selbsterfahrung seinen eigenen Stil. Aus didaktischen Gründen erscheint der Versuch gerechtfertigt, ein schematisiertes methodisches Vorgehen zu beschreiben, das in vier aufeinanderfolgenden Schritten immer wieder dieselben einfachen Fragen (wo?, wie?, was?) stellt.

Der erste Schritt: Die Bestandsaufnahme

Die erste Frage lautet: *„Wo spüre ich die Unterlage?"*

Durch diese Frage wird die Aufmerksamkeit auf den Bereich des Kontakts mit der Unterlage fokussiert: Dort nehme ich entweder die Unterlage wahr, oder es zeichnet sich der entsprechende Bereich meines Körpers in meiner Wahrnehmung als Teil meines Körper-Schemas ab (z.B. meine „Sitzhöcker") oder beides. Durch die Frage „wo...?" wird also die Propriozeption aktiviert.

Die zweite Frage lautet: *„Wie ist es dort?"*

Die Frage „wie...?" richtet sich konkret auf die verschiedenen Sinnesmodalitäten, z.B. Druck, Spannung, Temperatur: Ist es dort (oder: „Bin ich dort...?") weich oder hart, entspannt oder angespannt, warm oder kalt?. Die Raum-Zeit-Gestalt des eigenen Körpers (das Körper-Schema) gewinnt durch diese Frage weitere Qualitäten; sie entwickelt sich zum Körper-Bild.

Die dritte Frage lautet: *„Was spüre ich dort?"*

Die Frage „was...?" richtet sich auf das Objekt der Wahrnehmung, also auf die Unterlage *und/oder* auf mich selbst. In diesem ersten Kontakt mit der Unterlage zeichnet sich dreierlei ab:
1. Der *Grund* (Unterlage) als tragendes Objekt: Der Grund ist in meiner Wahrnehmung real vorhanden; ich kann mich auf ihn verlassen (und deshalb „loslassen"!).
2. Mein *Ich* (Selbst) als Subjekt: Ich *beginne*, mich selbst mit meinen tatsächlich vorhandenen Strukturen wahrzunehmen.
3. Die *Grenze* zwischen beiden: Ich *beginne*, mich „irgendwo" als verschieden von der Unterlage zu erleben. Ich kann die Grenze zwischen mir und der Unterlage suchen.

Es kommt dann in diesem Bereich zu einer Subjekt-Objekt-Differenzierung, wobei die Unterlage als *Nicht-Selbst,* der eigene Körper als *Selbst* erlebt wird. Der eigene Körper wird im weiteren Verlauf auch als *Objekt* wahrgenommen (d.h. wie ein Gegenstand mit „objektiven", von mir als Beobachter unabhängigen Strukturen), gleichzeitig jedoch immer als *Subjekt* (Träger) aller Empfindungen. Durch die Fähigkeit zur Propriozeption „erkenne" ich meine Empfindungen ständig als die meinen.

Für Wahrnehmungen vom eigenen Körper besteht eine einzigartige *Subjekt-Objekt-Identität,* die diesen Wahrnehmungen ihre besondere Evidenz verleiht. Die Gesamtheit der auf diese

Weise bewußt und unbewußt wahrgenommenen Sinnesempfindungen vom eigenen Körper (die Empfindungen aus dem Körperinneren und von der Körperoberfläche) stellt das Körper-Selbst (im Gegensatz zum „anderen") dar.

Der zweite Schritt: Das „Tun im Lassen"

Wenn ich konkrete Antworten auf die Fragen „wo...?", „wie...?" und „was ...?" gefunden habe, das heißt, wenn ich mich und den „tragenden Grund" spüre (aber auch, wenn ich Schwierigkeiten habe, mich und diesen Grund wahrzunehmen!), folgt ein „Tun im Lassen". Auch hier gibt es viele methodische Wege, von denen drei genannt seien:

1. Ich kann fragen: *„Wie wird es dort, wenn ich mich dem Grund überlasse?"* (das heißt: wenn ich mich mehr auf den Boden herunterlasse, was nur durch eine muskuläre Entspannung möglich ist!) Daran schließen sich weitere Fragen an, z.B.: „Was ändert sich dort? – Was noch? – Wie wird es noch? – Wo ändert sich noch etwas?"
2. Ich kann auch fragen: *„Wie wird es dort, wenn ich in diesem Bereich etwas tue und wieder davon ablasse?"* (gemeint sind kleine oder kleinste – eventuell nur intendierte – Bewegungsreize!) Weitere mögliche Fragen sind wieder: „Was ändert sich dort? – Was noch? – Wie wird es noch? – Wo ändert sich noch etwas?"
3. Alternativ oder zusätzlich kann ich fragen: *„Wie wird es dort, wenn ich nichts tue und abwarte?"* Und auch hier die anschließenden weiterführenden Fragen: „Was ändert sich dort? – Was noch? – Wie wird es noch? – Wo ändert sich noch etwas?"

Alle hier gestellten Fragen induzieren ein „Loslassen", das Folgen hat:
- Indem ich mich dem Grund überlasse usw., überlasse ich mich *unwillkürlich* auch meinen vegetativ gesteuerten Körperfunktionen (insbesondere dem autonomen Atemrhythmus), und ich kann dies merken (z.B. an Veränderungen von Speichelfluß, Darmtätigkeit, Atemrhythmus, Herzfrequenz, muskulärer Spannung und Körperhaltung).
- An den Kontaktstellen zur Unterlage kann ich insbesondere merken, daß sich meine Empfindungen synchron zum Atemrhythmus ändern: So finde ich, wenn ich stehe, im „Aus" besser den Boden unter den Füßen oder im Sitzen die Sitzfläche, die mir Halt gibt. Diese wird im „Aus"(-atmen) ausgedehnter und weicher, im „Ein"(-atmen) begrenzter und härter. Die Empfindungen, die ich dort von mir habe (z.B. Ausdehnung, Druck, Spannung, Temperatur) werden im „Aus" differenzierter und intensiver, und es tritt ein stärkeres Gefühl auf, daß es sich um meine eigenen Empfindungen handelt, die mein Gefühl von Lebendigkeit ausmachen.

Voraussetzung hierfür ist immer wieder, daß im „Aus" die Richtung von oben nach unten und von außen nach innen gefunden wird: vom Kopf zum „tragenden Grund" und von außen zu den „inneren Räumen".

Der dritte Schritt: Das Verweilen

Der dritte Schritt ist ein Verweilen, um das bisher Unbemerkte im eigenen Körper wirklich zu merken und sich zu eigen zu machen: Der Therapeut/Lehrer hilft dem Lernenden, das, was dieser „auf der Reise durch seinen Körper" gespürt hat, in Worte zu fassen. Dies geschieht im Dialog über alles, was der Lernende bei sich gespürt hat. Der Lehrende kann in diesem Dialog über die Empfindungen des Lernenden (also über dessen subjektive Wahrnehmungen) mitreden, weil er bei sich selbst gleichzeitig mit dem Lernenden *mitspürt* und weil er – wenn beide etwa in gleicher Position auf einem Stuhl sitzen – bei sich selbst vergleichbare Sinnesempfindungen haben kann. In diesem Dialog werden durch die gegenseitigen Mitteilungen und das Mitspüren bei beiden Partnern neue „Kreisprozesse von Merken und Wirken" induziert. Es können dabei auch „Lücken" in der Selbstwahrnehmung des Lernenden (gelegentlich auch des Lehrenden) geschlossen werden.

Der vierte Schritt: Die ganzheitliche Wahrnehmung

Jede Wahrnehmung – auch jede Selbstwahrnehmung – ist ein ganzheitlicher Vorgang und spielt sich immer gleichzeitig auf *mehreren Integrationsebenen* ab. In der Subjektiven Anatomie scheinen drei Ebenen von Bedeutung zu sein. Jede dieser Ebenen kann bewußt und/oder unbewußt sein. Wir fragen bei diesem Schritt, ob zusammen mit den körpernahen Empfindungen (1. Ebene), Gefühle und Affekte (2. Ebene) sowie Erinnerungen, Vorstellungen oder Phantasien (3. Ebene) aufgetreten sind.

1. Der Hauptakzent der Subjektiven Anatomie liegt auf der *Ebene der Empfindungen;* die Subjektive Anatomie entsteht, indem mit Hilfe der Propriozeption alle körperlichen Empfindungen zum Körper-Selbst integriert werden. Das bisher beschriebene methodische Vorgehen (Schritt 1 bis 3) betrifft diese Ebene.
2. Die *Ebene der Gefühle und Affekte* fügt die jeweils besondere persönliche „emotionale Tönung" hinzu. Mit Hilfe unserer Gefühle interpretieren wir unsere Welt. Mit ihrer Hilfe geben wir uns selbst und unserer Umwelt die wesentlichen persönlichen (oft biologisch wichtigen) Bedeutungen.
3. Die *Ebene der Vorstellungen und Phantasien* setzt prinzipiell die Fähigkeit zum symbolischen Denken voraus. Auf dieser Ebene erfassen wir spezifisch menschliche Zusammenhänge (Konventionen, Kultur u.a.).

Spezielles Vorgehen, um weitere Bereiche des Körpers kennenzulernen

Die Schritte 1 bis 4 werden wiederholt, wobei die verschiedenen Bereiche des Körpers mit ihren Besonderheiten fokussiert werden. Es werden dann in den verschiedenen Körperbereichen dieselben Eingangsfragen gestellt, also im „ersten Schritt": „wo...?", „wie...?", „was...?".

Da aber in den Bereichen, die keinen Kontakt mit der Unterlage haben (z.B. in den Schultern), kaum durch Körpergewicht bedingte Druckempfindungen vorhanden sind, muß dort zunächst Druck oder Spannung durch Muskelkraft oder auch Berührung erzeugt werden, damit Druck- und Spannungsempfindungen entstehen.

Ich kann dann *im ersten Schritt* folgende Frage stellen: „Was kann ich dort tun?" und fortfahren entsprechend Abschnitt „Die Bestandsaufnahme": (1) „Wo spüre ich Druck/Spannung?, (2) „Wie ist es dort?, und (3) „Was ist dort?"

Auch im *zweiten Schritt* („Tun im Lassen" oder „Tun und Lassen") werden die Fragen „wo...?", „wie...?" und „was...?" abgewandelt, etwa in folgender Form: (1) „Was kann ich dort tun, wenn ich loslasse?" (2) „Was ist dort, wenn ich mich dem Grund überlasse?" (3) „Was ist dort, wenn ich nichts tue?" (4) „Was ist dort, wenn ich das Tun mit einem Ton begleite?" (5) „Was ist dort, wenn ich mich auf diesen Bereich einlasse?"

Daran schließen sich wieder die Fragen an: „wo noch?", „wie noch?", „was noch?".

Der dritte Schritt und der vierte Schritt entsprechen den jeweiligen Schritten im ersten Beispiel.

8.5.5
Der Verlauf des Kurses und seine Ergebnisse

Im ersten Jahr wurden 40 Medizinstudenten – die meisten aus den vorklinischen Semestern – von vier FE-Therapeuten in die Grundlagen der Subjektiven Anatomie eingeführt. Während der Semestermonate fanden vierzehntägig zwei Doppelstunden mit Theorie und Praxis statt.

Eine Begleitevaluation war leider nicht möglich. Deshalb besteht letztlich keine Klarheit, wie groß der Nutzen ist, den die einzelnen Teilnehmer aus dem Kurs zogen. Es ist auch keine verläßliche Aussage möglich, weshalb ein Teil der Studierenden – circa ein Drittel – im Laufe der Monate wegblieb. In den meisten Fällen schienen die Gründe in der zunehmenden Verschulung der Medizinerausbildung zu liegen, die die regelmäßige Teilnahme an einer zusätzlichen (freiwilligen!) Veranstaltung unmöglich machte. In seltenen Fällen führte die intensive Begegnung mit dem eigenen Körper zu Erschrecken und Angst, so daß eine therapeutische Unterstützung außerhalb des Kurses notwendig war. Für die Leiter war es eindrucksvoll zu sehen, wie sich bei manchen Teilnehmern innerhalb kurzer Zeit bemerkenswerte Persönlichkeitsentwicklungen vollzogen; aus schüchternen „Mauerblümchen" wurden selbstbewußte junge Menschen.

Von den anfänglich 40 Studentinnen und Studenten konnten sechs dazu gewonnen werden, sich im zweiten Jahr zu Tutoren ausbilden zu lassen, um im dritten Jahr nach dem Prinzip des „Schneeballsystems" weitere Studentinnen und Studenten – allerdings in kleineren Gruppen – in die Subjektive Anatomie einzuführen. Dies geschah selbstverständlich unter intensiver Supervision durch erfahrene FE-Therapeuten. Im Rahmen dieses Kurses wurde von den studentischen Tutoren gemeinsam mit ihren Supervisoren ein Kursbuch zur theoretischen und praktischen Anleitung für die nächste Generation von Tutoren verfaßt.

Zusammenfassend läßt sich aus Sicht der Organisatoren und der Leiter sagen, daß das Experiment prinzipiell geglückt ist. Es hat sich gezeigt, daß es möglich ist, neben dem Sezierkurs oder zu seiner Ergänzung Kurse in Subjektiver Anatomie durchzuführen. Der persönliche Gewinn für die Teilnehmer war in vielen Fällen offensichtlich, sollte aber evaluiert werden. Ebenso sollten die Auswirkungen auf die spätere ärztliche Praxis untersucht werden. Von Bedeutung ist auch die Erfahrung, daß die Subjektive Anatomie von studentischen Tutoren unter Supervision weitergegeben werden kann. Auf diese Weise ließe sich auch in Anbetracht knapper werdender finanzieller Ressourcen die Subjektive Anatomie flächendeckend ins Medizinstudium einführen. Das größte Hindernis liegt in der zunehmenden Verschulung der Medizinerausbildung.

8.6
Epikrise

1. Die Arbeitsgruppe, die das Konzept der Subjektiven Anatomie formuliert hat, um die Dimension des erlebten Körpers wieder stärker ins Medizinsystem einzuführen, hat sich unter anderem vom Salutogenesekonzept Antonovskys inspirieren lassen. In beiden Konzepten ist Gesundheit nicht das „Schweigen", sondern das „Sprechen" des Körpers; Gesundheit muß jederzeit aktiv hergestellt werden.

2. Die Subjektive Anatomie und das zentrale Konstrukt des Salutogenesekonzepts (der „sense of coherence" mit seinen Komponenten „comprehensibility", „manageability" und „meaningfulness") haben ihre entwicklungsgeschichtlichen Wurzeln in den körpernahen Selbstgefühlen der frühen Lebenszeit. Das Konzept der Propriozeption stellt eine Brücke zwischen beiden Theorien dar.

3. Der an der Psychosomatischen Abteilung der Universität Marburg entwickelte Kurs zur Selbsterfahrung in Subjektiver Anatomie (für Medizinstudenten parallel zum Sezierkurs) ist ein Versuch, salutogenetisches Denken in die Medizinerausbildung zu integrieren, um der späteren ärztlichen Tätigkeit eine stärkere salutogenetische Orientierung zu geben.

Literatur zu Teil 3

Allardt, E. (1970): About Dimensions of Welfare – An Exploratory Analysis of a Comparative Scandinavian Survey. Finnish Political Science Association, Helsinki.

Anschütz, F., Wedler, H. (Hrsg., 1996): Suizidprävention und Sterbehilfe. Ullstein Mosby, Wiesbaden.

Antonovsky, A. (1979): Health, Stress, and Coping: New Perspectives on Mental and Physical Well-Being. Jossey-Bass Publishers, San Francisco, London.

Antonovsky, A. (1987): Unraveling the mystery of health. How people manage stress and stay well. Jossey-Bass Publishers, San Francisco, London.

Antonovsky, A. (1993): Gesundheitsforschung versus Krankheitsforschung. In: A. Franke & M. Broda (Hrsg.): Psychosomatische Gesundheit. dgvt-Verlag, Tübingen. S. 3-14.

Arbeitsgruppe Stolzenbachhilfe (Hrsg.; 1989,1990,1991): Tätigkeitsberichte I-III. Preussen Elektra, Hannover.

Arbeitsgruppe Stolzenbachhilfe (Hrsg.; 1992): Nach der Katastrophe. Das Grubenunglück von Borken. Vandenhoeck & Rupprecht, Göttingen.

Badura, B. (1992): Gesundheitsförderung am Arbeitsplatz Krankenhaus. In: krankenhaus umschau, Heft 9, S. 675.

Baumann, R., Neufang, A., Reutler, U., Schmidt, H. G. (1994): Arbeitszufriedenheit im Pflegebereich – Hypothesen und Erhebungen zum Fluktuationsverhalten von Pflegekräften in Krankenhäusern des Saarlandes und des benachbarten Rheinland-Pfalz. Diplomarbeit, Saarbrücken.

Baumgarten, J. (1987): Informations- und Kommunikationstechniken in der Krankenpflege. In: Deutsche Krankenpflegezeitschrift, Heft 2, S. 111.

Bussche, H. van den et al. (1990): Gegenwärtige und zukünftige Aufgaben der Krankenpflege. Auswirkungen auf Organisation und Qualifikation des Pflegedienstes. Gutachten für den Landesbetrieb Krankenhäuser der Freien und Hansestadt Hamburg; Hamburg (Manuskript).

Caplan, G. (1964): Principles of preventive psychiatry. Basic Books, New York.

Chiari, M.-T. (1992): Eine Untersuchung zur Erfassung der PTSD mitbedingenden Variablen sowie die Aufdeckung von Zusammenhängen mit Bewältigungsstrategien und subjektiven Befindlichkeitsstrukturen unter besonderer Berücksichtigung von SCL-90 und EWL-K. Dissertation, Marburg.

Doppler, K. (1992): Kommunikation als Schlüsselfaktor der Unternehmensentwicklung. Organisationsentwicklung, Heft 3, S. 58–62.

Dubitscher, F. (1957): Der Suizid. Thieme, Stuttgart.

Durkheim, E. (1973): Der Selbstmord. Luchterhand, Neuwied; Berlin.

Eberle, G. (1985): Der Gesundheitspark in München: Das Modell einer gemeindebezogenen Gesundheitssicherung hat sich bewährt. Die Ortskrankenkasse 1 (8).

Engel, G. L., Schmale, A. H. (1968): Psychosomatic theory of somatic disorder. J. Am. Psa. Ass., 15, S. 344-365.

Ertl, B. (1994): Betriebliche Gesundheitsförderungsmaßnahme für Mitarbeiter und Mitarbeiterinnen im Fahrdienst der Stadtwerke/Verkehrsbetriebe München – 1993 als Pilotprojekt vom Gesundheitspark München durchgeführt. Z Präventivmed. Gesundheitförderung Band 6 (Heft 3). S. 86–92.

Ertl, B. (1995): Gesundheitsförderung für Fahrerinnen und Fahrer im öffentlichen Personennahverkehr der Verkehrsbetriebe – der Weg vom einjährigen Forschungsprojekt zur unbefristeten Dauereinrichtung. In: Alt, erfahren und gesund – Betriebliche Gesundheitsförderung für älterwerdende Arbeitnehmer. Band 1. IBG. Austria. G. Conrad, Verlag für Gesundheitsförderung, Gamburg. S. 149-160.

Ettinger, B., Nevitt, M. et al. (1992): Contribution of Vertebral Deformities to Chronic Back Pain and Disability. JBMR 7, 4, S. 449–455.

Evers, A. (1996): Das politische Defizit der Wohlfahrtsgesellschaft. Was hält die moderne Gesellschaft zusammen? Edition Suhrkamp, NF 977, Frankfurt. S. 214.

Fischer, G., Gurris, N., Pross, C., Riedesser, P (1996): Psychotraumatologie – Konzepte und spezielle Themenbereiche. In: Th. von Uexküll: Psychosomatische Medizin. 5. Auflage. (Hrsg.: R. Adler u. a.). Urban & Schwarzenberg, München, Wien, Baltimore. S. 543–552.

Flach, F. F. (1975): Depression als Lebenschance. Rowohlt, Reinbek bei Hamburg.

Flick, U. (1995): Qualitative Forschung. Rowohlt Taschenbuch Verlag, Reinbek bei Hamburg.

Foss, L., Rothenberg, K. (1987): The Second Medical Revolution. From Biomedicine to Infomedicine. Forword by George L. Engel. New Science Library, Boston.

Frankfurter Rundschau vom 25.03.1997, Artikel Seite 13: „Niedersächsischer Chefarzt ohrfeigt Assistenten – Marburger Bund klagt über Mobbing in deutschen Krankenhäusern – Sparzwang führt zum Krieg aller gegen alle".

Fuchs, J. et al. (1987): Arbeitsbelastungen in der Krankenpflege und ihre Auswirkungen. In: Deutsche Krankenpflegezeitschrift; Heft 1, S. 50-52.

Fuchs, M. (1997): Funktionelle Entspannung. Theorie und Praxis eines körperbezogenen Psychotherapieverfahrens. Hippokrates, Stuttgart.

Geertz, C. (1983): Local knowledge. Further essays in interpretative anthropology. Basic Books, New York.

Geißler, H., Hörschinger, P. et al. (1994): Gut – lockerer – lebensbewußter – freudiger. Ergebnisse der wissenschaftlichen Begleitung des Präventionsprojektes der Verkehrsbetriebe München. Verkehrsbetriebe der Stadtwerke AG München, München.

Geißler, H., Priester, K. (1993): Evaluation eines Präventionsprogrammes für ältere FahrerInnen – ein interdisziplinärer Ansatz. Europäische Forschungsansätze zur Gestaltung der Fahrtätigkeit im ÖPNV. In: Schriftenreihe d. Bundesanstalt f. Arbeitschutz. Tagungsbericht 62. Wirtschaftsverlag NW, Bremerhaven. S. 172-176.

Gießer-Weigl. M., Schmidt, G. (1989): Verbesserung der Arbeitssituation von Fahrern im öffentlichen Personennahverkehr. Wirtschaftsverlag NW, Bremerhaven.

Gille, G. (1989): Probleme der Zusammenarbeit und Kommunikation zwischen Funktionsdiensten und stationärem Bereich. In: Die Schwester/Der Pfleger. Heft 6, S. 444-446.

Gonther, U. (1992): Die psycho-sozialen Folgen einer zivilen Katastrophe. Symptomatik posttraumatischer Reaktionen untersucht mit der Symptom-Check-List 90-R. Dissertation, Marburg.

Griebenow, B. (1992): Posttraumatisches Streßsyndrom und Risikofaktor soziales Umfeld. Verschiedene Aspekte des sozialen Netzes, untersucht mit dem Fragebogen zur Sozialen Unterstützung. Dissertation, Marburg.

Haas, J., Petry, H. et al. (1989): Untersuchung zur Verringerung berufsbedingter Gesundheitsrisiken im Fahrdienst des öffentlichen Personennahverkehrs. Wirtschaftsverlag NW, Bremerhaven.

Henseler, H. (1981): Psychoanalytische Theorien zur Suizidalität. In: H. Henseler & C. Reimer(Hrsg.): Selbstmordgefährdung. Frommann/Holzboog, Stuttgart-Bad Cannstatt.

Herschbach, P. (1991): Psychische Belastung von Ärzten und Pflegekräften. Edition Medizin, Weinheim.

Herzberg, F. (1975): Motivation und Arbeitsmoral. Psychologie heute, Nr. 3, S. 62-68.

Herzberg, F. et al. (1957): Job attitudes: Review of research and opinion. Psychological Service of Pittsburgh.

Hofmann, F. et al. (1991): Belastung und Beanspruchung der Lendenwirbelsäule bei Beschäftigten in der Krankenpflege unter besonderer Berücksichtigung der Ergonomie am Arbeitsplatz. In: K. L. Landau (Hrsg.): Arbeitsbedingungen im Krankenhaus und Heim. Bayerisches Staatsministerium für Arbeit, Familie und Sozialordnung, München. S. 564-578.

Huang, C., Ross, P., Wasnich, R. (1996): Vertebral Fractures and other Predictors of Back Pain among older Women. JBMR 11, 7. S. 1026–1032.

Hüllemann, K. D. (1994): Der Arbeitsaufgabe freundliches Krankenhaus ein Stück näher ... HPH – ein europäisches Projekt der WHO. Krankenhausarzt 67, 4. S. 159-167.

Jatzko, H, Jatzko, S., Seidlitz, H. (1995): Das durchstoßene Herz. Ramstein 1988. Beispiel einer Katastrophen-Nachsorge. Stumpf & Kossendey, Edewecht, Stumpf & Kossendey.

Johnen, R. (1986): Gründung einer Arbeitsgruppe „Subjektive Anatomie – Funktionelle Entspannung". In: W. Schüffel (Hrsg.): Sich gesund fühlen im Jahre 2000. Der Arzt, sein Patient und die Krankheit; die Technologie, das Team und das System. Springer, Berlin, Heidelberg, New York, London, Paris, Tokio.

Johnen, R. (1990): Salutogenese versus Pathogenese – zur Bedeutung des Körpererlebens im Konzept der Salutogenese nach Antonovsky. Vortrag auf einem Symposion zu Ehren von Th. v. Uexküll am 23.6.1990 in Marburg.

Kappert-Gonther, K. (1992): Die Posttraumatische Belastungsstörung und Effektivität der Streßverarbeitung. Posttraumatisch angewendete Streßverarbeitungsstrategien. Dissertation, Marburg.

Karazman, R. (1995): Abschiedsdynamik – salutogene und pathogene Auswirkungen auf die Gesundheit älterwerdender Arbeitnehmer. In: Alt, erfahren und gesund – Betriebliche Gesundheitsförderung für älterwerdende Arbeitnehmer. Band 1. IBG. Austria. G. Conrad, Verlag für Gesundheitsförderung, Gamburg. S. 89–106.

Karazman, R., Geißler, H. et al. (1994): Ergebnisse der Nachuntersuchung der Teilnehmer/innen am Präventionsprojekt der Münchner Verkehrsbetriebe im Juni 1994. Münchner Verkehrsbetriebe, München. (unveröff. Forschungsbericht)

Köhle, K., Obliers, R., Faber, J. (1994): Das Salutogenese-Konzept in Theorie und Praxis. In: F. Lamprecht & R. Johnen (Hrsg.): Salutogenese – Ein neues Konzept in der Psychosomatik? VAS, Frankfurt/M. S. 63-84.

Kramer, M., Schmalenberg, C. (1989/1990; Original erschienen1988): Magnet-Spitäler, Institutionen mit Spitzenleistungen. Pflege, Bd. 2 (1989) Heft 2, S. 122-135 u. Bd. 3 (1990) Heft 1, S. 13-23.

Landau, K. L. (Hrsg., 1991): Arbeitsbedingungen im Krankenhaus und Heim. Bayerisches Staatsministerium für Arbeit, Familie und Sozialordnung, München.

League of Red Cross and Red Cross Crescent Societies (1991): Report on the Consultation on Red Cross/Red Crescent Response to meeting the psychosocial needs resulting from stressful life events and disasters. Copenhagen, 27–30 May, 1991.

Leidig, G., Minne, H. W., Sauer, P. et al. (1990): A Study of Complaints and their Relation to Vertebral Complaints with Osteoporosis. Bone and Mineral 8, 217–229.

Leontjew, A. N. (1982): Tätigkeit, Bewußtsein, Persönlichkeit. Pahl-Rugenstein Verlag, Köln.

Lindemann, E. (1944): Symptomatology and Management of Acute Grief. American Journal of Psychiatry, 101. S. 141-148.

Mahltig, G. (1994): Gesundheitsförderung und Gesundheitszirkelarbeit als Bestandteil betrieblicher Sozialpolitik. In: Perspektiven sozialdemokratischer Gesundheitspolitik im Dialog mit den Gesundheits- und Sozialberufen der Arbeitsgemeinschaft Sozialdemokraten im Gesundheitswesen (ASG). Augsburg. S. 16-20.

Maslow, A. H. (1970): Motivation and Personality. Harper & Row, New York.

Meifort, J. et al. (1983): Arbeitsbedingungen von Linienbus- und Straßenbahnfahrern der Dortmunder AG. Wirtschaftsverlag NW, Bremerhaven.

Menninger, K. (1978): Selbstzerstörung. Suhrkamp, Frankfurt.

Pauli, H. G. (1988): Von der Bekämpfung der Krankheit zur Erhaltung der Gesundheit – Ein Paradigmenwechsel? In: W. Schüffel (Hrsg.): Sich gesund fühlen im Jahre 2000. Der Arzt, sein Patient und die Krankheit; die Technologie, das Team und das System. Springer, Berlin, Heidelberg, New York, London, Paris, Tokio. S. 34–41.

Pauli, H. G. (1996): Gesundheit und Krankheit: Sozialmedizinische und medizinsoziologische Aspekte. In: Th. von Uexküll: Psychosomatische Medizin. 5. erw. Auflage (Hrsg.: R. Adler u. a.). Urban & Schwarzenberg, München, Wien, Baltimore. S. 63–72.

Pelikan, J. M., Demmer, H., Hurrelmann, K. (Hrsg., 1993): Gesundheitsförderung durch Organisationsentwicklung. Konzepte, Strategien und Projekte für Betriebe, Krankenhäuser und Schulen. Juventa Verlag, Weinheim und München.

Pelikan, J. M., Krajic, K. (1994): Stand der Gesundheitsförderung im Krankenhaus. Workshop „Auf dem Weg zum gesundheitsfördernden Krankenhaus" beim Bundesverband der Betriebskrankenkassen in Essen am 07.12.1994. (Manuskript)

Perrow, C. (1965): Hospitals: Technology, structure and goals. In: J. March (Hrsg.): The handbook of organizations. Rand McNally, Chicago. S. 910-971.

Ploeger, A. (1974): Lengede – Zehn Jahre danach. Psychother., med. Psychol., 24, S. 137–143.

Raphael, R., Lundin, T., Weisæth, L. (1989): A research method for the study of psychological and psychiatric aspects of disaster. In: Acta Psychiatrica Scandinavica; Suppl. No. 353, Vol. 80, S. 58.

Ringel, E. (1953): Der Selbstmord – Abschluß einer krankhaften Entwicklung. Maudrich, Wien.

Rosen, G. (1975): History. In: S. Perlin (Hrsg.): A handbook for the study of suicide. Oxford University Press, New York, London, Toronto.

Rosenbrock, R. (1993): Prävention und Gesundheitsförderung in der Arbeitswelt – der mögliche Beitrag der Krankenkassen zum Paradigmenwechsel betrieblicher Gesundheitspolitik. Wissenschaftszentrum Berlin, Berlin.

Rost, H. (1927): Bibliographie des Selbstmords. Haas und Grabherr, Augsburg..

Saarbrücker Zeitung vom 26.03.1997, Artikel S. 2: „Schwester Stefanie – beinhart. Mobbing in weiß".

Saarbrücker Zeitung vom 31.05.1997, Artikel S. 5: „Ärztetag fordert Hilfe gegen Mobbing – Eine Million Menschen sind vom Psychoterror am Arbeitsplatz betroffen".

Sacks, O. (1989): Der Tag, an dem mein Bein fortging. Rowohlt, Reinbek.

Schade, B. (1994): Zur Situationsabhängigkeit der Trauma-Wahrnehmung: Der Stolzenbachfragebogen. Dissertation, Marburg.

Schade, B., Schunk, T., Schüffel, W. (1997): Stress and Stress-Reactions of Members of the German Armed Forces in Peacekeeping Missions. Vortrag auf dem Fifth European Congress on Traumatic Stress (ESTSS), Maastricht, 29.06.1997 – 03.07.1997. (Manuskript)

Scherpf, M. (1993): Corporate Identity oder: Wir – das Krankenhaus. In: Krankenhausumschau, Heft 4, S. 288.

Schnyder, U., Sauvant, J.-D. (Hrsg.; 1996): Krisenintervention in der Psychiatrie. 2., korrig. Aufl. Huber, Bern.

Scholz, M. et al. (1996): Sense of Coherence (SOC): A Variable in the Perception of Pain in Patients with Postmenopausal Osteoportosis. ASBMR, 18. Meeting, Seattle. (Manuskript)

Schröder, M. (1993): Auswirkungen des GSG auf das Informationsmanagement und die Krankenhausinformatik. In: Das Krankenhaus, 10, S. 460.

Schrödinger, E. (1989): Was ist Leben? Piper, München.

Schüffel, W. (1989): Bewältigung schwerer Verluste – Ärztlicher Einsatz im Katastrophenfall. Hessisches Ärzteblatt 50, Nr. 1, S. 27–29.

Schüffel, W. (1991): The Mining Disaster of Borken. The Implementation of a Three Year Support Programme and the Help Through EuroAct-Dis. Vortrag Royal Society Medicine, London, 10/12/91; J. Royal Society Med., 1993, 86. S. 625–627.

Schüffel, W. (1997): Presidential Address, 5th European Conference on Traumatic Stress. Book of Abstracts.

Schüffel, W. (Hrsg.; 1988): Sich gesund fühlen im Jahre 2000. Der Arzt, sein Patient und die Krankheit; die Technologie, das Team und das System. Springer, Berlin, Heidelberg, New York, London, Paris, Tokio.

Schüffel, W., Mauer, A. (1992): Health care for German Red Cross personnel engaged in assisting the Kurdish refugees on the Turkish-Iraqi border. Wismic, 3, S. 26–27.

Schüffel, W., Mauer, A., Platiel, P. (1992): Tätigkeitsbericht: „Gesundheitliche Betreuung der Mitarbeiter des DRK im Rahmen des Kurdeneinsatzes". An den Präsidenten des DRK, Prinz B. Sayn zu Wittgenstein (unveröffentlicht).

Schüffel, W., Schade, B. (1991): Projektauswertung des DRK-Hilfseinsatzes in Ostanatolien, April–Juni 1991; Abschlußbericht (unveröffentlicht).

Schüffel, W., Schade, B. (1995): Das Posttraumatische Streßsyndrom. Deutsches Kollegium für Psychosomatische Medizin (DKPM) e.V., Mitteilungen und Diskussionsforum des DKPM, Gelbe Hefte, 27.

Schüffel, W., Schade, B. (1996): „Das steckt niemand so einfach weg..." Psychologische Probleme der Helfer in Katastropheneinsätzen und im Rettungsdienst. Eine interdisziplinäre Fachtagung in Darmstadt 1.–2.11.1996, Akademie des Deutschen Roten Kreuzes e.V., Bonn. (Manuskript)

Schüffel, W., Schade, B., Schunk, T. (1996): Belastungen und Streßreaktionen von Sanitätspersonal im humanitären Hilfseinsatz in Kambodscha. A Study on Stress and the Effects of Stress in Medical Personnel assigned to a Humanitarian Assistance Mission in Cambodia." Forschungsbericht aus der Wehrmedizin, Manuskript vom September 1996.

Schunk, T., Schade, B., Schüffel, W. (1997): How can Attitudes influence Stress-Reactions? – The Sense of Coherence as Predictor for Actual Well-Being and Complaints respectively. Vortrag auf dem Fifth European Congress on Traumatic Stress (ESTSS), Maastricht, 29.06.1997–03.07.1997.

Seashore, S. E. & Taber, T. D. (1976): Job satisfaction indicators and their correlates. In: A. D. Biderman (Ed.): Measoring work quality for social reporting. New York. S. 89- 124.

Senge, P. M. (1996): Die fünfte Disziplin – Kunst und Praxis der lernenden Organisation. Klett-Cotta, Stuttgart.

Senge, P. M., Kleiner, A. et al. (1996): Das Fieldbook zur „fünften Disziplin". Klett-Cotta, Stuttgart.

Steppe, H. (1994): Pflege im Umbruch – eine Standortbestimmung. In: Dr. med. Mabuse, Nr. 90, S. 34.

Stern, D. N. (1992): Die Lebenserfahrungen des Säuglings. Klett-Cotta, Stuttgart.

Stößel, U. (1997). Psychosocial stressors in the nursing profession compared to a non-nursing profession. Vortrag anläßlich der 5th International Conference of Health Promotion Hospitals; a WHO Network, Wien, April 1997.

Toulmin, S. (1994): Kosmopolis. Die unerkannten Aufgaben der Moderne. Suhrkamp Verlag, Frankfurt.

Trummler, U., Novak-Zezula, S.: Doctors and Nurses – What they think about each other. On the Way to interdisciplinary Teamwork. Vortrag anläßlich der 5th International Conference of Health Promotion Hospitals; Wien, April 1997.

Uexküll, Th. von & Wesiack, W. (1988): Theorie der Humanmedizin. Urban & Schwarzenberg, München, Wien, Baltimore.

Uexküll, Th. von, Fuchs, M., Müller-Brauschweig, H., Johnen, R. (Hrsg., 1997): Subjektive Anatomie. Theorie und Praxis körperbezogener Psychotherapie. Schattauer, Stuttgart.

Weisæth, L. (1993): Die UNIFIL-Untersuchung. Bericht, Teil 1 (übersetzt aus dem Norwegischen). Sanitätswesen der norwegischen Streitkräfte, Oslo Mil/Huseby, 0016 Oslo.

WHO (1991): Internationale Klassifikation psychischer Störungen, ICD 10. Huber, Bern, Göttingen, Toronto.

WHO, World Health Organization, Regional Office for Europe, Kopenhagen (1986): Ottawa – Charta for Health Promotion. Ottawa, Ontario, Canada.

WHO, World Health Organization, Regional Office for Europe, Kopenhagen, und Ludwig-Boltzmann-Institut für Medizinsoziologie Wien (1991): International Network on Health Promotion Hospitals; First WHO Business Meeting of the INHPH, Budapest. (Manuskript)

Wiedermann, G. M. (1996): Vorbeugen statt krank melden. Kölner Stadt-Anzeiger vom 28.12.1996.

Wiele, E. F. (1960): Sozialpsychologische Erfahrungen in der Betreuung Suizidgefährdeter. Psychol. Rundschau 11, S. 37–44.

Wilson, J. P., Raphael, B. (Hrsg.; 1993): International Handbook of Traumatic Stress Syndromes. Plenum Press, New York, London.

Sozialisation unter salutogenetischem Aspekt

betreut von VOLKER KÖLLNER, Dresden

Einleitung: *V. Köllner* 243

Beitrag 1:
Wandel des Denkens in der Medizin?
Wandel der ärztlichen Ausbildung?
H. G. Pauli, W. Schüffel 245

Beitrag 2:
Arzt und Patient, Arzt gleich Patient:
Überlegungen zur Salutogenese des Arztes
R. Schwan, W. Langewitz, C. Stosch 261

Beitrag 3:
Anamnesegruppen – salutogenetischer Faktor
im Medizinstudium?
V. Köllner, T. Loew................................... 265

Beitrag 4:
Salutogenetische Wirkfaktoren der Balintgruppenarbeit
M. Bähr, V. Köllner.................................. 271

Beitrag 5:
Salutogenetische Auswirkungen der Integration
systemischen Denkens auf die Berufszufriedenheit
G. Flatten 277

Beitrag 6:
Ressourcenorientierte ärztliche Fortbildung
F. Anschütz.. 285

Beitrag 7:
Fallbesprechungen mit Patienten in der Fortbildung
zur psychosomatischen Grundversorgung
W. Schüffel, U. Brucks 293

Beitrag 8:
Das Gesundheitssystem neu denken
E. Huber 309

Literatur zu Teil 4.................................. 315

Einleitung

von Volker Köllner

Das Kapitel über Sozialisation muß zum gegenwärtigen Zeitpunkt fragmentarisch bleiben. Nur in wenige Curricula hat der Begriff Salutogenese bisher Eingang gefunden. Salutogenetisches Gedankengut jedoch läßt sich bei genauerem Hinsehen an vielen Orten aufspüren, was in den folgenden acht Beiträgen versucht werden soll. Will man Curricula der Aus- und Weiterbildung unter salutogenetischem Aspekt einordnen, so ergeben sich drei Fragenkomplexe:

1. Vermittelt das dargestellte Projekt salutogenetische Denkinhalte oder Handlungsanstöße? Wie werden sich künftige Arzt-Patient-Beziehungen nach der Intervention verändern? Werden die Kolleginnen und Kollegen künftig Fallgeschichten auch unter salutogenetischem Blickwinkel und unter dem Aspekt der Ressourcenaktivierung betrachten?
2. Hat das dargestellte Projekt einen salutogenetischen Effekt auf seine Teilnehmer? Wie verändert sich ihr Sense of Coherence, ihre Berufszufriedenheit und – zu Ende gedacht – auch ihre Gesundheit?
3. Lassen sich in den dargestellten Projekten Elemente einer „salutogenetischen Didaktik" erkennen?

Eine Übersicht über die vorliegenden Beiträge läßt Umrisse einer solchen „salutogenetischen Didaktik" erkennen. Die dargestellten Aus- und Weiterbildungsprojekte gewinnen ihre Inhalte sämtlich aus dem unmittelbaren beruflichen Kontext der Teilnehmer. Diese haben in der Regel wesentlichen Einfluß auf die Lehrinhalte, z.B. in einer Balint-Gruppe durch die Auswahl der vorgestellten Fälle. Dies entspräche dem Erleben von Comprehensibility im Sinne Antonovskys, da die Weiterbildungsthemen und -Inhalte sich aus den Bedürfnissen der Teilnehmer ergeben. Gleichzeitig können die Teilnehmer ihre eigenen Erfahrungen als Ressource einbringen.

Austausch, Dialog, Beziehung und die Möglichkeit zur Selbstreflexion stehen an der Stelle von Frontalunterricht. In keinem der dargestellten Projekte finden sich die Teilnehmer in einer passiven Konsumentenhaltung. Hier spiegelt sich der Faktor Manageability wider, die Teilnehmer erleben sich als aktiv Gestaltende in einer Beziehung. Meaningfulness findet sich in den bei den einzelnen Teilnehmern ablaufenden Sinnfindungsprozessen wieder. Salutogenetische Modelle der Weiterbildung lassen offensichtlich genügend Fragen offen, um individuelle Sinnfindungsprozesse anstoßen zu können.

Im ersten Beitrag von H. G. Pauli/W. Schüffel wird als Bestandsaufnahme der gegenwärtigen Situation dargestellt, wie die Curricula der medizinischen Fakultäten immer noch durch das aus der Aufklärung übernommene Maschinenmodell des menschlichen Körpers geprägt sind und welche Veränderungen eine Umgestaltung hin zu einem biopsychosozialen Paradigma mit sich bringen wird.

Der Beitrag von R. Schwan/W. Langewitz/C. Stosch reflektiert die Bedeutung von Sprache und Kommunikationsstilen für die Arzt-Patient-Beziehung auf eine „salutogenetische" Weise. Wer an Daten zu dem von den Autoren durchgeführten Projekt zur Schulung von Klinikärzten in Kommunikationsfähigkeit interessiert ist, findet weitere Hinweise bei den Literaturangaben.

Im Beitrag von V. Köllner/Th. Loew werden die Anamnesegruppen, ein von Studenten selbst organisiertes Projekt zur Schulung der Beziehungsfähigkeit, dargestellt. Es wird aufgezeigt, wie sich die Möglichkeit, das eigene Studium inhaltlich mitzugestalten, auf die weitere Entwicklung der Teilnehmer auswirkt.

Mit salutogenetischen Wirkfaktoren der Balint-Gruppenarbeit beschäftigt sich der Beitrag von M. Bähr/V. Köllner. An einem Fallbeispiel wird dargestellt, wie die Balint-Gruppe als „Erzählgemeinschaft unter Kollegen" zu ganz anderen Ergebnissen kommt als eine von theoretischen Überlegungen geleitete Supervision.

Kaum ein Denkansatz fordert so explizit die Förderung von im System erhaltenen Ressourcen wie die systemische Theorie und Therapie. Wie sich die Integration dieses Ansatzes in den ärztlichen Alltag des Konsildienstes einer Universitätsklinik auf die eigene Berufszufriedenheit auswirkt, ist Thema des Beitrags von G. Flatten.

Die beiden Beiträge von F. Anschütz und von W. Schüffel/U. Brucks beschäftigen sich mit der ärztlichen Fortbildung. Zunächst erfolgt eine Bestandsaufnahme gegenwärtiger Weiterbildungsveranstaltungen, danach wird ein Modellprojekt aus dem Bereich der psychosomatischen Grundversorgung dargestellt, das die Ressourcen eines interdisziplinären Dialogs nutzt.

Der dieses Kapitel abschließende Beitrag von E. Huber hat Ressourcennutzung auf gesundheitspolitischer Ebene zum Inhalt. Ein wesentlicher Sozialisationsfaktor ist das Organisations- und Honorierungssystem, in dem wir arbeiten. In einer kritischen Analyse wird dargelegt, wie zur Zeit Ressourcen verschwendet werden. Als Ausblick werden die Chancen einer Umgestaltung des Gesundheitswesens unter salutogenetischem Aspekt aufgezeigt.

Beitrag 1
Wandel des Denkens in der Medizin?
Wandel der ärztlichen Ausbildung?

von H. G. Pauli, W. Schüffel

> Die Medizin beschäftigt den ganzen Menschen, weil sie sich mit dem ganzen Menschen beschäftigt.
> J. W. v. Goethe,
> Dichtung und Wahrheit

1.1
Zwei Erkenntnisschübe

Was Mediziner tun oder nicht tun, ist von einem bestimmten Denken abhängig. Dieses Denken ist nicht einfach Ausdruck individueller Freiheit, sondern den Überlieferungen und Sichtweisen in unserer heutigen Gesellschaft, im Falle eines akademischem Berufes außerdem einem vorgegebenen Wissenschaftsmodell unterworfen. Diese soziale Einbindung, dieses Gefangensein unseres Denkens im Zeitgeist oder Gruppengeist hat Thomas Kuhn (1962, 1978) ein „Paradigma" genannt.

„Paradigma" ist zum Modewort geworden, und man spricht von einem anstehenden Paradigmenwechsel in einer in mehrfacher Hinsicht bedrohten Welt. Die Emotionen gehen hoch zwischen einer Minderheit, die einen solchen Wechsel für unausweichlich hält und einer Gegenminderheit, die ihn verleugnet oder verdrängt, indem sie ausschließlich Entwicklung oder „Fortschritt" im bestehenden Paradigma sucht. Unter der Führung des wissenschaftlichen Establishments in den USA überwiegen in den etablierten medizinischen Institutionen der Industrienationen die Vertreter der letzteren.

Eine Mehrheit in der Mitte hält wohl nicht viel von diesem Disput. Angesichts der zentralen Rolle, die die Wissenschaft für die menschliche Existenz heute spielt, muß dieser Frage aber eine hohe gesellschaftliche Relevanz zugemessen werden. Wir kommen nicht darum herum, uns zu überlegen, woher wir kommen und wohin wir gehen. Das betrifft unsere ganze Denkkultur, von der die Medizin ein Teil ist. Sie wurde in der Neuzeit durch *zwei historische Erkenntnisschübe* in der Physik wesentlich geprägt.

1.1.1
Der erste Schub: Die Aufklärung und das 19. Jahrhundert

Die erste dieser Prägungen sei willkürlich festgelegt bei den Ideen von Francis Bacon (1551–1626) und René Descartes (1596–1650).

Bacon war der Meinung, die Wissenschaft müsse die Natur zwingen, ihre Geheimnisse preiszugeben, ja, sie müsse die Natur sogar *foltern*. Man würde sie dann verstehen und beherrschen. Dieses Verstehen und Beherrschen würde der Menschheit irgendwie das verlorene Paradies zurückbringen. Er hatte dabei durchaus seine Skrupel, aber er hielt die Sache für unumgänglich.

Daß endlich Künste und Wissenschaften dem Luxus, der Bosheit und dergleichen förderlich sein könnten, darf uns nicht irre machen.

Erwerbe sich nur das menschliche Geschlecht die Herrschaft über die Natur, wozu es von Gott bestimmt ist; bewältige es nur erst die Masse: Für die rechte Anwendung werden die gesunde Vernunft und die Religion schon sorgen. (Bacon)

Für Bacon stand die *Machbarkeit,* für Descartes die *Teilbarkeit* des Menschen im Vordergrund.

Letzterer teilte die Welt auf in den bewußten Geist – die *res cogitans* – und die unpersönliche Materie – die „raumbeanspruchende" *res extensa*, die dem Geist zur Verfügung zu stehen habe. Sein Modell für die materielle Natur und demzufolge für den menschlichen Körper war das Uhrwerk, das damalige technische Wunder – störungsanfällig, aber reparierbar.

Alle Funktionen dieser Maschine, Verdauung, Herzschlag, Ernährung, Wachstum der Körperteile, Atmung, Wachsein und Schlaf, das Wahrnehmen von Licht, Tönen, Gerüchen, Geschmäckern und Wärme ...diese Funktionen verlaufen ausschließlich nach der Anordnung der Organe, nicht anders als eine Uhr oder ein anderer Automat funktioniert, angetrieben durch die Hitze des Feuers, das ständig im Herzen brennt ...ein Feuer, das sich in nichts unterscheidet von allen Feuern, die in unbelebter Materie brennen. (Descartes, Traité de l'homme, 1641)

Bacon und Descartes haben damit der Wissenschaftsgeschichte eine bis heute schicksalhafte Richtung gegeben. Sie ist getragen von dem Glauben, die Phänomene der Natur ließen sich auf die Newtonschen Naturgesetze zurückführen, womit sie quasi mathematisch faßbar würden. Damit ließen sich auch Eingriffe in diese Natur ohne Unsicherheiten kalkulieren und in ihren Folgen voraussehen, so lautete die Überzeugung.

Für die heute real existierende Medizin ist dazu eine weitere Station in dieser Wissenschaftsgeschichte besonders bedeutungsvoll: Vor rund 150 Jahren erhoben sich die Schüler Emil du Bois-Reymond, Ernst von Brücke, Hermann von Helmholz und Carl Ludwig gegen den eigenen Lehrer und Gründer der modernen Physiologie, Johannes Müller. Dieser hatte zuvor die Epoche der sogenannten „romantischen Medizin" mitbegründet. In ihr wurden das Ziel Bacons und die cartesianische Zweiteilung in Zweifel gezogen, und neben der naturwissenschaftlichen suchte man auch eine philosophische Grundlage der Medizin.

Brücke und ich, wir haben uns verschworen, die Wahrheit geltend zu machen, daß im Organismus keine anderen Kräfte wirksam sind, als die gemeinen physikalisch-chemischen. (Emil du Bois-Reymond, 1842)

In der Folge wurden die Grundlagen der Medizin erst recht ausschließlich naturwissenschaftlich-atomistisch und reduktionistisch gesehen (die Diskussion der Begriffe folgt im nächsten Abschnitt). Die Entdeckung der Mikroorganismen als Auslöser von Infektionskrankheiten durch Pasteur und Koch hat ein damit verbundenes lineares Ursache-Wirkung-Denken gewaltig bestärkt. Dieses monokausale Denken hat seit der Darstellung des räumlichen (materiellen) Modells der Desoxyribonukleinsäure (DNS) als Trägern der genetischen Information durch Watson und Crick 1953 zugenommen und heute einen Höhepunkt erreicht. Der Traum von einer exakten physikalischen Bestimmbarkeit der Eigenschaften aller lebenden Systeme, eben auch des Menschen, schien in Erfüllung zu gehen. Alles und jedes wird durch molekulare Strukturen bestimmt.

Stellvertretend für viele Protagonisten dieser Sichtweise sei der Nobelpreisträger Arthur Kornberg, Direktor des Departments für Biochemie der Stanford University in Kalifornien, zitiert. Er forderte 1987, daß wir eine „*reduktionistische Sichtweise, die auch die meine ist, ...rückhaltlos anerkennen*". Es sei abwegig, so Kornberg, „*die Vorstellung aufrechtzuerhalten, daß menschliches Verhalten nicht durch Chemie und die physikalischen Gesetze erklärt werden kann.*"

Die so umschriebene materialistische und mechanistische Sicht der Natur ist mit einem einmaligen Siegeszug der technischen und Naturwissenschaften sowie der Medizin im industriellen Zeitalter verbunden. Lebende Materie wird dabei als *Summe von Teilen* gesehen. Dank der Aufteilbarkeit dieser Materie kann auf die jeweiligen einzelnen Teile eingewirkt werden (*Reduktionismus*). Die Aufteilung geht bis „hinunter" zu den als Grundbausteine bezeichneten Elementen (*Atomismus*). Diese werden als durch „gemeine physikalisch-chemische Kräfte" (du Bois-Reymond) erklärbar erachtet. Diese Grundbausteine verdienen ganz besondere Aufmerksamkeit; die *Dominanz der Molekularbiologie* in der Medizin kommt unter anderem in den Nobelpreisverleihungen zum Ausdruck.

Medizin nach dieser Sicht findet an unzähligen arbeitsteiligen Werkplätzen (in Fächern oder Disziplinen) statt. Konturen und Grenzen der Wissenschaft sind Konstrukte, die aus dieser Arbeitsteilung hervorgehen. Die „Gemeinschaft" der Wissenschaftler hat zwar einen prominenten sozialen, ökonomisch-industriellen (Wissenschaftskapitalismus) und politischen (mit dem Staat bzw. mit internationalen Gemeinschaften als Träger) Status erworben, auf der konzeptionellen Ebene gibt es aber außer der materialistisch-mechanistischen Weltsicht nichts Gemeinsames. Der medizinische Anteil der wirtschaftlichen Produktivkräfte leitet in den Industrieländern rund ein Zehntel des Bruttosozialprodukts auf seine Mühlen: Forschung, Ausbildung und Versorgung. Diese Denkrichtung ist durch den Vektor in Abbildung 4.1 angedeutet. Mit ihr sind Naturwissenschaft und Medizin zu gigantischen multinationalen akademisch-industriellen Unternehmen geworden.

Die erwähnten Erfolge dieser Wissenschaftsära liegen vor allem in der Machbarkeit von Eingriffen in die Natur. Die Grenzen dieser Machbarkeit sind heute ein zentrales Thema der Diskussion um ökologisches Überleben und ökonomische Tragbarkeit geworden.

1.1.2
Der zweite Schub: Die Physik des 20. Jahrhunderts – Ganzheit und Selbstorganisation der Materie

Gleichzeitig mit diesem „Erfolgsgeschehen" in der etablierten Medizin ist es in der Physik zum erwähnten *zweiten Erkenntnisschub* gekommen. Unerwartet hat ausgerechnet die theoretische Naturwissenschaft, in der Newton seine Naturgesetze formuliert hat, die Unhaltbarkeit des Reduktionismus und des Atomismus offengelegt:

Die große Erweiterung unseres Erfahrungsgebietes (durch die Quantenphysik) hat die Unzulänglichkeit unserer einfachen mechanischen Vorstellungen klar zu Tage gebracht und hierdurch die Grundlage unserer gewöhnlichen Deutung der Beobachtung erschüttert, wobei alte philosophische Probleme in ein neues Licht gerückt sind. (...)

...neue Ausblicke, die besonders bei der Diskussion der Stellung der lebenden Organismen in unserem Weltbild entscheidend sein dürften.
(Niels Bohr, 1931)

Die Naturwissenschaften und insbesondere die Medizin haben sich dieser vor über 60 Jahren

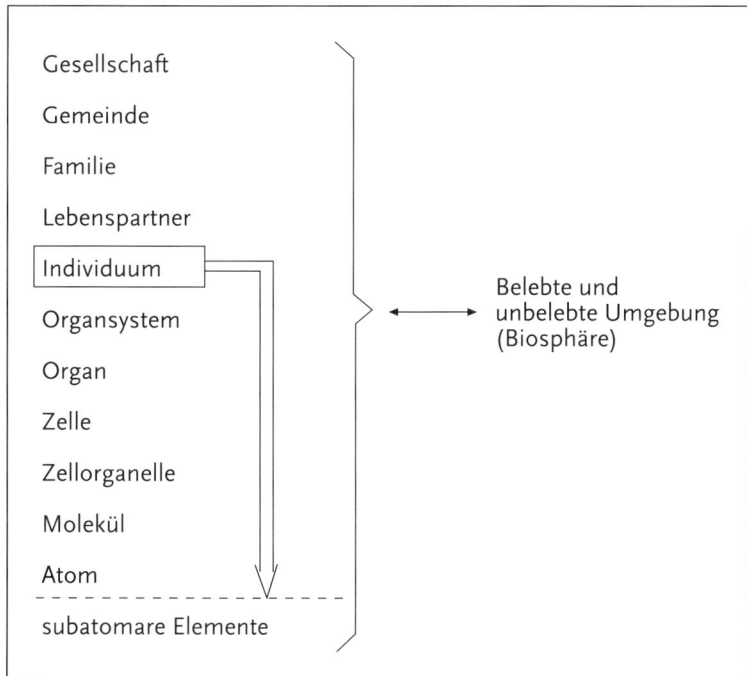

Abb. 4.1: Schematische Repräsentation der Prioritäten und der momentanen Entwicklung (Pfeil) der medizinischen Wissenschaften. Mit der Tendenz nach „unten" werden inhaltliche Ebenen geringerer Komplexität bevorzugt. Sie lassen sich als „materialistisch", d. h. an den bis ins 19. Jahrhundert allein gültigen physikochemischen Naturgesetzen orientiert, beschreiben. Mit der Annahme, wissenschaftliche Erkenntnisse auf den „oberen" Ebenen ließen sich durch intensivere Beschäftigung mit den „unteren" erreichen, wird das Phänomen der Emergenz (s. Text) verdrängt.

formulierten Herausforderung bisher nicht gestellt, obwohl sie eine (im heutigen Sinn wissenschaftliche) Grundlage für die Erfüllung einer wiederholt gestellten Forderung (nach Vernetzung von Teilen zu Systemen) zu liefern verspricht:

Die Quantenmechanik ist die erste logisch konsistente und mathematisch ausformulierte holistische Theorie.
   Der Ganzheitsbegriff der modernen Physik geht weit über die ganzheitlichen Ansätze der übrigen Naturwissenschaften. (Hans Primas, 1993)

Wir haben also eine neue Sicht der Natur gewonnen, in der sich bereits die unbelebte Materie nicht als statisch und beliebig zerteilbar, sondern als ganzheitlich darstellt. Das Mysterium der Ganzheitlichkeit hat ja bis heute den Bereichen der Philosophie, der Religion oder der Esoterik angehört. Dieses Mysterium hat in der „neuen" Physik eines Bohr, eines Heisenberg und eines Wolfgang Pauli erstmals eine in unserem westlichen Sinne wissenschaftliche Ausdrucksform gefunden. Die Erkenntnisse im Bereich der Ungleichgewichts-Thermodynamik haben dieser unbelebten Materie außerdem dynamische Eigenschaften zugesprochen: Unter bestimmten Umständen evolviert sie autonom von einem Zustand in einen grundsätzlich anderen, z.B. aus einer diffusen („chaotischen") Phase in eine solche, die eine Organisation erkennen läßt. So entdeckte Prigogine 1984, daß in Flüssigkeiten mit homogen gelösten Substanzen im Zustand eines thermodynamischen Gleichgewichtes eine sichtbare Ordnung („dissipative Strukturen") entstehen kann. *Materie ist imstande, sich selbst zu organisieren.*

Trotz all dem entwickelten sich die etablierten Natur- und vor allem die medizinischen Wissenschaften weiter vom Ganzen zu den Teilen, d.h. zum Spezialistischen. (s. Abb. 4.1). Damit wird eine analytische – aufteilende – Perspektive beibehalten, obwohl beim Bio- bzw. Humansystem zweifellos zusätzliche Argumente für eine Unteilbarkeit und selbstorganisierte Dynamik hinzukommen.
   Die wissenschaftliche Faßbarkeit des oben skizzierten Entstehens von Ordnung ist dem neuesten Stand der Mathematik zu verdanken. Die Mathematik hatte im 19. Jahrhundert – nach ihrer Ausdrucksform als Geometrie in der Antike und nach der Einführung der arabisch inspirierten Algebra im Mittelalter – die Möglichkeit der Beschreibung von geraden linearen Funktionen zu jener von kurvig linearen Funktionen erweitert. Sie war damit imstande, die Newtonschen Gesetze als Gleichungen auszudrücken. Die im 20. Jahrhundert neuentdeckten Phänomene der Selbstorganisation lassen sich aber mittels linearer Funktionen nicht erfassen. Die Weiterentwicklung der Mathematik über Iteration, fraktale Geometrie und schließlich über die mathematische Umschreibung von „Chaos" hat damit die Methoden für eine im (post-)modernen Sinne wissenschaftliche Erfassung der erwähnten Phänomene zur Verfügung gestellt.

1.1.3
Das lebende „System" – die menschliche Gesundheit

Der zentrale Aspekt einer erweiterten, mit den mathematisch fundierten physikalischen Einsichten des 20. Jahrhunderts zu vereinbarenden Sicht im biologischen Bereich ist das Prinzip der *Emergenz:* Mit dem Übergang von einer einfachen zu einer komplexeren Ebene (Aufbau und Evolution von lebenden Systemen; auf analoge Prozesse im unbelebten Universum soll hier nicht eingegangen werden) treten neue Phänomene auf. Sie lassen sich aus der Summe der Phänomene auf der ursprünglichen („unteren") Ebene nicht erklären. Demzufolge kann die isolierte Beschäftigung mit den einzelnen Teilen nicht zu einem Verständnis für das Ganze führen. Der Begriff der Emergenz läßt sich mit folgenden Beobachtungen illustrieren:

- Karl Lorenz beobachtete *Dohlenschwärme:* Sie verbringen den Tag auf dem Feld mit Nahrungssuche, die Nacht im Wald im Schlaf. Tagsüber kommunizieren sie untereinander mittels „Kra"-Rufen. Gegen Abend setzen einzelne Individuen mit „Kro"-Rufen ein. Es folgt eine Phase der Unsicherheit, bis eine Mehrheit schließlich in das „Kro"-Konzert einstimmt. Dies bedeutet für den Schwarm den Umzug in den Wald. Bei Tagesbeginn leitet eine umgekehrte Abfolge der Rufe den Rückflug auf das Feld ein. Über die Tag- und Nachtphase wird somit quasi „demokratisch" und ökologisch sinnvoll „abgestimmt". Der Schwarm organisiert sich selbst; es *emergiert* eine kollektive „Intelligenz". Die einzelne Dohle hat diese Intelligenz nicht.

- *Bienenvölker* sind zu einer großen Zahl von differenzierten lebenserhaltenden Leistungen befähigt. Weder eine einzelne Biene noch 1000 sozial nicht organisierte Bienen sind überlebensfähig. Aus dem immateriellen Prinzip der sozialen Organisation *emergiert* eine Intelligenz, eine Handlungskompetenz, die den einzelnen Bienen abgeht.
- *Menschliches Gehirn* und *psychisches System*: Die Psychoneurologie hat die historische Vorstellung des Zentralnervensystems als Ansammlung von souveränen Neuronen oder Neuronenhaufen, die Befehle ausgeben und miteinander linear kommunizieren, gründlich ausradiert. Vielmehr gibt es Milliarden von dynamischen Vernetzungen zwischen Neuronen sowie zwischen Neuronen(-gruppen) und endokrinen, immunologischen und anderen Elementen. Auf der Basis dieses biologischen Substrats und unter dem Einfluß von sensomotorischen Erfahrungen entsteht in der Entwicklung des Individuums zunächst die Bereitschaft, auf bestimmte Situationen mit bestimmten Affekten zu reagieren.

Im Bereich der Großhirnhemisphären, vorwiegend links, kommt es sodann zu neuronalen Vernetzungen, die als psychisch-kognitive Prozesse zum Ausdruck kommen. So entstehen psychische Qualitäten wie Zeicheninterpretation, Sprachfähigkeit oder gar Intelligenz. Kognitive Abläufe werden ihrerseits durch assoziierte und komplementäre affektive Abläufe verdichtet und stabilisiert („Affektlogik"; Ciompi, 1988). Das ganze humane psychische System kann somit als Konsequenz einer gewaltigen Zahl von Emergenzen aus neuronalen Verknüpfungen der Neuronen unter sich, mit anderen Elementen und Abläufen im Organismus sowie mit der Umgebung betrachtet werden.

In allen drei Fällen tauschen materielle Strukturen (Dohlen, Bienen, Neuronen) – unter sich und jede jeweils mit ihrer spezifischen Umgebung – Signale aus. Diesen Signalen wird *Bedeutung* erteilt. Daraus entstehen (emergieren) neue immaterielle Prinzipien und Funktionen. Solche Abläufe sind dem Bereich der *Biosemiotik* (Uexküll, 1992) zuzurechnen.

Die Verhältnisse im Humanbereich lassen sich am besten anhand des *Gesundheitsbegriffs* diskutieren. Gesundheit wird in der heutigen Gesellschaft gerne als ein Gut betrachtet, auf der wissenschaftlichen Ebene als gegebene statistische Norm, als Sammlung von physikalischen und chemischen Sollwerten bzw. Bandbreiten, die bei Krankheit über- oder unterschritten sind. Demgegenüber hat sich aus der sorgfältigen klinischen Beobachtung schon immer die Vorstellung von Gesundheit als einem *Prozeß* herausgeschält. Diese Vorstellung hat im wissenschaftlichen Umfeld der „neuen" Physik eine noch nie dagewesene Aktualität erlangt. Hierzu ein Zitat aus unserer Zeit:

Gesundheit ist...der ungestörte Aufbau der subjektiven Umwelt, wobei die Umgebung Nützlichkeiten und Schädlichkeiten bieten muß, die den kreativen Fähigkeiten des Lebewesens entsprechen. Krankheit tritt ein, wenn das raffinierte Gleichgewicht zwischen subjektiver Kreativität und objektivem Angebot gestört ist, wenn...Umgebung sich zu dem Lebewesen verhält wie ein schlecht passender Schuh. (Th. v. Uexküll u. W. Wesiack, 1988)

Aaron Antonovsky (1987) hat eben diesen Prozeß der Gesundheit mit dem Begriff *Salutogenese* ausgestattet. Die Gesundheit jedes lebenden Systems wird danach ständig „produziert". Ohne Berücksichtigung der Interaktion der Organismen mit ihrer Umwelt kann dieser Prozeß nicht verstanden werden. Diese Interaktion läßt sich anschaulich anhand des sogenannten „Funktionskreises" vorstellen, den der Umweltbiologe Jakob von Uexküll für lebende Systeme und der Arzt Thure von Uexküll für den Menschen („Situationskreis") beschrieben haben. Diese zirkuläre Interaktion kommt zustande, indem der lebende Organismus, bzw. das Individuum, im Sinne von *Selbstorganisation* ausgewählten Elementen in seiner Umgebung eine *Bedeutung* erteilt und diese verwertet. Im Funktionskreis kann somit ein Modell der Gesundheit und des Überlebens gesehen werden.

Gesundheit und Überleben gehen nach diesem Modell aus der Nutzung (bzw. Verwertung) von Bedeutungen hervor, die verfügbaren Elementen der Umgebung erteilt werden. „Verfügbare Elemente" finden sich auf der biologischen, psychologischen und sozialen Ebene. Sie reichen beispielsweise von Nahrungsmitteln, Strategien zur Vermeidung von gesundheitsbedrohenden Gefahren und Bewußtsein ethnischer Identität bis zu Motivation, Freude und Liebe. So erhellte eine langfristige Studie an großen Bevölkerungsgruppen die Bedeutung eines tragfähigen „sozialen Netzes". Menschen, denen ein solches Netz zur Verfügung steht, weisen gegenüber sozial isolierten Personen unter sonst vergleichbaren Bedingungen eine deutlich verminderte Sterblichkeit auf (Berkman u. Syme, 1979). Gesundsein ist unter solchen Umständen mit einem hohen Kohärenzgefühl (sense of coherence) verbunden; die eigene Umgebung wird dann als verstehbar und voraussagbar, die anstehenden Aufgaben werden weder als über- noch unterfordernd, sondern als lösbar empfunden.

Die Grafik der Abbildung 4.2 soll diese Vorstellungen mit visuellen Mitteln verdeutlichen:

Das Individuum – als Teil der Umgebung – läßt sich auf vier Ebenen von „physisch" bis „soziokulturell" projizieren bzw. wissenschaftlich beschreiben. Die Eigenschaften auf den „unteren" Ebenen finden sich auf den „oberen" Ebenen als in komplexere Phänomene integrierte Elemente. So kommt es von „unten" nach „oben" zur Ausprägung von

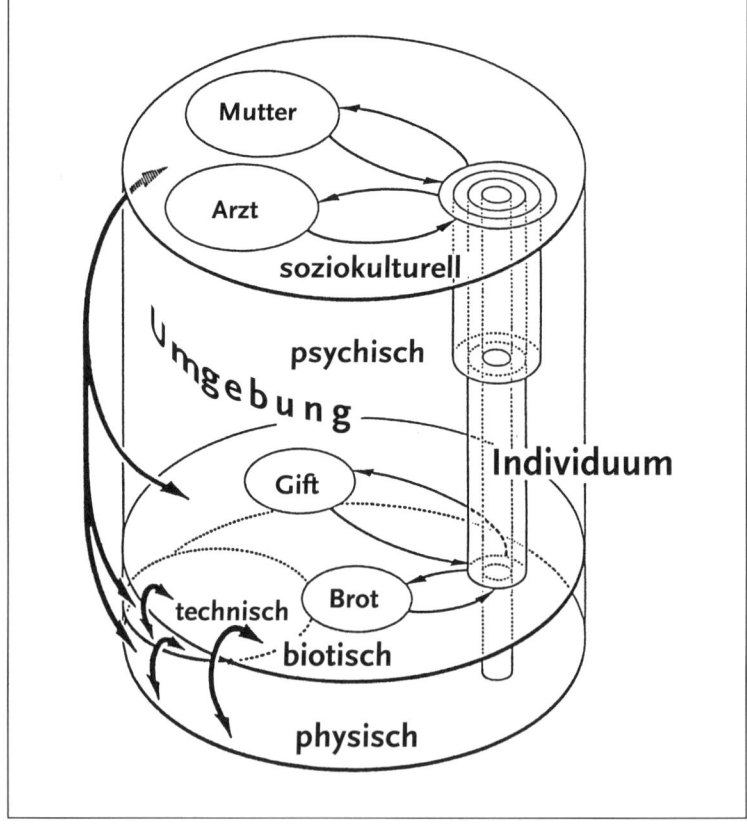

Abb. 4.2: Individuum-Umgebungs-Komplex (aus Uexküll, T. von, Psychosomatische Medizin, 5. Auflage 1996, Urban & Schwarzenberg, München–Wien–Baltimore).

neuen, durch die Verhältnisse „unten" nicht erklärbaren emergenten Eigenschaften, was grafisch durch erweiterte Abbildungsflächen angedeutet ist. Auf der biotischen und soziokulturellen Ebene sind je zwei Beispiele von zirkulären Verbindungen eingetragen. Zirkuläre Verbindungen („Funktionskreise" bzw. „Situationskreise") unterscheiden sich von linearen Ursache-Wirkungs-Verbindungen. Dem Gegenstand Brot wird beispielsweise die Bedeutung als Nahrungsmittel erteilt, und diese Bedeutung wird verwertet, indem Brot als Nahrungsmittel aufgenommen wird und damit von Nicht-Selbst-Materie in „Selbst" verwandelt wird. Damit ist ein Prozeß der Assimilation, einer wesentlichen Komponente von Gesundheit, beschrieben. Die Bedeutungserteilung Gift ist mit der Bedeutungsverwertung „Vermeidung oder Schutz davor" verbunden. Der Person der Mutter bzw. des Arztes wird die Bedeutung „Bereitschaft zur mütterlichen oder ärztlichen Zuwendung" erteilt und entsprechend verwertet. Mit anderen Worten: Situationskreise zwischen zwei Individuen dienen der Herstellung einer „gemeinsamen Wirklichkeit" (v. Uexküll, 1988). Zirkuläre Verbindungen können auch über mehrere Ebenen („aufwärts" und „abwärts") gehen (z.B. der Vorgang des Stillens oder die gemeinschaftliche Nahrungsbeschaffung mit ihren biotischen und soziokulturellen Anteilen); diese Vernetzung ist mittels der Pfeile links angedeutet. (Pauli, 1996)

Kurz gesagt: Das Ganze (hier der Individuum-Umgebungs-Komplex) *ist mehr als die Summe seiner Teile:* Zirkuläre Verbindungen auf und zwischen Ebenen unterschiedlicher Differenzierung/Komplexität führen zu Eigenschaften und Funktionen, die sich durch die Kenntnis der verbundenen Teile nicht erklären lassen.

Angesichts der Zweifel, mit denen der Begriff der Teile behaftet ist, ließe sich dies präziser formulieren: *Nur das Ganze bietet Zugang zur Wirklichkeit.* Die Teile sind eigentlich Konstrukte, die vorwiegend Aufschlüsse über die Materie des Ganzen geben, aber nicht über seine Bedeutung. Nicht die Vorstellung einer mechanischen, sondern die einer semiotischen Kausalität dient deren Erhellung.

Solange wir die Lücke zwischen Materialkunde und Bedeutungslehre konzeptionell nicht zu füllen vermögen, bleibt die Wahrnehmung von Lebensphänomenen defizitär.

Die quasi anatomische Struktur in Abbildung 4.2 darf nur als Denkübung zu einem System gesehen werden, das sich eben nicht zergliedern läßt. Diese Gesamtsicht hilft aber zu verstehen, daß es nur eine ganze Medizin gibt: eine *Medizin im Kontext.* Eine solche läßt sich wissenschaftlich als Humanökologie verstehen und in der ärztlichen Praxis als Allgemeinmedizin in einer Zusammenarbeit der Angehörigen aller Gesundheitsberufe ausüben. Spezialisierte Medizin hätte dann die Aufgabe einer Dienstleistung für diese gesamtheitlichere Medizin.

Dabei sind selbstverständlich auch sogenannte Spezialistinnen und Spezialisten als „ganze" Mediziner zu betrachten, unter der Voraussetzung, daß sie ebenfalls eine Medizin im Kontext betreiben. Andererseits treten selbstverständlich in der täglichen Praxis Probleme auf, die sich ohne Bezugnahme auf das „Ganze" lösen lassen.

Im Lichte der obigen Erkenntnisse sind in den sogenannten Grundlagenwissenschaften die beiden „monistischen Träume" in den Bereichen Infektiologie und Genetik in realistische Perspektiven zu setzen. Die Vorstellung einer strikten Verknüpfung zwischen bestimmten Erregern und bestimmten Erkrankungen und – noch grundsätzlicher – zwischen bestimmten genetisch-molekularen Elementen und bestimmten Eigenschaften lebender Systeme ist in der Mehrzahl der Fälle ergänzungsbedürftig.

Mikroorganismen verweilen im Organismus unter höchst unterschiedlichen Bedingungen:
- als Symbionten
- in „salutogenetischer" Interaktion mit Organen und Funktionen (z.B. Darmflora)
- im Ruhezustand oder in „pathogenetischer" Interaktion, mit dem Immunsystem als entscheidendem Mediator

Die *genetischen Strukturen* im Zellkern und in den Mitochondrien (Johns, 1996) interagieren mit anderen genetischen Elementen, mit deren oder ihren eigenen Produkten (RNS, DNS, Eiweiße) und mit Faktoren der Umgebung (Strohmann, 1993).

Nur ein kleiner und überschaubarer Anteil der physischen und psychischen Abläufe kann demnach als monokausal-infektiös (ein bestimmter Erreger führt zu einer bestimmten Krankheit) oder monogenetisch-phänotypisch (eine bestimmte lokale und einzelne Genkonstellation ist mit einem bestimmten phänotypischen – „in Erscheinung tretenden" – Merkmal verbunden) bezeichnet werden. Und doch: Forschungsplanung und -realisation in den Bereichen Infektiologie und Genetik gehen weitgehend von monokausalen und monogenetischen Vorstellungen aus. Ökonomisch gewichtig (mit Einschränkung von Mitteln in anderen Bereichen verbunden) und weltweit – „nobelpreisträchtig" – expandiert sind beispielsweise die Themen HIV-Infektion/AIDS (Duesberg, 1996) und das humane Genomprojekt (Kevles, 1992).

Die real existierenden Naturwissenschaften haben weder im unbelebten (Physik) noch im belebten Bereich (Biologie) den Erkenntnisschub des 20. Jahrhunderts voll in sich aufgenommen. In der Medizin als Humanwissenschaft ist dies besonders gravierend. Es sei hier lediglich auf die in Politik und Medien fast ununterbrochen präsentierten „Krisen der Medizin" hingewiesen (von den ökonomischen Grenzen der Gesundheitsversorgung bis hin zur Rationierung der Versorgungsleistungen, der Ablehnung von und der Angst vor einer etablierten „Schulmedizin", verbunden mit einer Blüte der „Alternativ- oder Komplementärmedizin"). Ohne damit eine Gesamtlösung dieser Probleme anzubieten, muß die Einbeziehung des zweiten wissenschaftlichen Erkenntnisschubs in eine moderne Medizin postuliert werden.

In welchen Bereichen des Gesundheitssytems soll dies geschehen? Die ärztliche Grundausbildung steht hier im Vordergrund. Sie ist die einzige – in der Kultur der Industrieländer – historisch gewachsene und etablierte, in mancher Hinsicht anderen differenzierten Berufen vergleichbare Komponente einer medizinisch-wissenschaftlichen Handlungsbasis. Ärztliches Denken wird im Zeitraum des Studiums in seiner frühesten und formbarsten Phase wesentlich beeinflußt, wie auch immer die weitere Entwicklung der Betroffenen verlaufen wird. Außerdem dominiert es weitgehend die Ausbildungssysteme der anderen Gesundheitsberufe. Die Formen und Inhalte des Studiums sind gleichzeitig Ausdruck der etablierten kollektiven wissenschaftlichen Konzepte, Modelle und Institutionen.

1.2. Paradigmenwechsel in der ärztlichen Ausbildung

1.2.1 Der Status quo der ärztlichen Ausbildung

Die ärztliche Ausbildung hat sich bisher weitgehend am mechanistischen Modell der Aufklärung und des 19. Jahrhunderts orientiert. Psychosoziale Inhalte sind zwar in beschränktem Ausmaß aufgenommen worden, aber fast ausschließlich in *additiver* Weise, während das wissenschaftliche Paradigma des 20. Jahrhunderts die Chancen einer *Integration* aufzeigt.

Inhalt und Gliederung der ärztlichen Studieninhalte entsprechen weitgehend der Struktur der im Bereich der Ausbildung etablierten Institutionen – Gegenstands- und Zielkataloge hin oder her. Als Illustration mögen die Institutionen an einer bestimmten Fakultät dienen (Bern, siehe unten; von den heutigen 63 Institutionen bestanden 18 im Jahre 1938). Es handelt sich bei diesem Beispiel nicht um ein offizielles Inventar, sondern um eine Interpretation durch den Autor H. P. auf Grund von effektiven Aufgaben und Funktionen in der ärztlichen Ausbildung an dieser Fakultät (Saladin, Schaufelberger, Schläppi 1989). Nur ein geringer Anteil der aufgelisteten Institutionen ist potentiell auf eine Integration angelegt. Außer dem Bereich der Allgemeinen Inneren Medizin sind die Einheiten vergleichsweise bescheiden ausgestattet (Medizingeschichte, Allgemeinmedizin, Psychosomatische und Psychosoziale Medizin sowie Aus-, Weiter- und Fortbildung als Spezialfall in dieser Fakultät). Zweifellos kann eine derartige Aufteilung in den Grundzügen auch in anderen deutschsprachigen Fakultäten wiedergefunden werden.

Es lassen sich zwei Kategorien von Institutionen ausmachen: Königreiche und Fürstentü-

Berner Universitäts-Klinikum mit seinen Institutionen

(Das Klinikum besteht heute aus 63 autonomen Institutionen; 1938 waren es 18.)
(I = Institut; K = Klinik; P = Poliklinik)

Anästhesiologie u. Intensivbehandlung (I)
Anatomie (I)
Aus-, Weiter- und Fortbildung (I)
Biochemie u. Molekularbiologie (I)
Chirurgien (alle K u. P)
    Urologie
    Viszeralchirurgie und Transplantation
    Thorax-, Herz- und Gefäßchirurgie
    Neurochirurgie
    Orthopädie
    Pädiatrie
Dermatologie (K u. P)
Diagnostische Radiologie (I)
Geburtshilfe u. Gynäkologie (K u. P)
Immunologie u. Allergologie (I u. P)
Innere Medizin (alle K u. P)
    Allgemeine Innere Medizin
    Angiologie
    Endokrinologie u. Diabetologie
    Nephrologie
    Neurologie
    Kardiologie
    Pneumologie
    Rheumatologie
    Gastroenterologie
Kinder- u. Jugendpsychiatrie (K u. P)
Klinische Pharmakologie (I)
Medizingeschichte (I)
Medizinische Onkologie (I)
Mikrobiologie (I)
Ophthalmologie (K u. P)
Otorhinolaryngologie (K u. P)
Pädiatrische Medizin (K u. P)

Pathologie (I)
Pathophysiologie (I)
Pharmakologie (I)
Physiologie (I)
Psychiatrie (K u. P)
Radioonkologie (I)
Rechtsmedizin (I)
Sozial- und Präventivmedizin (I)
Sozialpsychiatrie (K)

23 Abteilungen
Allgemeinmedizin
Forensische Psychiatrie
Handchirurgie
Hör-, Stimm- und Sprachstörungen
Hypertonie
Neonatologie
Neurophysiologie
Neuroradiologie
Nuklearmedizin
Pädiatrie
    Endokrinologie
    Entwicklungsstörungen
    Gastroenterologie
    Genetik
    Hämatologie/Onkologie
    Intensivbehandlung
    Kardiologie
    Nephrologie
    Neurologie
    Pneumo-Allergo-Immunologie
    Psychiatrie/Psychosomatik
    Stoffwechselkrankheiten
Plastische- und Wiederherstellungschirurgie
Psychosomat./Psychosoz. Medizin
Schädel-, Kiefer- u. Gesichtschirurgie
Theoretische Psychiatrie

mer. Dies sind durchaus ernstgemeinte Analogien, denn die Souveränität dieser Fach(be)reiche ist in der Tat in qualitativer (inhaltlicher) Hinsicht unbeschränkt. Es gibt lediglich quantitative Regeln und Einschränkungen (z.B. was den Studienzeitaufwand betrifft). Auch souveräne Staatsgebilde haben analoge quantitative Grenzen.

Die Struktur der Studieninhalte bzw. der vermittelten Kenntnisse läßt sich demzufolge formelmäßig zusammenfassen. Um in möglichst knapper Form einen inhaltlichen Überblick zu ermöglichen, beschränken sich diese Ausführungen auf *Kenntnisse*; es geht hier nicht um eine Curriculumkonstruktion, für die vor allem Fertigkeiten und Einstellungen zu berücksichtigen wären.

Vermittelte **K**enntnisse = **K** (Fach 1) + **K** (Fach 2) +...+ **K** (Fach ±60)

Eine solche Aufsummierung schafft Probleme auf drei Ebenen:
1. Der Gesamtumfang der Inhalte droht noch unüberschaubarer und damit unlernbarer zu werden – ein an sich unkompliziertes Thema banaler Lernpsychologie.
2. Viele Bezüge der Kenntniselemente untereinander und zum ärztlichen Berufsfeld bleiben verborgen.
3. Systemische und semiotische Phänomene, die erst aus der Integration mehrerer Fachbereiche in ein gemeinsames biopsychosoziales System emergieren, werden nicht vermittelt.

1.2.2
Die Vermittlung einer systemisch-semiotischen Sicht der Humanmedizin

Die Lernsituation und die Lerninhalte der ärztlichen Ausbildung müssen der tiefgreifenden Wandlung der wissenschaftlichen Sicht von Gesundheit und Krankheit seit der Aufklärung und vor allem seit der Konsolidierung einer „Biomechanik" im 19. Jahrhundert angepaßt werden. Beide stehen miteinander im Zusammenhang. Vielleicht haben so viele Ansätze zu einer Reform des Medizinstudiums Schiffbruch erlitten, weil diese notwendige Verknüpfung bis heute kaum irgendwo vollzogen worden ist: Reformierte Studiengänge haben neue Lernsituationen, aber keine neue Sicht des Humansystems angeboten.

Die Lehre hat vom System „Lebewesen in seiner Umgebung", bzw. „Mensch in seiner materiellen und soziokulturellen Umgebung" auszugehen. Dazu sei nochmals an den im ersten Teil skizzierten Umstand erinnert, daß Lebewesen überleben oder gesund sind/bleiben, indem sie neben der inneren Regulation den für Leben und Gesundheit benötigten Elementen in ihrer Umgebung die entsprechende Bedeutung erteilen und diese Bedeutung folgerichtig verwerten (siehe Abb. 4.2). Beim Menschen ist diese Erteilung und Verwertung von Bedeutung erweitert und potenziert durch seine im Neocortex verankerten Fähigkeiten (Bedeutungserprobung mittels Erfahrung und Phantasie sowie Probehandlungen). Die zirkulären Interaktionen in diesem Bedeutungskontext sind als semiotische oder informatische Prozesse* zu verstehen.

Wie lassen sich systemische und semiotische Sichten und Einsichten vermitteln? Es können nur sehr allgemeine Antworten auf diese Frage gegeben werden, da entsprechende Erfahrungen fehlen. Generell müßte eine Sequenz der Ausbildungsinhalte vom „Ganzen" zum „Partikulären" gefordert werden. Im Gegensatz hierzu wird in traditionellen Ausbildungsprogrammen von partikulären (z.B. der molekularen Ebene = „Grundlagenwissenschaft") zu mehr integrierten Aspekten (z.B. einer Nosologie), kaum jemals zum „Ganzen" (Systemischen) vorgegangen.

Mit anderen Worten: Das Studium müßte von einer grundsätzlichen und grundlegenden Betrachtung des Systems „Gesamtorganismus bzw. Individuum – Umgebung" ausgehen. Erst auf dieser Grundlage wären ausgewählte vertiefte und unter Umständen reduktionistische („fachspezifische") Inhalte aufzubauen. Anstelle weiterer prinzipieller Erörterungen sei ein solcher Studiengang anhand einer Sequenz von ausgewählten Schwerpunktthemen skizziert:

1. *Grundlagen- bzw. Orientierungswissenschaften:* Es müßte von einer eingehenden Betrachtung des Mensch-Umwelt-Mitwelt-Systems ausgegangen werden. Hierzu gehört eine Einführung in die wichtigsten Modellvorstellungen der Genetik, das heißt in die Interaktion zwischen dem genetischen Substrat und seinen Produkten einerseits und den Faktoren der Umgebung andererseits und schließlich die Ausprägung dieser Prozesse in den (phänotypischen) Merkmalen lebender Systeme. Aus den Psycho- und Neurowissenschaften könnten sodann

---
* Auch die innere Regulation erfolgt in einem analogen Sinn durch „Bedeutungserteilung" und „Bedeutungsverwertung". So „erkennt" beispielsweise eine Zelle die „Bedeutung" des durch ein Wachstumshormon gesetzten Zeichens. Die „Bedeutungsverwertung" kommt dann im gesteigerten Zellwachstum zum Ausdruck.

auf der Basis von biosemiotischen Konzepten und Begriffen vor allem die Phänomene der Wahrnehmung und der Psychomotorik sowie deren Entwicklung vermittelt werden. Damit wären die Elemente des Situationskreises (v. Uexküll, 1988) skizziert, und seine gesundheitserhaltende Funktion (Salutogenese; Antonovsky, 1987) würde verständlich.

Vertiefend wäre auf das System Arzt – Patient einzugehen, insbesondere auf die Entwicklung einer „gemeinsamen Wirklichkeit" für diese kommunizierenden Personen. In der Immunologie ließe sich eine zirkuläre Interaktion des Organismus mit der Umgebung auf der materiellen bzw. somatischen Ebene repräsentieren (Booth u. Ashbridge, 1993). Das gleiche gilt für den Begriff der Homöostase in den Bereichen Atmung und Nierenfunktion (Säure-Basen-Haushalte), des Kreislaufs (Hämodynamik) und der Ernährung. Die Gebiete der Sexualität und Reproduktion könnten sodann hauptsächlich aus den Ressourcen der Fächer Gynäkologie, Andrologie, Psychologie und Soziologie abgehandelt werden und zur Pädiatrie und Familienmedizin überleiten.

Die letzteren lassen sich mit den „Gesundheitswissenschaften", bzw. mit dem Bereich „Public Health" verbinden. In all diese Ausbildungsinhalte wären jeweils darauf bezogene Anteile der bisherigen vorklinischen und klinischen Grundlagenwissenschaften, also bei Bedarf, d.h. problemorientiert, zu integrieren. Anatomie, Physiologie und Biochemie beispielsweise wären dabei nicht „Fächer" im alten Sinn, sondern Ressourcen zum Aufbau eines humanwissenschaftlichen Kontinuums.

2. Der weitere „problemorientierte" Studiengang würde anhand von „Fallbearbeitungen" sämtliche medizinischen Fachbereiche inklusive der psychologischen, psychotherapeutischen und sozialen Disziplinen mit einbeziehen. Dies müßte unter der Regie der Allgemeinmedizin geschehen, die allein imstande wäre, eine Auswahl der Inhalte aufgrund eines Relevanzkontexts zu treffen.

1.2.3
Der persönliche Situationskreis der Studierenden

Anhand des Situationskreises lassen sich nicht nur die Lehrgegenstände verstehen, sondern es ist auch möglich, sich die Situation der Lernenden zu vergegenwärtigen (genauso wie die Umstände der Arzt-Patient-Interaktion, die hier nicht speziell zur Diskussion stehen). Die Studierenden lernen, indem sie den Dingen/Personen ihrer Umgebung (Inhalten der Lehre, Dozenten, Kommilitonen, Angehörigen der Gesundheitsberufe, Patienten, Institutionen) Bedeutung erteilen und diese Bedeutung verwerten.

In diesem Sinne hat die Orientierungsphase gleichzeitig einer Reflexion der studentischen Rolle (im Hinblick auf die ärztliche) zu dienen. Anders ausgedrückt: Die ärztliche Sozialisation soll bewußt angelegt und begleitet werden. Verschiedene Inhaltsbereiche des Studienprogramms bieten Anlaß zu vertiefenden Seminarveranstaltungen, z.B.:

- Labortier – Mitwelt – Tier- und Umweltschutz
- Leiche – Sterben und Tod
- Krankenpflege – Geschlechterrolle in Gesundheitsversorgung und Team
- Hierarchien in den Institutionen – Bildungssoziologie, Soziologie der Gesundheitseinrichtungen, Gesundheitspolitik
- eigenes Kranksein – subjektive Morbidität

In einem solchen Curriculum lernen die Medizinstudierenden, verschiedene Integrationsebenen miteinander in Verbindung zu bringen. Dies sei am Beispiel eines systemisch fundierten Pathogenesemodells für das „Ulcus duodeni" unter speziellem Hinweis auf den Situationskreis und die Bedeutungskoppelung ausgeführt. Danach entsprechen einer angeborenen Hypersekretion des Magens eine erhöhte Appetenz des Säuglings und die Tendenz, Umgebungsreize auf das gastrointestinale System zu beziehen. Damit entsteht eine Umwelt, in der alles und jedes eine Fütterungsbedeutung, gewissermaßen einen „basalen Freßton", erhält.

Unter Bezugnahme auf die Freudsche Terminologie könnte dies auch heißen: Eine angeborene Hyperpepsinogenämie (erhöhter Blutgehalt an einem Hormon, das die Produktion der Salzsäure, eines potentiell die Magenschleimhaut schädigenden Verdauungssekrets, fördert) wirkt als somatische Triebquelle. Diese wird in den psychischen Drang übersetzt, Umgebungsreize für die Mund- und Zungenschleimhaut als nahrungsspendende (oder nahrungsverweigernde) Umwelt zu interpretieren. Die Einverleibung von (eßbarer) Umwelt soll zum Abstellen der somatischen Triebquelle führen.

Entscheidend ist bei diesem Denkmodell, daß bei der Verknüpfung der verschiedenen Integrationsebenen Verklammerungen im Sinne von „Aufwärts- und Abwärtseffekten" (siehe Abb. 2) in ihrer biographischen Zeitgestalt eingeübt werden. So kann beispielsweise eine Isolierung des Individuums im sozialen Bereich Konsequenzen auf verschiedenen Ebenen haben: Sozial kommt es zu Einschränkungen des Bekanntenkreises und zum Abbruch von Freizeitaktivitäten; psychisch kommt es zu Selbstvorwürfen und Zweifeln am Selbstwert; physiologisch kommt es zu einer blassen Mukosa und einem Verschluß des Pylorus.

Die Studierenden können nun ihrerseits lernen, zunächst die verschiedenen Integrationsebenen zu identifizieren und dort nach Symptomen zu fahnden. Dann können sie Verknüpfungen herstellen, indem sie „Aufwärts- und Abwärtseffekte" in Rechnung stellen. Ferner lernen sie berücksichtigen, daß Bedeutungskopplungen auch autonom werden können. Das kann bedeuten, daß ein dem Beobachter unauffällig erscheinendes soziales Ereignis vom Patienten als eine soziale Zurückweisung gedeutet wird. Das – scheinbar neutrale – Ereignis könnte dann automatisch mit einer blassen Mukosa und Pylorusverschluß bei entsprechender klinischer Symptomatik verbunden sein.

Auf der ethnologischen Ebene mag das Phänomen von autonomen Bedeutungskopplungen (das heißt die Tendenz von geschlossenen Bevölkerungsgruppen, „gemeinsame Wirklichkeiten" zu entwickeln) Einsichten in das Entstehen von fundamentalistischen Wertsystemen vermitteln.

Neben einer derartigen Neuorientierung der *Lernsituation* gilt es abschließend eine solche der *Lerngegenstände* zu entwerfen:

3.1.2.4 Skizze: Bedürfnisorientierte statt fachorientierte ärztliche Kenntnisse

Als Hinweis auf eine systemische Organisation der Lerninhalte soll hier auf die Frage eingegangen werden, mit welchen Kenntnissen eine Ärztin/ein Arzt ausgestattet sein müßte. Vergleichsweise sei nochmals an den Ist-Zustand, das heißt das Ordnungsprinzip eines traditionellen Curriculums, erinnert.

Diese *Alternative* zum etablierten additiven und fachorientierten Modell läßt sich mit den Begriffen *integriert, problemorientiert* bzw. *bedürfnisorientiert* umschreiben. Inhaltliche Kriterien von Studieninhalten sind dann die *Gesamtheit der Probleme und Bedürfnisse im Gesundheitsbereich der Bevölkerung heute*, am Ende des 20. Jahrhunderts, sowie die *intellektuellen Bedürfnisse der Studierenden in den Gesundheitsberufen*.

Mit der beistehenden Liste wird ein entsprechender Vorschlag skizziert:

Liste der im Medizinstudium zu vermittelnden Kenntnisse

1. *„Not-wendige"* Kenntnisse

1.1 extrainstitutionelle Notfall-K

1.2 Humanwissenschaftlich-systemische K:
- Integriert mental-materielle Weltsicht und Erkenntnistheorie
- Selbst und Umwelt integriert materiell/psychosozial: Genetik, Epigenetik, Reproduktion und Entwicklung, Sensomotorik, Ernährung, Homöostase, Assimilation, Immunprozesse, psychisches Selbst und psychosoziale Interaktion

1.3 Interaktions-K: Patienten/-innen, Team
- (Selbst-, Fremd-) Wahrnehmung
- Erwartungen von Patienten
- Übertragung, Gegenübertragung
- nichtärztliche Gesundheitsberufe

1.4 Soziale Problemlösungs-K:
- Sexualität
- Mutter-Kind-Beziehung

- Kindheit, Adoleszenz
- Alter, Sterben
- Kriminalität
- Süchte/Drogen
- soziales Technologieumfeld
- Ethnologie, Gesundheit international
- Lernpsychologie und Wissenschaftstheorie

2. Wahl-Kenntnisse

2.1 Allgemeinmedizinisch-epidemiologisch-ökologisch gewichtete K

2.2 Auswahl von sekundär-/tertiärmedizinischen K

Zunächst ist bezüglich der Studieninhalte das quantitative Problem zu bedenken. Ein fixes Paket von für alle Ärztinnen und Ärzte gültigen Kenntnissen ist eine Illusion. Was heute von den Fachbereichen in den fakteneinflößenden Nürnberger Trichter des medizinischen Curriculums geschüttet wird, behindert sinnvolles Lernen. Für eine Reorganisation und Erneuerung sei folgende Einteilung vorausgenommen:

1. „Not-wendige" Kenntnisse
2. „Wahl"-Kenntnisse

„Not-wendige" (die „Not" wendenden) Kenntnisse brauchen sowohl in der Ausbildung als auch in der nichtspezialisierten Versorgung einen Rahmen und eine Struktur von größerer Verbindlichkeit als „Wahl"-Kenntnisse. Der Begriff „Wahl" soll hier nicht bedeuten, *daß* derartige Kenntnisse überhaupt nicht erworben werden müssen. Vielmehr muß hier eine größere individuelle Freiheit* der Auswahl bestehen als dies der heute etablierte Fächerkanon vorgibt. Diese unabdingbare Freiheit ist Voraussetzung für optimales Lernen angesichts einer für das Individuum nicht mehr ein- und übersehbaren und dadurch weitgehend mystifizierten Struktur des medizinischen „Gesamtwissens". Die Beschaffung des jeweils benötigten Wissens wird heute ja zunehmend erleichtert durch die zur Verfügung stehenden Informationssysteme.

Damit werden in konkreten Ausbildungs- oder Arbeitssituationen benötigte Informationen zugänglich. All dies müßte eigentlich zur Ausmistung des überbordenden Kenntnisballastes in den universitären Curricula beitragen.

Zur obenstehenden Liste ist anzumerken, daß der Vermittlung von Fertigkeiten und Einstellungen in mehreren Bereichen eine größere Bedeutung zukommt als derjenigen von Kenntnissen. Es geht hier aber nicht um einen Curriculumvorschlag, sondern um eine Inhaltsanalyse. Die folgenden Bemerkungen beziehen sich auf die einzelnen Abschnitte dieser Liste:

Zu 1.1: Kenntnisse im Bereich einer primären *Notfallmedizin* müßten wohl weiterhin in konventioneller Weise und verbindlich vermittelt werden. „Primär" bezeichnet diejenigen Kenntnisse, die von den Berufsangehörigen außerhalb von Krankenhäusern und Ambulatorien benötigt werden. Alles, was darüber hinausgeht, übersteigt auch in der Praxis die individuelle Handlungskompetenz und muß sowieso im Rahmen des jeweiligen Arbeitsplatzes und in den damit betrauten Teams in der Weiter- und Fortbildung gelernt werden.

In der Grundausbildung müssen jedoch für die primäre Notfallmedizin unmittelbar – ohne Benutzung von externen Informationsquellen und nur in Institutionen mit verfügbaren technischen Möglichkeiten – abrufbereite Inhalte vermittelt werden. Im Gegensatz zu einer heroisch-mediengängigen Vorstellung über die medizinische Praxis – sie orientiert sich meist an den kollektiven Leistungen von medizinischen Zentren – muß dieser Teil einen nur geringen Anteil der Ausbildungszeit in Anspruch nehmen.

---

* Diese Freiheit ist in Verbindung mit definierten „Arbeitsplätzen" verbindlich einzuschränken und präzise zu definieren. Diese Aufgabe liegt außerhalb des Bereichs der universitären Grundausbildung; sie ist vielmehr der Planung und Organisation des jeweiligen Arbeitsplatzes zuzuordnen. Die Verbindlichkeit und die Präzision werden um so härtere Konturen aufweisen müssen, je „spezialistischer" die Aufgabe im betreffenden Bereich ist. Wir müssen uns von der unsinnigen Vorstellung trennen, daß wir Ärzte ein- für allemal so gut ausgebildet sind, daß wir an irgendeinem Ort im Gesundheitswesen auftreten und unmittelbar kompetent funktionieren können.

Zu 1.2: Die Aufarbeitung der systemisch-humanwissenschaftlichen Grundlagen bis zu deren Einbau in ein Studienprogramm müßte den Hauptanteil des Aufwands für die Realisation eines neuen integrierten Curriculummodells ausmachen. Es geht um neue, intensivere Bezüge zwischen den verschiedenen Inhaltsbereichen, um Interdisziplinarität und Interprofessionalität, also um Beziehungen zwischen Fächern und Berufsfeldern. Wie oben angedeutet, könnten im grundlagenwissenschaftlichen Bereich die vernetzten und vernetzenden genetischen und epigenetischen Beziehungen sowie die Neuro- und Immunsysteme dazu die Ausgangsbasis anbieten. Im sozialen Bereich stehen die Beziehungen zwischen den Gesundheitsberufen sowie zwischen Betreuern und Betreuten im Vordergrund (Tresolini et al., 1994). Im Rahmen von integrierten Humanwissenschaften und dem heutigen Stand der wissenschaftlichen Erkenntnis entsprechend wären ohne zeitliche Trennung sowohl eine „vorklinische" als auch eine „klinische" Basis zu vermitteln. Die heute in diesen Studienabschnitten etablierten Fachbereiche sind daran zu beteiligen, soweit sie in einem erweiterten Kontext benötigt werden.

Ausgangspunkt des Lernens müßte somit das ärztliche Handeln sein (problemorientiertes Lernen). Der Bereich der Pflege und anderer Gesundheitsberufe wäre in diesem Handlungskontext mit dem ärztlichen Bereich zu verbinden.

Zu 1.3: Vom Beginn des Studiums an benötigen die Studierenden Kenntnisse über das psychosoziale Umfeld der Betreuung, an der sie von Anfang an praktisch beteiligt sind (wofür vor allem bestimmte, hier nicht angeführte Einstellungen und Fertigkeiten Voraussetzung sind).

Zu 1.4: Es handelt sich hier um eine nach epidemiologischen und ätiologischen Gesichtspunkten geordnete Aufzählung von Kenntnisbereichen: Die wichtigsten Determinanten von Gesundheit und Krankheit in unserer Gesellschaft sind psychosozialer bzw. ökologischer Natur. Diese Kenntnisbereiche werden damit *nicht* zur Grundlage einer *ausschließlich „psychosozialen Medizin"* („Medizin für kranke Seelen ohne Körper").Vielmehr erstrecken sie sich auch auf den Umgang mit den damit verbundenen somatischen Symptomen und auf die Anwendung von Verfahren der Diagnostik, der Prävention und der Therapie.

Bemerkung zur Lernpsychologie und Wissenschaftstheorie:

Lernen als selbstorganisierte und lebenslängliche Aufgabe muß in diesem Zusammenhang als soziale Kompetenz gesehen werden. Das Lernen und die Lehre (der Begriff „Lerne" wäre vorzuziehen) im Sinne einer Optimierung und Vorausorganisation dieses Lernens muß von anerkannten lernpsychologischen Voraussetzungen ausgehen. Sowohl Lernende als auch Verantwortliche für die „Lerne" (weiland die „Dozenten") sind auf lernpsychologisches Grundlagenwissen angewiesen. *Wissen und Wissenschaft* müssen reflektiert werden. Wissenschaftstheorie muß deshalb in die Lerntheorie integriert werden.

Zu 2.1: Es geht hier um die Kenntnisbasis der Grundversorgung. Nichtspezialisierte Praktizierende in der Medizin und in anderen Gesundheitsberufen haben diese zu vermitteln. Da diese Kenntnisse von den Situationen an jeweils verschiedenen Arbeitsorten abhängig sind, stehen epidemiologische Kenntnisse im Vordergrund, das heißt das Wissen, mit dem die Umstände von Gesundheit und Krankheit unter bestimmten Gegebenheiten analysiert werden können und mit dem der damit verbundene Bedarf an Kenntnissen zu ermitteln und befriedigen ist.

Eines der zumindest für den klinischen Arbeitsbereich gravierendsten Probleme im Zusammenhang mit einer strikt fachorientierten Ausbildung ist die intellektuelle Retardierung der darin Ausgebildeten. Es fehlt an Orientierungswissen, das der Festigung einer Weltsicht und einem sinnvollen Umgang mit dem Übermaß an Verfügungswissen dient. Unter diesen Umständen wird die Qualität der Gesundheitsversorgung nicht nur auf der sozialen, sondern auch auf der methodisch-technischen Ebene kompromittiert. Es geht hier nicht um schöngeistige Anlässe, nicht um einen „Bildungselitismus", sondern um Inhalte und Gehalte eines Erwachsenenlebens, das vielen Studierenden in den heutigen universitären Lernmühlen vorenthalten wird. Den für die Ausbildung Verantwortlichen dürfen demzufolge die Umstände des „verborgenen Curriculums" (die heute formell nicht reglementierten Anteile der beruflichen Sozialisation) nicht gleichgültig bleiben.

Zu 2.2: Hier finden sich, mit neuen Prioritäten und unter der Wahlklausel, ausgewählte Inhalte, wie sie in den heutigen Curricula in demotivierendem Ausmaß vermittelt werden.

Mit dieser summarischen und isoliert inhaltsbezogenen Skizze sind die Konturen einer Ausrichtung auf die Prinzipien einer systemischen und ökologischen Medizin punktuell angedeutet. Entsprechenden Entwicklungsaufgaben werden sich die dafür Verantwortlichen zu stellen haben. Nur auf diese Weise werden unsere Lehr- und Forschungsanstalten den Anforderungen genügen können, die sich aus den Umständen von Gesundheit und Krankheit, aus den zur Verfügung stehenden Ressourcen und aus dem Stand der Humanwissenschaften am Ende des 20. Jahrhunderts ergeben.

Beitrag 2
Arzt und Patient, Arzt gleich Patient: Überlegungen zur Salutogenese des Arztes

von R. Schwan, W. Langewitz, C. Stosch

Wir rezipieren medizinische Literatur oft mit dem Rezeptblock in der Hand. Andererseits wird diese auch ebenso geschrieben. Nicht der Irrtum einer Gleichsetzung zwischen komplex und kompliziert läßt uns abweichen. Die Salutogenese (eben auch unsere) legt einen anderen Umgang mit Sprache nahe, der gesprochenen, auch der geschriebenen.

„*Das könnte eine Unterhaltung sein: Prozeß der Verwirklichung eines Werdens. Orchidee und Wespe bilden ein gutes Beispiel. Die Orchidee sieht aus wie ein Abbild der Wespe; in Wahrheit gibt es ein Wespe-Werden der Orchidee ebenso wie ein Orchidee-Werden der Wespe, ein zweiseitiges Einfangen also, da das, „was" jedes der beiden Wesen sein wird, sich ebenso wandelt wie „das", was wird. Wird die Wespe Teil der Fortpflanzung der Orchidee, so die Orchidee nicht minder Geschlechtsorgan für die Wespe – ein und dasselbe Werden, ein einziger Block des Werdens ...*" (Deleuze u. Parnet, 1980; 10)

2.1
Vorspann

Es gibt ein Patient-Werden des Arztes und ein Arzt-Werden des Patienten, das sich unterscheidet vom Austausch von Informationen, begriffen als Brückenschlag zwischen zwei Individuen. „*...Ein einziger Block des Werdens...*", ein System, das nicht durch Addition, sondern durch Auflösung der Einzelkomponenten entsteht, wird. Eine vielleicht „*...aparallele Entwicklung zweier Wesen...*" (ebd., 10), die polidirektional organisiert ist und produziert: Verbindungen, Verkettungen, gebrochene Linien. Das Zusammentreffen zweier Menschen: Arzt und Patient. Dabei sind die Voraussetzungen höchst ungleich:

Der Arzt will zufrieden, gar glücklich werden in seinem an einer Lebenskreuzung gewählten Beruf. Der Patient wünscht die Krankheit los-zu-werden oder einfach gehört-zu-werden in seiner schicksalhaft erlebten Lage. Letzterer erwartet also „passivisch": Sein Werden soll durch die Hilfe des Arztes erfolgen. Dieser bezieht sein Werden im Beruf a priori auf sich, nicht auf den Patienten oder höchstens in Form einer binären Verbindung: Arzt – interessanter Fall ect. Er, der Arzt, muß nicht erst noch werden, er *ist* schon, so wie in seiner Konzeption Gesundheit von vornherein *ist*, vielleicht *geraubt* werden kann, aber nicht ständig produziert werden muß. Und in dem Maße, wie er sich als Gebenden begreift, verliert er das Werden, das seinige und das des Patienten, aus den Augen. Der klinische Blick (Foucault, 1991) ist freigegeben: auf Krankheitsmaschinen (siehe auch den Beitrag von Pauli u. Schüffel) zum Beispiel oder auf Technik, die ist und sicher scheint (die Technik übernimmt dabei die Funktion der Transkription des „Unwahrscheinlichen" in „Wahrheitszonen").

Aber trotz aufwendiger Sicherheitsmaßnahmen (globale „Consensus Conferences" gegen lokale Vielheiten*, Empirismus gegen Ereignis und Singularität etc.) verspürt er, der helfen soll, ein *Ziehen,* vielleicht dort, wo bei abgestürzten Göttervögeln einst die Flügel saßen: zwischen den Schulterblättern (Sloterdijk, 1988). Ein Schmerz, der kranial oder kaudal ausgebreitet, vielleicht morgens – noch gehört – das Aufstehen verlangsamt: Geschwindigkeitsbegrenzung des Morgenröte-Werdens. So bleibt

---
* dies entspricht einer Übertragung der Verantwortung von dem in acta Tätigen auf eine virtuelle, nicht erfahrbare Scientific Community

die heimliche Solidarität und Verbindung mit der Krankheitsmaschine des Patienten, die er eingeht, nicht ohne Eindruck auf seine Produktion von Gesundheit: Streß, Burnout, Suizid(gefahr).

2.2 Kleine Empirie

Sie lesen sich als Indizien einer Nichterzeugung, die Studien, die vermeintlich harten Daten, deren Gewichtigkeit im Empirischen „...sich irreduzibel als Mannigfaltigkeit (...), oder genauer, als plurales Ensemble" (Chatelet, 1977; 15) aufdrängt. Und es beginnt früh: Studierende, hochmotiviert, hochselektiert (also kompetent), mit einer zumeist als „humanistisch" beschriebenen Berufsauffassung* das Studium beginnend (Bargel u. Ramm, 1994; Koepke u. Kreikenbohm-Romotzki, 1995), äußern sich über ihr Studium nach Erhalt der Approbation (als AIPler/innen oder junge Ärzte/Ärztinnen arbeitend) folgendermaßen: Sie fordern einen stärkeren Praxisbezug im Studium (92%), Ausbildung in fächerübergreifendem Denken (56%), Fähigkeiten sowie „...Wissen über Auswirkungen der Arbeit auf Natur und Gesellschaft..." (51%) (Minks u. Bathke, 1994).

Und so ähneln die oben beschriebenen Befunde den schon oft zitierten Defiziten der Arzt-Patienten-Beziehung und -Kommunikation:
- Ärzte unterbrechen ihre Patienten im Durchschnitt nach 18 Sekunden; einmal unterbrochen, ergänzen nur noch 2% der Patienten ihre begonnene Äußerung (Frankel u. Beckmann, 1982).
- Die durchschnittliche Kontaktzeit in der Allgemeinpraxis beträgt 6 bis 8 Minuten, der Gesprächsanteil daran vier Minuten, die Redezeit des Patienten 80 Sekunden (Willi u. Heim, 1986).
- Die Krankenvisite dauert im Durchschnitt 3,5 Minuten pro Patient, der Gesprächsanteil der Patienten beträgt dabei 30%, bei 80% an reaktiven Äußerungen, so daß auf elf Arztfragen eine Patientenfrage folgt (Fehlenberg u. Köhle, 1986).
- Psychosoziale Zusammenhänge werden bei der Datensammlung besonders vernachlässigt (Morell, Evans, Morris u. Roland, 1986); der chronifizierte Patient steht weniger im ärztlichen Interesse (Fehlenberg et al., 1996).
- Nur 55% der von Experten als relevant erachteten Informationen werden in der Anamnese erfragt (Roter u. Hall, 1987).
- Nur 50% der Patienten folgen der vorgeschlagenen Medikation, noch schlechter steht es bei Verhaltensänderungen (Bird u. Cohen-Cole, 1990).
- 66% der vom Patienten erlebten körperlichen Einschränkungen und 87% der Einschränkungen in sozialen Aktivitäten werden von den behandelnden Ärzten nicht wahrgenommen (Calkins, Rubinstein, Ceary et al., 1991).
- 85% der Patienten wechselten in den letzten fünf Jahren ihren Arzt oder überlegten dies ernsthaft auf Grund des ungenügenden Kommunikationsverhaltens des Arztes (Bellet u. Malloney, 1991).
- Eine schlechte Arzt-Patienten-Beziehung wurde als der häufigste Faktor für voreilige Entscheidungen, die zu Behandlungsfehlern führten, identifiziert (71% – Beckmann, Markarkis, Suchmann u. Frankel, 1994; 80% – Levinson 1994).

Diese Befunde der Arzt-Patienten-Beziehung (und -Kommunikation) treffen sich kontrapunktisch mit dem Anforderungsprofil des „Arztbildes", wie es beispielsweise durch den Murrhardter Kreis (1995) spezifiziert worden ist. Trotz dieser (und anderer) lokaler Inkonsistenzen ist sowohl die Berufszufriedenheit als auch die Verbundenheit mit dem Arztberuf – jedenfalls bei jungen Ärzten – ungebrochen hoch (Minks et al., 1994; IV). Doch wie die Patientenzufriedenheit nur beschränkt ein adäquates

---

* Die Aussage: „eine humanistisch beschriebene Berufsauffassung" weist auf das Problem: Der Neuhumanismus setzt den Menschen immer schon voraus: Er, der (organische) Mensch, muß nicht erst noch werden, sich produzieren, er ist da, soll nur noch *lernen* zu handeln, gut zu handeln, muß *erzogen* werden, um angeborene Defizite auszugleichen (Lyotard, 1989). Die Selbsterzeugung war noch nie Sujet des Humanismus, wie auch Gesundheitsproduktion selten Thema der Medizin ist.)

Maß für die Arzt-Patienten-Kommunikation darstellt (Langewitz et al., 1995), so trifft die Berufszufriedenheit des Arztes möglicherweise nicht seine Salutogenese, denn: Vermutlich *merkt* er es, daß er nicht *wird*, auch wenn er es nicht ausspricht, vielleicht nicht aussprechen kann:

- Über 56% der Onkologen gaben in einer amerikanischen Studie an, selbst Bekanntschaft mit dem unter dem Konstrukt „Burnout" gefaßten Syndrom gemacht zu haben (Deborah u. Canellos, 1991).
- 27% der erfahrenen Fachärzte (Consultants) zeigten im General Health Questionnaire (GHQ) psychiatrische Auffälligkeiten (Ramirez u. Graham, 1996).
- Bei einer Befragung von 3770 Krankenhausärzten in Deutschland gaben diese folgende Liste von Beschwerden an:
Nervosität: 43,7%
übermäßiges Schlafbedürfnis: 40,2%
Kopfschmerzen: 28,8 %
Magen-Darm-Beschwerden: 19,6%
Kreislaufbeschwerden: 9,8%
Gelenk-/Gliederschmerzen: 6,2%
Angina-pectoris-ähnliche Beschwerden: 7,4%
andere Beschwerden: 4,3%
Nur 13,1 % der Befragten gaben an, keine Beschwerden zu haben Herschbach, 1991).
- Ärzte leben häufiger in gescheiterten Ehen (Vaillant et al., 1970).
- Der Drogenmißbrauch (Alkohol, Amphetamine, Schlafmittel, Tranquilizer) ist deutlich (je nach Studie bis zu 30mal) höher als in der Normalbevölkerung (Rucinski u. Brighton, 1985; Vaillant u. Brighton, 1970).
- Die Suizidrate ist doppelt so hoch wie in der Normalbevölkerung und signifikant höher als bei Rechtsanwälten oder Architekten (Rose u. Rosov, 1973; Charlton u. Kelly, 1993).

2.3 Verkettungen

Den sich hinter diesen Daten befindlichen Einzelschicksalen (vielfach gespiegelte und gebrochene Linien) können unterschiedlichste Kontexte zugrunde liegen. Die Daten mögen als stumme Zeugen der Nichterzeugung seines (des Arztes) eigenen Lebens dienen und bleiben nicht ohne Auswirkungen auf das Begriffspaar Arzt-Patient: So wie ein Patient-Werden des Arztes in seiner Ausbildung (möglich z.B. durch Ausprobieren in Form von Rollenspielen u.ä.) in seinem Beruf nicht vorkommt, darf auch das Werden des Patienten nur außerhalb der im Begriffspaar vorgeschriebenen Wirklichkeiten *sein*. Und wir können den Ausschluß noch weiter spezifizieren: In der Art, wie die Produktion von Objektivität (als methodischer Dreh- und Angelpunkt der wissenschaftlichen Medizin) die Differenz zu Subjektivität, Irrationalität und Irrtum voraussetzt (Schwan u. Stosch, 1996), so stellt der Arzt auch jene Fragen, die Krankheitsbilder in Differenz zur Subjektivität des Patienten erzeugen, sich also nicht eigentlich an den Patienten richten, nicht an sein *Werden*.

Er konsultiert das EKG, die Laborroutine und den Röntgenapparat und kommuniziert mit der Krankheit (Krankheitsmaschine) in *seiner* Selbstprojektion: „Wenn ein Vierjähriger bei seiner Menschendarstellung unmittelbar an den ‚Kopf' die Beine hängt, so beabsichtigt er ... unzweifelhaft nicht; ein auf zwei Beinen stelzendes Kopfungetüm, sondern mit seinem ‚Kopffüßler' einen vollständigen und normalen Menschen darzustellen" (Kraft, 1991, S. 83).

Und so wie sich mit dem pathophysiologischen Reduktionismus der erfahrbare Horizont verschoben hat (siehe auch den Beitrag von Pauli u. Schüffel), beschreibt möglicherweise die Umdeutung des Begriffs „Krise" im 18. Jahrhundert von ehedem griechisch: *krisis* – entsprechend „Entscheidung", „entscheidende Wendung" – in das französische *crise* – „entscheidende, schwierige Situation" – den Verlust seiner salutogenetischen Handlungsoption, des Morgenröte-Werdens. Es trifft sich „die Krise des Arztes", als situative Beschreibung körperlicher Affekte* mit verminderter Handlungs-

---

* „Die Affekte sind Formen des Werdens – bald schwächen sie uns, indem sie unsere Kraft zum Handeln mindern und unsere Verhältnisse auflösen (Trauer), bald stärken sie uns, indem sie unsere Kraft steigern und uns in ein umfassenderes oder höheres Einzelwesen eintreten lassen (Freude)." (Deleuze et al., 1980; 67)

und Werdensfähigkeit (das Ziehen zwischen den Schulterblättern), mit der Kränkung des Körper-Werdens, Seele-Werdens, Mensch-Werdens des Patienten, mit dessen Krise.

Und immer noch: Das Zusammentreffen zweier Menschen – Arzt und Patient. Die ersten Momente dieses Kontakts sind als besonders sensibel zu identifizieren, denn nicht lineare Beziehungen – oder aparallele Entwicklungen – folgen auch einem deterministisch-chaotischen Verlauf (Gerok, 1989). Meist wird eine sich erst entwickelnde Linie einer Aussage ersetzt, reißt ab: Der nach wenigen Sekunden durch den Arzt unterbrochene Patient bekommt die erste Frage *gestellt*. Dabei gilt, daß auf Fragen, einmal gestellt, nichts *Belangvolles* mehr erwidert werden kann (Deleuze et al., 1980).

Auch mit Fragen verhält es sich scheinbar wie mit Gesundheit: Sie müssen produziert werden. Und die Art der Fragen, die gestellt werden, geben die Antworten immer schon vor, verteilen die Rollen, ordnen das Machtgefüge zwischen den zwei Personen. Ein *Sich-Entwickeln* ist nicht mehr möglich, zweifach nicht: weder für den Patienten noch für den Arzt.

Und er stellt die Fragen, die auch nicht ihm gehören, nicht aus ihm entwachsen sind. Die Fragen sind da, noch bevor der Patient erscheint, noch bevor er, der Arzt selbst, in Erscheinung tritt. Dabei sind die Fragen selbst nicht das Gegebene, sondern das Gegebene wird durch sie gegeben, kommt zum Vorschein. „Bei der Verteilung von Rollen präsidiert immer eine Binärmaschine, die festlegt, daß alle Antworten durch vorweg geformte Fragen hindurchmüssen, die Fragen sind stets im voraus kalkuliert anhand der nach den beherrschenden Bedeutungen als wahrscheinlich unterstellten Antworten" (Deleuze et al., 1980; 27). Und die „beherrschende Bedeutung" spiegelt das Dispositiv, die „...Strategien von Kräfteverhältnissen, die Typen von Wissen stützen und von diesen gestützt werden" (Foucault, 1978; 123), in dem nur möglich *ist,* was nicht *werden* will.

Der Zwang zur Frage, zur permanenten Wiederholung dieses Spiels mit Identität, seiner Identität als Arzt, mittels beharrlicher Reproduktion und Repräsentation der Regeln, aus denen heraus es selbst erwächst, zwingt ihn, zu unterbrechen, nicht zuzulassen, die Linie doppelt zu brechen, seine und die seines Gegenübers, denn „selbst wo man nur für sich zu sprechen wähnt, spricht man stets auch an Stelle eines anderen, der nicht sprechen kann" (Deleuze et al., 1980; 27). Und der Kranke – dem keine Antwort bleibt, „...ihm selbst die in einer Frage schon enthaltene Antwort nicht mehr möglich ist" (Foucault, 1968; 33), weil alles schon gesagt ist, indem er Patient *sein* muß – wird umbenannt und befindet sich in Konstruktionen wie „Difficult Patient", „Compliance", „Laienätiologie" etc.

2.4
Schlußbemerkung

Die Problematik, die sich hier entblößt, ist eine doppelte: Es gilt, die vielfach nachgewiesenen Veränderungen durch psychosomatische Schulungen (Putman et al., 1988; Branch et al., 1991; Levinson et al., 1993; Schwarz et al., 1995; Muthny, 1995; Langewitz et al., 1997) in der Arzt-Patienten-Beziehung und -Kommunikation zu verstehen und deren salutogenetische Konnotationen aufzuzeigen.

Dann verbirgt sich hinter phänomenologischen Aussagen der meisten Studien möglicherweise mehr als nur der häufigere Gebrauch bestimmter Kommunikationstechniken oder der gewachsene Redeanteil von Patienten im Gespräch. Beispielsweise ist Spiegeln einer Aussage (als Kommunikationstechnik) dann nicht die Reproduktion oder das Abbild eben dieser, sondern die Chance zum Patient-Werden des Arztes. Dann wird das Werden des Arztes zur Wanderung an den Rand, an dem sich der Patient befindet. Insofern bedeutet „psychosomatische Schulung" eher Entfernen als Neuerlernen, Entfernen vom Dispositiv.

An diesem Punkt der Unschärfe zwischen Arzt und Patient oder Patient und Arzt kann das gelingen, was ein Arzt-Werden, ein Sich-Arzt-Werden des Patienten heißt. Das Zusammentreffen zweier Menschen: Arzt und Patient: *„ein einziger Block des Werdens".* Salutogenese.

Beitrag 3
Anamnesegruppen – Salutogenetischer Faktor im Medizinstudium?

von Volker Köllner, Thomas Loew

3.1
Begriffliches

Vor über 50 Jahren schrieb Michael Balint, daß „das bei weitem am häufigsten verwendete Medikament in der Praxis des niedergelassenen Arztes der Arzt selber ist... Leider entdeckten wir auch bald, daß es für diese wichtigen Medikamente bisher keine Pharmakologie...gibt" (M. Balint, 1964). Diese Erkenntnis hat bisher wenig Niederschlag in den Curricula der Medizinischen Fakultäten gefunden. Die Medizinstudenten erfahren während ihrer Universitätsausbildung nur sehr wenig über die Bedeutung der Arzt-Patient-Beziehung, allenfalls werden geringe theoretische Kenntnisse vermittelt ohne die Möglichkeit, praktische Erfahrungen auf diesem Gebiet erwerben und reflektieren zu können. (Köllner u. Fehr 1986).

Dieses Defizit hat zahlreiche Studentinnen und Studenten zur Selbsthilfe angeregt und an zahlreichen Universitäten zur Bildung von Anamnesegruppen geführt. Anamnesegruppen sind eine von Studenten selbst organisierte, freiwillige Unterrichtsveranstaltung. Acht bis zwölf Studenten treffen sich einmal pro Woche für etwa zwei Stunden. Die Gruppenleitung übernehmen zwei studentische Tutoren, die bereits als Teilnehmer einer Anamnesegruppe Erfahrungen sammeln konnten und sich in einem etwa zehntägigen Fortbildungsseminar zum Gruppenleiter weitergebildet haben. Anamnesegruppen sind in der Regel geschlossene Gruppen und bestehen über ein Jahr (an einigen Universitäten nur für ein Semester oder aber auch für zwei Jahre). Am Anfang einer Gruppenstunde wird von einem der Studenten die biographische Anamnese eines körperlich kranken Patienten erhoben, der gerade in der Universitätsklinik stationär behandelt wird. Das Anamnesegespräch, das ein Student führt, während die anderen ausschließlich zuhören, dauert etwa 20 Minuten bis zu einer Stunde. In der Folge tauschen sich die Studenten über das Erlebte aus, wobei inhaltliche Aspekte der Anamneseerhebung, das emotionale Erleben der Situation, persönliche Hemmnisse während der Anamneseerhebung und zum Teil auch das Übertragungsgeschehen in der Gruppendiskussion besprochen werden (Schüffel, 1983; Loew, 1989).

Der Ablauf ähnelt dem in einer Balint-Gruppe: Der Student, der das Interview führte, hört zunächst nur zu, während die übrigen Teilnehmer Eindrücke, Gedanken und Beobachtungen schildern. Die Tutoren haben überwiegend moderierende Funktionen, spiegeln den Gruppenprozeß und können sich auch selbst mit einbringen. Sie sind keine Dozenten und führen der Gruppe auch nicht vor, wie richtige Anamneseerhebung aussieht. Da die Studenten genau dies aber aus anderen Lehrveranstaltungen erwarten, kommt es am Anfang des Gruppenprozesses an dieser Stelle häufig zu Konflikten.

Eine weitere Problemzone zu Beginn der Gruppenarbeit ist die Diskussion zwischen „Organos" und „Psychos" unter den Gruppenteilnehmern. Während erstere der Arzt-Patient-Beziehung vor allem deshalb Bedeutung beimessen, wiel sie auf diesem Wege zu noch mehr klinisch relevanten Informationen kommen wollen, haben letztere häufig die Tendenz, das Erfragen von Krankheitssymptomen nahezu vollständig zugunsten der Auseinandersetzung mit den Gefühlen und der Biographie des Patienten auszublenden. Eine schwierige Aufgabe für die Tutoren ist es hierbei, sich nicht auf eine der beiden Seiten zu schlagen, was zu einem Auseinanderbrechen der Gruppe führen könnte, sondern die Diskussion lebendig zu halten und damit die Grundlage für eine Integration beider Sichtweisen zu schaffen. Dies gelingt bei günstigem Gruppenverlauf während des ersten Semesters. In den anschließenden Semesterferien absolvieren viele Studenten Famulaturen und Praktika, was häufig zu einer Ernüchterung, dem sogenannten „Praxisschock", zu Anfang des zweiten Semesters führt. Die Diskrepanz zwischen den in der Anamnesegruppenarbeit aufgebauten Idealen und dem klinischen Alltag ist für viele Studenten schwer auszuhalten, was dazu führt, daß einige an dieser Stelle aus der Anamnesegruppenarbeit ausscheiden. Für die übrigen geht es darum, sich damit auseinanderzusetzen, wie das in der Anamnesegruppe Gelernte in den klinischen Alltag integriert werden kann.

Zusammenfassend lassen sich folgende Lernziele für die Anamnesegruppenarbeit festhalten:
1. Das Wahrnehmen, Zulassen und Reflektieren der durch den Patienten ausgelösten Gefühle (dieses Lernziel steht im Widerspruch zu dem im Ausbildungscurriculum implizit vermittelten Lernziel, ein neutraler, unbeteiligter Beobachter zu sein).
2. Das Erfahren, daß Student und Patient zu dem gemeinsamen System „Student-Patient-Beziehung" gehören, und das Lernen, die Bedeutung von Beziehungen zu reflektieren und für das weitere Handeln einzusetzen.
3. Das Erstellen eines Gesamtbildes des Patienten in der Gruppe, das sowohl biologische, psychische und soziale Daten als auch die zum Teil sehr unterschiedlichen Wahrnehmungen und emotionalen Reaktionen der Gruppenteilnehmer zu integrieren versucht.

Die Verbesserung der Anamnesetechnik gehört nicht zu den expliziten Lernzielen der Anamnesegruppe. Trotzdem konnte in Studien gezeigt werden, daß die Studenten auf diesem Gebiet während der Teilnahme an der Anamnesegruppe deutliche Fortschritte machen.

3.2
Geschichtliches

1969 begann W. Schüffel in der internistisch-psychosomatischen Abteilung von Professor von Uexküll in Ulm mit einer Unterrichtsveranstaltung, bei der die Studenten die Erhebung der biographischen Anamnese lernen sollten. Verbunden wurden dabei Elemente der Balint-Gruppenarbeit und des von Professor Schüffel aus England mitgebrachten Konzepts des „Peerlearnings", also des gleichberechtigten Lernens und Vermittelns von Erfahrung in einer Gruppe. Ebenfalls neu war, daß später auch vorklinische Studenten in diese Gruppen mit einbezogen wurden und damit erstmals die Möglichkeit eines direkten Patientenkontaktes hatten.

W. Schüffel wechselte 1978 nach Marburg und wurde dort Leiter der Abteilung Psychosomatik und Psychotherapie im Zentrum für Innere Medizin. Gemeinsam mit U. Egle wurde dort im Rahmen eines DFG-Projekts das Konzept der Anamnesegruppenarbeit evaluiert und weiterentwickelt. Wesentliche Elemente der Anamnesegruppe wurden auf das Psychosomatik-Pflichtpraktikum übertragen. Unter anderem der Wechsel von U. Egle nach Mainz führte zu einer Weiterverbreitung der Anamnesegruppenarbeit. Neben Ulm und Marburg begannen Anfang der 80er Jahre die ersten Gruppen auch in Mainz und Heidelberg.

Anläßlich der internationalen Balint-Treffen in Ascona (Luban-Plozza, 1978) wurde das Konzept auch einer breiteren studentischen Öffentlichkeit zugänglich. Für den intensiveren Austausch wurde das Forum des Maitreffens geschaffen, das Studenten aus Universitäten, an denen es bisher keine Anamnesegruppen gab, die Möglichkeit bot, diese Arbeit kennenzulernen und „mit nach Hause zu nehmen". Das erste Maitreffen fand 1980 in Marburg statt, die Tradition jährlicher Treffen dort wurde bis heute fortgesetzt. Auf Grund dieses Austauschs und durch studentische Initiative verbreiteten sich die Anamnesegruppen nun über die Mehrzahl der deutschen Universitäten. Bis Mitte der 80er Jahre waren etwa 500 (von insgesamt etwa 12000) Studenten pro Jahrgang über alle Semester hinweg involviert. Auch ein schriftliches

Forum für den Austausch etablierte sich. Die *POM* („Zeitschrift für patientenorientierte Mediziner/Innen-Ausbildung"), die einmal im Jahr – praktisch im Buchumfang – erscheint, wurde 1982 aus der Taufe gehoben. Unabhängig davon kam es zu zusammenfassenden Publikationen an Universitäten, an denen die Anamnesegruppen besonders stark vertreten waren. Die Zeitschrift *POM* wird seit 1993 von einem Verlag betreut, die Redaktion ist aber weiterhin in studentischer Hand.

Nach dem Boom Ende der 80er Jahre kam es aus verschiedenen Gründen, z.B. wegen der Umstrukturierung der Approbationsordnung mit einer Verschärfung der Prüfung, zu einer „Baisse". In der augenblicklichen Situation Mitte der 90er Jahre scheinen die Anamnesegruppen in Ost und West an fast allen Medizinischen Fakultäten fest etabliert zu sein, die Zahl der Gruppen pro Universität ist aber im Vergleich zu den Anamnesegruppenzentren der 80er Jahre mit teilweise zehn und mehr parallelen Gruppen deutlich zurückgegangen. Während die Anamnesegruppen anfänglich mit einer sehr starken Skepsis der klinisch Verantwortlichen gegenüber dem Konzept der selbstorganisierten Ausbildungsveranstaltungen zu kämpfen hatten, haben diese Einwände inzwischen an den meisten Fakultäten abgenommen. Auch die Integration vorklinischer Studenten trifft kaum noch auf Widerstände, zwischenzeitlich wurde ja auch im offiziellen Curriculum eine engere Verzahnung von Klinik und Vorklinik gefordert.

3.3
Individuelle Auswirkungen und Erfahrungen

Die Autoren lernten die Anamnesegruppen in der ersten Hälfte ihres Studiums, kurz vor dem Beginn der Boom-Phase der 80er Jahre, auf den überregionalen Treffen kennen. Für sie hatte sich das Studium bisher nicht als Möglichkeit dargestellt, Eigeninitiative einzubringen oder sich in der praktischen Arbeit mit Idealen auseinanderzusetzen, aufgrund derer man einst das Studium begonnen hatte. Hieraus erwuchs eine zunehmende Frustration, die durch das Gefühl von Vereinzelung und zunehmender Konkurrenz bei den Kommilitonen verstärkt wurde. Es zeigte sich keine Brücke zwischen dem durch Lektüre und Diskussion in politischen Gruppen erworbenen Wissen um die Bedeutung psychosozialer Faktoren für die Entstehung und Aufrechterhaltung von Krankheiten einerseits und der späteren beruflichen Tätigkeit andererseits. Es war abzusehen, daß das Engagement in der Organisation von Podiumsdiskussionen und Arbeitskreisen mit dem Abschluß des Studiums letztlich ins Leere laufen würde.

Wir befanden uns somit gemeinsam mit zahlreichen Kommilitoninnen und Kommilitonen in einer Situation, die von Sozialisationsforschern (Eron, 1955; Gray, 1965; Schüffel u. Pauli, 1996) als kritischer Punkt für das Umschlagen einer vorbestehenden idealistisch-moralischen Orientierung in Zynismus beschrieben wurde. In dieser Situation erschien uns das Konzept der Anamnesegruppen in mehrfacher Hinsicht als Ausweg:

- Im Gegensatz zu den traditionellen Frontalvorlesungen und Praktika wurde hier nicht nur Wissen, sondern auch eine Fertigkeit vermittelt, nämlich das Erheben der biographischen Anamnese. Gleichzeitig gab es erstmals die Möglichkeit, gemeinsam mit anderen Betroffenen die im Studium gemachten emotionalen Erfahrungen zu reflektieren.
- Es wurde ein Weg aufgezeigt, von dem nebulösen Gedanken, daß die „Psyche irgendwie wichtig ist", zu einem konkreten Erarbeiten der Bedeutung von individueller Biographie bei körperlich Kranken zu kommen. Das Konzept erhielt somit ein für die Praxis relevantes und umsetzbares biopsychosoziales Modell.
- Es bot sich eine über längere Zeit konstante kleinere Bezugsgruppe mit einer vertikalen Vernetzung zwischen den Studenten verschiedener Semester im Unterschied zur bisherigen Strukturierung des Studiums. Im Gegensatz zu der bisherigen Konkurrenzorientierung konnte die Erfahrung gemacht werden, daß durch das Zusammentragen

unterschiedlicher Wahrnehmungsaspekte ein vollständigeres Bild des Patienten gewonnen werden konnte, als dies dem einzelnen möglich gewesen wäre.
- Gleichzeitig zeigte sich erstmals im Studium die Möglichkeit, die eigene Studiensituation kreativ mitzugestalten, anstatt nur auf erneute Prüfungsverschärfung und Stellenkürzungen an den Fakultäten reagieren zu müssen. Es bot sich die Chance, Verantwortung für sich und die gemeinsame Gruppenarbeit zu übernehmen.

Konsequenterweise bauten wir daraufhin in unseren Fakultäten (Bonn und Erlangen) Anamnesegruppen auf, wobei wir sowohl auf Widerstand und Skepsis als auch auf Unterstützung durch die Fakultät trafen. Die Anamnesegruppenarbeit wurde in den folgenden Jahren für uns als Gruppenteilnehmer und später als Tutor sowie durch die Organisation und Durchführung von Tutorentrainings zu einem wichtigen Bestandteil unseres weiteren Studiums. Durch die Leitung weiterer Tutorentrainings, die Übernahme der Supervision für die studentischen Tutoren sowie durch Besuche beim Maitreffen und Beiträge im *POM* blieben wir der Anamnesegruppenarbeit, die wir als wesentliche Wurzel unserer Berufsausbildung begreifen, auch in unserer späteren Berufstätigkeit weiterhin verbunden.

3.4
Bewertung aus salutogenetischer Perspektive

Rückblickend betrachtet lassen sich unsere Erfahrungen in der Anamnesegruppenarbeit mit Antonovskys Konzept des „Sense of coherence" und seinen Faktoren „meaningfulness", „comprehensibility" und „manageability" beschreiben. Dies soll im folgenden dargestellt werden; zusätzlich möchten wir aufzeigen, wie die Anamnesegruppenarbeit zur Ressourcenaktivierung beitragen kann.

3.4.1
Comprehensibility

Das offizielle Curriculum bietet keine Möglichkeit, emotionales Erleben und Betroffenheit in der Arzt-Patient-Beziehung zu reflektieren. Unausgesprochenes Lernziel scheint es im Gegenteil – ausgehend vom Anatomiekurs – zu sein, emotionale Betroffenheit nicht wahrzunehmen. Tritt sie dennoch auf, wird sie oft als persönliche Schwäche angesehen. Dementsprechend fällt es den Teilnehmern der Anamnesegruppen zu Beginn der gemeinsamen Arbeit häufig schwer, eigene Gefühlsäußerungen zuzulassen. In der gemeinsamen Reflexion des Erlebten besteht die Chance, herauszuarbeiten, daß es sich hierbei nicht um sinnlose Störfelder, sondern im Gegenteil um nachvollziehbare und verstehbare Phänomene handelt, die sogar einen Schlüssel zu einem tieferen Verständnis des Patienten und seiner Problematik beinhalten. Verstehbarer für die Gruppenteilnehmer werden hierbei sowohl die Erlebniswelt des Patienten als auch die eigene.

3.4.2
Manageability

Die derzeitige Studiensituation beinhaltet zahlreiche Erfahrungen des Ausgeliefertseins. Zum einen sehen sich die Studenten mit einer ständig wachsenden Fülle von Lehrinhalten konfrontiert, über die sie nicht mitentscheiden können. Das gegenwärtige Prüfungssystem zwingt zu einer meist als sinnentleert erlebten Aneignung von Detailkenntnissen. Zweitens ist in dem sehr durchstrukturierten Studienplan kaum eine eigene Gestaltungsmöglichkeit vorgesehen. Es besteht keine Chance, in dosierten Abstufungen das Tragen von Verantwortung einzuüben; entsprechend angstbesetzt ist dann die Situation nach dem Studium, plötzlich voll verantwortlich zu sein. Drittens sehen sich zahlreiche, gerade besonders engagierte Kommilitonen häufig in einem Teufelskreis gefangen aus zunehmenden Prüfungsverschärfungen und einer Verschlechterung der Lernsituation durch Stellenstreichungen und der Notwendigkeit, hierauf mit organisiertem

Protest zu antworten. Dies führt wiederum dazu, daß man sich trotz allem Engagement mehr reagierend als aktiv gestaltend erlebt.

Die Anamnesegruppen können das, was Antonovsky als „manageability" bezeichnet, auf mehreren Ebenen erfahrbar machen. In den einzelnen Gruppenstunden erleben die Studenten, daß ihre persönlichen Beiträge zur Erstellung einer Gesamtsicht des Patienten und zur Reflexion der Student-Patient-Beziehung notwendig sind. Diese Erfahrung kann in anderen von Studenten selbst organisierten Lehrangeboten, wie z.B. Seminaren oder Ringvorlesungen über Naturheilverfahren oder Medizin und dritte Welt so nicht gemacht werden, da es hier wiederum um die Vermittlung von Wissen geht, auch wenn dies im Referatsstil von den Studenten selbst erfolgt. Für viele Studenten ist es eine überraschende Erfahrung, daß ihr Fehlen bei einer Gruppenstunde sich als für den Gruppenprozeß hemmend bemerkbar macht.

Eine weitere Möglichkeit der Erfahrung von Selbstwirksamkeit liegt in der Verantwortung für das Gesamtprojekt der Anamnesegruppen. Wenn sich nicht genügend Studenten dafür verantwortlich fühlen, sich als Tutoren für die nächsten Teilnehmergenerationen ausbilden zu lassen, hören die Anamnesegruppen an der jeweiligen Universität auf zu existieren. Die ständige Auseinandersetzung mit den Autoritäten der Fakultät (z.B. um einen Raum für die Gruppenstunde oder um die Erlaubnis zu einem Patienten-Interview) stellt eine ständige „Challenge" im Sinne Antonovskys dar. Diese Erfahrung könnte in einem von der Universität organisierten Lehrangebot nicht gemacht werden. Andererseits ist jedoch zu bedenken, daß bei zuviel Widerstand seitens der Fakultät die Voraussetzungen zu ungünstig werden, als daß die Eigeninitiative der Studenten Bestand haben könnte.

3.4.3
Meaningfulness

Die Autoren standen zu Beginn ihrer „Anamnesegruppenlaufbahn" vor dem Dilemma, daß das im Studium erlernte medizinische Faktenwissen und das selbsterarbeitete Wissen um psychosoziale Zusammenhänge mehr oder weniger unvermittelt nebeneinander standen. Dadurch, daß durch das Erheben und Reflektieren der biographischen Anamnese in der Anamnesegruppe die Möglichkeit einer Integration sichtbar wurde, machte es plötzlich wieder Sinn, sich mit beidem zu beschäftigen. Vorher hatte die Angst überwogen, sich nur noch nach Feierabend mit „schöngeistigen" Themen auseinandersetzen zu können und ansonsten in der Klinikroutine unterzugehen. Ein weiterer Aspekt des Erlebens von Sinnhaftigkeit bestand darin, Bedeutungszusammenhänge zwischen Biographie, Erlebenswelt und Erkrankung des Patienten sowie deren Auswirkung auf die Student-Patient-Beziehung erarbeiten und verstehen zu können.

3.4.4
Ressourcenaktivierung

Eine bedeutsame Ressource, die in der Anamnesegruppenarbeit geweckt und trainiert wird, ist die Fähigkeit zu Kooperation und Teamarbeit. Obwohl Kooperationsfähigkeit im Gesundheitswesen zu einer möglichst optimalen Nutzung der zur Verfügung stehenden Ressourcen eine absolute Notwendigkeit darstellt und den ärztlichen Alltag eigentlich prägt (z.B. Stationsteam, Praxisteam, interkollegiale Vernetzung, multiprofessionelle Vernetzung), wird diese Fähigkeit paradoxerweise im Medizinstudium eher unterdrückt als gefördert. Der Studienalltag ist mehr von Konkurrenz und Einzelkämpfertum geprägt, die Notwendigkeit zu einer sinnvollen Kooperation ergibt sich im bisherigen Studienplan für die Studenten nicht. In der Anamnesegruppe wird Kooperationsfähigkeit im Zusammentragen der unterschiedlichen Wahrnehmungsaspekte zu einem Gesamtbild konsequent trainiert.

Bedeutsam ist hierbei auch die heterogene Gruppenstruktur, das heißt: Studenten aus den ersten vorklinischen Semestern werden andere Wahrnehmungsbausteine beitragen als erfahrene Kliniker. In der Anamnesegruppe haben diese Beiträge im Gegensatz z.B. zu einer Chefvisite oder einer Hauptvorlesung gleiches Gewicht. Die Autoren haben sich diese Erfahrung im weiteren Berufsalltag zunutze gemacht, indem sie sich bemüht haben, beispielsweise als Stations- oder Ambulanzärzte multiprofessionelle Teams zusammenzustellen und die Wahrnehmungen aus den einzelnen Berufsgruppen (z.B. Pflegepersonal, Physiotherapeuten, Sozialarbeiter, Famulanten etc.) zu einem Gesamtbild zusammenzutragen.

Beitrag 4
Salutogenetische Faktoren der Balint-Gruppenarbeit

von M. Bähr, V. Köllner

4.1
Die Balint-Gruppe – Versuch einer Begriffsklärung

Michael Balint (1896-1970), Arzt und Psychoanalytiker, entwickelte das Konzept der nach ihm benannten Gruppen Anfang der 50er Jahre in London. Der aus Ungarn stammende Balint war als Psychoanalytiker Schüler von S. Freud und S. Ferenczi. Als Sohn eines Landarztes blieb er in seinem Denken und wissenschaftlichen Wirken stets der Allgemeinmedizin verbunden. So legte er den Schwerpunkt seiner Forschung nach der Emigration nach London auf die Arzt-Patient-Beziehung. Wie aus der in den 30er Jahren in Budapest begonnenen und dann in Manchester und London fortgesetzten Forschungstätigkeit mit praktischen Ärzten die Idee der Balint-Gruppe entstand, stellte er in seinem grundlegenden Werk „Der Arzt, sein Patient und die Krankheit" dar (M. Balint, 1964).

Eine Balint-Gruppe besteht aus acht bis zwölf Teilnehmern sowie einem Gruppenleiter, der Psychotherapeut ist, über Erfahrung in der Leitung von Gruppen verfügen sollte und eine entsprechende Ausbildung als Balint-Gruppenleiter gemacht hat. Die Teilnehmer der ursprünglichen Balint-Gruppe waren niedergelassene Allgemeinärzte, inzwischen gibt es Balint-Gruppen jedoch in allen ärztlichen Bereichen sowie für Pflegepersonal, Hebammen, Theologen, Pädagogen und für Medizinstudenten. Ziel der Gruppenarbeit ist es, Problemsituationen in therapeutischen Beziehungen zu klären und damit den Ansatz zu Lösungen zu schaffen. Bedeutsam dabei ist, daß unangenehme Gefühle des Arztes gegenüber Patienten, wie z.B. Ärger, Trauer oder Hilflosigkeit, nicht als Störung, sondern als Chance für ein tiefergehendes Verständnis der Problematik des Patienten gesehen werden.

Eine Balint-Gruppe trifft sich in der Regel 14tägig für eine Doppelstunde, möglich ist aber auch, einmal im Vierteljahr ein Wochenende mit mehreren Gruppensitzungen abzuhalten. Entscheidend ist, daß es sich um eine kontinuierliche, geschlossene oder halboffene Gruppe handelt. Zu Beginn einer Sitzung berichtet ein Gruppenmitglied über einen seiner Patienten, der ihm Sorgen oder Schwierigkeiten bereitet. Dabei geht es nicht um die Klärung differentialdiagnostischer Fragen oder die Einordnung von somatischen oder labormedizinischen Befunden, weshalb die Vorstellung auch frei und ohne die Krankenakte erfolgen sollte. Oft kann der vorstellende Kollege auch kein genaues Problem definieren, sondern hat bei diesem Patienten nur ein allgemeines Gefühl des Unwohlseins, z.B. wenn er bemerkt, daß er bei der Visite dieses Zimmer gerne ausläßt. Nach der Fallvorstellung äußern dann die übrigen Mitglieder ihre Gefühle, Gedanken und Phantasien zu dieser Arzt-Patient-Beziehung. Gemeinsam mit dem Gruppenleiter wird dann versucht, die sich so darstellenden Übertragungs- und Gegenübertragungsprozesse zu klären und zu einer „Beziehungsdiagnose" zu kommen. Zahlreiche zur Balint-Gruppenarbeit durchgeführte Studien zeigen, daß diese Art der kontinuierlich durchgeführten „patientenzentrierten Selbsterfahrung" die Wahrnehmungsfähigkeit der Ärzte für die Probleme ihrer Patienten sowie für Störungen der Arzt-Patient-Beziehung deutlich verbesserte (E. Balint u. J. S. Norell, 1973; Stucke, 1991).

Die salutogenetischen Auswirkungen dieser an der Beziehung orientierten Sichtweise möchten wir nun an einem Fallbeispiel darstellen.

4.2
Fallbeispiel

4.2.1
Ausgangssituation

Herr König suchte auf Anraten der HIV-Ambulanz die Psychosomatische Poliklinik der Universitätsklinik Bonn auf, nachdem im Mai 1991 die Erstdiagnose einer HIV-Erkrankung gestellt worden war. Zum Erstgespräch erschien Herr König in bunt zusammengewürfelter Bekleidung. Er war damals 33 Jahre alt. Vor mir stand ein völlig verzweifelter, von Ängsten geplagter Patient, der sehr unruhig und ungeduldig wirkte. Im Gespräch stellte sich heraus, daß Herr König vom Ambulanzarzt der HIV-Sprechstunde „geschickt wurde". Als sein eigenes Anliegen schilderte er, daß er hoffe, hier einen Strohhalm zu finden, an den er sich klammern könne. Gleichzeitig verspürte ich aber auch seine Skepsis darüber, ob ihm die Gespräche auch wirklich helfen würden.

Ich selbst spürte schon im ersten Gespräch, wie mich Ängste überfielen: ob ich ihm wirklich gerecht werden kann, auch angesichts der für mich neuen Problematik, der Auseinandersetzung mit dem Tod. Ich fühlte mich vom Patienten überfordert, aber auch von seiner Not berührt und entschied sehr spontan, fünf Probesitzungen mit ihm zu führen, um dann endgültig abzuklären, ob eine Psychotherapie im eigentlichen Sinne beginnen kann.

Damals arbeitete ich als Funktionsoberärztin in der Psychosomatischen Poliklinik der Medizinischen Universitäts-Klinik Bonn und befand mich am Ende meiner internistischen und psychotherapeutischen Ausbildung. Schon während meines Studiums war ich in Anamnesegruppen engagiert und trat zu Beginn meiner Berufstätigkeit 1986 in eine damals neu gegründete Balint-Gruppe ein.

4.2.2
Biographischer Hintergrund

Der Patient wurde in einem kleinen Dorf im damaligen „Zonenrandgebiet" geboren. Er war der ältere von zwei Söhnen, hatte einen vier Jahre jüngeren Bruder. Die Mutter, die als kühl und distanziert beschrieben wurde, konnte sich um die Erziehung der Söhne nicht kümmern, da sie selber berufstätig war. So wurden die Kinder von den Großeltern bzw. Nachbarn betreut. Der Vater wurde als sehr schwach und emotional labil geschildert. Während dessen Tätigkeit als Bahnbauer stellte sich rasch eine Alkoholproblematik ein, die dazu führte, daß die Ehe der Eltern nach 16 Jahren zerbrach. In der Familie war es nie möglich gewesen, Gefühle zu zeigen. Der Patient berichtete, daß alle Mitglieder nebeneinander herlebten und aneinander vorbeiredeten. Er habe sich nie verstanden gefühlt, habe auch nie das Gefühl gehabt, es recht zu machen.

In dieser entbehrungsreichen Zeit gelang es Herrn König jedoch, eine sehr lebhafte, von Bildern geprägte innere Welt aufzubauen. Nachdem ihm vom Vater verboten worden war, Tierpfleger zu werden, beschloß er im 16. Lebensjahr, die Schule zu verlassen und aus dem Elternhaus auszuziehen, um ein Praktikum in einer landwirtschaftlich-technischen Versuchsanstalt zu absolvieren. Von da an wählte er konsequent seinen eigenen Weg. Er besuchte die Fachoberschule und erwarb das Fachabitur. Anschließend leistete er in einem Altenheim seine Zivildienstzeit ab. Diese Zeit war für den Patienten sehr bedeutsam, da er dort erstmals mit dem Tod konfrontiert wurde. Er war der einzige, der, wenn die alten Leute starben, auch am Bett sitzen blieb. Er habe sich damals sehr mit dem Tod auseinandergesetzt und ihn als etwas Friedliches und Erlösendes erlebt.

Nach dem Zivildienst kam Herr König nach Bonn, wo er in einem Gärtnereibetrieb tätig war. Er konnte durch die Ausbildung dem engen dörflichen Milieu entfliehen, wo er sich auch bezüglich seiner homosexuellen Tendenzen nicht angenommen wußte. Seine Liebe galt der japanischen Gartenbaukunst, wo er zudem seine Kreativität entfalten konnte. Im Oktober 1991, ein halbes Jahr nach Stellung der Diagnose, wurde Herr König arbeitslos, da sein Betrieb in Konkurs ging. Herr König hatte immer Schwierigkeiten, Kontakte zu knüpfen. Er berichtete über eine alte Schulkameradin, der er sich verbunden fühlt, weil er Ähnlichkeiten feststellen konnte. Als die Schulkameradin drogenabhängig wurde, bekam Herr König starke Selbstzweifel, ob er denn ebenso labil sei wie diese Freundin. Nach jahrelanger Freundschaft brach er den Kontakt zu ihr ab.

Herr König schilderte weiter, daß er in seiner Pubertät erste homosexuelle Kontakte zu seinem Cousin gepflegt habe. Bei Besuchen sei es regelmäßig zu Geschlechtsverkehr gekommen, was er aber nicht als sonderbar empfunden habe, da sein Bruder ebenfalls mit einem Cousin intimen Kontakt gepflegt habe. Ab dem 20. Lebensjahr definierte Herr König sich selbst als homosexuell und konnte dies für sich gut akzeptieren. Er hatte Schwierigkeiten, längerfristige Beziehungen aufzubauen und lebte anfangs eher promisk.

Vor zehn Jahren lernte er seinen jetzigen Freund kennen. Die Beziehung sei von Anfang an von sexuellen Schwierigkeiten geprägt gewesen, da sein Freund sadomasochistische Praktiken bevorzugte, auf die Herr König sich nur ungern einließ. Schon rasch vereinbarte das Paar, daß „außereheliche" Beziehungen möglich seien. Damals trat Herr König in die Aids-Hilfe ein. Er glaubte, daß er durch seine ehrenamtliche Tätigkeit davor gefeit sei, selbst irgendwann infiziert zu werden. Zudem achtete Herr König bei „außerehelichen Kontakten" sehr genau auf Schutzmaßnahmen. Trotz dieser sexuellen Spannungen war die Beziehung von viel Vertrauen und Geborgenheit gekennzeichnet und blieb bis zum jetzigen Zeitpunkt bestehen.

Herr König war in seinem Leben noch nie ernsthaft krank gewesen. Als sein Freund 1991 wegen einer Lungenentzündung in ein Krankenhaus mußte, wo ein HIV-Test durchgeführt wurde, wurde ihm nahegelegt, ebenfalls einen Test zu machen. Das Ergebnis traf ihn völlig unvorbereitet, vor allem auch vor dem Hintergrund der bisher geübten Vorsichtsmaßnahmen. Neun Monate nach der Diagnosestellung stellte sich der Patient bei mir vor. Bis zu diesem Zeitpunkt war es zu keinen Symptomen der Infektion gekommen, körperlich war Herr König in einem guten Zustand, und er fühlte sich körperlich gesund.

4.2.3
Diagnose:

Anpassungsstörung mit Angst und depressiver Reaktion bei HIV-Erkrankung, Stadium I

4.2.4
Problemsituation, die zur Vorstellung in der Balint-Gruppe führte:

Zur 3. Stunde brachte Herr König die Zeichnung eines Gnoms mit, den er selbst als schmierig, bedrückend, schwer und dunkel beschrieb. Er sagte, dieser Gnom sähe so aus wie der Alp aus dem Film „Gothic".

Er glaube, daß dieser Gnom in seinem Bauch sitze und für Gefühle von Traurigkeit, Verzweiflung und Antriebslosigkeit verantwortlich sei. Dieser Gnom sei groß und gefährlich und würde ihn zeitweilig ganz ausfüllen. Gleichzeitig brachte er Aufzeichnungen mit, in denen er die Gedanken des Gnoms gegenüber seinen eigenen Gefühlen abgrenzte und als etwas Unabhängiges darstellte.

Das Bild des Gnoms und seine innere Spaltung machten mich skeptisch und auch ängstlich. Ich befürchtete zweierlei: Einerseits war ich mir nicht sicher, inwieweit die HIV-Erkrankung möglicherweise zu einer neurologischen Symptomatik mit organischer Psychose geführt hatte, andererseits stellte ich die Differentialdiagnose eines unabhängig von der HIV-Erkrankung bestehenden psychotischen Erlebens. Diese Unsicherheit führte mich dazu, den Patienten erstmalig in der Balint-Gruppe vorzustellen.

In meiner Balint-Gruppe befanden sich acht Mitglieder, die Teilnehmer waren überwiegend Kollegen aus der gleichen Klinik, zu denen ich auch privat einen engen Kontakt pflegte.

Ich schilderte die Anamnese des Patienten, und als ich zu dem Punkt mit den Bildern kam, eröffnete ich meine Zweifel, ob ich dem Patienten überhaupt gerecht werden könne oder ob die Behandlung überhaupt fortgesetzt werden könne. Nach der Vorstellung begann ein lebhafter Austausch von Phantasien und Bildern über den Patienten. Mir fiel auf, wie der Patient sofort als sympathisch wahrgenommen wurde und viel Verständnis erfuhr. Es wurde die Phantasie geäußert, daß der Patient in seinem Wesen genauso bunt sei wie seine bunt zusammengewürfelte Kleidung. So wurden auch die Bilder als seine Art verstanden, sich mit der Erkrankung auseinanderzusetzen. Mir selbst fiel auf, daß meine Ängste bezüglich der von mir befürchteten Diagnosen geringer wurden und ich mich wieder mit mehr Mut dem Patienten zuwenden konnte.

4.2.5
Weiterer Therapieverlauf

Durch die Intervention in der Balint-Gruppe fühlte ich mich ermutigt, mich wieder auf den Patienten einzulassen. Allerdings beschloß ich, vorsichtig zu sein und den Patienten in der Neurologischen Universitäts-Klinik vorzustellen. Ich merkte, daß ich mich dadurch auf die Angstseite des Patienten begeben konnte und entschloß mich dazu, mein Vorgehen mit dem Patienten ausführlich zu besprechen. Ich erklärte ihm, daß ich mich um ihn sorge und schlug ihm vor, sich in der Neurologischen UniversitätsKlinik vorzustellen. Hierauf reagierte Herr König zunächst mit der Angst, daß die Erkrankung schon fortgeschritten sein könnte.

Tatsächlich stellte sich heraus, daß die Untersuchungen unauffällig verliefen. Dies stellte für mich, aber auch für Herrn König, ein wichtiges Fundament dar, sich jetzt auf die Therapie einzulassen. In den nächsten Stunden war der Patient mit Bildern zwar zurückhaltender, doch fand er nach kurzer Zeit durch die Schilderung seiner Träume zu seiner opulenten Bildersprache zurück. Diese Bilder blieben im Verlauf der vielen darauffolgenden Stunden ein wichtiges Werkzeug, zu den Vorstellungen und Gefühlen des Patienten vorzudringen und ihn zu verstehen. Die nächste Phase war allerdings auch dadurch gekennzeichnet, daß in der therapeutischen Beziehung deutlich wurde, wieviel Angst der Patient vor Nähe hat. Diese Angst ist verständlich auf dem Hintergrund, daß er weder von Vater noch Mutter in seinem Wesen angenommen und auch nicht geliebt wurde. Auf meine Frage hin, in welcher Rolle er mich denn sähe, antwortete er gerade heraus: „Sie sind eine kompetente Fachkraft für mich."

In diese schwierige Phase unserer Beziehung fiel für mich das Ende meiner Zeit in der Klinik. Ich ließ mich als Internistin und Psychotherapeutin in Bonn nieder, was bei dem Patienten große Verlustängste auslöste. Er befürchtete, daß ich hierdurch weniger Zeit für ihn haben würde und ihn fallenlassen könnte. Erst allmählich bildete sich eine Stabilität in unserer Beziehung, die getragen wurde von Konstanz und Zuverlässigkeit. Ich spürte, wie der Patient seine Bedürfnisse nach Nähe und Geborgenheit zunehmend zulassen konnte, da er erfahren hatte, daß seine Befürchtungen bezüglich des Fallengelassenwerdens nicht zutrafen. Auf diesem Boden war es möglich, sich dem Thema des Todes anzunähern.

In einer dieser Stunden äußerte der Patient den Wunsch, daß ich ihn auch an seinem Sterbebett begleiten und ihm die Hand halten solle. Dieser Wunsch zeigte für mich sein Bedürfnis, mit mir zu verschmelzen, und auf der anderen Seite zeigte es mir auch, daß der Patient sich mit dem Thema des Todes und seines Sterbens konfrontieren konnte. In einer der nächsten Stunden, als wir darüber sprachen, wieviel Zeit ihm denn bleiben würde, entgegnete mir der Patient mit einem aggressiven Unterton: „Vielleicht sind Sie ja schon früher dran als ich." Zunächst war ich total schockiert und dachte: „Ich doch nicht", wobei mir dabei gleichzeitig einfiel, daß der Patient früher einmal gesagt hatte, daß alle Menschen um ihn herum sich als unsterblich fühlten. Insgesamt wurde mir die Situation zu heiß. Ich spürte, daß die eigenen Regeln gesprengt wurden. Seine Wünsche, im Tode mit mir vereint zu sein, machten mir Angst und auch deutlich, wie schwer es mir fällt, mich von seinen Todesängsten distanzieren zu können. Gleichzeitig stellte sich für mich die Frage, wie der therapeutische Prozeß wohl weitergehen würde: Würde die Therapie im Therapiezimmer enden mit einem gesunden Patienten oder am Sterbebett, mit dem Tod des Patienten?

So beschloß ich erst einmal, den Patienten in der Supervisionsgruppe vorzustellen. In der Supervisionsgruppe spürte ich, daß meine eigenen Ängste bezüglich des Todes aufgenommen wurden, und man riet mir dazu, das bald bevorstehende formale Ende des beantragten Therapierahmens abzuwarten und dann die Therapie zu beenden, was eine formale Lösung des emotionalen Konflikts bedeutet hätte. Ich fühlte mich sehr unsicher, ob ich diesem Rat folgen sollte.

Aus diesem Grund entschloß ich mich, den Patienten nochmals in der Balint-Gruppe vorzustellen. Dort wurde der Therapieverlauf durchaus positiv beurteilt, und es wurde herausgestellt, wie wichtig es für den Patienten ist, daß er jetzt mehr Nähe zulassen und sich mit dem Gedanken des Todes auch konkret befassen kann. Es wurde befürchtet, daß bei Therapieabbruch der Patient sein ursprüngliches Trauma des Nichtangenommenwerdens wieder erlebt. Es wurde daher doch eher dazu geraten, die Therapie fortzuführen.

Mir war auf der einen Seite schon mulmig zumute, auf der anderen Seite war ich jedoch auch gespannt, wie es wohl weitergehen würde. Ich fühlte mich doch in dem Gedanken bestärkt, den Patienten jetzt nicht fallenlassen zu können.

Nach mittlerweile fünfjährigem Therapieverlauf geht es dem Patienten gut. Er hat gelernt, mit der Erkrankung zu leben, ohne von Angst überwältigt zu werden. Inzwischen ist er ganztags berufstätig und kann vorsichtige Zukunftsperspektiven entwickeln. Die HIV-Erkrankung befindet sich nach wie vor im Stadium 1. Mittlerweile ist es dazu gekommen, daß in unserer Beziehung ein tiefes Vertrauen und eine große Nähe aufgebaut werden konnten. Ich fühle mich dem Patienten sehr verbunden und habe genau wie er die Angst, die in den ersten Stunden existierte, verloren.

4.3
Epikrise

Bereits der Grundgedanke der Balint-Gruppenarbeit ist als ein salutogenetischer anzusehen: Beim Arzt auftretende negative Gefühle gegenüber Patienten werden nicht als Störung betrachtet, die man am besten ignoriert, sondern als Ressource, zu einem tieferen Verständnis des Patienten und der Arzt-Patient-Beziehung zu kommen. Dies hat zwangsläufig auch einen Veränderungsprozeß in der Ärztin, die den Fall vorgestellt hat, sowie in den übrigen Gruppenteilnehmern zur Folge. Eine längere Teilnahme an dieser Art der patientenbezogenen Selbsterfahrung kann somit nicht ohne Auswirkungen auf das eigene Selbstverständnis und die Berufspraxis bleiben. Es ergibt sich jedoch nicht von selbst, daß dieses salutogenetische Potential auch genutzt wird. Vielmehr hängt es von der Art der Interaktion der Gruppe und der Orientierung des Gruppenleiters ab, worauf der Fokus gerichtet wird. So könnte am Ende einer auf die Pathogenese fokussierenden Gruppenstunde z.B. die Erkenntnis stehen, daß es sich bei den in der Fallvorstellung dargestellten negativen Gefühlen des behandelnden Arztes letztlich nur um Widerspiegelungen der hysterischen, zwanghaften oder depressiven Charakterstruktur des Patienten im Sinne einer Gegenübertragung handelt. In diesem Falle stünde am Ende des Gruppenprozesses nicht eine Beziehungsdiagnose, sondern wiederum ein diagnostisches Etikett für den Patienten, was den Arzt der Notwendigkeit einer Auseinandersetzung mit seinen eigenen Anteilen an der Beziehung entheben würde. Im Gegensatz dazu wird an dem hier dargestellten Fallbeispiel unseres Erachtens das salutogenetische Potential der Balint Gruppe deutlich.

Die Balint-Gruppe als „Erzählgemeinschaft" bestand für die Kollegin zum Zeitpunkt des Erstkontaktes bereits seit fünf Jahren. Sie konnte daher für sie eine „Insel der Vertrautheit" darstellen, die den sicheren Grund dafür gab, sich auf das Wagnis einer Auseinandersetzung mit dem damals neuen Thema der HIV-Infektion und der damit verbundenen Todesdrohung einzulassen. Die Ängste der Kollegen und ihr

Bemühen, keine bedrohlichen Symptome zu übersehen, wurden in der Gruppe angenommen. Andererseits wurde aber auch eine andere Art des Verständnisses für die düsteren Bilder des Patienten und seine Spaltungstendenzen angeboten.

Hierin konnte auch ein Weg zur Problembewältigung gesehen werden. Diese Sichtweise des Symptoms als eines hilfreichen, salutogenetischen Faktors, aber auch das Akzeptieren der Ängste ließen dann die therapeutische Beziehung überhaupt erst möglich werden.

Besonders deutlich wurde der Unterschied zwischen einer salutogenetischen und einer pathogenetisch orientierten Beurteilung der therapeutischen Beziehung in der zweiten Problemsituation. In der Supervisionsgruppe wurde offensichtlich auf die pathogenen Anteile fokussiert. Dies führte zu der Einschätzung, daß bei einem Patienten mit einer tödlichen Infektion eine auf Heilung ausgelegte Psychotherapie lege artis nicht mehr durchzuführen sei. Konsequenterweise wurde deshalb zum Abbruch der Therapie zum nächsten formal möglichen Zeitpunkt geraten. In der Balint-Gruppe hingegen wurden auch die gesunden Anteile des Patienten und der therapeutischen Beziehung fokussiert. Der Therapeutin wurde Mut gemacht, nicht vor ihrer eigenen emotionalen Betroffenheit zurückzuschrecken, sondern diese auch als Chance für die eigene Auseinandersetzung mit dem Thema Abschied und Tod anzusehen.

Wenn man Antonovskys Begriff der Manageability im Sinne Wolfram Schüffels mit „Gegenseitigkeit" übersetzt, wird hier gerade dieser Anteil des Sense of Coherence verstärkt. Die Therapeutin konnte Herrn König somit nicht mehr nur als „Todes"-, sondern auch als „Lebenskandidaten" begreifen und die Therapie fortsetzen. Dabei kam es zur Ressourcenaktivierung auf zwei Ebenen: Bei der Therapeutin wurden Mut und Empathie gefördert, die Behandlung unter Erweiterung der eigenen therapeutischen Grenzen fortzusetzen. Beim Patienten kam es in der Folge zu emotionalen Veränderungen, die sein Selbstbild und seine Beziehungsfähigkeit deutlich verbesserten und ihn seine Berufstätigkeit wieder aufnehmen ließen.

Wie anfangs dargestellt, halten wir es nicht für selbstverständlich, daß in der Balint-Gruppenarbeit so salutogenetisch gedacht wird wie in dieser Fallgeschichte. Daß dies in diesem Falle möglich war, hat vielleicht seine Ursache darin, daß die Gruppe bereits lange bestand und deshalb Stärken sowie die emotionale Belastbarkeit ihrer Mitglieder gut einschätzen konnte und als Erzählgemeinschaft gut aufeinander eingespielt war. Entscheidend ist jedoch auch, was der Gruppenleiter in den Blickpunkt stellte. Wir halten es daher für sinnvoll, das Gedankengut Antonovskys auch in die Ausbildung der Balint-Gruppenleiter mit einzubeziehen.

1993 erschien ein Buch von Enid Balint mit dem Untertitel „Balint revisited". Im Titel „The doctor, the patient and the group" ist der Begriff der „Krankheit" im Vergleich zu Balints 35 Jahre vorher erschienenem Buch durch den der „Gruppe" ersetzt worden – Hinweis auf einen Perspektivenwechsel? E. Balint schreibt 1993: „If psychoanalysts are involved in such work (gemeint ist die Balint-Gruppenarbeit, V. K.) it is not their theory, that helps but their ways of looking at patients and listening to them." Hier wird der in unserem Fallbeispiel dargestellte Perspektivenwechsel weg von einer pathogenetisch ausgerichteten Theorie hin zu einem beziehungsorientierten Zuhören deutlich. Weiterhin merkt E. Balint an, Ärzte fänden in Balint-Gruppen „more than knowledge or facts. This cannot be taught; only discovered."

Beitrag 5
Salutogenetische Auswirkungen der Integration systemischen Denkens auf die Berufszufriedenheit

von G. Flattern

> Krankheiten sind gewiß ein höchst wichtiger Gegenstand der Menschheit, da ihrer so viele sind, und jeder Mensch so viel mit ihnen zu kämpfen hat. Noch kennen wir nur sehr unvollständig die Kunst, sie zu benutzen. ...Jede Krankheit ist ein musikalisches Problem, die Heilung eine musikalische Auflösung. Krankheiten lassen mannigfaltige Auflösungen zu.
> Novalis (1722–1801),
> Gesammelte Werke, Bd. II, Fragment 194, 1797

War Novalis Systemiker? Hat er sich schon damals – um 1800 – Gedanken zum Verhältnis der Teile zum Ganzen gemacht? Welches Verhältnis besteht zwischen Tönen und ihrem Zusammenklang als Melodie? Kannte er ein systemisches Konzept von Krankheit und Behandlung?

Anders gefragt: Ist systemisches Denken in der Medizin heute eine Neuentdeckung oder eher eine Wiederentdeckung verschütteter Zusammenhänge? Welche Bedeutung ist systemischen Konzepten im klinischen Kontext zuzuordnen?

Ich möchte diesen Fragen auf mehreren Ebenen nachgehen:
- mit einem Rückblick auf die jüngere Geschichte der Medizin
- mit neugierigem Blick auf den Begriff der Berufszufriedenheit
- mit einem kurzen Blick auf systemisches Denken in der Medizin
- mit Blickkontakt zur klinischen Realität – ein Fallbeispiel
- mit einem Ausblick aus salutogenetischer Perspektive

5.1 Ein kurzer Rückblick

Während Novalis als Vertreter der deutschen Romantik Krankheit in ein ganzheitliches Lebenskonzept einzuordnen wußte, ging dieses Wissen im offiziellen Paradigma des medizinischen Positivismus verloren. Aus der idealistischen Orientierung wurde eine realistische. Die Grundprinzipien des neuen Denkens in der Medizin betonten die analytisch-reduktionistische Methode. Linearität und Kausalität wurden zu Eckpfeilern von pathogenetischen Konzepten. Die Medizin entwickelte sich getreu den Prinzipien, die Johannes Müller als Physiologe etwa Mitte des 19. Jahrhunderts formulierte:

„Die Medizin kann weitere Fortschritte nur dadurch machen, daß die ganze Physik, Chemie und alle Naturwissenschaft auf sie angewendet und daß sie auf die gegenwärtig gestiegene Höhe derselben gestellt und mit ihren glänzenden Fortschritten in Übereinstimmung gebracht werde." (zitiert nach: Schipperges, 1984).

Die Medizingeschichte der Neuzeit wird gerne polarisiert – wissenschaftlich versus nichtwissenschaftlich – geschrieben, ohne daß dabei die Vielschichtigkeit ihrer historischen Wurzeln miteinbezogen wird.

Ich vertrete hier die These, daß die moderne Medizin stets in diesem Spannungsfeld zwischen idealistischer und realistischer Orientierung verblieben ist, auch wenn die Vertreter der reduktionistischen Methode in der Medizin eine wissenschaftliche Exklusivität für sich beanspruchten. Ganzheitliche Orientierung und das Wissen um eine multimodale Bedingtheit haben sozusagen im Bypass zur offiziellen Medizin ihre eigene Tradition seit der Medizin der Romantik und finden nach psychoanalytischer Durchdringung in den Konzepten einer biopsychosozialen Medizin ihren modernen Ausdruck (Flatten, 1991).

Systemische Konzepte, so meine zweite These, sind heute aufgrund ihrer Begründung in physikalischen (Heisenberg, Bohr), neurobiologischen (Maturana, Varela) und sozialen Theorien (Luhmann) ein integrierendes Dach, unter dem wissenschaftliche High-Tech-Medizin und biopsychosoziale Medizin mehr Nähe zueinander zulassen können, und dies unter Anerkennung der letztlich gemeinsamen Zielorientierung (ich werde dies später an einem Fallbeispiel näher ausführen).

5.2
Berufszufriedenheit im Kontext

Voranstellen möchte ich zunächst einen Exkurs zum ärztlichen Rollenverständnis. Während die traditionelle Arztrolle eine vielseitige, kulturelle Gebundenheit aufweist, den Arzt als Gelehrten, als Priester, als Heiler oder als Schamanen ausweist, prägte die wissenschaftlich-technisch orientierte Medizin ein Bild vom Arzt als Techniker. In Kontakt mit der modernen Pharmakologie und verfeinerten diagnostischen und therapeutischen, auch chirurgischen Möglichkeiten erwuchs eine Allmächtigkeit entsprechend der (leider) noch nicht überholten Karikatur des „Halbgottes in Weiß".

Ivan Illich formulierte 1976 seine Kritik am Medizinsystem als *medizinische Nemesis* und wies die selbstschädigende Wirkung einseitig reduktionistischer Methoden als Iatrogenesis auf den Ebenen klinischer, sozialer und kultureller Wechselwirkungen nach. In Anlehnung an den Begriff der *Nemesis,* der die Rache der Götter beschreibt, die jene Sterblichen sich zuzogen, die sich die eifersüchtig gehüteten Vorrechte der Götter anmaßten, steht meine dritte These:
  Mit der Veränderung der Arztrolle zum einseitigen Spezialisten, Techniker und Erfüllungsgehilfen in einem technischen Medizinsystem leidet die Berufszufriedenheit. Ich meine damit die Identität und Identifizierung in einem erkenntnis- und handlungsleitenden Theorie- und Praxiskonzept.

Berufszufriedenheit ist gleichzeitig ein individueller Wert und eine abstrakte Größe. Sie entsteht in einem reflexiven Prozeß, der Selbstwahrnehmung und gesellschaftlich interaktive Variablen integriert. Individuelle Prinzipien und Ziele konkurrieren dabei mit gesellschaftlichen Erwartungen und Aufträgen, deren Akzeptanz und Vergütung. Mit Blick auf die eigene Identitätssuche (mit Angst vor allzuviel technischer Spezialisierung) erscheint mir jedoch statt „Berufszufriedenheit" der Begriff „Arbeitszufriedenheit" zur Zeit realistischer und ein Stück entmystifiziert. Über den Begriff „ärztliches Ethos" ließen sich weitere Fragen zur Entwicklung der Ethik in der Medizin anschließen. Ich werde diesen Bereich im Fallbeispiel mit ansprechen.

5.3
Systemisches Denken in der Medizin

Mit Bezug auf Novalis scheint es mir gerechtfertigt zu sagen: Systemisches Denken in der Medizin ist nicht neu. Was seit der philosophisch-idealistischen Perspektive von Novalis jedoch hinzugekommen ist, ist ein differenziertes Wissen um die Verankerung systemischer Wechselwirkungsmuster in sämtlichen Lebensbereichen. Aus der physikalischen Erkenntnis der Unschärferelation (Heisenberg) ist eine neue Subjektivität der Erkenntnis erwachsen, mit der von den Neurobiologen Maturana und Varela geforderten Schlußfolgerung:

Der Beobachter erschafft die Welt des zu Beobachtenden.

Oder anders ausgedrückt: In der modernen Systembiologie gibt es keine objektive Wirklichkeit. Wenn Grunderfordernisse des Lebens erfüllt sind, haben Lebenssysteme, also auch der Mensch, alle Freiheit, sich ihre Welt selbst zu erschaffen, statt nur auf Vorgegebenes zu reagieren. Das Subjekt ist somit entscheidend an der Schöpfung seiner nur scheinbar objektiven Wirklichkeit beteiligt. Als zentraler Begriff faßt „Autopoese" dieses Denken zusammen. Psychotherapeuten identifizieren im Narrativ die subjektive, in und mit der Erzählung geschaffene Erlebenswelt ihrer Klienten.

Luhmann hat die Theorie selbstreferentieller Systeme auf die Wechselwirkungsprozesse sozialer Systeme übersetzt. Im medizinischen Bereich haben Konzepte der systemischen Familientherapie und -beratung inzwischen eine über mehrere Jahrzehnte währende Tradition mit Entwicklung differenzierter diagnostischer und therapeutischer Techniken.

Public Health engagiert sich, dieses Systembild des Lebens auf gesellschaftlicher Ebene zu beschreiben, ausgehend von der Erkenntnis, daß die Gesundheit der Bevölkerung nicht allein durch das medizinische System der Versorgung ausreichend erhalten und gefördert werden kann (Frühbuß, 1996).

Einflußfaktoren werden beschrieben auf mindestens drei Ebenen:
- der individuellen,
- der ökologischen,
- der sozialen.

Die *Systemische Familienmedizin* (Hendrischke, Kröger, 1997) – entsprechend dem amerikanischen Modell der *collaborative family health care* – kann als konsequente Übersetzung dieses Wissens um Vernetzung in ein handlungs- und lösungsorientiertes Konzept beschrieben werden. Sie arbeitet mit den Zielvorgaben
- einer integrierten biopsychosozialen Gesamtbehandlung körperlicher und psychischer Beschwerden;
- einer intensivierten Kooperation der Behandler untereinander;
- einer intensivierten Kooperation mit der Familie des Patienten;
- einer konsequenten Ressourcenmobilisierung im primären sozialen Netz.

Sie definiert ein kooperatives Behandlungskonzept, das neben Symptombesserung die Zielgrößen Behandlungszufriedenheit, Compliance im Bezugssystem und Wirtschaftlichkeit als Säulen einer funktionierenden medizinischen Versorgung mit einbezieht. Wesentliche Merkmale sind dabei die Kooperation der verschiedenen an der Behandlung beteiligten Berufsgruppen untereinander sowie die Kooperation und Kommunikation mit dem Patienten und seiner Familie. Ein Fünfstufenmodell (Hendrischke, Kröger, 1997) beschreibt in Abhängigkeit vom Ausmaß der krankheitsrelevanten, biopsychosozialen Wechselwirkungen differenzierte psychotherapeutisch unterstützte Vorgehensweisen zur Bewältigung einer komplexen Krankheitsproblematik.

Anliegen des folgenden Fallbeispiels ist es, die Bedeutung der von der systemischen Familienmedizin formulierten Zielvorgaben für ein allgemeines systemisches Vorgehen im klinischen Kontext aufzuzeigen.

Als vierte These werde ich in der abschließenden epikritischen Würdigung den salutogenetischen Einfluß eines solchen Vorgehens auf die Arbeitszufriedenheit diskutieren.

5.4
Ein Fallbeispiel

Herr M. ist ein besonderer Patient. Seine Geschichte ist aktuell und seine Prognose noch ungewiß. Sie konfrontiert alle Behandler mit extremen Bedingungen, Konsequenzen und eigenen Ängsten. Herr M. ist 44 Jahre alt und Patient der Verbrennungschirurgie im Aachener Klinikum. Der Autor ist als Arzt für Psychotherapeutische Medizin und Allgemeinmedizin wissenschaftlicher Mitarbeiter der Poliklinik in der Klinik für Psychosomatik und Psychotherapeutische Medizin der Aachener Universität und verantwortlich in der Konsil- und Liaisonbetreuung verschiedener chirurgischer und internistischer Kliniken tätig.

Zu dem Zeitpunkt, als der behandelnde Intensivarzt die erste Konsilanforderung ausstellte, wurde Herr M. noch in Narkose gehalten. Ende Januar 1997 wurde er Opfer eines Wohnungsbrands, von dem er im Schlaf überrascht wurde. Mit schwersten Verletzungen wurde er nach Bergung im bewußtlosen Zustand durch halb Deutschland transportiert und in das verbrennungschirurgische Zentrum der Universitätsklinik Köln eingeliefert. Die Verbrennungen betrafen den gesamten Gesichts- und Vorderkopfbereich, Oberkörper und Arme. Schon früh in der klinischen Versorgung mußten beide Unterarme aufgrund des Ausmaßes der brandbedingten Nekrosen unterhalb der Ellbogen amputiert werden. Im Gesicht waren fast sämtliche Weichteile verbrannt, Nase und Ohren fehlten, ebenso beide Augenlider; beide Augen bleiben voraussichtlich blind.

Der Gedanke, daß vielleicht spezielle Behandlungsmethoden der Augenkliniker doch einen Teil der Sehkraft erhalten könnten, führte nach wenigen Wochen zur Verlegung in die Aachener Klinik. Zum Zeitpunkt des psychosomatischen Erstkonsils wurde Herr M. noch über eine Trachealkanüle assistiert beatmet. Nach Abklingen des Inhalationstraumas plante man jetzt aufgrund der Stabilisierung der Allgemeinfunktionen, ihn bald aus der Sedierung aufwachen zu lassen.

Im Gespräch war es dem betreuenden Intensivarzt möglich, die bestehende Unsicherheit anzusprechen: Wie würde Herr M. den Verlust beider Unterarme und Hände, des Gesichts und des Augenlichts annehmen können? Der Konsilauftrag enthielt die Delegation, diesen Bereich des chirurgisch nicht Machbaren und nicht Beeinflußbaren zu übernehmen.

Meine ersten Kontakte mit Herrn M. waren kurz. Mir bot sich das Bild eines „Monsters", das die Phantasie von Visagisten in Horror- und Science-fiction-Filmen übertraf. Das verbrannte Gesicht wurde zur Defektdeckung zur Hälfte von einem Muskelhautlappen überdeckt, der von links temporal über Stirn, Nasenwurzel und rechtes Auge bis zur rechten Wange reichte. Das linke Auge lag matt und leblos unter Salbenstreifen. Unter Krusten war ein Rest des Nasenseptums sichtbar. Wie durch ein Wunder erschien der Mund recht unversehrt. Über Tage wurde Herr M. langsam wach. Zwischen ständigem Schleimabsaugen kamen erste gurgelnde Worte zustande, indem wir die assistierte Beatmung unterbrachen und mit einem Finger die Trachealkanüle zuhielten. Die Phasen des Wachwerdens wechselten ab mit mehrfach notwendigen Reoperationen, weiteren Defektdeckungen und Nekrosenabtragungen, die jeweils eine weitere Narkose und Sedierung für Stunden bis Tage erforderlich machten. Durch die Notwendigkeit der Entnahme von Hautlappen zur Transplantation schien kein Teil der Körperoberfläche mehr unversehrt.

Länger als die Patientenkontakte währten die begleitenden Gespräche mit Pflegern und Schwestern und einzelnen der betreuenden chirurgischen Ärzte. Wir fragten uns:

- Ist es ethisch verantwortbar, einen so traumatisierten und verstümmelten Menschen am Leben zu erhalten?
- Korrelieren die Fähigkeiten der modernen Medizin mit Intensivbehandlung und ausgefeilten chirurgischen Techniken mit der Fähigkeit der betroffenen Menschen, das zum Teil radikal veränderte Körper-Selbst zu ertragen und als lebenswert zu beurteilen?
- Wie gehen wir als Behandler mit einem solch entstellten Menschsein um?
- Wie schützen wir uns vor dem Gedanken: Was wäre, wenn ich da läge?
- Wie lange ist ein solcher Anblick zu ertragen?
- Wie wird bei weiterer Heilung die Umwelt, wie werden unvorbereitete Mitmenschen auf diese Konfrontation reagieren?
- Wird das Überleben des Patienten ihn zu einer Unterbringung in einem Pflegeheim zwingen, als Außenseiter, in vollkommener Abhängigkeit und ohne soziale Integration?
- Welche Verantwortungsstrukturen – aber auch welche Bremsen – sind in der medizischen High-Tech-Versorgung eingebaut, um das Ausmaß und Tempo des Machbaren zu steuern?

Die weitere Entwicklung von Herrn M. zeigte eine überraschend schnelle Stabilisierung. Nach gut vier- bis fünfwöchiger Beatmung und Sedierungsphase gelang der Übergang zur Spontanatmung und zur Entfernung der Trachealkanüle, ebenso die Umstellung von einer Vielzahl von Perfusoren und Infusomaten zur „Oralisierung" von Medikamenten und Nahrung „wie im Bilderbuch".

Herr M. berichtete aus seiner Biographie; vom Schulabschluß mit mittlerer Reife, von der Lehre als Schlosser, seiner Zeit bei der Nationalen Volksarmee der DDR. Dann erwarb er Zusatzqualifikationen, wurde Gasleitungsprüfer und Monteur. In seiner täglichen Routine war er stets im Freien, was er sehr liebte. Beim Überprüfen von Leitungen legte er große Strecken zu Fuß zurück.

Seine Ehe zerbrach 1986, aber die Verständigung war gut genug, so daß ein gemeinsames Wohnen in einem Haus möglich blieb. Im Erdgeschoß lebte seine Mutter, in der Mitte seine geschiedene Frau mit der gemeinsamen Tochter, und unterm Dach richtete er sich ein.

Die politische Wende veränderte für ihn wenig. Die technischen Standards stiegen, es gab mehr Altleitungen zu sanieren als zuvor. Privat zog er sich häufig mit seinem neuen Hobby – Videos zu sammeln – zurück. Sein Bekanntenkreis war eher klein, er bejahte häufigen, aber mäßigen Alkoholgenuß. Das Arbeitsleben verlief im gewohnten Rhythmus und ungestört.

Der Brand überraschte ihn im Schlaf, als er vor einem Video auf dem Sofa eingeschlafen war. Fotos, die Verwandte später mitbrachten, zeigen einen eher „wild" aussehenden Mann, die Haare gerne länger und zottelig, immer wieder auch mit Vollbart.

In weiteren Gesprächen versuchten wir, die Reaktion von Herrn M. auf das Ausmaß seiner Verletzungen und Behinderungen zu ertasten. Nach einer kurzen Phase der Verwirrung, die wir als mögliches hirnorganisches Durchgangssyndrom interpretierten, schien es uns, als ob Verleugnung bzw. das Nicht-wahrnehmen-Wollen (-Können) bestimmter Informationen das Ausmaß seiner Selbstwahrnehmung steuerten.

Nach ca. vierwöchigem Wachsein überraschte Herr M. uns durch seine enorme Fähigkeit, die ungewohnte Hilflosigkeit ohne Hände, seine Blindheit und die noch ständig erforderlichen chirurgischen und augenärztlichen Korrektureingriffe zu ertragen. Er überrascht noch immer durch das Ausmaß seiner Hoffnung, durch weitere Eingriffe einen Teil des Augenlichts oder durch prothetische Unterstützung einen Teil der Selbstversorgung zurückzuerlangen.

Die 500 Kilometer entfernt wohnenden Verwandten, seine Mutter, die seit 11 Jahren geschiedene Ehefrau und die 19jährige Tochter, haben erste Besuche gewagt. Sie sind nicht zurückgeschreckt. Sie sprechen ihm Mut zu. Mit Hilfe des Pflegepersonals kann er telefonisch zwischendurch Kontakte nach Hause aufnehmen.

Trotz der jetzt raschen Stabilisierung wird von chirurgischer Seite eine noch mehrmonatige Behandlung prognostiziert.

5.5
Epikritische Würdigung

Mir scheint es wichtig, einige Überlegungen aus systemischer Sicht und mit Blick auf die Berufszufriedenheit anzufügen. Als Psychosomatiker mit der Arbeitskonzeption, das biopsychosoziale Modell in somatisch orientierten Fachdisziplinen zu vertreten, ist die Auseinandersetzung mit Arbeitszufriedenheit eine tägliche Routine in zweifacher Hinsicht.

Das klassisch-klinische Konsilmodell sieht eine Delegation fachfremder diagnostischer und therapeutischer Leistungen an die jeweils spezialisierten Kliniken vor. Im Kontakt mit psychosomatischen Abteilungen bedeutet dies von somatischer Seite häufig eine Delegation von „abgespaltener" bzw. ausgelassener Diagnostik. Es geht dann um notwendige, ergänzende (z.B. biographische) Diagnostik bei therapieresistenten somatischen Störungen – oder um den Auftrag zur Begleitung schwerstkranker, häufig tödlich erkrankter Patienten. Sowohl das Abgespaltene als auch die delegierte Bewältigungsarbeit machen Arbeitszufriedenheit mit dem Anspruch biopsychosozialer Ganzheit schwer. Die liebevolle Identifizierung als „Psychosomat" spiegelt dabei noch das aufgrund persönlicher Kontakte wohlwollende Klima in einem solchen Kooperationsmodell, das fachfremde und spezifische Leistungen am einfachsten von einem „Automaten" innerhalb des durchtechnisierten Medizinsystems einfordern möchte.

Arbeitszufriedenheit ist ein ebenso wichtiges Thema bei der zweiten Art von psychosomatischen Konsilen. Hier liegt die Unzufriedenheit zumeist beim somatischen Vorbehandler oder auch beim Patienten, da beide die gegenseitigen Erwartungen als unerfüllt beurteilen. Die Patienten schildern häufig ein Gefühl von Unverstandensein, mangelndem Wissen über Untersuchungsbefunde und anhaltender Frustration durch persistierende Beschwerden. Die Behandler beschreiben ihrerseits den „ungehorsamen Patienten", der entweder nicht die Befunde präsentiert, die laut Lehrbuch zur Symptomatik passen, oder sich trotz wissenschaftlicher Therapie „weigert", gesund zu werden. Die so zu beschreibende Konfliktdynamik gibt dem psychosomatischen Konsiliarius den Status eines „Trouble-shooters".

Im Kontakt mit dem Patienten geht es dann (innersubjektiv) darum, Verständnisbrücken zu bauen, Lebensereignisse, Konflikte, Selbstwahrnehmung und Beschwerdebild einander anzunähern. Genauso wichtig ist die Übersetzungs- und Vermittlungsarbeit zwischen Patient und Behandlerteam als Möglichkeit, eine häufig eskalierende Diagnostik- und Therapiespirale zu unterbrechen.

Im geschilderten Fallbeispiel fühlte ich mich als angeforderter psychosomatischer Konsiliarius zunächst mit dem Auftrag konfrontiert, das ausbaden zu müssen, was eine technische Medizin unter dem Motto „Alles ist machbar" gedankenlos produziert – ein Gefühl der Überforderung angesichts der geschaffenen körperlichen Realitäten des Patienten und des Ausmaßes der allgemeinen, damit verbundenen ethischen und menschlichen Fragen.

Meine Reaktion entsprach zunächst einem Rückzug. Für diese Art von Arbeit und das Ausmaß von Traumatisierung fehlte mir die Vorerfahrung. Von mir gewünscht war mit meiner Ablehnung auch eine Konfrontation der Anforderer mit der Tatsache, daß nicht alles delegierbar ist. Nach einigem Zögern formulierte ich mein Angebot, gemeinsam mit dem chirurgischen Team die Entwicklung eines so extremen Fallbeispiels zu verfolgen und so eine Begleitung zu versuchen.

Entstanden ist daraus eine Vielzahl von Einzelkontakten mit Behandlern, mit Pflegenden und Ärzten.

Entstanden sind Gespräche zu Verständnismodellen über die vorhandenen oder fehlenden Reaktionen des Patienten. Hilfreich waren der Austausch und die Einbeziehung von Vorerfahrungen aus ähnlichen, wenn auch nicht so schweren Patientenbetreuungen.

Entstanden ist so auch eine Befragung sämtlicher Mitarbeiter (Pfleger, Schwestern, Ärzte, Krankengymnasten) der Verbrennungschirurgischen Klinik zur Wahrnehmung psychosomatischer Zusammenhänge, auch mit der Frage, wie ein solches Wechselspiel sich auf einen ergänzenden psychosomatischen Betreuungsbedarf der Patienten auswirkt.

Entstanden sind in einigen Zwiegesprächen sensiblere Überlegungen zur Frage: Was ist ethisch zu fordern oder zu vertreten?

Entstanden ist das Untersuchungsdesign einer prospektiven Verlaufsstudie, die sich traumatisierten Patienten, ihrem psychosomatischen Betreuungsbedarf und Prädiktoren einer adäquaten Verarbeitung widmet.

Ich nehme Herrn M. noch in einem Schwebezustand wahr: zum einen begleitet von einem wohlwollenden chirurgischen Team, das mit enormem Zeitaufwand den vielfältigen Bedürfnissen, vor allem nach Pflege, nachkommt, begleitet auch von mir in (fast) regelmäßigen kurzen Gesprächen. Zum anderen konfrontiert mit der bedrohlichen Wahrheit des Ausmaßes seiner Traumatisierung und seiner Entstellung, was er zur Zeit aufgrund fehlender Hände und fehlenden Sehvermögens nur zu einem kleinen Teil über eigene Wahrnehmung realisieren kann.

Unklar ist noch, ob die bisher gute Entwicklung dem „glücklichen Umstand" zu verdanken ist, daß Herr M. vom Brand im Schlaf überrascht und durch die Rauchentwicklung bewußtlos gehalten wurde, so daß ihm ein bewußtes Erleben, auch in häufig retraumatisierend erlebten Erinnerungsbildern zum Unfallablauf, fehlt. Vielleicht entspricht es aber auch mehr einer Dissoziation – im Sinne geläufiger posttraumatischer Reaktionen –, die Gefühle und Realitätswahrnehmung zum eigenen Schutz so weit außen vorhält, bis deren Bearbeitung zu einem viel späteren Zeitpunkt gewagt werden kann.

Ich komme zurück zum Anfang meiner Fallbeschreibung: ein Extrembeispiel – so denke ich – sowohl für die chirurgischen Ärzte und Pfleger als auch für den Psychosomatiker. Gleichzeitig ist es ein treffendes Beispiel, in welchem Kontext Arbeits- und Berufszufriedenheit in der – sich in Richtung weiterer Arbeitsteilung entwickelnden – technisch immens leistungsfähigen Medizin angemessen zu betrachten sind.

Die Verankerung in systemischen, Arbeitsteilung und Delegation relativierenden Prinzipien ermöglichte es mir, einen angemessenen Handlungsspielraum zu gestalten, in dem Aspekte biopsychosozialer Gesamtsicht, Kooperation mit Behandlern und Familie wertgeschätzt werden.

In der Begleitung von Herrn M. sowie des chirurgischen Teams sind für mich zudem die Fragen der Verstehbarkeit, der Sinnhaftigkeit und der Machbarkeit in den Vordergrund gerückt. Sie haben Bedeutung auf der Ebene des Patienten, des Erleidenden, aber auch auf der Ebene der Behandler. In dem Wissen, daß Antonowskys Salutogenesekonzept diese drei Faktoren als *„sense of coherence"* zusammenfaßt, bekommt der Umgang mit den so entstehenden Fragen eine neue Dimension.

Für Herrn M. entspricht das Ausmaß der erlittenen Verletzungen einer Extremtraumatisierung, so daß seine posttraumatische Perspektive den Fragen gelten wird: Ist das erlittene Trauma als schicksalhaft attribuierbar, damit auch verstehbar, akzeptierbar und integrierbar? Inwieweit wird er mit weiterer medizinischer und technischer Hilfe imstande sein, eine eigene Machbarkeit, das heißt vor allem die Selbstversorgung in allerpersönlichsten Bereichen, zu erlangen? Inwieweit wird er trotz eingeschränkter Machbarkeit seinem Leben weitere Sinnhaftigkeit abtrotzen können?

Auf der Behandlerseite ermöglichen die gleichen Fragen nach medizinischer Machbarkeit, nach Verstehbarkeit der Handlungszusammenhänge sowie der Sinnhaftigkeit des Handelns eine kritische und reflexive Auseinandersetzung mit solchen Grenzsituationen. Während die Suche nach Antworten für den Patienten entscheidend für seine salutogenetische Perspektive sein wird, ermöglicht die Auseinandersetzung mit den Faktoren des „sense of coherence" den Behandlern auch innerhalb eines stark technisch geprägten medizinischen Systems, dem Handeln die menschliche Dimension zurückzugeben. Ich nehme dies als einen wichtigen Beitrag zur Arbeitszufriedenheit wahr, die bei einer Beschränkung der ärztlichen Tätigkeit als Erfüllungsgehilfe in einem technischen System leicht zu ersticken drohte.

Ein distanzierter Blick erlaubt noch weitere Beobachtungen:

Die gemeinsame Auseinandersetzung mit diesen Fragen hat die bestehende Kooperation vertieft und eine Diskussion bezüglich intensiverer Kooperationsmodelle angeregt. Im Sinne einer aktiven Bewältigung der geschilderten Grenzsituation hat die bisherige Betreuung auf beiden Seiten – Behandler- und Patientenseite – erhebliche Ressourcen mobilisiert.

Als weitere Zielvorgabe wird es in Kooperation mit den Familienangehörigen von Herrn M. auch darauf ankommen, die möglichen primären, sozialen Ressourcen im Umfeld des Patienten zu erkunden und zu aktivieren, um Machbarkeit, Verstehbarkeit und Sinnhaftigkeit in den sozialen Bezugskontext zu übersetzen. Herr M. ist deshalb für mich ein Beispiel, wie mit Hilfe systemischer Prinzipien eine salutogenetische Perspektive auf Patienten- und Behandlerseite als Prozeß stets neu reflektiert und erworben werden muß.

5.6
Schlußbemerkung

Ich denke, daß eine so verstandene systemische Konzeption ein erhebliches Veränderungspotential in sich trägt. Die Veränderung ärztlichen Handelns in Richtung verbesserter, interdisziplinärer und kooperativer Zusammenarbeit mit Mitbehandlern und Patienten hat dann auch Einfluß auf die Berufsidentität und die Berufszufriedenheit, denn:

- Sie ermöglicht es, ärztliches Handeln als ein beziehungsorientiertes, hintergrund-,

problem-, prozeß- und umweltorientiertes zu gestalten (Arbeitspapier Wartburg-Gespräche, 1997).
- Eine so beschriebene diagnostische und therapeutische Haltung orientiert sich damit mehr am Konzept einer biopsychosozialen Ganzheit.
- Sie regt eine therapeutische Haltung an, die sich mit „Selbstreflexivität" beschreiben läßt.
- Sie betont durch Kooperation das Nebeneinander von Spezialistentum und Allgemeinem als Wissen um das Verhältnis der Teile zum Ganzen.
- Sie hat salutogene Wirkung auf ärztliches Handeln, wenn ein solch verändertes Behandlungskonzept es dem Arzt ermöglicht, sich „aufgehoben in der Medizin zu erleben" und dieses Bild auch an Patienten vermitteln zu können (Verres, 1997).

Beitrag 6
Ressourcenorientierte ärztliche Fortbildung

von Felix Anschütz

Ärztliche Fortbildung ist eine der wesentlichen Stützen der Qualitätssicherung in der Medizin. So besteht auch kein Zweifel daran, daß Ärzte sich vom Grundsatz her fortbilden, weil ohne die Kenntnis moderner, wissenschaftlich begründbarer Entwicklungen ärztliches Handeln nicht erfüllt werden kann. In welchem Umfang und mit welcher Intensität allerdings die Fortbildung von der Ärzteschaft, das heißt den einzelnen Ärzten, betrieben wird, ist weitgehend unbekannt. Daher hat die ärztliche Selbstverwaltung die Aufgabe, Fortbildung zu verbessern, indem sie Ressourcen aufspürt und dann gezielt weckt, das heißt, indem die Motivation gesteigert wird oder – um das salutogenetische Prinzip zu nennen – indem die Sinnhaftigkeit der Fortbildung für das ärztliche Handeln dargestellt wird (Antonovsky). Dieses kann im wesentlichen durch die Anwendung moderner Methoden der Didaktik erreicht werden, um so möglichst vielen Ärzten durch Anregung von Eigenaktivität die Gelegenheit zur dauernden Verbesserung ihrer ärztlichen Handlung zu geben (Kerger).

In Paragraph 7 der ärztlichen Berufsordnung ist die Pflicht zur Fortbildung des Arztes festgeschrieben. Die Aufnahme dieser Verpflichtung beruht auf der stürmischen Entwicklung der medizinischen Wissenschaft und deren Umsetzung in das ärztliche Handeln. Darüber hinaus ist aber in den letzten Jahren auch ein Wandel des psychosozialen Umfelds mit neuen Anforderungen an den Arzt und erhöhten Erwartungen, ja, auch Ansprüchen der Patienten, der Gesellschaft und der Kostenträger eingetreten, was ebenfalls der Ärzteschaft vermittelt werden muß, so daß andere Verhaltensmuster des Arztes im Umgang mit seinen Patienten angewandt werden müssen: Bei gleichem Zuckerstoffwechsel ist der Patient von 1910 (ein potentieller Unteroffizier) ein anderer als der aufgeklärte, anspruchsvolle Bundesbürger von 1998.

Ärztliche Fortbildung wird in unterschiedlicher Form vermittelt, z.B. durch Lesen von Büchern (50%) und Zeitschriften (75%), durch den Besuch von Fortbildungs- oder wissenschaftlichen Kongressen (60%) und durch das kollegiale Gespräch (30%). Die Zahlenangaben entstammen einer Selbsteinschätzung der Ärzteschaft (LAMed., 1995).

Die im folgenden abgehandelten Aktivitäten und Maßnahmen beziehen sich auf Veranstaltungen der Akademie für ärztliche Fortbildung und Weiterbildung der Landesärztekammer Hessen.

Jede Landesärztekammer unterhält eine Fortbildungseinrichtung – wie immer sie auch organisiert ist –, um jedem Arzt entsprechend Paragraph 7 der Berufsordnung Gelegenheit zu geben, sich durch Fortbildung über die neueren Entwicklungen zu orientieren.

Im weiteren soll über die Arbeit, Einrichtung, Organisation, den Umfang, über Ergebnisse und Probleme sowie über Verbesserungsmöglichkeiten in der ärztlichen Fortbildung berichtet werden. Besonders durch geeigneten Einsatz von didaktischen Hilfsmitteln und Medien sowie durch Verbesserungen der äußeren Umstände und der Organisation kann die Motivation von Referenten und Teilnehmern gesteigert werden. Es wird aber auch um die Schwierigkeiten gehen, die bei der Umsetzung derartiger Aktivitäten entstehen. Außerdem ist hinzuzufügen, daß Fortbildung auch auf großen, überregionalen Kongressen, von Kreisvereinen, Fortbildungsanbietern und direkt von der Industrie, auch interessengebunden, angeboten wird.

Die Akademie für ärztliche Fortbildung und Weiterbildung der Landesärztekammer Hessen ist eine der am besten entwickelten vergleichbaren Institutionen in Deutschland. Sie führt im Jahr rund 140 Veranstaltungen zu allen Teilgebieten der Medizin mit gut 12000 Teilnehmern und etwa 900 Referenten durch. Sie bietet die Möglichkeit der freiwilligen Mitgliedschaft mit der Selbstverpflichtung, an 180 Fortbildungsstunden in drei Jahren teilzunehmen. Finanziell wird sie allein von der Ärzteschaft getragen, und zwar durch Teilnahmegebühr, durch Mitgliederbeiträge und durch die Landesärztekammer Hessen.

6.1
Wunsch und Wirklichkeit, Defizite

Es gibt keine zuverlässigen Angaben darüber, wie viele Ärzte in welchem Umfang an Fortbildungsmaßnahmen teilnehmen. Die oben angeführten, auf einer Selbsteinschätzung beruhenden Fortbildungsaktivitäten werden zum Teil kritisch hinterfragt. So läßt sich z.B. die Angabe über Zeitschrift/Lektüre gar nicht überprüfen. Immer wieder erlebte, berichtete oder sogar die Schiedsstellen der Ärztekammern beschäftigende Mängel – auch gröberer, geradezu unverständlicher Art – kommen vor. Oft handelt es sich aber gar nicht um mangelnde Kenntnisse von neuen medizinischen Entwicklungen, sondern vielmehr um Fehlverhalten im allgemeinen ärztlichen Umfeld oder Unkenntnis medizinischen Grundwissens.

Man bedenke aber auch, daß beispielsweise mit den modernen, hochwirksamen Medikamenten die Möglichkeit der Unter- bzw. Überdosierung rapide ansteigt. Daraus folgt ein technisch hoher Anspruch, und daraus wiederum die Entwicklung von Spezialisten (Fachärzten).

Aber hier entsteht wieder eine „Scheuklappenbetrachtung" des Patienten, die manche Fehlbeurteilung und Fehlhandlung verursacht. Im Fachjargon der ärztlichen Fortbilder wird die Ärzteschaft eingeteilt in sogenannte „Tiger" – sie nehmen an jeder nur möglichen Fortbildungsveranstaltung teil; es sollen angeblich ca. 20% sein –, in „Lemminge", die beeinflußbar sind und hinterherlaufen (sie werden auf 70% geschätzt), und schließlich in die „schwarzen Schafe", die ungefähr 10% ausmachen sollen. Um die Fortbildung zu verbessern, müssen sich Aktivität und Ressourcenentwicklung auf die „Lemminge" richten.

Man sollte sich aber vor Augen führen, daß Fortbildung Zeit kostet. Zeit ist für alle Ärzte kostbar, ganz besonders aber für die niedergelassenen. Und so ist es schon erstaunlich, in welchem Umfang Fortbildungsveranstaltungen besucht werden, die ganz vorwiegend am Mittwochnachmittag, abends oder am Wochenende angeboten werden. Die Ärzteschaft und besonders die niedergelassenen Ärzte sind darüber hinaus durch die derzeitigen Gesundheitsreformen stark belastet, da wirtschaftliche Auswirkungen das Überleben dieser „Kleinunternehmer" zum Teil in Frage stellen, und da bleibt das Interesse an Fortbildung manches Mal auf der Strecke.

6.2
Maßnahmen zur Verbesserung der Fortbildungsaktivitäten

„Fortbildung muß Freude machen." (KERGER)

Um Fortbildung attraktiv zu gestalten, sind die Themen zunächst sorgfältig auszuwählen und den jeweiligen Bedürfnissen anzupassen, z.B. durch Rückmeldungen aus der Kassenärztlichen Vereinigung über Fehlmedikation oder aus der Schiedsstelle der Ärztekammer über Fehlleistungen, aber selbstverständlich auch nach Rücksprache mit Wissenschaftlern.

Es geht dabei, wie bereits ausgeführt, nicht nur um die Frage: Was für Veranstaltungen sind wegen wissenschaftlicher Neuerungen zu planen? Vielmehr sind Praxisrelevanz, Bewährung, Zuverlässigkeit, Machbarkeit und Kostenrelevanz zu berücksichtigen. So sind z.B. in den letzten Jahren Themen zur Pharmakotherapie, zur modernen Schlaganfallsofortbehandlung, Schmerztherapie, zu Infektionskrankheiten, zur rationellen und wirtschaftlichen Prophylaxe und

Therapie mit großem Erfolg angeboten worden. Nicht unmittelbar naturwissenschaftliche oder ökonomische Themen wie Suizidprophylaxe, Ethik in der Medizin oder Sterbehilfe sind ebenfalls von Bedeutung – nur werden diese Veranstaltungen leider meist weniger gut besucht.

Für die Auswahl der Programme und deren Annahme durch die Teilnehmer spielt für die Akademieleitung die Unterscheidung zwischen „subjektivem Bedürfnis" und „objektivem Bedarf" eine große Rolle. Der Bedarf an Fortbildung wird durch Erkennen von Defiziten und Wissenslücken durch die Fortbilder definiert, während das Bedürfnis nach Fortbildung oft vom Teilnehmer empfunden wird. Dafür ist die persönliche Aktivierung wesentlich leichter zu erreichen. So empfiehlt es sich, in eine *„bedürfnisorientierte"* Veranstaltung einzelne *„bedarfsbedingte"* Referate einzubauen.

Ein wesentlicher Faktor zur Erhöhung der Besucherzahl an unserer Akademie in Bad Nauheim ist die Bereitstellung einer adäquaten Umgebung mit guten Hörsälen, Möglichkeiten zum Essen und Trinken, guter Zeiteinteilung der Programme mit Pausen und der Möglichkeit zur Kommunikation der Teilnehmer untereinander.

6.2.1
Möglichkeiten der Ressourcenaktivierung mit moderner Didaktik

Um die Eigenaktivität der Teilnehmer zu steigern und dabei die persönlichen Möglichkeiten zu nutzen, die in jedem interessierten Menschen zu finden sind, arbeitet die Akademie mit dem Institut für Berufspädagogik und Bildungsplanung an der Technischen Hochschule Darmstadt (Prof. Fenger und Mitarbeiter) zusammen und setzt damit ihre lange Tradition der medizinischen Didaktik fort. Dieses Institut hat eine Projektgruppe (QuaSiMed) zur „Qualitätssicherung in der medizinischen Fort- und Weiterbildung" gegründet. In vier Jahren haben sich verschiedene Kooperationsformen mit dem Ziel einer gemeinsamen Weiterentwicklung der didaktischen Gestaltung von Fortbildungsmaßnahmen entwickelt (Anschütz, Fenger, Höffler):

1. Fachgespräche und Fachseminare zur Fortbildungsdidaktik
2. Beiträge zu medizindidaktischen Kongressen
3. Didaktische Fortbildung und Erfahrungsaustausch der Lehrkräfte (Moderatorenzirkel)
4. Experimental- und Modellveranstaltungen
5. Computergestützte Fortbildungsmedien

Die Arbeiten begannen mit einer systematischen Seminarbeobachtung bei den Wochenendveranstaltungen der Akademie und führten zu einer standardisierten Fragebogenaktion aller Beteiligten, also Teilnehmer wie Referenten und Seminarleiter, die die Möglichkeit erhielten, auch durch Beurteilung des bestehenden Angebots und Äußerungen von schriftlich niedergelegten Wünschen zur Verbesserung des Fortbildungsangebots beizutragen (siehe Renschler).

Ziel war die höhere Beteiligung der Lernenden an der Gestaltung der Bildungsprozesse: die Stärkung von Eigenaktivität, eine Steigerung von Interaktion und Kommunikation, vor allen Dingen ein ständiger Bezug auf berufspraktisches Handeln und die Aufforderung zum Selbststudium und zur Informationsbeschaffung.

Die Aktivitäten richteten sich an den Empfehlungen der Bundesärztekammer zur ärztlichen Fortbildung aus (Ollenschläger). Demnach sollten die Fortbildungsveranstaltungen folgende Inhalte und Eigenschaften haben:

- Praxisrelevanz (problemorientiertes Lernen)
- Berücksichtigung persönlicher Bedürfnisse des Lernenden
- Lernen in Gruppen; die Erfahrung des Lernens ist in die Interaktion einzubeziehen
- Verfügbarkeit von Experten zur individuellen Beratung
- kritische Anwendung von Expertenwissen auf die eigenen Probleme
- Stärkung von Problembewußtsein und Umgang mit Informationsquellen

Die Fragebogenaktion auf maschinenlesbaren, standardisierten Bögen (Rücklauf 0 bis 100%, im Mittel 50%) hatte folgendes Ergebnis (Anschütz, Fenger):

1. Inhalte und Praxisbezug wurden teils kritisch, aber eher positiv beurteilt.
Kritik an der verbalen Kommunikation: „wie an der Uni", „theoretisch", „überflüssig", „lehrbuchhaft", „rein wissenschaftlich".

2. Medieneinsatz und Mediengestaltung wurden grundsätzlich und durchweg negativ und unzufrieden beurteilt. Die Kommentare lauteten: „eintönig", „monotone Diafolge", „informationsüberladen", „zu schnelle Abfolge", „unlesbare Diapositive oder Folien".
Eine mediendidaktische Grundausbildung der Lehrkräfte wurde gefordert.

3. Teilnehmeraktivität und Interaktion wurden folgendermaßen kommentiert: „zuwenig Zeit für die Diskussion"; „die Diskussionen sind nicht ausreichend moderiert"; „zuwenig eigene aktive Mitarbeit möglich";
das Bedürfnis nach mehr eigenaktiven Lernverfahren und interaktiven, kommunikationsbezogenen Lernprozessen wurde geäußert.

4. Prüfung:
Die Frage nach einer Evaluation oder sogar Prüfung des Lernerfolgs wurde von den Teilnehmern grundsätzlich einheitlich abgelehnt.

5. Vorinformationen:
Vorabinformationen wurden gewünscht, vorhandene Arbeitsmaterialien wurden im wesentlichen negativ beurteilt: Sie seien entweder zu ausführlich (ganze Sonderdrucke) oder zu pauschal.

Eine von Leppek, Klose und Mitarbeitern durchgeführte Befragung zur Situation der Strahlenschutzkurse für Ärzte kam zu einem ähnlichen Ergebnis (Leppek, Klose, Habermehl, Ziegler). Die Befragten äußerten sich sogar noch kritischer.

Die durch einen speziellen Fragebogen zur Verbesserung der Fortbildungsveranstaltungen aufgeforderten Referenten und Tagungsleiter haben sich der Mitarbeit praktisch verweigert, denn ein Rücklauf der Fragebögen war nicht zu registrieren.

Aus den genannten Meinungen und Vorschlägen der Teilnehmer ergaben sich die in den nebenstehenden zwei Kästen aufgeführten Aktivitäten, deren Ziele in zwei Musterveranstaltungen im Jahr 1995 festgelegt wurden.

Musterveranstaltungen der Akademie

Ziele

Mehr Interaktion und Kommunikation (aller Beteiligten)

Mehr Zeit für Diskussionen und Erfahrungsaustausch

Mehr Eigenaktivität der Teilnehmer

Mehr Anregungen zum weiteren Selbststudium

Mehr Praxis-, Problem- und Handlungsbezug des Lernens

Realisierung

- intensive Planung und Vorbesprechungen (mit allen Referenten)
- gut vorbereitetes Arbeitsmaterial
- reduzierter „Frontalunterricht" (nur kurze Einführungen in Plenum und Gruppen)
- Kleingruppenarbeit (arbeitsteilig) mit genügend Zeit
- Moderatorenrolle der Gruppenleiter (statt Referenten)
- Teilnehmer bestimmen die Arbeitsweise und -schwerpunkte
- Medienvielfalt statt Medienmonotonie
- Gruppenberichte und zusammenfassende Diskussion im Plenum
- Nachbesprechung mit allen Referenten und mit Teilnehmervertretern (unmittelbar anschließend)

Musterveranstaltung zur ärztlichen Fortbildung
am 6. Mai 1995 in Bad Nauheim

Möglichkeiten und Grenzen konservativer Therapie bei chronischen Nierenleiden
Leitung: Prof. Dr. med. D. Höffler, Darmstadt unter Beteiligung des Moderatorenzirkels der Akademie

Die Akademie bemüht sich um die didaktische Verbesserung und Modernisierung ärztlicher Fortbildungsveranstaltungen. Damit will sie den doch noch weit verbreiteten Unsitten entgegenwirken, daß die Redner die Zeit überziehen, auf Kosten der so wichtigen und notwendigen Diskussionen überladene Dias hastig zeigen, kaum Gebrauch von anderen Medien machen, was im besten Fall zum Symposiumsschlaf der Teilnehmer, im allgemeinen aber zu Frust und Ärger führt. Die Akademie ist davon noch nicht ganz frei.
Da es eine Wissenschaft gibt, die sich mit der Wissensvermittlung befaßt, so daß keine Akademie erst alles selbst entwickeln muß, hat die Akademie die Verbindung zum Institut für Berufspädagogik und Bildungsplanung der TH Darmstadt (Prof. Fenger) gesucht und diese Musterveranstaltung angeregt.

10.15 Uhr: Einleitung (Prof. Dr. med. D. Höffler)

10.30 Uhr: I. Wie kann man Nierengewebe erhalten?

Gruppenarbeit (parallel):

Gruppe 1:
Wie erkenne und beurteile ich die Blutdrucksituation des Patienten richtig (24 Std. Messung, Maschinenmessung)?
Informationsseminar Dr. Strack

Gruppe 2:
Welche Arzneimittel sind zur Hochdruckeinstellung bei Nierenkranken geeignet?
Informationsseminar Prof. Höffler

Gruppe 3:
Was bringt und erfordert die Kartoffel-Ei-Diät? Kann man die Glomerulonephritis behandeln?
Informationsseminar Dr. Geyer

11.00 Uhr: Zusammenkunft aller Gruppen – gemeinsame Besprechung der Informationen im Plenum

11.30 Uhr: Pause

12.00 Uhr: Gruppenarbeit (parallel):

II. Wie kann man aus dem verbliebenen Nierengewebe ein Maximum an Leistung „herausholen"?
Informationsseminar Prof. Höffler

III. Diuretikatherapie
Informationsseminar Dr. Zieschang

IV. Wann und wie soll man die urämische Anämie behandeln?
Informationsseminar Dr. Strack

12.30 Uhr: Zusammenkunft aller Gruppen – gemeinsame Besprechung im Plenum

13.00 Uhr: Pause

13.20 Uhr: Gruppenarbeit (parallel):

V. Wo kann und darf man nicht mehr konservativ behandeln?
Wo ist die Dialyse indiziert?
Informationsseminar Dr. Geyer

VI. Wie sind Medikamente bei Niereninsuffizienz zu dosieren?
Informationsseminar Prof. Höffler

VII. Welche Patienten sollte man nicht mehr dialysieren?
Der Therapieverzicht
Informationsseminar Dr. Zieschang

13.50 Uhr: Zusammenkunft aller Gruppen – gemeinsame Besprechung der Informationen im Plenum

14.20 Uhr   Schlußwort
Prof. Dr. med. D. Höffler

Diese Veranstaltung dient der Weiterentwicklung didaktischer Formen, um die die Akademie sich intensiv in ihrem „Moderatoren-Zirkel" bemüht. Sie enthält verstärkt Elemente des interaktiven und kommunikationsbetonten Lernens. Die vortragsmäßige Wissensdarbietung wird auf das unbedingt Notwendige beschränkt; im Vordergrund steht der praxisnahe Erfahrungsaustausch aller Beteiligten in kleineren Gruppen. Die Fortbildungsveranstaltung ist von den Teilnehmern als „sehr gut" beurteilt worden.

6.2.2
Folgerungen aus den Fragebogenergebnissen

Die Ergebnisse der Auswertung von 122 Veranstaltungen wurden allen Seminarleitern mitgeteilt. Es wurde eine Veränderung der Fortbildungsform vorgeschlagen: weg vom Frontalvortrag hin zur Kursform mit Gruppenbildung, Diskussion und gemeinsamer Auswertung der Diskussionsergebnisse. Die Akademie bietet schon seit zwei Jahren Moderatorentraining für Leiter von Qualitätszirkeln, einen Moderatorenzirkel für Referenten und Tagungsleiter, Fortbildungskurse für Dozenten und zur Seminargestaltung an. Hierzu wird auch der Kurs „Ärztliches Qualitätsmanagement" mit einem Grund- und zwei Aufbaukursen gehören.

Darüber hinaus ist erreicht worden, daß die Umgebung der Veranstaltungen in Bad Nauheim nach den Möglichkeiten der Akademie im Sinne der Teilnehmerwünsche geändert wurde (Pausenversorgung mit Kaffee, kleinem Gebäck, Getränken, Gelegenheit zur Einnahme von kleinen Mahlzeiten). Der Neubau eines beanstandeten, veralteten Hörsaals ist geplant.

Die Akademie ist außerdem aufgrund der Befragungsergebnisse gehalten, dafür zu sorgen, daß die Tischvorlagen in einer geeigneten, die Aktivität der Teilnehmer ansprechenden Form gestaltet werden.

6.2.3
Lernerfolgskontrolle bzw. Evaluation

Die Konferenz der Gesundheitsminister 1996 in Rostock hat die ärztliche Selbstverwaltung an die Fortbildungspflicht und an die Rezertifizierung von erworbenen Fähigkeitsnachweisen erinnert, so daß hier ein deutlicher Handlungsbedarf vorliegt. Die Ablehnung von Lernerfolgskontrollen durch die Teilnehmer wurde bereits genannt. Davon ausgehend, daß die Evaluation einer Veranstaltung nicht nur in der Überprüfung des Lernerfolgs besteht, sondern vor allem in der Beurteilung der Veranstaltungen bezüglich der oben genannten Kriterien, kommen weitere Forderungen an Organisations- und Durchführungsformen von Veranstaltungen auf die Akademie und auf die Referenten zu.

Die Akademie wird unterschiedliche Aktivitäten und Pläne entwickeln müssen, einerseits für Fortbildungsveranstaltungen zum Erwerb eines Zertifikats, das bestimmte ärztliche Fähigkeiten nachweisen soll, die der Arzt einsetzen darf und die ihm von der Kassenärztlichen Vereinigung honoriert werden. Andererseits besteht die ursprüngliche Aktivität der Akademie fort, eine freie, kontinuierliche, lebenslange Fortbildung im Sinne der oben genannten Aufgaben der Fortbildungseinrichtungen der Kammern durchzuführen.

Während im ersten Fall Lernerfolgskontrollen – wie auch immer gestaltet – durchaus möglich sein müßten, sollte für die zweite Gruppe der freien kontinuierlichen Fortbildung jeglicher Druck vermieden werden. Denn eine Zwangsfortbildung führt zwar zur Teilnahme, aber nicht zu einer Veränderung der Handlung (Ollenschläger u. Engelbrecht; dort auch internationale Literatur). Es sind Möglichkeiten zu bedenken, die eher der anonymen Selbstkontrolle des Teilnehmers entgegenkommen. Auch im internationalen Schrifttum wird betont, daß die Änderung des Verhaltens eher durch Selbstbeurteilung hervorgerufen wird. Heute werden elektronische Systeme angeboten, bei denen der Teilnehmer auf vorbereitete Fragen elektronisch durch ein Auswahlsystem seine Antwort eingeben kann; nach Abfragen einer Gruppe wird sofort das Ergebnis additiv projiziert, und so kann jeder selbst seine Antwort bewerten. Dies ermöglicht dem Veranstalter eine Übersicht über den im Computer gespeicherten Lernerfolg einer Teilnehmergruppe. Diese Art von Systemen regt den Teilnehmer in hohem Maß zur Eigenaktivität und zur Mitarbeit an.

6.3
Schlußbemerkung

Die Schwierigkeit, eine Verbesserung der ärztlichen Fortbildung im Rahmen der Fortbildungsakademie in Bad Nauheim herbeizuführen, liegt darin, daß bei einem Teil der Beteiligten eine Freisetzung von Eigenaktivität (Ressourcen) nicht im Vordergrund des Interesses steht. Dies gilt vor allen Dingen für die vorwiegend negative Einstellung der Referenten. Für diese ist ein Frontalvortrag im alten Sinne, im dunklen Raum und mit einer Diaserie einfacher und mit geringerem Zeitaufwand durchzuführen als mit den oben beschriebenen Vorbereitungen und Nachbereitungen. Ausgetretene, gewohnte Pfade im Sinne der alten „Vorlesung" werden ungern verlassen. Viele Teilnehmer lassen sich gerne im Dunkeln berieseln, um danach „mit gutem Gewissen" nach Hause zu gehen.

In den vergangenen drei Jahren sind – wie bereits erwähnt – in der Akademie 122 Seminare ausgewertet und die Ergebnisse allen Veranstaltungsleitern zugestellt worden. Zweifellos ist bei einem großen Teil der Seminarleiter durch die Konfrontation mit den eigenen Ergebnissen ein Lernvorgang ausgelöst worden, eine Verbesserung der Seminargestaltung ist bereits bemerkbar. Eine weitere Fragebogenaktion wird sich mit der Beurteilung der einzelnen Referenten befassen. Es ist zu erwarten, daß auch hier ein Umdenken in Gang gesetzt werden könnte.

Nach Stichprobenbefragungen gaben Teilnehmer an, daß sie es begrüßen, in die Gestaltung von Veranstaltungen einbezogen worden zu sein.

Ressourcenentwicklung braucht Zeit: Aus steinigem Boden sprudeln die Quellen langsam.

Beitrag 7
Fallbesprechungen mit Patienten in der Fortbildung zur psychosomatischen Grundversorgung

von W. Schüffel, U. Brucks

7.1 Ausgangssituation

Psychosomatische Grundversorgung ist heute Teil der für alle deutschen Ärzte verbindlichen Muster-Weiterbildungsordnung der Bundesärztekammer. Zudem werden ihre Inhalte und Methoden in allen Regionen Deutschlands in einer strukturierten Fortbildung vermittelt. Ein Modellcurriculum für die Fortbildung wurde 1992 von einer Kommission des DKPM vorgelegt.

Das erste Curriculum dieser Art wurde 1988 in Zusammenarbeit mit der Akademie für ärztliche Fortbildung und Weiterbildung in Bad Nauheim und mit Unterstützung der Kassenärztlichen Vereinigung Hessens eingerichtet (W. Schüffel, G. Maass, U. Brucks, 1993; 1997). Die insgesamt 80 Unterrichtsstunden umfassende Fortbildung erfolgt an zehn Samstagen zu je acht Unterrichtsstunden über einen Zeitraum von circa anderthalb Jahren.

Im folgenden wollen wir über die Fortbildung als *Lern- und Erfahrungsprozeß* berichten, bei dem nicht nur die Fortzubildenden, sondern auch die Lehrenden lernen und neue Erfahrungen machen. Dabei wollen wir uns auf folgende Punkte konzentrieren:

- Im Mittelpunkt der Bad Nauheimer Fortbildung steht das Gespräch mit einem Patienten, der von einem Fortbildungsteilnehmer – seinem Hausarzt – eingeladen wird und nun hier im Kreise von circa 80 Ärztinnen und Ärzten mit einem der Dozenten – W. Schüffel – ein Gespräch führt und die anschließende Diskussion darüber mit anhört. Zum Schluß wird mit ihm und seinem Hausarzt darüber beraten, wie sich ihr Arbeitsbündnis in Zukunft gestalten könnte. Es handelt sich also in gewisser Hinsicht um ein großes Konsil mit einer Vielzahl von durch die Kollegen vertretenen Fachrichtungen, aber in Anwesenheit des Patienten und erweitert um die Reflexion der Beziehung zwischen Arzt und Patient.
- Es wird erprobt, salutogenetische Sichtweisen in diese Fallbesprechungen zu integrieren. Dabei wird deutlich, wie salutogenetische und pathogenetische Sichtweisen einander ergänzen, aber auch in Konkurrenz zueinander treten. Berechtigte, manchmal aber auch durch das Gewohnte übermächtige pathogenetische Fragestellungen beeinflussen das Gespräch mit dem Patienten und die Diskussion darüber. Es ist jedoch gerade der anwesende Patient, der dazu zwingt, salutogen zu denken.

Wer miterlebt hat, wie Patienten sich zurückziehen und verhärten, wenn sie mit Erklärungen und Diagnosen versehen werden, denen aufgrund der objektivierenden medizinischen Sprache zwangsläufig etwas Endgültiges anhaftet, und wer andererseits gesehen hat, wie Patienten sich engagiert an der Diskussion darüber beteiligen, welche bisher übersehenen Handlungsmöglichkeiten sie haben, lernt praktisch sehr viel über psychosomatisch-salutogene Interventionstechnik und die Gestaltung der Arzt-Patient-Beziehung.

Das Gespräch mit dem Patienten und die anschließende Verarbeitung folgt einem siebenstufigen Programm. In ihm kommen nacheinander Vertreter verschiedener Disziplinen zu Wort. Ihre Ansichten müssen im Verlauf der Veranstaltung aufeinander zugeführt und dann dem Patienten zur Stellungnahme vorgelegt werden.

Die Abschnitte des Prozesses sind:
1. Gespräch des Patienten mit einem Dozenten (im folgenden „Interviewer" genannt)
2. Interkollegialer Austausch der Kollegen/-innen über Gesprächsinhalte und Gesprächsablauf
3. Interpretation durch einen geladenen fachärztlichen Experten
4. Deutung der Psychodynamik durch einen Psychotherapeuten/Psychoanalytiker
5. Individuelle Zusammenfassung und Auswertung mit Hilfe der epikritischen Fallbetrachtung
6. Austausch über weitere diagnostisch-therapeutische Schritte
7. Gespräch des Interviewers mit dem Patienten und dem Hausarzt unter Einbeziehung des Facharztes

Um auch in der folgenden Darstellung einer solchen Fortbildungssequenz den *Lern- und Erfahrungsprozeß* nachvollziehbar zu machen, berichten wir aus unserer eigenen Perspektive, also der eines für das Curriculum verantwortlichen Lehrenden, der auch das Gespräch mit dem Patienten geführt hat (W. Schüffel), und der einer mit der Evaluation des Curriculum Betrauten (U. Brucks). Grundlage der Darstellung ist das Tonbandprotokoll der Veranstaltung. *Kursiv* eingefügt sind Überlegungen, die W. Schüffel als Interviewer während des Gesprächs angestellt hat. Daran läßt sich besonders gut die neue Rolle des Lehrenden erkennen: Ganz anders als in gestellten Situationen können die Fortbildungsteilnehmer hier miterleben, wie ein psychosomatisch orientiertes Erstgespräch abläuft und wo auch ein psychotherapeutisch erfahrener Arzt Neuland betritt und eventuell Fehler macht. Sie sehen auch, wie im nachfolgenden Gespräch und im interkollegialen Austausch solche Fehler korrigiert werden können. Aus dem einseitigen Transfer vom Lehrenden zum Lernenden wird so im Idealfall ein gemeinsamer Lern- und Forschungsprozeß, in dem sich alle Beteiligten gemeinsam um eine kreative Lösung für das vorliegende Problem bemühen.

Auch die Evaluation ist interaktiv und prozeßbezogen. Die epikritische Fallbetrachtung, die als Methode von U. Brucks, W.-B. Wahl und W. Schüffel (siehe Teil 1, Beitrag 3) genauer dargestellt wird, ist Teil des oben beschriebenen Programmablaufs. Sie ermöglicht jedem Teilnehmer, das Geschehen für sich auszuwerten und zu reflektieren. Diese individuellen Aufzeichnungen werden anschließend eingesammelt, so daß sie für die Evaluation ausgewertet werden können. Sie werden am nächsten Fortbildungstag als Protokoll rückvermittelt und bilden zusammen mit dem Bericht des Hausarztes über die weitere Arbeit mit dem Patienten einen Spiegel hinsichtlich der Vollständigkeit und Angemessenheit der Problemanalyse und -lösung.

7.2
Die Fallbesprechung in der Fortbildung am 21.09.1996

Es ist Samstag, der 21.09.1996. Die 80 Teilnehmer/-innen haben sich zum 9. Fortbildungstag des IV. Curriculums eingefunden. Sie kennen sich, da es sich um eine geschlossene Veranstaltung handelt, aufgrund ihrer Mitarbeit in der Großgruppe und in einer der hieraus gebildeten vier Kleingruppen. Das Thema des Tages sind Hauterkrankungen.

Im Innenkreis des Großkreises sitzen der Patient Herr F., seine Ehefrau, die 13jährige Stieftochter, der Hausarzt Dr. K., der Interviewer und der als Experte eingeladene dermatologische Facharzt.

7.2 1
Das Gespräch mit dem Patienten – der Krankheitsverlauf im Kontext zentraler Lebensprobleme

Herr F. ist mittelgroß, gut ernährt, aber nicht übergewichtig, wirkt ein wenig älter als seine 40 Jahre und sieht gleichzeitig etwas angestrengt aus. Er folgt mir unablässig mit dem Blick und versucht ständig, meine Blicke aufzufangen. Er signalisiert mir, daß er mir zuhören möchte und bereit ist, sich auf mich (den Interviewer W. Sch.) einzustellen. Neben ihm sitzt seine 13 jährige Stieftochter Anja. Sie ist lebhaft, nicht beirrt von der großen Zahl anwesender Ärztinnen und Ärzte, sondern sieht sich sehr genau im Raum um. Wiederum einen Stuhl weiter in der Runde sitzt Frau F., die Ehefrau. Sie ist von kräftiger Statur, ruhig, zurückgelehnt, als könne sie nur wenig erschüttern. Auch sie wirkt etwas älter als 40 Jahre. Neben ihr schließlich der Hausarzt Dr. K., der ein wenig beunruhigt auf die kleine Dreiergruppierung schaut.

Ich (der Autor, W. Sch.) beginne mit dem Gespräch, nachdem ich Herrn F. das Ziel der Untersuchung erläutert und ihm gesagt habe, daß wir für das bevorstehende Gespräch zwischen ihm, dann der Familie und mir insgesamt maximal 45 Minuten zusammensitzen werden. Zunächst wolle ich mit ihm sprechen und dann die Familie bitten, sich zu beteiligen. Danach würde es zu einer Diskussion unseres Gesprächs kommen. Abschließend würden wir eine Zusammenfassung machen, die dazu dienen solle, daß er gemeinsam mit seinem Arzt wie auch mit der Familie Schritte in Richtung einer erfolgreichen Behandlung der Beschwerden unternehmen könne.

Ich will gern wissen, warum er in die Praxis K. gekommen sei. Er sagt: „Ja, meine vorige Hausärztin hat ihre Praxis aufgegeben, und jetzt mußte ich mich halt um einen anderen Arzt bemühen, und Herr Dr. K. war halt der Arzt, wo ich zuerst hingegangen bin, und er hat auch mein Vertrauen, ja?" Ich frage nach, was der eigentliche Anlaß gewesen sei. Er wiederum: „Och Gott, ich weiß nicht, welche Krankheit jetzt maßgebend dafür war, daß ich zum Arzt gegangen bin, ob das jetzt meine Psoriasis war oder 'ne andere Krankheit."

Ich lasse nicht locker und frage, was er gespürt habe. Wiederum recht ausweichend kommt die Antwort, das sei gar nicht so bestimmt zu sagen. Schließlich greift der Hausarzt Dr. K. ein und lenkt das Gespräch definitiv auf die Psoriasis.

Ich überlege: Dieser Patient wurde mir wegen Psoriasis angekündigt, da wir Psoriasis auf dem Tagungsprogramm haben. Er will aber nicht über Psoriasis als Krankheit sprechen. Was kann der Grund sein?

Ich nehme zwei Gründe an: Psoriasis ist nicht der Hauptanlaß, weshalb er zum Arzt geht, sondern nur ein Auslöser. Oder: Als Psoriatiker fühlt er sich durch seine Krankheit so behindert und stigmatisiert, daß er zunächst mit dieser Krankheit zurückhalten möchte. Ich lasse daher zu, daß an dieser Stelle der Hausarzt einspringt und dem Patienten sagt, er möge mitteilen, wann er erstmals wegen der Psoriasis die Praxis aufgesucht habe. Allerdings sage ich dem Hausarzt, daß ich Wert darauf legen würde, von nun an das Gespräch allein mit dem Patienten weiterzuentwickeln. Nachher könnten wir zusammen reden. Ich registriere gleichzeitig, daß ich wegen der Unterbrechung verärgert bin. Ich nehme mir vor, diesen Ärger als Zeichen einer möglicherweise bestehenden Aggressionsproblematik zu sehen.

Der Patient geht auf die Intervention seines Hausarztes bereitwillig ein. Er beschreibt die Erstdiagnose. „Damals hab' ich gesagt bekommen, was diese Psoriasis bedeutet, allerdings die Aufklärung darüber war ein bißchen mangelhaft. Da ist mir gesagt worden: Die tut nicht weh, diese Krankheit. Aber was da auf mich zukam, das hat mir da keiner gesagt, das habe ich erst später gemerkt."

Er schildert als das Prägende der Erkrankung das Gefühl, auffällig zu sein, sich nicht mehr frei bewegen zu können. So konnte er z.B. nicht mehr in öffentliche Schwimmbäder gehen und keine kurzen Hosen oder kurzärmlige Hemden tragen.

Der Patient entwickelte 1978 erstmals eine Psoriasis, zunächst an den Knien, dann in den Ellenbeugen. Er war damals 22 Jahre alt. 1981 kam es zu einer Verstärkung der Symptomatik, die erst um 1983 etwas abflaute, aber als solche bis 1987 bestehenblieb. Dann wurde er in eine spezielle Psoriasis-Klinik eingewiesen, und es kam zu einer erstaunlichen Besserung. Erstmals konnte er seit diesem Zeitpunkt wieder kurze Hosen tragen, und er fühlte sich der Umgebung zurückgegeben. Er habe diese Zeit ausgekostet. In den folgenden Jahren kam es zu einem Auf und Ab der Krankheitszeichen, im großen und ganzen war es jedoch erträglich.

Im Laufe seiner Darstellung kommt Herr F. selbst auf psychische Auslöser der Krankheitsschübe: „Nur, eh, vielleicht wollen Sie darauf ansprechen: Ganz besonders stark ist es, das hat auch viel mit der Psyche zu tun..." „Ja, dann erzählen Sie..." „...Ja, ich kann Ihnen genau sagen: Es geht los, mit dem Alkoholtrinken...oder wenn ich mich aufrege, viel Streß ist, weniger körperlich als psychisch, dann macht sich das auch bemerkbar, ja?"

Er erzählt dann ein kürzlich zurückliegendes Beispiel, bei dem er „Mordsärger mit den Arbeitskollegen" hatte: „Das hat natürlich an einem ganz schön gefressen. Gerade in der Arbeitssituation, die wir haben, kann man sich so etwas nicht erlauben…Innerhalb von drei, vier Tagen ging's da wieder los (mit der Haut). Und das war fast jedes Mal: Wenn irgendwelche psychischen Sachen auf einen zukamen, hat sich das dann an der Haut bemerkbar gemacht."

Die Schilderung dieser Entwicklung von Gesundheit und Krankheit ist zunächst noch recht wenig assoziativ mit Biographischem verbunden. Ich bitte ihn, die Zeit von 1978 genauer zu beschreiben mit dem Ziel, den Wechsel von Gesundheit und Krankheit zunehmend mit biographischen Ereignissen zu „koppeln".

Sch.: „Und wenn man zurückgeht, '78, wie war es da?" F.: „Der Auslösepunkt! Das war natürlich 'ne Sache, die hängt mir heut' noch nach." 1978 war er als 22jähriger Zeitsoldat bei der Bundeswehr. Ein Kamerad verunglückte tödlich in einem Panzerfahrzeug, das er an diesem Tag eigentlich hätte steuern sollen. „Und das war natürlich der Auslösepunkt."

Der Patient ist sichtlich bewegt, während er dieses Ereignis schildert. Für mich stellt sich die Verdachtsdiagnose einer verzögerten traumatischen Reaktion bzw. abgewehrten pathologischen Trauerreaktion. Da die häufigsten Beschwerden bei diesem Krankheitsbild Schlafstörungen sind, frage ich hier nach. In der Tat berichtet Herr F. über Alpträume, in denen er den Panzer und seinen jungen Kameraden sieht. Auf mein direktes Befragen: Nein, den Kameraden habe er weder im Traum noch in der Wirklichkeit als Toten gesehen. Immer sei es der lebende Kamerad gewesen. Mein Verdacht bestärkt sich, daß es sich um eine unbearbeitete Trauerreaktion handelt. Hierbei greift er, so meine Überlegung, mit großer Wahrscheinlichkeit auf sehr frühe Erfahrungen zurück, bei denen es um abgewehrte mörderische Impulse gehen könnte.

Im Jahre 1979/80 verließ der Patient die Bundeswehr und wurde dann LKW-Fahrer. Er berichtet, wie er zu diesem Zeitpunkt in einen Verkehrsunfall verwickelt war. In der Tat, so be-

stätigt er, sei zu diesem Zeitpunkt die Psoriasis wieder aufgeblüht. Er habe den Unfall und die Rekonvaleszenz dazu benutzt, nachzudenken und das Kraftfahren als Beruf aufzugeben und in den Kalibergbau zu gehen.

Erst später wird mir deutlich, daß ich an dieser Stelle sehr viel hätte erfragen können, vor allem, ob er selber den Unfall verursachte. Das tat ich nicht. In der späteren Diskussion wird bestätigt, daß ein solches Vorgehen vermißt wurde und ich entgegen meiner sonstigen Art mein konfrontierendes Verhalten aufgegeben habe. Bin ich also aggressiven Impulsen ausgewichen?

In der folgenden Zeit arbeitete er im Kalibergbau. In der Waschkaue sei er unter 200 musternden Augenpaaren nackt durch die Menge gegangen. Hier habe er viele „Informationen" über seine Krankheit ausbreiten müssen, bis man ihn mit seiner Krankheit akzeptiert habe.

Ich erinnere mich, daß ab diesem Zeitpunkt, das heißt zwischen 1983 und 1987, zwar ein Auf und Ab in der Krankheitsbewegung zu verzeichnen war, aber keine schweren Exazerbationen mehr auftraten. Offensichtlich hatte der Patient ein gewisses Gleichgewicht hergestellt. Dieses konnte er durch die 1987 erfolgende Klinikbehandlung ausgesprochen verbessern. Für den Augenblick entscheide ich mich, hier nicht weiter darüber zu sprechen, sondern versuche, nun etwas genauer in die Biographie hineinzukommen.

Er war als ältestes von sechs Geschwistern im Nordhessischen herangewachsen. Sein Vater war Montagearbeiter und viel von daheim weg. Die Mutter war für die Kinder allein zuständig. Er mußte ihr daher zur Hand gehen und versuchte, dieser Aufgabe gründlich nachzukommen. Hierbei war er sich seiner Rolle als Ältester bewußt. Es konnte passieren, daß die Nächstjüngeren rebellierten. Dann ließ er sie ganz einfach diejenigen Dinge machen, die er hatte tun müssen und in deren Verrichtung er geübt war. Sie merkten dann, daß sie eine Bauchlandung machten. Auf diese Weise konnte er sich durchsetzen.

Sein Aufwachsen war ganz „normal". Er lebte bei der Mutter bis 1989. Zu diesem Zeitpunkt lernte er seine Frau kennen. Er zog aus dem Haus der Eltern aus und in die Wohnung seiner Frau ein. Diese war geschieden und hatte drei Kinder.

In der Zwischenzeit haben sich – von mir ermuntert – Stieftochter A. und seine Frau in das Gespräch eingeschaltet und berichten, daß er am ersten Besuchstag mit einem Steak empfangen wurde, das ihm die Kinder bereitet hatten. Er hatte es schon gegessen, bevor seine zukünftige Frau von der Arbeit nach Hause kam.

Hier ist mir anhand der ausführlichen Essensschilderung aufgefallen, wie er praktisch von einer versorgenden Mutter zur anderen Mutter ging. Später in der Diskussion wird diese Beobachtung recht plastisch wiedergegeben mit der Feststellung einer Ärztin: „Er ging von einer Großfamilie in die andere."

Ich will mehr über das erfahren, was ihn mit Müttern verbindet. Ich lege mich daher auf die Mutter-Sohn-Beziehung stärker fest, als es mir lieb ist. Erst später merke ich, daß ich auf diese Weise die dritte Person, das heißt den Vater, ganz aus dem Auge verloren habe. Glücklicherweise wird dies dann in der späteren Diskussion korrigiert. Freilich habe ich hierbei zunächst meine eigene Kränkung zu überwinden, nämlich nicht der erfolgreiche, die Situation überblickende Arzt zu sein.

Durch die Mithilfe seiner Frau, die während des Gesprächs immer aktiver wird, kommt zum Vorschein, daß er sich 1987 zunächst auf eine Beziehung zu einer ebenfalls an Psoriasis erkrankten Mitpatientin eingelassen hatte. Diese war gleichzeitig alkoholabhängig. Er hat sich von ihr getrennt, weil ihm klar wurde, daß er sonst auch Alkoholprobleme bekommen würde.

Hier tritt ein Dissens zwischen Herrn und Frau F. auf: Sie widerspricht der Ansicht, daß er durch diese Frau auch in den Alkohol abgeglitten wäre mit den Worten: „Ein jeder muß sich selber helfen können, und ich muß das auch. Und da muß von innen her 'ne Bereitschaft da sein. Man kann nicht nur das tun, was andere tun. Also, das muß man mit sich selber ausmachen." Er dagegen: „Es ist nicht jedermanns Sache, sich selber zu helfen. Ich mein', ich bin – ich hab' 'nen Schlußstrich drunter gezogen."

Im späteren Verlauf des Gesprächs und mit Unterstützung der Ehefrau sagt er, daß es gar nicht so einfach gewesen sei, von einer Großfamilie in die andere zu gehen. Aber er habe sich gut geschlagen. Beide sprechen darüber, daß er zunächst in der Herkunftsfamilie die Geschwister versorgte, ganz besonders „das Nesthäkchen". An ihm habe die Mutter besonders gehangen. Als er dann auf ihre drei Kinder gestoßen sei, so die Ehefrau, habe er sich ihrer wiederum wunderbar angenommen. Dieses Nesthäkchen seiner Ursprungsfamilie war 1978, so erfahre ich jetzt auf mein Nachfragen hin, ein Jahr alt. Auch der verunglückte Kamerad – so lege ich nahe – „hätte fast ein Bruder sein können." Herr F. antwortet: „Vom Alter her ja, sicher. Ein Zwillingsbruder dann halt, nicht?" Ich bemerke: „Anja, Du lächelst so dabei, eh?"

In der Zwischenzeit sind ca. 40 Minuten verstrichen. Ich habe den Eindruck, einen Überblick über das Leben und wichtige Zusammenhänge zwischen Krankheit, Gesundheit und Biographie sowie über die Dynamik gewonnen zu haben. Ich bleibe bei der Assoziation und ihrer zeitlichen Diskrepanz hängen: Zwei männliche Geschwister werden geschildert, eines 1 Jahr, das andere 22 Jahre alt; eines als Nesthäkchen zu beachten, das andere tragisch ums Leben gekommen.

Aus pathogenetischer Sicht erscheinen mir die Hinweise auf eine möglicherweise stark belastende Geschwisterrivalität mit hieraus resultierenden Schuldgefühlen wichtig. Aus salutogenetischer Sicht erscheint mir beachtlich, daß er offensichtlich gelernt hat, Geschwister anzuleiten, und ein analoges Verhalten im Umgang mit seinen Kollegen entwickelte, die seine Krankheit akzeptieren lernten. Die Beziehungen zur Ehefrau schätze ich überwiegend als Ressource ein, wenngleich mich das hohe Maß an Abhängigkeit nachdenklich macht.

Dagegen merke ich nicht, wie ich seine Beziehung zum Vater außer acht lasse. Das wird mir erst später deutlich.

7.2.2
Der interkollegiale Austausch: Ärzte verständigen sich darüber, wie sich ein Mann seiner Haut wehrt

Nochmals soll der Ort des Geschehens in Erinnerung gerufen werden. Achtzig Ärztinnen und Ärzte haben das Gespräch mit einem Patienten und dessen Frau und Stieftochter verfolgt, um die Entstehung und den Verlauf einer chronischen Krankheit biographisch einzuordnen und hiermit zu neuen Erklärungsansätzen zu kommen. Es handelt sich um eine Herausforderung zumindest doppelter Art: Die anwesenden Ärztinnen und Ärzte müssen eine gemeinsame Sprache finden; ihre Formulierungen müssen vom Patienten und seinem Hausarzt aufgegriffen werden.

Die Vorsitzende (die Gesprächsleitung hat Dr. L. Rackwitz, Dozentin im Curriculum Psychosomatische Grundversorgung, Bad Nauheim) wendet sich an die Teilnehmer/-innen: „Bitte sprechen Sie wie am Telefon miteinander, also sprechen Sie nicht den Patienten an." Durch diesen Kunstgriff wird erreicht, daß die Teilnehmer sich auch in Gegenwart des Patienten miteinander austauschen und Fragen an den Patienten unterbleiben, die leicht zu einer konkurrierenden Befragung ausufern.

Der Anfang ist zäh; es tritt eine längere Pause auf im Anschluß an die Aufforderung, die Eindrücke, die man hat, auszutauschen. Dann gibt es Gemurmel mit Nachbarn, so daß die Vorsitzende noch einmal auffordern muß: „Ja, möchten Sie es in den Raum stellen?" Darauf wieder Pause, Gemurmel, Räuspern und Kichern. Nunmehr springt ein weiterer Dozent ein und konfrontiert auf psychoanalytischer Basis: „Also, ich will einmal anfangen..." und bemängelt: „Mir ist aufgefallen, daß Herr Schüffel Herrn F. und Anja nach ihrem Alter gefragt hat, Frau F. nicht." Frau F. spricht mit freundlichem Lachen dazwischen: „Eine Dame fragt man nicht nach ihrem Alter." Dozent: „Dann hat er später, als er nach dem Einverständnis mit dem Tonband gefragt hat, Herrn F. und Anja gefragt, Frau F. nicht!" Hier widerspricht Herr Sch.: „Das ist gar nicht wahr. Ich habe Frau F. angesehen, und sie hat genickt."

Plötzlich wird mir in diesem Abschnitt der Diskussion und nach Beendigung des Gesprächs deutlich, wieviel nonverbal abgelaufen ist. Ich hatte Frau E. in die Augen geschaut und ihr Nicken registriert, als ich nach der Erlaubnis der Teilnehmenden gefragt hatte, das Gespräch aufzunehmen. Die anderen hatten dies nicht gemerkt. Ich registriere meinerseits, daß sich sehr viel nonverbal über den Kopf des Patienten hinweg abspielt und dies seine Gründe haben muß.

Der nächste Eindruck kommt von einer Ärztin: „Also die Daten und Fakten sind erst sehr spät zusammengekommen, und so hat sich auch das Bild erst sehr spät geklärt." Auch die Dramatik kam zu kurz: Bei dem Bericht über den Unfall mit der Bemerkung, jemand sei „durch ihn" zu Tode gekommen, haben bei der Kollegin die „Alarmglocken geläutet", aber Herr Sch. hat „nicht auf den Nerv gebohrt". So wurde viel an Fragen aufgeworfen, aber man sei „noch nicht in die Verhandlung eingetreten".

Schließlich stehen zwei Beobachtungen im Raum: Einerseits blieben Fakten unklar, andererseits wurden Zusammenhänge nahegelegt, aber nicht ausgesprochen, z.B. der zwischen dem Unfall und der Psoriasis. Der Unfall erschien als Szene, die Schuldgefühle hervorruft. Man könnte es auch so benennen: Erst hat Herr F. „seine Haut gerettet", und dann hat er es an der Haut zu spüren bekommen.

Neben dieser aus der Gesprächsdynamik gewonnenen Erklärung gibt es andere Krankheitserklärungen, die sich aus arbeitsmedizinischer Sicht anbieten, z.B. allergische oder toxische Reaktionen auf die Arbeitsstoffe, da mehrere Kollegen im Kaliwerk Hautkrankheiten haben, und/oder der Alkohol. Dieser verbindet sich möglicherweise mit dem Schuldthema, wenn man sich den nicht beschriebenen Unfall mit dem LKW ausmalt.

Wiederum erinnere ich mich: Für mich entstand an dieser Stelle der Eindruck, als sei er Co-Trinker. Erst durch den interkollegialen Austausch bekam ich auch einen Hinweis darauf, wie mein möglicherweise zu stark schonendes Verhalten zustande kam: Er war froh, seine eigene Haut gerettet zu haben, und ich wollte dies nicht in Frage stellen.

Der interkollegiale Austausch bleibt von derselben „Schonhaltung" geprägt, die eventuell den verzögerten Anfang verursacht hat und die der Interviewer nachträglich auch für das Gespräch selbst wahrnimmt. Dennoch bringt er das Thema „Realität" auf den Tisch: Daten und Fakten haben sich nur mühsam zusammengefügt und sind nebenbei eingestreut worden. Dafür wird vordergründig der Interviewer verantwortlich gemacht – und sofort nachdrücklich verteidigt. Es steht aber auch die Frage im Raum: Wie konnte Herr F. es schaffen, einen erfahrenen

Interviewer so auf Distanz zu halten, daß er die ins Auge springenden Stellen nicht anspricht?

Dieses zugleich Sichtbar- und Unaussprechbar-Machen wird bei den Assoziationen über den Ausdrucksgehalt der Symptome wieder aufgegriffen: Die beschriebenen Szenen – die Unfälle, die Verantwortung für jüngere Geschwister, die Kameradschaft und der Zusammenhalt der Familie – verweisen auf Schuld, auf Verantwortung und auf Geselligkeit. Die Krankheit hingegen verweist auf Strafe, auf Ausschluß aus der Gemeinschaft und auf Scham. Im interkollegialen Austausch werden diese Gefühle genannt, aber sie werden sehr eng gebunden an die für die Psoriasis typische Stigmatisierung und nicht mit den Szenen in Zusammenhang gebracht, die im Interview geschildert werden. Nur an zwei Stellen werden Beziehungen zwischen Ereignissen und Erleben hergestellt: Es wird seine Erleichterung ausgesprochen, daß nicht er verunglückt ist, sondern daß er anders als der Kamerad seine „Haut gerettet" hat, und sein mit der Verantwortung verbundener Stolz, daß er seinen Geschwistern zeigen konnte, wo es langgeht.

7.2.3
Interpretation durch den psychodermatologischen Facharzt

(Das Gespräch leitet als psychodermatologischer Experte Prof. Dr. U. Gieler.)

Im „interkollegialen Austausch" geht es darum, sich auf die Bedeutung der Haut im Erleben des Patienten wie des Arztes einzustellen. Dabei werden scheinbar widersprüchliche Empfindungen verbalisiert und in ihrer scheinbaren Widersprüchlichkeit zunächst stehengelassen. In dieser dritten Phase der Bearbeitung werden nun durch die Hereinnahme eines Spezialisten und seines Wissens (Gieler, Bosse, 1996) die Verbindungen zum vorliegenden psychodermatologischen Wissen hergestellt. Folgende drei Momente werden in dieser Diskussion herausgearbeitet:
1. Das Auftreten der Psoriasis am Ellenbogen läßt daran denken, daß eine Ellenbogenmentalität zwar gewünscht, aber nicht vorhanden ist. Dieser mögliche Symbolgehalt der Symptomatik wird von U. Gieler jedoch verworfen, weil der Ellenbogen zu den typischen Manifestationsregionen der Psoriasis gehört. Der Patient hat jedoch darüber gesprochen, daß – für die Psoriasis uncharakteristisch – diese Erkrankung auch im Genitalbereich (Leisten) auftritt. Dies sollte zu einem späteren Zeitpunkt weiter abgeklärt werden (also unter vier Augen, in der Praxis).
2. Stigmatisierung – Selbstverwirklichungsproblematik: Die Stigmatisierung ist eine fast unausweichliche Folge der Psoriasis und verschärft möglicherweise vorhandene Probleme der Selbstdarstellung und -verwirklichung. Verstärkt wird die Problematik durch Alkoholgenuß. Es kommt zur Vasodilatation und hierdurch sekundär zur Förderung der Psoriasis. Isolierung ist oft die Folge.
3. Dahinter steht aber sehr oft auch ein Autonomie-Abhängigkeitskonflikt. Psoriasis ist psychodynamisch gesehen ein „reifer Konflikt". Hier ist die Beobachtung relevant, daß der Vater im Gespräch ausgespart blieb. Es ist nicht nachvollziehbar, wie die Entwicklung zur Dreipersonenbeziehung, also zur Triangulierung, aussieht. Durch die Entwicklung des Patienten zieht sich die Frage hindurch, ob er Vater oder Bruder, Verantwortlicher oder Gleicher unter Gleichen ist.

Während mir die Stigmatisierungsproblematik bereits während des Gesprächs deutlich geworden ist, ist dies bei der Abhängigkeitsproblematik viel weniger der Fall gewesen. Der interkollegiale Austausch unter Anleitung des Spezialisten macht mir diese Abhängigkeit bewußt.

7.2.4
Die psychoanalytische Deutung: Dem Kronprinzen schwillt der Kamm – der Vater holt ihn auf den Boden (der Familie)

Im vierten Abschnitt der Fallbesprechung übernimmt der Psychoanalytiker die Gesprächsleitung. Auch an ihn sind zweierlei Erwartungen gerichtet: Er möge einerseits auf tiefenpsychologischer Basis eine Interpretation der erhobenen Befunde und des beobachteten Diskussionsverlaufes geben; andererseits soll die Deutung und Interpretation so abgefaßt sein, daß sie vom anwesenden Patienten aufgegriffen werden kann. Der zuständige Dozent ist G. Maass, der zusammen mit W. Schüffel für die wissenschaftliche Leitung des Curriculums verantwortlich ist. In diesem Abschnitt arbeitet er drei Momente heraus:

1. Die Psoriasisschübe können symbolisch bzw. körpersprachlich verstanden werden. Der Patient kam nach Hause zurück und mußte sich am Arbeitsplatz heftigen Vorwürfen stellen. Was blieb ihm hier anderes übrig, als daß ihm „der Kamm schwoll"? Es habe ihn geradezu „gejuckt", etwas zu tun, als er nach dem beschwerdefreien Urlaub nach Hause zurückkam und feststellte, daß er im Betrieb ungerecht behandelt wurde. Gleichzeitig habe der bisherige Diskussionsverlauf gezeigt, daß Aggressionen streckenweise nur sehr schwer oder gar nicht aufzugreifen sind. Das hänge wahrscheinlich damit zusammen, daß der Vater viel außer Haus war und der Sohn als ältestes Kind den Vater vertreten und der Mutter zur Hand gehen mußte. Unter diesen Bedingungen könne die Beziehung zu einem männlichen Hausarzt, der viel Verständnis aufbringt, geradezu einen Glücksfall darstellen.
2. Schuldgefühle: Der Patient litt unter Schuldgefühlen des Überlebenden. Dies war erstmals der Fall, als der Kamerad im Panzer umkam. Möglicherweise noch drückender könnte das Schuldgefühl sein, das mit dem LKW-Unfall zusammenhängt und dessen Hergang im Gespräch nicht abgeklärt werden konnte. Hier hätte der Hausarzt eine Chance: Er könnte offen über die damalige Unfallsituation mit dem Patienten sprechen. War etwa Alkohol, von dem während des Gesprächs mehrfach die Rede war, im Spiel?
3. Der Patient war als „Kronprinz" herangewachsen. Er hatte tiefe Gefühle der Verantwortung entwickelt, die in dem Bild zusammenzufassen sind, daß er „anstelle des Vaters" antrat. Dadurch kam es zu einer Allianz zwischen Sohn und Mutter, so daß eine Separation zwischen beiden schwer wurde, vor allem die allfälligen Separationsbewegungen des kleinen Kindes stark eingeschränkt wurden.

Erst hier wird mir bei der Formulierung des Begriffes „Kronprinz" deutlich, warum ich mich initial auf nonverbaler Ebene mit Frau F. verständigte. Ich geriet plötzlich (nach dem Übertragungs-/Gegenübertragungsmodell) in die Rolle des Vaters hinein, dem von der (Übertragungs-) Mutter bedeutet wird, daß sie selbstverständlich und ohne viel Worte zu machen alles das unterstützt, was der Vater tut. In dieser Situation tat ich gerade das nicht, was für den therapeutischen Fortschritt notwendig ist: die Dinge auszusprechen.

Diese nunmehr verständlich gewordene affektive Entwicklung hatte auch zur Folge, daß ich meinte, den Hausarzt gar nicht mehr nach dem Grund seines Konsils fragen zu müssen. Meine Gefühle sagten mir plötzlich: Hier geht es darum, daß der Kronprinz wieder den Boden unter den Füßen findet.

Glücklicherweise waren genug Zuhörer da, die diese drohende affektive Sackgasse wahrnahmen.

7.2.5
Epikritische Fallbetrachtung mit Dokumentation

(Diesen Abschnitt leitet Dr. U. Brucks, die für die Evaluation der Veranstaltung zuständig ist.)

Die epikritische Fallbetrachtung findet unter der Fragestellung statt, wie die Arzt-Patient-Beziehung sich bisher entwickelt hat und welche Ansatzpunkte für ein produktives Arbeitsbündnis zu sehen sind. In *Einzelarbeit* fassen die Ärztinnen und Ärzte das Gespräch mit dem Patienten und die anschließende Diskussion zusammen, wobei sie die vier Hauptschritte der epikritischen Fallbetrachtung verwenden:
- Fragestellung
- Bedeutung des Hauptsymptoms
- Übertragung/Gegenübertragung und Konstellation der Arzt-Patient-Beziehung
- Arbeitsbündnis (und gleichzeitig Evaluierung): Der nächstmögliche Schritt

Hierbei sind die beiden ersten Punkte Zusammenfassungen der bisherigen Diskussion. Ihre

Auswertung gibt wichtige Hinweise auf Gesichtspunkte, die während der Veranstaltung selbst zu kurz kamen, und sie zeigt den Stand der Gruppe im Hinblick auf die Problemanalyse. Da diese Auswertung zur Evaluation gehört, wird sie im folgenden Abschnitt dargestellt.

In der Gruppe diskutiert werden die Konstellation der Arzt-Patient-Beziehung und der nächstmögliche Schritt bei der Entwicklung des Arbeitsbündnisses. Dabei geht es vor allem um Ansatzpunkte, die den bisherigen Behandlungsverlauf in einer salutogenen Richtung fortführen könnten.

Bei den sieben Konstellationen der Arzt-Patient-Beziehung fällt auf, daß *alle* in den schriftlichen Protokollen – und auch schon in der Sitzung – genannt werden. Dies erweckt zunächst Zweifel an dem Instrument. Da eine solche Unsicherheit bisher nie vorgekommen ist, veranlaßt es auch zu der Frage, was in diesem Fall das Besondere ist.

Betrachten wir zunächst die Begründungen und Kommentare (auf der linken Seite steht die Beschreibung der jeweiligen Konstellation und rechts die in den Dokumentationen gegebenen Erläuterungen für die Zuordnung):

Die Suche nach neuen Ansätzen und Kameradschaft, die die Gefahr der Konfliktvermeidung in sich trägt, sind offenbar der gemeinsame Nenner dieser Vielfalt. So entsteht ein Bild der Widersprüche und Chancen dieser Arzt-Patient-Beziehung. Je nachdem, welche Facette des Bildes man hervorhebt, scheint die Kameradschaft

Konstellation:	Kommentar:
1: Der Heilungsverlauf ist nicht wunschgemäß. Die Ärztin/den Arzt beunruhigt das Gefühl, keinen rechten Ansatzpunkt für eine effektive Behandlung zu finden.	Beide sind auf der Suche nach grundlegenden Ansätzen, aber noch nicht fündig.
2: Rückblickend zeigt sich Symptombehandlung über längere Zeit bei nicht (vollständig) erkannten Ursachen der Beschwerden.	Vertrauensvoll, aber eher Symptombehandlung, ohne Ursachen vollständig erkannt zu haben; Kameradschaft, jedoch Gefahr der Konfliktvermeidung.
3: „Einverständnis im Mißverständnis". Beide (Arzt und Patient) vermeiden, psychosoziale Bedingungen anzusprechen, weil sie sich nicht zutrauen, eine Lösung zu finden.	Typ 3 + Typ 5: Beide wissen mehr, als sie sich gegenseitig sagen, sie tendieren zur Bagatellisierung.
4: Arzt und Patient versuchen, (vermeintliche) Defizite in der Versorgungsstruktur zu kompensieren.	Typ 4 + Typ 5: Kameradschaft, die aber dazu dient, Defizite in der Versorgungsstruktur zu kompensieren und die Folgen der Krankheit zu bagatellisieren.
5: Der/die Patient/in tendiert dazu, die eigene körperliche und psychosoziale Lage zu bagatellisieren, und der Arzt/die Ärztin leistet dem unwillentlich Vorschub.	S.o.; zusätzlich wird die Lösung als weniger befriedigend bezeichnet.
6: In beiderseitigem Einverständnis tut der/die Patient/in, was die Ärztin/der Arzt für richtig und nötig hält.	Hilfe zur Streßbewältigung ist angekündigt.
7: Der/die Patient/in ist selbständig und kooperativ und der Arzt/die Ärztin akzeptiert dies.	Kameradschaftlich, von Mann zu Mann.

weiterzuführen oder nur eine schlechte Situation zu kaschieren. Es ist zur Zeit nicht klar, wo man hin will bzw. wo die Potenzen dieser Beziehung liegen: Soll der Arzt die Führung übernehmen, mehr Druck ausüben, aber auch mehr aktive Hilfe anbieten, oder soll er sich dem Rhythmus des Patienten anpassen, auch auf die Gefahr hin, daß die durch äußere Bedingungen gesetzten Handlungsspielräume immer enger werden?

Es spiegelt sich hier der Mangel an Triangulierung, der bereits vom psychodermatologischen Facharzt hervorgehoben wurde und der sich in der Übertragung und Gegenübertragung als unvollständige und von den Teilnehmern wechselnd zugeordnete Vater-/Führungsrolle darstellte. Denn in der Diskussion über die Beziehung, die sich im Gespräch gezeigt hat, treten weitere Aspekte neben die oben beschriebene Verführung, die Vaterrolle zu übernehmen. Der Interviewer fühlt sich zugleich in die Rolle des jüngeren Bruders versetzt, indem er sich während des Gesprächs fragt, wie der Patient es schaffte, ihn – den Geschwistern sehr ähnlich – „auf den Bauch fliegen" zu lassen, indem er ihn von wichtigen Fragen ablenkte. Er erweckt Gefühle der Betroffenheit und Schuld, die in der Gegenübertragung zu aggressiven Impulsen führen, aber auch zur Empfindung von Hilflosigkeit und Machtlosigkeit. Analog dazu kann der Arzt dem Symptom und der Lebenssituation nicht „Herr werden".

Daneben wird der Gefühlsausdruck im Gespräch thematisiert: Die Kontaktaufnahme am Anfang des Gesprächs sei schwergefallen, der Interviewer kam nicht an ihn heran. Herr F. nimmt sich selbst eher zurück, läßt Gefühle nicht erkennen.

Dabei gibt es durchaus positive Anknüpfungspunkte, insbesondere in der Dynamik von Habitus und Status, also in der von Herrn F. entwickelten Art, mit seiner Krankheit zu leben: Er hat sich erfolgreich mit den ihn anstarrenden Blicken auseinandergesetzt, und Herr Dr. K. hat seine Bereitschaft wahrgenommen, sich Streßsituationen direkter zu stellen, um eine Verschlimmerung der Psoriasis zu vermeiden. Dem steht allerdings die Schonhaltung entgegen, die er sich angeeignet hat; ebenso sein Ausweichen vor offenen Konflikten, hinter dem die Drohung spürbar wird, davonzulaufen, wie er es im Fall der alkoholabhängigen Freundin getan hat.

Auch in seiner Lebenslage gibt es ungenutzte Ressourcen, insbesondere den Rückhalt, den die Familie bietet. Es ist nicht geprüft, ob Frau F. die Ernährerrolle so wichtig findet wie Herr F. es wahrnimmt. Sie hat ihre Ehe mit ihm damit begründet, daß sie nicht allein sein wollte, daß sie einen Vater für die Kinder haben wollte und daß er ein guter Vater sei. Auch die Kinder scheinen ihn zu akzeptieren. Vielleicht will Anja mit ihrem Lächeln am Schluß des Gesprächs sagen: „Mach Dich doch nicht kleiner als Du bist." Ein Appell also auch, die Schonhaltung aufzugeben, freier und selbstbewußter aufzutreten.

Realität ist auch, daß Herr F. in der Rolle des „Nicht-ganz-Vaters" akzeptiert wird. Vielleicht braucht diese Familie mit den halbwüchsigen Kindern keinen Vater, sondern kann mit dem Bruder und Kameraden ganz gut leben. Auch die Wahl eines Arztes, der eher kameradschaftlich als dominant ist, kann produktiv sein, wenn beide – vor allem jedoch der Arzt – Möglichkeiten finden, ihre Gefühle der Machtlosigkeit zu überwinden. Dafür wird es nötig sein, diese diffuse, wenig abgegrenzte Beziehung zu strukturieren, um die Realität – vor allem auch die Vielfalt der angesprochenen Gefühle – im Blick zu behalten.

7.2.6
Austausch über weitere diagnostisch-therapeutische Schritte

(Diesen Gesprächsabschnitt leitet Dr. L. Albers.)

Damit ist die Richtung für das *Arbeitsbündnis* schon benannt: Es würde vor allem darum gehen zu besprechen, daß die Verfestigung der Krankenrolle durch „Frühinvalidität" keine Lösung, sondern eine „Abseitsfalle" ist. Dazu wird es notwendig sein, daß in der Arzt-Patient-Beziehung Aggression auftaucht und verbalisiert wird, um aus der lähmenden eine produktive Kameradschaft zu machen und Herrn F. in seinen Kompetenzen zu bestärken, so daß er seine Schonhaltung verringern und es wagen kann, sich der Realität zu stellen.

Unter den diskutierten therapeutischen Interventionen nehmen Entspannungstechniken eine wichtige Rolle ein. Mit ihnen hat Herr F. gute Erfahrungen gemacht. Sie können dazu beitragen, die Koppelung von Streßerleben und Verstärkung der Psoriasis durch aktive Streßbewältigung aufzuheben.

Eine wichtige Verbündete kann Frau F. sein, mit der es sogar gelingen könnte, die fehlende Triangulierung herzustellen. Denn sie hat den Ernst der Lage erkannt, aber sie hat wohl nicht die hohen Ansprüche, die Herr F. phantasiert. Nehmen wir an, daß Anja lächelt, weil sie weiß, daß die Realität nicht so schlimm ist wie die Phantasien...

7.2.7
Abschließendes Gespräch mit Patient und Hausarzt unter Einbeziehung des Facharztes

Leitvorstellung für die Entwicklung weiterführender diagnostisch-therapeutischer Strategien ist nunmehr geworden, Wut wie auch Angst vor der eigenen Wut in der Arbeitssituation und viel stärker noch daheim aufzugreifen. In diesem abschließenden Gespräch, das wieder W. Schüffel führt, kommt es zu folgenden Abschnitten:

Die Ehefrau bestätigt, daß Wut da ist, Angst praktisch nie. Sie sagt explizit: „Wenn ich auf ihn picke, dann brüllt er." Früher habe er die Lösung von Problemen vor sich hergeschoben. Das sei nun anders geworden.

Genau das ist es, was den therapeutischen Fortschritt bringen könnte. Dementsprechend sollte die Ehefrau in dieser Sicht unterstützt werden, und in Paargesprächen könnte man diese Sicht der Dinge gemeinsam, das heißt in einem Dreiergespräch, aufgreifen.

Freilich sagt die Ehefrau in einem nächsten Schritt, daß sie es in den letzten Jahren ganz gut hingekriegt habe, sich mit Aggressionen auseinanderzusetzen, ohne daß er es merkte. Er habe es gelernt, und sie sei in ihrem Verhalten bestätigt worden durch die praktische Abwesenheit der Psoriasis in den letzten zwei Jahren (außer in der Nachurlaubszeit).

Hier besteht die Gefahr, daß der Patient in der Abhängigkeit verstrickt bleibt, das heißt die gewünschte Triangulierung nicht gefördert werden kann. Dem muß der Arzt entgegenwirken.

Nachdem ich dies gehört habe, wende ich mich an den Hausarzt. Ich frage ihn, ob er therapeutische Ansatzpunkte sähe. Er betont nun seinerseits, daß er eine Machtlosigkeit als Gegenübertragung auf den Patienten spüre. Er weicht dann aus auf die soziale Lage, die ja schwierig sei. Dabei benutzt er den Begriff des „Bunkerns"; der Patient „bunkere" seine aggressiven Gefühle.

Dann betont der Arzt, er sei nur ein „kleiner Teil" im Leben des Patienten. Und er fügt hinzu: Die Gefahr bestehe, daß der Patient immer wieder auseinandergenommen werde.

7.3
Evaluation der Fortbildung

7.3.1
Die Kurzdokumentation der Teilnehmer als Mittel der Evaluation

Das Ergebnis der hier abgelaufenen Fortbildung zur psychosomatischen Grundversorgung ist aus den Eintragungen des Teilnehmers/der Teilnehmerin in der Dokumentation der epikritischen Fallbetrachtung (EFB) abzulesen. Hier tritt der/die einzelne kurzfristig aus dem Miterleben des Gesprächs mit dem Patienten und der Dynamik der Gruppendiskussion heraus und wertet für sich das Gehörte aus. In der Auswertung dieser Aufzeichnungen wird wiederum die Gruppenleistung sichtbar: Was hat das Gespräch mit dem Patienten, was hat die Diskussion darüber zu einer Lösung des vorgetragenen Problems beigetragen, und wie hat sich dadurch die psychosomatische Kompetenz der Ärztinnen und Ärzte weiterentwickelt? Dies läßt sich wiederum aufteilen in die Abschnitte der epikritischen Fallbetrachtung (siehe auch den Beitrag von U. Brucks, W.-B. Wahl, W. Schüffel):

Was ist die Fragestellung?

Im vorliegenden Fall erhielt der Hausarzt zunächst keine Gelegenheit, seine Fragestellung vorzutragen. Er ergriff das Wort, als der Patient sehr vage auf die Frage antwortete, weswegen er Herrn K.s Patient sei, und gab definitiv das Thema „Psoriasis" vor: „Es geht jetzt nicht nur um diesen Erstkontakt, sondern allgemein um Ihre Hauterkrankung, daß Sie mal überlegen, wann Sie da den ersten Kontakt mit dem Arzt hatten?"

Herrn K.s Intervention ist sicher vordergründig dadurch motiviert und erklärlich, daß er seine Rolle als Hausarzt, der einen Patienten eingeladen hat, wahrnehmen möchte. Er möchte der Gruppe seine Fragestellung erläutern, und er möchte vielleicht auch, daß man endlich zum Thema kommt, weil er an diesem Tag die Verpflichtung übernommen hat, etwas zum Thema „Psychosomatik von Hauterkrankungen" beizutragen.

Zugleich begibt er sich aber in die Rolle eines beschützenden und bevormundenden Bruders oder Freundes, der dem Jüngeren, Unerfahrenen sagt, wie er sich gegenüber der Autorität verhalten soll, und er hat damit einen wichtigen Aspekt seiner Beziehung zum Patienten deutlich gemacht.

Für die versammelten Ärzte hat dieser Einstieg zur Folge, daß sie die aus ihrer Sicht relevante Fragestellung selbst formulieren müssen. In der Auswertung lassen sich daraus drei unterschiedliche Fragestellungen ableiten:

1. *Die Ätiologie der Krankheit, insbesondere mögliche Ursachen/Auslösefaktoren der Psoriasis im psychosozialen Bereich*
   Die hierzu gemachten Erläuterungen beziehen sich vor allem auf die psychoanalytische Interpretation: Abgrenzungsprobleme gegenüber anderen; belastete Vaterbeziehung; Schuldgefühle im Zusammenhang mit Panzer- und LKW-Unfall.
   Die Fragestellung geht also dahin, diese denkbaren Ursachen genauer zu unterscheiden, um darauf therapeutisch reagieren zu können.
2. *Die Funktion der Krankheit: Was bearbeitet der Patient über seine Psoriasis?*
   Diese Fragestellung bezieht sich also auf den möglichen „Krankheitsgewinn".
3. *Suche nach psychosozialen Auslösern für Krankheitsschübe und nach deren besserer Bewältigung/Suche nach inneren Ressourcen*
   Diese dritte Gruppe ist die größte. Die hier gegebenen Erläuterungen formulieren eine pragmatische Fragestellung: Was kann man tun, um auslösende Situationen zu erkennen und zu vermeiden oder besser zu bewältigen? Einige sind radikal ressourcenorientiert: Sie möchten dem Patienten folgen und sein vorhandenes Krankheitsverständnis weiter ausbauen. Und sie schlagen vor, die Frage umzukehren und nach günstigen Bedingungen für Wohlbefinden und Autonomie zu suchen.

So läßt sich zusammenfassend sagen, daß für die meisten eine pragmatische Fragestellung im Vordergrund steht, zu der die Frage nach nutzbaren Ressourcen auf jeden Fall dazugehört. Der Wunsch, mehr zu wissen, kommt in den ersten beiden Fragestellungen zum Ausdruck. Dieser Wunsch ist zwiespältig: Mehr Wissen kann zu einem tieferen Verständnis führen und dadurch auch das Selbst-Verständnis des Patienten fördern. Es kann jedoch auch zum Selbstzweck werden, ohne daß dadurch andere – bessere – praktische Lösungen gefunden werden. Im Gegenteil, das Reden und Nachdenken *über* den Patienten kann dessen Abhängigkeit verstärken.

Die Frage nach dem richtigen Maß pathogenetischen Wissens ist eine der schwierigsten bei der Weiterentwicklung des Curriculums. Aus der Sicht der Teilnehmenden sind die Prioritäten klar: An erster Stelle ihrer Lernziele steht die Verbesserung ihrer Gesprächsführung, an zweiter Stelle die Erweiterung ihrer Handlungskompetenz und an dritter Stelle die Wissenserweiterung im Sinne fachlicher Fortbildung (siehe U. Brucks, W.-B. Wahl, W. Schüffel, 1997). Dieselben Prioritäten setzt das Rahmencurriculum: 30 Stunden Balint-Gruppe, 30 Stunden Interventionstechniken und 20 Stunden Theorie. Besonders für die Lehrenden dürfte es jedoch schwer sein, die Vielzahl von Fragen, die an einem Vormittag wie dem oben beschriebenen aufgeworfen werden, alle gründlich und verbindlich zu beantworten und zu Ende zu diskutieren.

Dieses Dilemma wird noch deutlicher im nächsten Schritt der epikritischen Fallbetrachtung. Hier erfolgt eine Zusammenstellung aller bekannten Tatsachen, geordnet nach den Bereichen „Vorgeschichte", „Lebenslage", „Habitus" und „Status". Daraus resultiert eine – als Arbeitshypothese zu verstehende – Beschreibung der Bedeutung des Hauptsymptoms. In der Fortbildung wird nur dieses Ergebnis dokumentiert. Wieder gehen neben den individuellen Beobachtungen und Überlegungen auch die Erörterungen in der Gruppe und mit den Experten in diese Aufzeichnungen ein.

In ihren Kurzprotokollen beschreiben die Teilnehmerinnen und Teilnehmer die Bedeutung des Hauptsymptoms mit großer Übereinstimmung als *Ausdruck fehlender Problem- oder Konfliktverarbeitung:*

Die Psoriasis blüht auf in Konfliktsituationen, in denen der Patient seine Aggressionen abwehrt, gegen sich richtet, unterdrückt. Die Hautsymptome stehen dafür, nicht „aus der Haut fahren" zu können, obwohl es manchmal „sticht". Das Erleben von Ungerechtigkeit, das Gefühl, falsch behandelt worden zu sein, und auch die Machtlosigkeit oder Unfähigkeit, sich zur Wehr zu setzen, bleiben in der Haut stecken, die durch den Schuppenpanzer zu einem „dicken Fell" wird. Die fragliche Abgrenzung von der Mutter, der fehlende Vater und die Verantwortung und Überlastung als Ersatzvater in der Herkunfts- und in der angeheirateten Familie, die Rivalität mit Brüdern und Kollegen drücken sich auf diese Weise aus. Die Hautsymptome sind offen zur Schau getragene Konflikte: Das Ausgesetztsein gegenüber den Blicken anderer hat die Bedeutung einer Bestrafung.

Des weiteren bezieht sich eine Reihe von Aussagen auf das Verhältnis von *Abgrenzung und Ausgrenzung:*

Durch die Krankheit erfolgt eine Abgrenzung. Sie ist auch als Wunschprojektion zu verstehen: „Ich möchte gerne ein dickeres Fell haben." Andererseits bedeutet die erlebte Stigmatisierung Einsamkeit in der Erkrankung, das Vermissen der Kameradschaft, den Verlust von Freiheit (sich zeigen zu können, unbefangen in öffentliche Schwimmbäder zu gehen etc.). Die Bedeutung der Hautkrankheit kann daher auch vornehmlich in den negativen Folgen der Stigmatisierung gesehen werden: Ich fühle mich nicht wohl in meiner Haut, meine Haut juckt, und alle können es sehen. Das Leiden daran beeinträchtigt die Stimmung und erschwert alle alltäglichen Handlungen.

In den Aussagen zur Bedeutung des Hauptsymptoms werden also vor allem die oben dargestellten Ausführungen der Experten zusammengefaßt, wobei die erste Gruppe sich stärker der psychoanalytischen Interpretation anschließt, die zweite eher dem Dermatologen folgt und die Folgen der Stigmatisierung hervorhebt. Insgesamt kann man folgern, daß auch theoretisches konzeptionelles Lernen in überprüfbarer Weise stattgefunden hat.

Allerdings: Aus der Sicht der Evaluation bleibt ein nagender Zweifel. Wo ist der ressourcenorientierte Blick geblieben? Alle Teilnehmer haben das Gespräch mit angehört und sich darüber ausgetauscht; warum geben nur die Experten sie wieder? Hat sich hier die Autorität statt des „peer learning" durchgesetzt? Spiegelt sich der Konflikt vielleicht sogar zwischen den Koautoren dieses Beitrags? Haben wir diesen Patienten (unbewußt) ausgewählt, weil bei ihm der Konflikt zwischen Vaterrolle (Autorität) und Bruder (peer) im Vordergrund steht und beide Optionen – das Nachreifen zum Vater ebenso wie das Nutzen der Qualitäten des Bruders – etwas für sich haben?

Die Sammlung der bekannten Tatsachen in diesem Schritt der epikritischen Fallbetrachtung ermöglicht es, auch umgekehrt vorzugehen und zu fragen: Was haben wir noch erfahren, aber nicht eingeordnet in unser Verständnis der Bedeutung des Hauptsymptoms?

Das Gespräch mit Herrn F. enthielt Hinweise: Es sind andere Krankheiten und Beschwerden erwähnt worden, die auch als Begründung für die Suche nach einem Hausarzt in Frage gekommen wären. Im Bereich der Lebenslage gibt es ebenfalls Andeutungen auf nicht genauer ausgeführte Probleme: Der Arbeitsplatz scheint gefährdet. Sein bisheriger beruflicher Werdegang (ungelernter Arbeiter) und die Region, in der er lebt, machen die Chancen, mit seinen gesundheitlichen Einschränkungen einen neuen Arbeitsplatz zu finden, sehr klein. Nicht unbedingt aus der Sicht seiner Frau, aber aus seiner eigenen Sicht beruht seine Stellung in der Familie jedoch sehr stark auf seiner Rolle als Ernährer.

Ein Arzt schreibt an dieser Stelle der Dokumentation etwas auf den ersten Blick Unpassendes, nämlich die Frage: „Wer ist der Fachmann für die Psoriasis?"

Oft bietet eine chronische Erkrankung, besonders wenn sie mit Klinikaufenthalten verbunden ist, selbst den Raum für eine Kompetenzentwicklung: Der/die Betroffene wird zum Experten der Krankheit. Der erfolgreiche Umgang mit seiner Krankheit war als eine Ressource von Herrn F. benannt worden. Diese Kompetenz unterstützt aber auch die Funktionalisierung: Die Erfahrung mit der Krankheit gibt Sicherheit und ermöglicht in Konfliktsituationen den Rückzug auf ein Terrain, das man beherrscht. Wie jede Funktionalisierung einer Krankheit ist aber auch diese ambivalent: Sie schränkt den eigenen Freiraum ein und macht abhängig über die durch die Krankheit gegebene Notwendigkeit hinaus.

Der „Schonraum" der Krankenrolle ist auch ein Käfig, der die Betroffenen von der vollwertigen Teilhabe an Erwachsenenrollen ausschließt. Dies ist in der Interpretation berücksichtigt worden: Der nächste Schritt in der Entwicklung des Arbeitsbündnisses ist darin zu sehen, die Konfliktfähigkeit von Herrn F. zu fördern.

Man kann die Frage nach dem Experten aber auch so verstehen, daß sie auf Rivalität zielt, in diesem Fall zwischen Arzt und Patient, möglicherweise auch zwischen den Dozenten. Rivalität ist produktiv, wenn sie eine zwischen Gleichen ist. Das kann sie nur sein, wenn niemand die Wahrheit gepachtet hat. Man muß daher immer in Erinnerung behalten, daß die erarbeiteten Lösungen keine endgültigen sind. Dem „Objektstatus" des Patienten wird nicht nur durch seine Anwesenheit bei der Diskussion entgegengewirkt, sondern vor allem dadurch, daß nicht *für* ihn, sondern *mit* ihm Lösungen erarbeitet werden. Diese können immer nur so weit gehen, wie er es zuläßt. Am Schluß der Veranstaltung äußert der Hausarzt seine Besorgnis, daß der Patient „immer wieder auseinandergenommen" werde. Das zeigt an, daß dieses Ziel in der Fortbildung nicht vollständig erreicht werden konnte (kann?). Zu groß ist der Wunsch, etwas zu tun, etwas sofort und sichtbar zu verändern, zumindestens in einer relevanten Weise zu interpretieren. Gegen diesen Sog stellt der Hausarzt seine zweite Zurücknahme: Er ist nur ein „kleiner Teil" im Leben des Patienten.

7.3.2
Der weitere Verlauf

Daß Interpretationen nur vorläufige Geltung beanspruchen können, heißt nicht, daß sie beliebig sind. Ihre Angemessenheit bewährt sich in der weiteren Praxis. Im März 1997, also ein halbes Jahr später, ließ sich die zentrale Rolle der Aggression und des vorsichtigen Umgangs hiermit weiterverfolgen, wie ein Gespräch zwischen dem Hausarzt Dr. K. und W. Schüffel erbrachte. Der Patient war bis dahin nur einmal in der Praxis erschienen. Der psoriatische Schub war jedoch abgeklungen. Dagegen war seine Partnerin häufiger wegen scheinbarer Banalitäten in der Praxis aufgetaucht. Beim Arzt war der Eindruck entstanden, als sollte ihm vermittelt werden: Wir gehen auf die in Bad Nauheim gewonnenen Einsichten ein. Definitiv bleiben wir Ihre Patienten. Aber jetzt möchten wir erst einmal unsere Dinge selbst regeln.

Dem Arzt war es gelungen, die Beziehung zwischen sich und dem Patienten anzusprechen. Dem Patienten blieb es nun überlassen, die Form und die Inhalte der weiteren Zusammenarbeit zu bestimmen.

In seinem Verlaufsbericht wirkte Herr Dr. K. zuversichtlich. Er bestätigte mir, daß er sich sicherer sowohl gegenüber Herrn F. als auch gegenüber der Familie insgesamt fühlte. Er hat sich unterdessen auch eine Supervision gesucht und sich einem Ärztezirkel angeschlossen. Er hat damit die andernorts (siehe Beitrag von Bähr u. Köllner) beschriebene Erfahrung aufgegriffen, daß Supervision und Balint-Gruppe in einem komplementären Verhältnis stehen. Ärztezirkel (Brucks, Wahl, Schüffel; Psychomed 1997; Schüffel, Brucks; 5. Wartburg-Gespräch, Dresden, 1997) festigen die triadische Position und fördern das Oszillieren zwischen dyadischer und triadischer Position. Sie unterstützen, was E. Huber (in diesem Band) als Wertschöpfung des Arztes, dessen eigentliche schöpferische Leistung, bezeichnet.

7.3.3
Evaluation des Fortbildungskonzepts

Eigene Patienten in die Fortbildung mitzubringen ist ein Wagnis. Am Ende der Fortbildung haben wir ein Meinungsbild erhoben, ob dieser Einsatz sich gelohnt hat. Mit hoher Übereinstimmung sind die Ärzt/innen der Meinung, daß es sich für sie als Teilnehmer der Fortbildung gelohnt hat: Der Mittelwert beträgt 6,5 auf einer 7stufigen Skala. Nicht so sicher hat es sich für die Kollegen gelohnt, die ihre Patienten mitgebracht haben. Hier liegt der Mittelwert bei 5,2. Und noch ungewisser (M = 4,4) ist es, ob die Patienten profitiert haben.

Auch diese Antworten liegen im positiven Bereich, aber sie zeigen, daß es schwer ist, die eingeladenen Patienten wirklich zu integrieren. Insbesondere die Anwesenheit der Patienten auch während der Diskussionen fordert einen Wandel im eigenen Rollenverständnis. Um so bemerkenswerter ist es, daß die Zustimmung zu dieser Form doch hoch ist (M = 5,1).

In einem Kommentar schreibt eine Kollegin dazu: „Ich stehe dieser Entwicklung zwiespältig gegenüber, weil man gezwungen wird, seine Phantasien so zu formulieren, daß man eine Brücke zum Patienten baut und ihn nicht verletzt, was man auch positiv sehen kann."

In der Tat besteht das Ziel der Fortbildung darin zu lernen, die eigenen Gegenübertragungen zu kontrollieren, also Patienten auch in der Phantasie nicht zu verletzen. Dies gelingt leichter, wenn man sich konsequent darum bemüht, den „Eigenwillen" des Patienten zu achten und ihn nicht nur in pathologischer Diagnostik wahrzunehmen, sondern auch seine Ressourcen zu sehen.

Beitrag 8
Das Gesundheitssystem neu denken!

von Ellis Huber

8.1
Ausgangslage

8.1.1
Die Krise verstehen lernen

Das Gesundheitswesen in Deutschland fällt auseinander. Die Krankheit sitzt tief im System, und die Bonner Gesundheitspolitik hat kein heilsames Konzept. Im Gegenteil: Die hektischen Reformen verstärken die Krise und zerstören zunehmend das soziale Bindegewebe. Der Bundesgesundheitsminister selbst scheint heillos im Gestrüpp der widerstreitenden Interessen verstrickt und sichtlich hilflos zu sein. „Mehr Markt" lautet das untaugliche Rezept, obgleich alle wissen, wie teuer, wie unausgewogen und wie diskriminierend für große Bevölkerungskreise das US-amerikanische Gesundheitssystem arbeitet. Das Profitmotiv als alleiniger Antrieb für unternehmerisches Handeln geht mit Gesundheitsbedürfnissen letztlich schamlos um und nimmt auf Menschenleben keine Rücksicht. Die aggressiven Kräfte des Kapitalismus produzieren eben keine Gesundheit. Wir müssen also den Mut aufbringen, unser Gesundheitssystem neu zu denken. Der Umgang mit Kranken und Schwachen ist schließlich ein Prüfstein für den Grad an Solidarität unserer Gesellschaft.

Die Kultur des Helfens und Heilens sollte wieder mächtiger sein als die Strukturzwänge und die kommerziellen Verführungen der bestehenden Gesundheitsversorgung: „Liebe statt Valium" heißt die Devise.

Im folgenden soll dies näher beleuchtet werden. Zunächst geht es darum, die Krise des derzeitigen Gesundheitssystems zu begreifen und die in dieser Krise liegenden Chancen auf eine echte Reform zu erkennen. Im zweiten Teil sollen Alternativen für eine Gesundheitsreform aufgezeigt werden, die sich nicht darauf beschränkt, Defizite umzuverteilen, sondern einen Paradigmenwechsel in der Medizin fordert. In der abschließenden Bewertung soll Bezug genommen werden auf Aaron Antonovskys Salutogenesekonzept, der damit einen solchen Paradigmenwechsel bereits vorgedacht hat.

8.1.2
Integriertes Denken und Handeln durchsetzen

Zwei neue Orientierungen sehe ich als notwendig an. Wir brauchen eine integrierende Medizin und ein integriertes Versorgungssystem. Der Mensch ist das Maß, nicht das Krankenhausbett, die Gebührenordnungen oder eine lukrative Fallzahl. Sozialer Gewinn – und nicht egoistischer Profit – ist das Ziel des Gesundheitswesens. Es muß individuelles Wohl mit dem gesellschaftlichen Befinden vernetzen wollen. Ein produktives Gesundheitssystem wirkt wie ein soziales Immunsystem zur Abwehr der herrschenden Krankheitsgefahren. Praxisorganellen, Krankenhauszellen und die Organe von Krankenkassen, Ärzteschaft oder Politik müssen sich als Teil eines gemeinsamen Wirkungsgefüges begreifen, sinnvoll aufeinander eingehen, miteinander kooperieren und das Ganze im Blick behalten.

Rücksichtsloses Profitstreben, gruppenegoistische Konkurrenzkämpfe, lukrative Risikoselektion oder pfiffige Indikationsschwindeleien, der ganze Kampf um die Pfründe im knapper werdenden Budgetkuchen sind Symptom einer Krebszellökonomie. Die maximale Medizin der Einzelgänger zerstört die Gesundheit des sozialen Netzes. Die Kommerzialisierung der Gesundheitsdienste infiltriert bösartig die Moral der helfenden Berufe ebenso wie die der helfenden Institutionen. Wie können wir diesen kranken Prozeß durchbrechen, die systemische Krankheit therapeutisch angehen?

Integrierende Medizin begreift den Menschen ganz, mit seinen körperlichen, seelischen und sozialen Bezügen, sie nimmt Abschied vom Maschinenbild des Lebens, vom Reparaturdenken mechanistischer Modelle. Die Vorstellung von Körpermaschinen und Gesundheitsfabriken entspricht einer Naturwissenschaft der Vergangenheit. Moderne Heilkunst denkt und handelt in vernetzten Systemen, sieht genetische Vorgaben, die Biographie von Personen und die soziale Kultur miteinander verwoben. Kränkende und heilende Kräfte beeinflussen die Verhältnisse. Arzt und Patient sind Partner, beide wirken im therapeutischen Prozeß zusammen, sind „Produzent" und „Koproduzent" von Gesundheit. Die Beziehung heilt!

Schmerzen lassen sich mit Aspirin bekämpfen, aber auch durch neues Glück im Alltagsleben. Einsamkeit und Prüfungsstreß verringern die Abwehrkraft der Blutkörperchen, und Bakterien werden gefährlicher, wenn soziale Entwurzelung vorhanden ist. Mentale Einstellungen beeinflussen die physiologische Leistungskraft von Sportlern, und Gefühle verändern die Körperchemie unmittelbar. Krebspatienten mit gutem Kontakt zu anderen Menschen haben deutlich höhere Überlebenschancen, und Placebomedikamente vermögen wundersame Heilungen auszulösen. All dies sind auch Erkenntnisse der modernen Naturwissenschaft. Die Medizin erarbeitet gegenwärtig eine Relativitätstheorie im Umgang mit ihren Objekten, die unsere Heilkunde so revolutionieren wird, wie schon die Relativitätstheorie von Albert Einstein die Physik umgekrempelt hat.

Das künftige Leitbild der Ärztinnen und Ärzte ist eine Medizin für den ganzen Menschen, die selbstverständlich somatische, psychische und kulturelle Aspekte integriert. Eine neue Theorie für den Organismus als lebendes System im sozialen Kontext entsteht. Eine so gewandelte Humanmedizin wird auch neue Handlungskonzepte für die Heilkundigen erarbeiten. Beziehungsbereitschaft und Beziehungsfähigkeit sind heute schon bestimmende Faktoren für die Leistung des Arztes. Er braucht die Fähigkeit, seinen Patienten Geborgenheit, Vertrauen und Sicherheit zu geben, und er muß neue Gleichgewichte im Wechselverhältnis von Körper, Person und sozialer Gemeinschaft herstellen.

Die meisten Menschen, die heute zum Arzt kommen, leiden an funktionellen Krankheiten, psychosomatischen Störungen und chronischen Gebrechen. Diesen Patienten ist mit somatischer Medizin nicht gut geholfen. Der Hausarzt und der Krankenhauspraktiker sind zunehmend herausgefordert, für Menschen mit körperlichen, seelischen und sozialen Problemen einen selbständigen und selbstbestimmenden Alltag zu gestalten. Sie müssen im Einzelfall helfen, ein gesünderes Leben trotz Behinderung zu organisieren, und Versorgungsnetze für ihre Patienten bereitstellen. Diese umfassende und immer wieder besondere Hindernisse überwindende Heilkunst erfordert Zeit; Zeit für den jeweiligen Menschen und seine Umgebung.

Ein solch zeitaufwendiges Gesundheitsmanagement kennzeichnet neben der Beziehungsaufgabe den Leistungsanspruch für Ärzte, die eine integrierende Medizin sicherstellen wollen. Sie müssen die kreative Fähigkeit besitzen, das Leben von Menschen so förderlich und helfend zu verändern, daß diese mit ihrer Krankheit selbst zurechtkommen. Hierzu gehören auch Gespräche mit Angehörigen, Kontakte zu Handwerkern, die Wohnraum behinderungsgerecht umbauen, die Vermittlung von Selbsthilfegruppen oder die Ermutigung von Nachbarn, ein Versorgungsproblem mit zu lösen.

Medizin muß den einzelnen Menschen ermuntern, möglichst selbstbestimmend und selbstverantwortlich mit seiner Lage fertig zu werden. Ziel einer sozial verantwortlichen Heilkunst sollte es somit sein, die Menschen zu unterstützen, das von ihnen gewünschte Maß an Autonomie erlangen zu können.

Gesundheit läßt sich eben nicht verordnen. Sie ist ein Prozeß, mit dem Menschen Ziele anstreben, die sie sich selbst und in ihren Gemeinschaften gesetzt haben. Die Bürger bestimmen, was ihre Gesundheit ist. Diesen grundlegenden Orientierungswechsel im Verständnis von Gesundheit hat die Weltgesundheitsorganisation (WHO) längst eingeleitet. Vor zehn Jahren bereits formulierte die „Ottawa-Charta zur Gesundheitsförderung" die programmatischen Grundsätze einer neuen Gesundheitspolitik.

8.1.3
Die Krankenversicherung als soziales Immunsystem

Ein integriertes Versorgungssystem ist eine gesellschaftliche Errungenschaft, sozusagen eine Kulturleistung des Gemeinwesens. In Deutschland lebt noch die Vision einer solidarischen Krankenversicherung, die den einzelnen Bürger schützt, wenn ein Krankheitsschicksal zuschlägt, und ihm selbstverständlich hilft, wenn er gesundheitliche Betreuung braucht. Die gesetzliche Krankenversicherung ist nach meinem Verständnis ein Gesamtunternehmen, eben ein gemeinsam kultiviertes soziales Immunsystem. Das Produktionsziel dieses Gesundheitssystems insgesamt ist optimale Gesundheit für alle bei minimalem Ressourcenaufwand für die Gesellschaft.

Es ist keine Lösung, möglichst viele EKGs in Hamburg zu schreiben, die Zahl der Gelenkoperationen in Bayern zu verdreifachen oder die Besuchsfrequenz der Krankenversicherten in den Arztpraxen maximal zu steigern. Die Zahl der Krankenhausbetten oder Computertomographien in der Region mißt nicht die Gesundheit der Bevölkerung. Im Gegenteil: Quantitativer Einsatz von Medizintechnologie kann einen qualitativen Rückschritt für die „Gesundheitsproduktion" bedingen, wenn man damit individuelle Abhängigkeit oder persönliche Unterwürfigkeit gegenüber profitablen Dienstleistungskonzepten erreicht. Es ist ein Frevel gegenüber der ärztlichen Ethik, wenn Infusionen, Operationen und Röntgenbilder wegen der Abrechnungsziffer angesetzt werden.

Gute Heilkunst macht nichts, was dem betroffenen Kranken nicht nützt, und sie entscheidet sich immer für die „sanfte Medizin", wenn diese so heilsam ist wie invasive und beeinträchtigende medizinische Verfahren. Der Arzt hat die Wahl unter verschiedenen Methoden und zumeist die Freiheit, mit dem Kranken zusammen die Grenzen der medizinischen Technologie zu besprechen. Er muß auch Grenzen ziehen, wenn Medizin zum Selbstzweck wird oder technische Möglichkeiten gegen den Willen oder die Würde des Menschen eingesetzt werden.

Nicht alles, was Medizin kann, darf sie auch tun. Leben ist an seinem Beginn und Ende für die Mediziner manipulierbar geworden. Die Ehrfurcht vor dem Leben und der Respekt vor dem einzelnen Menschen muß auch den Einsatz von medizinischer Technologie begrenzen. Die menschliche und für den Menschen angemessene ärztliche Entscheidung darf nicht durch die Amortisation von Geräten, die Auslastung von Krankenhausbetten oder die Enge eines vorhandenen Budgets bestimmt werden. Optimale Gesundheitsversorgung ist gleichzeitig auch preiswert, maximale Medizin kommt teuer.

8.2
Intervention

8.2.1
Qualitatives Wachstum anstreben

Die Krebszellökonomie im bestehenden Gesundheitswesen wird von Honorar- und Finanzierungssystemen angefacht, die keinen echten Leistungsbezug besitzen. Zusätzlich lähmt eine verrückte Spaltung zwischen Indikations- oder Definitionsmacht für nützliche Medizin einerseits und andererseits haushälterischem Umgang, also ökonomischem Einsatz der vorhandenen Mittel, das Versorgungsunternehmen „Gesundheit für Deutschland". Krankenkassen und Ärzteschaft sowie die anderen Anbieter von gesundheitlichen Dienstleistungen agieren im ständigen Clinch miteinander. Pfründekonkurrenzen und zunehmend aggressivere Budgetgefechte sind die zwangsläufige Folge einer fehlenden Integration zwischen Ökonomie und Leistung. Ich empfehle daher einen Umstieg zum qualitativen Wachstum im Gesundheitswesen.

Ärzteschaft und Krankenkassen müssen gemeinsam die kostengünstigste Krankenhilfe und Gesundheitsversorgung managen lernen. Eine solchermaßen integrierte Gesundheitsförderung erfordert ein kooperatives Informations-, Kommunikations- und Gestaltungsmanagement von Krankenkassen und Ärzteschaft – eben ein neues Denken im System und gemeinsame Verantwortung für die Versorgungsaufgabe.

Der qualitative Quantensprung für das bundesdeutsche Gesundheitssystem benötigt gemeinsame Versorgungsträger von Ärzteschaft und Krankenkassen, die das vorhandene Steuerungschaos solidarisch und im gegenseitigen Respekt überwinden helfen.

8.2.2
Leistung und Preise neu bestimmen!

Heute ist das sinnvolle Handeln eines Arztes oder eines Krankenhauses für das Ganze meist wenig lukrativ. Der Geschäftserfolg im Subsystem wirkt kontraproduktiv für die Ökonomie der Gesamtaufgabe. Die schlechte Leistung wird zu oft besser honoriert als der individuell tüchtige Beitrag für die erfolgreiche Bewältigung der gemeinsamen Aufgabe einer sozialen Krankenversicherung. Die Schlüssel zur Steuerung des Systems heißen „redliche Leistungsdefinition" und „vernünftige Entlohnungs- oder Preisgestaltung".

Die Medizin muß die Qualität der Leistung definieren und gemeinsam mit den Krankenkassen dafür passende ökonomische Anreize schaffen. Die Fallpauschale für Operationen macht den operierten Gesunden zum lukrativsten Patienten. Der Gebrauch von Instrumenten als Vergütungsmaßstab zerstört die persönliche Leistung des heilkundigen Arztes. Das ist, als wollte man einen Zimmermann nach der Zahl seiner Hammerschläge entlohnen und nicht mehr danach, was er baut und insgesamt fertigbringt. Die heutigen Vergütungsweisen und Honorarsysteme im Gesundheitswesen verdinglichen die wirkliche ärztliche Leistung und verdrängen effiziente Problemlösungen.

Integrierende Medizin wird durch atomisierende Leistungsanreize unmöglich gemacht. Integrierte Versorgungskonzepte werden durch spaltende Honorarbedingungen zerfleddert. Im Ergebnis sinkt die Leistungskraft des Systems, Kontrollbürokraten wuchern, und überflüssige Verwaltungskreisläufe schlucken wertvolle Finanzierungsressourcen. Die vorhandenen Mittel helfen nicht mehr unmittelbar am Patienten, in der Therapeut-Klient-Beziehung oder für die individuell optimale Krankenversorgung. Das Geld versickert in unproduktiven Sekundärstrukturen und Verwaltungsapparaten.

8.2.3
Den Hausarzt vernünftig belohnen

Ich will am Beispiel des Hausarztes exemplarisch und konkret verdeutlichen, wie ein alternatives Honorarsystem aussehen könnte. Die Leistung des Arztes besteht in seiner Beziehungsfähigkeit und seinem persönlich erbrachten Management für ein besseres Leben seiner Patienten trotz Krankheit. Ein möglicher Maßstab für die ärztliche Beziehungsleistung wäre die Wahl des Arztes durch den Patienten. Ich schlage also eine Kopfpauschale vor, die etwa 50 Mark pro Quartal betragen sollte. Diese Pauschale wird fällig, unabhängig davon, ob ein Patient seinen Arzt aufsucht oder nicht.

Das fallbezogene Management für Gesundheit läßt sich am besten über Zeithonorare bezahlen. Es spielt dabei keine Rolle, ob der Arzt für seine Hilfe therapeutische Gespräche führt oder medizinische Geräte bedient. Als Stundenlohn für eine qualitative hausärztliche Arbeit kalkuliere ich 100 Mark. Wenn ärztliche Leistungen durch gezielte Überweisung oder aufgabenspezifische Anforderung erbracht werden, läßt sich das Zeithonorar verdoppeln oder entsprechend der fachspezifisch bekannten Durchschnittskosten definieren.

Insgesamt benötigt ein solches Honorarsystem mit einer Mischung von Kopfpauschalen und Zeithonoraren, die je nach Qualität und Erfahrung des Arztes auch modifiziert werden können, in der vertragsärztlichen Versorgung etwa so viel Geld, wie heute bereits zur Verfügung steht. Die Versorgungskultur innerhalb der ambulanten medizinischen Tätigkeiten wird aber sofort völlig verändert. Sicherlich können mit einem solchen Honorarsystem Ärzte nicht mehr Millionäre werden. Ein Hausarzt käme im Jahr auf eine Entlohnung von knapp 200 000 Mark vor Steuer. Eine solche Größenordnung entspricht auch dem heutigen Standard.

Ich weiß genau, daß bei einer solchen ausreichenden materiellen Absicherung die Ärztinnen und Ärzte bereit sind, auch einen großen immateriellen Einsatz zu erbringen. Dies ist bereits heute der Fall. Das geltende Honorarsystem behindert jedoch jegliche Verbesserung im Arzt-Patient-Verhältnis. Für die meisten Ärztinnen und Ärzte steht die Sinnerfüllung im Beruf im Vordergrund. Sie haben ihren Beruf gewählt, um Menschen zu helfen, und nicht, um Rieseneinkünfte zu scheffeln.

8.3 Epikrise

Liebe statt Valium!

Ein soziales Gesundheitssystem muß materielle Grenzen ziehen. Wer übergroße Reichtümer haben möchte, soll einen anderen Beruf wählen oder an der Börse spekulieren. Es bedarf für einen guten Arzt nicht zusätzlicher monetärer Anreize. Im Gegenteil: Geld verdirbt bekanntlich den Charakter.

Ungünstig wirkt sich das auf Konkurrenz aufgebaute Honorierungssystem auch auf die Gesundheit der Ärzte selbst aus. Deutsche Ärztinnen und Ärzte erreichen nicht die durchschnittliche Lebenserwartung der Allgemeinbevölkerung, überdurchschnittlich oft leiden sie an Herz-Kreislauf-Erkrankungen, psychosomatischen Erkrankungen und Suchterkrankungen. Die Frage, wie Gesundheit erhalten werden kann, ist also auch für uns selbst von vitalem Interesse. Der von Antonovsky vorgeschlagene Paradigmenwechsel hätte auch Auswirkungen auf Leben und Arbeit der Ärzte selbst. Wie würden sich die oben dargestellten Reformvorschläge auf unseren eigenen Sense of Coherence auswirken?

Die Umstellung auf ein Zeithonorar würde einen deutlichen Gewinn an Manageability bedeuten. Der Arzt wäre nicht mehr zu einer Vielzahl von technischen Einzelleistungen gezwungen, um sein Einkommen zu sichern. Er könnte somit seine Ressourcen entsprechend der gemeinsam mit dem Patienten erarbeiteten Einschätzung der Problemsituation einsetzen und wäre nicht mehr durch das Honorierungssystem fremdbestimmt. Die Arzt-Patient-Beziehung im Sinne Michael Balints würde somit zum eigentlichen wertschöpfenden Faktor in der Arztpraxis. Manageability würde auch durch eine Zunahme der Vernetzung und Kooperation im Gesundheitswesen erreicht, wo Konkurrenzsituationen bisher die gemeinsame Nutzung von Ressourcen behindert haben.

Die vorgeschlagene Umstrukturierung könnte auch zu einem Zugewinn an Manageability führen, wenn sich die Kollegen nicht mehr als „Hamster im GOÄ-Rädchen" fühlen, sondern wieder die Freiheit über die Nutzung ihrer Zeitressourcen erhalten. Die Alternative zu individueller Gewinnmaximierung als höchstem Ziel wäre es somit, die Sinnhaftigkeit des eigenen Handelns innerhalb des Gesamtprojekts eines sozial verantwortlichen Gesundheitswesens erleben zu können. Die Forschungsergebnisse Aaron Antonovskys sprechen dafür, daß ein solcher Einstellungswechsel nicht nur der Gesundheit der Patienten, sondern auch der der Ärzte förderlich sein wird.

Wie läßt sich diese Vorstellung einer integrierenden Medizin und eines integrierten Gesundheitssystems in Deutschland verwirklichen? Ich denke, der politische Rahmen muß neu gesetzt werden, aber es ist nicht zu erwarten, daß dieses neue Qualitätsgefüge im Gesundheitswesen einfach so vom politischen Himmel fällt. Die Reform des deutschen Gesundheitssystems ist auf eine sozial verantwortliche Politik, eine Ärzteschaft und auf Krankenkassen, die ihre gemeinsame Aufgabe begreifen, angewiesen. Wir können aber die Gestaltungsaufgabe lösen, wenn wir jetzt handeln, statt weiter um Pfründe zu pokern. Ich bin zuversichtlich, daß die Ärzteschaft in Deutschland die Kraft aufbringt, die notwendige Reform des Gesundheitssystems aktiv voranzutreiben.

Literatur zu Teil 4

Anschütz, F., Fenger, H., Höffler, D. (1996): Erste Ergebnisse der Fragebogenaktion zu Veranstaltungen der Akademie für ärztliche Fortbildung und Weiterbildung der Landesärztekammer Hessen in Bad Nauheim. Hessisches Ärzteblatt 57, S. 102.

Anschütz, F. (1989): Kritik der ärztlichen Fortbildung aus Teilnehmersicht.

Antonovsky, A. (1989): Die salutogenetische Perspektive: Zu einer neuen Sicht von Gesundheit und Krankheit. (eingleitet von H. G. Pauli) MEDUCS 2 (2), 51-57.

Antonovsky, A. (1987): Unraveling the mystery of health. How people manage stress and stay well. Jossey-Bass Publishers, San Francisco, London.

Balint, E., Courtenay, M., Elder, A., Hull, S. Julian, P. (19): The doctor, the patient and the group. Routledge, London, New York.

Balint, M. (1964): Der Arzt, sein Patient und die Krankheit, Klett-Verlag, Stuttgart.

Balint, M., Luban-Plozza, B. (1978): Balint-Methode in der medizinischen Ausbildung. G. Fischer-Verlag, Stuttgart.

Balint, E., Norell, J. S. (Hrsg.; 1975): Fünf Minuten pro Patient. Suhrkamp Verlag, Frankfurt a. M.

Beckmann, H. B., Markakis, K. M., Suchman, A. L., Frankel, R. M. (1994): The doctor-patient relationship and malpractice: lessions from plaintiff depositions. Arch Intern Med, 154, S. 1365-1370.

Bellet, P. S., Maloney, M. J. (1991): The importance of empathy as an interviewing skill in medicine. JAMA, S. 1831-1832.

Bergmann, G., Herrmann, J., Mark, N., Schüffel, W. (1993): Psychosomatische Grundversorgung – Ziele, Inhalte, Qualitätssicherung. – Mitteilungen an die Mitglieder des DKPM, Nr. 23, S. 29-31.

Berkman, L. F., Syme, S. L.(1979): Social Networks, Host Resistance, and Mortality. Am. J. of Epidemiology 109, S. 186-204.

Bird, J., Cohen-Cole, S. (1990): The three-function modell of the medical interview. Adv Psychosom Med, 20, S. 65-88

Booth, R. J., Ashbridge, K. R. (1993): A Fresh Look on the Relationship between the Psyche and Immune System: Teleological Coherence and Harmony of Purpose. Advances 9. S. 4-23.

Branch, W. T., Arky, R. A., Woo, B., Stoeckle, J. D., Levy, D. B., Taylor, W. C. (1991): Teaching medicine as a human experience: a patient-doctor relationship course for faculty and first-year medical students. Ann Int Med, 114, S. 482-489.

Brucks, U., Wahl, W.-B., Schüffel, W. (1996): Zur Qualität der Psychosomatischen Grundversorgung – Fortbildung, Evaluation und Qualitätssicherung am Beispiel Hessen. Psychomed 8 (4), S. 241-248.

Calkins, D. R., Rubenstein, L. V., Cleary, P. (1991): Failure of physicians to recognize functional disability in ambulatory patients. Ann Intern Med, 114, S. 451-454.

Charlton, J., Kelly, S., Dunnell, K., Evans, B., Jenkins, R. (1993): Suicide deaths in England and Wales: trends in factors associated with suicide deaths. Popul Trends, 69, S. 34-42.

Chatelet, F. (1977): Chronique des idées perdues. Hallier

Ciompi, L. (1988): Außenwelt – Innenwelt. Die Entstehung von Zeit, Raum und psychischen Strukturen. Vandenhoeck & Ruprecht, Göttingen.

Deborah, A., Canellos, W., Canellos, G. P. (1991): Burnout syndrome in the practice of oncology; results of a random survey of 1000 oncologists. J Clinc Onc, 10, S. 1916-1920.

Deleuze, G., Parnet, C. (1980; Original 1977 erschienen): Dialoge. Suhrkamp, Frankfurt/M.

Duesberg, P. H. (1996): Inventing the AIDS Virus, Regenery. Washington D.C.

Eron, L. D. (1955): Effect of medical education on medical students' attitudes. Journal of Medical Education 30, S. 559-566.

Fehlenberg, D., Simons, C., Köhle, K. (1996): Die Krankenvisite – Problem der traditionellen Stationsarztvisite und Veränderungen im Rahmen eines psychosomatischen Behandlungskonzeptes. In: Th. von Uexküll: Psychosomatische Medizin. 5. erw. Auflage. (Hrsg.: R. Adler u. a.). Urban & Schwarzenberg, München, Wien, Baltimore. S. 389-407.

Fenger, H. (1994–1996): Ergebnisse der Akademieveranstaltungen. Bericht für die Hessische Akademie für Ärztliche Fortbildung, Bad Nauheim.

Flatten, G. (1990): Die Entwicklung eines ganzheitlichen Bildes des Menschen. Verlag Murken-Altrogge, Herzogenrath.

Foucault, M. (1968; Original 1954 erschienen): Psychologie und Geisteskrankheit. Suhrkamp, Frankfurt a. M.

Foucault, M. (1991; Original 1963 erschienen): Die Geburt der Klinik. Eine Archäologie des ärztlichen Blicks. Fischer, Frankfurt a. M.

Frankel, R., Beckmann, H. B. (1982): Impact – an interaction-based method for preserving and analysing clinical transactions. Exploration in provider and patients interactions. S. 58-79.

Frühbuß, J. (1996): Fünf Jahre Public Health an der Universität Düsseldorf. Rheinisches Ärzteblatt, 12.

Gerok, W. (1989): Ordnung und Chaos als Elemente von Gesundheit und Krankheit. In: W. Gerok (Hrsg.): Ordnung und Chaos in der unbelebten und belebten Natur (2. Aufl.). Wiss. Verl.-Ges., Stuttgart. S. 19-42.

Gieler, O., Bosse, K. A. (Hrsg.; 1996): Seelische Faktoren bei Hautkrankheiten – Beiträge zur psychosomatischen Dermatologie (2. Aufl.). Hans Huber, Bern; Göttingen; Toronto; Seattle.

Gray, R. M. (1965): An analysis of physicians' attitudes of cynism and humanitarianism before and after entering medical practice. Journal of Medical Education 40, S. 760-766.

Gugler, R. (1985): Studentische Anamnesegruppen aus der Sicht des Hochschullehrers. Klinische Wochenschrift 63 (Suppl. IV) S. 32.

Hartkamp, N. (1992): Einige Anmerkungen zur Supervision in Anamnesegruppen. Zeitschrift für patientenorientierte Mediziner/Innenausbildung 10, S. 55-58.

Heim, E., Willi, J. (1982): Psychosoziale Medizin (Bd. I). Springer, Berlin; Heidelberg; New York; Tokyo.

Hendrischke, A., Kröger, F. (1997): Systemische Familienmedizin. Dt. Ärzteblatt, A-294-296.

Herschbach, P. (1991): Streß im Krankenhaus – Die Belastung von Krankenpflegekräften und Ärzten/Ärztinnen. Psychosomatik, Psychotherapie, med. Psychol., 41, S. 176-186.

Huber, E. (1995): Liebe statt Valium – Konzepte für eine neue Gesundheitsreform. Knaur, München.

Illich, I. (1981): Die Nemesis der Medizin. Rowohlt, Reinbek bei Hamburg.

Johns, D. R. (1996): The other Human Genome: Mitochondrial DNA and Disease. Nature Medicine 2, S. 1065-1068.

Kerger, H. (1986): Die ärztliche Fortbildung. Ziele, Organisation, Programmgestaltung und Modelle einer permanenten Fortbildung Springer, Berlin; Heidelberg.

Kevles, D. J., Hood, L. (1992): The Code of Codes. Harvard Univ. Press, Cambridge/Mass.

Koebke, J., Kreikembohm-Romotzky, D., Schäfer, N., Stosch, C., Schwan, R., Petry, C., Kanthak, A., Stachwitz, P., Borchmann, P. (1995): Lehrbericht der Medizinischen Fakultät der Universität zu Köln. Studiendekanat, Köln.

Köllner, V. (1995): Die Ausbildung im Fach Psychotherapeutische Medizin und Psychotherapie in der Bundesrepublik Deutschland. Therapeutische Umschau 52, S. 119-122.

Köllner, V., Fehr, M. (1986): Peer learning. Zeitschrift für patientenorientierte Mediziner/Innen-Ausbildung 4, S. 51-56.

Kuhn, Th. S. (1978): Die Entstehung des Neuen. Suhrkamp, Frankfurt.

Langewitz, W. A., Aich, P., Kiss, A., Woesmer, B. (1997): Improving communication skills – a randomized controlled behaviorally oriented intervention study for residents in internal Medicine. Psychosom Med (im Druck).

Leppek, R., Klose, K. J., Habermehl, A., Ziegler, A. (1996): Zur Situation der Strahlenschutzkurse für Ärzte – Plädoyer für einen Paradigmenwechsel. Z. ärztl. Fortbildung, 90, S. 414–422.

Levinson, W. (1994): Physician-Patient Communication. A key to Malpractice Prevention. JAMA, S. 1619-1620.

Levinson, W., Roter, D. (1993): The effects of two continuing medical education programs on communications-skills of practising primary care phyicians. J Gen Int Med, 8, S. 318-324.

Loew, T. (1989): Anamnesegruppen – Patientenzentrierte Medizin erleben. Centaurus-Verlag, Pfaffenweiler.

Lorenz, K. (1927): Beobachtungen an Dohlen. J. Ornithol. 75, 511-519.

Luban-Plozza, B. (1978): Studenten-Balintgruppen im Rahmen der ärztlichen Ausbildung. Patientenbezogene Medizin 1, S. 7-15.

Luhmann, N. (1991): Soziale Systeme. Grundriß einer allgemeinen Theorie. Suhrkamp, Frankfurt a. M.

Lyotard, J. F. (1989): Das Inhumane. Plaudereien über die Zeit. Passagen-Verlag, Wien.

Maturana H., Varela, F. (1989): Der Baum der Erkenntnis. München, Scherz Verlag.

Minks, K. H., Bathke, G. W. (1994): Absolventenreport Medizin – Ergebnisse einer Längsschnittuntersuchung zum Berufsübergang von Absolventinnen und Absolventen der Humanmedizin. In: BMBW (Hrsg.): Bildung – Wissenschaft – Aktuell (Bd. 9). Öffentlichkeitsarbeit – Eigendruck, Bonn.

Murrhardter Kreis (1995): Das Arztbild der Zukunft. In: Robert Bosch Stiftung (Hrsg.): Arbeitskreis für Medizinerausbildung (3. Aufl.). Bleicher, Gerlingen.

Muthny, F. A. (1995): Fortbildung von Ärzten und Personal für den Umgang mit den Angehörigen plötzlich Verstorbener – Konzeption und erste Evaluationsergebnisse. In: W. Senf & G. Heuft (Hrsg.): Gesellschaftliche Umbrüche – Individuelle Antworten (S. 222-233). VAS, Frankfurt/M.

Novalis (1923; Original 1797 erschienen): Gesammelte Werke, Bd. II, S. 225. Fragment 194. Eugen Diederichs, Jena.

Ollenschläger, G., Engelbrecht, J. (1995): Ärztliche Pflichtfortbildung und Fortbildungsnachweis – Beiträge zur Qualitätssicherung in der Medizin? Z. ärztl. Fortbild., 89, S. 179-183.

Ollenschläger, G. (1993): Fortbildungskonzept 1993 der Bundesärztekammer. Deutsches Ärzteblatt 90, Heft 18, A. 1358.

Pauli, H. G. (1993): Wandel des Denkens in der Medizin – eine Chance für Wissenschaft und Praxis. In: H. U. Germann et al. (Hrsg.): Das Ethos der Liberalität. Universitätsverlag/Herder, Freiburg (Schweiz); Freiburg i.Br.; Wien.

Pauli, H. G., Zaman, T., Habeck, D. (1993): Ein experimentelles Curriculum in ärztlicher Ausbildung im europäisch-deutschsprachigen Raum. Blackwell, Berlin.

Pauli, H. G. (1996): Gesundheit und Krankheit: Sozialmedizinische und medizinsoziologische Aspekte. In: Th. von Uexküll: Psychosomatische Medizin. 5. erw. Auflage (Hrsg.: R. Adler u. a.). Urban & Schwarzenberg, München, Wien, Baltimore. S. 63–72.

Payer, L. (1989): Andere Länder, andere Leiden – Ärzte und Patienten in England, Frankreich, den USA und hierzulande. Campus, Frankfurt.

Prigogine, L., Stengers, L. (1994): Order out of Chaos. Bantam Books, London.

Primas, H. (1993): Umdenken in der Naturwissenschaft.: Referat vor der Bernischen Chemischen Gesellschaft, 12. Nov. 1993. (Manuskript ; publ d/wandel final II/ 94.11(97.5).

Putman, S. M., Stiles, W. B., Jacobs, M. C., James, S. A. (1988): Teaching the medical interview: an intervention study. J Gen Int Med, 3, S. 38-47.

Ramirez, A. J., Graham, J., Richards, M. A., Cull, A., Gregory, W. M. (1996): Mental health of hospital consultants: the effects of stress and satisfaction at work. Lancet, 347, S. 724-728.

Renschler, H. E. (1992): Methoden für professionelles Lernen. Ergebnis orientierender Umfragen bei Ärzten. Schweiz. Rundschau Med. (Praxis) 81, S. 1574-1585.

Rose, K. D., Rosov, I. (1973): Physicians who kill themselves. Arch Gen Psychiatry, 29, S. 800-805.

Roter, D. L., Hall, J. A. (1987): Physicians' interviewing styles and medical information obtained from patients. J Gen Intern Med, 2, S. 325-329.

Rucinski, J., Cybulska, E. (1985): Mentally ill doctors. Br J Hosp Med, 33, S. 90-94.

Saladin, P., Schaufelberger, H. J., Schläppi, P. (Hrsg.) (1989): „Medizin" für die Medizin: Arzt und Ärztin zwischen Wissenschaft und Praxis. Festschrift für Hannes G. Pauli. Helbing und Lichtenhain, Basel, Frankfurt.

Schipperges, H. (1984): Die Vernunft des Leibes. In: Herkunft und Zukunft. Graz, Wien, Köln.

Schneider, M., Biene, D. et al. (1992): Gesundheitssysteme im internationalen Vergleich. BASYS-Beratungsgesellschaft für Systemforschung, Augsburg.

Schüffel, W. (1983): Sprechen mit Kranken – Erfahrungen studentischer Anamnesegruppen. Urban & Schwarzenberg, München.

Schüffel, W., Brucks, U. (1997): Ärztezirkel – „Inseln der Vertrautheit" und mehr. Referat zum 5. Wartburggespräch, Dresden, 27.-29.1.1997 (Manuskript).

Schüffel, W., Maass, G., Brucks, U. (1992): Psychosomatische Grundversorgung – Curriculum 1993/94. Hessisches Ärzteblatt, 53 (10), S. 449-456.

Schüffel, W., Maass, G., Brucks, U. (1997): Psychosomatische Grundversorgung – V. Curriculum 1997/98 in Bad Nauheim – Ankündigung und Erfahrungen 1989-96. Hessisches Ärzteblatt, 58 (4), S. 114-116; 123.

Schüffel, W., Pauli, H. G. (1996): Die Ausbildung zum Arzt. In: Th. von Uexküll: Psychosomatische Medizin. 5. erw. Auflage (Hrsg.: R. Adler u. a.). Urban & Schwarzenberg, München, Wien, Baltimore.

Schwan, R., Stosch, C. (1996): Gewissensbildung während des Medizinstudiums. IPPNW-Kongreß: „Medizin und Gewissen – 50 Jahre nach dem Nürnberger Ärzteprozeß". In: IPPNW (Hrsg.): Audioaufzeichnung. TLC-Audioservice, Erlangen.

Schwarz, R., Wechsung, P. (1995): Fünfzehnjährige Erfahrung mit einem psychosozialen Fortbildungsangebot in der Onkologie. In: W. Senf & G. Heuft (Hrsg.): Gesellschaftliche Umbrüche – Individuelle Antworten. VAS, Frankfurt a. M. S. 205-211.

Sloterdijk, P. (1988): Zur Welt kommen – Zur Sprache kommen. Frankfurter Vorlesungen. Suhrkamp, Frankfurt a. M.

Strohmann, R. C. (1993): Ancient Genomes, wise Bodies, unhealthy People: Limits of a genetic Paradigm in Biology and Medicine, Perspectives in Biology and Medicine 37, S. 112-145.

Stubbe, M., Petzold, E. (1966): Beziehungserlebnisse im Medizinstudium – Studentische Balintarbeit. Schattauer, Stuttgart, New York.

Tresolini, C.P., The Pew-Fetzer Task Force (1994): Health Professions Education and Relationship-centered Care. Pew Health Professions Commission, San Francisco.

Uexküll, T. von, Wesiack, W. (1988): Theorie der Humanmedizin. Urban & Schwarzenberg, München, Wien, Baltimore.

Uexküll, T. von (1992): Die Bedeutung der Semiotik für die Medizin. In: P. Rusterholz & M. Svilar (Hrsg.): Welt der Zeichen – Welt der Wirklichkeit. Berner Universitätsschriften 38 (1992), 85–100.

Uexküll, T. von (1994): Gedanken zum Lernziel studentischer Anamnesegruppen. Zeitschrift für patientenorientierte Mediziner/Innen-Ausbildung 12, S. 15-19.

Vaillant, G., Brighton, J., McArthur, C. (1970): Physicians use of mood-alternating drugs. N Engl J Med, 282, S. 365-370.

Verres, R. (1997): Lebenskunst und Psychotherapeutische Medizin. In: Psychotherapeut, 42, S. 17–27.

Wartburggespräche (1991-1997): Gesundheit als Grundrecht in Europa – eine Utopie?

Forschungsaspekte zur Salutogenese

betreut von FRIEDHELM LAMPRECHT, Hannover

Einleitung: *F. Lamprecht* 323

Beitrag 1:
Kohärenzgefühl und Salutogenese: Aaron Antonovskys Konzept gesundheitsprotektiver Ressourcen
M. Sack, F. Lamprecht................................. 325

Beitrag 2:
Der Einfluß des Kohärenzgefühls auf die Entwicklung posttraumatischer Belastungsstörungen nach Verkehrsunfällen
U. Frommberger, R.-D. Stieglitz, E. Nyberg, S. Straub, M. Berger .. 337

Beitrag 3:
Extrembelastungen ohne psychische Folgeschäden:
Gesundheitspsychologische Konzepte und Befunde
A. Maercker 341

Beitrag 4:
„Kohärenzerleben" (Sense of Coherence): Zentraler Bestandteil von Gesundheit oder Gesundheitsressource?
M. Rimann, I. Udris 351

Literatur zu Teil 5 365

Einleitung

von Friedhelm Lamprecht

Wenn im folgenden von Forschungsaspekten im Zusammenhang mit Salutogenese die Rede ist, dann geschieht dies in einem gewissen Kontrast zu den vorausgegangenen Kapiteln. Dieser entsteht dadurch, daß sich die Fragestellung mit dem psychometrisch meßbaren Konstrukt des „Sense of Coherence" befaßt, und dem Leser wird dabei deutlich werden, daß dies eine starke Verkürzung und Einengung darstellt gegenüber der in Zusammenhang mit Salutogenese dargestellten klinischen und gedanklichen Vielfalt, aber Einengung ist ein Preis, der jeder wissenschaftlichen Fragestellung inhärent ist. Der Leser muß sich vergegenwärtigen, daß die mit der Salutogenese in Zusammenhang stehenden klinischen Implikationen nur eine relativ geringe gemeinsame Schnittmenge haben mit den durch den SOC-Fragebogen erhobenen Befunden. Solche waren aber das Auswahlkriterium für die ausgewählten Beiträge.

Im ersten Beitrag werden die Geschichte des Fragebogens, seine Konstruktion und seine Verwandtschaft zu Konzepten der Streßresistenz dargestellt und es wird ein Überblick gegeben über bedeutsame klinische Untersuchungen mit diesem Instrument.

Im darauffolgenden Beitrag geht es um eine Untersuchung an Verkehrsunfallopfern mit der Frage, inwieweit die Entwicklung einer posttraumatischen Belastungsstörung sechs Monate nach dem Ereignis möglicherweise durch einen niedrigeren SOC-Wert begünstigt wird.

Anschließend wird der Frage nachgegangen: Was begünstigt Menschen, Extrembelastungen ohne psychische Folgeschäden zu überstehen? Hierbei werden wesentliche Literaturbefunde vorgestellt im Zusammenhang mit einer eigenen Untersuchung an ehemaligen politischen Häftlingen aus der DDR und der Charakterisierung einer „Hochgesundengruppe".

Im letzten Beitrag dieses Kapitels wird das „Salute"-Projekt beschrieben, das an einer arbeitenden, also nicht klinischen Population der Frage nachging, ob das Kohärenzerleben ein zentraler Bestandteil von Gesundheit oder eine Gesundheitsressource ist.

Beitrag 1
Forschungsaspekte zum „Sense of Coherence"

von Martin Sack, Friedhelm Lamprecht

> Die Gesundheit eines Menschen ist eben nicht ein Kapital, das man aufzehren kann, sondern sie ist überhaupt nur dort vorhanden, wo sie in jedem Augenblick des Lebens erzeugt wird. Wird sie nicht erzeugt, dann ist der Mensch bereits krank.
> Viktor von Weizsäcker (1930)

Seit einiger Zeit läßt sich eine Art „Wiederentdeckung der Gesundheit" in der Medizin beobachten. Relativ neue Fachdisziplinen wie Gesundheitspsychologie und Public Health beginnen sich zu etablieren. Schlagworte wie „ressourcenorientierte Therapie" oder „Gesundheitsförderung", die ursprünglich in der Präventivmedizin und Rehabilitation beheimatet waren, werden gerade in der Psychosomatik und Psychotherapie immer häufiger verwendet und diskutiert (siehe Grawe, 1995). Wie es auch von Weizsäckers Zitat ausdrückt, liegt diesem Denken die Einsicht in die Tatsache zugrunde, daß Gesundheit eher eine Aufgabe ist, die uns gestellt ist, als ein uns selbstverständlich gegebener Zustand.

Eigentümlicherweise ist die Frage nach den Bedingungen von Gesundheit für die an pathogenetischen Faktoren orientierte medizinische Forschung und Theorie ein relativ neues Thema. Während die pathogenetisch orientierte medizinische Forschung zu erklären versucht, warum Menschen krank werden, stellt die salutogenetische Forschung die Frage, warum Menschen gesund bleiben oder gesund werden. Dabei handelt es sich um eine ebenso alte wie aktuelle Fragestellung, die zahlreiche Philosophen von Platon bis Nietzsche und tiefer denkende Ärzte von jeher bewegt hat.

Ein Grund für das Überwiegen der pathogenetischen Forschung mag darin liegen, daß Krankheitszeichen und andere pathologische Erscheinungen sehr viel charakteristischer und eindeutiger zu beschreiben sind als Zeichen von Gesundheit. Wie schwierig es ist, Gesundheit begrifflich zu fassen, zeigen die vergleichsweise unbeholfenen und umstrittenen Versuche einer Definition beispielsweise durch die Weltgesundheitsorganisation. Der Philosoph Hans-Georg Gadamer spricht daher mit gutem Recht von einer „Verborgenheit der Gesundheit" (1993). Am deutlichsten erfahren wir, was es heißt, gesund zu sein, wenn uns unsere Gesundheit fehlt und wir krank geworden sind. Gesundsein wird gewöhnlich nicht als besonderer Zustand empfunden und scheint, wie Gadamer feststellt, mit einer besonderen Art von Selbstvergessenheit einherzugehen.

Der Medizinsoziologe Aaron Antonovsky (1923–1994) hat sein Lebenswerk der Frage gewidmet, wie es kommt, daß ein Mensch gesund bleibt. Sein Konzept der Salutogenese zählt zu den einflußreichsten Theoriemodellen der Erhaltung bzw. Wiederherstellung von Gesundheit (siehe Beutel, 1989). Im deutschsprachigen Raum hat besonders Thure von Uexküll in seinen Vorträgen und Publikationen immer wieder auf die Bedeutung der Theroriebildung Antonovskys für die Psychosomatik hingewiesen (z.B.: Uexküll, 1991). Wir möchten in unserem Beitrag das Konzept der Salutogenese im Vergleich mit anderen Modellen gesundheitsprotektiver Ressourcen vorstellen und einen Überblick über vorliegende Forschungsergebnisse zum „sense of coherence" geben.

1.1
Ein Paradigmenwechsel: „Salutogenese" versus „Pathogenese"

Antonovsky (1987) berichtet, daß er 1970 – bei einer in Israel durchgeführten medizinsoziologischen Untersuchung über die gesundheitlichen Auswirkungen der Wechseljahre – auf eine Untergruppe von Frauen aufmerksam wurde, die einen Konzentrationslageraufenthalt überlebt hatten und damit schwerster Traumatisierung im Kindes- und Jugendalter ausgesetzt waren (siehe auch den Beitrag von B. Maoz in Kapitel 1). Von diesen Frauen gaben 29% an, bei relativ guter seelischer Gesundheit zu sein. Im Vergleich mit der Gesamtuntersuchungsgruppe war der Gesundheitszustand dieser Frauen – wie zu erwarten – deutlich schlechter (Antonovsky et al., 1971). Antonovsky begann sich dennoch zu fragen, was es bedeutet, daß fast ein Drittel der Überlebenden eines Konzentrationslagers bei relativ guter Gesundheit war. Diesen Wechsel der Perspektive bezeichnete er rückblickend als den entscheidenden Wendepunkt in seiner medizinsoziologischen Arbeit.

Ausgehend von dieser Überlegung, begann Antonovsky, sich verstärkt mit der Bedingung von Gesundheit zu beschäftigen. Zunächst versuchte er, Widerstandsressourcen zu beschreiben, die krankmachende Einflüsse ausgleichen. So fragte er sich „Wer sind die Personen mit ‚Typ-A-Verhalten', die keine koronare Herzerkrankung bekommen? Wer sind die Raucher, die keinen Lungenkrebs bekommen?" (Antonovsky, 1987; 11).

Als ihm klar wurde, daß es sich bei den Widerstandsressourcen um individuell sehr verschiedene Arten des Umgehens mit potentiell krankmachenden Einflüssen handelt, die schwer einheitlich zu konzeptualisieren sind, begann er ein übergreifendes Konzept zu entwickeln, dem er den Namen „Kohärenzgefühl" („sense of coherence") gab. Antonovsky definiert das Kohärenzgefühl als

„...eine allgemeine Einstellung, die das Ausmaß eines umfassenden, dauerhaften, zugleich aber dynamischen Vertrauens beschreibt, daß die innere und äußere Umwelt vorhersagbar und überschaubar ist und daß sich die Dinge so gut entwickeln werden, wie vernünftigerweise erwartet werden kann."*

Das Kohärenzgefühl beschreibt eine subjektive Grundeinstellung gegenüber unvorhergesehenen oder belastenden Ereignissen. Es geht dabei darum, wie ein Individuum potentiell belastende Umweltreize antizipiert und bewertet, vor dem Hintergrund eines Vertrauens in die Möglichkeiten der Bewältigung. Nach Antonovsky ist das Kohärenzgefühl eine zeitstabile Persönlichkeitskonstante, die sich aus drei Anteilen zusammensetzt:

1. *Comprehensibility* (Überschaubarkeit):
   Die Erwartung einer Person, daß externe und interne Reize bzw. Entwicklungen zu ordnen, zu überschauen und vorherzusagen sind. Ein Mensch mit einem hohen Maß an Comprehensibility geht davon aus, daß Ereignisse, die ihm begegnen werden, vorhersagbar sind oder – wenn sie überraschend kommen – daß sie in einen Zusammenhang einzuordnen und zu erklären sind.

2. *Manageability* (Handhabbarkeit):
   Das optimistische Vertrauen, aus eigener Kraft oder mit fremder Unterstützung künftige Lebensaufgaben meistern zu können.

3. *Meaningfulness* (Sinnhaftigkeit):
   Die individuelle Überzeugung, daß künftige Ereignisse sinnvolle Aufgaben sind, die einem gestellt werden und für die es sich lohnt, sich tatkräftig und emotional zu engagieren.

Antonovsky mißt der Sinnhaftigkeit – im Sinne einer motivierenden Kraft – den größten Einfluß auf die Gesunderhaltung zu. Er vermutet, daß ohne die zentrale Kategorie Sinnhaftigkeit starke Ausprägungen der beiden anderen, eher kognitiven Komponenten Überschaubarkeit und Handhabbarkeit wahrscheinlich ohne nachhaltigen gesundheitsprotektiven Effekt sein werden.

---

* Originaltext: „...a global orientation, that expresses the extent to which one has a pervasive, enduring though dynamic, feeling of confidence that one's internal and external environments are predictable and that there is a high probability that things will work out as well as can reasonable be expected" (Antonovsky, 1987; xiii.).

Die Sinnhaftigkeit entspricht mehr einer emotionalen Verfassung als einer kognitiven Einstellung und nimmt daher eine Sonderrolle ein. Ein starkes Kohärenzgefühl zeigt sich besonders in einer hohen Anpassungsfähigkeit, auch hinsichtlich einer Anerkennung der Grenzen, die einer persönlichen Verarbeitung von Lebensereignissen (z.B. Krieg, Tod, Gewalt) gesetzt sind. Ein der Gesundheit dienliches, starkes Kohärenzgefühl wird also flexibel sein und nicht rigide.

Antonovsky führt seine Theorie auf zwei Wurzeln zurück:

1. Zum einen geht er von der systemtheroretischen Überlegung aus, daß Gesundheit ein labiler Zustand ist, der aktiv erhalten werden muß. Diese Auffassung steht im Gegensatz zu dem konventionellen pathogenetischen Postulat, daß ein gesunder Organismus sich in „normaler" geordneter Homöostase befindet, die durch eine Krankheit aus dem Gleichgewicht gebracht wird. Antonovsky meint demgegenüber, daß es den Idealzustand der geordneten Homöostase nicht gibt. Es ist auch nicht so, daß Gesundheit der Normalzustand und Krankheit die seltene Abweichung von der Norm ist, sondern es gilt genau das Gegenteil. Er schreibt:
   „Zu jedem Zeitpunkt kann mindestens ein Drittel, möglicherweise mehr als die Hälfte der Bevölkerung jeder Industrienation aufgrund des einleuchtenden Parameters eines pathologischen Merkmals als krank bezeichnet werden. Das zeigt, daß Krankheit keine relativ seltene Abweichung von irgendeiner Norm, sondern ein ubiquitäres Phänomen ist" (Antonovsky, 1987).

2. Der zweite theoretische Ausgangspunkt Antonovskys ist die Auffassung, daß Gesundheit und Krankheit keine dichotom geschiedenen Zustände sind, die sich immer genau voneinander abgrenzen lassen. Gesundheit und Krankheit bezeichnen seiner Ansicht nach vielmehr zwei Endpunkte eines Kontinuums, zwischen denen sich unser relatives Gesundsein oder Kranksein bewegt. Antonovsky illustriert seine Meinung folgendermaßen: *„Wir sind alle ‚terminale Fälle', aber wir sind auch, solange noch ein bißchen Leben in uns ist, in gewissem Maße gesund"* (Antonovsky, 1987; S. 3).

Salutogenese beschreibt die aktive Adaptation an eine Welt, die reich an unausweichlichen Stressoren ist. Unter diesem Gesichtspunkt bezeichnet Antonovsky das von ihm beschriebene Konstrukt Kohärenzgefühl als eine der wichtigsten Determinanten für die Positionierung eines Individuums auf dem Gesundheits-Krankheits-Kontinuum. Oder einfacher gesagt: Menschen mit einem stark ausgeprägten Kohärenzgefühl zeichnen sich durch eine erhöhte Widerstandskraft gegenüber Erkrankungen aus.

Mit dem Coping-Modell stimmt das Konzept des Kohärenzgefühls insofern überein, als sich eine Person mit einem starken Kohärenzgefühl dadurch auszeichnet, daß sie die am besten geeigneten Coping-Strategien wählt, um einen bestimmten Stressor zu bewältigen. Antonovskys Ansicht nach besteht der primäre Wirkmechanismus des Kohärenzgefühls in einer Einwirkung auf diejenige zerebrale Instanz, die einen ankommenden Reiz mit der Konnotation Stressor oder Non-Stressor versieht. Dementsprechend wird eine Person mit starkem Kohärenzgefühl einen Stimulus eher als einen Non-Stressor definieren, als dies eine Person mit geringem Kohärenzgefühl täte. Diese unterschiedliche Bewertung der Umweltreize führt, so Antonovskys Hypothese, zu immunmodulierenden neuroendokrinologischen Effekten, deren salutogene Auswirkungen noch weitgehend unerforscht sind.

Das Kohärenzgefühl entwickelt sich nach Antonovsky in seinen wesentlichen Zügen in den ersten zehn Lebensjahren und bleibt dann weitgehend unverändert. Antonovsky hält es für unwahrscheinlich, daß das Kohärenzgefühl eines Menschen, das einmal geformt und ausgebildet wurde, sich in irgendeiner Weise radikal verändern kann. Veränderungen des Kohärenzgefühls sind selten. Wenn sie sich ereignen, dann sind sie nie das Ergebnis einer einzigen verändernden Begegnung oder einer einmaligen Entscheidung, sondern die Veränderungen resultierten aus der Anregung eines neuen Musters, eines neuen Konzepts der Lebenser-

fahrung. Wenn dieses Muster über Jahre hinweg beibehalten wird, kann sich eine graduelle Veränderung des Kohärenzgefühls ergeben. Entsprechend zurückhaltend äußert sich Antonovsky bezüglich der Möglichkeit einer therapeutischen Beeinflussung des Kohärenzgefühls:
„Es ist utopisch zu erwarten, eine Begegnung oder eine Serie von Begegnungen zwischen Klient und Therapeut könne eine signifikante Änderung des Kohärenzgefühls bewirken" (Antonovsky, 1987; S. 124).

Antonovsky ist der grundsätzlichen Meinung, daß die Begegnung eines Patienten mit einem Therapeuten in einer Praxis oder in der Klinik nur sehr selten zu einer bedeutsamen Veränderung im Leben des Betreffenden führt. Eine geringfügige Beeinflußbarkeit des Kohärenzgefühls zum Positiven oder Negativen hält er allerdings für möglich. Erwähnt sei noch, daß Antonovsky das Kohärenzgefühl auch als eine Eigenschaft von Gruppen beschreibt. Er ist sogar der Auffassung, daß das Kohärenzgefühl einer bestimmten sozialen Gemeinschaft Einfluß auf die Gesundheit der ihr angehörenden Individuen hat.

1.2
Vergleich der Theorie des Kohärenzgefühls mit ähnlichen Konzepten

Antonovsky hat sein Konzept des Kohärenzgefühls in Auseinandersetzung und in Abgrenzung mit der Tradition der Streßforschung seit Selye und Cannon entwickelt. Diese hatten bereits in den 50er Jahren erkannt, daß gleiche Stressoren von verschiedenen Individuen als völlig unterschiedlich belastend empfunden und verarbeitet werden können. Zwangsläufig ergab sich aus dieser Beobachtung die Frage nach individuellen Ressourcen der Streßresistenz. Orientierung bot zunächst eine Einteilung in externe Ressourcen (z.B. Sozialstatus, Geld, Familienstand) und interne oder personale Ressourcen (z.B. Ich-Stärke, Selbstvertrauen, aktives Problemlöseverhalten). In der Folge wurden Theoriemodelle entwickelt, die versuchten, die individuelle Resistenz gegenüber potentiell pathogenen Reizen zu konzeptualisieren (siehe Tab. 5.1).

Das zeitlich erste dieser Modelle ist die 1962 von Julian Rotter vorgestellte Theorie der *Kontrollüberzeugungen* (locus of control). Rotter war der Auffassung, daß ein hohes Maß an internaler Kontrollüberzeugung – darunter versteht er die subjektive Überzeugung, Ereignisse und Situationen selbst aktiv beeinflussen zu können – mit einer erhöhten Resistenz gegenüber potentiellen Stressoren einhergeht. Rotters Annahme ließ sich insofern bestätigen, als tatsächlich eine Korrelation der internalen Kontrollüberzeugung mit körperlicher und seelischer Gesundheit empirisch nachweisbar ist. Sein durch Einfachheit bestechendes Konzept ist auch heute noch einflußreich.

In den 70er Jahren folgten weitere Theorien, von denen nur die einflußreichsten aufgeführt werden sollen.

Bedeutung erlangte das 1977 von Albert Bandura vorgestellte Konzept der *Selbstwirksamkeit* (self-efficacy). Selbstwirksamkeit versucht, eine stabile Persönlichkeitseigenschaft zu beschreiben, die – ähnlich Rotters Konzept – mit der subjektiven Überzeugung verbunden ist, durch das eigene Handeln schwierige Anforderungen meistern zu können („alles im Griff" zu haben). Selbstwirksamkeit ist nach Bandura ein zentraler Motivationsfaktor, der darüber bestimmt, welche Handlung man auswählt und

Tab. 5.1: Konzepte der Streßresistenz

Konzepte der Streßresistenz	
Kontrollüberzeugung (locus of control)	Rotter 1962
Selbstwirksamkeit (self efficacy)	Bandura 1977
Widerstandsfähigkeit (hardiness)	Kobasa 1979
Kohärenzgefühl (sense of coherence)	Antonovsky 1979
Optimismus	Scheier und Carver 1985

wieviel Anstrengung man investiert. Eng mit der Selbstwirksamkeit Banduras verwandt ist das 1985 von Scheier und Carver vorgestellte Konstrukt *Optimismus* (dispositional optimism).

Die größte konzeptuelle Ähnlichkeit mit Antonovskys Theorie des Kohärenzgefühls besteht mit der erstmals 1979 von Suzanne Kobasa formulierten Persönlichkeitseigenschaft *Hardiness* (Widerstandsfähigkeit). Kobasa gliedert ihr unabhängig von Antonovsky entwickeltes Konstrukt Hardiness – ähnlich wie dieser – in drei Anteile auf:

1. *Control* (Kontrolle): die Überzeugung, die Ereignisse, die auf einen zukommen, beeinflussen oder kontrollieren zu können
2. *Challenge* (Herausforderung): die Fähigkeit, bevorstehende Veränderungen als reizvolle Herausforderung anzusehen
3. *Commitment* (Zielbindung): die Fähigkeit, tief in die Aktivitäten des Lebens einbezogen und eingebunden zu sein

Kobasas Theorie ist deutlich von existentialpsychologischem Gedankengut beeinflußt. Bereits in den 50er Jahren hatte Viktor Emil Frankl auf die Bedeutung der Sinnorientierung für die seelische Gesunderhaltung hingewiesen und der Sinnfrage einen zentralen Platz in seiner „Logotherapie" eingeräumt. Frankl spricht der Sinnorientierung einen „Überlebenswert" zu (Frankl, 1981).

Alle Konzepte personaler gesundheitsprotektiver Ressourcen haben einen mittels entsprechender Testinstrumente belegbaren signifikanten Zusammenhang mit Meßparametern der Gesundheit gemeinsam, der quantitativ allerdings nicht sehr ausgeprägt ist (Übersicht bei Beutel, 1989). Wodurch unterscheidet sich Antonovskys Theorie des Kohärenzgefühls von den anderen aus der Streßforschung stammenden und nahezu zeitgleich entstandenen Theoriemodellen?

Von Kobasas Hardiness und von Banduras Konzept der Selbstwirksamkeit unterscheidet sich Antonovskys Theorie des Kohärenzgefühls insofern, als dieser es für eine konzeptuelle Einschränkung hält, davon auszugehen, daß bestimmte Ressourcen notwendigerweise in der eigenen Kontrolle des Betreffenden liegen müssen, um Gesunderhaltung zu gewährleisten.

Antonovsky hält die Überbewertung der internalen Kontrollüberzeugung für ein Produkt unserer westlichen Zivilisation. Seiner Ansicht nach ist es völlig offen, ob nicht eine externe Kontrollattribution, etwa an eine Gemeinschaft oder an einen Gott, genauso salutogen wirken kann.

Darüber hinaus weist Antonovsky immer wieder nachdrücklich darauf hin, daß sein Konzept des Kohärenzgefühls keine bestimmte Coping-Strategie meint, sondern daß er gerade die Fähigkeit beschreiben möchte, flexibel auf belastende Ereignisse zu reagieren. Auch hierin unterscheidet er sich von seinen Vorgängern, die vorwiegend aktive Bewältigungsstrategien bzw. stabile Persönlichkeitseigenschaften, wie z.B. Durchsetzungsfähigkeit und Optimismus, zu konzeptualisieren versuchten.

Antonovsky faßt sein Konzept weiter als seine Vorgänger. Zudem strebt er eine interkulturelle Anwendbarkeit seiner Theorie an. Dabei spielt sicher eine Rolle, daß Antonovsky – bedingt durch seine Emigration aus den USA nach Israel im Jahr 1960 sowie durch den hohen Anteil von Immigranten verschiedenster nationaler Herkunft in der israelischen Bevölkerung (seiner Untersuchungspopulation) – ein besonderes Augenmerk auf die Gültigkeit seiner Konzeption bei Menschen ganz unterschiedlicher kultureller Herkunft legte.

Geradezu kennzeichnend für die Theorie des Kohärenzgefühls ist es, daß Antonovsky eine individuelle und gesellschaftliche Sinndimension in sein Konzept einbezieht und daß er diese Sinndimension mit der Streßresistenz zu vermitteln und zu verbinden sucht. Er läßt dabei bewußt offen, ob mit Sinnorientierung ein religiöser Glaube, eine Gruppenzugehörigkeit oder eine völlig andere, ganz private Sinnorientierung gemeint ist.

1.3
Empirische Befunde zum Kohärenzgefühl

Um sein Konzept einer empirischen Bewährung unterziehen zu können, entwickelte Antonovsky einen Fragebogen zum Kohärenzgefühl („sense of coherence questionnaire", kurz: SOC, siehe „Anhang"). Zur Konstruktion des Fragebogens wurde theoriegeleitet ein Pool von

Fragen zusammengestellt. Nach Selektion und teilweiser Veränderung der Fragen resultierte ein 29 Items umfassender Fragebogen, bestehend aus 11 Items zur Comprehensiblility, 10 Items zur Manageability und 8 Items zur Meaningfulness. Eine Kurzform des SOC umfaßt 13 Items. Die Konstruktion des Fragebogens ist ausführlich bei Antonovsky (1987) beschrieben.

Der Fragebogen wurde 1983 erstmals veröffentlicht und seither weltweit bei einigen tausend Probanden eingesetzt. Eine aus Antonovskys Feder stammende Übersichtsarbeit über die bislang vorliegenden Ergebnisse mit seinem Fragebogen zum Kohärenzgefühl erschien 1993. In der Zwischenzeit liegen weltweit bereits über 100 Publikationen zu Studien mit dem SOC vor. Die üblichen Testgütekriterien, wie Test-Retest-Reliabilität und interne Konsistenz, sind ausgezeichnet. Allerdings sind die dem Fragebogen zugrundegelegten drei Subskalen in der Faktorenanalyse nicht sicher zu reproduzieren, so daß Antonovsky und andere Autoren vorschlagen, lediglich den Gesamtwert auszuwerten (siehe Antonovsky, 1993; Frenz et al., 1993).

Eine Übersicht über SOC-Mittelwerte aus verschiedensten Untersuchungen findet sich in Tabelle 5.2. Ergebnisse aus israelischen, amerikanischen und europäischen Erhebungen zeigen in etwa gleich hohe Ausprägungen des SOC bei Bevölkerungsstichproben. Bei Untersuchungen an körperlich kranken Patienten

Tab. 5.2: SOC-Mittelwerte im Vergleich (SOC 29-Items)

	SOC	Stdev.	N	Autoren
Eltern Kontrollgruppe (Israel)	154.3		N= 186	Margalit et al. 1992
Bevölkerung (Schweden)	152.6	±22	N= 148	Cederblad et al. 1995
Bevölkerung (Schweden)	151	±18	N= 145	Langius et al. 1993
Medizinstudenten (Israel)	150.2	±16.4	N= 93	Bernstein u.Carmel 1991
Rentner (Israel)	148.9	±23.3	N= 805	Sagy u. Antonovsky 1990
Patienten mit rheumatischer Arthritis (USA)	149.9	±27.9	N= 572	Hawley et al. 1992
Eltern mit behinderten Kindern (Israel)	143.6		N= 156	Margalit et al. 1992
Dialyseschwestern (USA)	143.1	±23	N= 238	Lewis et al. 1992
Studenten (Finnland)	143	±21	N= 99	Salmela-Aro 1992
Psychologiestudenten (USA)	142.4	±21.9	N= 276	Frenz et al. 1993
Abendschüler (USA)	141.9	±26.2	N= 95	Flannery et al. 1990
Studenten (USA)	141.2		N= 1000	McSherry et al. 1994
Personen mit zu pflegenden Angehörigen (USA)	138.2	±22.0	N= 126	Gallagher et al. 1994
Patienten mit Fibromyalgie (USA)	137.5	±32.4	N= 358	Hawley et al. 1992
Patienten mit entzündlichen Darmerkrankungen (BRD)	136.5	±24.4	N= 80	Schüffel et al. 1995
Bevölkerung (Polen)	132.8	±20.7	N= 60	Pasikowski et al. 1994
Jugendliche aus soz. Risikogruppe (Israel)	130.4		N= 137	Magen et al. 1992
Studenten (USA)	129.5	±24.5	N= 307	Radmacher et al. 1989
Studenten in psychother. Beratung (Finnland)	124.9	±24.9	N= 28	Salmela-Aro 1992
Patienten psychosom. Poliklinik (BRD)	121.4	±27.1	N= 461	Sack et al. 1997
Psychotherapiepatienten (USA)	115.9	±25.0	N= 98	Frenz et al. 1993
Patienten Psychosomatik stationär (BRD)	112.2	±22.8	N= 81	Sack et al. 1997

Tab. 5.3: Korrelation des SOC mit ähnlichen Konzepten

Optimismus (Scheier und Carver 1985)	
r = .53	Korotkov u. Hannah 1994
r = .59	Becker 1994
r = .62	Chamberlain et al. 1992
r = .76	Sack et al. 1997
Self-esteem (Coopersmith 1967)	
r = .63	Nyamathi 1992
Mastery (Pearlin und Schooler 1978)	
r = .59	Cederblad et al. 1995
Locus of Control (Rotter 1966)	
r = .26	Kravetz et al. 1993
r = .44	Cederblad et al. 1995
Hardiness (Kobasa 1979)	
r = .48	Kravetz et al. 1993
r = .50	Williams 1990
r = .51	Koroktov u. Hannah 1994

wurden teilweise deutlich niedrigere SOC-Mittelwerte als bei Gesunden beobachtet. Bei psychosomatisch und psychisch Kranken fanden sich die niedrigsten SOC Werte überhaupt. Der SOC korrelierte in zahlreichen Untersuchungen nicht oder nur gering mit Alter, Geschlecht und anderen soziodemographischen Variablen. Wie zu erwarten, bestehen hohe positive Korrelationen zwischen dem SOC und anderen Konzepten gesundheitsprotektiver Ressourcen (siehe Tab. 5.3).

Mit sogenannten negativen Affekten, wie Angst und Depression, sowie mit psychischen Beschwerden allgemein wurde in vielen Studien (siehe Tab. 5.4) eine derartig hohe negative Korrelation gefunden (r-Werte von −.50 bis maxi-

Tab. 5.4: Korrelationen des SOC mit Beschwerden und Streß

Körperliche Beschwerden	
r = −.29	Hawley et al. 1992 (Schmerz)
r = −.33	Hawley et al. 1992 (Krankheitsschwere VAS)
r = −.35	Sack et al. 1997 (GBB)
r = −.41	Schüffel et al. 1995 (GBB)
r = −.46	Nyamathi 1992
Seelische Beschwerden	
r = −.64	Sack et al. 1997 (SCL-90-R)
r = −.70	Dahlin et al. 1990 (SCL-90-R)
Angst	
r = −.47	Radmacher u. Sheridan 1989 (MAACL)
r = −.53	Kravetz et al. 1993 (STAI-trait)
r = −.59	Collins et al. 1992 (MAACL)
r = −.62	Antonovsky, H. u. Sagy 1986 (STAI-trait)
r = −.77	Bernstein u. Carmel 1987 (STAI-trait)
r = −.85	Frenz et al. 1993 (STAI-trait)
Depressivität	
r = −.31	Collins et al. 1992 (MAACL)
r = −.47	Flannery et al. 1994 (BDI)
r = −.48	Kravetz et al. 1993 (BDI)
r = −.62	Sack et al. 1997 (CES-D)
r = −.60	Frenz et al. 1993 (BDI)
r = −.81	Gritz et al. 1990 (CES-D)
Stress/Distress	
r = −.27	Flannery et al. 1994 (Hassles Scale)
r = −.35	Bishop 1993 (Daily Hassles)
r = −.39	Lewis et al. 1992 (Nursing Stress Scale)
r = −.49	Anson et al. 1993 (Psychological Distress Scale)
r = −.55	Lewis et al. 1992 (Burnout)
r = −.56	Gallagher et al. 1994 (Belastung durch Pflege)
r = −.56	Williams 1990 (Global Inventory of Stress)
r = −.60	Zika u. Chamberlain 1992 (Psychological Distress Scale)
r = −.63	Nyamathi 1992 (Distress)
r = −.67	Radmacher u. Sheridan 1989 (Global Inventory of Stress)

mal −.85), daß sich die Frage stellt, ob Antonovskys Fragebogen ausreichend hinsichtlich negativer Affekte differenziert und ob man den Fragebogen zum Kohärenzgefühl nicht eher als ein Instrument zur Erfassung der Abwesenheit von Angst und Depression ansehen kann.

Kritik wurde auch dahingehend geäußert, daß der SOC mit Gefühlen „kontaminiert" sei, da in ca. 50% der Items nach einer gefühlsmäßigen Einschätzung gefragt wird (in der deutschen Übersetzung fragen nur 11 von 29 Items nach einem Gefühl). Auch wenn der enge Zusammenhang des Kohärenzgefühls mit negativen Gefühlen forschungsmethodische Probleme aufwirft, ergibt er sich direkt aus der Konzeptualisierung des Konstrukts als einer emotional getönten Grundüberzeugung. Es ging Antonovsky darum, eine sozial und biographisch geprägte Persönlichkeitskonstante zu beschreiben, die auf einer höheren Abstraktionsebene anzusiedeln ist als etwa emotionale State- oder Trait-Variablen oder als kognitive Einstellungen. Es ist sicherlich einleuchtend, daß mit Sinnverlust und mit Verlust an Orientierung (Skalen Meaningfulness und Comprehensibility im SOC) direkt eine Zunahme von Angst und depressiven Gefühlen verbunden sein muß und daß umgekehrt Angst und Depression zu einem Verlust an Kohärenz mit der Umwelt führen.

In vielen Studien wurde die Kernhypothese der Theorie Antonovskys überprüft: die Frage nach dem Zusammenhang zwischen Kohärenzgefühl und körperlicher sowie seelischer Gesundheit (siehe Tab. 5.5). Wie erwartet, fand sich durchweg eine signifikante positive Korrelation mit seelischer Gesundheit ebenso wie mit dem gegenwärtigen, durch die Probanden subjektiv eingeschätzten Gesundheitszustand und mit dem allgemeinen Wohlbefinden (Becker, 1944; Langius u. Björvell, 1993; Sagy et al., 1990; Zika u. Chamberlain, 1992). Dagegen korrelierte der SOC nur gering oder kaum mit objektiven Parametern physischer Gesundheit, wie z.B. Blutdruck, Cholesterinwerten, körperlichen Beschwerden und Krankheitstagen (Übersicht bei Antonovsky, 1993).

In einer der wenigen prädiktiven Studien zum SOC (siehe Tab. 5.6) konnte eine neuseeländische Arbeitsgruppe mit der Skala „Meaningfulness" des SOC den Erfolg eines Schmerzbewältigungstrainings bereits zu Beginn der Behandlung einschätzen (Petrie u. Azariah, 1990). Dem Kohärenzgefühl kommt offenbar auch ein prädiktiver Wert in der Einschätzung suizidaler Patienten zu. Mit Hilfe des SOC ließ sich die Wiederholung eines Suizidversuchs akut und über einen Zeitraum von sechs Monaten so gut vorhersagen, daß ein sehr niedriger SOC-Gesamtwert als Risikoindikator für

Tab. 5.5: Korrelation des SOC mit Gesundheitsmaßen

Allgemeiner Zusammenhang des SOC mit Gesundheit	
r = .32	Becker 1994 (aktuelle und habituelle Gesundheit)
r = .32	Langius u. Björvell (Gesundheitszustand 1-Item)
r = .35	Sagy et al. 1990 (Multidimensional Health Scale)
seelische Gesundheit:	
r = .67	Becker 1994 (Trierer Persönlichkeitsfragebogen)
r = .76	Zika u. Chamberlain 1992 (Psychological Well-Being)
Lebensqualität	
r = .76	Dahlin et al. 1990
Lebenszufriedenheit	
r = .48	Sagy et al. 1990
r = .66	Zika u. Chamberlain 1992
Social Support	
r = .35	Vuori 1994
r = .47	Flannery et al. 1994 (Social Support Index)
Risikoverhalten	
r = −.24	Nyamathi 1992

Suizidalität gewertet werden kann (Petrie u. Brook, 1992). In einer Untersuchung von Chamberlain et al. (1992) korrelierte die Erholung sechs Wochen nach operativer Versorgung mit einer Endoprothese recht hoch mit dem zuvor erhobenen SOC (r-Werte bis .70). Andere Autoren (McSherry u. Holm, 1994) konnten bei einer experimentellen Streßbelastung nachweisen, daß Probanden mit niedrigem SOC mehr Streß, Angst und Ärger empfanden.

Antonovsky vertritt die Ansicht, daß das Kohärenzgefühl eine im wesentlichen in der frühen Kindheit geprägte und durch Psychotherapie allenfalls gering modifizierbare, zeitstabile Persönlichkeitsvariable ist. Dementsprechend gibt es nur wenige Verlaufsuntersuchungen mit dem „sense of coherence questionnaire". In einer eigenen Studie konnten wir eine signifikante Zunahme des SOC im Verlauf einer acht- bis zwölfwöchigen stationären psychosomatischen Behandlung beobachten (Sack et al., 1997).

Neben der Untersuchung von Bürger und Broda gibt es unserer Kenntnis nach nur noch eine weitere Verlaufsuntersuchung mit dem SOC. Dabei wurden SOC-Werte bei israelischen Medizinstudenten jährlich in den ersten zwei Studienjahren erhoben (Bernstein u. Carmel, 1991). Im Verlauf der ersten Semester des Medizinstudiums kam es zu einem Abfall der SOC-Gesamtwerte um durchschnittlich fast 10 Punkte und gleichzeitig zu einem Anstieg der Werte für Trait-Angst. Das Medizinstudium scheint demnach Verunsicherung und Angst zu fördern und womöglich sogar gesundheitsprotektive Ressourcen zu schwächen.

Demgegenüber konnten wir im „Feldversuch" der stationären Behandlung bei einer Patientin und einem Patienten, die sich während der Therapie ineinander verliebt hatten, eine enorme Erhöhung der SOC-Werte beobachten (Sack u. Lamprecht 1994). Die Werte der Skala „Meaningfulness" hatten sich sogar verdoppelt. Liebe ist sicherlich in höchstem Maße sinnstiftend und fördert wahrscheinlich die Salutogenese. Eine von der Fragestellung her interessante experimentelle Arbeit mit dem Titel „Love and Salutogenesis" versuchte bei Jugendlichen einen Zusammenhang zwischen glücklichem Verliebtsein und Parametern der zellulären Immunität (NK-Zellen) aufzuzeigen, konnte aber keine eindeutigen Ergebnisse erbringen (Smith u. Hokland, 1988). Antonovsky schließt solche Phänomene explizit in seinen Forschungshorizont mit ein. Seiner Meinung nach eröffnet die salutogenetische Perspektive die Möglichkeit, auch Phänomene wie Phantasie, Wille, Spiel und Liebe in Hinblick auf Förderung von Gesundheit zu untersuchen (Antonovsky, 1987).

1.4
Salutogenese in der Praxis

Es stellt sich die Frage, welche praktischen Handlungsanweisungen aus einer salutogenetischen Perspektive erwachsen. Was ist durch eine Um-

Tab. 5.6: Prädiktiver Wert des SOC (Korrelationen und signifikante Zusammenhänge)

Postoperative Erholung (6-Wochen Intervall nach Endoprothese)	
r= −.32	Chamberlain et al. 1992 (Pain post-OP)
r= .48	Chamberlain et al. 1992 (self-rated health)
r= .70	Chamberlain et al. 1992 (positive Well-being)
Körperliche Beschwerden im 4 Wochen follow-up	
r= −.31	Korotkov 1993
Depression im 7 Wochen follow-up	
Flannery et al. 1994	
Schmerz bei Schmerzpatienten 6 Monate nach Therapie	
Petrie u. Azariah 1990	
Wiederholung eines Suizidversuches im 6 Monate follow-up	
Petrie u. Brook 1992	

kehr der Fragerichtung von der Frage: „Was macht krank?" hin zu der Frage: „Was hält oder macht gesund?" für die Praxis gewonnen?

Mitunter, so scheint es, bedürfen wir einer Besinnung darauf, daß Gesundheit kein produzierbarer Artikel ist. Gesundheit kann allenfalls gefördert werden. Das alte Prinzip „natura sanat medicus curat" faßt diese Tatsache in Worte: Ärzte behandeln, die Heilung aber bleibt der Natur vorbehalten. Gesundheit entzieht sich unserem direkten Zugriff. Wir können als Ärzte allenfalls Bedingungen bereitstellen, die Gesundheit ermöglichen. Was aber ist dann Förderung von Gesundheit, und ist die salutogenetische Perspektive wirklich eine Hilfe bei dieser Aufgabe?

Wenn Gesundheit kein Gut ist, von dem wir zehren, bis es aufgebraucht ist, sondern wenn wir sie fortwährend und aktiv zu erwerben haben, wie es Antonovskys Überzeugung ist, dann wird sich Gesundheitsförderung als Unterstützung dieser „Gesundheitsarbeit" verstehen müssen. Es handelt sich hier um eine durchaus eigenständige Zugangsweise, die sich von den von außen eingreifenden Maßnahmen der „Kunstheilung" (Hildebrandt, 1977) – Ausschaltung, pharmakologische Lenkung und Substitution – grundsätzlich unterscheidet.

Die Förderung von körperlichen, seelischen und sozialen Ressourcen, von bereits vorhandenen oder angelegten Fähigkeiten und von Selbstheilungskräften stellt einen vielversprechenden und innerhalb der Medizin, mit Ausnahme der Rehabilitations- und Kurmedizin, noch viel zu wenig genutzten Ansatz dar. Ressourcenorientierung ist ein Stichwort, das in der aktuellen Debatte über Wirkprinzipien psychotherapeutischer Behandlungsmethoden zunehmend an Bedeutung gewinnt und als empirisch breit abgesicherter Wirkfaktor gilt (Grawe, 1995). Therapien, die an die positiven Möglichkeiten, Fähigkeiten und Motivationen der Patienten anknüpfen, sind nachhaltiger wirksam. Pioniere der Psychotherapie, wie Freud, Hartmann, Winnicott und Balint, haben schon früh die Bedeutung der Förderung von Ich-Stärke und Anpassungsfähigkeit in der Therapie betont (Oppermann, 1994). So ist es nicht verwunderlich, daß in der Psychotherapie und Psychosomatik Antonovskys Theorie in ihrer Bedeutung schnell erkannt und aufgegriffen wurde (siehe z.B. Franke u. Broda, 1993). Die salutogenetische Orientierung hilft, den Blick zu schärfen für eine Betrachtung der gesunden und entwicklungsfähigen Seiten der zu behandelnden Person. Eine solche Betrachtungsweise schafft auch ein Gegengewicht zu fatalistischen Einstellungen gegenüber kaum oder nicht medizinisch zu kurierenden Krankheiten.

Von psychotherapeutischer Seite wurde immer wieder die Fähigkeit, sich zu ändern, als gesundheitsfördernd beschrieben. Dies ist naheliegend, denn neurotisches Verhalten ist charakterisiert durch Starrheit, durch Repetition, durch Stereotypie und Lernunfähigkeit. Der Psychotherapeut Lawrence Kubie etwa gelangte zu der Überzeugung, „daß die einzige psychische Änderung, die in der Persönlichkeit oder der Lebensführung eines Menschen eine dauerhafte Wandlung herbeiführen kann, darin besteht, daß er seine Freiheit, sich wieder und wieder wandeln zu können, wiedererhält oder erhöht, um sich weiterentwickeln zu können" (Kubie, 1969).

Salutogene Prinzipien und Faktoren sind Ressourcen der Krankheitsbewältigung sowie der Krankheitsvorbeugung oder sind – noch allgemeiner – kreative Fähigkeiten in der Auseinandersetzung mit unserer Lebenswelt. Der Gedanke der Salutogenese impliziert nicht, daß Gesundheit um jeden Preis zu erreichen ist oder daß Gesundheit immer vorgeht. Im Zusammenhang gesehen, kann es durchaus der Gesundheit dienlich sein, krank zu werden; etwa dann, wenn eine Infektionskrankheit, z.B. ein grippaler Infekt, in einer Überlastungssituation auftritt und uns temporär zu (Bett-) Ruhe zwingt. In diesem Sinne verstandene Gesundheit meint daher nicht nur die Abwesenheit von Krankheit, sondern auch die Fähigkeit, Krankheiten überwinden zu können.

Förderung von Gesundheit aus einer salutogenetischen Perspektive heraus bedeutet ganz besonders die Übernahme von Selbstverantwortlichkeit für die eigene Gesundheit. Für Krankheit gibt es Experten, für unsere Gesundheit sind wir alle zuständig. Das salutogenetische Paradigma zeigt uns, wie wichtig es ist, den Patienten als aktiven, selbstverantwortlichen Partner und als Experten seiner ganz persönlichen Gesundheit zu verstehen.

Hier trifft sich die Forderung nach Selbstverantwortung durch den Patienten mit der Public-Health-Perspektive der Gesundheitsförderung. Ressourcenorientierung und Förderung eigener Initiative sowie Verantwortung für die eigene Gesundheit sind die höchst aktuellen Chancen eines Perspektivenwechsels vom pathogenetischen zum salutogenetischen Paradigma.

Fragebogen zum Kohärenzgefühl
(sense of coherence questionnaire, Antonovsky, 1987; deutsche Version: Noack et al., 1991)

Skalierung und Itempolung:
(mit (R) gekennzeichnete Items sind bei der Auswertung umzupolen):

Skala comprehensibility:
Item: 1 (R), 3, 5 (R), 10, 12, 15, 17, 19, 21, 24, 26,

Skala manageability:
Item: 2, 6 (R), 9, 13 (R), 18, 20 (R), 23 (R), 25 (R), 27 (R), 29

Skala meaningfulness:
Item: 4 (R), 7 (R), 8, 11 (R), 14 (R), 16 (R), 22, 28

SOC-Kurzform (13 Items): 4 (R), 5 (R), 6 (R), 8, 9, 12, 16 (R), 19, 21, 25 (R), 26, 28, 29

Hier ist eine Reihe von Fragen, die sich auf verschiedene Bereiche unseres Lebens beziehen. Bitte kreuzen Sie jeweils die Zahl an, welche Ihrer Antwort entspricht, wobei die Zahlen 1 und 7 Extremantworten darstellen. Wenn die Antwort unter der 1 für Sie zutrifft, dann kreuzen Sie die 1 an; wenn die Antwort unter der Zahl 7 für Sie zutrifft, dann kreuzen Sie die 7 an. Wenn Sie Ihre Antwort irgendwo zwischen 1 und 7 sehen, kreuzen Sie die Zahl an, die Ihrer Beurteilung am besten entspricht. Bitte geben Sie immer nur eine Antwort bei jeder Frage.

1. **Wenn Sie mit anderen Leuten sprechen, haben Sie das Gefühl, daß Sie nicht verstanden werden?**
   1   2   3   4   5   6   7
   Habe nie   Habe immer
   dieses Gefühl.   dieses Gefühl.

2. **Wenn Sie in der Vergangenheit etwas machen mußten, das von der Zusammenarbeit mit anderen Menschen abhängig war, hatten Sie das Gefühl, die Arbeit würde...**
   1   2   3   4   5   6   7
   sicher nicht   sicher erledigt
   erledigt werden?   werden?

3. **Einmal abgesehen von den Menschen, die Ihnen am nächsten stehen: Wie gut kennen Sie die Leute, mit denen Sie täglich zu tun haben?**
   1   2   3   4   5   6   7
   Sie sind Ihnen   Sie kennen Sie
   völlig fremd.   sehr gut.

4. **Kommt es vor, daß es Ihnen ziemlich gleichgültig ist, was um Sie herum passiert?**
   1   2   3   4   5   6   7
   sehr selten   sehr oft
   oder nie

5. **Waren Sie schon überrascht vom Verhalten von Menschen, die Sie gut zu kennen glaubten?**
   1   2   3   4   5   6   7
   Das ist nie   Das ist immer
   passiert.   wieder passiert.

6. **Wurden Sie schon von Menschen enttäuscht, auf die Sie gezählt hatten?**
   1   2   3   4   5   6   7
   Das ist nie   Das ist immer
   passiert.   wieder passiert.

7. **Das Leben ist...**
   1   2   3   4   5   6   7
   ausgesprochen   reine
   interessant.   Routine.

8. **Bis jetzt hatte mein Leben...**
   1   2   3   4   5   6   7
   überhaupt keine klaren   sehr klare Ziele
   Ziele und Vorsätze.   oder Vorsätze.

9. **Haben Sie das Gefühl, daß Sie ungerecht behandelt werden?**
   1   2   3   4   5   6   7
   sehr oft   sehr selten
                                oder nie

10. **In den letzten 10 Jahren war Ihr Leben...**
    1   2   3   4   5   6   7
    voller Veränderungen,   beständig und
    ohne daß Sie wußten,   klar.
    was als nächstes passiert.

11. **Das meiste, was Sie in Zukunft tun werden, wird wahrscheinlich...**
    1   2   3   4   5   6   7
    völlig faszinierend   todlangweilig
    sein.   sein.

12. Haben Sie manchmal das Gefühl, daß Sie in einer ungewohnten Situation sind und nicht wissen, was Sie tun sollen?

1 2 3 4 5 6 7
sehr oft   sehr selten
                            oder nie

13. Was beschreibt am besten, wie Sie Ihr Leben sehen?

1 2 3 4 5 6 7
Man kann immer einen   Es gibt nie einen
Weg finden, mit schmerz-   Weg, mit Dingen
lichen Dingen im Leben   im Leben fertig
fertig zu werden.   zu werden.

14. Wenn Sie über Ihr Leben nachdenken,...

1 2 3 4 5 6 7
spüren Sie oft, wie   fragen Sie sich oft, wieso
schön es ist zu leben?   Sie überhaupt leben

15. Wenn Sie vor einem schwierigen Problem stehen, ist die Wahl einer Lösung...

1 2 3 4 5 6 7
immer völlig   immer verwirrend und
klar?   schwer zu finden?

16. Die Dinge, die Sie täglich tun, sind für Sie eine Quelle...

1 2 3 4 5 6 7
tiefer Freude   von Schmerz
und Zufriedenheit.   und Langeweile.

17. Ihr Leben wird in Zukunft wahrscheinlich...

1 2 3 4 5 6 7
voller Veränderung sein,   beständig und
ohne daß Sie wissen, was   klar sein.
als nächstes passiert.

18. Wenn in der Vergangenheit etwas Unangenehmes geschah, neigten Sie dazu,...

1 2 3 4 5 6 7
sich zu sagen: „Nun   sich deswegen auf-
gut, so ist es eben, damit   zureiben („innerlich
muß ich leben und   zu verzehren")?
weitermachen!"?

19. Wie oft sind Ihre Gefühle und Ideen ganz durcheinander?

1 2 3 4 5 6 7
sehr oft   sehr selten
                             oder nie

20. Wenn Sie etwas machen, das Ihnen ein gutes Gefühl gibt,...

1 2 3 4 5 6 7
werden Sie sich sicher   wird sicher etwas
auch weiterhin gut   geschehen, das dieses
fühlen.   Gefühl verderben wird.

21. Kommt es vor, daß Sie Gefühle in sich spüren, die Sie lieber nicht hätten?

1 2 3 4 5 6 7
sehr oft   sehr selten
                            oder nie

22. Sie nehmen an, daß Ihr zukünftiges Leben...

1 2 3 4 5 6 7
ohne jeden Sinn und   voller Sinn und
Zweck sein wird.   Zweck sein wird.

23. Glauben Sie, daß es in Zukunft *immer* Leute geben wird, auf die Sie zählen können?

1 2 3 4 5 6 7
Sie sind sich   Sie zweifeln
dessen ganz sicher.   daran.

24. Haben Sie manchmal das Gefühl, nicht genau zu wissen, was demnächst geschehen wird?

1 2 3 4 5 6 7
sehr oft   sehr selten
                            oder nie

25. Viele Leute – auch solche mit einem starken Charakter – fühlen sich in bestimmten Situationen wie traurige Versager („Pechvogel"). Wie oft haben Sie sich so gefühlt?

1 2 3 4 5 6 7
nie   sehr oft

26. Wenn etwas passierte, hatten Sie im allgemeinen den Eindruck, daß Sie dessen Bedeutung...

1 2 3 4 5 6 7
über- oder   richtig einschätzen?
unterschätzen

27. Wenn Sie an Schwierigkeiten denken, denen Sie bei wichtigen Dingen im Leben wohl begegnen werden, haben Sie das Gefühl, daß

1 2 3 4 5 6 7
es Ihnen immer gelingen   Sie es nicht schaffen
wird, die Schwierigkeiten   werden, die Schwierig-
zu überwinden?   keiten zu überwinden?

28. Wie oft haben Sie das Gefühl, daß die Dinge, die Sie täglich tun, eigentlich wenig Sinn haben?

1 2 3 4 5 6 7
sehr oft   sehr selten
                            oder nie

29. Wie oft haben Sie Gefühle, bei denen Sie sich nicht sicher sind, ob Sie sie unter Kontrolle halten können?

1 2 3 4 5 6 7
sehr oft   sehr selten
                            oder nie

Beitrag 2
Der Einfluß des Kohärenzgefühls auf die Entwicklung posttraumatischer Belastungsstörungen nach Verkehrsunfällen

von Ullrich Frommberger, Rolf-Dieter Stieglitz,
Elisabeth Nyberg, Steffen Straub, Matthias Berger

2.1 Einleitung

Nach der Konfrontation mit belastenden, traumatischen Lebensereignissen entwickelt ein Teil der Betroffenen eine Symptomatik, die in den modernen Klassifikationssystemen des DSM-IV oder der ICD-10 als „posttraumatische Belastungsstörung" (PTBS) gekennzeichnet wird. Die bisherige Forschung zur PTBS fokussierte Traumata wie Kriegserlebnisse oder Katastrophen. Trotz ihrer höheren Prävalenz fanden „zivile" Traumata wie Vergewaltigungen oder Unfälle sehr viel weniger Beachtung. Daher ist eine zentrale Frage, wer eine PTBS als Folge eines Traumas entwickelt, bislang nur unzureichend geklärt.

Untersuchungen zeigen, daß z.B. eine frühere psychische Erkrankung mit der Entwicklung einer PTBS nach einem Trauma positiv korreliert ist (Mayou et al., 1993; Blanchard et al., 1996). Auch andere Faktoren einer aktuell erhöhten Vulnerabilität, z.B. die einer starken Belastung mit Lebensereignissen vor einem Trauma (Connolly, 1981; Breslau et al., 1995), gelten als Prädiktoren für die Entwicklung einer PTBS. Diesem Blick auf krankheitsfördernde Faktoren stellte Antonovsky die Suche nach protektiven Faktoren gegenüber, die zu einer Aktivierung und Stärkung der persönlichen Ressourcen von Traumaopfern führen und einer somatischen oder psychischen Erkrankung entgegenwirken.

In unseren prospektiven Untersuchungen in Freiburg zu Prävalenz und Prädiktion psychischer Folgen von Verkehrsunfällen fanden wir eine PTBS-Prävalenz von nahezu einem Fünftel schwerverletzter Opfer innerhalb eines halben Jahres. Ein weiteres Drittel berichtete über einzelne Symptomgruppen der PTBS, ohne jedoch alle Kriterien für eine PTBS zu erfüllen. Ein Zehntel der Patienten gab andere psychische Störungen als Unfallfolge oder auch bereits vorher, d.h. während ihrer bisherigen Lebenszeit, an. 44 Prozent der Patienten erfüllten keine Kriterien für eine psychische Störung während der gesamten Lebenszeit.

Im folgenden werden Untersuchungsergebnisse als Antwort auf die Frage dargestellt, welchen Einfluß das Kohärenzgefühl auf die Entwicklung oder – besser – Nicht-Entwicklung einer PTBS bei Verkehrsunfallopfern hat.

2.2 Patienten und Methode

Konsekutiv wurden schwerverletzte Verkehrsunfallopfer in die Studie eingeschlossen, die wegen Frakturen in der Abteilung für Unfallchirurgie stationär behandelt werden mußten. Patienten, bei denen die Bewußtlosigkeit eine Dauer von 15 Minuten überschritten hatte, wurden ausgeschlossen. Wenige Tage nach dem Unfall wurden von den Patienten – nach schriftlichem Einverständnis mittels Krankenakten, strukturierten Interviews und Selbstbeurteilungsfragebögen – Daten über mögliche prämorbide Einflußfaktoren auf die Entwicklung psychischer Störungen erhoben. Ein halbes Jahr nach dem Unfall wurden die Patienten erneut mit strukturierten Interviews zur Diagnosestellung der psychischen Unfallfolgen und mit zahlreichen Selbstbeurteilungsfragebögen untersucht. Erfragt wurden Verlauf und Entwicklung der Symptomatik sowie Bewältigungsstrategien, unter anderem mittels der „Sense of Coherence Scale" (Antonovsky, 1987).

Die hier berichteten Ergebnisse basieren auf
- dem Injury Severity Score (ISS, Greenspan et al., 1985) zur Abbildung der objektiven Schwere der Verletzung;
- dem strukturierten Interview nach DSM-III-R (APA, 1987): Diagnostisches Inventar für Psychische Störungen (DIPS, Margraf et al., 1991);
- einem selbst entwickelten, strukturierten Interview zur Erhebung der ersten Reaktionen auf den Unfall (U1);
- den Selbstbeurteilungsskalen für posttraumatische Symptome – Impact of Event Scale (IES, Horowitz et al., 1980) und Posttraumatic Stress Scale (PSS, Foa et al., 1993) sowie
- einer mehrdimensionalen Skala zur Erfassung psychischer Beeinträchtigungen (Symptom Check List 90, SCL-90-R, Derogatis et al., 1977; deutsche Fassung: Franke, 1995).

Die Nachuntersuchung nach einem halben Jahr bildete den weiteren Verlauf ab mittels
- DIPS,
- einem selbst entwickelten strukturierten Interview (U2) zu somatischen, psychischen und sozialen Folgen des Unfalls sowie
- der Skala zur Erfassung des Kohärenzgefühls „Sense of Coherence" (Antonovsky, 1987).

Letztere Skala wird in drei Subskalen aufgeteilt mit den Bezeichnungen „Verstehbarkeit", „Handhabbarkeit" und „Sinnhaftigkeit". Faktorenanalysen der SOC-Skala und -Subskalen weisen daraufhin, daß die drei Subskalen empirisch weitaus weniger gut voneinander trennbar sind, als Antonovsky dies postulierte; und sie bevorzugen die Ein-Faktoren-Lösung (Frenz et al., 1993). Daher werden in dem vorliegenden Bericht nur die Ergebnisse des SOC-Gesamtscores geschildert. Da der SOC nach Antonovsky überdauernde Einstellungen und Eigenschaften mißt, wurde er den Patienten erst zum Zeitpunkt t2 vorgelegt, um sie in der Erstuntersuchung angesichts der Fülle von Instrumenten nicht zu überfordern.

2.3
Statistik

Angewandt wurden eine Varianzanalyse zum Vergleich der vier diagnostischen Gruppen A bis D (siehe unten), der Test auf geringste statistische Differenz (LSD) zwischen einzelnen Gruppen und der Produkt-Moment-Korrelationskoeffizient zur Bestimmung von Korrelationen zwischen den Fragebögen. Um den Einfluß des Schweregrads der Verletzung auf die Selbstbeurteilungsskalen zu kontrollieren, wurde der ISS-Score bei den Berechnungen herauspartialisiert.

2.4
Ergebnisse

51 Patienten beantworteten den Sense-of-Coherence-Fragebogen bei der Nachuntersuchung, ein halbes Jahr nach dem Verkehrsunfall.

Das mittlere Alter der Patienten betrug 33.6 ± 14.3 Jahre alt mit einer Geschlechterverteilung von n=34 weiblichen und n=17 männlichen Verkehrsunfallopfern.

Nach den Diagnosen der psychischen Störungen, die sich nach dem Unfall entwickelten, wurden die Patienten in vier Gruppen eingeteilt:
1. n=15 Patienten, die in keiner Untersuchung die diagnostischen Kriterien für eine psychische Störung erfüllten (A),
2. n=11 Patienten, die nach dem Unfall die Kriterien für eine PTBS erfüllten (B),
3. n=17 Patienten, die nicht alle Kriterien für eine PTBS erfüllten: subsyndromale PTBS (C),
4. n=8 Unfallopfer, die Kriterien für irgendeine andere psychische Störung vor oder nach dem Unfall erfüllten (D).

Der SOC-Gesamtwert aller Patienten betrug 143.9 ± 26.2.

Die Patienten, die im Zeitraum bis zur Nachuntersuchung eine PTBS (SOC-Gesamtscore: 136.8 ± 29.2), eine subsyndromale PTBS (SOC-Gesamtscore: 132.9 ± 20.0) oder andere psychiatrische Lebenszeitdiagnosen (SOC-Gesamtscore: 143.3 ± 21.9) entwickelten, zeigten signifikant (F = 4.3, df=3, p ≤ 0.009) niedrigere SOC-Gesamtscores als Patienten ohne psychiatrische Diagnosen (SOC-Gesamtscore: 161.9 ± 20.7).

Der Schweregrad der Verletzungen, gemessen mit dem Injury Severity Score (ISS), korrelierte nicht signifikant mit dem SOC-Gesamtscore.

Die Untersuchung nach Zusammenhängen zwischen dem Erleben des Unfalls bzw. der ersten Reaktionen nach dem Unfall und dem SOC zeigte keine signifikanten Korrelationen zwischen den Gesamtscores des SOC und dem Ausmaß von Gefühlen der Hilflosigkeit oder Angst während des Unfalls.

Wenige Tage nach dem Unfall beantworteten die Patienten Fragen hinsichtlich ihrer Vermutungen zum voraussichtlichen Ablauf der Genesung und zur zukünftigen Bewältigung der Unfallfolgen. Dabei korrelierten Befürchtungen von schlimmen Folgen für die Gesundheit negativ (r=-.29, p ≤ 0.05) und eine optimistische Sicht der Zukunft positiv (r=.23, p ≤ 0.05) mit dem Gesamtscore des SOC.

Auf der Ebene posttraumatischer Symptome korrelierten die SOC-Gesamtscores signifikant negativ mit den Gesamtscores der IES sowohl bei der Erst- (-.52, p ≤ 0.001) als auch bei der Nachuntersuchung (-.50, p ≤ 0.001) sowie mit den Gesamtscores der PSS bei der Erst- (-.58, p ≤ 0.001) wie auch bei der Nachuntersuchung (-.59, p ≤ 0.001). Negative Korrelationen fanden sich auch zwischen allen SCL-90-R-Subskalen mit dem SOC-Gesamtscore sowohl in der Erst- als auch in der Nachuntersuchung.

Während die Liegedauer in der erstversorgenden Klinik nicht signifikant mit dem SOC-Gesamtscore korrelierte, war hingegen die Behandlungsdauer in Einrichtungen zur Weiterbehandlung negativ (r=-.29, p ≤ 0.05) mit dem SOC-Gesamtscore korreliert.

In der Halbjahresnachuntersuchung korrelierte die Zufriedenheit mit der Unterstützung durch Angehörige und Freunde positiv (r=.24, p ≤ 0.05), die Einschätzung, die Familie oder Freunde stark belastet zu haben, dagegen negativ (r= -.23, p ≤ 0.05) mit dem SOC-Gesamtscore. Außerdem korrelierte das Ausmaß von Angst und Angespanntheit im Straßenverkehr seit dem Unfall negativ mit dem SOC-Gesamtscore (r= -.27, p ≤ 0.05).

2.5
Diskussion

Soweit uns bekannt, ist dies die erste Untersuchung zum „Sense of Coherence" bei Verkehrsunfallopfern.

Den SOC verwendeten wir in der Nachuntersuchung, da Antonovsky von einer Stabilität des Sense of Coherence über die Zeit ausgeht und wir stärkere Unterschiede zwischen den Patientengruppen in der Nachuntersuchung erwarteten. Nach Antonovsky von einer Stabilität über die Zeit ausgehend, sahen wir auch die Berechtigung, die SOC-Werte der Nachuntersuchung mit den Selbstbeurteilungsskalenwerten der Erstuntersuchung zu korrelieren. Dies gilt es jedoch in einer weiteren Untersuchung zu verifizieren.

Die SOC-Gesamtwerte lagen höher als in der Stichprobe von Sack et al. (1997) bei Patienten einer psychosomatischen Poliklinik, die eine Abhängigkeit des SOC-Wertes vom Geschlecht, dem Familienstand und dem Vorhandensein bzw. der Anzahl eigener Kinder beschrieben. Sie gleichen aber Werten, die an einer Bevölkerungsstichprobe in den USA (Frenz et al., 1993) gefunden wurden. Möglicherweise ist dies ein Hinweis darauf, daß Unfallpatienten mit einem einmaligen Trauma auf dem Gesundheits-Krankheits-Kontinuum eine „gesündere" Stellung einnehmen als oftmals chronisch Kranke mit psychosomatischen Beschwerden.

Unsere Ergebnisse zeigen, daß die Wahrnehmungen, Kognitionen und Affekte als Reaktionen auf den Unfall mit dem Kohärenzgefühl korrelieren. Diese Zusammenhänge fanden sich unabhängig vom Schweregrad der Verletzung.

Pessimistische Einschätzungen der Folgen für die Gesundheit gehen einher mit niedrigerem Kohärenzgefühl. Dagegen ist eine optimistische Sicht der Zukunft positiv mit dem Kohärenzgefühl korreliert. Patienten mit niedrigerem Kohärenzgefühl verbleiben länger in einer Rehabilitationseinrichtung, haben den Eindruck, daß sie ihre Angehörigen stark belasten und berichten über mehr Ängste und Angespanntheit im Straßenverkehr seit dem Unfall als Patienten mit höherem Kohärenzgefühl. Das Ausmaß posttraumatischer Symptome sowohl wenige Tage nach dem Unfall als auch ein halbes Jahr danach korreliert negativ mit dem Kohärenzgefühl. Folgerichtig zeigen Patienten mit einer PTBS niedrigere SOC-Gesamtscores als Patienten ohne psychiatrische Diagnosen.

Diese Befunde gehen einher mit den Berichten in der Literatur (Antonovsky u. Sagy, 1986) über negative Korrelationen zwischen dem SOC und Trait-Angst oder State-Angst, gemessen im „State-Trait-Anxiety Inventory". Sie entsprechen auch Untersuchungsergebnissen, nach denen depressive Stimmungen negativ mit dem SOC korrelieren (Frenz et al., 1993). Sie stimmen ebenfalls mit den Auffassungen Antonovskys überein, daß Patienten mit einem höheren SOC-Score streßvolle Ereignisse besser bewältigen können und eine bessere Gesundheit aufweisen.

Die Ergebnisse sprechen insgesamt dafür, daß diejenigen, die keine psychischen Störungen nach einem Verkehrsunfall entwickeln, ihr Leben mehr als ein verständliches, bedeutungsvolles und vor allem beeinflußbares Leben wahrnehmen als Patienten, die eine psychische Störung entwickeln.

2.6
Zusammenfassung

Das Konzept Antonovskys zum Kohärenzgefühl postuliert, daß eine stärkere Selbstkohärenz (Sense of Coherence, SOC) die Anpassungsleistungen verbessere, Streß reduziere und die Gesundheit fördere. Das Konzept wurde an schwerverletzten Verkehrsunfallopfern überprüft, die wenige Tage nach dem Unfall und nach einem halben Jahr erneut untersucht wurden.

Die Ergebnisse im 29 Items umfassenden „Sense-of-Coherence"-Fragebogen zeigen für den SOC-Gesamtscore negative Korrelationen zu Ängsten und Befürchtungen in Antizipation der Zukunft, negative Korrelationen zu posttraumatisch aufgetretenen Ängsten im Straßenverkehr sowie zur Entwicklung der posttraumatischen Belastungsstörung nach dem Unfall.

Beitrag 3
Extrembelastungen ohne psychische Folgeschäden: Gesundheitspsychologische Konzepte und Befunde

von Andreas Maercker

3.1 Einleitung

In der Erforschung psychischer Folgen von Traumen stößt man immer wieder auf den Befund, daß ein Teil der Menschen, die eine Extrembelastung durchgemacht haben, keine psychopathologischen Beschwerdebilder entwickelt. Mit anderen Worten: Ein Teil derer, die ein Trauma erlebt haben, bleibt mehr oder weniger gesund oder wird es kurze Zeit nach dem Trauma wieder. Repräsentative epidemiologische Befunde erlauben es, für verschiedene Traumaarten die Prävalenz nachfolgender Gesundheit abzuschätzen. So belegen neuere Untersuchungen, daß 45-50% der Vergewaltigungsopfer, 60-65% der Opfer von Mißhandlungen (sexueller und/oder körperlicher Art) sowie über 80% von Gewaltüberfallsopfern keine klinisch bedeutsamen Störungen mit Leidensdruck, Verhaltensänderungen und sich daraus ergebendem Behandlungsbedarf entwickeln (R. C. Kesler et al., 1995; A. Perkonigg u. H.-U. Wittchen, 1997).

Antonovsky, der Begründer der salutogenetischen Betrachtungsweise in der Medizin (A. Antonovsky, 1979; 1987), machte eine parallele Beobachtung zu den geschilderten Befunden psychischer Gesundheit nach Traumen. Antonovsky und Kollegen (1971) hatten die Gesundheitsverfassung von Frauen untersucht, die ein Konzentrations- oder Vernichtungslager in Nazideutschland überlebt hatten. Sie fanden heraus, daß 71% der untersuchten Gruppe eine beeinträchtigte psychische Gesundheit aufwiesen, während 29% der Untersuchungsgruppe verschiedene Merkmale ausgeprägter psychischer Gesundheit (z.B. Optimismus oder Bewältigungsfähigkeiten für Alltagsaufgaben) aufwiesen. Antonovsky formulierte – ausgehend von diesen Befunden – sein Prinzip der Salutogenese (vgl. H. Freyberger u. H. J. Freyberger, 1994). In der neueren Psychotraumatologie wird der Befund, daß Traumen nicht zwangsläufig mit nachfolgenden psychischen Beschwerdebildern einhergehen müssen, zwar vielfältig konstatiert (z.B. M. Basoglu et al., 1994; A. Ehlers u. R. Steil, 1995; G. Fischer u. N. F. Gurris, 1996; E. B. Foa et al., 1989; B. A. van der Kolk, 1994), es fehlen aber systematische bzw. theoretische Ansätze, die posttraumatische psychische Gesundheit spezifisch zu erklären.

Um einer mißverständlichen Argumentation vorzubeugen: Das Gesundbleiben nach Traumen ist – aus psychologischer Perspektive gesehen – der Sonder- und nicht der Regelfall. Durch das traumatische Ereignis wird in jedem Fall das Adaptationsvermögen der Psyche schwersten Anforderungen ausgesetzt, und es findet eine zumindest kurzfristige Dysregulation der psychologischen und biologischen Funktionsabläufe statt.

Die psychologischen Veränderungen nach einem Trauma gruppieren sich in Gedächtnis(struktur)veränderungen, z.B. in eine engere assoziative Verknüpfung von generalisierten Gefahrenreizen und Körperreaktionen, in vermehrte bewußte und unbewußte Vermeidung bzw. Dissoziation von Erinnerungsbestandteilen sowie in Veränderungen der emotionalen Regulation, z.B. Einschränkungen der Affektivität (E. B. Foa u. M. J. Kozak, 1986; M. J. Horowitz, 1986; E. Cardena u. D. Spiegel, 1993). Die biologischen Veränderungen umfassen einen allgemein erhöhten sympathikotonen Arousal, Veränderungen der Schlafphysiologie, eine langfristige Veränderung der Hypothalamus-Hypophysen-Nebennierenrinden-Achse mit verminderter Streßkortisolausschüttung und weitere Funktionswechsel (vgl. für Übersichten G. S. Everly, 1994; B. A. van der Kolk, 1994).

Das, was wie ein „Gesundbleiben" nach einem Trauma aussieht, ist wahrscheinlich in den meisten Fällen eine Genesung bzw. ein Wiedergesunden nach einem Zustand gravierender Belastungsveränderungen.

In einer Verlaufsuntersuchung von Vergewaltigungs- und Kriminalitätsopfern (B. O. Rothbaum u. E. B. Foa, 1992) zeigte sich, daß eine Woche nach dem Trauma 65% der Betroffenen das vollständige Symptombild der posttraumatischen Belastungsstörung (PTB) ausgebildet hatten. Nach einem Monat waren es 37%, nach zwei Monaten 25% und nach sechs und neun Monaten 12%, die einen PTB-Befund aufwiesen (bei den Vergewaltigungsopfern häufiger als bei den Kriminalitätsopfern).

Aufgrund solcher Befunde hat es sich als sinnvoll herausgestellt, in der Psychotraumatologie zwischen Ereignis-, Schutz- und Risikofaktoren zu unterscheiden (vgl. A. Ehlers u. R. Steil, 1995; A. Maercker u. M. Schützwohl, 1996; A. C. McFarlane, 1989). Diese Unterscheidung erlaubt es, den multifaktoriellen Prozeß der Entstehung posttraumatischer Belastungsstörungen bzw. den Wiedergenesungsprozeß in einen überschaubaren Rahmen zu stellen.

Als Ereignisfaktoren werden die Merkmale des Traumas zusammengefaßt, wie Dauer, Grad der Todesbedrohung, Unerwartetheit und Kontrollierbarkeit. Untersuchungen verschiedener Traumen haben erbracht, daß die Schwere des Traumas mit dem Ausmaß der Folgen in einer direkten, wenn auch statistisch nicht sehr hohen Beziehung (sogenannte *Dosis-Wirkungs-Beziehung*) steht (J. S. March, 1993).

Die Zuordnung der Variablen zu den Schutzfaktoren bzw. zu den Risikofaktoren ist bislang nicht eindeutig zu treffen (die Begriffe „Schutz"-, „protektive" oder „Resilienzfaktoren" werden hier synonym gebraucht, obwohl die gesundheitspsychologische Literatur, der diese Begriffe entstammen, sie teilweise verschieden akzentuiert).

Die Problematik, die sich aus dem Gebrauch dieser Begriffe ergibt, besteht in der Vermengung von Schutz- und Risikofaktoren. Je nach Richtung eines Faktors kann dieser als Schutz- oder als Risikofaktor betrachtet werden. So kann z.B. das Vorhandensein einer familiären Bezugsperson protektiv bei Belastungen wirken, das Fehlen einer solchen Bezugsperson kann jedoch auch ein Risikofaktor sein (vgl. M. Rutter, 1985). Außerdem kann eine familiäre Bezugsperson eine positive und dadurch protektive Ressource bedeuten; wenn im umgekehrten Fall die Beziehung zu diesem Familienangehörigen eher negativ erlebt wird, kann aus der Ressource ebenfalls ein Risikofaktor für die Gesundheit werden. Um das Problem der Positiv-versus-negativ-Polung der Begriffe zu lösen, ist es entweder angebracht, eine genaue theoretische Definition von Risiko- bzw. Schutzfaktoren vorzunehmen oder sich einer empirisch gestützten Operationalisierung der Begriffe zu bedienen.

Der Autor hat in einer früheren Veröffentlichung (A. Maercker u. M. Schützwohl, 1996) die folgende Einteilung von Schutz- und Risikofaktoren für posttraumatische Prozesse vorgeschlagen:
- Schutzfaktoren nach traumatischen Ereignissen sind z.B. der Kohärenzsinn, die soziale Unterstützung und bestimmte Bewältigungsstile, wie die offene Auseinandersetzung mit dem Trauma.
- Risikofaktoren für posttraumatische Prozesse sind das Alter zum Zeitpunkt der Traumatisierung, frühere belastende Lebensereignisse, frühere psychische Störungen und eine niedrige sozioökonomische Schichtzugehörigkeit.

Dieses Einteilungsprinzip ist folgendermaßen theoretisch zu begründen: Die Schutzfaktoren umfassen „personennahe" Möglichkeiten der emotionalen, kognitiven und interpersonellen Regulationskapazität des Individuums, die Risikofaktoren hingegen eher „schicksalsbedingte" Konstellationen, bezüglich deren Regulation eine Person weniger oder kaum direkte Einfluß- bzw. Kontrollmöglichkeiten hat. Das heißt: Eine Person ist prinzipiell in der Lage, ihren Kohärenzsinn, ihre soziale Unterstützung und ihre Bewältigungsstile zu verändern. Sie hat jedoch keinen Einfluß auf ihr Lebensalter zum Zeitpunkt des Traumas sowie auf frühere Lebensereignisse und kann psychische Vorerkrankungen nicht mehr verändern. Gleichfalls ist es schwierig, die sozioökonomische Schicht zu wechseln.

Diese konzeptuelle Unterscheidung bleibt allerdings heuristisch. Aus forschungslogischen sowie systematischen Gesichtspunkten ist sie unbefriedigend, da der Gesichtspunkt der Einflußmöglichkeit bzw. „Persönlichkeitsnähe" in einer hohen spekulativen Abstraktheit verbleibt.

Es ist daher sinnvoll, nach einer replizierbaren Operationalisierung des Unterschieds von Schutz- bzw. Risikofaktoren zu suchen, da sich nur hierdurch eine Gewähr dafür ergibt, die Kenntnis über mögliche salutogenetische Prozesse mit gut abgrenzbaren Schutzfaktoren systematisch zu erhöhen.

3.2 Eine neue Konzeption gesundheitsrelevanter Faktoren

P. Becker und Kollegen (1996) haben eine empirisch prüfbare Einteilung von gesundheitsrelevanten Variablen vorgeschlagen, um dem Austauschbarkeitsproblem der Schutz- und Risikofaktoren zu entgehen:

1. Gesundheitsförderliche Variablen: Dies sind Einflußgrößen, die ein „Surplus" an Gesundheit gegenüber einem Normalzustand bedingen, das heißt zur Erklärung von ausgesprochen guter Gesundheit herangezogen werden können.
2. Gesundheitsabträgliche Variablen: Dies sind Einflußgrößen, die eine Verschlechterung der Gesundheit gegenüber einem Normalzustand, das heißt das Auftreten von Krankheit, erklären können.
3. Ressourcenvariablen: Diese Variablen stehen in einem positiv-kontinuierlichen Zusammenhang zum Gesundheitsniveau, das heißt, geringe Ressourcen stehen mit geringer Gesundheit, mittelstark ausgeprägte Ressourcen mit mittlerer sowie stark ausgeprägte Ressourcen mit sehr guter Gesundheit im Zusammenhang.

Die meisten der traditionell so bezeichneten Schutz- bzw. Risikofaktoren würden nach dieser Operationalisierung zu den Ressourcenvariablen gehören, da sie als kontinuierliche Größen in stetiger linearer Beziehung mit dem Gesundheitsniveau in Beziehung stehen (z.B. Coping-Fähigkeiten).

Dieser Einteilung in die drei Variablenarten liegt der Sachverhalt zugrunde, daß einige Wirkfaktoren in statistisch nichtlinearer Weise mit jeweiligen Zielgrößen in Zusammenhang stehen. Mögliche nichtlineare Zusammenhänge wurden durch lineare und quasilineare Modelle der Analyseverfahren (z.B. Korrelationen, Zweigruppenvergleiche) bisher zu wenig betrachtet.

Die Autoren schlugen zur Unterscheidung der genannten Variablenarten einen Dreigruppenvergleich vor, in dem Gruppen von Hochgesunden, Normal- und Mindergesunden miteinander verglichen werden.

In einem solchen Dreigruppenvergleich wird der mögliche nichtlineare Zusammenhang von gesundheitsrelevanten Variablen berücksichtigt. Becker und Kollegen (1996) gingen in ihrer Studie explorativ-datengeleitet bei der Untersuchung der Frage vor, welche Variablen gesundheitsförderlich, gesundheitsabträglich oder Ressourcenvariablen waren. Die inhaltliche Zielstellung ihrer Studie ist ein Thema, das allerdings außerhalb der hier vorgenommenen Betrachtungen zu psychischen Traumafolgen liegt: das habituelle, das heißt längerfristig generelle Gesundheitsniveau. Es war wenig erstaunlich, daß die meisten der überprüften Variablen sich tatsächlich als Ressourcenvariablen erwiesen (acht von zehn), während sich nur eine Variable als gesundheitsförderlich und eine andere als gesundheitsabträglich herausstellte.

Ressourcenvariablen in dieser Untersuchung allgemeiner habitueller Gesundheit waren:
- seelische Gesundheit (definiert als Fähigkeit zur Bewältigung externer und interner Anforderungen)
- Kohärenzsinn (SOC-Fragebogen; A. Antonovsky, 1987)
- gutes Schlafen
- intensives Sporttreiben
- Sporttreiben bei Belastungen
- depressives Bewältigungsverhalten (z.B. „Alles erscheint mir hoffnungslos")
- Lebensalter (inverse Beziehung)

Gesundheitsförderlich:
- internale Kontrollüberzeugung bezüglich der Gesundheit („Ich selbst entscheide letztendlich über meine Gesundheit")

Gesundheitsabträglich:
- geringe soziale Unterstützung

Aus ihrer Untersuchung zogen Becker und Kollegen (1996) folgende Schlußfolgerungen: Wenn man annimmt, daß die salutogenetische Strategie nach Schutzfaktoren bzw. Ressourcen sucht, die begrifflich eindeutig einem „Surplus" der Gesundheit dienen, dann engt sich die Befundlage ein, da nur wenige gesundheitsrelevante Variablen ausschließlich diesen gesundheitsfördernden Charakter haben.

Eine parallele Schlußfolgerung gilt für die pathogenetische Betrachtungsweise: Es können nur wenige Variablen identifiziert werden, die ausschließlich gesundheitsabträglich sind. Die Mehrzahl der Variablen hängt kontinuierlich mit dem Gesundheitsniveau zusammen, das heißt beispielsweise: Das Vorhandensein von wenig Ressourcen steht mit geringer Gesundheit, jenes von viel Ressourcen mit guter Gesundheit in Zusammenhang. Die Autoren schlußfolgern abschließend, daß eine diesen Sachverhalt berücksichtigende Forschungsstrategie weder „Pathogenese"- noch „Salutogenesestrategie" genannt werden sollte. Vielmehr sollte sie bezeichnet werden als eine „genuin gesundheitspsychologische Strategie, die die beiden zuvor genannten Strategien übergreift" (P. Becker et al., 1996; S. 72). Diese empirisch begründbare Aussage ist bedenkenswert, wenn man den Status der Begriffe in der gesundheitswissenschaftlichen Diskussion klären und nicht vorschnell die salutogenetische Perspektive als Gegensatz zur pathogenetischen Perspektive erklären will (vgl. K. Hurrelman u. U. Laaser, 1993; P. Novak, 1997).

3.3 Gesundheitsrelevante Faktoren und Traumen

Folgende Frage stellt sich für den Untersucher der Auswirkungen von Traumen: Wie kommt es, daß einige der Betroffenen gesund bleiben (oder es wieder werden), wenn es eigentlich nicht unnormal wäre, krank zu sein? Es liegt eine kleine Anzahl von Untersuchungen vor, die versuchen, Antworten auf diese Fragen zusammenzutragen (H. Hendin u. A. Pollinger Haas, 1987; O. Rogner et al., 1987; Z. Solomon et al., 1991a,b; P. B. Sutker et al., 1995).

Hendin und Pollinger Haas (1984) untersuchten mit qualitativen Methoden zehn traumatisierte Vietnamsoldaten, die keine PTB ausgebildet hatten. Die Autoren beschrieben ein konsistentes protektives Muster bei den Untersuchten: Während der Kampferlebnisse wiesen die Betroffenen ein ruhiges Verhalten auf, obwohl sie unter Druck standen. Sie zeigten geistige Kontrolle (Verstehen und Akzeptanz der chaotischen Situationen) und akzeptierten die eigene Furcht. Weiterhin zeigten sie kein exzessives Impulsverhalten und keine Schuldgefühle.

Rogner und Kollegen (1987) untersuchten 87 Patienten einer Abteilung für Unfallchirurgie, die zwei bis drei Tage vor der Befragung einen Verkehrsunfall erlitten hatten. Im Zentrum der Studie stand die Auswirkung von Attributionsstilen auf den Heilungsverlauf. Der Einfluß des Schweregrads der Verletzung wurde statistisch kontrolliert. Erfragt wurden die Attributionen der Patienten hinsichtlich der Vermeidbarkeit des Unfalls und Schuldkognitionen sowie die prospektive kognitive Kontrolle über das Ergebnis des Heilungsprozesses. Daneben wurde erfragt, ob die Patienten nach einer persönlichen Sinnzuschreibung („Why-me"-Problematik) suchten. Im Ergebnis zeigte sich: Positiv für den Genesungsverlauf schien zu sein, wenn der zurückliegende Unfall als unvermeidbares und abgeschlossenes Ereignis betrachtet werden konnte, an dem man sich selbst nicht die Schuld gab. Zudem war es günstig, wenn ein Gefühl dafür vorhanden war, selbst einen Einfluß auf den Heilungsprozeß zu haben.

Solomon und Kollegen (1991a,b) untersuchten bei Gruppen von ehemaligen Soldaten die Rolle von vier Typen von Bewältigungsstilen sowie von sozialer Unterstützung und kritischen Lebensereignissen seit dem Trauma. Ein Teil der Soldaten hatte entweder sofort nach dem Trauma eine PTB ausgebildet, ein anderer Teil verzögert nach mehr als sechs Monaten („verzögerte PTB"), und ein Teil blieb gesund („Non-PTB-Gruppe"). Von den vier untersuchten Bewältigungsarten leiteten sich zwei aus der klassischen Konzeption des „problem- versus emotionsfokussierten" Copings (R. S. Lazarus u. S. Folkman, 1984) ab, wobei das problemfokussierte Coping als günstigerer Gesundheitsprädiktor gilt. Die anderen beiden Bewältigungsarten waren „Bewältigung durch Distanzierung" („Distancing Coping") und externes Hilfesuchen. Die Gruppen unterschieden sich im Ausmaß des problemfokussierten, emotionsfokussierten und Distancing Coping, zeigten aber keine Unterschiede im Ausmaß ihres Hilfesuchens. Die Non-PTB-Studienteilnehmer („Gesunde") zeigten mehr problemfokussiertes, weniger emotionsfokussiertes und weniger Distanzierungscoping. In allen Variablen der sozialen Unterstützung zeigten die Gesunden mehr Unterstützung, und in den Parametern der (nach dem Trauma erlebten) kritischen Lebensereignisse hatten die Gesunden weniger belastende Lebensereignisse aufzuweisen.

Sutker und Kollegen (1995) analysierten eine Reihe von persönlichen und sozialen Ressourcenvariablen hinsichtlich deren Fähigkeit, eine Gruppe von Kriegsveteranen mit PTB-Diagnose von einer Gruppe von Kriegsveteranen ohne PTB zu unterscheiden. Die Variablen mit der höchsten diskriminativen Stärke waren: innere Verpflichtung (Commitment-Subskala des Hardiness-Fragebogens, sensu S. C. Kobasa, 1979), Vermeidungscoping und Familienzusammenhalt. Die Gesunden wiesen dabei eine stärkere Verpflichtungseinstellung, weniger Vermeidung und einen höheren Familienzusammenhalt auf.

In allen genannten Untersuchungen wurden jeweils nur zwei Gruppen in Querschnittsdesigns miteinander verglichen. So ist es nicht klar, ob die Unterschiede, z.B. die Gefühle der sozialen Isolation in den Untersuchungen von Z. Solomon et al. (1991a) und P. B. Sutkers et al. (1995) eine Ursache, eine Konsequenz oder ein Korrelat der PTB sind. Dies gilt für alle anderen geschilderten Unterscheidungsvariablen ebenso und wird auch von den Studienautoren kritisch mitdiskutiert.

Eine Einteilung in drei Gruppen, die Hochgesunde mit einschließt, kann demgegenüber zusätzliche Informationen darüber geben, ob eine Variable eine allgemeine Ressource, eine gesundheitsförderliche bzw. gesundheitsabträgliche Variable ist.

3.4
Die Dresdener Studie

Von 1994 bis 1997 wurde in Dresden eine Untersuchung durchgeführt, deren Ziel es war, den psychischen Zustand von ehemaligen politischen Inhaftierten aus der DDR zu erfassen (A. Maercker, 1995; A. Maercker u. M. Schützwohl, 1996; 1997). Die Studie wurde initiiert, um die besondere psychologische Problemlage der ehemals aus politischen Gründen Inhaftierten systematisch zu untersuchen; Schätzungen gehen von 150 000 bis 200 000 politisch Inhaftierten in der Zeit von 1949 bis 1989 aus (K. W. Fricke, 1990; H. J. Grasemann, 1992). In der Studie wurden 146 ehemalige politische Häftlinge untersucht, von denen 17% in den frühen 50er Jahren, 47% in den Jahren von 1954 bis 1970 sowie 35% in den Jahren von 1971 bis 1989 inhaftiert wurden.

Die Untersuchung diente zum einen deskriptiven Zielen, wobei es um die Erfassung posttraumatischer Belastungsstörungen und anderer psychischer Folgestörungen und Komorbiditäten ging. Gleichzeitig richtete sich das Augenmerk auf verursachende, aufrechterhaltende und gesundheitsrelevante Faktoren für die aktuelle psychische Befindlichkeit der Betroffenen.

Die Studienteilnehmer wurden über die Medien rekrutiert; sie stellen damit eine nichtklinische Stichprobe dar. Weiterhin repräsentiert die Untersuchungsgruppe einen ausgeglichenen sozioökonomischen Querschnitt durch die Gesellschaft vom (ungelernten) Arbeiter bis zum Akademiker und Unternehmer (vgl. A. Maercker u. M. Schützwohl, 1996; 1997).

Die Diagnostik in Hinblick auf die posttraumatischen Belastungsstörungen und andere Diagnosen wurde mit Hilfe eines strukturierten diagnostischen Interviews (DIPS: J. Margraf et al., 1991) durchgeführt. Für die PTB-Diagnoseerhebung wurden zwei Zeitpunkte berücksichtigt: der aktuelle Untersuchungszeitpunkt (Punktprävalenz) und das Auftreten zu einem früheren Zeitpunkt (Lebenszeitprävalenz).

Es zeigte sich, daß bei 30% der Untersuchten eine aktuelle PTB-Diagnose vorlag. Eine PTB-Lebenszeitdiagnose lag dagegen bei 60% der Untersuchten vor.

Neben dem PTB-Symptombild wurden weitere klinisch wichtige psychische Folgen der Inhaftierung untersucht; dies sind insbesondere die Angststörungen und depressiven Syndrome (vgl. S. Priebe et al., 1993). Daneben beobachten wir körperliche Symptomatiken, die sich im Rahmen verschiedener Somatisierungs- bzw. psychosomatischer Störungen entwickeln können (z.B. Schwächegefühle, Hypochondrien). Weiterhin wurden Indikatoren für andauernde Persönlichkeitsveränderungen nach Extrembelastung (ICD-10, F62.0; bzw. „komplexe posttraumatische Belastungsstörung", J. L. Herman, 1992) erhoben. Bei der posttraumatischen Persönlichkeitsveränderung liegen gleichzeitig Beeinträchtigungen im Bereich der Affekt- und Impulsregulation vor (z.B. Aggressivität, Selbstschädigung), kognitive Veränderungen (z.B. Feindseligkeit gegenüber anderen, Verharren in der eigenen Opferrolle, dogmatischer Gerechtigkeitsbegriff) sowie weitere Symptome (z.B. sexuelle Funktionsstörungen) vor. Auch in der Dresdener Untersuchung gibt es Hinweise für das Vorliegen einer solchen posttraumatischen Persönlichkeitsstörung (A. Maercker, 1997a).

Aus methodischen Gründen ist es wichtig zu unterstreichen, daß in dieser Studie keine früher bestehenden psychischen Ressourcen erfaßt werden konnten, da die Traumatisierung längere Zeit zurücklag. Es ist forschungsmethodisch schwierig und mit den gewählten Instrumentarien fragwürdig, retrospektiv zuverlässige Angaben z.B. über Persönlichkeitseigenschaften und psychische Zustände aus länger zurückliegenden Zeiten zu erhalten (vgl. N. M. Bradburn et al., 1987; C. D. Jenkins et al., 1979). Anders als bei akuten Traumatisierungen (z.B. Kriegserlebnissen oder Erlebnissen politischer Emigranten aus anderen Ländern) war im Fall der ehemals politisch Inhaftierten schon ein Zeitraum in der Größenordnung von Jahren oder gar Jahrzehnten bis zum heutigen Untersuchungszeitpunkt vergangen. Aus diesem Grund sind die untersuchten Variablen wie der Kohärenzsinn und die Bewältigungsstile nicht als überdauernde, antezedente Persönlichkeitseigenschaften anzusehen, sondern es könnte sich bei ihnen auch um Folgen der traumatischen Prozesse handeln. (Daß die Kohärenzsinnvariable nicht – wie von Antonovsky (1987) postuliert – eine habituell konstante Eigenschaft darstellt, haben u.a. M. Sack und F. Lamprecht (1994) gezeigt; dies ist ein Grund mehr, diese und andere Variablen nicht retrospektiv für die Zeit vor dem Trauma zu erfassen.)

3.4.1
Vergleich von Hochgesunden, Mittelgesunden und PTB-Diagnoseträgern

Die Untersuchung ergab – wie bereits ausgeführt – eine nicht kleine Gruppe (30%) von Personen mit der Diagnose einer posttraumatischen Belastungsstörung. Um einen Vergleich von gesundheitsrelevanten Variablen zwischen drei Gruppen durchführen zu können, wurde eine Gruppe von „hochgesunden" Studienteilnehmern definiert. Dieser besonders günstige Gesundheitszustand wurde anhand von fünf Kriterien operational definiert:
(1) keine oder eine geringe Anzahl selbstberichterter Traumafolgen;
(2) keine oder eine geringe Anzahl allgemeiner psychopathologischer Belastungen im Selbstbericht;
(3) keine oder eine geringe Anzahl von aktuellen PTB-Symptomen in der diagnostischen Beurteilung (DIPS);
(4) keine oder eine geringe Anzahl von PTB-Symptomen zu irgendeiner Zeit nach dem Trauma (Lebenszeitprävalenz im DIPS);
(5) keine komorbiden psychischen Störungen von diagnostischem Wert.

Die Kriterien wurden folgendermaßen erfaßt: (1) und (2) durch Fragebögen (Impact of Event-Skala-Revidiert, IES-R; A. Maercker u. M. Schützwohl, 1997b und SCL-90; L. R. Derogatis, 1977), (3) bis (5) durch das diagnostische Interview (DIPS; J. Margraf et al., 1991).

Durch z-Transformierung der einzelnen Variablen und anschließende Aufsummierung wurden die ersten vier Kriterien zu einem gemeinsamen Gesundheitsindex vereinigt. Eine Faktorenanalyse (Hauptkomponentenmethode) gab Aufschluß darüber, ob diese vier Indikatoren sinnvoll zu einem Gesamtmaß zusammengefaßt werden können. Es resultierte nur ein Faktor mit einem Eigenwert > 1 (2,81). Dieser Faktor klärt 70,3% der entsprechenden Varianz auf. Auf diesem Faktor laden alle einbezogenen Kriterien, wobei der IES-R-Gesamtwert die höchste Ladung besitzt. Die durch einfache (ungewichtete) Summation gebildeten Scores korrelieren mit dem Faktorenscore in der ersten Hauptkomponente mit 0.99.

Anhand dieses Gesundheitsindexes wurde durch Grenzwertfestlegung eine Hochgesundengruppe gebildet, die etwa gleich groß (N = 46) bezüglich der Gruppe der PTB-Diagnoseträger (N = 44) war. Keiner der 46 Studienteilnehmer in der Hochgesundengruppe hatte eine komorbide Diagnose.

Die so gebildeten drei Gruppen unterscheiden sich in wesentlichen Ereigniskriterien des Traumas nicht signifikant voneinander: in der Haftdauer (Gesamtgruppenmittelwert: $M = 36,3$ Monate, Standardabweichung $SD = 37,2$), in der Zeitdauer von der Haftentlassung bis zur Untersuchung ($M_{Gesamtgr.} = 24;5$ Jahre, $SD = 11,3$) und in der Anzahl der berichteten Folter- bzw. haftverschärfenden Maßnahmen ($M_{Gesamtgr.} = 7,2$; $SD = 4,1$).

Als gesundheitsrelevante Variablen wurden Bewältigungseinstellungen, der Kohärenzsinn, wahrgenommene soziale Unterstützung, Inhaftierungsalter und kritische Lebensereignisse untersucht. Weitere Variablen waren das Geschlecht, das momentane Alter sowie – als Indikator für die sozioökonomische Schichtzugehörigkeit – das erreichte Bildungsniveau. Von den psychologischen Variablen sollen die Bewältigungsstile und der Kohärenzsinn nachfolgend etwas genauer dargestellt werden.

Die Untersuchung der Bewältigungseinstellungen bediente sich des Fragebogens zum „Umgang mit Belastungen im Verlauf" (UBV: M. Reicherts u. M. Perrez, 1993) in einer modifizierten Form. Folgende Subskalen wurden durch eine Faktorenanalyse gebildet und haben sich als psychometrisch geeignet herausgestellt (A. Maercker, 1997a): persönliches Bewältigen (personal mastery), äußeres Bewältigen (interpersonal mastery) und Palliation. Die ersten beiden Subskalen gehören in den Bereich des problemfokussierten Copings (vgl. R. S. Lazarus u. S. Folkman, 1984), während Palliation, das heißt der Einsatz von Selbstberuhigungsstrategien, in den Bereich des emotionsfokussierten Copings einzuordnen ist.

Das persönliche Bewältigen umfaßt solche Einstellungen wie: „Für mich ist es ein Anliegen, meine Selbstachtung zu wahren" und „Ich sagte mir, daß ich alles eigentlich bislang recht gut gemeistert habe". Das äußere Bewältigen faßt dagegen Einstellungen zusammen wie: „Für mich ist es ein Anliegen, das Ereignis und seine Folgen offenzulegen", „.... ein Anliegen, Trost, Rat und Hilfe bei vertrauten Personen zu finden" und „Ich mache anderen Leuten Vorwürfe oder verwünsche die Umstände".

Der Kohärenzsinn wurde durch den Fragebogen von A. Antonovsky (1987) erfaßt. Nach Antonovsky wird unter dem Kohärenzsinn die Fähigkeit verstanden, das Geschehen, an dem man beteiligt bzw. dessen Zeuge man ist, geistig einordnen, verstehen und ihm Sinn geben zu können. Personen mit einem gut ausgebildeten Kohärenzsinn haben aufgrund ihres Weltverständnisses gute Fähigkeiten zur Vorhersage von Ereignissen, und sie versuchen, die Frage für sich zu unterscheiden, was von ihnen selbst zu beeinflussen ist und was nicht. Da die Subskalen der Originalversion keine zufriedenstellenden psychometrischen Ergebnisse erzielen (vgl. A. W. Frenz et al., 1993), wurde nur der Gesamtwert berechnet.

In Validierungsuntersuchungen (z.B. P. Bekker, 1994; A. W. Frenz et al., 1993) hat sich außerdem ergeben, daß die inhaltliche Aussagemöglichkeit der Skala nicht dem breiten kognitiven Konzept von A. Antonovsky entspricht, sondern eher eine optimistisch-vertrauensvolle Einstellung mißt. Dennoch ist die Variable theoretisch interessant und soll im folgenden berücksichtigt werden.

3.5
Ergebnisse des Gruppenvergleichs

Die drei Gruppen der Hoch- und Mittelgesunden sowie der PTB-Symptomträger wurden miteinander verglichen, wobei die jeweiligen

Dateneigenschaften (dichotom, Rang- bzw. kontinuierliche Daten) in der statistischen Testung berücksichtigt wurden (siehe Tab. 5.7).

Die Tabelle zeigt die Ergebnisse des Gruppenvergleichs. Bei der Interpretation der Befunde sind die anfangs genannten Variablendefinitionen zugrunde zu legen. Ressourcenvariablen sind demnach alle diejenigen Variablen, die sich bei allen drei Gruppen unterscheiden. Als gesundheitsförderlich werden diejenigen Variablen angesehen, die die Gruppe 2 von der Gruppe 3 unterscheiden. Gesundheitsabträglich sind diejenigen, die die Gruppe 1 von der Gruppe 2 unterscheiden.

Als Ressourcenvariable läßt sich nur der Bildungsabschluß beschreiben. Höhere Bildung ist also ein Einflußfaktor, der nicht nur die PTB-Symptome in einem gewissen Maße abzuschwächen scheint, sondern in der vorliegenden Untersuchungsgruppe auch mit einer hohen psychischen Gesundheit einhergeht. Dieser Befund entspricht den Ergebnissen bei anderen Traumaarten (B. L. Green, 1994).

Nur tendenziell läßt sich diese Aussage für den Gebrauch palliativer Bewältigung machen. Das Ausmaß der Selbstberuhigungsanstrengungen steht mit der psychischen Gesundheit in einem umgekehrt proportionalen Verhältnis. Möglicherweise kann man daraus schließen, daß palliatives Bewältigen nicht günstig für eine höhere psychische Gesundheit ist – die entsprechende Ressource wäre demnach nicht das Selbstberuhigen (z.B. durch Vorsätze, Sport oder Rauchen), sondern das Nicht-Selbstberuhigen.

In der Untersuchung ergeben sich drei gesundheitsabträgliche Variablen in Hinblick auf die posttraumatischen Belastungsstörungen: weibliches Geschlecht, geringe soziale Unterstützung und niedriger Kohärenzsinn. Der Befund, daß Frauen häufiger PTB ausbilden als Männer, ist auch für andere Traumaarten vielfältig belegt (R. C. Kessler et al., 1995; B. L. Green, 1994). Für die ehemals inhaftierten Frauen sind die psychischen Folgestörungen damit besonders relevant.

Das Ergebnis, daß geringe soziale Unterstützung ein gesundheitsabträglicher Faktor ist, deckt sich sowohl mit den Ergebnissen von P. Becker et al. (1996) zur habituellen Gesundheit

Tab. 5.7: Vergleich von 3 Gruppen hinsichtlich verschiedener gesundheitsrelevanter Variablen

	(1) Studienteilnehmer mit PTB (N = 44)	(2) mittelgesunde Studienteilnehmer (N = 54)	(3) hochgesunde Studienteilnehmer (N = 46)	Testgröße, Signifikanzniveau, Gruppenunterschiede
Geschlecht: % weiblich	25%	9%	10%	c^2: 4.40* (1-2)
jetziges Alter (Jahre)	51.5 (9.6)	57.0 (11.6)	51.7 (13.3)	F: 3.50* (1-2)
Bildungsabschluß (Stufung 1-6)	3.1 (1.6)	3.4 (1.4)	3.9 (1.4)	U: 1590* (1-2, 2-3)
Kohärenzsinn	109.8 (38.1)	133.4 (26.3)	144.9 (23.3)	F: 15.5*** (1-2, 1-3)
soziale Unterstützung	10.1 (3.2)	11.5 (2.0)	11.7 (1.9)	F: 5.87** (1-2, 1-3)
Palliation	11.2 (3.5)	10.4 (2.8)	9.1 (3.4)	F: 4.17* (1-3)
persönliches Bewältigen	1.0 (1.9)	1.0 (1.3)	1.5 (1.9)	F: .02 n.s.
äußeres Bewältigen	2.9 (2.7)	2.6 (2.8)	0.4 (2.6)	F: 6.15** (1-3, 2-3)
kritische Lebensereignisse	9.0 (5.2)	7.3 (4.2)	8.2 (3.8)	F: 1.74 n.s.
Alter zum Traumazeitpunkt (Jahre)	25.8 (9.7)	27.8 (9.6)	24.5 (6.3)	F: 1.81 n.s.

Anmerkungen zu den Meßkonzepten: Kohärenzsinn (SOC: Antonovsky 1987), soziale Unterstützung (F-SOZU: Sommer & Fydrich 1989), Palliation, persönliches und äußeres Bewältigen (UTV: nach Reicherts & Perrez 1993), Kritische Lebensereignisse (Maercker, 1997a)

als auch mit den PTB-spezifischen Befunden von Z. Solomon et al. (1991) und P. B. Sutkers et al. (1995). Der sozialen Unterstützung kommt damit eine unmittelbare kurative Bedeutung zu.

Der dritte gesundheitsabträgliche Faktor ist der Kohärenzsinn. Es mag erstaunen, daß der Kohärenzsinn keine allgemeine Ressourcenvariable ist: Ein geringer Kohärenzsinn geht zwar mit einem signifikant erhöhten Risiko einher, PTB-Symptomträger zu sein, höherer Kohärenzsinn bedeutet aber nicht gleichzeitig eine Zugehörigkeit zur Gruppe der Hochgesunden. Ein ähnliches Ergebnis hatten schon Becker et al. (1996) diskutiert. Das Fehlen einer optimistisch-vertrauensvollen Einstellung ist demnach als abträglicher Faktor für die Gesundheit relevant. Kohärenzsinn ist allerdings demnach keine Ressource, bei der „mehr davon" in allen Ausprägungsgraden „besser" bedeutet.

Schließlich bleibt die einzige gesundheitsförderliche Variable zu betrachten: Geringe Werte für äußeres Bewältigen sind der einzige Faktor, der mit hoher psychischer Gesundheit einhergeht. Das heißt, Studienteilnehmer aus der Gruppe der Hochgesunden haben nicht das Anliegen, mit ihren Erinnerungen nach außen zu gehen, um Aufmerksamkeit und möglicherweise rechtliche Kompensation zu finden.

Dieses Ergebnis ist in gewisser Hinsicht kontraintuitiv für die Psychotraumatologie. Als Prädiktor für die Ausheilung der PTB-Symptomatik bestätigt sich bei vielen Traumaarten das Reden über das erlebte Trauma und das Öffentlichmachen des Traumas (vgl. für Übersichten: E. B. Foa et al., 1989; A. Maercker, 1997b; J. W. Pennebaker, 1990). Das konträre Antwortmuster der Hochgesunden in der vorliegenden Untersuchung kann diese Befunde sicher nicht vollständig falsifizieren, sondern ist möglicherweise aus der zeitlichen Perspektive der Traumawirkung zu verstehen. Im Durchschnitt waren bei den Teilnehmern der Studie 24 Jahre seit der Haftentlassung vergangen; dies ist im Vergleich zu den genannten Untersuchungen ein sehr langer Zeitraum. Es könnte vielmehr sein, daß die Hochgesunden ihre Traumaverarbeitung in dem Sinne abschließen konnten, daß sie ihre Erinnerungen nicht mehr forciert nach außen tragen müssen.

Diese Interpretation würde die theoretischen Annahmen von M. J. Horowitz (1986) belegen, der ein „Abschluß- und Integrationsstadium" als resultierenden Zustand nach einem längerfristigen Verarbeitungsprozeß des Traumas postulierte.

Allerdings ist noch einmal darauf hinzuweisen, daß der geschilderte Befund nur für die Hochgesunden relevant ist. Die Mittelgesunden bedienen sich dieses Bewältigungsstils ebenso häufig wie die PTB-Symptomträger; das heißt, eine Reduzierung dieses Bewältigungsstils ist nicht für alle Betroffenen ein Ziel, das automatisch mit höherer Gesundheit einhergeht. Möglicherweise muß erst einmal eine komplexere Symptomreduzierung über mehrere Wirkmechanismen eintreten (hin zur mittleren Gesundheit), ehe das „Abschluß- und Integrationsstadium" der Hochgesunden erreichbar ist.

3.6
Abschließende Bemerkungen

In diesem Beitrag wurde ein Konzept vorgestellt, das es erlaubt, allgemeine Gesundheitsressourcen von gesundheitsförderlichen und gesundheitsabträglichen Faktoren zu unterscheiden. Diesem differenzierenden Konzept lag das bislang ungelöste Problem zugrunde, wie man forschungsmethodisch Schutz- (bzw. Ressourcen-) Faktoren von Risikofaktoren unterscheiden kann, ohne nur das Vorzeichen zu ändern.

Allgemein ausgedrückt: Es ging darum, eine differenzierende Begrifflichkeit für den Bereich der saluto- und der pathogenetischen Sichtweise zu erproben, ohne sich im Paradox zu verfangen, daß beide Sichtweisen nur die verschiedenen Seiten der gleichen Medaille sind (vgl. R. Lutz u. N. Mark, 1995). Im Anschluß an ein neueres Konzept gesundheitsrelevanter Variablen (P. Becker et al., 1996) gelang es, für den Bereich der Auswirkungen von Traumen differentielle Aussagen über verschiedene Einflußgrößen zu machen.

Die Untersuchung von salutogenetischen bzw. gesundheitspsychologischen Variablen im Bereich der Traumenfolgen und posttraumatischen Belastungsstörungen bietet sich an, da ein Teil der traumatisierten Personen keine psychischen Folgeschäden ausbildet bzw. diese zu überwinden vermag. Dabei ist festzuhalten, daß nicht die Stärke des Traumas allein das Ausmaß der psychischen Folgen bestimmt, sondern daß hier anerkanntermaßen Gesundheitsressourcen sowie gesundheitsabträgliche und -fördernde Faktoren eine Rolle spielen.

Der in diesem Beitrag vorgestellte Gruppenvergleich weist einige methodische Begrenzungen auf. Zum einen handelt es sich um drei annähernd gleichgroße Gruppen. Dabei ist es fraglich, ob eine Gruppe von „Hochgesunden" quantitativ so gebildet werden kann, daß sie in ihrer Größe den anderen beiden Gruppen entspricht. Es ist durchaus möglich, daß dabei das Ausmaß hoher psychischer Gesundheit über- oder unterschätzt wurde. Die Ergebnisse des Gruppenvergleichs stellen von daher nur eine erste Annäherung an den behandelten Fragekomplex dar. Für spätere Untersuchungen wird es sinnvoll sein, direkte Maße für psychische Gesundheit und subjektives Wohlbefinden als externe Bezugsgrößen zu erheben.

Eine zweite Begrenzung liegt in dem querschnittlichen Ansatz der Datenerhebung. Dadurch sind keine kausalen, sondern nur korrelative Aussagen möglich. Beispielsweise ist das Ergebnis, daß eine geringere soziale Unterstützung ein gesundheitsabträglicher Faktor ist, alternativ auch dadurch erklärbar, daß ein größeres Ausmaß posttraumatischer Beeinträchtigungen mit einer zunehmenden sozialen Isolation einhergeht. Kausale Schlußfolgerungen sind daher im Rahmen des gewählten konzeptuellen und methodischen Ansatzes erst längsschnittlichen Untersuchungen von Traumaopfern überlassen.

Was könnte die vorgestellte Forschungskonzeption für die Arbeit von Praktikern im psychosozialen und psychotherapeutischen Bereich mit sich bringen? Generell ist eine salutogenetische bzw. gesundheitspsychologische Orientierung in der Lage, Ressourcen für die Genesung zu identifizieren. Diese Identifikation genesungsrelevanter Ressourcen kann einen unmittelbaren praktischen Wert haben, wie andere Autoren dieses Buches zeigen. Ein ressourcenorientiertes Vorgehen kann auf diese Weise lösungsorientiert Hindernisse für die Ausheilung posttraumatischer Störungen herausarbeiten. Wie verschiedene psychotherapeutische Autoren beschrieben haben (K. Grawe, 1995; J. L. Walter u. J. E. Peller, 1994; U. Willutzki u. R. Hebeler, 1996), kann die ressourcenorientierte Methode eigene Problemlösungsansätze der Patienten aufgreifen und die Suche nach weiteren eigenen Lösungsschritten unterstützen.

Weiterführende Folgerungen aus dem hier präsentierten Ansatz verweisen auf ein mögliches *zweistufiges Vorgehen im Therapieprozeß*. Dessen genauer Inhalt kann hier abschließend nur stichpunktartig skizziert werden, und dessen Tragfähigkeit bleibt gewiß noch zu prüfen.

Formal könnte ein zweistufiges Vorgehen der Unterscheidung von gesundheitsabträglichen und gesundheitsförderlichen Variablen entsprechen. In einer ersten Stufe könnten die gesundheitsabträglichen Faktoren ausgeschaltet werden (*kurative Stufe*). Zu bearbeitende Störgrößen dieser Phase wären nicht nur die traumatischen Bedingungen und posttraumatischen Symptome im engeren Sinn, sondern auch die damit einhergehende soziale Isolierung. Dies könnte durch erwiesenermaßen effektive Behandlungsformen der posttraumatischen Belastungsstörungen erreicht werden (vgl. A. Maercker, 1997b). In einem zweiten Schritt kann dann von einem mittleren Stabilisierungsniveau aus eine weitere Gesundheitsförderung und Selbstaktualisierung der Patienten therapeutisch angestrebt werden. Das Ziel dieser zweiten Stufe wäre dann nicht nur die Beschwerdefreiheit, sondern Wohlbefinden und eine bestmögliche Selbstverwirklichung (*gesundheitsfördernde Stufe*).

Auch wenn dieses zweistufige Vorgehen sicher nicht neu ist – und einige Argumente auf seiner Seite hat –, bleibt dahingestellt, ob das in diesem Kapitel dargestellte forschungsmethodische Vorgehen die Potentiale in sich birgt, auch diese prononcierte Konzeption von Therapieprozeßzielen zu begründen.

Beitrag 4
„Kohärenzerleben" (Sense of Coherence): Zentraler Bestandteil von Gesundheit oder Gesundheitsressource?

von Martin Rimann, Ivars Udris

4.1 Einleitung

Der folgende Beitrag berichtet über einige konzeptionelle Aspekte und empirische Befunde aus dem Forschungsprojekt „Personale und organisationale Ressourcen der Salutogenese" mit dem italienischen Kürzel für Gesundheit: „Salute". Dieses Kürzel ist programmatischer Titel und Inhalt eines Ansatzes, der eine Abkehr von der pathogenetischen Fragestellung darstellt, warum Belastungen zu Streß, Beschwerden und Krankheiten führen. Der von A. Antonovsky eingeführte Begriff der *Salutogenese* bezieht sich darauf, wie und warum Menschen trotz Belastungen gesund bleiben bzw. wie sie ihre Gesundheit wieder herstellen. Damit ist ein Perspektivenwechsel angedeutet, der von der krankheitsorientierten Belastungs- zur präventionsorientierten Ressourcenforschung führt. Im Rahmen des Projekts wurden Fragen nach der Bedeutung von individuellen (personalen) und situativen (organisationalen, sozialen) Ressourcen für die Entstehung und Erhaltung bzw. die Herstellung von Gesundheit untersucht. Als Arbeits- und Organisationspsychologen interessierten uns vor allem die betrieblichen und beruflichen Bedingungen und Belastungen erwerbstätiger Menschen sowie die Wechselwirkungen von Person und Organisation.

Das von Antonovsky beschriebene Konstrukt und der von ihm geprägte Begriff *Sense of Coherence* (SOC) als personale Ressource wird meist mit „Kohärenzsinn" (z.B. P. Becker, 1982; K. Hurrelmann, 1988; R. Schwarzer, 1990) oder „Kohärenzgefühl" (z.B. A. Antonovsky, 1993; T. Faltermaier, 1994) übersetzt. Wir verwenden die Übersetzung *Kohärenzerleben*, weil damit der Aspekt der Informationsaufnahme und Informationsverarbeitung stärker betont wird als bei den erwähnten Übersetzungen. Außerdem wird die SOC-Komponente „Meaningfulness" meist als „Sinnhaftigkeit" übersetzt, so daß daraus eine unscharfe Doppelbenennung resultiert.

Im Rahmen des „Salute"-Projekts befaßten wir uns intensiver mit diesem Konstrukt SOC und wurden im Verlauf der Auswertung unserer empirischen Daten mit der Frage konfrontiert: *Ist das Kohärenzerleben ein zentraler Bestandteil von Gesundheit oder eine Gesundheitsressource?* Nachfolgend wollen wir aufzeigen, wie es zu dieser – etwas verwirrenden – Frage kam und auf welche Antworten wir bisher gekommen sind. Allerdings sind wir uns bewußt, daß wir diese Frage nicht „endgültig" beantworten können, zumal uns nur Fragebogendaten aus Querschnittsuntersuchungen vorliegen.

Nachfolgend skizzieren wir zunächst das theoretische Gesundheits- und Ressourcenkonzept des Projekts „Salute" (Abschnitt 4.2) und beschreiben die gewählte Methodik und die Stichproben (Abschnitt 4.3). Auf die Ergebnisse zur Konstruktvalidierung von SOC (Abschnitt 4.4) folgen Ergebnisse zur differentiellen Validität (Abschnitt 4.5). Die Rolle des Kohärenzerlebens als Ressource oder als Bestandteil von Gesundheit wird im Kontext von Belastungen und deren Bewältigung bzw. von Gesundsein diskutiert (Abschnitt 4.6). Einige Schlußfolgerungen beenden diesen Beitrag (Abschnitt 4.7).

4.2
Zum Gesundheits- und Ressourcenkonzept des Projekts „Salute"

Systemtheoretische und handlungstheoretische Modellannahmen bilden die Basis für das nachfolgend skizzierte Gesundheitskonzept:
- Gesundheit als dynamische Balance bzw. als „Fließ-Gleichgewicht" innerhalb der Person und mit der Umwelt und
- Gesundheit als Prozeß zielgerichteter, präventiver und protektiver Handlungen bzw. als Prozeß erfolgreicher Bewältigung von Anforderungen und Belastungen (vgl. ausführlich U. Kraft et al., 1994; M. Rimann u. I. Udris, 1993; I. Udris et al., 1992; 1994).

Auf der Grundlage dieser Modellannahmen wird im „Salute"-Projekt Gesundheit als ein transaktional bewirktes dynamisches Gleichgewicht zwischen den physischen und psychischen Schutz- bzw. Abwehrmechanismen des Organismus einerseits und den potentiell krankmachenden Einflüssen der physikalischen, biologischen und sozialen Umwelt andererseits konzipiert. Gesundsein ist ein konstruktiver Prozeß der Selbstorganisation und Selbsterneuerung. Gesundheit muß vom Organismus ständig hergestellt werden: als immunologisch verstandene Abwehr sowie als Anpassung an oder als zielgerichtete Veränderung der Umweltbedingungen durch das Individuum.

Dieses dynamische Gleichgewicht ist abhängig von der Verfügbarkeit und der Nutzung von gesundheitsschützenden (protektiven) bzw. -wiederherstellenden (restaurativen) Faktoren in der Person und in der Umwelt, die als *innere (personale)* und *äußere (situative)* Ressourcen bezeichnet werden.

Aus theoretischen und praktischen Gründen ist es sinnvoll, konzeptionell zwischen einem *strukturellen* und einem *funktionalen* Aspekt von Ressourcen zu unterscheiden. Systemtheoretische Modelle (Miller, 1978; Noack, 1988) gehen davon aus, daß lebende Systeme (Individuen, soziale Organisationen, Gesellschaften) durch eine hierarchische Struktur von Subsystemen bzw. Systemkomponenten geordnet und verknüpft sind. Interdependente individuelle Subsysteme sind u.a. das Kreislauf-, Verdauungs- und Immunsystem sowie das kognitive, affektive und motorische System. Individuen wiederum sind Subsysteme von sozialen Einheiten (z.B. Partnerschaften oder Familien), die Subsysteme von ökonomischen oder politischen Systemen sind (z.B. betrieblichen Organisationen).

Ressourcen von Gesundheit lassen sich also durch die strukturellen Eigenschaften der Systemkomponenten selbst beschreiben (z.B. Stärke, Stabilität oder Differenziertheit). Gesundsein als Prozeß der Erzeugung, Aufrechterhaltung und Wiederherstellung einer dynamischen Balance muß aber auch funktional gesehen werden: als ein zielgerichtetes Zurückgreifen, Nutzen oder Beeinflussen dieser Systemeigenschaften (z.B. Transaktion, präventives Handeln). Dieser Prozeß dient also dem „eigentlichen" Zweck der Salutogenese, nämlich der Selbstorganisation und Selbsterneuerung des gesunden Systems Individuum.

Personale Ressourcen sind (mehr oder weniger) habitualisierte, d.h. situationskonstante, aber zugleich flexible gesundheitserhaltende und -wiederherstellende Handlungsmuster sowie kognitive Überzeugungssysteme („belief systems") der Person, die differentialpsychologisch als Persönlichkeitskonstrukte beschrieben werden.

Die besondere Schwierigkeit bei der Operationalisierung von personalen Ressourcen im Sinne von *kognitiven Überzeugungssystemen* liegt darin begründet, daß die gesundheitswissenschaftliche Literatur eine große Anzahl verwandter Konstrukte anbietet. Diese sind zwar theoretisch zumeist in sich stimmig (neben dem Kohärenzerleben sind es unter anderem „Hardiness" von S. C. Kobasa, 1982, „Selbstwirksamkeit" von A. Bandura, 1977, „locus of control" von B. Rotter, 1975, oder „seelische Gesundheit als Eigenschaft" von P. Becker, 1992), bei der Überprüfung der jeweiligen Operationalisierungen zeigen sich aber große Überschneidungen und Merkmalsähnlichkeiten. Im Zuge der Konstruktvalidierung wird der Ähnlichkeit des SOC mit einigen solcher Konstrukte Aufmerksamkeit geschenkt.

Da Theorie und Konstrukt des Kohärenzerlebens in diesem Band an anderen Stellen ausführlich beschrieben sind, genügt hier der Hinweis, daß die drei Teilkomponenten des SOC von uns wie folgt übersetzt werden:

1. „Comprehensibility": Verstehbarkeit
2. „Manageability": Handhabbarkeit bzw. Bewältigbarkeit
3. „Meaningfulness": Bedeutsamkeit bzw. Sinnhaftigkeit

Auf der Verhaltensseite sind *habitualisierte Handlungsmuster* zu den personalen Ressourcen zu zählen, im Sinne der Coping-Forschung vor allem *palliative* (nach innen gerichtete) und *instrumentelle* (nach außen gerichtete) *Bewältigungsstile* (z.B. R. S. Lazarus u. R. Launier, 1981; W. Janke et al., 1985). Nach H. Weber (1992, S. 19) sind zusammenfassend folgende Coping-Formen als mehr oder weniger übersituative Persönlichkeitsmerkmale zu sehen: „problemorientiertes Verhalten (aktional und kognitiv), Suche nach sozialer Unterstützung, positive Umdeutungen, defensiv-abwehrende Formen, evasiv-eskapistische Formen, Selbstmitleid, Selbstabwertung und Formen des Emotionsausdrucks".

Als äußere, in der Umwelt liegende Ressourcen werden *organisationale* und *soziale Ressourcen* unterschieden.

Organisationale Ressourcen sind (im Betrieb und Beruf) situative Bedingungen mit protektivem, d.h. gesundheitsschützendem Charakter, in denen sich in der handelnden Auseinandersetzung des Individuums mit Möglichkeitsräumen individuelle Fähigkeiten entwickeln und verändern. Hierzu zählen alle Tätigkeitsbedingungen, betrieblichen Bedingungen und Hilfsmittel, die es einer Person erleichtern können, mit den Anforderungen bei der Arbeit zurechtzukommen und Belastungen auszuweichen, sie zu bewältigen oder zu tolerieren. Beispiele hierfür sind Ganzheitlichkeit der Aufgaben, Aufgabenvielfalt, Handlungs- bzw. Tätigkeitsspielraum, Lern- und Entwicklungsmöglichkeiten, Partizipationsmöglichkeiten, Kommunikations- und Kooperationsmöglichkeiten, Zeitelastizität und streßfreie Regulierbarkeit (vgl. E. Ulich, 1994) etc.

Soziale Ressourcen sind die Gesamtheit der einer Person zur Verfügung stehenden, von ihr genutzten oder beeinflußten gesundheitsschützenden und -fördernden Merkmale des sozialen Handlungsraums. Diese sozialen Schutzmechanismen im Sinne der „Social-support"-Forschung können sowohl bei der Arbeit im Betrieb als auch außerhalb „lokalisiert" werden (vgl. I. Udris, 1987; I. Udris et al., 1992; 1994). Beispiele sind: kooperativ-teilnehmendes Vorgesetztenverhalten, Unterstützungsangebote von Vorgesetzten und Kollegen/-innen, ein positives soziales Arbeitsklima etc. Im Privatbereich sind die Unterstützungsangebote durch Partner/-in, Verwandte, Freunde und professionelle „Helfer" etc. zu nennen.

4.3
Methodik und Stichproben

Grundlage der im Abschnitt 4 dargestellten Ergebnisse zur *Konstruktvalidierung* des SOC sind Daten aus einer anonymen, freiwilligen, postalischen Befragung mit Zufallsstichproben von Angestellten aus zehn Betrieben des Dienstleistungssektors (sogenannten „Methodenstudie"; vgl. ausführlich M. Rimann u. I. Udris, 1993). In die Untersuchung einbezogen wurden Frauen und Männer, die eine vergleichbare Tätigkeit ausübten, um den Geschlechtseffekt weitgehend zu verringern bzw. auszuschalten. Folgende Tätigkeiten und Betriebe bildeten die Grundlage für die Stichprobe: Büro- und Schalterpersonal, vor allem Sachbearbeiter/-innen (Bank, Versicherung, öffentliche Verwaltung), Verkäufer/-innen (Einzelhandel), Krankenschwestern und -pfleger (Krankenhaus), Flugverkehrsleiter und Flugsicherungsassistentinnen (Flugüberwachung), Bus-Chauffeure (Verkehrsbetriebe, nur Männer). Die durchschnittliche Rücklaufquote pro Betrieb betrug 61% (46% bis 73%). Die Gesamtstichprobe, auf die sich die nachfolgende Ergebnisdarstellung bezieht, umfaßt insgesamt 559 Personen, davon 265 Frauen und 294 Männer.

Die im Abschnitt 5 dargestellten Ergebnisse zur *differentiellen Validierung* des SOC basieren sowohl auf der Stichprobe der genannten Methodenstudie (N = 559) als auch aus ergänzenden Untersuchungen im Dienstleistungsbereich (vier Betriebe aus der sog. Betriebsstudie des „Salute"-Projekts, N = 396) und in der Industrie (11 Betriebe, N = 701). Insgesamt stehen also Daten von 1656 Personen aus 25 Betrieben für Analysen zur Verfügung (vgl. G. Länger et al., 1995).

Zur Erfassung von Belastungen im Arbeits- und Privatbereich, von personalen und situativen (sozialen und organisationalen) Ressourcen sowie von Gesundheitsindikatoren wurde ein eigens dafür entwickelter Fragebogen eingesetzt. Dieser Fragebogen ist eine Kombination vorhandener Instrumente (Items und Skalen aus der Literatur sowie aus eigenen früheren Projekten) sowie von Itemformulierungen aus Ergebnissen der ersten Projektphase von „Salute", der sogenannten Zielgruppenstudie mit gesunden Personen (vgl. U. Kraft et al., 1994; C. Mussmann et al., 1993).

Die Tauglichkeitsprüfung des Instruments erfolgte mittels Reliabilitäts- und Validitätsanalysen. Neben Schätzverfahren für die interne Konsistenz von A-priori-Skalen wurden auch andere multivariate Analysetechniken verwendet. Es konnten insgesamt 67 Skalen definitiv gebildet werden, anhand derer sich die genannten Merkmalsbereiche differenziert erfassen lassen.

Die Güte der meisten Skalen des Fragebogens ist allgemein zufriedenstellend. Die Konsistenzkoeffizienten (Cronbach's α) der Skalen liegen fast ausschließlich zwischen .60 und .95 für die Gesamtgruppe und auch für die Geschlechts-, Alters- und Berufstätigkeitsgruppen. Die differentielle Validität der Skalen ist ebenfalls befriedigend. Die Beurteilung von Belastungen und Ressourcen bei der Arbeit und im Privatbereich hängt vorwiegend von der ausgeübten Tätigkeit bzw. den Arbeitsbedingungen ab und kaum vom Geschlecht oder Alter der Befragten. Auch hinsichtlich der Erfassung der personalen Ressourcen und der Gesundheitsindikatoren zeigten sich kaum geschlechts- oder altersspezifische Verzerrungen. Die gefundenen Geschlechts- und Altersdifferenzen ergaben durchweg ein psychologisch plausibles Gesamtbild (vgl. ausführlich M. Rimann u. I. Udris, 1993).

Das *Kohärenzerleben* als personale Ressource wurde im Fragebogen anhand einer von A. Antonovsky autorisierten deutschen Übersetzung erhoben (H. Noack et al. 1991). Verwendet wurde allerdings nicht die Langform mit 29 Items, sondern die Kurzform mit 13 Items. Gebildet wurden sowohl ein Gesamtskalenwert für den SOC als auch Skalenwerte für die drei Teilskalen Meaningfulness (Mean, 4 Items), Comprehensibility (Comp, 5 Items) und Manageability (Mana, 4 Items).

Im folgenden wird detaillierter auf die Validierung dieser Kurzform von SOC eingegangen.

Tab. 5.8: Reliabilitätskoeffizienten (Cronbach's Alpha) von SOC und den Komponenten Meaningfulness, Comprehensibility und Manageability

Reliabilitätskoeffizienten von SOC und der Komponenten Meaningfulness, Comprehensibility und Manageability Cronbach's α					
Anzahl Items	N	13	4	5	4
Gesamtgruppe	559	.84	.62	.72	.68
Frauen	265	.84	.61	.70	.65
Männer	294	.85	.63	.73	.72
20-30jährige	114	.86	.73	.71	.65
31-40jährige	162	.85	.62	.74	.67
41-50jährige	174	.84	.59	.73	.70
51-65jährige	98	.84	.56	.68	.72
Sachbearbeitung. Schalter	222	.85	.65	.71	.66
Detailhandel	51	.81	.53	.65	.73
Krankenpflege	96	.84	.54	.71	.66
Flugsicherung	87	.86	.63	.80	.73
Personentransport	103	.84	.63	.68	.70

4.4 Ergebnisse zur Konstruktvalidierung des SOC

Die Überprüfung der Reliabilität der SOC-Skala und der drei Komponenten ist die Voraussetzung für eine Analyse der Struktur des Konstrukts Kohärenzerleben. Der Tabelle 5.8 läßt sich entnehmen, daß die interne Konsistenz (Cronbach's α) für den SOC durchweg als „gut" bezeichnet werden kann, sowohl in der Gesamtstichprobe als auch bei den Geschlechts-, Alters- und Berufsgruppen. Die Koeffizienten streuen zwischen .81 und .86. Die drei Komponenten des SOC weisen recht stabile und befriedigende Konsistenzen auf. Abgesehen von vier Ausnahmen liegen die Koeffizienten zwischen .61 und .74. Die Ausnahmen betreffen die Teilskala Mean, die durchschnittlich eine geringere Konsistenz aufweist (.53 bis .73).

Obwohl von A. Antonovsky und einigen anderen Autoren gelegentlich Bedenken gegenüber der Verwendung der Kurzform geäußert wurden, erweist sie sich – auch aus forschungsökonomischen Gründen – als hinreichend reliabel und stabil, um Zusammenhangsanalysen mit anderen Konstrukten durchzuführen.

Die Frage, inwiefern die drei Komponenten des SOC eigenständige Aspekte des Kohärenzerlebens erfassen, berührt die theoretische „Stimmigkeit" bzw. „Ganzheitlichkeit" des Konstrukts. Antonovsky selbst hat ursprünglich davor gewarnt, die Validität des SOC bzw. dessen „Dimensionalität" faktorenanalytisch zu beurteilen, hat aber später aufgrund von Untersuchungen anderer Autoren eingeräumt, daß im SOC anscheinend doch mehr als eine („unabhängige") Dimension „verborgen" ist.

Es war also einen Versuch wert, die Struktur des SOC zu analysieren, weil nicht anzunehmen ist, daß Comprehensibility, Manageability und Meaningfulness eng (positiv) zusammenhängen. Es läßt sich z.B. leicht vorstellen, daß eine Person zwar versteht, was um sie herum und in ihr abläuft, aber dennoch wenig Möglichkeiten sieht, auf die Situation Einfluß zu nehmen. Weiterhin kann die eigene Lebenslage zwar adäquat erfaßt, begriffen und effizient beeinflußt werden, sie braucht deshalb aber noch nicht zwangsläufig eine sinnvolle Herausforderung darzustellen.

Die Interkorrelationen der drei Teilskalen für die Gesamtstichprobe lassen bereits auf eine mehrdimensionale Struktur schließen: Mana – Mean .48, Mana – Comp .72, Mean – Comp .50 (die gemeinsame Varianz beträgt also lediglich 23 %, 25 % und 52 %). Die niedrigeren Korrelationen von Meaningfulness mit den beiden anderen Komponenten scheinen auf einen eigenen Faktor hinzudeuten.

Tab. 5.9: Faktorladungen der 13 SOC-Items bei Extraktion von 4 Faktoren

Hauptkomponentenanalyse von SOC (orthogonal rotiert): Ladungsmuster und Kommunalitäten der 13 Items bei 4 Faktoren					
	31.6%	11.8%	8%	7.9%	
Mean01		026	.77		.71
Mean04	.32	-.25	.55		.47
Mean07	.28		.59	.38	.56
Mean12	.42		.54	.27	.54
Comp02		.82			.71
Comp06	.69				.55
Comp08	.74		.23		.63
Comp09	.71				.58
Comp11	.64				.44
Mana03		.85			.77
Mana05	.30	.34	.23	.45	.46
Mana10				.86	.74
Mana13	.71				.55

Tabelle 5.9 zeigt als Ergebnis der Faktorenanalysen die Ladungen der 13 Items des SOC nach Extraktion und orthogonaler Rotation von vier Faktoren (Eigenwert- und Ellbogenkriterium), die zusammen 59,3% der Gesamtvarianz aufklären. Die Kommunalitäten sind in der letzten Spalte angegeben. Das Ladungsmuster deutet mit 31,6% auf einen Generalfaktor F1 hin, auf den Items aller drei Komponenten, aber vor allem die Comprehensibility-Items, hochladen. Der Faktor 2 ist uneinheitlich und wird vor allem durch je ein Comprehensibility-Item und Manageability-Item bestimmt. Faktor 3 bestätigt Meaningfulness als eine eigenständige SOC-Komponente. Die Items der Skala Manageability bilden am wenigsten eine eigenständige Komponente, da ihre Ladungen über alle Faktoren streuen. Die Ladungsmuster bleiben bei Verwendung der schiefwinkligen Rotation mit den Daten der Gesamtstichprobe gleich. Zusätzliche Faktorenanalysen mit Geschlechts-, Alters- und Berufsgruppen zeigen, daß die Faktorenstruktur recht stabil ist, da keine prinzipiell anderen Ladungsmuster resultieren.

Als Fazit der Ergebnisse der Faktorenanalysen läßt sich festhalten, daß die Mehrdimensionalität des SOC auch für die Kurzform belegt werden kann, daß aber eine hinreichend valide Abgrenzung der theoretisch postulierten drei Komponenten (nicht „Dimensionen"!) nicht gelungen ist. Meaningfulness (Mean) könnte man zwar als eigene Skala verwenden (wie die internen Konsistenzen gezeigt haben; was übrigens aber auch für die beiden anderen Skalen gilt; s.o.), im Interesse der Aufrechterhaltung des „ganzheitlichen" SOC-Konstrukts verwenden wir jedoch bei den nachfolgenden Zusammenhangsanalysen die Gesamtskala.

Als weitere Schritte der Konstruktvalidierung des SOC wurde untersucht, wie das Kohärenzerleben mit verwandten Konstrukten zusammenhängt, die als personale Ressourcen operationalisiert wurden. In Abbildung 5.1 sind Korrelationskoeffizienten graphisch dargestellt. Wir finden fast durchweg hochsignifikante Koeffizienten, die allerdings nicht in jedem Fall

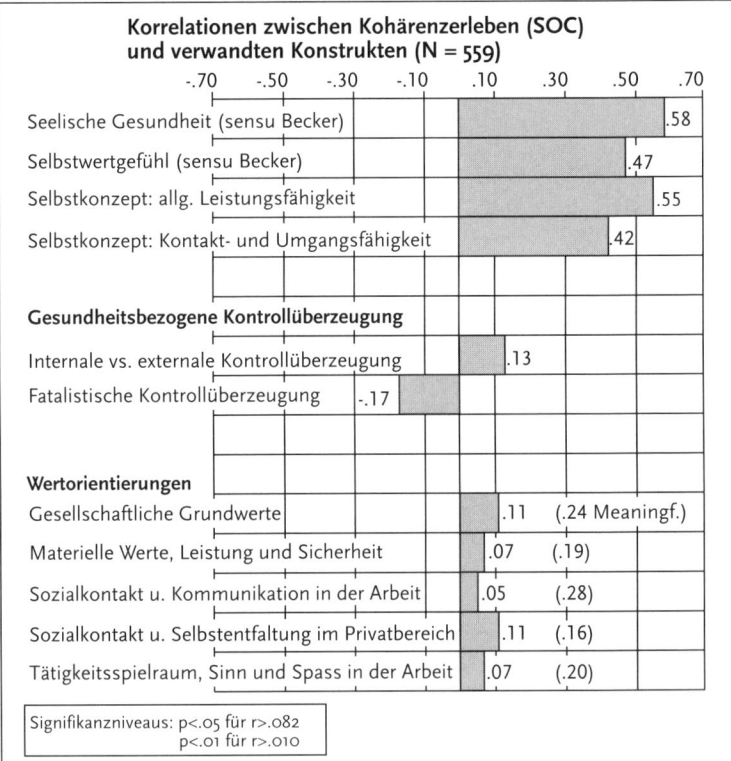

Abb. 5.1: Korrelationskoeffizienten zwischen SOC und verwandten Konstrukten

auf substantielle Zusammenhänge hindeuten (lediglich 18% bis 34% gemeinsame Varianz). Das Konstrukt „seelische Gesundheit" (P. Becker, 1989; 1995), dem theoretische Nähe zum Kohärenzerleben attribuiert werden kann, korreliert mit .58 weniger stark, als vielleicht zu erwarten wäre. Im Vergleich dazu finden wir etwa gleiche oder stärkere Zusammenhänge für das Kohärenzerleben und Selbstkonzeptskalen (I. Deusinger, 1986) sowie das Selbstwertgefühl (P. Becker, 1989). Deutlich geringere Koeffizienten finden wir für den SOC und gesundheitsbezogene, internale versus externale bzw. fatalistische Kontrollüberzeugungen sowie Wertorientierungen. Allerdings steigen die Koeffizienten deutlich an, wenn nur Zusammenhänge zwischen Meaningfulness und Wertorientierungen betrachtet werden.

In Abbildung 5.2 sind Korrelationen zwischen dem SOC und Bewältigungsstilen dargestellt. Diese Coping-Formen wurden als (mehr oder weniger) stabile Handlungsmuster mit dem Streßverarbeitungs-Fragebogen von W. Janke et al. (1985) erfaßt. Der Abbildung ist zu entnehmen, daß der SOC am stärksten negativ mit Resignation (-.37) als Bewältigungsstil korreliert ist – ein theoretisch plausibler Zusammenhang. Die positiven Korrelationen mit Situationskontrollversuchen (.16) sowie den palliativen Coping-Formen (Bagatellisierung: .15; positive Selbstinstruktion: .15) sind zwar signifikant, aber von ihrer Höhe her psychologisch nicht stark zu gewichten.

Insgesamt belegen die Zusammenhangsanalysen, daß das Kohärenzerleben zwar erwartungsgemäß mit einigen psychologischen Konstrukten verknüpft, aber dennoch nicht identisch mit ihnen ist und somit ein eigenständiges Konstrukt darstellt. Dieser Befund stützt die konzeptionelle Annahme des SOC als Konstrukt mit „höherem" Abstraktionsniveau und ich-zentralerer Stellung als bei verwandten Konstrukten.

Als Fazit ist festzuhalten: Die Kurzform des Kohärenzerlebens erfaßt folglich – hinreichend reliabel und valide – ein eigenständiges Konstrukt, das den theoretischen Annahmen zu genügen scheint.

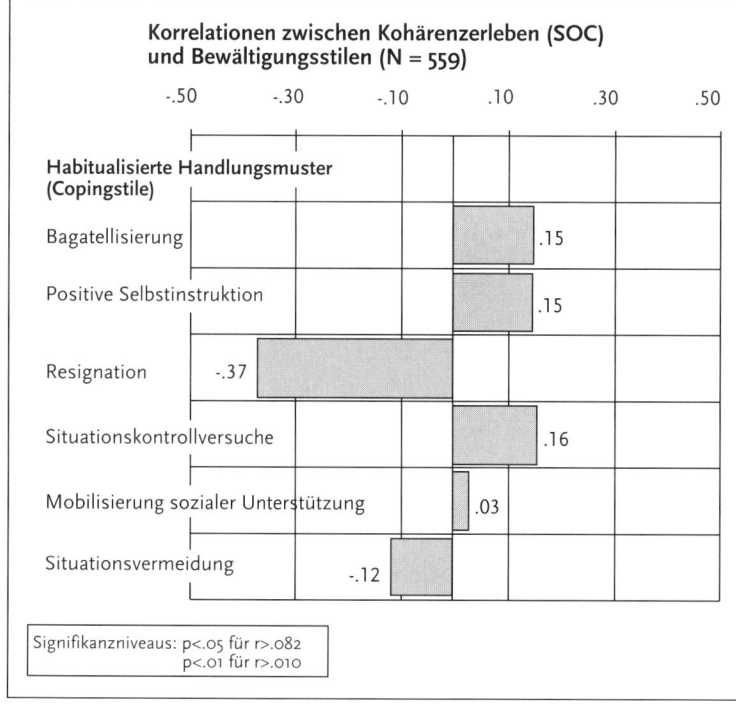

Abb. 5.2: Korrelationskoeffizienten zwischen SOC und Bewältigungsstilen

Tab. 5.10: Geschlechtsunterschiede beim SOC, getrennt nach Branchen.

	Frauen (N=265)		Männer (N=292)		T-Test U-Test	Gesamt (N=559)	
	Ø	s	Ø	s	p	Ø	s
SOC	65.6	11.4	66.7	11.9		66.2	11.7
Meaningfulness	21.7	3.5	21.3	3.8		21.5	3.7
Comprehensibility	23.8	5.5	25.0	5.5	M **	24.4	5.5
Manageability	20.1	4.3	20.3	4.7		20.2	4.5
Sachbearbeitung und Schalterarbeit	N=118		N=104			N=222	
SOC	65.6	10.8	65.0	12.5		65.3	11.6
Meaningfulness	21.6	3.5	20.6	4.1	F *	21.1	3.8
Comprehensibility	23.7	5.2	25.1	5.5	M (*)	24.4	5.4
Manageability	20.1	4.0	19.3	4.7		19.7	4.4
Verkauf	N=32		N=19			N=51	
SOC	64.9	14.4	65.7	10.1		65.2	12.9
Meaningfulness	21.8	3.5	22.1	3.6		21.9	3.5
Comprehensibility	23.4	6.7	23.4	6.2		23.4	6.5
Manageability	19.6	5.8	20.3	4.3		19.9	5.2
Krankenpflege	N=75		N=21			N=96	
SOC	68.4	9.5	62.9	13.9	F (*)	67.2	10.8
Meaningfulness	23.0	2.4	20.8	4.5	F *	22.5	3.1
Comprehensibility	24.7	5.1	23.1	6.0		24.3	5.3
Manageability	20.6	3.9	19.1	5.0		20.3	4.2
Chauffeure	-	-	-	-		N=101	
SOC	-	-	-	-		69.8	11.4
Meaningfulness	-	-	-	-		22.3	3.5
Comprehensibility	-	-	-	-		25.7	5.7
Manageability	-	-	-	-		21.7	4.4
Fluglotsen	N=40		N=47			N=87	
SOC	61.1	12.7	65.8	10	M (*)	63.7	11.5
Meaningfulness	19.6	4.2	20.9	3.2	M (*)	20.3	3.7
Comprehensibility	22.4	5.7	24.7	4.7	M *	23.6	5.3
Manageability	19.2	4.5	20.2	4.5		19.8	4.5

Die Gruppenunterschiede wurden mit dem T-Test resp. dem U-Test (Mann-Whitney) überprüft.
Signifikanzniveaus:
(*) = p < .10,
* = p < .05,
** = p < .01,
*** = p < .001.
Die Abkürzung M oder F gibt an, ob Männer oder Frauen den signifikant höheren Mittelwert haben.

4.5 Einige Ergebnisse zur differentiellen Validität des SOC

Zur differentiellen Validierung von SOC wurden mehrere Vergleiche angestellt: zwischen den Geschlechtern, zwischen Alters- und Tätigkeitsgruppen und Branchen (Stichprobe der Methodenstudie, N = 559). Außerdem wurde die Abhängigkeit des SOC von der Position einer Person in der betrieblichen Hierarchie geprüft (Stichprobe aller drei Untersuchungen, N = 1656).

Tabelle 5.10 zeigt Ergebnisse hinsichtlich der Geschlechtsunterschiede, getrennt nach Branchen. Dargestellt sind Mittelwerte (Summenwerte) und Standardabweichungen der Gesamtskala und der drei Teilskalen sowie Unterschiede zwischen Frauen und Männern.

Zwar finden sich einzelne Geschlechtsunterschiede, die aber wiederum abhängig sind von anderen Einflüssen wie Alter und Berufstätigkeit (in der Tabelle nicht dargestellt; vgl. M. Rimann u. I. Udris, 1993). Mit zunehmendem Alter steigt das Kohärenzerleben erwartungsgemäß leicht an (vgl. A. Antonovsky, 1993). Daneben finden sich plausible Einflüsse der beruflichen Tätigkeit bzw. der Tätigkeitsbedingungen bei einzelnen Berufsgruppen. Die Effekte der Tätigkeit sind aber insgesamt stärker als die Effekte von Alter und Geschlecht.

Von besonderem theoretische und praktischem Interesse ist die Untersuchung eines Zusammenhangs zwischen dem SOC als personaler Ressource und organisationalen Ressourcen des Tätigkeitsspielraums (Kontroll-, Entscheidungs- und Gestaltungsspielraum). Ohne die Frage von Selektions- und Sozialisationseffekten beantworten zu können, die ohnehin nur in Längsschnittuntersuchungen adäquat angegangen werden kann, ist zu vermuten, daß der SOC mit dem betrieblichen und gesellschaftlichen Status eines Berufs bzw. einer Tätigkeit assoziiert ist. Als Hypothesen formuliert: Personen mit ausgeprägterem SOC finden sich in höheren Hierarchiepositionen als Personen mit geringerem SOC („Selektionshypothese"), bzw. höhere Hierarchiepositionen haben einen ausgeprägteren SOC zur Folge („Sozialisationshypothese").

Unsere Querschnittsdaten erlauben jedoch keine Entscheidung zwischen den beiden Hypothesen. Um aber dennoch mögliche Zusammenhänge plausibel zu machen, wurden die Tätigkeiten aller befragten Personen hinsichtlich mehrerer Kriterien codiert. Die Codes sind eine Kombination aus der Funktion einer Person in der Hierarchie eines Unternehmens und ihrem damit verbundenen sozialen Status in der Gesellschaft. Berücksichtigt wurden das Qualifikationsniveau (Ausbildung) und das Verantwortungsniveau im Unternehmen (vgl. Länger et al., 1995). Folgende sechs Gruppen der Hierachieposition wurden verglichen:

- mittleres Management (Abteilungs-, Sektionsleiter/-innen, Abteilungsmeister inkl. Stellvertreter/-innen; N = 63)
- unteres Management (Gruppen-, Projekt-, Rayonleiter/-innen, Bürochef/-in, Meister, Vorarbeiter inkl. Stellvertreter/-innen; N = 143)
- Angestellte (Personen mit Berufsausbildung: Sachbearbeiter/-innen, Verkauf, Pflege, Ingenieure etc.; N = 884)
- Facharbeiter/-innen (gelernte Arbeiter/-innen: Mechaniker/-innen, Monteure, Werkzeugmacher; N = 129)
- Angelernte Kräfte (angelernte Angestellte: Bürohilfen, Datentypistinnen, Kuriere; N = 139)
- Hilfsarbeiter/-innen (ungelernte Hilfskräfte: Montagearbeiter, Lagerarbeiter, Einleger, einfache Handwerkstätigkeiten; N = 265)

Abbildung 5.3 zeigt die Beziehung zwischen SOC und Hierarchieposition. Dargestellt sind standardisierte z-Werte der sechs Gruppen. Bereits der optische Eindruck bestätigt die Unterschiede zwischen den Gruppen. Die Ergebnisse der Varianzanalyse und der Mittelwertvergleiche sind hochsignifikant. Das mittlere Management unterscheidet sich von allen anderen Gruppen am deutlichsten. Hilfsarbeiter/-innen erleben ihre Umwelt als am wenigsten kohärent. Tätigkeitsspielräume (als Ausdruck der betrieblichen Position) und Kohärenzerleben stehen in einem fast „linearen" Zusammenhang.

In diesem Ergebnis deutet sich an, daß in einem Funktionsmodell, das berufliche Anforderungen, Belastungen, Coping und Gesundheit zusammenbringt, das Verhältnis von personalen und organisationalen bzw. sozialen Ressourcen das entscheidende „Bindeglied" ist. Dies wird nachfolgend aufzuzeigen versucht.

4.6 Das Kohärenzerleben als Ressource oder als Bestandteil von Gesundheit

Wenn wir die Frage nach der Stellung des Kohärenzerlebens als Persönlichkeitskonstrukt und als Ressource im Kontext der Salutogenese klären wollen, empfiehlt es sich, zwischen zwei Funktionsweisen zu unterscheiden:
1. der *Mediatorfunktion* des SOC als Bestandteil des Belastungs-Bewältigungs-Geschehens und
2. der *Moderatorfunktion* des SOC als Instanz, die den Belastungs- und Bewältigungskontext einer Person (prospektiv) mitgestaltet.

Abbildung 5.4 veranschaulicht die Mediator- und Moderatorfunktion von Ressourcen. (Zum Konzept von Mediator und Moderator siehe R. M. Baron u. D. A. Kenny, 1986; Länger et al., 1995; M. Rimann u. I. Udris, 1993, oder J. Schultz-Gambard, 1993.)

Eine *Mediatorvariable* spielt in unserem Gesundheitsmodell folgende Rolle: Ihr Einfluß wirkt *direkt*, das heißt, sie ist als intervenierender Mechanismus zwischen Belastungen und Gesundheit geschaltet. Diese Variable beschreibt also, wie sich z.B. berufliche Überforderung durch die Schwächung von Ressourcen auf den Gesundheitszustand auswirkt.

Im Gegensatz dazu ist die *Moderatorvariable* als *indirekt* zu umschreiben, das heißt, sie beeinflußt nicht direkt die Gesundheit, sondern vielmehr die Wirkmechanismen anderer Einflußgrößen. So kann sie beispielsweise das Eintreten gewisser zukünftiger Belastungssituationen oder die Verfügbarkeit von Ressourcen beeinflussen und somit die Gesundheit „auf Umwegen" moderieren. Eine Moderatorvariable liegt also au-

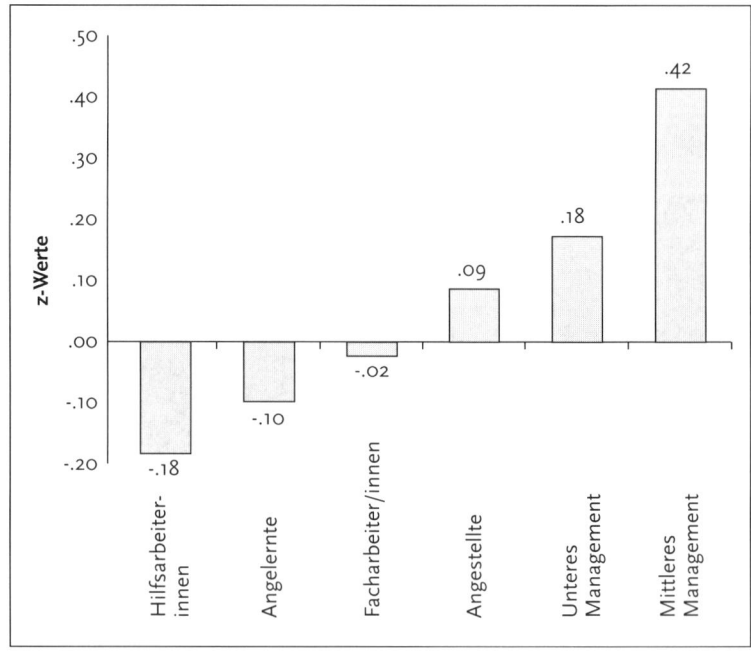

Abb. 5.3: Kohärenzerleben (SOC) und Hierarchieposition

ßerhalb der direkten Wirkbeziehung von unabhängiger und abhängiger Variable, beeinflußt diese aber, ohne selbst Teil davon zu sein. Sie stellt also eher eine der Rahmenbedingungen dar, unter denen Ressourcen oder Belastungen in gleicher Weise, aber mit anderen Effekten, auf die Gesundheit wirken.

Die Darstellung macht deutlich, daß gewisse Wirkungsgrößen allein noch keinen negativen Einfluß auf die Gesundheit haben müssen. Sie können jedoch einerseits die Voraussetzungen dafür schaffen, daß eine weitere Variable schädigende Wirkung entfalten, andererseits in Kombination mit dieser selbst gesundheitsgefährdend werden kann. Damit wird gezeigt, daß sich vielfach erst die Kumulation von Einflußgrößen statistisch (negativ) auf die Gesundheit niederschlägt (vgl. Frese u. Semmer, 1991).

Die dritte Modellannahme (Abb. 5.4) beschreibt den moderierenden Einfluß von „äußeren" (situativen, sozialen, organisationalen) Ressourcen auf die „inneren" (personalen) Ressourcen, die wiederum die Beziehung zwischen Belastungen und Gesundheit mediieren.

In Abbildung 5.5 wird die *Mediatorfunktion des SOC* für die Gesundheit erläutert. In einer gegebenen Situation beeinflußt nach A. Antonovsky (1987) das Kohärenzerleben die Einschätzung von Anforderungen, Herausforderungen und Belastungen (Regulationsüberforderungen und Regulationshindernissen) bzw. „Stressoren". Daraus resultiert ein innerer Spannungszustand. Je nach Ausmaß dieser psychophysischen Aktivierung wird die Einschätzung von persönlichen und situativen Bewältigungsmöglichkeiten gestört oder gefördert. Dies führt schließlich zu mehr oder weniger adäquatem innerem und äußerem Bewältigungsverhalten. Als Folge davon wird im günstigen Fall der Spannungszustand reduziert. Die erfolgreiche Bewältigung der Belastungssituation trägt zur Stärkung des Kohärenzerlebens bei. Umgekehrt bleibt eine Person unter Streß, wenn sie die Situation nicht zu meistern oder zu tolerieren vermag. Sie erfährt, daß sie selber der Situation nicht gewachsen ist, was das Kohärenzerleben eher schwächt.

Der SOC hat in diesem Belastungs-Bewältigungs-Prozeß die Funktion eines *Mediators*. Das Kohärenzerleben ist ein systemimmanen-

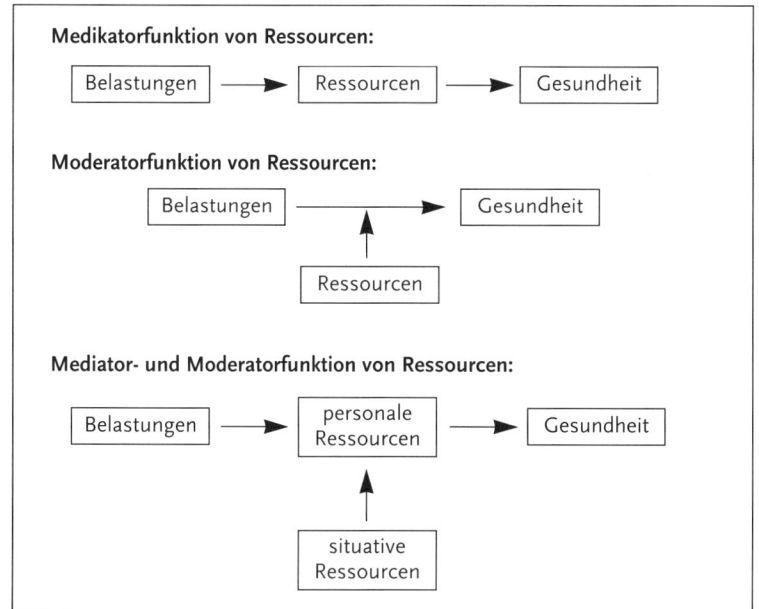

Abb. 5.4: Mediator- und Moderator-Funktion von Ressourcen (nach M. Rimann & I. Udris, 1993)

ter Bestandteil der Salutogenese einer Person. Dies gilt besonders für die Erhaltung oder Wiederherstellung eines (bedrohten) Gesundheitszustands, was als „restaurative Mediatorenfunktion" bezeichnet werden kann.

Das Leben läßt sich als eine Abfolge ständiger Belastungsbewältigung auffassen. Der habituelle Gesundheitszustand einer Person drückt dabei aus, ob die skizzierten Prozesse der Belastungsbewältigung sich in letzter Zeit mehrheitlich positiv oder negativ verstärkt haben. Demnach müssen wir annehmen, daß ein stark ausgeprägtes Kohärenzerleben eng mit guter habitueller Gesundheit einhergeht und umgekehrt. Negative Zusammenhänge zwischen dem SOC und dem Gesundheitszustand dürften seltene Fälle sein oder vorübergehende Zustände darstellen. So gesehen, ist das Kohärenzerleben untrennbar mit Gesundheit und Gesundsein verbunden und als ein Bestandteil davon zu bezeichnen.

Abbildung 5.6 verdeutlicht den Zusammenhang zwischen dem Kohärenzerleben und verschiedenen Gesundheitsindikatoren als Kriterienvariablen. Die (signifikanten) Korrelationskoeffizienten liegen zwischen -.15 und .63. Erwartungsgemäß ist der Zusammenhang mit dem psychosozialen Wohlbefinden und negativen Stimmungslagen am stärksten, aber auch psychosomatische Beschwerden weisen substantielle Korrelationen zwischen -.30 und -.46 auf. Diese Befunde bestätigen insgesamt unsere Überlegungen. Das Kohärenzerleben hängt eng mit ähnlichen Konstrukten zusammen wie mit Gesundheitsindikatoren der habituellen Gesundheit. Gesundsein basiert auf einem zu den Anforderungen und Belastungen der Umgebung passenden Kohärenzerleben und ist gleichzeitig eine Voraussetzung zu dessen Entwicklung.

Die *Moderatorfunktion* des Kohärenzerlebens für Belastungssituationen und deren Bewältigungsmöglichkeiten kann wiederum mit unserem Schema (Abb. 5.5) erläutert werden. Je nachdem wie das Kohärenzerleben einer Person ausgeprägt ist, vermag sie zukünftige Belastungssituationen oder Risiken mehr oder weniger genau zu antizipieren. Es resultiert ein akuter Spannungszustand, der sich auf die Einschätzung von passenden präventiven Schutzmaßnahmen förderlich oder behindernd auswirkt (genauso wie das Kohärenzerleben selbst). Es kommt zu präventivem Bewältigungsverhalten, wobei mehr oder weniger geeignete perso-

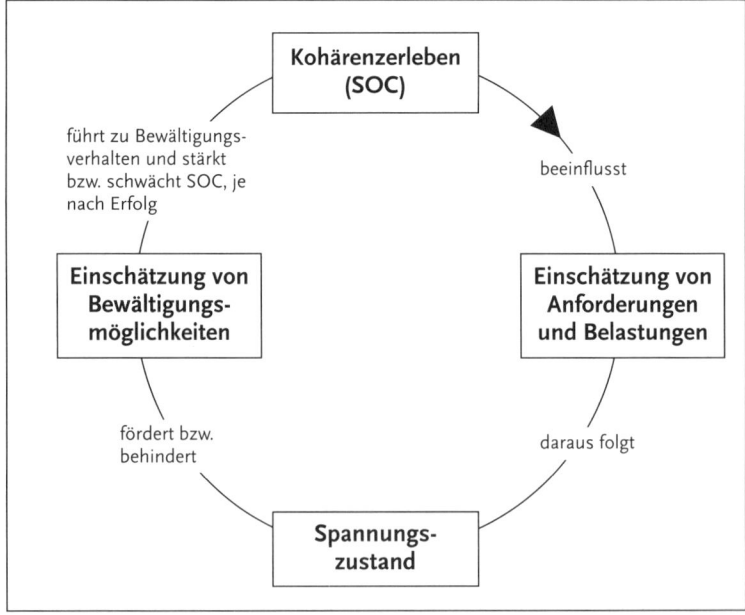

Abb. 5.5: Schematische Darstellung der Funktion von SOC im salutogenetischen Prozeß

nale und situative Ressourcen – quasi für den Ernstfall – aufgebaut werden (körperliche Fitneß, immunologische Abwehrkräfte, Handlungskompetenz, materielle Ressourcen und soziale Unterstützungsangebote). Zudem werden aktuell verfügbare personale und situative Ressourcen zur Vermeidung möglicher gesundheitsbeeinträchtigender Situationen präventiv eingesetzt. Wenn man die Wirksamkeit des präventiven Ressourceneinsatzes selbst erlebt und dem präventiven Verhalten aus eigener Erfahrung eine gesundheitsförderliche Wirkung zuschreibt, dürfte das Kohärenzerleben gestärkt werden. Im umgekehrten Fall ist mit einer Schwächung des SOC zu rechnen.

Somit moderiert das Kohärenzerleben das Eintreten gewisser zukünftiger Belastungssituationen und die Verfügbarkeit von Ressourcen. Wenn wir einen hier skizzierten Prozeß wiederum über längere Zeit hinweg betrachten, so können wir vermuten, daß Personen mit einem hohen Kohärenzerleben vermehrtes Gesundheitsverhalten zeigen und umgekehrt.

Wie die Abbildung 5.7 zeigt, ist dies auch – allerdings eingeschränkt – tatsächlich der Fall (mindestens in der subjektiven Beurteilung der Befragten). Wir finden durchweg hochsignifikante Zusammenhänge zwischen dem SOC und der Häufigkeit von Gesundheitsverhalten, auch wenn die Korrelationen bei weitem nicht so ausgeprägt sind wie bei den Gesundheitsindikatoren (s. Abb. 5.6), sie liegen lediglich zwischen .12 und .20. Wer sein Leben als kohärent erlebt, zeigt häufiger ein risikovermeidendes und präventives Verhalten, sowohl in körperlicher als auch in psychoemotionaler und sozialer Hinsicht.

Ohne die Ergebnisse zum Gesundheitsverhalten überzuinterpretieren: Das Kohärenzerleben

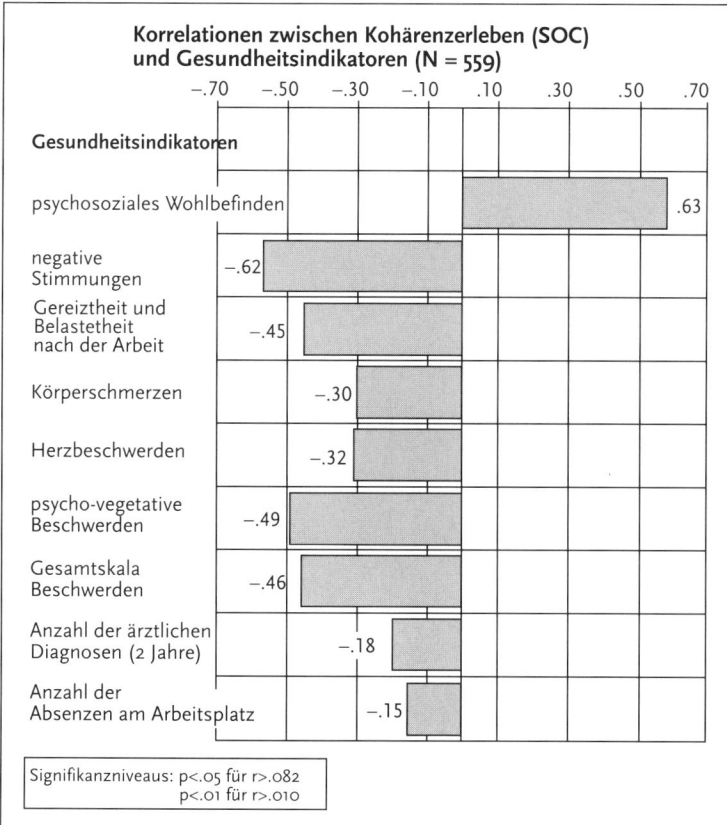

Abb. 5.6: Korrelationen zwischen SOC und Gesundheitsindikatoren

kann als eine antezedente Ressource betrachtet werden, die das Passungsverhältnis von Belastungen und verfügbaren Ressourcen sowie Bewältigung in einer spezifischen Situation moderiert.

4.7 Schlußfolgerungen

Aus unseren Untersuchungen zur Konstrukt- und differentiellen Validität sowie zur prozessualen Betrachtungsweise der Mediator- und Moderatorfunktion des SOC lassen sich zusammenfassend einige Schlußfolgerungen ziehen.

Das Kohärenzerleben muß unseren Befunden nach also gleichzeitig in seiner Doppelfunktion als Mediator und Moderator im salutogenetischen Geschehen konzipiert werden. Bei der Überprüfung eines solchen Modells anhand quantitativer Daten hat man mit schwer überwindbaren Schwierigkeiten zu kämpfen, wenn

1. Belastungen, Ressourcen und Gesundheitsindikatoren gleichzeitig einbezogen werden,
2. nur subjektive Daten verwendet werden,
3. nur habituelle Merkmale betrachtet werden.

Wir haben dies am Beispiel des Kohärenzerlebens aufzuzeigen versucht, indem wir seine salutogenetische Bedeutung zum einem unter dem *strukturellen* Aspekt als Mediator dargestellt haben und zum anderen unter dem *funktionalen* Aspekt als Moderator. Diese beiden Aspekte sind in einer Weise miteinander verschränkt, die wir mit varianz- bzw. regressionsanalytischen Verfahren kaum belegen können.

Wir konzipieren Gesundheit bzw. Gesundsein vor dem Hintergrund von system- und handlungstheoretischen Überlegungen „ganzheitlich" und versuchen damit, einfachere mechanistische Ursache-Wirkungs-Modelle des Belastungs- und Bewältigungsgeschehens zu überwinden. Die vorläufige Antwort auf die eingangs gestellte Frage dieses Beitrags muß demnach lauten:

Kohärenzerleben ist eine Ressource von Gesundheit und gleichzeitig ein Bestandteil von Gesundsein.

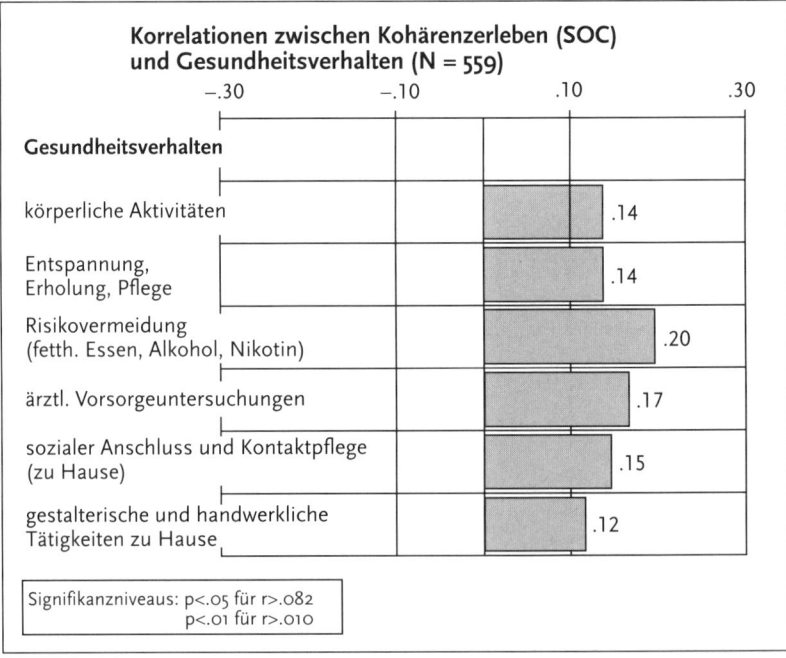

Abb. 5.7: Korrelationen zwischen SOC und Gesundheitsverhalten

Literatur zu Teil 5

American Psychiatric Association (1987): Diagnostic and statistical manual of mental disorders, DSM-III-R. American Psychiatric Press, Washington DC.

Anson, O., Carmel, S., Levenson, A. Bonneh, D. Y.; Maoz, B. (1993): Coping with recent life events: The interplay of personal and collective Resources. Behavioral Medicine 18, S. 159-166.

Antonovsky, A. (1979): Health, Stress, and Coping: New Perspectives on Mental and Physical Well-Being. Jossey-Bass Publishers, San Francisco, London.

Antonovsky, A. (1987): Unraveling the mystery of health. How people manage stress and stay well. Jossey-Bass Publishers, San Francisco, London.

Antonovsky, A. (1993): Gesundheitsforschung versus Krankheitsforschung. In: A. Franke & M. Broda (Hrsg.): Psychosomatische Gesundheit. dgvt-Verlag, Tübingen. S. 3-14.

Antonovsky, A. (1993): The structure and properties of the sense of coherence scale. Soc. Sci. Med. 36, S. 725-733.

Antonovsky, A., Maoz, B., Dowty, N., Wijsenbeek, H. (1971): Twenty-five years later. A limited study of the sequelae of the concentration camp experience. Social Psychiatry 6, S. 186-193

Antonovsky, H., Sagy, S. (1986): The development of a sense of coherence and its impact on responses to stress situations. J Soc Psychology 126, S. 213-225.

Bandura, A. (1977): Self-efficacy: Toward a unifying theory of behavioral change. Psychological Review, 84, S. 191-215.

Baron, R. M., Kenny, D. A. (1986): The moderator – mediator variable distinction in social psychological research: Conceptual, strategic and statistical considerations. Journal of Personality and Social Psychology, 51, 6, S. 1173-1182.

Basoglu, M., Parker, M., Parker, Ö., Özmen, E., Marks, I. M., Inescu, C., Sahin, D., Sarimurat, N. (1994): A comparison of tortured with matched nontortured political activists in Turkey. American Journal of Psychiatry, 151, S. 76-81.

Becker, P. (1982): Psychologie der seelischen Gesundheit. Band 1: Theorien, Modelle, Diagnostik. Hogrefe, Göttingen.

Becker, P. (1989): Der Trierer Persönlichkeitsfragebogen TPF. Hogrefe, Göttingen.

Becker, P. (1992): Die Bedeutung integrativer Modelle von Gesundheit und Krankheit für die Prävention und Gesundheitsförderung. In: P. Paulus (Hrsg.): Prävention und Gesundheitsförderung. Perspektiven für die psychosoziale Praxis. GwG-Verlag, Köln. S. 91-107.

Becker, P. (1994): Persönlichkeit und perzipierte Umwelt als Risiko- bzw. Schutzfaktoren für die habituelle und aktuelle körperliche Gesundheit. Trierer psychologische Berichte 21, Heft 1.

Becker, P. (1995): Seelische Gesundheit und Verhaltenskontrolle. Eine integrative Persönlichkeitstheorie und ihre klinische Anwendung. Hogrefe, Göttingen.

Becker, P., Bös, K., Opper, E., Woll, A., Wustmans, A. (1996): Vergleich von Hochgesunden, Normal- und Mindergesunden in gesundheitsrelevanten Variablen (GRV). Zeitschrift für Gesundheitspsychologie, IV, S. 55-76.

Bernstein, J., Carmel, S. (1991): Gender differences over time in Medical School Stressors, Anxiety, and the Sense of Coherence. Sex Roles 24, S. 335-344.

Beutel, M. (1989): Was schützt Gesundheit? Zum Forschungsstand und zu der Bedeutung von personalen Ressourcen in der Bewältigung von Alltagsbelastungen und Lebensereignissen. Psychother. med. Psychol. 39, S. 452-462.

Bishop, G. D. (1993): The sense of coherence as a resource in dealing with stress. Psychologia 36, S. 259-263.

Blanchard, E. B., Hickling, E. J., Taylor, A. E., Loos, W. R., Forneris, C. A., Jaccard, J. (1996): Who develops PTSD from motor vehicle accidents? Behav Res Ther 34, S. 1-10.

Bradburn, N. M., Rips, L. J., Shevell, S. K. (1987): Answering autobiographical questions: the impact of memory and inference on surveys. Science, 236, S. 157-161.

Breslau, N., Davis, G. C., Andreski, P. (1995): Risk factors for PTSD-related traumatic events: a prospective analysis. Am J Psychiatry 152, S. 529-535.

Cardena, E., Spiegel, D. (1993): Dissociative reactions to the San Francisco Bay Area Earthquake of 1989. American Journal of Psychiatry, 150, S. 474-478.

Cederblad, M., Dahlin, L., Hagnell, O., Hansson, K. (1995): Coping with life span crises in a group at risk of mental and behavioral disorders: from the Lundby study. Acta Psychiatrica Scandinavica 91, S. 322-330.

Chamberlain, K., Petrie, K., Azariah, R. (1992): The role of optimism and sense of coherence in predicting recovery following surgery. Psychology and Health 7, S. 301-310.

Collins, J. F., Hanson, K., Mulhern, M., Padberg, R. M. (1992): Sense of Coherence Over Time in Cancer Patients – A Preliminary Report. Medical Psychotherapy 5, S. 73-82.

Connolly, J. (1981): Accident proneness. Brit J Hosp Med, S. 470-481.

Dahlin, L., Cederblad, M., Antonovsky, A., Hagnell, O. (1990): Childhood vulnerability and adult invincibility. Acta Psychiatr Scand 82, S. 228-232.

Derogatis, L. R. (1977): SCL-90. Administration, Scoring and Procedures Manual I for the R(evised) version of the psychopathology rating scale series. Johns Hopkins University School of Medicine, Chicago.

Deusinger, I. (1986): Die Frankfurter Selbstkonzeptskalen (FSKLN). Hogrefe, Göttingen.

Ehlers, A., Steil, R. (1995): Maintenance of intrusive memories in posttraumatic stress disorder: A cognitive approach. Behavioural and Cognitive Psychotherapie, 23, S. 217-249.

Everly, G. S. (1995): Psychotraumatology. In: G. S. Everly & J. M. Lating (Hrsg.): Psychotraumatology. Key papers and core concepts in posttraumatic stress. Plenum, New York.

Faltermaier, T. (1994): Gesundheitsbewußtsein und Gesundheitshandeln. Über den Umgang mit Gesundheit im Alltag. Psychologie Verlags Union, Weinheim.

Fischer, G., Gurris, N. F. (1996): Grenzverletzungen: Folter und sexuelle Traumatisierung. In: W. Senf & M. Broda (Hrsg.): Praxis der Psychotherapie: Ein integratives Lehrbuch für Psychoanalyse und Verhaltenstherapie. Thieme, Stuttgart:.

Flannery, R. B., Flannery, G. J. (1990): Sense of coherence, life stress, and psychological distress: a prospective methodological inquiry. J. Clin. Psychol. 46, S. 415-420.

Foa, E. B., Kozak, M. J. (1986): Emotional processing of fear: Exposure to correcting information. Psychological Bulletin, 99, S. 20-35.

Foa, E. B., Riggs, D. S., Dancu, C. V., Rothbaum, B. O. (1993): Reliability and validity of a brief instrument for assessing Post-Traumatic Stress Disorder. J Traumatic Stress 6, S. 459-473.

Franke, A., Broda, M. (Hrsg.; 1993): Psychosomatische Gesundheit. Versuch einer Abkehr vom Pathogenese-Konzept. Tübingen: DGVT-Verlag.

Franke, G. (1995): Die Symptom-Check-Liste von Derogatis. Beltz, Göttingen.

Frankl, V. E. (1981): Die Sinnfrage in der Psychotherapie. Piper, München.

Frenz, A. W., Carey, M. P., Jorgensen, R. S. (1993): Psychometric evaluation of Antonovsky's Sense of Coherence Scale. Psychological Assessment 5, S. 145-153.

Frese, M., Semmer, N. (1991): Streßfolgen in Abhängigkeit von Moderatorvariablen: Der Einfluß von Kontrolle und sozialer Unterstützung. In: S. Greif, E. Bamberg & N. Semmer (Hrsg.): Psychischer Streß am Arbeitsplatz. Hogrefe, Göttingen. S. 135-153.

Freyberger, H., Freyberger, H. J. (1994): Der thematische Ausgangspunkt von Antonovsky zur Konzipierung seines Salutogenese-Konzeptes: Ehemalige Naziverfolgte. In: F. Lamprecht & R. Johnen (Hrsg.): Salutogenese. Ein neues Konzept in der Psychosomatik? VAS, Frankfurt a. M. S. 122- 129.

Fricke, K. W. (1990): Zur Analyse des Stalinismus in der DDR. Dokumentation des 1. Bautzen-Forum der Friedrich-Ebert-Stiftung. F.-Ebert-Stiftung, Leipzig.

Gadamer, H.-G. (1993): Über die Verborgenheit der Gesundheit. Suhrkamp, Frankfurt:.

Gallagher, T. J., Wagenfield, M. O., Baro, F., Haepers, K. (1994): Sense of coherence, coping and caregiver role overload. Soc. Sci. Med. 39, S. 1615-1622.

Grasemann, H.-J. (1992): Der Beitrag der Zentralen Erfassungsstelle Salzgitter zur Strafverfolgung – Beispiele menschlicher Schicksale. Dokumentation des 3. Bautzen-Forum der Friedrich-Ebert-Stiftung. F.-Ebert-Stiftung, Leipzig.

Grawe, K. (1995): Grundriß einer Allgemeinen Psychotherapie. Psychotherapeut, 40, S. 130-145.

Green, B. L. (1994): Psychosocial research in traumatic stress: An update. Journal of Traumatic Stress, 7, S. 341-361.

Greenspan, L., McLellan, B. A., Greig, H. (1985): Abbreviated injury scale and injury severity score: a scoring chart. J Trauma 25, S. 60-64.

Gritz, E. R., Wellisch, D. K., Siau, J; Wang, H. J. (1990): Long-term effects of testicular cancer on marital relationships. Psychosomatics 31 S. 301-312.

Hawley, D. J., Wolfe, F., Cathey, M. A. (1992): The sense of coherence questionnaire in patients with rheumatic disorders. J. Rheumatol. 19, S. 1912-1918.

Hendin, H., Pollinger Haas, A. (1984): Combat adaptions of Vietnam Veterans without posttraumatic stress disorder. American Journal of Psychiatry, 141, S. 956-960.

Herman, J. (1992): Complex PTSD: A syndrome in survivors of prolonged and repeated trauma. Journal of Traumatic Stress, 5, S. 377–391.

Hildebrandt, G. (1977): Hygiogenese. Grundlinien einer therapeutischen Physiologie. Therapiewoche 27, S. 5384-5397.

Horowitz, M. J. (1986): Stress response syndromes (2. Aufl.). Aronson, Northvale, NJ.

Horowitz, M. J., Wilner, N., Kaltreider, N., Alvarez, W. (1980): Signs and symptoms of posttraumatic stress disorder. Arch Gen Psychiatry 37, S. 85-92.

Hurrelmann, K. (1988): Sozialisation und Gesundheit. Somatische, psychische und soziale Risikofaktoren im Lebenslauf. Juventa, Weinheim.

Hurrelmann, K., Laaser, U. (1993): Gesundheitswissenschaften als interdisziplinäre Herausforderung. In: K. Hurrelmann & U. Laaser (Hrsg.): Gesundheitswissenschaften. Handbuch für Lehre, Forschung und Praxis. Beltz Verlag, Weinheim; Basel. S. 3-25.

Janke, W., Erdmann, G., Kallus, W. (1985): Streßverarbeitungsfragebogen (SVF). Handanweisung. Hogrefe, Göttingen.

Jenkins, C. D., Hurst, M. W., Rose, R. M. (1979): Life changes. Do people really remember? Archives of General Psychiatry, 36, S. 379-384.

Kessler, R. C., Sonnega, A., Bromet, E., Hughes, M., Nelson, Ch. B. (1995): Posttraumatic Stress Disorder in the National Comorbidity Survey. Archives of General Psychiatry, 52, S. 1048-1060.

Kobasa, S. C. (1979): Stressful life events, personality, and health: An inquiry into hardiness. Journal of Personality and Social Psychology, 37, S. 1-11.

Kobasa, S. C. (1982): The hardy personality: Toward a psychology of stress and health. In: J. Suls & G. Sanders (Hrsg.): Social psychology of health and illness. Erlbaum, Hillsdale, NJ.S. 3-33.

Kolk, B. A. van der (1994): The body keeps the score: Memory and the evolving psychobiology of posttraumatic stress. Harvard Review of Psychiatry, 1, S. 253-265.

Korotkov, D. (1993): An assessment of the (short form) Sense of Coherence personality measure: Issues of Validity and Well-being. Personality and Individual Differences 14, S. 575-583.

Korotkov, D., Hannah, E. (1994): Extraversion and emotionality as proposed superordinate stress moderators. Personality and Individual Differences 16, S. 787-792.

Kraft, U., Udris, I., Mussmann, C., Muheim, M. (1994): Gesunde Personen – salutogenetisch betrachtet. Eine qualitative Untersuchung. Zeitschrift für Gesundheitspsychologie, 2, S. 216-239.

Kravetz, S., Drory, Y., Florian, V. (1993): Hardiness and sense of coherence and their relation to negative affect. Europ. J. Personal. 7, S. 233-244.

Kubie, L. S. (1969): Seelische Wandlung und deren Beziehung zur sich wandelnden Kultur. Psyche 23, S. 709.

Länger, G., Maegli, T., Wirth, A. (1995): Was schützt Gesundheit? Quantitative Vergleiche von Belastungs- und Entlastungsfaktoren bei verschiedenen Berufsgruppen. Unveröff. Forschungsarbeit. Psychologisches Institut, Abt. für Angewandte Psychologie, Universität Zürich.

Langius, A., Bjorvell, H. (1993): Coping ability and functional status in a Swedish population sample. Scand. J. Caring Sci. 7, S. 3-10.

Lazarus, R. S., Folkman, S. (1984): Stress, appraisal, and coping. Springer, Berlin; Heidelberg; New York.

Lazarus, R. S., Launier, R. (1981): Streßbezogene Transaktionen zwischen Person und Umwelt. In: J. R. Nitsch (Hrsg.): Streß. Theorien – Untersuchungen – Maßnahmen. Huber, Bern. S. 213-259.

Lewis, S. L., Campbell, M. A., Becktell, P. J., Cooper, C. L., Bonner, P. N., Hunt, W. C. (1992): Work stress, burnout, and sense of coherence among dialysis nurses. ANNA Journal 19, S. 545-553.

Lutz, R., Mark, N. (1995): Zur Gesundheit bei Kranken. In: R. Lutz & N. Mark (Hrsg.): Wie gesund sind Kranke? Verlag für Angewandte Psychologie, Göttingen. S. 11-24.

Maercker, A. (1995): Psychische Folgen politischer Inhaftierung in der DDR. Aus Politik und Zeitgeschichte, 38, S. 30-38.

Maercker, A. (1997a): Posttraumatische Belastungsstörungen: Psychologie der Extrembelastungsfolgen bei Opfern politischer Gewalt. Unveröffentlichte Habilitationschrift, Technische Universität, Dresden.

Maercker, A. (1997b): Erscheinungsbild, Erklärungsansätze und Therapieforschung. In A. Maercker (Hrsg.): Therapie der posttraumatischen Belastungsstörungen. Springer, Berlin; Heidelberg; New York. S. 1–49.

Maercker, A., Schützwohl, M. (1996): Posttraumatische Belastungsstörungen bei ehemaligen politischen Inhaftierten der DDR: Symptomatik, verursachende und aufrechterhaltende Faktoren – die Dresden-Studie. In: S. Priebe, D. Denis, M. Bauer (Hrsg.): Eingesperrt und nie mehr frei. Psychisches Leiden nach politischer Haft in der DDR. Steinkopff, Darmstadt. S. 45–56.

Maercker, A., Schützwohl, M. (1997a): Long-term effects of Political Imprisonment: A group comparison study. Social Psychiatry and Psychiatric Epidemiology (im Druck).

Maercker, A., Schützwohl, M. (1997b): Die revidierte Impact of Event-Skala: Befunde zu Reliabilität und Stabilität. Technische Universität, Dresden. (Manuskript)

Magen, Z., Birenbaum, M., Ilovich, T. (1992): Adolescents from disadvantaged neighborhoods: Personal characteristics as related to volunteer involvement. Int. J. Adv. Counselling 15, S. 47-59.

March, J. S. (1993): What constitutes a stressor? The „criterion A" issue. In J. R. T. Davidson & E. B. Foa (Hrsg.): Posttraumatic stress disorder. DSM-IV and beyond. American Psychiatric Press, Washington, DC. S. 37–54.

Margalit, M., Raviv, A., Ankonina, D. B. (1992): Coping and Coherence among Parents with disabled Children. J. clin. Child Psychol. 3, S. 202-209.

Margraf, J., Schneider, S., Ehlers, A., DiNardo, P., Barlow, D. (1991): DIPS. Diagnostisches Interview bei psychischen Störungen. Interviewleitfaden. Springer, Berlin; Heidelberg; New York.

Mayou, R., Bryant, B., Duthie, R. (1993): Psychiatric consequences of road traffic accidents. BMJ 307, S. 647-651.

McFarlane, A. C. (1989): The etiology of posttraumatic morbidity: predisposing, precipitating and perpetuating factors. British Journal of Psychiatry, 154, S. 221-228.

McSherry, C. W., Holm, J. E. (1994): Sense of coherence: Its effects on psychological and physiological processes prior to, during, and after a stressful situation. J. clin. Psychol. 50, S. 476-487.

Miller, J. G. (1978): Living systems. McGraw-Hill, New York.

Mussmann, C., Kraft, U., Thalmann, K., Muheim, M. (1993): Die Gesundheit gesunder Personen. Eine qualitative Studie (Forschungsprojekt „Salute": Personale und organisationale Ressourcen der Salutogenese, Bericht Nr. 2).: Institut für Arbeitspsychologie, Eidgenössische Technische Hochschule, Zürich.

Noack, H. (1987). Concepts of health and health promotion. In T. Abelin, Z. J. Brzezinski & V. D. L. Carstairs (Hrsg.), Measurement in health promotion and protection. WHO, Regional Office for Europe, Copenhagen. S. 5-28.

Noack, H., Bachmann, N., Oliveri, M., Kopp, H. G., Udris, I. (1991): Fragebogen zum Kohärenzgefühl. Autorisierte Übersetzung des „Sense of Coherence Questionnaire" von Antonovsky (1987). Institut für Sozial- und Präventivmedizin, Universität Bern.

Novak, P. (1998): Salutogenese und Pathogenese: Komplementarität und Abgrenzung. In: J. Margraf, S. Neumes, J. Siegrist (Hrsg.): Gesundheits- oder Krankheitstheorie. Saluto- versus pathogenetische Ansätze im Gesundheitswesen. Springer, Berlin; Heidelberg; New York. Im Druck.

Nyamathi, A. M. (1992): Relationship of resources to emotional distress, somatic complaints, and high-risk behaviors in drug recovery and homeless minority women. Journal of Health Care for the Poor and Underserved 3, S. 93-106.

Oppermann, M. (1994): Zum Begriff „Gesundheit" in der Psychoanalyse – ein kurzer historischer Überblick. In: F. Lamprecht & R. Johnen (Hrsg.): Salutogenese. Ein neues Konzept in der Psychosomatik? VAS, Frankfurt a. M. S. 183-189.

Pennebaker, J. W. (1990): Opening up: The healing powers of confiding in others. William Morrow, New York.

Perkonigg, A., Wittchen, H.-U. (1997): Trauma and PTSD among adolescents and young adults from the general population in Germany. Max-Planck-Institut für Psychiatrie, München. (Manuskript)

Petrie, K., Azariah, R. (1990): Health-promoting variables as predictors of response to a brief pain management program. Clin. J. of Pain 6, S. 43-46.

Petrie, K.; Brook, R. (1992): Sense of coherence, self-esteem, depression and hopelessness as correlates of reattempting suicide. British J. Clin. Psychol. 31, S. 293-300.

Priebe, S., Rudolf, H., Bauer, M., Häring, B. (1993): Psychische Störungen nach politischer Inhaftierung in der DDR – Sichtweisen der Betroffenen. Fortschritte der Neurologie und Psychiatrie, 61, S. 55-61.

Radmacher, S. A., Sheridan, C. L. (1989): The global inventory of stress: A comprehensive approach to stress assessment. Medical Psychotherapy 2, S. 183-188.

Reicherts, M., Perrez, M. (1993): Fragebogen zum Umgang mit Belastungen im Verlauf (UBV). Hans Huber, Bern.

Rimann, M., Udris, I. (1993): Belastungen und Gesundheitsressourcen im Berufs- und Privatbereich. Eine quantitative Studie (Forschungsprojekt „Salute": Personale und organisationale Ressourcen der Salutogenese, Bericht Nr. 3). Institut für Arbeitspsychologie, Eidgenössische Technische Hochschule, Zürich.

Rogner, O., Frey, D., Havemann, D. (1987): Der Genesungsverlauf von Unfallpatienten aus kognitionspsychologischer Sicht. Zeitschrift für Klinische Psychologie, Band XVI, Heft 1, S. 11-28.

Rothbaum, B. O., Foa, E. B. (1992): Subtypes of posttraumatic stress disorder and duration of symptoms. In: J. R. T. Davidson & E. B. Foa (Hrsg.): Posttraumatic stress disorder. DSM-IV and beyond. American Psychiatric Press, Wahington, D.C., London.

Rotter, B. (1975): Some problems and misconceptions related to the construct of internal versus external control of reinforcement. Journal of Consulting and Clinical Psychology, 43, S. 56-67.

Rotter, J. B. (1966): Generalized expectancies for internal versus external control of reinforcement. Psychological Monographs 80.

Rutter, M. (1985): Resilience in the face of adversity. British Journal of Psychiatry, 147, S. 598-611

Sack, M., Künsebeck, H.-W., Lamprecht, F. (1997): Kohärenzgefühl und psychosomatischer Behandlungserfolg – eine empirische Untersuchung zur Salutogenese. Psychother. Psychosom. med. Psychol. 47, S. 149-155.

Sack, M., Lamprecht, F. (1994): Läßt sich der „Sense of coherence" durch Psychotherapie beeinflussen? In: F. Lamprecht & R. Johnen (Hrsg.): Salutogenese. Ein neues Konzept in der Psychosomatik? VAS, Frankfurt a. M. S. 172-179.

Sagy, S., Antonovsky, A. (1990): Coping with retirement: Does the sense of coherence matter less in the kibbutz? Internat. J. of health Science 1, S. 233-242.

Salmela-Aro, K. (1992): Struggling with self: The personal projects of students seeking psychological counselling. Scand. J. Psychol. 33, S. 330-338.

Scheier, M. F., Carver, C. S. (1985): Optimism, Coping, and Health: Assessment and Implications of Generalized Outcome Expectancies. Health Psychology 3, S. 219-247.

Schüffel, W., Gerlach, I., Schade, B., Schunk, T. (1995): Stress, Social Support and Health – How does Meaningfulness come in? Abteilung Psychosomatik, Philipps-Universität Marburg. (Manuskript)

Schultz-Gambard, J. (1993): Zum Problem von Drittvariablen in der arbeits- und organisationspsychologischen Forschung. In: W. Bungard & T. Herrmann (Hrsg.): Arbeits-und Organisationspsychologie im Spannungsfeld zwischen Grundlagenorientierung und Anwendung Hans Huber, Bern. S. 127-144.

Schwarzer, R. (Hrsg.; 1990): Gesundheitspsychologie. Ein Lehrbuch. Hogrefe, Göttingen.

Smith, D. F., Hokland, M. (1988): Love and Salutogenesis in late adolescence: A preliminary investigation. Psychology, A Journal of Human Behavior 25, S. 44-49.

Solomon, Z., Mikulincer, M., Waysman, M. (1991a): Delayed and immediate onset posttraumatic stress disorder: The role of life events and social resources. Journal of Community Psychology, 19, S. 231-236.

Solomon, Z., Mikulincer, M., Waysman, M. (1991b): Delayed and immediate onset posttraumatic stress disorder. The role of battle experiences and personal resources. Social Psychiatry and Psychiatric Epidemiology, 26, S. 8-13.

Sommer, G., Fydrich, T. (1989): Soziale Unterstützung: Diagnostik, Konzepte, F-SOZU. Deutsche Gesellschaft für Verhaltenstherapie, Tübingen.

Sutker, P. B.; Davis, J. M.; Uddo, M., Ditta, S. R. (1995):War zone stress, personal resources, and PTSD in Persian Gulf War returnees. Journal of Abnormal Psychology, 104, S. 444-452

Udris, I. (1987): Soziale Unterstützung, Streß in der Arbeit und Gesundheit. In: H. Keupp & B. Röhrle (Hrsg.): Soziale Netzwerke. Campus, Frankfurt: a. M. S. 123-138.

Udris, I., Kraft, U., Mussmann, C., Rimann, M. (1992): Arbeiten, gesund sein und gesund bleiben: Theoretische Überlegungen zu einem Ressourcenkonzept. In: I. Udris (Hrsg.): Arbeit und Gesundheit. Psychosozial, Band 52. Psychologie Verlags Union, Weinheim. S. 7-21.

Udris, I., Rimann, M., Thalmann, K. (1994): Gesundheit erhalten, Gesundheit herstellen: Zur Funktion salutogenetischer Ressourcen. In: B. Bergmann & P. Richter (Hrsg.): Die Handlungsregulationstheorie – Von der Praxis einer Theorie. Hogrefe, Göttingen. S. 198-215.

Uexküll, T. von (1991): Psychosomatik als Suche nach dem verlorenen lebenden Körper. Psychother. Psychosom. med. Psychol. 41, S. 482-488.

Ulich, E. (1994): Arbeitspsychologie (3. Aufl.). Verlag der Fachvereine, Zürich. Poeschel, Stuttgart:.

Vuori, J. (1994): Pre-employment antecendents of health resources, job factors and health risk behaviour in men and women. Work and Streß 8, S. 263-277.

Walter, J. L., Peller, J. E. (1994): Lösungsorientierte Kurzzeittherapie.: Verlag Modernes Lernen, Dortmund.

Weber, H. (1992): Belastungsverarbeitung. Zeitschrift für Klinische Psychologie, 21, S. 17-27.

Weizsäcker, V. von (1930): Soziale Krankheit und soziale Gesundung. In: Gesammelte Schriften, Band 8. Springer, Berlin. S. 31-96.

Williams, S. J. (1990): The Relationship among Stress, Hardiness, Sense of Coherence, and Illness in Critical Care Nurses. Medical Psychotherapy 3, S. 171-186.

Willutzki, U., Hebeler, R. (1996): Was bringt ein ressourcenorientiertes Vorgehen? Symposium für klinisch-psychologische Forschung. Poster, 14. Mai 1996. Bamberg.

Zika, S., Chamberlain, K. (1992): On the relation between meaning in life and psychological well-being. British J. Psychol. 83, S. 133-145.

Teil 6

Arzt-Patient-Gespräch und Kommentar

Beitrag 1:
Patientin und Arzt im Gespräch
Benyamin Maoz und Patientin Nora anläßlich des
5. Wartburg-Gesprächs in Dresden, Januar 1997
B. Maoz 377

Beitrag 2:
Kommentar zum Arzt-Patienten-Gespräch
W. Schüffel 387

Beitrag 1
Patientin und Arzt im Gepräch

von B. Maoz und Patientin Nora anlässlich des
5. Wartburg-Gesprächs in Dresden, Januar 1997

Das Gespräch wird als Verbatim-Protokoll wiedergegeben.

Frau Hunger (Noras Kinderärztin):
Die Patientin kenne ich schon, seit sie klein war, ihre älteren Geschwister zum Teil auch, noch als Kinder. Die Patientin macht ihren Eltern und uns Sorgen durch ihre ausgeprägte Infektanfälligkeit, vielerlei Beschwerden, z.B. nächtlicher Husten, Bauchschmerzen, Durchfälle und Obstipation, auch Kopfschmerzen. Aber es ist ein fröhliches Kind, sie klagt selten. Besonders besorgt ist die Mutti, der Vater natürlich auch, wegen der Infektanfälligkeit. Die Patientin ist altersgerecht entwickelt, sie entspricht in Größe und Gewicht einer Neunjährigen. Sie hat bisher nicht körperlich unter den Infekten gelitten. Labormäßig ist vieles gelaufen, sie war auch mal zur stationären Diagnostik in der Universitätskinderklinik, ohne daß sich einschneidende, schwerwiegende Krankheiten herausgestellt hätten. Aber wegen ihrer Infektanfälligkeit und dem nächtlichen Husten, dem Schleimauswurf, war sie in hausärztlicher Behandlung. Auch ihr Exanthem macht uns allen Sorgen.

Herr Maoz:
Nora, wir haben von Frau Dr. Hunger gehört, daß Du ziemlich oft zu ihr kommst in der letzten Zeit, das ist sicherlich nicht so angenehm.

Nora*:
Nee, das nicht, aber es gefällt mir da.

Herr Maoz:
Was gefällt Dir denn dort?

Nora:
Na ja, eigentlich alles dort.

---
* Name geändert

Herr Maoz:
Die Praxis?

Nora:
Mmh.

Herr Maoz:
Oder findest Du es auch beschwerlich, daß Du dahin gehen mußt?

Nora:
Nö.

Herr Maoz:
Und Du leidest schon lange an irgendwelchen Infektionen und Schmerzen, ab und zu?

Nora:
Nein meistens habe ich Halsschmerzen, Husten und Schnupfen.

Herr Maoz:
Kannst Du Dich an ein paar Monate erinnern, in denen Du ganz gesund warst und Dich ganz wohl gefühlt hast, wo alles in Ordnung war?

Nora:
Na ja, im Sommer war ich manchmal sehr gesund, und im Winter war ich dann immer wieder krank.

Herr Maoz:
Der Sommer ist also relativ gut, ja?

Nora:
Mmh.

Herr Maoz:
Du, das ist schön daran zu denken, nicht, daß es auch gut sein kann. Versäumst Du viele Schultage durch diese Krankheiten?

Nora:
Manchmal ja. Ich habe schon einmal vier Wochen in der Schule gefehlt und mehrere Arbeiten versäumt. Ich habe schon Angst, daß ich dann mal steckenbleibe.

Herr Maoz:
Wie war es so bisher, habt ihr schon Zeugnisse bekommen?

Nora:
Mmh.

Herr Maoz:
Und wie war das?

Nora:
Meins war sehr gut.

Herr Maoz:
Welches Fach hast Du denn am liebsten?

Nora:
Mathe.

Herr Maoz:
Und was noch?

Nora:
Sport und Deutsch.

Herr Maoz:
Du bist aber sehr vielseitig: Mathematik und Deutsch und Sport. Gehst Du gern in die Schule?

Nora:
Ja.

Herr Maoz:
Und die Kinder, sind die nett in Deiner Klasse?

Nora:
Manche ja. Es gibt welche, die sind an einem Tag mal nett, am anderen Tag streiten sie wieder.

Herr Maoz:
Aber hast Du ein paar Freunde oder Freundinnen in Deiner Klasse?

Nora:
Ja, ich habe viele.

Herr Maoz:
Hast Du auch so einen oder zwei gute Freunde, nicht nur in der Klasse, überhaupt?

Nora:
Ja.

Herr Maoz:
Wie viele gute Freundinnen hast Du denn?

Nora:
Oh Gott.

Herr Maoz:
Ist das schwer zu zählen?

Nora:
Nein, ich habe viele in der Schule und in der Klasse.

Herr Maoz:
Aber es gibt so sehr gute und weniger gute, es gibt wahrscheinlich so einige sehr gute. Wieviel sehr gute hast du denn?

Nora:
Eigentlich drei.

Herr Maoz:
Das sind sehr viel, schön. Und ihr seid auch drei zu Hause, Du und noch zwei größere Geschwister?

Nora:
Meine Schwester und mein Bruder.

Herr Maoz:
Und die siehst Du öfters, kommen die nach Hause?

Nora:
Meine Schwester kommt am Wochenende nach Hause und an den Feiertagen, in den Ferien auch. Mein Bruder kommt uns manchmal besuchen.

Herr Maoz:
Der wohnt weiter weg? Wo ist er?

Nora:
Der ist nicht so weit weg, aber der geht zur Armee und so.

Herr Maoz:
Ach so, da bekommt er nicht immer frei...und verstehst Du Dich gut mit Deiner Schwester, wenn sie nach Hause kommt?

Nora:
Mmh, es gibt kaum Streit.

Herr Maoz:
Ja, ist das so?

Nora:
Manchmal streite ich zwar mit meiner Schwester, aber sonst vertragen wir uns.

Herr Maoz:
Wie alt ist denn Deine Schwester?

Nora:
18, sie wird bald 19.

Herr Maoz:
Und Du bist die Kleinste, die noch nachgekommen ist...und Dein Bruder, verstehst Du Dich mit ihm auch?

Nora:
Mmh.

Herr Maoz:
Hast Du es gerne, wenn er kommt?

Nora:
Ja, da freue ich mich immer sehr.

Herr Maoz:
Also, Du gehst in die Schule – und dann außerhalb der Schule, was machst Du denn dann noch so, in den Ferien oder nachmittags? Nicht nur Schulaufgaben, oder?

Nora:
Nachmittags gehe ich im Sommer immer raus zum Spielen mit meinen Freundinnen, Fahrradfahren, Inlineskaten. Im Herbst tu ich bei uns spielen, puzzeln und so. Und im Winter das gleiche. Im Winter gehe ich eigentlich auch raus.

Herr Maoz:
Du gehst gerne raus?

Nora:
Ich gehe gerne raus. Vor allem macht es mir viel Spaß, wenn ich rausgeholt werde und wenn ich jemanden raushole.

Herr Maoz:
Und sonst noch etwas? Spielst Du irgendein Instrument oder so?

Nora:
Nein, aber ich möchte mal eines spielen.

Herr Maoz:
Was denn?

Nora:
Flöte.

Herr Maoz:
Ist das möglich?

Mutter:
Ja. Wenn sie sich gesundheitlich besser fühlt, kann sie das. Sie hat eigentlich sehr viele Interessen zu Hause. Wenn sie zu Hause spielt, auch ohne ihre Geschwister, sie hat sehr viel Ausdauer, sie kann sich sehr lange auf ein Spiel konzentrieren, sie puzzelt stundenlang, sie liest sehr viel, seitdem sie lesen kann, ist das Lesen eines ihrer Hobbys. Sie malt sehr gern, diese Bilder kann man dann selbst aufhängen.
Also, sie hat schon große Hobbys, auch Handarbeiten hat sie schon gemacht. Sie beschäftigt sich mit sehr vielen Dingen in der Zeit, die ihr bleibt, in ihrer Freizeit. Das ist ja nicht mehr allzuviel, dann nachmittags immer, wenn sie auch noch rausgehen will mit ihren Freunden. Sie hat Schulfreunde, sie hat auch Freundinnen und Freunde, die bereits älter sind als sie.

Sie ist oft die Jüngste, mit ihnen ist sie stundenlang draußen. Sie geht auch mal ins Stadion zum Üben fürs Sportfest.

Nora:
Dann nehmen mich meine Freunde, die z.B. ins Stadion gehen, zum Fußballspielen mit, manchmal gehe ich mit denen mal mit und gucke denen zu.

Herr Maoz:
Und darfst Du allein gehen, oder geht einer von Ihnen mit?

Mutter:
Nein! Sie sagt uns immer Bescheid. Sie darf nur nicht ohne Erlaubnis irgendwo hingehen, in eine Kaufhalle oder so. Die Ängste bringen das mit sich, was so rund um uns passiert.

Herr Maoz:
Was für Ängste?

Mutter:
Mit den Kindern, die eines Tages so draufkommen, davor habe ich schon Angst.

Herr Maoz:
Das müssen Sie mir näher erklären.

Nora:
Also wenn jetzt Kinder von Kinderfängern weggeschafft werden und so, davor hat die Mutti immer Angst, deshalb soll ich ihr Bescheid sagen, wo ich hingehe.

Herr Maoz:
Ja, das ist auch ganz richtig, daß Du sagst, wo Du hingehst.

Nora:
Wenn ich niemandem Bescheid sage und meine Mutti sucht mich dann, und ich bin nicht da, dann wird sie ja wahrscheinlich die Polizei benachrichtigen.

Herr Maoz:
Ist das schon passiert?

Nora:
Ja, das ist schon passiert. Da war ich noch klein, und da hat mich meine Mutti draußen vor der Kaufhalle gelassen. Da bin ich mit einer Frau mitgegangen, die ich kannte. Ich bin dann mit ihr hochgegangen. Und die Mutti wollte mich dann holen, und da war ich dann nicht mehr da. Da hat sie dann Angst gekriegt und die Polizei benachrichtigt.

Herr Maoz:
Wenn Du jetzt daran denkst, ist es Dir dann unangenehm, oder war es ganz schön?

Nora:
Na ja, ich denke nicht dran.

Herr Maoz:
Die Eltern hat das ein bißchen aufgeregt?

Nora:
Ja, die waren dann schon sehr ängstlich.

Herr Maoz:
Deine Eltern fanden es sehr schlimm.

Mutter:
Sie sollte unten warten, vor der Haustür, und wir wollten in die Kaufhalle und in die Apotheke gehen. Ich komme runter, ich war höchstens zwei Minuten oben, da war sie weg. Dann habe ich sie überall gesucht, und nirgendwo war sie. Dann hat mir eine Frau gesagt: „Da hat ein Auto gestanden, das hat kurz angehalten, und das ist gleich wieder weggefahren" und solche Dinge. Ich habe sie eineinhalb Stunden gesucht und konnte mir nicht erklären, wo das Kind jetzt ist. Überall wo Freunde von ihr wohnten, war sie nicht. Da habe ich dann doch die Polizei angerufen.

Herr Maoz:
Ja, ich spüre, daß Sie sehr besorgt sind.

Nora:
Und dann kam ich dann runter und da hab ich mich gefragt: „Warum sind denn hier überall Polizisten? Ist da was passiert?" Da wußte ich ja gar nicht, daß die mich suchen.

Mutter:
Sie hat das damals noch gar nicht richtig verstanden. Weil ich aufgeregt war – ich hatte geweint –, da hat sie sich dann so aufgeregt, sie hat dann auch selber geweint. Es hat ja niemand geschimpft mit ihr.

Herr Maoz:
Und wo war der Papa?

Vater:
Ich war an der Arbeit. Ich hab nicht viel mitbekommen, erst nachmittags, als alles vorbei war.

Herr Maoz:
Haben Sie ihren Mann nicht benachrichtigt?

Mutter:
Das geht nicht, ich kann meinen Mann nicht erreichen an der Arbeit.

Herr Maoz:
Und waren Sie nachher auch so aufgeregt?

Vater:
Ja, erstmal ja. Im Prinzip war das ja der älteren Frau ihre Schuld, sie einfach mit hochzunehmen.

Nora:
Sie hätte ja wenigstens mal Bescheid sagen können, daß ich bei der bin.

Mutter:
Das eigene Enkelkind war nicht da, und da hat sie sich unsere Kleine mit hochgenommen.

Herr Maoz:
Und seitdem haben Sie diese Angst, daß das nochmal passiert?

Mutter:
Nein, gar nicht. Seitdem weiß sie, daß sie immer zu klingeln hat, wenn sie irgendwohin geht. Bei den älteren Kindern waren die Ängste eigentlich nie so gravierend.

Herr Maoz:
Sind das ihre Hauptängste, oder haben Sie noch andere Ängste?

Mutter:
Das sind die Hauptängste. Es ist die Hauptangst, daß das Kind verschwinden kann oder so etwas. Ansonsten weiß ich genau, sie macht keine Dummheiten. Auch wenn sie zu Hause ist – sie macht keine Dummheiten. Ich kann mich auf alle meine Kinder verlassen.

Nora:
Z.B. Die anderen Kinder spielen mit Feuer, zünden Betten an oder irgendwas.

Herr Maoz:
Wenn Du manchmal krank wirst, und es passiert im Winter, wann ist es zum letzten Mal passiert?

Nora:
Diesen Winter. Im November war ich vier Wochen krank. Und ich war gerade ein paar Wochen in der Schule, da fing das wieder an.

Herr Maoz:
Machst Du Dir Sorgen, daß Du in der Schule nicht mitkommst?

Nora:
Ich mache mir manchmal sehr viele Gedanken, daß die Lehrerin zu mir mal sagt: „Wenn Du nicht in die Schule kommst, dann kannst Du zurückbleiben."

Mutter:
Sie hat diese Ängste, weil ein Kind aus ihrer Klasse voriges Jahr vier Wochen krank war. Sie hat es dann nicht mehr geschafft. Aber diese Schülerin war nicht so gut.

Herr Maoz:
Du bist doch eine gute Schülerin. Tröstest Du Dich denn dann irgendwie selber mit Lesen?

Nora:
Ich tröste mich eigentlich, wenn ich male und dabei Platten höre oder Kassetten.

Herr Maoz:
Was hörst Du denn gerne?

Nora:
Märchen. Ich habe Platten mit Märchen drauf, und die höre ich mir gerne an.

Herr Maoz:
Dann hörst Du Platten mit Märchen, und dann malst Du. Und wird da zu Hause viel drüber gesprochen, warum die wieder mal krank geworden bist, wie das passiert ist? Machen Sie sich da Sorgen?

Mutter:
Meine Sorge ist, wenn sie sich zu Hause so schön wieder erholt und sie war jetzt gerade mal zwei Wochen wieder zur Schule, dann war sie wieder krank. Sie wird mit diesen Temperaturumstellungen von zu Hause in die Schule nicht fertig. In unserer Schule sind unmöglichste Zimmertemperaturen.

Nora:
Wenn man nach der großen Pause hochkommt, da schwitzen ja alle. Und dann werden die Fenster aufgerissen. Dann kommt die kalte Luft rein. Die meisten ziehen sich dann ihre Jacken oder ihre warmen Pullover aus.

Mutter:
Die Kinder müssen nach dem Sportunterricht auch sofort in den Hof. Sie können nicht ins Klassenzimmer rein, können nicht in Ruhe frühstücken. Dann sind sowieso alle verschwitzt, die Hektik dann immer mit dem Anziehen. Im Winter wird dann oft der Schal vergessen oder die Kapuze. Mit den Temperaturumstellungen, das ist meine größte Sorge.

Herr Maoz:
Das Zusammensein mit anderen Kindern, sind Sie da auch besorgt?

Mutter:
Ja, wenn in der Klasse solche Infekte sind, dann ist das Kind direkt in unmittelbarer Nähe mit solchen Infektkindern, die in die Klasse niesen und husten. Überall holt sie sich das.

Herr Maoz:
Und Sie erlauben ihr, zu anderen Kindern zu gehen?

Mutter:
Ja sicher, sie hat sehr viel Kontakt zu anderen Kindern.

Nora:
Ich gehe nur zu den Kindern, die auf meinem Geburtstag gekommen sind.

Herr Maoz:
Richtig, finde ich sehr gut. Nur wenn sie zu Dir kommen, gehst Du auch hin.

Nora:
Ich hatte mal eine Nachbarin, die neben mir in der Schule sitzt, die hatte sofort meinen Geburtstag vergessen. Ich hatte ihr eine Einladung gegeben, und sie hat meinen Geburtstag vergessen. Die hat sie nicht mal gelesen. Dann sind sie in die Stadt gelaufen, um ein Geschenk zu holen, eingepackt. Sie kam dann zu spät.

Herr Maoz:
Ich finde, Du siehst sehr gesund aus. Finden die Eltern das auch, im allgemeinen, wenn sie nicht diese Infektionen hat?

Mutter:
Sie hat zur Zeit auch noch einen Infekt, deshalb müssen wir in die HNO gehen, weil sie unter einem Dauerschnupfen leidet. Zur Zeit wieder, seitdem sie wieder in der Schule war. Sie ist nach den Weihnachtsferien fast gesund. Sie ist in Behandlung gewesen bei der Frau Dr. Hunger und auch in Dresden beim HNO-Arzt. Sie ist fast gesund wieder in die Schule gegangen nach den Weihnachtsferien und war knapp zwei Wochen in der Schule, und da hatte sie wieder einen Infekt. Darum kämpfen wir noch ein bißchen. Sie fiebert kaum noch. Sie hat früher als kleines Kind sehr schnell gefiebert und hoch gefiebert.

Herr Maoz:
War das von Anfang an so?

Mutter:
Nein, sie war ein ganz, ganz gesundes Kind, als sie geboren war. Sie ist ja ein Hauskind gewesen von Anfang an. Ich war nicht mehr arbeiten nach ihr.

Herr Maoz:
Was haben Sie früher gearbeitet?

Mutter:
Krankenschwester.

Herr Maoz:
Und bis zur Geburt von ihrer Tochter haben Sie gearbeitet?

Mutter:
Ja. Also in der Schwangerschaft war ich schon krankgeschrieben, das lief unter „Risikoschwangerschaft". Ich hatte frühzeitig Wehen, schon von Anfang an. Ich wurde behandelt und mußte dann viel liegen.

Herr Maoz:
War das sehr schlimm für Sie?

Mutter:
Nee. Ja, schon, ich merkte sie schon immer wieder, die Dauerschmerzen.

Herr Maoz:
Nein, ich meine das Aufgeben von der Arbeit.

Mutter:
Ja, das war schlimm. Aber nicht durch die Kleine, sondern durch meine eigene Gesundheit bin ich arbeitsunfähig.

Herr Maoz:
Sie haben auch noch andere Beschwerden?

Mutter:
Ja. Aber sie war an sich ein kerngesundes Kind, die Ärzte kannten meine Tochter eigentlich nur durch die Mütterberatung. Mit zwei Jahren kriegte sie sehr, sehr häufige, eitrige Anginen.

Herr Maoz:
Haben Sie da irgendeine Erklärung für, keine wissenschaftliche Erklärung, sondern eine eigene Erklärung?

Mutter:
Sie hat sehr häufig eitrige Anginen bekommen. Das war dann so weit, daß sie kaum mal 14 Tage ohne Antibiotika war.

Herr Maoz:
Wo hat sie sich das geholt?

Mutter:
Weiß ich nicht.

Herr Maoz:
Geben Sie sich selber da die Schuld?

Mutter:
Unser behandelnder Arzt, zu dem wir heute noch müssen, der hat zu uns gesagt: „Das eine Kind hat es, das andere Kind hat es nicht." Sie war ein sehr zartes Kind gewesen. Als sie vier Jahre alt war, wurden dann schon Operationen in Betracht gezogen, die vollkommene Tonsillektomie. Und da sie so zart war, hat man gewartet, bis sie fünf war. Sie kam im November 93 ins Krankenhaus zur Operation und bekam alles, Gaumenmandeln und Rachenmandeln, heraus. Sie hat die Operation dort sehr, sehr, sehr gut überstanden, hat überhaupt nicht geklagt im Krankenhaus, auch nicht einmal geweint und gar nichts.

Nora:
Im Krankenhaus haben viele nach ihrer Mutti geschrien.

Mutter:
Sie war dort noch in der Klinik, da bekam sie drei Tage nach der Operation die Probleme mit dem Darm, sie bekam sehr schmerzhaften... (unverständlich). Man hat gesagt, daß es wahrscheinlich die kalten Getränke sind, die sie dort kriegen: kalte Milch und Eis. Und daß sie das nicht so gut verträgt. Wir haben sie dann nach Hause geholt und auch Weihnachten, war das erste Weihnachten, wo sie gesund war. Im Januar 94 lag sie dann mit dieser Bauchgeschichte das erste Mal in der Uniklinik. Sie hatte das sehr akut gehabt, sie hat wirklich sehr geschrien vor Schmerzen. Es war alles wie verbrannt hinten, vor Schmerzen, wenn sie auf dem Klo war. Sie hat dann Angst gehabt, auf die Toilette zu gehen.

Nora:
Da hat sich dann alles in meinem Bauch gestaut, und abends kriege ich dann ganz, ganz,

ganz dolle Blähungen. Das tat mir weh. Und am nächsten Tag habe ich versucht, immer wieder aufs Klo zu gehen, auch wenn es so weh tat.

Mutter:
Man hat uns in der Uniklinik immer wieder gesagt, daß sie zu 99 Prozent eine Glukoseunverträglichkeit hat und daß sie auf sämtliche Süßigkeiten verzichten soll, überhaupt auf Zucker, Weißmehl verzichten. Sie hat auch in der Klinik, in den drei Wochen, die sie da war, alles zu essen bekommen. Das hat uns sehr gewundert. Sie hat ja akute Phasen mit dem Bauch zu Hause und in Behandlung bei Frau Dr. Hunger gut überstanden gehabt, das wußten wir aber nicht. Seitdem muß sie Diät essen. Sie darf nicht alles essen. Es ist auch gut, daß sie wieder zu Hause ißt, ich koche dann selbst. Aber jedes Stück Schokolade und jede Süßigkeit oder mal ein Eis im Sommer, das will ich ihr nicht wegnehmen. Das holt sie sich sonst anderswo.

Nora:
Zu Hause gehe ich manchmal ganz heimlich nach unten und hole mir ein Stückchen Schokolade, gehe mal schnell naschen.

Herr Maoz:
Und das geht gut?

Nora:
Das geht gut.

Herr Maoz:
Ich merke, daß ihre Frau ziemlich besorgt ist, machen Sie sich auch solche Sorgen?

Vater:
Jooh, selten, ich arbeite ja zehn bis zwölf Stunden täglich. Bis ich dann nach Hause komme, liegt sie meistens schon im Bett.

Herr Maoz:
Machst Du manchmal auch Sachen mit Deinem Papa?

Nora:
Ja.

Herr Maoz:
Oder würdest Du lieber mehr mit ihm machen?

Nora:
Ich würde sehr gerne mit ihm etwas unternehmen. Früher sind wir immer mit dem Auto ausgefahren, das wünsche ich mir jetzt wieder. Manchmal mache ich mit dem Vati Spaziergänge, wenn meine Schwester nicht da ist, oder wir spielen.

Vater:
Also, ich nehme mir schon Zeit, sonntags auf alle Fälle.

Herr Maoz:
Hast Du manchmal so Vorstellungen oder Träume, was Du mal werden willst, wenn Du ganz groß bist?
Dürfen wir das wissen?

Nora:
Ja, das können Sie wissen. Ich will, wenn ich groß bin, gerne Försterin werden. Dann würde ich mir einen Hund anschaffen und noch eine Katze.

Mutter:
Wir haben doch eine.

Herr Maoz:
Ihr habt eine Katze? Wer versorgt die Katze?

Nora:
Mutti und ich und eigentlich alle. Wenn Vati und Mutti nicht da sind, mache ich es oder meine Schwester.

Herr Maoz:
Und das geht gut mit der Katze, also kratzt sie Dich nicht oder so?

Nora:
Manchmal zieht er zwar seine Krallen ein, aber manchmal sind die Krallen draußen, wenn ich ihn ärgere, und dann ist manchmal die ganze Hand zerkratzt. Das tat weh, da habe ich ihm eins draufgegeben.

Mutter:
Ja, an der Katze hängt sie sehr.

Herr Maoz:
Ich finde das einen sehr schönen Plan, Förster zu werden. Ich glaube, Du hast auch so eine Vorstellung: Wenn ich groß bin, möchte ich ganz gesund sein.

Nora:
Ja. Ich möchte darum Förster werden, weil ich mich schon immer gesehnt habe, Hasen und Rehe zu sehen in freier Wildnis oder Hirsche. Ich war schon einmal mit meiner Schwester spazieren, da sind uns drei Rehe über den Weg gelaufen und ich habe auch schon mal ein Reh beobachtet, da durfte man ganz nah rangehen, aber es ließ sich nicht streicheln.

Herr Maoz:
Ich finde Ihre Tochter enorm selbständig und zielbewußt. Ich mache mir auch noch nicht allzu große Sorgen darum, daß es so bleibt mit den Infektionen. Ich denke, im Laufe der Zeit, wenn sie größer wird, dann wird auch vieles abklingen. Das haben Sie doch als Schwester auch gesehen.

Mutter:
Mein Mann, der Hausarzt und ich, wir sind der Meinung, die Operation, die vollkommene Tonsillektomie hat uns gar nicht weitergeholfen. Wir hatten angenommen, daß es dadurch besser wird. Wir hatten wirklich Hoffnung, daß sie dadurch endlich gesund wird. Vor allen Dingen war da auch noch die Einschulung, sie ist zum Glück erst mit sieben Jahren in die Schule gegangen. Sie hat ständig Husten jetzt, den sie früher nie hatte, und mit den Ohren hat sie es ständig.

Herr Maoz:
Wir wissen doch auch, selbst mechanisch: Der Hals wird immer breiter, die Abstände werden immer länger, und da gibt sich das meistens.

Mutter:
Aber sie hat in den Sommermonaten, Frühjahr und Sommer fast keinen Infekt...sobald die kalte Jahreszeit losgeht, mit dem Wetterumschwung. Mit der Bauchsache ist es noch ein bißchen anders. Da haben wir auch zu Hause schon öfter ausprobiert, daß wir ihr doch alles zu essen geben. Wir haben auch Süßigkeiten zu Hause stehen, aber sie weiß, daß sie die nicht immer essen kann. Sie holt sich nur hin wieder ein wenig. Sie ißt für ihr Leben gerne Kiwi.

Nora:
Ich könnte jeden Tag nur Kiwi essen.

Mutter:
Wir haben ihr mal für 8 oder 14 Tage alles zu essen gegeben, auch alle Gemüsesorten, Kraut und alles, was sie so liebend gerne ißt. Irgendwann rächt sich der Bauch, also muß doch etwas sein.

Herr Maoz:
Ich glaube, daß die Vorstellung, daß eine Operation, also ein kurzer Eingriff, die ganze Situation ändern kann; das ist nicht geschehen, und das war auch eine Enttäuschung. Aber oft ist das nicht so, daß ein Eingriff alles ändert. Das Kind hat irgendwann im Alter von zwei Jahren diese Neigung zu Infektionen bekommen. Meistens fängt es langsam an und hört auch langsam auf und nicht durch irgendeinen großen Eingriff. Ich denke mir – ich weiß nicht wie Sie darüber denken –, ich glaube, im Laufe der Jahre wird es bei so einem Kind abklingen. Ich glaube, daß man sich zu Hause überlegen müßte, daß sie ein sehr gut entwickeltes Kind ist, die immer mehr Selbständigkeit bekommen kann und trotzdem so oft krank wird. Man sollte sich überlegen: Was kann man noch mit ihr machen, ohne daß Sie so sehr besorgt sind. Sie müßte mehr auf ihren eigenen Beinen stehen. Das tut sie ja auch.

Mutter:
Sorgen machen wir uns doch nur um die Schule.

Herr Maoz:
Ist das wirklich eine reale Sorge?

Mutter:
Jetzt noch nicht, aber...

Herr Maoz:
Wie viele Chancen hat sie denn, sitzenzubleiben?

Mutter:
Gar keine. Aber nur, weil ich zu Hause alles mit ihr mache.

Herr Maoz:
Wenn das noch fünf Jahre so bleibt, dann ist doch alles gelaufen.

Mutter:
Jetzt schaffen wir das schon noch. Aber dann, wenn sie auf das Gymnasium gehen wird und fällt dort ständig aus.

Frau Hunger:
Ich bin auch glücklich, daß sie bisher in so einem guten Zustand ist und daß sie sich hier heute auch so geäußert hat. Ich mache mir auch nicht so viel Sorgen, auch wenn ich sie manchmal jeden Tag gesehen habe. Ich denke auch, daß sich mit der Zeit manches ändern wird. Man darf auch nicht zu weit im voraus Angst haben. Das bringt uns alle nicht weiter.

Herr Maoz:
Ich glaube, daß so ein Gespräch genauso wichtig ist wie die Medikamente. Ich danke Ihnen sehr, daß sie gekommen sind. Aber zum Abschluß finde ich, daß uns die Nora noch etwas sagen darf, wenn sie will. Sie darf sich etwas wünschen oder etwas sagen, eine Bitte, das letzte Wort haben.

Nora:
Eigentlich, na ja...ich hatte heute so ein bißchen Angst, hierher zu kommen. Aber, weil hier alle so lieb sind und so, habe ich mich dann doch getraut. Ich hatte gestern abend auch noch ein bißchen Angst, daß vielleicht etwas dazwischen kommt oder so.

Herr Maoz:
Wir werden das noch nachbesprechen. Sie werden dann von Frau Dr. Hunger hören, was wir noch nachbesprochen haben.

Frau Hunger:
Selbstverständlich. Ich sehe Sie wieder.

Beitrag 2
Kommentar zum Arzt-Patienten-Gespräch

von W. Schüffel

Am 27. Januar 1997 fand im Dresdener Hygienemuseum in Gegenwart von etwa 50 Teilnehmern ein Arzt-Patienten-Gespräch statt.

Der Arzt war Prof. Dr. Benyamin Maoz (Beer Sheva/Israel), Facharzt für Allgemeinmedizin und für Psychiatrie.

Die Patientin war eine neunjährige Schülerin aus Radeberg. Sie wurde von ihren beiden Eltern begleitet, die sich am Gespräch beteiligten. Die Patientin wird von der Kinderärztin Frau Dr. R. Hunger aus Radeberg/Dresden behandelt. Frau Dr. Hunger kennt die Eltern seit vielen Jahren.

Von dem Gespräch wurde erwartet, daß es eine salutogen orientierte Perspektive verfolgt. Es fand anläßlich des 5. Wartburg-Gespräches statt. Die Wartburg-Gespräche (siehe auch die Einleitung von W. Schüffel in diesem Band) versuchen der Frage nachzugehen, wie der salutogenetische Ansatz realisiert werden kann. Seit dem 2. Wartburg-Gespräch im Jahre 1993 hatten wir regelmäßig ein Patientengespräch durchgeführt. Der Ablauf der Gespräche und die Diskussion zeigten, daß es keinesfalls leicht ist, ein solches Gespräch zu führen. Diesmal übernahm Benyamin Maoz die Aufgabe. Seine Zielsetzung war, zunächst über die Beschwerden ins Gespräch zu kommen. Sollte er den Eindruck haben, daß das Beschwerdebild und die Beschwerden der Patientin ausreichend herausgearbeitet worden waren, wollte er sich stärker den Ressourcen zuwenden.

Diese Ressourcen sind, so meine eigenen Erfahrungen, aus der Vogelperspektive am ehesten durch die Frage zu gewinnen: „Wann fühlten Sie sich richtig wohl, so daß Sie Bäume hätten ausreißen können, die Welt umarmen können und Sie sich mit den anderen eins fühlten etc.?"

Ich habe oft erlebt, wie mich bei einer derartigen Frage Patienten, die über einen Zeitraum von 10, 20 Jahren hinweg chronisch krank waren, sekundenlang fassungslos anschauten, eine halbe Minute lang nichts sagten und dann meinten: „Das hat mich bisher noch niemand gefragt." Dann ging ein Lächeln über ihre Gesichter, und sie fingen an, von der Zeit zu sprechen, als es ihnen in der beschriebenen Weise gutging. Hierauf erfuhr ich ein Panorama ihrer damaligen Lebenssituation. Ich hörte, mit wem sie sprachen und mit wem sie sich austauschten, was sie in ihrem Leben als sinnvoll ansahen, wo sie meinten, auf Gegenseitigkeit zu stoßen und wo sie der Auffassung waren, die Dinge einschätzen zu können.

Benyamin Maoz führte das Gespräch in dieser Weise. Es wurde allgemein von den Teilnehmern des 5. Wartburg-Gespräches als gelungen angesehen. Er selbst sah es als einen gewissen Mangel an, daß er zuwenig über die Katze gesprochen hatte. Er hätte gerne stärker herausgearbeitet, wie wichtig die Katze für das Mädchen und die Familie insgesamt war. Ansonsten meinte er, das selbstgesteckte Ziel weitgehend verwirklicht zu haben.

Die Hausärztin Frau Dr. Hunger war davon angetan, wie Benyamin Maoz das Gespräch führte. Sie freute sich, daß die Familie gekommen war. Die Familie gab sich so zu erkennen, wie sie auch in Radeberg war: Die Mutter war hyperaktiv, der Vater hielt sich heraus. Vom Mädchen wurden überdurchschnittliche Leistungen erwartet.

Nach dem Gespräch legte sich der Druck etwas. Dann kehrte er ca. zwei Monate später wieder zurück. Dies fiel in etwa mit der Zeit zusammen, als unglücklicherweise die Katze unerwartet verendete. Es war ein schlimmer Schlag für das Mädchen. Die Familie ließ sich nicht davon abhalten, die Wohnung zu „sanieren", das heißt, vermeintliche Allergene zu entfernen. In der Folgezeit opponierte das Mädchen wohl häufiger gegen seine Mutter.

Die Mutter meinte, das könne mit einer vorzeitigen Pubertät zusammenhängen und ob man die nicht endokrinologisch abklären könne. Der Ärztin gelang es, die Mutter von diesem Vorhaben abzubringen. Die Lage entspannte sich wieder, und die Patientin kam nunmehr in größeren Abständen in die Praxis zurück. Die Praxis wurde weiterhin als ein wichtiger Ort des Austauschs gesehen.

Sachwortverzeichnis

A
Abhängigkeitsproblematik...299
Abwehrkräfte, körpereigene...93
Aggression...129, 218, 300, 302, 303, 306
Agonie
–, physische...105
–, psychische...105
Aids
–, → HIV-Erkrankung
–, prävention...179
–, und Tod, Todesangst (siehe dort)
Aktivitätstagebuch...77, 78
Alkohol...60
–, ismus......159
–, konsum......61
–, prävention......155
–, problematik...160, 295, 297, 299
Allergie, allergische Reaktion...88
Alltag, klinischer...163 ff., 269
Alptraum, nächtlicher...72
Anamnese...5
–, biographische...19, 117, 118, 266
–, erhebung...125
–, gruppe, gruppen...244, 265-269
　– –, Begriffsbestimmung...265
　– –, arbeit
　　– – –, Lernziele der...266
　　– – –, Konzeption der...267
　　– – –, und affektives Lernen...267
　　– – –, und Sozialisation...267 ff.
–, spezifische...19
Anatomie
–, objektive...223
–, subjektive...157, 221-233
　– –, Begriffsbestimmung...223
　– –, Zukunftsperspektiven der...227
Angina
–, pectoris → Koronare Herzkrankheit
–, tonsillaris = Streptokokkenangina...103
Angst...103, 106, 136
–, attacke(n)...75

–, hypochondrische...75, 76, 82
　– –, Krebsangst...75 ff.
　– –, Todesangst...75 ff.
–, kreis...77
–, modell, kognitives...77, 84
–, störung, generalisierte...76
–, symptomatik, symptome...76, 77
–, traum...67, 68
–, und *Sense of Coherence* (siehe dort)
Anosmie...97
Appendizitis...133, 135
–, Appendektomie...133 ff.
–, perforierte Appendix...133 ff.
–, und peritonitischer Abszeß...133
Arbeit(s)
–, bedingungen...163, 165, 184
–, bündnis...122, 184, 300-302
–, zufriedenheit, ärztliche...278, 280, 281, 283
Arzt, Ärzte
–, Aufgabe des...33 f.
–, Autorität des...82, 304
–, gleich Patient...261-264
–, -Patient-Beziehung (-Verhältnis)...20, 24, 25, 34, 37, 46, 101, 102, 125, 131, 262, 264 f., 293, 301, 310
　– –, Emotionalität in der...268
　– –, -Gespräch...293, 387
　– –, -Kommunikation...262, 264
　– –, -System...255
–, rolle (Rollenverständnis, ärztliches)...34, 65, 278
–, Verantwortung des...XI
–, zirkel (s. auch Balint-Gruppe)...47, 306
Ätiologie...304
Atomismus...246
Ausbildung
–, ärztliche...252
–, bedürfnisorientierte...256
Austausch, interkollegialer...294, 298, 299
Autonomie...1, 36, 46, 65, 73, 212
–, -Abhängigkeitskonflikt...299
Autovakzine...89, 90 f

B

Balance...36
Balint-Gruppe(n)...38, 244, 265, 271-276, 306
–, Begriffsbestimmung...271
Bauchschmerz...133 ff.
Bedeutsamkeit (*Meaningfulness*)...3 f., 29 ff., 43, 58, 162, 175, 226, 243, 269, 283, 285, 313, 326
Behandlung(s)
–, ablauf(phasen, prozeß, verlauf)...42, 140-142
–, medikamentöse...61, 130, 131
–, psychosomatisch-stationäre...133 f.
–, vertrag...120, 122
Belastbarkeit...43
Belastung(s)...57
–, faktoren (belastende Faktoren)...164, 205
–, psychische...164
–, psychoreaktive...184
Berufszufriedenheit
–, ärztliche...263, 278, 281, 283
–, als Ressource...165
Beschwerden...387
Betreuung, gesundheitliche...199
Bewältigung(s)...132
–, strategie...130
–, → Coping
Beziehung(s)...297
–, diagnose...271, 275
–, fähigkeit...312
–, positive...104
–, therapeutische...63, 83, 98, 113, 271, 274
–, wechsel...140
Biographie (biographische Arbeit)...64, 105
Bluthochdruck → Hypertonie
Bulimie...118
–, → Eßstörung
Burnout...262 f.

C

Chaos...248
Chronifizierung(s)...41
–, potential...41
–, tendenz...142
Circulus vitiosus...119
Colon irritable...75
Compliance...20, 102, 264, 279
Comprehensibility = Verstehbarkeit (siehe dort)
Containment...140
Coping...XI, 17, 211, 345
–, aktives...74
–, -Modell...327
–, -Potential...64
–, -Stil...43
–, -Strategie, Strategien...61, 97, 327, 329
Colitis mucosa ulcerosa...88
Curriculum...243, 267, 293, 304
–, modell...258

D

Daily Hassles...211
Denken, administrativ-ökonomisches...24
–, administrativ-ökonomisches...24
–, cartesianisches...6
–, systemisch-interaktives...6
Depression...63, 138, 216
–, Depressivität...76
–, depressive Episode...60
–, depressive Verstimmung...67, 75, 98
–, psychobiologische...137
–, und *Sense of Coherence* (siehe dort)
Diabetes (Diabetes mellitus)...130
Diagnose...41, 45
–, → Beziehungsdiagnose
Diagnostik...65, 129
–, prozessuale...110
Dialogarbeit...112
Diarrhöe...75, 87
Didaktik...285, 287
–, medizinische...285
–, salutogenetische...243
Dissoziation...282, 341
–, dissoziativer Zustand...67
Dokumentationsbogen...39 ff.
Dominanzschema...141 f.
Drei-Gruppen-Vergleich...343 f., 345 ff.
Drogenmißbrauch...263
Dyade...306
Dysphasie...96

E

EFB → Epikrise, epikritische Fallbetrachtung
Eigenverantwortung, Eigenverantwortlichkeit...95
–, des Patienten...XII
Einstellung, kritische...63, 111, 113
Emergenz (emergieren)...221, 248 ff.
Emotionen, Umgang mit...130
Empathie...227
Endokarditis...87, 88
Entbindung...104

Entspannung...62, 304
–, funktionelle (FE)...227-232
–, → Anatomie, subjektive
Entwicklungsstadien des Menschen...17
Epidemiologie...1, 14, 24, 191
Epikrise...39, 41, 58, 190
epikritische Fallbetrachtung (EFB)...37-44, 46, 140, 143, 294, 300
Erbrechen → Eßstörung
Erfaßbarkeit → Verstehbarkeit
Ereignisfaktoren...342
Erkenntnismodell, medizinisches...24
Erkrankung → Krankheit
Erschöpfung(s)...105
–, zustand, psychophysischer...103
Erzählgemeinschaft (*narrative Community*)...65, 277
–, → Krankengeschichte (*Illness narratives*)
Erziehungsmethoden, supportive...20
Eß
–, störung(en)...118, 120
    – –, und Brechanfälle...118, 121
–, verhalten...120
Euthanasie...219
Evaluation...41, 172, 266, 288, 294, 300, 303, 305, 306 ff.
Existentialismus...21
Expressed Emotions (E. E.) – Verhalten...16

F

Fall
–, beispiel(e)...57
–, besprechung...294-297
Familie(n)
–, anamnese...98
–, dynamik...118, 122
–, gespräch...121
–, medizin, systemische...279
–, therapie, systemische...279
Feldtheorie...45
Fixierung...128
Forschung
–, pathogenetische...325
–, salutogenetische...325
Fortbildung(s)
–, aktivität, Verbesserung der...286
–, ärztliche...244, 285-291
    – –, Begriffsbestimmung...285
    – –, Defizite in der...286
    – –, Eigenaktivität in der...287, 290

– –, Evaluation der...287 f., 306 f.
– –, Medieneinsatz in der...287 ff.
– –, Musterveranstaltung...288 f.
Funktionskreis...249 f.

G

Ganzheit, Ganzheitlichkeit...105, 248
Gebührenordnung für Ärzte (GOÄ)...309, 312 f.
Geburt...104
Gedanken, automatische...77, 78
Gefühlszustand, Somatisierung des...136
Gegenseitigkeit...29, 35, 58, 175, 276, 387
–, → Handhabbarkeit
Gegenübertragung...77, 83, 302, 307
Gemeinde, gemeindebezogener Ansatz...155
Generalized Resistance Resources = Widerstandsressourcen...93
Generation, zweite...70
Genesungsprozeß...106, 125
Gespräch(s)
–, dynamik...298
–, therapie...76
Gestaltkreis...117
Gesundheit(s)...1, 23, 29, 36, 248, 310, 352
–, abträgliche Variablen...343
–, als Gut...249
–, als Prozeß...249 ff., 325 ff
–, bereich, Fortbildung im...177
–, des Arztes...261 ff.
–, erreger...89
–, förderliche Variablen...343
–, förderung(s)...27, 29, 155, 175, 177- 182, 186, 312
    – –, ganzheitliche...183
    – –, Kurse zur...171, 172
    – –, programm...185 ff.
    – –, salutogenetische Perspektive der → Salutogenese und Gesundheitsförderung
    – –, versus Krankheitsbekämpfung...188
–, forschung...29
–, ideologie...27
–, kompetenz...164
–, management...310, 312
–, politik...244, 309
–, politische Implikationen...192
–, psychische, seelische → *Mental Health*
–, psychologie...325
–, relevante Variablen...343
    – –, und Trauma...344 ff.
–, schutz...177
–, system...309, 32 f.

– –, Krise im...309
– –, produktives...309
– –, Reform des...313
–, und Krankheit, Determinanten der...258
–, verhalten...27
–, wesen...299
 – –, qualitatives Wachstum im...312
–, Wiederentdeckung der...325
–, wissen...177
Gewalt, sexuelle...180
Grundversorgung, psychosomatische →
 Psychosomatik, psychosomatische Grundversorgung

H

Habitus...41 ff., 304
Haftfolgen...341 ff.
Handhabbarkeit (*Manageability*)...3 f., 28 ff., 43, 58, 92, 162, 174, 175, 188, 226, 243, 268 f., 276, 283, 313, 326
Handlung(s)
–, fähigkeit...42, 43, 139, 141
–, kompetenz...6, 139, 304
–, theorie...32
Hardiness = Widerstandsfähigkeit...4, 28, 328 f.
–, und *Sense of Coherence* (siehe dort)
Hauptsymptom, Bedeutung des...305 ff.
Health Promotion Hospital (*HPH*) = gesundheitsförderndes Krankenhaus...168
–, *Healthy-hospitals*...155
Heilungsprozeß...107
Helfer...201 ff.
–, → Katastrophenhelfer
Hermeneutik, hermeneutische Arbeit...64, 65
Herz
–, infarkt → koronare Herzkrankheit
–, insuffizienz → koronare Herzkrankheit
–, -Kreislauf-Erkrankung...27
Heterostase...217, 218
Hilf(s)
–, einsatz...198, 199
–, losigkeit...134, 140, 212, 302
–, programm...198
HIV-Infektion...252, 275
–, HIV-Erkrankung...272 f.
Hochgesunde...346 ff.
Hoffnungslosigkeit...140, 212
Holocaust...13, 68, 70
Homöostase...217, 327
Honorarsystem...313

Hospitalisation...103, 106, 107, 125, 130
Humanökologie...251
Hygiene...15
–, geistige...15
–, psychische...15
Hyperlipidämie...97
Hypertonie (Bluthochdruck)...67, 72, 95, 97, 99, 130
Hyperventilation...103

I

Ich-Stärke...113
Illness Narratives = Krankengeschichte...5, 19
Immunität...14
Immunologie...90, 93
Immun
–, funktion, Aktivierung der...93
–, modulation...89, 90
–, system...89
 – –, soziales...309, 311
Indikation...61
Infektanfälligkeit...87 ff.
Information(s)...165, 166
–, verarbeitung...143
Institution(en)...147, 155
–, institutionelle Veränderung...155
Insult, zerebrovaskulärer...129
Integration...252 ff.
Interaktion(en)...275, 287
–, stil...44
Intervention(s)...58, 100, 114
–, strategie, angemessene...114
–, technik, psychosomatisch-salutogene...293
–, ressourcenorientierte...133
Invalidenrente...62 ff.

K

Kameradschaft...147, 202, 204, 301
Karzinom...60 f.
Kasuistik(en)...57
Katamnese...143
–, → epikritische Fallbetrachtung
Katastrophe(n)...197-214
–, arbeit...214
–, einsatz...197
–, helfer...156
–, opfer...197
–, Hilfsmaßnahmen bei...197
Kohärenz
–, erleben → Kohärenzgefühl

–, gefühl (*Sense of Coherence*)...XII, 2, 28, 156, 174, 211 f., 326
  – –, gesellschaftliches...328 f.
  – –, individuelles...329
  – –, → *Sense of Coherence*
  – –, und Anatomie...213
  – –, und subjektive Anatomie...232, 233
  – –, und Anomie...216
  – –, und Suizid...216, 217
  – –, zur statistischen Validierung des Konstrukts → *Sense of Coherence*
–, im Medizinsystem...221
–, in der Arzt-Patient-Beziehung...46 ff.
–, sinn → Kohärenzgefühl
Kommunikation(s)...140, 165, 166, 243, 287
–, defizit...38
Kompetenz(en)
–, professionelle...84, 109
–, soziale...81, 83
Konfliktfähigkeit...42, 43, 141, 306
Konsens...57, 65, 113
Konsil...134, 280 f., 293
–, -Liaisondienst...279
–, modell, klassisch-klinisches, 281
Kontrollüberzeugung(en) (*Locus of Control*)...328
–, und Gesundheit...202, 209
–, und *Sense of Coherence* (siehe dort)
Konzept
–, psychiatrisch-psychosomatisches...25, 33
–, sozialmedizinisches...25, 33
Kooperation(s)...113, 202, 283
–, fähigkeit...269
Koronare Herzkrankheit (KHK)...95, 98, 100, 130
–, psychosoziale Faktoren der...95
–, und Angina pectoris...130
–, und beruflicher Erfolg...95
–, und Bypass-Operation...97
–, und erfüllte Freizeit...95
–, und hausärztliche Betreuung...95
–, und Stressoren am Arbeitsplatz...100 f.
Körper
–, empfinden...140, 141
–, basale...140
–, sprache...137
–, -Bild...224-227
–, -Geist-Seele-Subjekt...110
–, -Schema...224-227
–, -Selbst...223-227

Krankenhaus
–, arbeit...167
–, gesundheitsförderndes (*Health Promotion Hospital*)...168 ff., 176
Krankenrolle...34, 139, 306
Krankheit(s)...118
–, ablauf, monogenetisch-phänotypischer...252
  – –, monokausal-infektiöser...252
–, angst → Angst, hypochondrische
–, bewältigung...156, 306
  – –, → *Coping*
–, chronische...306
–, entstehung, -entwicklung, -genese...26, 30
–, früherkennung...38
–, geschichte (*Illness Narratives*)...5
–, -Gesundheits-Kontinuum...16, 17, 24, 32, 142, 327
–, gewinn...304
–, iatrogene...35
–, organische...117
–, prozeß...133
–, psychosomatische...117
–, psychosoziale Auslöser...295, 304
–, spektrum...26, 184
–, verarbeitung...131
Kreativität (kreativ)...33, 45, 47
–, kreative Fähigkeiten...333
–, kreatives Handeln...47
–, kreative (Problem)lösungen...47, 294
Krebszellökonomie...309, 311
Krise(n)...218, 220, 263
–, intervention...218
–, theorie...218

L

Leben(s)
–, ereignis(se), traumatische...337
  – –, → *Life Events*
–, erfahrung...328
–, gefühl...127
–, kompetenz, Förderung der...178
–, lage...41 ff., 302, 305
–, qualität...101, 102, 122
  – –, Verlust an...193 f.
  – –, perspektiven, Entwicklung von...57
–, situation...99, 127, 387
  – –, aktuelle...57, 134
–, streß → *Life Events*
Leibtherapie...110

Leistungsfähigkeit
–, körperliche...100
–, psychische...100
Lern(en)...258
–, erfolgskontrolle...288, 290
–, problemorientiertes...258, 287
–, prozess(e)...293 ff.
–, kommunikationsbezogenes...288
Life Events = Lebensereignisse,
Lebensstreß...17, 210
Locus of control = Kontrollüberzeugung...328

M

Manageability = Handhabbarkeit (siehe dort)
Maschine(n)
–, bild, des Lebens...310
–, modell...XI, 221
Meaningfulness = Bedeutsamkeit (siehe dort)
Mediator...364
–, funktion...359 ff.
Meditation...62, 63
Medizin
–, anthropologische...117
–, integrative...137
–, integrierende...309, 310, 312, 313
–, kurative...15
–, ökologische...259
–, psychosomatische...252
  – –, → Psychosomatik
–, Relativitätstheorie der...310
–, somatische...310
–, systemische...259
Mehrperspektivität...58
Menopause...13
Mental Health...15
Methode,
–, analytisch-reduktionistische...277
–, ideographische...46
Migration...128
Mikrobiologie...90, 93
Mitralinsuffizienz...88
Mobbing...163
Modell
–, biopsychosoziale(s) (Ebenen, Medizin-
    modell, -konzept)...29, 125 ff., 140, 183, 281
–, ontologisch-medizinisches...24
–, probabilistisches...32
Moderator(en)...360, 364
–, funktion...360 ff.
–, training...290

Motivation(s)...84, 202, 205, 285
–, faktoren...164
Multidisziplinarität...156, 177, 189
Mündigkeit, des Patienten...102
Myokardinfarkt
–, akuter...99
–, Myokarditis...88
–, → Koronare Herzkrankheit

N

Narrativ...279
–, narratives Geschehen...65
Neck dissection...59
Nekrose...280
Neuorientierung...64
Nierenleiden...67, 289
Nystagmus...109

O

Obstipation(en)...87
Ökologie...31
–, ökologischer Ansatz...31
–, ökologisches Denken in der Medizin...1
Optimismus (*Dispositional optimism*)...33, 329
Osteogenesis imperfecta...194, 195
Osteoporose...193 ff.
–, und Lebensqualität...194
Ottawa-Charta...168, 169, 177, 186, 310

P

Panikstörung, -attacke...77, 78
Paradigma, Paradigmen...247
–, wechsel...1, 24 ff., 36, 211, 212, 245, 309, 313
–, pathogenetisches...335
–, salutogenetisches...335
Pathogenese...23, 117, 118
–, pathogen(etisch)e(s)
  – –, Konzept...277
  – –, Sichtweise...297
Pathologie, subjektive...224-227
Patienten
–, fragebogen...40, 45
–, rolle → Krankenrolle
Peer-learning...266, 305
–, → Anamnesegruppe(n)
Persönlichkeitsstruktur...105
Perspektiven
–, entwicklung...127
–, wechsel → Paradigmenwechsel

Phänomenologie...115
  phänomenologischer Zugang...115
Posttraumatic Stress Disorder (PTSD) = Posttraumatisches Streßsyndrom...198
Posttraumatic Symptom Scale (PTSS-10)...210 ff.
Posttraumatische Belastungsstörung...60, 61, 71, 143, 337, 342
–, bei Verkehrsunfällen...337 ff.
–, Prävalenz der...337
–, und *Sense of Coherence*...337 ff.
–, Posttraumatische Reaktion...282
Posttraumatisches Streßsyndrom (*Posttraumatic Stress Disorder*)...198, 200
Prävention...XI, 15, 27, 37, 38, 165, 180
–, primäre...15, 18
–, sekundäre...16
–, tertiäre...16, 18
Präventivmedizin...325
Probiotika, medizinische...89, 90
Problem
–, analyse...301
–, bewältigungsstrategie → *Coping*
–, orientierung...255
Prognose...44
Propriozeption...224, 226
Prozeß
–, modell...30
–, prozeßorientiertes Vorgehen...187, 188
Psoriasis...295, 296, 299, 302, 305
Psychodynamik...128
Psychopathologie...72
Psychopharmakotherapie...61
Psychosomatik...110, 137
–, psychosomatische Grundversorgung...37, 244, 293-307
– –, → Curriculum
Psychotherapie...44, 62, 67
–, körperorientierte...110, 113-115, 223
–, psychotherapeutischer Prozeß → Gesundheit als Prozeß
Psychotraumatisches Streßsyndrom...143
Psychotraumatologie...5, 341
PTCA = Ballondilatation...98 f.
Public Health...15, 279, 325

Q
Qualität(s)
–, management, ärztliches...290
–, sicherung...285
–, zirkel...290

R
Re-Biographisierung...20
Reduktionismus...246
Reflexion...85, 114
Rehabilitation...35, 129, 156, 325
Ressource(n)...2, 57, 63, 65, 73, 95 ff., 101, 129, 140, 200, 206, 304, 307, 387
–, aktivierung (Aktivierung von Ressourcen)...44, 45, 57, 64, 96, 98, 132, 144, 243, 269
–, des Organismus...90
–, fehlende...128
–, orientierung (ressourcenorientierte Perspektive)...64, 83, 132, 334, 351
–, variablen...343
–, äußere, externe, der Umwelt...198, 328, 352
–, genesungsrelevante...350
–, gesundheitliche...163
–, gesundheitsprotektive...329
–, materielle...171
–, organisationale...353
–, personale, persönliche...XIII, 198, 328, 352
–, personelle...171
–, salutogene...14, 101, 137
–, soziale...283, 353
–, ungenutzte...302
–, vergessene...114
Rigidität...106
Risiko
–, faktoren...99, 342
– –, konzept...155, 183
– –, medizin...27, 38
Rivalität...306 f.
Rollenverhältnis...82
Rückzug...105, 106

S
SALUTE-Projekt...323, 351 ff.
Salutogenese...XI, 1, 2, 13-22, 23, 36, 46, 57, 58, 101, 118, 137, 155, 191, 248, 264, 325, 351
–, bei Selbsthilfegruppen...195
–, des Arztes...263
–, Forschungsaspekte der...323
–, in der Praxis...175, 333 ff.
–, im klinischen Alltag...57
–, konzept...XI, 162, 192, 326 ff.
–, salutogen(etisch)e
– –, Perspektive...387
– –, Prinzip(ien)...83
– –, Sicht...113, 293, 297
– –, Wirkung...207

–, und Gesundheitsförderung...175, 177 ff.
–, und Psychotherapie...20 ff.
Schemata...18
Schlafstörung(en)...67, 68
Schmerz(en)...193
–, bei Osteoporose...193 ff.
–, qualität...195
–, quantität...195
–, risiko...194
–, symptomatik...126
–, therapierefraktäre...126
SCQ = Sense of Coherence Questionnaire (siehe dort)
Schuldgefühl(e)...69, 120, 121, 127, 297 ff.
Schutzfaktoren (protektive Faktoren)...95 ff., 342
Schwangerschaft(s)...104
–, abbruch...104, 105
–, männliche...133-142
Schwerverletzte...→ Verkehrsunfallopfer, Verbrennungen
Schwindel...105, 109 ff.
Selbsterfahrung, patientenzentrierte...271
Selbstheilungspotential...103 ff.
Selbsthilfe
–, Gruppe(n)...156, 194-196
–, Hilfe zur...XII, 131
Selbstreflexion...107, 284
Selbstverständnis, ärztliches...275
Selbstvertrauen...58, 81
Selbstverwirklichung...164
Selbstwahrnehmung...35, 281
Selbstwertgefühl...85
Selbstwirksamkeit (*Self efficacy*)...28, 84, 328
Selbstzufriedenheit...81
Self-Actualization...16
Self-Efficacy = Selbstwirksamkeit...4, 328
–, und *Sense of Coherence* (siehe dort)
Seminom...60
Semiotik
–, semiotische Kausalität...251
–, semiotische Sichtweise...254
Sense of Coherence (SOC) = Kohärenzgefühl...2, 14, 18, 21, 142, 268, 323, 325
–, differentielle Validität des...353, 359
–, Gesundheit...332 (Tab. 5.5)
–, Kennwerte des...330 (Tab. 5.2)
–, Konstruktvalidierung des...353, 255 ff.
–, Mediator- und Moderator-Funktion des *Sense of Coherence* 260 ff.
–, prädiktive Validität...333

–, Reliabilität...354 (Tab. 5.8)
–, *Sense of Coherence Questionnaire (SCQ)* = SOC-Fragebogen...7, 335-336
–, und Depressivität...331 (Tab. 5.4)
–, und *dispositional optimism*...331 (Tab. 5.3)
–, und gesundheitsrelevante Variablen...347 ff.
–, und Gesundheitsverhalten...363
–, und *hardiness*...331 (Tab. 5.3)
–, und *impact of event scale*...339
–, und *injury severity score*...339
–, und körperliche Beschwerden...331 (Tab. 5.4), 333 (Tab 5.6), 332
–, und Lebensqualität...332 (Tab. 5.5)
–, und Lebenszufriedenheit...332 (Tab. 5.5)
–, und *locus of control*...331 (Tab. 5.3)
–, und Risikoverhalten...332 (Tab. 5.5)
–, und Schmerzwahrnehmung...195, 196
–, und seelische Beschwerden...331 (Tab. 5.4)
–, und seelische Gesundheit...332 (Tab. 5.5)
–, und *Self esteem*...331
–, und soziale Unterstützung...332 (Tab. 5.5), 339
–, und (*state and trait-*)Angst...331 (Tab. 5.4)
–, und Streß...331 (Tab. 5.4), 333
–, und Suizidalität...332
–, und *Symptom Check List (SCL-90-R)*
–, und Wohlbefinden...332
Separation...179, 180
Sexualerziehung...179, 180
Sieben Konstellationen der Arzt-Patient-Beziehung...43, 58, 102, 301
–, -Punkte-Modell der Falldiskussion...213
Sinnhaftigkeit → Bedeutsamkeit
Situationskreis...250, 255
Somatisierung...140
Soorvaginitis...87
Sozialhygiene...27
Sozialisation...XII, 6, 107, 243 ff.
–, und Salutogenese...243
Sozialmedizin...27, 33
Spüren
–, Nachspüren bei funktioneller Entspanung (FE)...228, 229
–, → Anatomie, subjektive
Status...41 ff.
Stigmatisierung...209, 305
Strain = Belastung...18
Streß...18, 200, 262, 295
–, am Arbeitsplatz...95 ff.
–, bewältigung, aktive (*Coping*)...303
–, *Distress*...18

–, management...17
–, reaktion...210
–, resistenz...329
–, symptome...210, 211
Student(en)
–, -Balint-Gruppe...265
 – –, → Anamnesegruppe(n)
–, -Patient-Beziehung...269
Sucht...159 f., 178
–, berater...160, 162
–, gefahrenprogramm...162
–, krankenhilfe...160
–, prävention...178, 179
–, problem(e)...159
Suizid...215-220, 262
–, altruistischer...217
–, anomischer...216
–, egoistischer...216
–, fatalistischer...217
–, forschung...156
–, humaner...219
–, phantasie...105
–, prophylaxe...215
–, rate, bei Ärzten...263
Suizidologie...215
Suizidalität...215, 217, 220
–, suizidales Verhalten...215
–, Therapie der...217 ff.
Summen und Winken...120
Supervision...306
Symptomatik, Symbolgehalt der...299
Symptom(e)
–, auflösung, psychophysische...133-142
–, bildung, psychophysische...133-142
–, Funktionalität der...123
–, vegetative...105, 106
System...221, 250
–, ebene...222
–, systemisch(e)(s)
 – –, Denken in der Medizin...277, 278
 – –, -interaktives Modell...25
 – –, Sichtweise...254
–, theorie (systemische Theorie, system-
 theoretisches Konzept (Modell))...221, 244,
 276-284, 352

T

Tabuthema...159
Tagtraum, dissoziativer...67, 68, 72
Team, therapeutisches...125, 128, 131, 137, 139

Therapeut-Klient-Beziehung...120
Therapie
–, integrative...111
–, mikrobiologische...89
–, probiotische...93
–, prozeß (therapeutischer Prozeß)...57, 64,
 106
 – –, zweistufiges Vorgehen...350
–, ressourcenorientierte...325
–, verlauf, vierphasiger...140 ff.
Tod...272 f., 274
–, Todesangst...274
Trauer...201
–, arbeit...74, 206
–, reaktion...296
–, ritual(e)...74
–, verzögerte...69
Trauma...337, 341
 –, arbeit...214
 –, traumatisches Erlebnis...71, 72, 337, 341
Traumatisierung (traumatisiert)...71, 280, 282, 326
–, kollektive...198
Triangulierung...299, 302, 303 f.
Trigger...60
Tumor, maligner...60
Typ A Verhalten...18
Typologie der Arzt-Patienten-Konstellation...41

U

Überidentifikation...69
Überschaubarkeit → Verstehbarkeit
Übertragung...63, 69, 72, 129, 136, 141, 302
Ulcus duodeni...255
Unsicherheit in der Arzt-Patient-
 Beziehung...107, 273
Unterstützung...126, 131
–, soziale...143-148, 202, 209, 211
–, und soziale Integration...209
–, und supportive Atmosphäre...73
–, und Support-System...148

V

Verbrennung(s)
–, unfall...143 ff., 279 ff.
–, und Rehabilitation...143 ff., 280, 281
Verhaltenstherapie(n)...20
–, kognitive...84
Verkehrsunfallopfer...337 ff.
Vernetzung...188
Versorgungssystem, integriertes...309

Verstehbarkeit (*Comprehensibility*)...3 f., 28 f., 44, 58, 92, 162, 175, 226, 243, 268, 283, 326
Vertigo...109
Vorsorgeorientierung...39
Vulnerabilität...337

W

Wartburggespräche...XI, 2, 284, 387
Well-Being = Wohlbefinden...16
Widerstandskraft...327
Widerstandsfähigkeit (*Hardiness*)...4, 28
–, und *Sense of Coherence* (siehe dort)
Widerstandsressourcen (*Generalized Resistance Resources*)...93, 326
–, Stärkung der...184
Willensfreiheit, des Patienten...XI
Wissen
–, medizinisches...245
–, medizinisch notwendiges...257
–, wahlweises...257

Wissenschaft(s)
–, geschichte...29, 245 ff.
–, medizinische...37
–, theorie...258
Wohlbefinden (*Well-Being*)...350
Workaholic...97, 130
Würfel
–, simultandiagnostischer...118, 122
–, simultantherapeutischer...118

Y

YAD VASEM...70
Yekmal...202
–, -Interaktion...203
–, -Syndrom...203

Z

Zufriedenheit...163
Zusammen
–, arbeit...174, 202, 204
–, bruch...105
Zwölffingerdarmgeschwür...135

Neuraltherapie

Badtke/Mudra (Hrsg.)
Neuraltherapie
Lehrbuch und Atlas

2., vollständig überarbeitete und erweiterte Auflage
I/1998. 224 Seiten, 117 teils farbige Abb., 11 Tab.
Format 17.0 cm x 24.0 cm, Hardcover
DM 118.00, Sfr 105.00, öS 861.00
ISBN 3-86126-104-9

Die Neuraltherapie behandelt funktionelle Erkrankungen mit Lokalanästhetika nach bestimmten Injektionstechniken und Prinzipien. Sie ist fester Bestandteil der komplexen Schmerztherapie und der Naturheilverfahren. Voraussetzungen für einen dauerhaften therapeutischen Erfolg der Neuraltherapie sind eine exakte neuraltherapeutische Diagnostik, die genaue Kenntnis der reflektorischen Regulationsmechanismen und die Beherrschung der Injektionstechniken.

Die vorliegende, vollständig überarbeitete und erweiterte Auflage dieses Lehrbuchs, das jetzt auch ein Kapitel über Zahnheilkunde enthält, führt umfassend in die anatomischen und physiologischen Grundlagen der Neuraltherapie ein. Das Buch zeigt die Kriterien einer neuraltherapeutischen Diagnostik auf und vermittelt das Verständnis für eine differenzierte Behandlungsstrategie. Ausführlich stellen die Autoren die neuraltherapeutischen Behandlungskonzepte dar, beschreiben eingehend die einzelnen Techniken und weisen auf häufige Fehlerquellen hin. Mit seinen zahlreichen Fotos und Zeichnungen ist das Buch zugleich ein praxisorientierter Atlas der Neuraltherapie.

Frau Dr. med. Ilona Mudra leitet in Jena eine Praxis mit dem Schwerpunkt spezielle Schmerztherapie. Sie lehrt und praktiziert Neuraltherapie seit vielen Jahren.
Prof. Dr. med. habil. Gernot Badtke ist Direktor des Instituts für Sportmedizin und Gesundheitserziehung an der Universität Potsdam. Er verfügt über große Erfahrungen in der Chirotherapie und Neuraltherapie.

Ullstein Medical
Verlagsgesellschaft mbH & Co.
Mainzer Straße 75
D-65189 Wiesbaden

Psychotherapie bei Aids

Deutsche AIDS-Hilfe e.V. (Hrsg.)
Psychotherapie bei Aids

1996. 312 Seiten, 10 s/w-Abb.
Format 17.0 cm x 24.0 cm, Softcover
DM 48.00, Sfr 44.50, öS 350.00
ISBN 3-86126-143-X

Psychotherapie bei Aids ist die erste umfassende Dokumentation psychotherapeutischer Erfahrungen in der Arbeit mit Menschen mit HIV-Infektionen und Aids im deutschsprachigen Raum. Die Publikation der Deutschen AIDS-Hilfe vereinigt Beiträge deutscher, Schweizer, niederländischer und US-amerikanischer Autoren.

Im ersten Teil liefert das Buch Einblicke in die derzeitige wissenschaftliche Diskussion zur Interaktion von Psyche und Immunsystem. Das neue Fachgebiet der Psychoneuroimmunologie bildet die Schnittstelle zwischen schulmedizinisch-neurologischen Erkenntnissen einerseits und sozialwissenschaftlich-psychologischen andererseits. Die Praxis der angewandten Wissenschaften kennzeichnet die Betrachtungsweise im zweiten Teil. Hier wird eine Antwort auf die Frage gesucht, welche Methoden sich bislang bewährt haben.
Im dritten Teil schließlich kommt die „Perspektive des Klienten", die Reflexion eigener Erfahrungen mit Psychotherapie zur Sprache.

Das Werk kann als praxisnahe Einführung in verschiedene Methoden ebenso gelesen werden wie als theoretische Fundierung einer reflektierten Praxis. Es wendet sich somit an alle, die im psychotherapeutischen Berufsfeld tätig sind.

Ullstein Medical
Verlagsgesellschaft mbH & Co.
Mainzer Straße 75
D-65189 Wiesbaden